經典與解釋

中國傳統　經典與解釋

　　入其國，其教可知也……其爲人也：溫柔敦厚而不愚，則深於《詩》者也；疏通知遠而不誣，則深於《書》者也；廣博易良而不奢，則深於《樂》者也；絜靜精微而不賊，則深於《易》者也；恭儉莊敬而不煩，則深於《禮》者也；屬辭比事而不亂，則深於《春秋》者也。

　　　　　　　——《禮記·經解》

中國傳統 經典與解釋
Classici et Commentarii
崇文書局

方以智集

邢益海　張永義 ● 主編

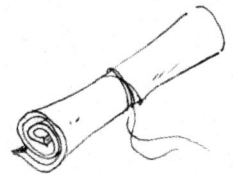

浮山文集

［明］方以智 ◎ 著
張永義 ◎ 校注

華夏出版社
HUAXIA PUBLISHING HOUSE

古典教育基金·"資龍"資助項目

"方以智集"出版説明

方以智,字密之,號曼公、愚者、無可、藥地等。萬曆三十九年(1611),生於安徽桐城。崇禎十三年(1640),進士及第,授翰林院檢討。明亡後流離嶺表,永曆帝累以内閣大學士相召,終上十辭疏而不入朝。順治七年(1650),在廣西平樂爲清兵所執,披緇得免。順治九年(1652)北返,經樟樹(有藥都之稱),停廬山,抵桐城。次年春往南京曹洞宗禪師覺浪道盛處,圓具足戒,法名大(弘)智。順治十二年(1655)因父喪破關回桐城,廬墓三年。服闕後禪遊江西,並於康熙三年(1664)入主青原山淨居寺。康熙十年(1671),因"粤難"押赴廣東,卒于江西萬安之惶恐灘。

方以智雖一生坎坷,卻好學不倦。早歲重考訂,《清史稿·隱逸傳》稱其"年十五,群經、子、史,略能背誦。博涉多通,自天文、輿地、禮樂、律數、聲音、文字、書畫、醫藥、技勇之屬,皆能考其源流,析其旨趣。"中年以後,瀕經離亂,備嘗艱險,爲學轉趨幽深。出家後思考重心多落在烹炮三教,宗一圓三,環中寓庸,會通《易》《莊》禪之途。所著書,存世者不下400萬言。其中,《物理小識》、《通雅》等屬前期作品,《易餘》、《東西均》、《藥地炮莊》、《冬灰錄》、《一貫問答》以及《周易時論合編》(方孔炤、方以智合編)等爲後期代表作,另有詩文集若干種。

方以智生前聲名籍甚,身後卻默默無聞,與其學術史地位頗不相稱。"方以智集"箋注疏釋方以智要著,以饗學界。尚未流通者,優先推出。已整理而明顯不盡人意者,亦不憚重出:或校點,或校釋,或校訂,或彙編,有注音,有釋義。一切以可讀、可用爲準也。方以智文字艱深玄奧,索解不易,本集不敢以盡善盡美爲矢的,歡迎讀者批評指正。

古典文明研究工作坊
中國典籍編注部乙組
2011 年 5 月

目　録

校注説明 …………………………………………… 1
浮山文集前編
　卷一　稽古堂初集 ………………………………… 3
　卷二　稽古堂二集上 …………………………… 35
　卷三　稽古堂二集下 …………………………… 65
　卷四　曼寓草上 ………………………………… 102
　卷五　曼寓草中 ………………………………… 127
　卷六　曼寓草下 ………………………………… 184
　卷七　嶺外稿上 ………………………………… 227
　卷八　嶺外稿中 ………………………………… 260
　卷九　嶺外稿下 ………………………………… 288
　卷十　猺峒廢稿 ………………………………… 315
浮山文集後編
　卷一　藥地愚者智隨筆 ………………………… 333
　卷二　藥地愚者智隨筆 ………………………… 376
浮山此藏軒別集
　卷一　浮廬愚者隨筆 …………………………… 415
　卷二　浮廬愚者隨筆 …………………………… 458
附録一　膝寓信筆 ………………………………… 483
附録二　輯佚 ……………………………………… 509
附録三　序跋 ……………………………………… 555
附録四　傳記與評論 ……………………………… 566

各卷詳錄

浮山文集前編

卷一　稽古堂初集
擬求賢良詔
擬上求治書
文論
結客賦
九將

卷二　稽古堂二集上
擬上求讀書見人疏
史漢釋詁序
五言古詩序
清芬閣集跋
曾子序
廬墓考序
廬墓考論贊
爲揚雄與桓譚書
梅朗三詩序
朱貞吉王孫絕命貼題辭
龍唐山題辭
將歸賦

瞻陰雨賦
蘇武子薊西雜詠序
陳百史詩序
小山詩十九首序
孫武公集序
陳卧子詩序
陳昌箕詩序
麻孟璿古逸詩載序
血書孝經題辭
稽古堂雜錄敘
泊軒記
靜深堂記
祭馬太僕文

卷三　稽古堂二集下
親臣議
貨殖論
士習論
擬漢武帝罷田輪臺詔
爲賈誼對漢文帝問
擬主爵都尉汲黯爲故魏其侯竇嬰

故太尉灌夫白冤奏
　七解
　多言誡
　送李舒章序
　字韻論
　龍眠後游記
　醫學序
　四書大全辨序

卷四　曼寓草上
　激楚
　顧瞻噫
　請代父罪疏
　請纓疏
　召對補奏
　上通州魏相公書
　帝學
　相道
　中涓議
　錢鈔議

卷五　曼寓草中
　考古通論
　書晉賢傳後
　書鹿十一傳後
　采石文昌三台閣碑記
　通雅序
　此藏軒音義雜說引
　吳鑑在北征草序

周元亮友聲序
刑部主事項公傳
通雅又序
字彙辯序
熊伯甘南榮集序
送周農父還故鄉序
曹根遂先生博望稿序
史統序
周易時論後跋
史斷
史論[二]
史論[三]
任論
淮陰侯論
幼安論
孔北海論
清談論
論虛談大道不講實務之病
箕山說
舜娶說
李斯斬趙高說
子陵論
王叔文
防亂
出門庭論
兩端之中
即事而隱說
名教說後

卷六　曼寓草下

- 明堂說
- 裕禘說
- 魯禘說
- 詩亡非雅亡說
- 六宗說
- 合止柷敔論
- 星土說
- 禹貢水說
- 用幣說
- 詩樂論
- 詩蔽
- 樂調考
- 四禮說
- 參兩說
- 人身呼吸合天地卦氣說
- 物理小識自序
- 象數理氣徵幾小序
- 物理總論
- 四行五行說
- 水火本一論
- 水患說
- 藏智于物說
- 醫藥通類約幾說
- 書姓氏抄後
- 養生約抄序
- 神仙說

卷七　嶺外稿上

- 寄李舒章書
- 嶺外文序
- 送黃公之潯州序
- 送晏公序
- 送龔銓部督兵出虔序
- 歷昭紀略序
- 書通雅綴集後
- 為朱子暇太守畫
- 為瞿稼軒題畫
- 又春溪圖
- 為子暇跋小米雲山
- 為徐巢友畫
- 瞿稼軒年伯詩序
- 冰井記
- 答吳年伯書
- 夫夷山寄諸朝貴書
- 九龍盆飯僧題辭
- 劉遠生生還疏序
- 曠達論
- 俟命論上
- 俟命論下
- 勸學編引
- 書劉蕡傳後

卷八　嶺外稿中

- 寄首輔瞿年伯
- 寄閣部雲從何公
- 與楊峒若
- 與程金一

答金道隱
又答衛公
寄張爾公書
又寄爾公書
屈子論
姚忠壯公傳
寄朱震青相公書
掌憲疏序
代瞿年伯壽新興焦侯序
鑑在變詩序
爲鑑在直指畫
題粵西直指署中後堂扁
臨黃鶴林泉讀書圖書其後
爲瑤王孫數筆
寄朝中諸公書
平西答劉客生書
與丁金河
與金道隱給諫
祭姚默先文
姚吳二君墓誌銘

卷九　嶺外稿下
林子詩序
壽魯開府序
祭瞿相國夫人誄詞
壽留守瞿相國六十序
和州王良翰傳
劉大司馬傳略
不改居默記引

與留守相公借書
夕可先生贊
書莊子後
曾少司馬墓誌銘
祭鹿公叔祖文
鹿公小司馬墓誌銘
稼軒瞿相公傳

卷十　猺峒廢稿
夫夷山再辭疏
四辭請罪疏
請修史疏
六辭入直疏
七辭疏
八辭疏
九辭疏
十辭疏
芻蕘安言

浮山文集後編

卷一　藥地愚者智隨筆
辛卯梧州自祭文
祭直之弟文
等切聲原序
匡廬名字疑
向子期與郭子玄書
惠子與莊子書
祭姜如須文

虛舟先生傳
書顧人正幅
孝經通箋序
書周思皇紙
擊磬集序
范汝受集引
孤史序
靈前告哀文
宋子建秋士集序
周易時論合編後跋
讀書通引
文受序
貨殖傳評題詞
易餘引

卷二　藥地愚者智隨筆
五老約引
正叶序
游梅川赤面易堂記
河邨集序
炮莊引
東山俗民和五老約題醼
禮部儀制司主事黃公墓碑銘
徐巨源榆墩集序
極丸孛人說
游子六天經或問序
獨孤子集序
莆田通天寺碑文
甲辰秋游記

耐庵李昌谷詩解序
余小蘆賦序
周遠害詩引
青原山水約記
青又記
游永和記
武功游記
青原得瀑記

浮山此藏軒別集

卷一　浮廬愚者隨筆
跋介公舊本千文
跋魏子一仿顏字後
書司空圖詩後
跋楊周二公所書詩後
書周苦蟲卷後
書遺教經後
題嚴相國家藏坡書
跋樂毅論帖
書合璧端友集後
題朱夐軒陶燎說
跋施教臣藏潁井蘭亭本
題東坡狂草醉翁記
書遺筆卷
跋藏真自敘帖
題倪文正公芝石圖
題季子畫與表弟
墨歷爲雨樓畫雨

題沈啓南虎圖	武功圖坪新瀑
爲了庵作畫	九潦
題畫寄爨湖	三峽
題徐伯調松柏圖	連雲棧
岱[名山卧游圖]	洞庭君山
華	觀潮
嵩	具區
衡	徑山
恒	赤壁
龍眠	武岡洞口
皖天柱	二姑
九華	牒水巖
石門洞泉	點蒼
匡山三疊	岣崡崖
雁蕩	卧游冊總跋
天台石梁	跋客生聖教序
潛大龍山	跋褚河南書聖教序碑拓
桂朔	壺華礓磼
寧都金精諸峰	題九成宮壺中本
峨眉天門	書於陵子後
浮渡野同巖	書呂覽造閉解閉説後
太姥山	書閔子馬説後
釣臺	書方虛谷序牧潛集後
武夷	題清芬閣白描大士像
黃澥	寫憨寂圖寄益然大師
石鐘山	書鶴銘卷竢庵語後
采石	題吳季六乾筆佛像
雨花北望	書韓忽忽篇陶神釋詩後

重潢子暇靈山邃廬圖　　　金蓮山請題
爲蔭公書卷　　　　　　彌勒如來贊
跋王晉卿孝行圖卷　　　別路杖影
跋清明上河圖卷　　　　又題小像
書藥王說後　　　　　　游山像
書評文卷後　　　　　　題畫冊後小影
跋南泉所藏銅海書貼　　題仿古冊後
書蘆藥合草後　　　　　題枯筆山樓
跋直之弟所臨顏貼　　　卷幔看泉圖
跋渡海羅漢卷　　　　　枯樹圖
跋五乳遺筆　　　　　　騎驢過橋圖
爲俗民書竹卷後　　　　偃松芝石圖
書綽山卷後　　　　　　題三笑圖
書王日休坐脫卷後　　　題欅莽洲岸圖
書小愚卷　　　　　　　懸崖松櫟圖
因二貞一篇跋　　　　　題畫寄俞邠
　　　　　　　　　　　又題
卷二　浮廬愚者隨筆　　題靈壽木
題大士垂一足像　　　　爲剛臣題
眉心大士　　　　　　　乾點
爲石輋老宿題覆頂大士像　遠峰入樓圖
姑山定庵請題　　　　　山肩小閣圖
花冠古像　　　　　　　崖下放舟圖
墨刻像　　　　　　　　埃皴觀瀑圖
露頂雙髻垂手像　　　　烟柳圖
爲藥雲題　　　　　　　又柳亭
爲柳齋題大士　　　　　爲硯鄰作
爲懶生題大士像　　　　題雙松
瓔珞像

題畫	菰竹杖銘
雪中騎驢圖	竹根筒銘
懸崖遠覽圖	筆筒銘
扁舟洞口圖	班竹根筆斗
松石圖	腫木筆筒
題蕭尺木畫	班竹詩筒銘八則
題望子閣帖	槭株筆筒二則
跋畫石卷	竹根盤旋銘二則
題蒼莽粗豪幅	旋銘三則
題韶秀蕭散幅	竹根盤銘二則
題方解石	大理石盤銘
玲瓏石	竹根鉢銘
潑墨疊崖	梡厥
雄踞石	枅木案銘
列指石	枅板銘
題黑石芝	戒尺銘四則
穿漏石	赤心文木戒尺銘
擬雪浪石	荔枝瓢銘
鬼面皴	木如意銘二則
回字皴石	圖章銘
題石寄玉田	令升紅黃圍帶硯銘
累圓石	硯銘九則
縐爪石	
群峰小屏	附錄一　膝寓信筆
題石寄黎愧曾居士	
文孝貞述兩先生遺帖後跋	附錄二　輯佚
書桃源卷後	縵軒詩序
方竹杖銘十則	青原志略發凡

芝穎化禪師青又庵遺語序
藥室說
隨寓說
大畜說
鑄燧說
新洛突說
核室說
歸雲閣閒居說
致青原笑和上
與藏一
與易堂林確齋
又與澹文、虎符
答舟次
修浮渡山舍利塔院引
浮渡山報親庵說
遠祖塔院齋僧田記
浮山游記
與胡簡上明府
與孫魯山司馬
復吳函雲水部
復吳夔田明府
與陳默公司馬
與山足監院三則
復合邑公啟
答懷寧縣紳縉請住華嚴寺啟
答延陵吳山主公啟

首山庵記
藥樹堂碑銘
懸榻編序
山聞詩序
寄喬生二則
鸕石周氏續修譜序
語要序
陶庵雜記敘
西昌蕭次公先生墓誌銘
了庵文集敘

附錄三　序跋

稽古堂初集序（陳仁錫、何如寵）
九將序（蘇桓、劉城）
稽古堂二集序（周岐）
激楚序（黃景昉等）
激楚顧瞻噫跋（吳德操）
浮山別集跋（劉砥）

附錄四　傳記與評論

方以智傳三則
愚者大師傳（徐芳）
無可大師六十序（施閏章）
與木大師書（魏禧）
哀述（方中通）

校注説明

　　《浮山文集》是方以智一生文章的總集。全書包括《前編》十卷，《後編》兩卷，《別集》兩卷，共計十四卷。其中，《前編》收錄出家前的作品，《後編》收錄出家後的文章。《別集》以書畫題跋爲主，也包含少量的銘文。

　　方以智年輕時曾匯編過自己的文章，這從《前編》首卷《稽古堂初集》的兩篇序文即可看出。另外，他的好友周岐也曾幫他編過一個集子，此即《前編》中被稱作《稽古堂二集》的兩卷。不過，方氏的其他文章在其生前是否已經結集，我們并不清楚。我們所知道的只是，《文集》的最後編刻是由方以智的三個兒子在其去世後完成的。

　　《前編》和《後編》的篇幅相差懸殊，恐怕也不能純粹歸因於作品數量的多寡。個人認爲，《後編》應該已不完整。理由主要有三：一是《文集》在清朝屬于禁書，現存本子又屬孤本，殘缺的可能性極大。二是方以智的很多晚年作品散落在《青原志略》《浮山志》諸書中，卻沒有被收錄到《後編》裡面，這與《別集》不放過只言片語的做法很不一致。三是馬其昶《桐城耆舊傳》稱密之有"前後編十六卷"，即便算上《別集》的兩卷，《後編》也至少應該有四卷之多，而不是現在的區區兩卷。

　　相對於其他專門著作如《通雅》《物理小識》《東西均》《易餘》《藥地炮莊》《冬灰錄》等而言，《文集》文體不一，內容龐雜，但優點也是很明顯的。《文集》所收文字前後跨越數十年，是了解密之一生思想和行事變遷的很好素材。他對理學態度的變化，出家前後的內心折磨，忠孝難兩全時的艱難決擇，晚年的精神歸宿等等，都可以從這些文字中找到蛛絲馬跡。另外，《文集》對于南明史、經史考訂、書畫賞鑒等方面的研究，也有重要的參考價值。

　　此校注本以《續修四庫全書》影印湖北省圖書館藏清初此藏軒刻本爲底本。參校的有《桐城方氏七代遺書》本所收《稽古堂文集》，此書乃方氏後人從《前編》中選錄三十余篇而成。其他散見於《通雅》《物理小識》等書中的文字，則與相應的初刻本作了對校。附錄一收入了密之早年的一篇札記體文字《膝寓信筆》，該文寫作時間與《稽古堂集》相近，可以幫助了解密之的早年生活。附錄二中輯錄的文字主要見於《青原志略》和《浮山志》，其中，《浮山志》的底本由樅陽友人陳靖先生幫忙復制。末五文《鸕石周氏續修譜序》《語要序》《陶庵雜記敘》《西昌蕭次公先生墓誌銘》《了庵文集敘》由臺灣東華大學謝明陽教授提供。厚情雅意，不敢稍忘，特此致謝。

中山大學哲學系　張永義

浮山文集前編

卷一　稽古堂初集

擬求賢良詔［澤社題］①

　　詔曰：知人官人，典謨著之。《書序》："典謨訓誥誓命之文凡百篇，所以恢弘至道，示人主以軌範也。"明於求賢，帝王由此其選也。國家明訓，設爵禄以待士，公卿有司，以廣教化，可不謂意甚盛哉？今百姓重困，經費不贍，■■侵犯，歲比不爲。墨釘爲後人涂抹，蓋語涉忌諱也，下同。若稽古至治，風雨時，刑罰措，天下晏如，四裔倈服，果何施以臻此？朕用興寐，憪然嘉與天下之士，更化善治。興寐，夙興夜寐。憪然，勁忿貌。乃者澤不下究，士罔積行，進者苟以圖榮，居官爲奸，將法有未善與？抑世無人，而求賢之道未備與？何紛然治之難也？二祖列宗，皆徵賢良在左右，使時時有補益，豈徒以曼詞進哉？今天下惟制舉是工，先王法言，一未之聞，何尤乎寡廉鮮恥也。法言，法語之言，合乎禮法之言論。用是特修徵士之典，以風天下。爾公卿有司，務虛公，毋蔽賢，興廉舉孝，庶幾紹休。虛公，虛心公正。紹休，"紹休聖緒"之省稱，言紹承先聖之美業也。其令所在官，下郡縣舉賢良文學之士，洽聞經術，明當世之務者，遣詣京師。年有無所著，勿遣。朕將親策焉，其毋有隱。

---

①　原書注文放入中括號內，下同。

擬上求治書

　　草野士愚昧無算，不知避迕，敬上書執政先生。先生膺股肱之位，四方是毘，宣德澤，安阽危，爲國家賴。毘，通"弼"，輔助之意。聖天子在上，資并廣運，首剪群奸，奠宗廟，更始厲治，一復祖宗之舊。廣運，廣遠之意。《書·大禹謨》："帝德廣運，乃聖乃神，乃武乃文。"數年以來，躬自節儉，減膳衣浣衣，尊天敬祖，振古于茲，列辟所未聞也。列辟，歷代君主。日召對諸臣，問以國家之事。數下詔求得人，重廉恤民。責有司，早夜未遑。有聖明之君如此，委任諸執政，執政先生崇休令聞，躬逢曠代，何天之龍，豈非千載一日哉？崇，高。休，祿位。何，同"荷"。龍，乃"寵"之省文。語出《詩·商頌·長發》。今天下勢若此，而莫之省憂，竊爲先生不取也。愚管一得，敢不畢議願知？幸賜清燕之閒，少加熟察焉。

　　嘗目今天下之勢，兵革繁興。西北烽火，■■猖獗。七代遺書本改四字爲"邊事不競"。叛將負固，瑯琊未滅。中州趙境，平原荒薦。關中阻深，皆爲流賊所搜牢。南方自越、東甌，距全閩、兩粤，浸及章貢，草竊蟠突。其瀕海者，海賊出沒爲患。滇憂未已，蜀爲土司所制。僅僅南畿，尚未告變耳。其郡縣據坑壑爲盜藪，它不可勝計。一二指搐，身慮無聊，此豈特病痱哉？訾費一方，輒數百萬緡。以絲穿錢，一串爲一緡。無已加賦，徭役累息，民愁流庸。無已，不得已。庸，同"傭"。流庸，流亡在外、替人傭作。重以貪暴之吏，刑戮妄加，浚其膏脂，赭衣半道，閭里匈匈。赭衣，罪犯。匈匈，喧嘩聲。歲一嗛，蜂起耳。嗛，歉收。在上者既或聞耳矣？未聞耶？是豈大臣擁貴居，攬權勢，以指使人，唯其所欲爲時耶？

　　世之佩綬拖紫者，慮無不以苟且得尊位爲能。綬，佩玉之絲帶。七代遺書本作"縰"。一日九遷,激昂要路,窮美好之奉,極聲色之欲。達者貴適意,無庸立功名,稱後世也。前歲■一薄畿內,赤白囊星急押至,卧堅被銳,門九門,薰隧不通,金鼓夜恐,則憒而抱妻孥泣耳。赤白囊,遞送緊急情報之袋。薰隧,道路。及■載金帛稍歸遵、永間,即喜曰■還矣,置酒張設也,可數持刺逢迎人也,中貴人貴用事,可多金通問好也。遵,遵化。永,永平。刺,名帖。■破不破,且勿問焉。自"前歲"至"且勿問焉"八十七字,七代遺書本删。此其卑卑内駁,可鄙孰甚?駁,愚昧。然豈願爲大逆不道?亦不過受爵不讓,爲身家而已。夫立功名,忠於國,則坐籌廟堂,出行戎邊,均之不爲身家,然後可以有爲。彼爲者罔密事叢,失期内顧,爲仇嫉者所媒蘖。罔密,法網密。事叢,事務多。媒蘖,挑撥誣陷。及至名毁身辱,即賢者未嘗不悔,如委蛇時事者明哲也。不肖者業欲矢志樹事,則向所爲極欲縱樂,不得不少損矣,而又有患,與夫錄錄而位尊,孰智計乎?是其間安可容猶豫焉?嗚呼,朝廷之事,日壞不支,大率坐此。

　　議者皆曰:"久凋刟矣,事且掣肘,不可爲也,毋動便。"凋刟(guì),疲弊貌。噫,朝廷之事,豈遂坐視不可爲耶?要之無人。知人誠重矣,天下豈遂若無人耶?人非不知之,而卒以不知,愚以爲由於是非不一。是非不一,則賞罰不信,名實不當。是非不一,賞罰不信,名實不當,愚以爲由于寵賂不禁。《傳》曰:"國家之敗,由官邪也。官之失德,寵賂彰也。"語出《左傳》桓公二年。今夫輔揆汗號,司文武銓除,典譴籍,六垣十三臺之諮諏,度支水衡之會計,三司之讞決,巡方之糾舉,學政之錄俊,監司之報殿最,郡邑之領專城,皆賂所出入也。輔揆,首輔閣揆。汗號,號令如汗、出而不返。銓除,選授。譴籍,譴送籍没。六垣,六部。十三臺,十三道御史臺。水衡,掌管水利之官。三司,明代各省所設都指揮司、布政司、按察司。巡方,天子委派巡察四方之官。錄俊,對府縣學生的考核與選拔。

殿最，考評下等爲殿、上等爲最。領專城，主宰一城。誠見當今之世，未有非多財者超遷，廉潔者伏處。賈生曰："廉吏釋官而歸，爲邑笑。居官敢行奸而富，爲賢吏。家處者犯法。"語出《新書·時變》篇。所引語義不全，賈誼原話爲："今世貴空爵而賤良，俗靡而尊奸。富民不爲奸而貧，爲里侮也。廉吏釋官而歸，爲邑笑。居官敢行奸而富，爲賢吏。家處者犯法爲利，爲材士。"誠然哉！決大計，論功罪，何錢財不可勝也？大計，考核外官之制度。明代每三年一次。彼正人抗俗寡合，又不能以利自締結，可擿觖轢藉之也。擿觖（tī jué），挑剔。轢，碾壓。藉，踐踏。賄賂不禁，而欲賞罰信，名實當，是非一，得乎？

初爲其利，而故亂其是非。究且怙氣，執以爲見其當然。非必當然也，往往假朝廷之法，以意行之。法者朝廷所以生殺予奪，宰制天下也，乃爲臣子之意，竊深惟之，逾可悼痛。意之爲私，誰曰不然？既以私意爲是非，亦視與我之情厚薄爾已，烏問法。情比昵事我，所非是之。不相能，所是非之。又惡其自私出也，窺至尊之意重疆場，即可以疆場中之，至尊之意責效迫促，而弊重難卒治，米鹽煩苦，可因而去之。可以意中之、去之，亦可以恩市之。諭意風指，使人以微故彈簡，受忤於此，而發毒於彼，苛察繳繞，令當之者無所自解。是故逃將喪師，可慰舊職也。反書遺■，可勿伏棋，寃也。遺■，七代遣書末改作"通款"。棋（zhēn），砧板。貪污受贓，可減等也，且可膴仕也。膴仕，厚祿高位。而獨木強，坐不稱意，不善承奉者，斷斷乎致以文深，抵冒殊扞。木強，忠厚倔犟。抵冒殊扞，以抵觸、冒犯、殊絕、扞拒爲借口，入人以罪。于是朴愿方正，杜口齰舌，重足而立。而貪婪競進之夫，伺主者意，多方中訽，設羅鉗，罹所怨惡者，殺人以媚之，冀以得當其快。訽（xiòng），探聽。苟得當其快而見寵，雖斫比干，烹夷齊，庸何傷？夷齊，伯夷、叔齊。長安道中，斐斐往往，朝參罷，抱膝馬莝下，即商所以刺人者。莝（cuò），飼料。刺（fú），鏟除。某寡惠於我，若爲我報仇。若有，我爲若亦如之。易匕首以刺人，何其忍乎？則前所謂卑卑鄙夫，尚得爲賢矣。哀哉！本以其私意也，而儼然天子之公法，雖有辨士之舌，亦烏能窮其詭邪？悲夫！一朝之上，各樹私人，各懷私怨，此急報之，彼又報之，人材摧折，曾幾何矣。日相尋之未已，遑籌所爲控■狄、裕財用哉？■狄，七代遺書本改爲"四夷"。

子丑之交，瑞禍之虐，言之使人至今病瘆。指天啓甲子（公元1624年）、乙丑（公元1625年）魏忠賢迫害東林黨人事。執政先生，宜以此時，湔灑前郵，輔弼治化，急所當務，擇人共職，振紀綱，核薦舉，公銓曹，責守令，廣諫議，厲久任，勉將士，畫所以防■何策也，議戰守何術也，兵何以不驕、盜何以弭也，屯田、馬政、鹽法何經也，賦役財斂何法也。湔(jiān)灑，清除。郵，同"尤"。防■，七代遺書本改作"防邊"。參前代之制，法祖宗之訓，芟今日之弊，重廉讓以禁賄賂，釋私意以正是非，則賞罰名實，自不混淆，奸宄顧化，賢良氣奮，而朝廷之事無成功，未之有也。顧化，留顧而化之，聽從其教也。雖未必幾畫象之治，日月不蝕，山谷不震，麟鳳在郊，祥瑞日見，然訟獄衰息，國用富強，四裔畏威，吏稱其職，民安其業，則荀子所謂法後王，固不可黜耳。畫象之治，唐虞時畫衣冠以象五刑，而百姓不犯。法後王，見《荀子·非相》篇："彼後王者，天下之君也。舍後王而道上古，譬之是猶舍己之君而事人之君也。故曰：欲觀千歲，則審今日。欲知億萬，則審一二。欲知上世，則審周道。"執政先生，播揚洪業，銘功鼎鐘，其爲身家，豈不亦猗與盛哉。然後唯其所欲爲，無不可也，執政豈無意乎？

古者匹夫得接見天子，而今公卿閥閱、蒼頭廬兒出入傳呼，肅警于建章。蒼頭、廬兒，奴仆。建章，宮闕名。愚生么麽，不足以當躧履，度觸忌諱。麽(mǒ)，微細。躧(xǐ)，鞋。然猥以當有災異，舉直言極諫以聞，猶之博士具官，采萬一焉。《詩》曰："先民有言,詢於芻蕘。"語出《詩·大雅·板》。芻蕘,草野之人。若不見忤,當具草野之策,條對急故,略見施行,天下福矣。幸辱候人之進之,主臣主臣。主臣,惶恐貌。七代遺書本删"之主臣主臣"五字。

文　論

　　文固未可以一二論也,號屬文家衆矣,何其不古耶?豈世漸使然,不可復哉?抑作者安於下乎?特達之士,以爲當急應時,立功名,區區甚辭,壯夫不爲,何益?又有以爲章句小儒,破碎大道,正欲反朴,見諸行事,何徒美其文詞,以曉曉于世爲?有,七代遺書本作"且"。是二者皆是乎?更相笑也,豈可謂無見?雖然,已甚,未見其大,亦作者過耳。

　　嘗試論之:古之儒者,載籍極博,必考信於六藝,通天人,觀古今。不能身通,則專師通一經,然後著作成一家言。夫宓羲造書契以後,《六經》尚矣。《易》以明陰陽,《書》以導政事,《詩》以和性情,《禮》以別等威,《樂》以美風俗,《春秋》以正是非。其言皆至德要道,不可以文辭稱,然文至矣。

　　仲尼删述《六經》,獨其志在《春秋》。《孝經·鉤命訣》載孔子語曰:"吾志在《春秋》,行在《孝經》。"丘明、高、赤爲之《傳》,左氏獨詳。丘明,左丘明。高,公羊高。赤,穀梁赤。又爲《國語》以表之,此史所昉也。其間楚相、荀、虞、呂不韋,往往捃摭《春秋》之文,采取成敗以著書,不可勝記。楚相,指楚太傅鐸椒,著有《鐸氏微》三篇。荀即荀況。虞,指趙相虞卿,著有《虞氏微傳》二篇。他如老、莊、管、韓、申、墨、關、尹文談之流,各著爲子,又雜史、諸子所昉也,其文人人殊。關,關尹。尹,尹文。至《周禮》《儀禮》《爾雅》諸書,其文皆非聖人不能作,或非之。大約今所列《十三經》,不可廢也。

漢興,陸生稱説《詩》《書》,而《世本》《戰國策》間出。陸生,陸賈,著有《新語》。司馬談、遷父子,乃論撰前籍,罔羅逸文,作《史記》。班彪、固父子,作《漢書》。昔稱遷有良史材,服其善序事理,辨而不華,質而不俚,其文直,其事核。而固書洽通典重,議論頗不詭於聖人,于遷何多讓焉?故《六經》下有《左》《國》,而《史》《漢》遂爲高古絶倫,下此自不逮矣。

古未嘗以集名書。《漢・藝文志》所具,亦多不存。因劉歆《輯略》後,東京乃有撰集古昔,若當代人所爲文,類編之曰"類集"。辭令論敘,本乎著作。導揚諷詠,達乎比興。先王遺澤未泯,士習深厚,風諭論議,婉而章,肆而隱,曲而中,從容而意獨至。其陳制申典,忠而不阿,直而有禮,億中時獲,知類通達,可謂賢哲之文矣。如戰國魯連之射聊城,樂生之報燕惠,李斯之諫逐客,豈非近代書疏之首哉?魯連射聊城,載《戰國策・齊六》。樂毅報燕惠,載《戰國策・燕二》。李斯諫逐客,載《史記・李斯列傳》。屈平放逐而作《離騷》,宋、唐、景差之徒效之。宋玉、唐勒、景差三人皆戰國末年楚國辭賦家。《大風》《房中》,猶楚聲也。《大風》,漢高祖劉邦所詠,其辭曰:"大風起兮雲飛揚,威加海内兮歸故鄉,安得猛士兮守四方。"《房中》,全稱《安世房中歌》,見《漢書・禮樂志》。録別十九首詩,有三百風。十九首,即《文選》所録之《古詩十九首》。三百風,即《詩》之國風。《子虛》《甘泉》諸賦,實麗以則,洋洋乎!《子虛賦》,司馬相如作。《甘泉賦》,揚雄作。武帝好儒雅,選言弘奧,制策典則,多爾雅之文。典則,詩文章法。即賜侍臣嚴助、吾丘等書,又何雄厚也!故漢儒雅踵生,賈、晁、董相、鄒、枚、長卿,以迄更生父子,子雲之倫,格王正事,罔非經義,摹据温文,各爛如也。賈,賈誼。晁,晁錯。董相,董仲舒。鄒,鄒陽。枚,枚乘。長卿,司馬相如。更生父子,劉向、劉歆。子雲,揚雄。格王正事,語出《書・高宗肜日》:"高宗肜日,越有雊雉,祖己曰:惟先格王,正厥事。"孔注:"言至道之王,遭變異,正其事而異自消。"

　　當是時,史有《儒林》,未列《文苑》。鴻采大篇,獨斑斑見之《漢書》中。故《漢》之無《文苑》也,非無文也,夫人而能爲文也。《後漢書》實始傳《文苑》,競新濫而文益衰。然所載書議,尚爲可觀。陵遲至於六朝,屬文家一以連類比辭,其文靡靡。唐承其弊,習俳識陋,麗猥不振,獨有詩。然蘇李之遺,建安之氣,殆盡不可復。《文選》所收題爲蘇武、李陵作之五言古詩,史稱蘇李體。建安之氣,代表人物爲曹操父子及孔融、陳琳、王粲、徐干、阮瑀、應場、劉楨等。惟其律及七言古絶句,爲得致耳。元和而後,漸以靡蔪。元和,唐憲宗年號(公元806-820年)。靡蔪,靡麗。施及有宋,終以不返。由此觀之,韓修武之一芟前習,陳理嶄然,豈不亦偉與?韓愈,河南修武人。柳州、廬陵,繼以益恣。柳宗元曾任柳州刺史,故稱柳柳州。歐陽修,江西廬陵人。蘇氏父子,多以危言劇上,古争臣難之。蘇氏父子,蘇洵、蘇軾、蘇轍。劇(mó),直諫。其策論可謂善指事意,至稱其直軼秦漢,恐燕郢也。後此時也,吾烏能禁之,而又烏用昂之哉?其時儒者,多明聖人之指,微矣。然於出詞氣,頗不雅馴。安見不可以秦漢之法,達其辭也?

　　自梁昭明爲《文選》,選始分諸類。自是文體益繁備,爲文者,乃各爲之。賦者古詩之流,詩體最不一。頌,誦功德也。王言曰策書,策,簡也;曰制,制,裁也;曰誥,誥,告也;曰勅,勅,正也。其事重,封以璽,曰璽書。唐宋曰批答。臣下陳言曰章、奏、表、疏。章者,明也。奏,進也,曰奏劄,曰奏狀。表,標也,謂標著表白之也。疏,疏通其故也。議,宜也,其陳便宜。慮有宣泄,囊封以進,曰封事。其應詔陳政獻説,曰對策,曰射策。而糾罪有按劾曰彈文。七代遺書本刪"有"字。其書、志、記、序、論、説、解、辨、原、七、問、對、連珠之類,更爲悉。書者舒也。記之言志也,志識其實事也。序者緒也,敘其事緒也。

論者倫也，綜群言而倫次出之也。説者述也，悦也。解，釋也。辨以決其難，原以探其本，誡以警其違，贊以稱其美。引題辭以倡其端，題跋識以標其尾。曰七、曰對、曰答問，皆極其往復，以盡其辭。曰連珠、曰雜著，皆隨文以發其指也。其用之公府，則有啓，有奏記、奏牋。用之黎庶，則有譜、籍、簿、録。徵信百官，則有關，有移文。軍旅則有符檄，有露布。啓，陳也。牋，表也。譜，普也。籍，藉也。簿，圃也。録，領也。移，易也。關，關白也。關白，報告。檄，軍書急也。師有功，書之露板不封，曰露布。其大者，敘事之辭曰傳。傳者傳也，以傳永久也。碑誌記之石，以不朽也。謚議行狀，狀，貌也。貌其行事；議，定其跡也。誄，累也。累其行誄之，亦曰祭文，曰哀辭。是諸體者立，文人益泛鶩難贍。其爲愈多，其文愈卑，要之能不離雅馴者近是。

　　惡，難言也！惡，嘆詞。世之學者，業欲治一經，得富貴，安得廣獵事此？其所爲名高，號能屬文家，又甚苦原本經傳，博學強識，慮發其聰明，小有才，能持詭辨，以逢世，亦取其易爲者爲耳，何必《左》《國》《史》《漢》，訓辭深厚，令人詰屈哉？既以如是，則不類者，必且訛之。非恐其勝之也，見穴之也。見，識見。穴，束縛。是故縉紳役簿書，樂其便近而稱焉。流俗之士，欲以其求田宅，逐什一，乘堅策肥，恩有司之心，爲文，顧不望風而靡乎？其賢者急于合時，不違洽聞，亦甚喜夫一日而至者也，相以易曉，忘其鄙倍。束髮時，誦一制舉義，長而苟協平仄，觀一二近代集，爲詩古文辭，即以向所爲制義者充之耳。它能省逸書小記，綴其奇字，則洞心駭耳矣。已悔之，道無由至，則又有辭曰："世漸使然，不已較與？生今反古，有識者所譏。《詩》必則三百，三百而前，誰爲者？文即則《六經》，其如《六經》而前何？丈夫貴自我作古耳。"楚越之諺，兜離之語，皆可并典墳、齊風雅焉。兜離，難懂的話。典墳，三墳五典。藉第令有志古道，然不可卒致，其所爲鄙倍者，天下又且稱之不衰，欲其舍所學，就不可卒致之門，是猶以鞭狎狸也，猖披之惡，可勝歎哉？以是求修武以後諸家，亦已萬一矣，何言秦漢，何言《六經》邪？夫然能爲涉獵，如以辭而已者已美矣。國家文治甚昌，雖專以經義錄士，而古學加修，蓋令深于義理之文，且以觀博約之致、王體國法、經世之略。苟若是者，固已儒也，豈謂以今之鄙倍然哉？

高皇帝時，佐命之臣，宋文憲、劉文成以文著。宋濂諡文憲，劉基諡文成。他如高、劉、黃、王諸公，皆風調諧美，邦之彦也。至孝皇之世，李北地、何信陽憝學者之不達其意而師悖，乃稍稍爲秦漢之説。李夢陽，北地人。何景明，信陽人。二人乃明代文壇"前七子"領袖。《明史》卷二八六："夢陽才思雄鷙，卓然以復古自命。弘治時宰相李東陽主文柄，天下翕然宗之。夢陽獨譏其萎弱，倡言文必秦漢，詩必盛唐，非是者弗道。與何景明、徐禎卿、邊貢、朱應登、顧璘、陳沂、鄭善夫、康海、王九思等號十才子，又與景明、禎卿、貢、海、九思、王廷相號七才子，皆卑視一世而夢陽尤甚。"迄于嘉、隆，濟南、江東拔茅而前，而歸、唐又以平衍達之，雖曰經學尚淹，可歎才難矣。嘉，嘉靖。隆，隆慶。李攀龍，濟南人。王世貞，江蘇太倉人。二人乃"后七子"領袖。歸，歸有光。唐，唐順之。二人爲"唐宋派"代表。平衍，平鋪直敘。此數家者，皆能概見，有不稱，亦所不免。石渠、白虎故事，卒鮮所尚。漢宣帝于甘露三年（公元前51年）詔蕭望之、劉向等，在未央宮北之石渠閣，講論五經異同，史稱石渠會議。漢章帝于建初四年（公元79年）召集諸儒于洛陽白虎觀，討論五經異同，是爲白虎觀會議。潛谷、本清，其所著書，於言經無異，然敘述編史，緣飾國家之事，爲獨近雅。鄧元錫號潛谷，著有《函史》。章潢字本清，著有《圖書編》。諸言道者，又出詞鄙倍，糟粕典籍，置之不論矣。嗚呼，世無仲尼，遂無所折中與？治世之文古以厚，其指遠。亂世之文靡以薄，其義倍。紹明世，繼《春秋》，本《詩》

《書》《禮》《樂》，以昭治世之文，意在斯乎！學士可不勉諸？

士自念欲通天人，觀古今，以其餘爲詞賦，莫若多誦法古昔。然百家浮稱，未可一揆。要其至德要道，統乎《六經》，擴而《十三經》。文辭爾雅，敘事達義，則《左》《國》《史》《漢》，大家畢矣。學者務爲省覽，誰差采之，以訂雜注之秕繆，剪章句之蕪穢，祛辭義之回穴，正衆流之乖析，一遠鄙倍，返諸大雅，以繹先王之則，明當世之務，豈不庶幾儒者哉。即曰壯夫不爲，破碎大道，吾不信也。故吾嘗曰：簿本於經，練要於史。簿(zhuǎn)，等。謂以經爲本也。修辭於漢，析理於宋。文從古法，詩從正始。而好學在乎定志，詞達在乎辨雅。雅辨也，雖仲尼亦引之升堂矣，顧就將何如耳，文固未可一二爲時人論也。

結客賦[有序]

古之結客者，意欲以有爲也。風既下，天下慮皆舞知以相御。上者能獲虛采名，則豪俠稱矣。同己者黨之，異己者排之，此即所謂引義已然諾乎？如其如是，則如絕交。交絕也，難又及之矣，莫誰何也。嗟乎，天下若遂無知我者與？以今之俗，求一折節好客者，已不數數然。然或有之，欲其無求於我，不可得也。已不能貴寵，而獨以古處責天下士，豈特古之人不幸耶？聊作結客賦以況。其辭曰：

有游俠公子者，爲人雄駿，多知自將。知，同"智"。文采韞藉，言笑儻蕩。編貝懸珠，意常嗛讓。喜弋獵鼓琴，酒後擊劍賦詩，又何壯也。嘗慕四君之風，門下食客，近三千人，擔囊命椓，南招乎吳楚閩越；駕轅約結，北曁乎燕趙齊秦。四君，戰國四公子。約結，訂交。而公子亦好游天下，跋閱九域，浮宅五湖。方內琦行瑰異之士，以迄鼓刀販繒之徒，莫不折節致稅，枉道而顧其廬。稅,稅駕,停車也。聞有東郭先生賢,欲往謁之。先生索居東郭,故以東郭名。寡交不盜虛聲,性厭往來,獨嘯歌而學躬耕。公子乃乘雲軺,驂飛燕,建霓旒,昭紫電。雲軺(yáo),雲車。霓旒,彩旗。紫電,祥瑞之光。拂霄埸而雲流,經壙埌而潦收。霄埸,天際。歷嵺嶆而入通谷,攬琴𨫇而夷猶。嵺(láo),原作"嘟",據七代遺書本改。嵺嶆,山勢險峻。夷猶,從容貌。巷湫隘而不能容,顧止車騎於道周。獨詣衡門,固請所願。先生亦素多公子行,良久披羔裘,撰杖屨出見焉。公子卻略長跪,意欲自表其下士懇懇。而先生獵纓,頤雷不翔,顛實玉色,衡視汪洋,遂若不能達一辭,徒有婁有且,俯首皇皇而已。獵纓,攬起冠纓,以示鄭重。頤雷,垂頤如屋雷,伏首狀。有婁有且,敬慎貌。語出《詩·周頌·有客》。皇皇,不安貌。

先生徐欠伸,梅梅繭繭而言曰:"僕病犬馬齒臺,隱處於此,已數十年矣。梅梅,猶昧昧。繭繭,小聲。《禮記·玉藻》:"視容瞿瞿梅梅,言容繭繭。"生平無所底,獨畏見貴人顏色。底,同"厎",致也。無所底,無所成就。有賢豪長者來,必踰坏而避之,私竊自得也。今公子不我遐棄,儼然辱臨,以夙知公子愛客過數,故敢勉而修蓬華之容,發質確之心,公子得毋有所謂乎?"質确,質正樸實。

公子乃榮辟不敏,再拜而前曰:"下走小子,無所遠覽。然嘗惟古人之風,引義忼慷,藉交報仇,令天下誦之無窮。如戰國孟嘗、信陵、平原、春申,皆養客以乘會立功,可不謂傑與?今幸得見先生,先生假以益我。"

先生逌然笑曰:"吁,賢哉公子也!然今非其時矣。逌(yōu),笑貌。僕自度狂悖,無以益公子,而不敢不陳其情。伏念公子秉青萍之質,毓隋和之英,佩蘭茝之芳,䰾龍虎之榮,砥行遜志,何患乎無名?青萍(píng),古寶劍名。毓,同"育"。隋和,隋侯珠、和氏璧。蘭茝(chǎi),香草名。䰾(mǎn),披。而徒處今之世,為四君之豪,僕恐公子之無所成也。嗟斯世之式微,何罔極而無良。心之憂矣,肺腸卒狂。公子獨不盱衡天下乎？天下奔走,維勢而已矣。天下熙攘,維利而已矣。《史記·貨殖列傳》："天下熙熙,皆爲利來。天下攘攘,皆爲利往。"竊見夫鼎盛高閎,抗奕帝京。高閎,顯貴門第。抗奕,媲美。父祖三公,身膺九卿。孫子姻婭,持橐承明。連襟曰婭。橐,盛書之囊。承明,君主。虞魏顧陸之昆,金張許史之門。虞魏顧陸,吴之著姓,語出左思《吳都賦》。金張許史,指金日磾、張安世、許廣漢、史高,皆西漢權貴。累纓疊韍,丹轂朱軒。韍(fú),系印璽之絲帶。丹轂,華車。并軌而出,則彩旆匼匝,比落閴喧。旆(pèi),旗幟。匼匝,蔽日。比落,比鄰之村落。閴喧,充塞。列兵而旋,則蘭錡排榮,哮闞内設。錡,斧。榮,戟。哮闞,咆哮。於是賓客雜沓,冠蓋挂薨。薨(méng),屋脊。摩軿擊轊,五犕轟轟。軿(píng),緇車。轊(wèi),車軸頭。車輪轉一周爲犕(guī)。雲合飆集,塵鶩電驚。果其權壓肺附,中外倚傾。肺附,帝王戚屬。業欲譁衆而取寵,固必叛衍以相争。叛衍,連綿不斷。與其懷材而坐困,毋寧喬詰以獵聲。喬詰,意不平。苟願通細旃之呼吸,何妨拜董石爲父兄？細旃,細毛氈。董石,董賢、石崇,皆古之富豪。是故五侯之閽胥,七貴之僮僕,皆髣纖羅,厠霧縠,奉緑綈,持奏牘。霧縠,縠細如霧,垂以爲裳。《子虛賦》："雜纖羅,垂霧縠。"守閥閲之沈沈,夥頤肅於王宫。閥閲,祖上功業。沈沈,庭院深邃貌。夥頤,驚羨聲。據《史記·陳涉世家》,陳王故人入宫,見殿屋帷帳,曰："夥頤！涉之爲王沈沈者。"乏肉好之磊砢,肅嘉客而弗與通。錢幣和玉器之邊曰肉,孔曰好。磊砢,委積貌。值其揮叱莫顧,幠敖左盼,徒撫膺以苑結,愧憚殃之貧賤。幠(hū)敖,傲慢。苑結,鬱結。憚,難。殃,咎。《離騷》："豈余身之憚殃兮,恐皇輿之敗績。"輕眇之輩,羶逐之夫,乃益小蛇大附,葉拱傴僂。葉拱,雙手環拱。傴(yǔ)僂,曲身狀。雖假辭於掃門,實内歡於子都。掃門,求謁。子都,古之美男。寒暑造請,袖奇貨而恣求索。篝燈行露,要醉茵而逼於塗。展軨恤勿,攘臂前驅。展軨,察看車子。恤勿,以策搔摩馬體。睇睞則從其目之所視,咳唾則慮其臆之所指。睇睞,斜視。將摺脅而戚施,甘銛癰而舐痔。摺zhé脅,打折其脅。戚施,諂媚。銛,同"舔",七代遺書本作"吮"。成貝錦以涵譖,羅厓眦以得喜。當此之時,自謂捐頂踵以瀝血,質父母以相矢,殺身不足以報,願爲知己者死。矢,同"誓"。及至勢衰權謝,上印罷歸,閉門不仕,三徑草腓。《太平御覽》卷五百十:"蔣詡字元卿,杜陵人,爲兗州刺史。王莽爲宰衡,詡奏事到霸上,稱病不進。歸杜陵,荊棘塞門,舍中三徑,終身不出。"陶潛《歸去來辭》亦云:"三徑就荒,松竹猶存。"昔日兮繁華,今日兮落拓。望車馬兮風傱傱,斐遲遲於長薄。傱傱(sǒng sǒng),疾速。長薄,草木叢生。乃始效鄭子之慨中廢,尉翟公之傷羅雀,不亦所見之既晚,而人生復何樂乎?《史記·汲鄭列傳》:"鄭莊、汲黯始列爲九卿,廉,内行修絜。此兩人中廢家貧,賓客益落。"又曰:"始,翟公爲廷尉,賓客闐門。及廢,門外可設雀羅。翟公復爲廷尉,賓客欲往,翟公乃大署其門曰:一死一生,乃知交情。一貧一富,乃知交態。一貴一賤,交情乃見。"

或有躬辭北闕,猶居武昌。輦金帛於章臺,聯音問於未央。章臺,秦宮殿名。未央,漢宮殿名。夜馳數行於傳置,勝懸尺一於巖廊。傳置,驛站。尺一,詔書。巖廊,朝廷。使者旁午,絡繹征攘。旁午,交錯。征(guàng)攘,紛亂。結軼連轡,載道炫煌。結軼,猶結轍。能使隨、夷溷而羅咎,跖、蹻廉而獲臧。卞隨、湯時廉士。伯夷,聖之清者。溷,濁。跖與莊蹻皆大盜。臧,善。用是閭里傾駭,躡景投契。微尳重膇,反首縻至。《詩·小雅·巧言》:"彼何人斯,居河之麋。無拳無勇,職爲亂階。既微且尳,爾勇伊何?"脛瘡爲微,足腫爲尳。膇(zhuì),亦指足腫。反首,散髪。麋,水邊。隱民厭私,寓乘將事。隱民,隱士。寓乘,借乘他人之車。將事,從事于世務。憑雌黄於唇吻,逞捷幡爲游說。《詩·小雅·巷伯》:"捷捷幡幡,謀欲譖言。"捷捷,口舌之聲。幡幡,往來貌。藉徼榮於有司,畫入幕之陰計。囊橐魁宿以奸蘭,分刌桀心而苛細。魁宿,相熟之人。奸蘭,犯禁走私。贅聚唉佞以慹服,囷奪撑距以頌繫。贅聚，會聚。啑(shà)佞，讒言。懟服，折服。圉奪，劫奪。撐距，反抗。頌繫，同"容繫"，有罪者寬容之，不加桎梏也。乃用氣食其鄉人，使酒放恣而睥睨。而娖娖廉謹，長厚好施者，益欿歙其遁跡無聞，曾不若彼之陪隸。娖娖(chuò chuò)，拘謹。欿歙，同"揶揄"。何則？重失勢也。

"即不然而隱賑盈萬，卓、鄭擅藏。隱賑，殷實富有。卓氏、程鄭，皆戰國以冶鐵致富者。辜榷黎庶，節駔巨商。辜榷，搜刮。節，節制貨物之貴賤。駔(zǎng)，市儈。鈲攠廢居，集賄溢箱。裁木爲器曰鈲(pī)，裂帛爲衣曰攠(guī)。廢，賣。居，積。廢居，即賤買貴賣。繡栭雲楣，齊乎發越、披香。繡栭，斗拱。雲楣，雲狀紋飾的橫梁。發越、披香，皆宮殿名。輿騎蹀跂，盛乎長壽、吉陽。蹀跂(dié qī)，崎嶇而行。長壽、吉陽，皆長安里閭之名，靠近皇宮。沓冒銅切，琳珉夜光。《漢書·外戚列傳》："切皆銅沓冒，黄金塗。"師古曰："切，門限也。沓冒，其頭也。塗，以金塗銅上也。"揀日供具，宴賓置酒。肴核體薦，金罍玉斗。體薦，以牲之半體進獻。金罍，酒器。倡優紛管絃，叩宮徵，導於瑶席之右。妖麗雜崔、蔡，飄衻裶，列於黼帳之後。崔駰、蔡邕，東漢文學家。衻裶，長衣飄飄。筒中白越，綸絮方空。筒中、白越，皆細布。揚雄《蜀都賦》："筒中黃閏，一端數金。"綸絮，綸細似絮、吹噓可成。方空，紗薄如空。韋薦畫絪，錦棚擊鐘。韋薦，以皮革纏于車輪上，使其平穩。畫絪，以繡爲褥而施以繪畫。《漢書·霍光金日磾傳》："廣治第室，作乘輿輦，加畫繡絪馮，黄金塗，韋絮薦輪，侍婢以五采絲輓顯，游戲第中。"《山堂肆考》卷十："《開元遺事》：長安富人每至暑伏中，各於林亭内，以錦結爲涼棚，設坐具，召名姝閒坐，遞相爲避暑會。"擊鐘，出張衡《西京賦》："擊鐘鼎食，連騎相過。"試弁戲車，叫呼爲雄。試弁(biàn)，徒手搏擊之游戲。迭倡更和，主人入又。促柱颼厲，客前爲壽。促柱，移柱緊弦。颼厲，嘹亮。時則巧餉綢繆，劇啁永夕，淫譻作娸，逦蕩脱幀，漿酒藿肉，曝炙膠頤。劇啁(zhāo)，聲音雜亂。淫譻(yòng)，淫亂。娸(qī)，丑。逦蕩，游蕩。幀，頭巾。

漿酒藿肉，視酒如漿、視肉如藿。沈湎其餘汁，貿易連仍；灑削脯胃，乾没其餘澤。連仍，接連不斷。乾没，侵吞。相繇之九山，難以快其偏嗜；歍尼之辛羶，難以充其耽視。歍（wū）尼，吐。《山海經》：共工之臣曰相繇，九首蛇身，食于九山。其所吐，即爲源澤。何則？重得利也。

今夫髫齓束髮，同研細席。髫齓（tiáo chèn），童年。抵掌寤寐，紬繹載籍。自謂退則蹈鴻冥，進則爤金册，追步羊、左之芳躅，遠軼陳、雷之膠漆。羊角哀、左伯桃，皆春秋燕國人。兩人爲友，聞楚王善待士，同入楚，值雨雪糧少，伯桃餓死。羊角哀至楚，爲上大夫，乃厚葬伯桃。陳重、雷義，後漢人。二人關系密切，里諺有曰："膠漆自謂堅，不如雷與陳。"洎乎騁轡千里，高舉六翮，念誰昔之携手？六翮，鳥之兩翼。已離遏遺跡，望故人兮不來，涕沾裳兮脈脈，貧賤兮心相知，富貴兮不可測。離遏，同"離遬"，遠去之意。彼既逸豫而自康，此安得不佗儌而失職？佗儌，失意貌。已知夫情之固然，又何於邑而太息？於邑，憂悶。乃復懷范、張而扼腕，慕王、貢而加額。范式與張劭爲太學同學，歸鄉前范式與張劭約，二年後當過訪。期至，張劭設饌以待，范式不遠千里而至，盡歡而别。事具《後漢書・獨行列傳》。王吉、貢禹皆琅琊人，二人相善，時人語曰："王陽（王吉字子陽）在位，貢公彈冠。"事見《漢書・王貢兩龔鮑傳》。何異常羊欲舞，執既斬之干戚；精衛西山，報難窮之木石？《山海經・海外西經》："刑天與帝至此争神，帝斷其首，葬之常羊之山，乃以乳爲目，以臍爲口，操干戚以舞。"亦衹伊優抗髒，撫中怛而血化爲碧。《後漢書・文苑列傳》載趙壹語："伊優北堂上，抗髒倚門邊。"伊優，屈曲佞媚之貌。抗髒，高亢婞直之貌。佞媚者見親，故昇堂。婞直者見棄，故倚門。故知世道險巇，悵悵安之？竊伏自念，令人傷悲。朝爲刎頸，暮爲寇讎。同巧相勝，同力相謀。智藏瘝在，比介離尤。智藏，賢智者退藏。瘝在，病民者在位。語出《尚書・召誥》。比介，比附而助。離尤，遠離禍端。語出《離騷》："進不入以離尤兮，退將復修吾初服。"見便則奪，它何所求？陽浮道與，内深次骨。表面順從，内心恨之入骨。藏莫邪於談笑，鍛飛鏃於痛哭。剗革利於伙飛，糾纆甚於底剭。剗，同"鏟"。伙飛，春秋時楚國勇士。糾纆，繩索。底剭（wū），重刑。其始或芥蒂於一言，嫉用靳之而狐疑。靳，譏笑。遂至膊以奇禍，轘裂宗夷。膊，裂尸曝之。轘裂，車裂。宗夷，滅宗。雖向所為白日之皎，金石之堅，亦欲食其肉而寢處其皮。然而父母之仇，猶可締恩同儕；小利未獲，則更深於不共戴。苟貪婪而競進，昆與弟其相戕毀。念骨肉之殘訾，又何有乎知己？訾，同"恣"，殘害。是以方正骨鯁，坐而待斃，往往因此。而奸宄之自相轔藉，抑又不可勝紀矣。由是觀之，豈特隙哆於子元，慘伻於汦水也哉？朱博字子元，少與陳咸、蕭育為友，著聞當世。后至丞相，與育有隙，不能終，故世以交為難。事詳《漢書·蕭望之列傳》。汦水，典出《漢書·蒯伍江息夫傳》："始，常山王、成安君故相與為刎頸之交。及爭張厴、陳釋之事，常山王奉頭鼠竄，以歸漢王，借兵東下，戰於鄗北，成安君死於汦水之南，頭足異處。此二人相與，天下之至歡也，而卒相滅亡者何也？患生於多欲，而人心難測也。"

"彼夫杜霸魁岸，閭閻剽悍。杜陵、霸陵，漢文、宣二帝陵所。閭閻，里巷。背公死黨，椎埋武斷。徵檻車為亡命，擅藏匿而畔換。畔換，強橫恣肆。大者鞠牛脫厄，千乘喪車，《史記》稱大俠朱家"衣不完采，食不重味，乘不過鞠（qú）牛，專趨人之急，甚己之私"。即能遮殺尹公，舌斷馱儒，投牽沽醉，柳市豪居，劍慺髮指，眦裂捐軀，終扞殊死，伏鑕受誅。原涉殺尹公事，參見《漢書·游俠傳》，文長不具引。郭解，馱人，西漢游俠。馱有儒生毀解，解客殺之，斷其舌。事具《史記·游俠列傳》。萬章字子夏，居長安城西柳市，傳見《漢書·游俠傳》。慺（sǒng），懼。然振窮周急，頗有國士風，雖陷於刑辟，則亦結客之雄者也，豈可語於世之相軋相攻耶？爾乃魏其、武安之報，淮南八公之故，固、喬之夷滅，膺、滂之黨錮，雖委頓於時窮，君子蓋悲其自誤。魏其侯竇嬰，漢文帝皇后從兄子。武安侯田蚡，漢景帝皇后同母弟。竇嬰因田蚡進讒而棄市，後蚡病篤，一身盡痛，若有擊者，呼服謝罪。武帝使視鬼者瞻之,蚡曰:魏其侯與灌夫共守,笞欲殺之。詳參《漢書・竇田灌韓傳》。淮南八公,指淮南王劉安所養門客蘇飛、李尚、左吳、田由、雷被、毛被、伍被、晉昌等。後因劉安謀反,賓客亦多被收。李固、杜喬正,皆漢桓帝時太尉。權臣梁冀恐二人正直害事,令人誣奏而誅滅之。李膺、范滂,皆東漢末年黨錮之禍的受害者。若夫操觚濡翰,摛藻屬文,騁雄辯於臧耳,齊墨妙於淵雲,斯固宜明智之所爲美談而諰聞也。操觚,執簡。濡翰,運筆。摛藻,鋪陳辭藻。臧耳,即臧三耳,戰國辯士爭論的話題之一。墨妙,精妙之文。淵雲,王褒(字子淵)、揚雄(字子雲)的合稱。然何爲負力怙氣,甔言詆訶,忿鷔喑噁,謗譏孔多?甔(wèi),欺騙。喑噁,怒貌。好摘其所非是,辨者亦無如之何。或一字之齟齬,遂没身而齘齒。齘(xiè),咬牙切齒。佗詬戾以中人,譴毫端爲朋比。譴,音慮,詐也。倚銀艾而隆其稱,又何價慚乎魚目?既謠諑而妬之,恨不劓刃於其腹。劓(zì),刺。以言餂爲工巧,仿胸舂而旦饑。餂(tiǎn),誘取。胸舂,憂心如搗。須遥而受毒蠚,相稽而莫知爲誰。須遥,須臾。蠚(hē),螫。迨夫大韣未逞其私怨,乃嫁禍而造蜚語。韣(dú),怨恨。結市井而匿主名,相與奮髯而豻聲詈汝。當其鞠躬周旋,罄折睇眴,促尊行觴,傞傞歡宴,然而噂沓夸毗,貌讒相善。傞傞(suō suō),醉態失容。噂沓,詆毀。茹吐佁張,刻於巧詆獄讔。佁張,欺詐。攫殺援箠,憯於衷甲敵戰。箠(shì),咬。灧澦不足以喻其險,雷霆不足以窮其變。灧澦,江心突出之巨石。若斯之態,何可令人見也?是以朱公叔著書而示絶,劉孝標廣論而窮流,五交三釁,蓋有由矣。朱穆字公叔,著有《絶交論》,詳參《後漢書・朱樂何列傳》。劉孝標著《廣絶交論》,言交有五種:勢交、賄交、談交、窮交和量交。是生三釁:敗德殄義,禽獸相若,一釁也;難固易攜,讎訟所聚,二釁也;名陷饕餮,貞介所羞,三釁也。

"故高尚之士,遯世長嘯,匿軌市藥,淪形織屩。《晉書・阮籍傳》:"籍嘗於蘇門山遇孫登,與商略終古,及棲神道氣之術,登皆不應。籍因長嘯而退,至半嶺,聞有聲若鸞鳳之音,響乎巖谷,乃登之嘯也。遂歸,著《大人先生傳》。"《後漢書·鄭范陳賈張列傳》："(張)楷字公超,通《嚴氏春秋》《古文尚書》,門徒常百人。賓客慕之,自父黨夙儒,偕造門焉。車馬填街,徒從無所止。黄門及貴戚之家,皆起舍巷次,以候過客往來之利。楷疾其如此,輒徙避之。家貧無以爲業,常乘驢車至縣賣藥,足給食者,輒還鄉里。"**東皋可以滅名,馬牧可以勿號**。陶淵明《歸去來兮辭》:"登東皋以舒嘯,臨清流而賦詩。"《後漢書·逸民列傳》:"馬瑶隐於汧山,以兔罝爲事,所居俗化,百姓美之,號馬牧先生焉。"**韋褶至爛,恐無以報**。據《晉書·隱逸傳》載,郭文隱于余杭大滌山,獨居十余年。余杭令顧颺以其山行,或須皮衣,贈以韋袴褶一具。文不納,辭歸山中。颺追遣使者置衣室中而去,文亦無言。韋衣乃至爛于户内,竟不服用。**井丹卻信陽之饌,荀恁去東平之輦**。井丹字大春,通《五經》,善談論,性清高。信陽侯陰就,以外戚貴盛,使人要劫之。丹不得已而至,陰就故爲設麥飯蔥葉之食,丹推去之曰:"以君侯能供甘旨,故來相過,何其薄乎?"更致盛饌,乃食。及就起,左右進輦,丹笑曰:"吾聞桀駕人車,豈此邪?"坐中皆失色,就不得已而令去輦。自是隱閉,不關人事,以壽終。事具《後漢書·逸民列傳》。荀恁字君大,修清節,隱居山澤以求厥志。光武徵,以病不至。永平初,東平王蒼爲驃騎將軍,開東閣,延賢俊,辟而應焉。及後朝會,人戲之曰:"先帝徵君不至,驃騎辟君而来,何也?"對曰:"先帝秉德以惠下,故臣可得不来。驃騎執法以檢下,故臣不敢不至。"後月餘罷歸,卒於家。事具《後漢書·周黄徐姜申屠列傳》。**睹鬼蜮之禍挐,乃上容而閉關**。禍挐(rú),災禍相連。上容,容身避害。**悵著書以怡老,探石函而藏名山。與其苦愊億而捽胡,内布渠答而貌强顔,何如扈江離而佩蘭茝,聽飛泉兮潺湲**?愊(bì)億,怒氣鬱結于心。捽胡,揪着頭頸。渠答,鐵蒺藜。《離騷》:"扈江離與辟芷兮,紉秋蘭以爲佩。"**款脛脛之難全,勿沾沾以自喜。寧絶跡而不交,非果有不得已者歟?至於遨游典籍之圃,揖讓德義之林,輔佐而樹懿績,邂逅而播徽音,解縛之相,釋褐之傅,漁濱而爲尚父,版築而作霖雨,此之謂交,實因乎其所遇**。解縛之相,指管仲。釋褐之傅,指傅説。尚父即姜尚,版筑、霖雨,亦指傅説。**他若荆、聶之義,曹、專之勇,啣恩思奮,擇死自重**。荆軻、聶政、曹沫、專諸,皆古刺客。詳參《史記·刺客列傳》。**夷門之**

老,處囊之客,奪晉鄙之軍,周魏齊之厄,誠唯古之人爲能蹈其跡矣。夷門之老指魏國隱士侯嬴,年七十,爲大梁夷門之監。處囊之客指毛遂。奪晉鄙之軍,指侯嬴助信陵君竊晉鄙軍符救趙事。周魏齊之厄,指丞相虞卿棄官救魏齊事,詳參《史記·范雎蔡澤列傳》。以今索刀錐之能,類豺虎之殘,勢利是徇,其心孔艱,而望爲古人,豈不難哉!豈不難哉!"

　　先生之辭未畢,公子涊墨逡巡,下帶而視,已自膝席,墨墨抵几曰:"小子瞀瞀,徒以爲散黃金,多結客,庶可以有見於天下。涊(tiǎn),怯懦。逡巡,徘徊。瞀瞀(mào mào),愚昧。何乃知流俗之儇薄,人情之螫毒,今遂至此也?請謝諸客,獨從先生游,閱天下之變,服古人之修,重布衣之所厚,終身而無它求,擇而後交,毋爲明哲之所羞。但恥夫富厚之家,日夜持籌,交不出於里閈,名不聞於諸侯,徒徼厚祿,竊高位,美田宅,侈千馴,飲淳熬,被珠翠,老死而臨屬纊,睨妻孥而屑淚,雖翰檜題湊,無益於銘誌,誠欲以小子生平所爲愧之耳。閈(hàn),里門。淳熬,八珍之一。屬纊,以新綿置于將逝者鼻前,察其是否斷氣。翰檜,棺材上的彩繪。題湊,天子或大臣所用的棺槨樣式。木累棺外,頭皆内向,故曰題湊。嗚呼,世已如此,將謂之何?"孰視兮太息,乃與先生鼓掌而作歌。歌曰:秋風發兮草木衰,人生結客兮少年時。黃金盡兮故人去,世無知己兮將安歸?

九將[并序,篇首各有小序]

　　屈平作《九歌》《九章》,以傷悼反復,長言之至於數也。宋大夫作《九辨》,東方曼倩作《七諫》,王子淵作《九懷》,劉子政作《九歎》,王叔師作《九思》,大抵皆悲三閭放逐而沉汨羅,爲述當時之意,懷思歎息,廣摭其文而爲之。宋大夫即宋玉,東方朔字曼倩,王褒字子淵,劉向字子政,王逸字叔師。所謂贊賢以輔志,豈非然與？余素好其辭，間作《九將》，以攄吾所苑結耳。攄(shū)，發抒。邃古如茲，欲發憤其不得志，往往然也，豈必顓怒椒、蘭之譖，哀南郢之靈修乎？楚大夫子椒、楚懷王少弟司馬子蘭，皆佞人，曾中傷屈原。靈修，《離騷》中代指楚懷王。憂心京京，亦孔之將，且因此以將之矣。京京，憂愁不止。將，大也。語出《詩·小雅·正月》："正月繁霜，我心憂傷。民之訛言，亦孔之將。念我獨兮，憂心京京。哀我小心，癙憂以痒。"

終永懷

　　終永懷，懷允不敢忘其終也。《詩·小雅·鼓鐘》："鼓鐘將將，淮水湯湯，憂心且傷。淑人君子，懷允不忘。"允，實也。淑人君子，讓人懷念，實不能忘也。

　　晞禺中以頓連石兮，薄下舂而景西陸。太陽初升曰晞，近午曰禺中。頓，停也。連石，西方山名。薄，迫近。下舂，太陽即將落山。西陸，太陽運行到西方七宿位置。撫嘉時之長遰兮，哀民生之何能穀。撫，感嘆。遰(dì)，往。鴆飛隼之翱翔兮，將載止於何所？鴆，毒鳥。隼，猛鳥。載，語助詞。鵯鶋叢於棧棪兮，又焉知其匪茹？鵯鶋(bēi jū)，烏鴉。棧棪(yǎn)，山桑。匪茹，不自量力。人生各有所欲兮，忳邑鬱處乎湎鋪。忳，煩悶。邑鬱，同"鬱悒"，憂愁貌。《離騷》："忳邑鬱以侘傺兮，吾獨窮困乎此時也。"湎鋪，"淪胥以鋪"之省稱。淪，陷也。鋪，遍也。蓋謂無罪而受害也。語出《詩·小雅·雨無正》："若此無罪，淪胥以鋪。"罜䍡灑于嶠崫兮，己于罹而何辜？捕麋鹿之網曰罜(máo)，捕野豬之網曰䍡(luán)。高峻之山曰嶠，卑大之山曰崫。懲衆人之或或兮，莫不夸毘而馮生。或或，迷惑。夸，大言。毘，依附。馮生，貪生。攔然貪婪而罔知其究兮，攫殺深爪以相爭。攔(xiàn)，兇猛狀。何堅肥之足朵頤兮，臠圭組以弁行。臠(mǎn)，視。圭組，印綬。弁行，急行。利憯囊以錢刀兮，迫齒鬐而忽忘。憯囊，匆促。錢刀，古之刀幣。年八十曰鼛。怵居徒之徇賄兮,豈惟僕僕而致也?居徒,收聚之徒衆。徇賄,屈從賄賂。僕僕,勞頓貌。覘令名之鮮終兮,烈士由來而是也。覘(chān),看。已疾瘣木之無枝兮,又翩然頡而集之。瘣(huì),病。頡,鳥飛貌。放餘皇而解縴維兮,正絕流其誰及之?餘皇,舟船。縴(lù)維,粗繩。絕流,橫流而渡。余憯不測其所終兮,方自如以恣睢。憯,竟然。恣睢,自得貌。迄縱橫之至於已兮,乃齎嗟而涕洟。齎嗟,感嘆。蘭以薰而自燔兮,膏以明而自滅。達者審而蟬蛻兮,務猶猶以怡說。蟬蛻,絜身高蹈。猶猶,閒適貌。說,同"悅"。何所不得吾情兮,斯役役者爲誰?耿吾純絜之既終兮,請肆爾長歌以永懷。耿,明。純絜,性情純厚潔白。

念誰昔

念誰昔,惜往日也,惜誦時不可失也。

念誰昔之瞀瞀不察兮,徒以群爲信芳。瞀瞀(mào mào),蒙昧狀。索揭車以爲紫衿兮,緝薜荔以爲翠裳。揭車、薜荔,香草名。紫衿,系衣的帶子。既畦蘅蘭之苾茀兮,又畜胡繩之軋芴。畦,種植。苾茀(bì bó),香氣。胡繩,香草名。軋芴(zhá wù),縝密。慎溉滋以卉歁兮,芨蒿菣與伊蔚。溉滋,灌溉滋潤。卉歁,花木鼓動聲。菣(qìn),青蒿。伊蔚,牡蒿。時已邁而不采兮,條挈歛而落荂。挈(jiū)歛,收歛。荂(kuā),草木之花。前葰楙而蔀蔘兮,茲荒穢其漸蕪。葰楙(jùn mào),茂盛。蔀蔘(xiāo shēn),枝干聳立。衆盈臂以謂陸離兮,孰云蕭艾之不可佩?陸離,參差。蕭艾,艾蒿。彼蕙茝徒棄如遺兮,何爲博蹇之修能?蕙、茝,香草名。博蹇,同"博謇",廣博而忠直。修能,絕人之才能。二語皆出《離騷》:"汝何博謇而好修兮,紛獨有此姱節。""紛吾既有此內美兮,又重之以修能。"忽不淹其西遷兮,泣前修之行迷。曠歲月而猶未有所抵兮,又安貴夫躡景與駃騠?躡景,追蹤日影。駃騠

(jué tí),良馬。云駕鷖皇以啓先驅兮,衆固輾然拍張而哂之。輾(niǎn)然,笑貌。策駑駘追逐而旋澤兮,衆又紛拏轔藉以窘之。駑駘,劣馬。紛拏,紛紛。將欲效突梯滑稽以詭適逢迕兮,中顧湋(niǎn)而不忍。突梯,圓滑。逢迕(è),處世。湋溗(niǎn),卑污。寧於邑轗軻以侘僚兮,焉得不多瘽而觀閔?轗軻,同"坎坷"。瘽(mín),病。感鵜鴂之先鳴兮,疾伯勞之西飛。鵜鴂(tí guì),子規。猗發越以菿蓰兮,慘遙落以具腓。猗,嘆辭。發越,香氣散發。菿蓰(liú lǐ),林木鼓動之聲。腓,草木枯萎。歲冉冉其忽晏兮,毋騁少壯以爲早。冉冉,漸漸。水東流而不可還兮,人骯臟焉以老。老兮人所常兮,胡然而徬徨兮。遠兮賤兮,勞我心而不得見兮。

悉自鞠

悉自鞠,自怨且艾也。悉,愧也。鞠,窮也,不得志貌。怨,悔恨。艾,改正。《書·盤庚中》:"爾惟自鞠自苦。"怨,怨其窮也。艾,艾其無悉所生也。無悉所生,不使父母蒙羞。

台幼服此好兮,思蠠没以無悉。台,我。蠠没(mǐn mò),勉力。紛詩書以簡畢兮,治古昔而常嗛嗛。紛,盛貌。簡畢,簡札。《爾雅》:"簡謂之畢。"嗛嗛,同"謙謙",滿足貌。意乘騏驈以遠觀兮,驂騧驪以爲雁行。青身黑鬣之馬曰騏驈,黑嘴黄馬曰騧(guā),純黑馬曰驪。鏤虎韔而鋈鑣軜兮,飾明月以緣玄纕。虎韔(chàng),弓袋。鋈(wù),渡金。有舌之環曰鑣(jué),驂内轡曰軜(nà),二者皆駕具。明月,明珠。玄纕,黑色纕邊。固將樛流以采問兮,擔簦叩枻而復言返。樛(jiū)流,周流。簦,笠蓋。枻(yì),船舷。世溷濁而譁衆取寵兮,夫安知美我之尚博蹇?進余不足以拖榮於巖廊兮,退余反見詆訶于閒里。惟耿介遂以離尤兮,比落烏敢以臧否?離尤,遭遇禍患。審周道之浩渺兮,孟晉不憚而難至。孟,勉也。晉,進也。孟晉,勉力進取之意。豈先王之不可學兮,何喑噁讐言之并諄? 喑噁,怒貌。讐言,不實之言。累蔥珩而陰鶴蓋兮,孰愈強繩樞而婆娑? 蔥珩,蒼色佩玉。鶴蓋,形如飛鶴的車蓋。繩樞,以繩系户樞,喻窮也。婆娑,閒適貌。惎矯誣而財多兮,甚恥夫齜齜而蹉跎。惎(jì),憎惡。齜齜,齷齪。隆魚目以爲奇珍兮,何必周璞而後雕斲? 斡康瓠之足寶兮,又何歎隋珠之拓落? 康瓠,破瓠,喻庸才。應龍之蟠潛淵兮,豈類鮀鰻之穴污泥? 應龍,有翼之龍。鮀鰻(tuó xí),鮎魚和泥鰍。鴻鵠翔於崔巍之表兮,豈鶻鳩之騰搶于蒺藜? 崔巍(zuī wéi),山巓。鶻鳩,斑鳩。繄知者之艱難兮,歷千紀而慨遇。繄,語助詞。知,同"智"。莫困辱於好修兮,嘿嘿猶未免於嫉妬。嘿嘿,沉默。孰灌灌以方隮兮,顧脛脛而揚匪彝。灌灌,同"款款"。隮,升。脛脛,直貌。匪彝,非常之行。知謠諑之誣以善淫兮,何自矜其蛾眉? 懷攸好而靡敢發兮,念所生而靡敢它。傷泪泪之竟無人兮,心忡忡其云何。

陰女赫

　　陰女赫,極反側也。《詩·大雅·桑柔》:"既之陰女,反余來赫。"陰,庇護。女,汝。赫,怒。句謂我爲你提供庇護,你卻反過來遷怒于我。人藏其心,不可測度也。極之也者,罔極也。

悲回風之霾颷兮,窘陰雨之霓霒。回風,旋風。霾颷,陰霾和烈風。霓霒(chén yīn),沉陰。逞飛廉以發發兮,縱屏翳以苦淫。飛廉,風神。發發,疾貌。屏翳,雨師。伊白日之昭昭兮,欲睹之而既蔽。匿長夜之悠悠兮,又以余睥睨而見恚。饑鷹厲吻而搏雛兮,熊貔奔騰而啖食。賢者掔搤而索處兮,斯復何時而敢聞歎息? 掔,同"腕"。搤,同"扼"。腐鼠之啁寠數兮,何挾而不可奪? 寠數,指以頭頂盆時盆底所墊之物。即與羊謀其羞兮,何威而不可作? 苟抵蔑而計得當兮,蛾行剽而焉問所親?彼骨肉之相戕兮,又何有乎它人?羅笙鼓曲旃于狹榭兮,揚阿錫金華於後房。曲旃,曲柄旌旗。阿錫,細布。極膏腴以享權會兮,擁蘭錡哮闞而供張。權會,爲商家説合交易而取利。蘭錡,兵器。僮僕贍鉼鎰而橫兮,賓客鰲欸而不敢仰視。鉼,金鈑。鎰,黃金。鰲欸,支支吾吾。奰睚眦而剌人之頸兮,寧肆殺而奉其意指。奰(bì),怒。剌,砍。憑言笑而漁食兮,互撐距而佁張。笑,原作"关",據七代遺書本改。撐距,對抗。佁張,欺騙。豈肺腸之自有兮,俾小大之卒狂。夫赤芾而乘華軒兮,孰非人之所恒欲?赤芾(fèi),公卿大夫所服。顧叱咤傾軋以排啖兮,又何加於其禄?排啖,排擠啖食。謂桀心其宜快愜兮,吾見其煩惑而愍也。煩惑,煩躁惑亂。中訽而肆毒奭兮,吾竊以夫人之太忍也。菀彼薐蘆之榮敷兮,沾商露其夕墜。菀,茂盛。薐蘆(sǒu lǔ),草名,俗稱雞腸草。敷,花開。盛華膴其亦何資兮,保逾侈之能弗匱。華膴,美衣豐食。以騰蛇之游霧兮,然亦殆於即且。即且,蜈蚣。元龜其亦殞於夢兮,松柏中虛而守門閭。神龜托夢于宋元君,參見《莊子·外物》:"仲尼曰:神龜能見夢於元君,而不能避余且之網,知能七十二鑽而無遺筴,不能避刳腸之患。"君不可不慎所爲兮,勿謂皇剡剡其久欺。剡剡,閃爍貌。軋顛而首隕兮,斯固里人之所知。底劇而宗夷兮,計反覆亦何得?底劇(wū),施重刑。當乘權而淫威兮,彼鬼蜮其將安極?鬼蜮,陰險之人。縱反側其可極兮,念修嫭者長此困窮。修嫭(hù),質美。苟昊天降罰而世清平兮,君子又何患乎鬱鬱以終?

勞作所

勞作所,所其無逸也。《書·無逸》:"嗚呼,君子所其無逸。"不要貪圖安樂之謂也。人雖欲不勞,不可得也。

陟長薄兮望前陂,紛車馬兮何斐斐。陟,登。草木叢生曰薄。長薄,山林。歲云暮兮日已施,路修遠兮不得歸。施,西斜。驅輜轤以鴻絧兮,塵雖蔽空以安極？輜(léi)轤,車輛連綿不斷。鴻絧(tóng),直馳。雖展軨策箠以恤勿兮,衆殷殷軫軫其誰息？展軨,察看車輛。恤勿,以策搔摩馬體。殷殷,衆多貌。軫軫,盛大貌。熲余漂漂以振遌翩兮,眽好我之已寡。熲(jiǒng),光。眽(mò),視。駕出游以寫心兮,能勿重殄瘁于車馬。殄瘁,窮困。車轊將折兮我馬虺隤,被褐離瘝兮寒且饑。車轊(wèi),車軸頭。虺隤(huī tuí),生病。離瘝,憂且病。眷眷故鄉兮豈不欲還？顧貧賤兮獨難。猗彼富人之子兮,曳褕袣而厠霧縠。褕袣(yú yì),衣袖。霧縠,縠細如霧,垂以爲裳,見《結客賦》注。飾珠瑛以偏諸緣兮,金塗銅鍉而暢丹轂。銅鍉,春秋晉宮殿名。丹轂,華貴車子。靚莊的皪嫚嫚以嫳屑兮,麗靡玩好萃蔡而閒都。的皪,閃亮。嫚嫚(yuān yuān),美麗。嫳(piè)屑,衣服飄舞。萃蔡,摩擦聲。閒都,文雅俊美貌。燠曼延而啖淳厚兮,守華屋而自娛。燠(yù),溫暖。瀼露零兮沾蓅蕠,繁霜降兮殺顛蕀。瀼(ráng),露濃貌。蓅蕠(yú xì)、顛蕀(jí),皆植物名。歡樂極而哀情多兮,孰不嗟富貴之何益？余憚塾婁慘礚而愊憶兮,疾姍嫚輕惰而猗違。塾婁,西羌地名。慘礚(hé),殘酷。愊憶,憤怒。姍嫚,譏笑怠慢。輕惰,輕浮懶惰。猗違,同"依違"。寧局室而蘆簾兮,儻蕩上容而遲遲。局室,室如棋局,喻窄狹也。上容,容身避害。逢僤怒不徹而是稼兮,敢效我友之自逸。僤(dàn),厚。稼,昏稼。感日月之方除兮,引職兄而累息。職兄,"職兄斯引"之省稱。蓋謂小人用事,益使亂長。語出《詩·大雅·召旻》:"維昔之富不如時,維今之疚不如茲。彼疏斯粺,胡不自替？職兄斯引。"少年兮白髮生,皓首兮猶在遠行。勞勞兮曷其有已,歌者苦兮多悲聲。

告台顛

告台顛，悲反覆也。已反覆矣，若之何其告？將誰告乎？曰：告台。告台也者，不敢告于人也。

凛浮雲之奄忽兮，靄蔽虧以互相踰。蔽虧，或隱或現。觸石膚寸以幕天兮，盲飇回迫而前驅。《公羊傳》僖公三十一年："觸石而出，膚寸而合，不崇朝而徧雨乎天下者，唯泰山爾。"謂雲氣與山石觸碰而出，如同大幕遮蔽了天空。盲飇，狂風。昧冥冥以倒行兮，即霹靂吐火而盡懼？淫酗偷樂而禍中於謇謇兮，又何慮捷徑以窘步？謇謇，忠貞貌。黽電之沸鳴兮，安得牡鞫而揚其灰？黽電（wā miǎn），蛙類動物，喻讒諛之人。牡，鎖起。鞫，審問。城有狐而叢棘兮，哺怪鴟而畜蕪來。伊管管而卒瘅兮，跂跔狼顧以犯科。管管，無所依憑。瘅（dān），病。跂跔，跳躍。顛隮而日蹙兮，豈民言之太謌？顛隮，困頓。潴衍溢而無坻兮，困窮閭而惛莫知其故。潴，水聚而成。坻（chí），高地。窮閭，陋巷。候我美人之聖瞻兮，惜無騏驥以先路。下并舉而虛喝兮，揚沸而不滅炊。眇疥癬而不談兮，迄癰疽其又奚治？猖披兒狠而自臧兮，薰胥好朋以相訾。薰胥，腐刑，代指宦官。魃蘊隆而藾蕭枯兮，松柏安能以榮其枝？魃（bá），旱鬼。蘊隆，熾盛。彼以懟荊而職噂沓兮，朝刎頸而暮陷以連坐。懟荊（dǐ jí），鯁刺，喻嫌隙。噂沓，攻訐訛毀。苟得逞私憤以獻寵兮，滿讕誣天乎亦何不可？昔干爭而被俎醢兮，員諫而浮鴟夷。干，比干。俎醢（hǎi），剁成肉醬。員，伍員。賢固不必受報兮，忠臣繫不可爲。微去而箕狂兮，蠡游而爲富翁。微子啓，商紂之兄。箕子，商紂叔父。蠡，范蠡。夫孰非知者之先幾兮，雖溘死流亡亦何庸？溘（kè），忽然。方正逆曳而倒植兮，自前代而莫不然。逆曳，不得順正道而行。哲王何嘗弗寤兮，誠不如相時遁巡之獨全。回流湍以徑度兮，敺揚舲以鼓枻。施五采匪色於短後袪袑兮,何不可以攘袂醫?袪袑(shào),袖口和衣襟。短後衣,代指武士。攘袂,捋起衣袖。肱既已九折兮,雖成良而疇服其藥?目睫不能自鑒其孂兮,豈以無故而使矐?矐(huò),失明。銀艾且以淪喪兮,於布冠敝屣乎何有?胡我生之多故兮,不自先而不自後。岑岑涕泗以伊嚘兮,吾焉知此何時也?伊嚘(yōu),人語聲。妭妭以終其身兮,又烏足以爲非也?妭妭(shí shí),美。

矢神聽

　　矢神聽,神之聽之,中心告之也。

　　倬有昊之弔靈兮,何參差以畀不均?倬(zhuō),廣大。有昊,昊天。弔靈,善良而靈驗。畀(bì),賦予。《詩·大雅·桑柔》:"倬彼昊天,寧不我矜?"懸禠祲以昭視兮,孰若否之當脊倫?禠祲(sī jìn),禍福。脊倫,條理。炳脅蕭而合犧蘋兮,懷椒糈以爲郁鬯。炳(ruò),燃。脅(liáo)蕭,油脂和艾蒿。犧蘋,同"馨香"。郁鬯(chàng),獻祭之香酒。相仿佛而震澹兮,粥送靈斿而在上。震澹,震動。粥送,敬懼貌。靈斿(liú),靈旗。陳昌辭以祇告兮,開軑禗禗而降茲。昌辭,美辭。開軑,語出《甘泉賦》:"帥爾陰閉,霅(zhà)然陽開。騰清霄而軑浮景兮。"禗禗(sī sī),不安貌。曰維聰明正直而一兮,厥言恒信于蓍龜。《左傳》莊公三十二年:"神,聰明正直而壹者也,依人而行。"五帝六宗其倈繽兮,鑒岱泰其庡止。六宗,見本書卷六之《六宗說》。庡,來。止,到。俊禹時司執衡兮,帝咨咎繇以爲理。咎繇,皋陶。豈九天之夐絕兮,孰察下土之中情?耿怦怦以諒直兮,指招搖大角以爲正。招搖,北斗星。大角,星名。賢者偃蹇而無祿兮,讒夫螣鷟而有慶。螣鷟,狠庡不仁。淵愚而終以殀兮,跖橫而壽彌昌。淵,顔回。跖,盜跖。玄鳥何降而假祈兮,赤燕何吞而宜男?《詩·商頌·玄鳥》:"天命玄鳥,降而生商。"鄭玄箋曰:"天使鳦(yǐ,燕)下而生商者,謂髡遺卵,娀氏之女簡狄吞之而生契，爲堯司徒，有功封商。"舟白魚而何萃兮，屋流烏而何瞻？《史記·周本紀》："武王渡河，中流，白魚躍入王舟中，武王俯取以祭。既渡，有火自上復于下，至于王屋，流爲烏，其色赤，其聲魄云。是時諸侯不期而會盟津者，八百諸侯。諸侯皆曰紂可伐矣，武王曰：'女未知天命未可也。'乃還師。"天厲欲殄癸、受兮，何假手而籍資履、發？殄，滅。夏桀名癸，商紂名受，商湯名履，武王姬發。謠檿弧而箕服兮，何不宣誠而使不蹶？《史記·周本紀》："宣王之時，童女謠曰：檿弧箕服，實亡周國。"檿(yǎn)弧，山桑木制成之弓。箕，箕木做的矢袋。雷開之阿邑兮，封金玉而肆弗殫。雷開，善阿諛，商紂賜之金玉而封之。新城之雉經兮，受讒慝而曾弗憫。晉獻公受驪姬蠱惑，黜太子申生，申生乃自經于新城之廟。讒慝，陷害。常羊之前既椹斧兮，何能乳目而舞干戚？《山海經·海外西經》："刑天與帝至此争神，帝斷其首，葬之常羊之山，乃以乳爲目，以臍爲口，操干戚以舞。"相繇遂以九山兮，浣胯不死而安適？《山海經·大荒北經》："共工臣名曰相繇，九首蛇身自環，食于九土。其所歇所尼，即爲源澤，不辛乃苦，百獸莫能處。禹湮洪水，殺相繇，其血腥臭，不可生穀，其地多水，不可居也。禹湮之，三仞三沮，乃以爲池。"胯(qǐ)，肥腸。咨茾蜂之耆毒兮，又給蠆蠚而助殃。茾(píng)蜂，擾動群蜂。《詩·周頌·小毖》："莫予茾蜂，自求辛螫。"蠆(chài)，帶刺毒蟲。疾䮘䮘之耽耽兮，又使倀爲之前行。䮘䮘(hán suǒ)，猛虎。蘭何爲以冬萎兮，棘何爲以實楸？苕華羅生乎砥階兮，菌桂鬱乎山之後。苕華，凌霄花。羅生，廣布。砥階，石階。菌桂，香木。意天軌之貪亂兮，余惡乎痛斯世而哭之？百神伏而無主兮，雖巫咸其安卜之？

强逍遙

强逍遙，悲失志也。志既不得，不可爲也，又焉悲之？然已悲矣，逍遙焉，夫安得不强也？

茂彼亭皋之馮舄兮，有難高平之菽葵。亭皋，水邊平地。馮舄

(xì),又作"馬舄",即車前草。高平,陸地。蓌葵,又名蘩露,草名。澹從風而猗柅兮,夭沃沃其無知。從風,隨風。猗柅(nǐ),婀娜。沃沃,光澤貌。我胡爲以惙惙兮,紛姱節而無斁。惙(chuò)惙,憂傷。姱(kuā)節,美好的節操。無斁(yì),無盡。瞰彼九暑而蒙羔裘兮,何不變而綌絺?九暑,九夏之暑。粗葛曰綌(xì),細葛曰絺(chī)。容匃未有室家兮,鼠思安可以尸傳?容匃,同"容淘",紛亂貌。鼠思,憂思。《詩·小雅·雨無正》:"謂爾遷于王都,曰予未有室家。鼠思泣血,無言不疾。"既不克喋喋而咶咶兮,又不克諸諸而便便。咶咶(tiè tiè),絮叨。《爾雅·釋訓》:"諸諸便便,辯也。"俗已唼佞而見譴兮,甲之辰余言行邁。唼(qiè)佞,讒言。譴,詐也。行邁,遠行。朝余涉乎具區兮,夕余濟乎江介。具區,太湖。江介,江左。舍楫遵陸兮薰隧維塵,策駕馬兮胡與秦。歷橫術之廣廣兮,遙望山中之無人。橫術,大路。山無人兮木葉下,羌瞖瞖兮風以雨。瞖瞖(yì yì),陰而有風。蔭三襲之檟椅兮,郁通谷之宿莽。三襲,三重。檟,楸。通谷,山谷。宿莽,冬生不死之草。忽夷猶其言旋兮,旴虞谷而勿迫。夷猶,猶豫貌。旴,同"聿",由也。虞谷,同"隅谷",又名"虞淵",日入處。勿,七代遺書本作"忽"。弲脂牽于道周兮,振蓬飛而尚隔。弲脂,似指弲棹、脂車。道周,道旁。崒成英磽礐而草叢兮,水溁闢過辨而穢流。崒(zú),山頂。磽礐(qiāo què),堅石。溁(guǐ)闢,流泉。辨,井地之數,九夫爲一辨。淼潺溇而絕梁兮,厲盈盈而莫由。怛甌臾之收潦兮,鄙部婁之無木。怛(dá),憂。甌臾,瓦器,譬喻地面低洼不平。部婁,小山丘。何不歸采蘭兮盈掬,陟山椒兮歌此曲。山椒,山頂。少歌曰:有鳥東飛兮,翔彼故林。泄泄羽毛兮,遺以好音。泄泄,鼓翼貌。山阿之人兮,晏晏披帷。晏晏,和悅貌。芳桂爲棟兮,杜若爲楣。厒有豫章兮,隰有留夷。厒(qiè),崖岸。豫章,木名。隰(xí),濕地。留夷,香草名。索處難老兮,欲控其誰?徜徉逍遙兮,不知是非。白日已旰兮,惡可以爲?旰(gàn),晚。

抽亂曲

抽亂曲,中心且抽,長言之也。

桂酒兮蘭湯,玉液兮瓊漿。列大離兮獨彈,陳塤篪兮浩唱。大離,大琴。塤,陶制樂器。篪,竹制樂器。考鐘鼓兮繁會,紛鶯珮兮鏘鏘。疏越兮緩節,激徵兮變商。疏越,疏通瑟底之孔,使樂聲遲緩。徵,五音之一。變商,即少商。王應麟《玉海》卷一百十:"桓譚《新論》曰:五弦第一弦爲宮,其次商、角、徵、羽。文王武王各加一弦,以爲少宮、少商。"五音飭兮良工悉索,曲未闋兮心不懌。飭,齊整。悉索,象聲辭。闋,終。懌,喜。《樂府詩集》卷十六收"漢鐃歌十八曲",其中"將進酒"有云:"同陰氣,詩悉索,使禹良工觀者苦。"屬兕觩兮如噎,張華帟兮云夕。兕觩(sì qiú),酒器。噎,塞。華帟(yì),帳幕。懸鞞琫兮劍將竦,序大侯兮矢不可射。鞞琫(bǐng běng),刀鞘。竦,握持。大侯,箭靶。愴躑躅兮起舞,勞矜茫兮今昔。揚雄《方言》:"茫矜,奄遽也。"顧謂四座兮且相和,儀傞傞兮交舄。傞傞(suō suō),失態。舄(xì),鞋。我不樂兮復何時,瞑目忼慷兮如遠行客。鞠茂草兮周道,再三歎兮用老。周道,大路。交不長兮日以新,所好不謀兮誰爲平生親?志不得兮寢以危,漚白菅兮爲緇。白菅,白茅。徘徊劇驂兮自失,太行圬巘兮將安之?劇驂,七達之路。圬巘(hì zè),高聳。綆單極而幹既斷兮,陳捃畚而廩已灾。綆,汲水之繩。單極,盡也。捃畚(jú běn),運土器具。廩,倉庫。山將頹而木安植兮,空無雲而殷其雷。天蒼蒼兮野靡靡,黃鵠遠舉兮不集苞杞。靡靡,綿延不絶。苞杞,叢生之杞。語出《詩·小雅·四牡》:"翩翩者鵻(zhuī),載飛載止,集於苞杞。王事靡盬(gǔ),不遑將母。"後世常以"苞杞"表居家奉母。腰領且不獲圽兮,安能猋愛乎妻子?領,頸。圽,同"歿"。猋,同"舐"。貫索嗻嗻兮,卷舌煌煌。貫索星,共九顆。九星皆明,則天下獄煩。嗻嗻,明亮。卷舌星,共六顆,主口語。閣道流孛兮,亘于欃槍。閣道,星名。孛(bèi),

彗星。欃槍,彗星別名。熒惑守舍而生角兮,大白經天而反逆行。熒惑,火星。大白,金星。糾厝變兮不可言,撫膺兮不敢望。糾厝,糾纏交錯。蕭蕭兮茫茫,淅瀝兮多枯桑。衣穿空兮被以霜,啼呼嗚咽兮聲不能長。欲有所如兮誰從?不得至兮山中。既醉兮泣下,魂綿邈而飄遙兮一何苦。唱曰:恍兮忽兮,鬱不發兮。心既變兮,方弗見兮。野雀無巢,東西飛兮。信宿誰舍,愒而歸兮。愒,同"曷"。采采芳草,遺所思兮。佩而棄之,然且疑兮。服彼夜光,毋亟投兮。維今之人,曷能周兮。湜有岸兮,石則矸兮。湜,水清見底。矸(gān),山石貌。餐不敢飽,舂白粲兮。梟炙不薦,惡求彈兮。薦,獻祭。林木何翛翛兮,長路何漫漫兮。抽我心曲,已爲亂兮。亂曰:已矣兮,怒如何?怒(nì),憂思。世無知音兮,又焉歌?江水深兮風揚波,日暮千里兮傷心多。

卷二　稽古堂二集上

擬上求讀書見人疏

臣見草莽之士，伏闕上書，甚數數也。大者徼顯秩，次者蒙采納，最下亦見容，不抵於死。誠我聖明能受諫矣，然臣不敢謂聖明能受諫也。今之上書，皆未敢有直言及左右者，況責難於君乎？上書之弊，莫甚於今日。臣在草莽，復何敢蹈其弊？然竊見天子之聖，求賢之急，天下之大，卒未有一言得治天下之要，而冒死爲君直陳者也。

夫古之犯顏敢諫之士，言切君身，直指左右，自分必死，而聖主往往容之聽之，誠以主聖則臣直，故樂求直言以治天下。天下所以不治者，上下之情不通也。求直言，則上之情通矣。敢直言，則下之情通矣。而其要在于讀書多見人。讀書，則知求言之當急矣。多見讀書之人，則知聽言之甚樂矣。上下之情一通，則宮中府中，事爲一體，壅蔽不生，奸邪之計無所施矣。夫聖主亦何樂於壅蔽，以成其尊嚴如神哉？其間有利於尊嚴者，然後乃使上下間隔。上下間隔，乃冀倖英敏之必用耳目。用耳目以爲察察，而彼乃得從中竊其權焉。千萬金之家，其僮僕左右，即利其主人翁，作使貴倨，不輕接見賓客，然後得蔽之，以爲乾没，或借勢以氣食人，況君門遠於萬里者乎？

我皇上聰明天縱，法祖無斁，古之盛典，無往不行，而卒未得一效，求治而亂不止，除弊而弊日生，此何故與？無斁(yì)，不厭。徒見群下日以堯舜誦祝耳。主誠堯舜矣，而欲效唐虞之治，不可得也。時異事殊，去古甚遠。三代之事，且不相及。高皇帝嘗從容問宋學士濂，而濂僅以漢高祖、唐太宗爲對。夫豈不欲誇張其主哉？誠以治貴切實，即起堯舜於今，亦不樂有臣下之誇張也。臣欲直言，請從此始。惟願陛下勿以漢、唐、宋爲卑，而反復其利害，則咨命闢門之治，幾何而不庶幾焉？
咨命，君主對臣子的任命或咨詢。闢門，廣羅賢才。

前代亂國，多出於勛舊、貴戚、后妃、公主、宰相、宦官。而本朝憂勤，法度甚善，六者之患，已弭其四，豈非熟察於漢、唐、宋之利害哉？誠以漢、唐、宋之事，日熟察之，前鑒不遠，其害安在，用宰相何以治、何以亂，用宦官何以治、何以亂，其間賢與不肖，孰多孰少，受諫之朝何以治，拒諫之朝何以亂，此甚較然，不待智者而決也，又況經聖人之省覽乎？故一讀書，則法古可以興利而除其弊。一讀書，則賢者易以合，而奸人不得以欺隱。一讀書，則天下之士風鼓舞，而爭求實學以濟時。一讀書，則漸與士君子親，而天下之事得以上聞。至于日與士君子親，而天下之事得上聞，則堯舜治天下之要道不越此矣。

如今者武英、平臺之間，未嘗不召對終日。然召對諸大臣，或老病，或黯淺不學，而九重黃屋，尊嚴不測，俯伏頓首，上視天威，已失其生平，及一問而無以自對，則流汗已爾，又安能悉心畢議於前乎？則以國家之制特尊，而君臣之情不相浹也。唐虞之堂，都俞賡歌，遂成隆古。都俞，嘆詞。賡歌，唱和，形容君臣相處之融洽。《書·益稷》：“禹曰：都！帝，慎乃在位。帝曰：俞！”即三代以後，如漢武帝時，侍從執戟，日親群臣，柏梁燕會，至今爲美談。漢武帝曾在柏梁臺上與群臣賦詩，人各一句。唐太宗時，五品以上，皆更宿中書省，數延見問，豈非天下事，非如此上下洽通，不得上聞乎？又見夫妃嬪宦寺，誠不若士大夫相對之足樂也。太祖、成祖,時時與諸臣議事,宴侍不輟,莫非可傳可法者。臣請得從今以往,自乾清宮外,乘輿衛從,皆用士人,使時有所諷諭。蓋小臣懷忠,可以犯顏。若大臣,則自有其體耳。其大者無過於經筵近習,先期上講章,有所忌諱,則皆撕之,翼日御前,尋章一誦而已,豈所稱日講意耶?撕(chàn),芟除。日者天祐聖心,慨然一問,而懷忠諸臣,亦得以少悉時弊,非明效與?奏牘之煩,能不厭而忽之,何如覿面剖陳也?庸詎無關白副封者乎?果其大臣日被晉接,而小臣亦得親侍從,上下洽通,知無不言,人材長短,可以習而知之,天下之故,可以商榷而講求之。取鑒前代,則有《資治》《綱目》。《通鑒綱目》,朱熹著。遵奉本朝,則祖訓在前,而丘濬《衍義補》,可謂詳備。丘濬字仲深,海南人,明孝宗時官至武英殿大學士,著有《大學衍義補》。欲更何政,欲興何典,即與諸臣講其源委,而後行焉,豈必藉刑餘為顧問、考典故哉?

獨太息者,今之大臣,本不讀書,一柄國政,則高峻其門,不復見客,又安望其開導聖心,以讀書見人耶?朝廷奏疏,半如爭訟,半為文移,以不讀書故也。故草野亡俚之奸猾,擯斥不遂之腐儒,皆得上書而亂日昃之聽,又安在不令九重輕薄士大夫乎?此臣所以願陛下讀書,而天下之臣子不敢不讀書也。臣子莫不讀書,而陛下日見之,亦甚樂也。多讀書,多見人,而上下之情不通者,未之有矣。皇上如欲效堯舜之治,則請聽臣之直言始。臣乃敢言治兵理財之事,以備采擇焉。

史漢釋詁序

《爾雅》一卷曰"釋詁"。詁,古也,訓古今異言也。自始作籀迄於今,數變易不一,其言頗譌。秦斯作《蒼頡》六章,高作《爰歷》七章,太史令胡毋敬作《博學》七章,司馬相如作《凡將篇》,揚雄作《訓纂》,班固續之爲百有三篇,字無復。秦斯指秦相李斯,高即趙高。許慎作《説文》十五篇,皆以明六書,詁其義也。六書,指事、象形、形聲、會意、轉注、假借。漢尉律:"學僮十七已上,始試諷籀書九千字,乃得爲吏。郡移太史并課最者,以爲尚書史。書不正,輒舉劾之。"語出《説文解字敘》。章句雖小學,然不能章句達於古訓,而號能屬文,文乎?

吾嘗謂文下《十三經》,而《史》《漢》爲可觀,下此不逮矣。龍門、扶風,父子續業,觀盛見衰,協異傳,齊百家,善序事理,上下洽通,固不具論。司馬遷,龍門人。班固,扶風人。獨即其章句,慮皆爾雅爲近古。洽聞者既或聞耳,不可勝用也。今所謂學,自治一經外,不遑它矣。能誦歐、蘇家數文,侈謂成一家言。諷書如是,足也,何爲其九千字與?其推贍博者,謂其涉獵諸子,襲取逸記,及它小籍也,西京之言,或罔聞知。夫然,屬辭成章,欲其近爾雅、遠鄙倍乎?安怪其美齊東野人之語也?前見有身爲天子大臣,不能對三物六德者矣。《周禮》:"以鄉三物教萬民,而賓興之。一曰六德:知、仁、聖、義、忠、和。二曰六行:孝、友、睦、婣、任、恤。三曰六藝:禮、樂、射、御、書、數。"使如杜業、爰禮、秦近,説字未央庭中,能無淰邪?《説文解字敘》:"孝宣時,召通《倉頡》讀者,張敞從受之。涼州刺史杜業、沛人爰禮、講學大夫秦近,亦能言之。孝平時,徵禮等百餘人,令説文字未央廷中,以禮爲小學元士,黃門侍郎揚雄采以作《訓纂》篇。"淰(niǎn),因羞愧而汗下。余故惛惛,雖嗜讀書,然不能強記。惛惛,同"昏昏"。又:"嗜"前衍"耆其"二字,據七代遺書本删。嘗以爲古文簡多通,今益附會,其義逾支。人苦不洽聞,其用之數以秕繆,宜也。余因彙《史》《漢》章句而編之曰《史漢釋詁》,其義近古者釋之。索隱諸家,亦多雜厝不當,則以意定其非是。即不鈎摭毛舉,庶指大意矣。鈎摭,鈎陳摭拾。毛舉,粗舉。嗚呼,是賢於博奕耳。鄙事,烏敢自類《爾雅·釋詁》哉?或當諷書爲尚書史云。崇禎戊辰冬方以智書于澤社。周岐《澤園永社十體詩引》:"澤園臨南河,取麗澤之義,方潛夫夫子璽卿告假還鄉所建也。"

五言古詩序

五言古詩,言者考三百篇"無不爾或承"、"祐啓我後人"、"俾爾熾而昌"、"胡然我念之"以爲類。"無不爾或承",出《詩·小雅·天保》。"祐啓我後人",《尚書·君牙》作"啓佑我後人",密之稱出于《詩》,或屬誤記。"俾爾熾而昌",出《詩·魯頌·閟宮》。"胡然我念之",出《詩·秦風·小戎》。然什中十一,章未嘗備也,備之自漢始。四言以降,作者言其志所之,考比興之遺意,發人深思。詠嘆之不足,大都善五言古者近是。滄溟以爲唐無之,誠然哉。李攀龍別號滄溟,其《選唐詩序》曰:"唐無五言古詩而有其古詩,陳子昂以其古詩爲古詩,弗取也。"唐以律盛,用錄士。然予嘗以爲其律七言,遜其五言。其古七言爲最盛,其絶句爲殊尤。獨即其可觀者,天寶以後,不必盡撕也。六朝於諸體,雖漸以興,然一時稱能詩者,率以五言。然屬辭比類,務崇浮華,其調已盡,故難爲詠嘆耳,論者未嘗不嗟比興之失也。建安中,吾亦謂惟曹氏父子,猶可稱善。嗣宗《詠懷》,思深哉!阮籍字嗣宗。學元亮者,不免自放矣。陶潛字元亮。謝、陸輩諸人,惟麗是工,即追琢盡金玉乎?謝,謝靈運。陸,陸機。吾謂甚無謂也。明遠、義通,皆得才士風,然佳者爲唐人户牖矣。鮑照字明遠,江淹字文通,皆南朝詩人。河梁、十九首,不亦希聲也與?河梁,蘇李詩。十九首,《古詩十九首》。夫古五言原於三百,韞籍于楚騷,其指故遠,其興微,其言爾雅。壯士之悲憤,離人之憂感,至矣。好色怨誹,毋亦有遺意乎?以後之人,采獲奇字,錯之成章,文而不情。其卑者,則又以市井之言爲美耳。然苟有能優孟其辭者起,能不稱乎?余間爲之編之,敍其自出,集諸古歌行、樂府若章五言備者,彙爲一帙,以當好古者之詠嘆不足焉。

清芬閣集跋

　　智仲姑母，適姚公前甫氏，再期不天，乃請大歸，守清芬閣中，此清芬閣之所以有集也。姑少好詩書，善白繪古先生，不事諸娣儐笑，有丈夫志。常自恨不爲男子，得樹事業于世。又不幸罹此窮苦，膺心居矜，又安敢以女子著書名哉？自丙午歲與余母朝夕織紝以下俱共事，殷勤之餘，時或倡詠，伯姑間歸而和之，閨門之中，雍雍也。爾智未束髮，夢夢不知所奉。暨稍長，離經小學，克共侍命，而吾母即世。嬛嬛鰥塊，莫適與歸，問我諸姑，仲氏任之，蓋撫余若子者八歷年所，無間色矣。嬛嬛（qióng qióng），孤獨無依。鰥塊，啜粥枕塊，謂守喪也。嘗曰："吾不幸不獲從地下，長累父母。父母故罔極，吾姊妹皆安榮備福，月朔歸寧，屢辱顧問，我何言哉？宜人知吾心，亦復早逝。嗟夫，家事大小，一莫敢問。《禮》曰內言不踰閫，《詩》曰無非無儀，況寡婦乎？"閫（kǔn），門限。自感宜人意，諸子女飲食當治，衣裳當浣，俱身先操作，間命婢，必慰諭遣之，其淑慎如此。嗚呼，自智不得逮事吾母，以不得不子於姑，敢不母事吾姑，以不敢死其親乎？其所著述，每從幃下，紀諸篋，至今以帙，積錄存之。偶執吾母《黻佩居遺稿》示余曰："卬無若，弗與言也已。卬，我。所與言惟淑人，淑人又傷無子。女子慷慨而有所發憤，獨非然耶？"然所爲輒棄，存者十半。以爲女子不以才貴，故其刪宮閨詩史也，斷斷乎必以邪正別之。嗟乎，女子能著書若吾姑者，豈非大丈夫哉！今年伯姑自任中選其生平篇什，以書屬余壽諸木以不朽，余亦因以盡所逮事北堂之意，庶其妥而。崇禎己巳冬以智書。

曾子序

仲尼以子輿爲能通孝道，授之業，作《孝經》。曾參，字子輿。然在身通中，參獨魯。《論語·先進》："子曰：柴也愚，參也魯。"夫參之不可及者魯也，萬里之感，游越而泣，迄於知免，行不必盡，已非端木以下所能已。《搜神記》："曾子從仲尼在楚，心動歸，問母。母曰：'思爾，嚙指。'孔子聞之曰：'參之至誠，精感萬里。'"《韓詩外傳》卷七："曾子曰：吾嘗仕齊爲吏，禄不過鍾釜，尚猶欣欣而喜者，非以爲多也，樂其逮親也。既没之後，吾嘗南游於楚，得尊官焉，堂高九仞，榱題三圍，轉轂百乘，猶北鄉而泣涕者，非爲賤也，悲不逮吾親也。"《論語·泰伯》："曾子有疾，召門弟子曰：'啓予足，啓予手。《詩》云：戰戰兢兢，如臨深淵，如履薄冰。而今而後，吾知免夫！'"端木賜字子貢，孔門高弟。

余友周農父，篤行君子也。周岐字農父，桐城人。然其人博學好古，善著文辭，又兼言輿卜焉。顧自以爲間嘗考《禮記》《家語》《論語》《韓詩外傳》《説苑》《新序》，及它逸記子輿之語，凡而次之，極詳備，爲之注，以示將來，其志何居？農父家貧，少喪父母，寡兄弟。長而好學，不苟爲世俗浮夸，立身以爲事。每誦《孝經》，未嘗不泣也。嘗以爲世之傑出，慮眽眽皆翹明以智自將，事輕俠，通王侯，索其能，何所不可以逞乎？眽眽（mò mò），相視貌。幸富且貴，即若德於其親，事親之道畢矣。夙夜之養，居廬之節，斯固鄙之不足數也。嗟乎，即立名稱，卓犖方内，爲豪傑之士，其本焉可問哉？豈仲尼之徒之所與與？無他，不安於魯耳。農父之自以爲魯，不敢忘其親也。不敢忘其親，故志在曾子也。誦《曾子》者，夫人而猶有忘其親者乎？

廬墓考序

古者喪居倚廬，不塗。倚廬，陋室。塗，修飾。既虞，翦屏，拄楣，塗不於顯。既虞，既葬。翦屏，翦去户旁兩廂屏之餘草。拄楣，舉倚廬之木拄于楣，使稍寬明。**練居堊室，無餘之室，宮之禫之，制皆中門外北面東墙下。**父母喪后周年，所穿練衣練冠爲練。四壁皆涂白泥之室曰堊室。宮之，以墻圍之。禫（shàn），即祖，不圍也。《禮記·喪大紀》："父母之喪，居倚廬，不塗，寢苫枕塊，非喪事不言。君爲廬宮之，大夫士禫之。"《白虎通》以爲不欲聞人之聲，又不欲居故處。《白虎通義·喪服》："所以必居倚廬何？孝子哀不欲聞人之聲，又不欲居故處。居中門之外，倚木爲廬，質反古也。不在門外何？戒不虞故也。故《禮大傳》曰：父母之喪，居倚廬於中門外東墙下，户北面。練而居堊室、無餘之室。"**即墓而不反焉，孝子之情，無所於已也。戰兢夙夜，未始有方，然固所自盡，喪其著者。**

　　自晚近凌遲，士大夫末習，燕樂旅行，不及踰月。蒲葦綪絞，十有九稱，徒具文。蒲葦，送葬時以香蒲和蘆葦包牲。綪（qiàn）絞，以繩包緊衣服。**而苫塊辟踊，非喪事不言，誰思維則，狠云適去順也。**苫（shān）塊，寢苫枕塊。辟踊，搖胸頓足。《詩·大雅·下武》："永言孝思，孝思維則。"狠，衆。**中乏叔鸞毀容之實，竊高登木託音之度。**戴良字叔鸞，東漢人。母喜驢鳴，良嘗學之以娛樂焉。及母卒，兄伯鸞居廬啜粥，非禮不行，良獨食肉飲酒，哀至乃哭，而二人俱有毀容。或問良曰："子之居喪，禮乎？"良曰："然。禮所以制情佚也，情苟不佚，何禮之論？夫食旨不甘，故致毀容之實。若味不存口，食之可也。"《禮記·檀弓下》："孔子之故人曰原壤，其母死，夫子助之沐槨。原壤登木曰：久矣予之不托於音也。歌曰：狸首之斑然，執女手之卷然。夫子爲弗聞也者而過之，從者曰：子未可以已乎？夫子曰：丘聞之，親者毋失其爲親也，故者毋失其爲故也。"**夫竹林曠佚，談老莊，步兵嘔血數升，臨訣骨立；巨源以六十，負土成墳，手植松柏，夫安知失其情耶？**阮籍曾任步兵校尉，故世稱阮步兵。《晉書》本傳曰："籍雖不拘禮教，然發言玄遠，口不臧否人物。性至孝，母終，正與人圍棋，對者求止，籍留與決賭。既而飲酒二斗，舉聲一號，吐血數升。及將葬，食一蒸肫，飲二斗酒，然後臨訣，直言窮矣，舉聲一號，因又吐血數升。毀瘠骨立，殆致滅性。"山濤字巨源,竹林七賢之一。《晉書》本傳稱其"遭母喪,歸鄉里。濤年踰耳順,居喪過禮,負土成墳,手植松柏"。禮教寢矣,風世飭俗,卓行尚焉。"飭"原作"餙",據七代遺書本改。漢、晉以降,往往顯者,滅性毀先王之節,號伏冢側,哀終其身,甘露、赤芝、連理、烏兔之祥,卒用數見,蓋亦至誠感云。

歲己巳,智曾王母即世,時年八十有六。大父明年七十,哀墓喪次,不異孺子。《禮》:"五十不致毀,六十不毀,七十唯衰麻在身,飲酒食肉,處於内。"曰:"雖然,爲人子者,焉敢安也?"既而殯于天馬,乃爲茅舍於其側,曰慕亭,日哭臨焉。謂智曰:"而曾王父没,葬於蓮山。北堂奉養,不獲朝夕。歲自元旦往,嗣月繼之。嗣月,次月。往浹日,悲號奔走,中心是悼,茲不可以遂與?"自甲至癸,共十日,曰浹日。三月卒哭,弗敢過也。乃既祥猶未間,傷故之以,蓋中月而禫而永訣矣。祥、禫(dàn),皆祭名。古代周年祭曰小祥,兩周年祭曰大祥。中月而禫,与大祥間隔一月。至此而服除。嗚呼,養學杖國之老,終于廬墓,方宋支資陽、元郭亳州,未能詹也。詹,至。《宋史·孝義傳》:"支漸,資州資陽人。年七十,持母喪,既葬,廬墓側,負土成墳,蓬首垢面,三時號泣,哀毀瘠甚。白蛇貍兔擾其旁,白鴿白鳥日集于壠木,五色雀至萬餘,回翔悲鳴,若助哀者。"《元史》卷一百九十七:"亳州郭成年七十一,母喪食粥,廬墓一年,朝夕哭臨,人哀其老而能孝。"因凡古孝子行廬墓者次之,冀以述吾祖德焉。寡覯尟聞,故多疏略,謹能捃摭所知,粵漢暨今,以代相敘,芟煩更撰,少悉它美,務取諸質,以俟補闕而已。若敬孫允懷,黽勉孝弟者,亦所不隱也。

廬墓考論贊

亮陰三祀,《書》嘉弗言。《書·説命上》:"王宅憂,亮陰三祀。"孔穎達疏:"王居父憂,信任冢宰,默而不言,已三年矣。"另:七代遺書本句首有

"論曰"二字。三代以前，居喪未嘗多著。聖門子騫、子輿、子深嘆之。《論語·先進》："子曰：孝哉閔子騫，人不閒於其父母昆弟之言。"孔子贊曾子，見本卷《曾子序》注。顏丁、高柴、樂正子春，練冠垂洟，比御不入，蓋其彰者。洟，眼淚。史稱顏丁善居喪，始死，皇皇焉如有求而弗得；及殯，望望焉如有從而弗及；既葬，慨焉知不及其反而息。高柴執親喪，泣血三年，未嘗見齒。樂正子春，曾子弟子，母死而五日不食。由春秋逮戰國，乘舟之思，新城之恭，尚不數數見。《詩·邶風·二子乘舟》："二子乘舟，汎汎其景。願言思子，中心養養。"毛詩序云："衛宣公之二子，爭相爲死，國人傷而思之，作是詩也。"另據《左傳》載，晉獻公夫人麗姬，欲殺太子申生。申生爲父故，不辯不逃，自縊於新城。齊晏桓子卒，晏嬰縗苴杖菅，食鬻，居倚廬。縗（cuī），喪服。苴，麻衣。其老曰："非大夫之禮也。"曰："惟卿爲大夫。"《傳》曷爲乎附之？記其鮮也。端木反築，亡亦亡於禮者之禮邪？前"亡"字，通"毋"。《孟子·滕文公章句上》："昔者孔子没三年之外，門人治任將歸，入揖於子貢，相嚮而哭，皆失聲然後歸。子貢反，築室於場，獨居三年然後歸。"抑秦惡孝德，然書後莫悉耶？霸陵遺詔，服大紅十五日，小紅十四日，纖七日釋服。霸陵，漢文帝。夫三年不行久矣，自此詔後，始得引爲漢制。又聞爲薄太后持三年服，廬居枕塊必於禮，至以發大病，知後子不能行，更制三十六日。而應劭辨其非是，據薄太后以孝景二年崩，最當。應劭，東漢學者，著有《風俗通義》。建武政多趨簡，大臣不得告寧。至元初初，始詔行三年喪，服闋還職，陳忠所疏良切矣。《後漢書·陳忠傳》："元初三年，有詔大臣得行三年喪，服闋還職。忠因此上言：孝宣皇帝舊令人從軍屯及給事縣官者，大父母死未滿三月，皆勿繇，令得葬送，請依此制。"余讀《漢書》，累見察舉孝廉，而究罕可稱述者。翟子威以織履給資之母，既葬三十六日起視事，以爲身備漢相，不敢踰國家制；薛修送死去官持服，而贛君相駁不和，其時可知也。翟方進字子威，薛宣字贛君，皆漢成帝丞相。薛宣弟修服母喪三年,而宣曰人少能行之,以此獲譏於世。**恬侯白首,躬浣裙襦,執喪甚悼,杖乃能起,雖躇躇而實馴行,固議之何哉?** 石慶,石奮之子,以孝稱,死謚恬侯,傳見《漢書·萬石衛直周張傳》。襦(yú),水槽。躇躇(chù chù),廉謹貌。**巨先庶幾獨行寡二矣。**《漢書·游俠傳》:"原涉字巨先,祖父武帝時以豪傑自陽翟徙茂陵,涉父哀帝時為南陽太守。天下殷富,大郡二千石死官,賦斂送葬皆千萬以上,妻子通共受之,以定產業。時又少行三年喪者。及涉父死,讓還南陽賻送,行喪冢廬三年,縣為顯名京師。"**樂安民趙宣,葬親不閉埏隧,行服二十餘年,仲舉以五子罪之,惡其黷也。**埏(shān)隧,墓道。陳蕃字仲舉,漢末大臣。**若汝南、安平、陳留、臨淄,孺慕致毀,出於天性,豈以為名與?** 汝南指周磐,陳留指阮籍,臨淄指江革,安平待考。《後漢書·周磐傳》:磐字堅伯,汝南安成人。家貧,養母儉薄不充,乃應孝廉之舉,數為令,有政聲。後思母棄官,還鄉里。及母歿,哀至幾於毀滅。服終,遂廬于墓側,教授門徒常千人。《江革傳》:革字次翁,齊國臨淄人。少失父,獨與母居,遭天下亂,盜賊並起,革負母逃難,備經阻險,常採拾以為養。及母終,至性殆滅,嘗寢伏墓廬,服竟不忍除。

爲揚雄與桓譚書[辛未澤社課]

余嘗悲以雄之好古,遂無知者,徒慨千載下有子雲耳。當時獨桓譚以為絕倫,想其對王邑、嚴尤曰:"必傳,顧君與譚不及見也。凡人賤近而貴遠,親見揚子雲,祿位容貌,不能動人,故輕其書。"語出《漢書·揚雄傳》。桓譚字君山,兩漢之際思想家,著《新論》。嗟乎,書遂以祿位容貌重乎?

雄再拜君山足下:雄不佞偃蹇且老,自惟終世無知我者。顧足下不以為謬劣而好之,遂以為絕倫,僕何修而得此?時以足下好我,欲與足下一述生平,闃然未有報。請略言之,輒自謂何其遇之窮,又未嘗不自笑其為人也。雄少故魯,家貧,世世業農桑。雄又不喜事事,顧獨嗜書。饔飧不贍,斗酒彈琴,自歌而和之，頗以爲此樂，它人不如。長復佚蕩無備，不好齷齪，以故無鄉里之譽。惟志博覽古今，明聖哲之指歸，求所自見。有所得，默而湛思之，亦不爲章句小儒，徼名當世。年四十自蜀來游京師，奏《羽獵》《甘泉》《河東》《長楊》諸賦，除給事黃門，得不乏饔飧足矣。嗟乎，世之所爲尊寵者，詭世取容，粥粥以自通，蒲服幕府，俯首戚里，下車趨門，傳呼寵甚。粥粥，謙卑貌。蒲服，同"匍匐"。苟得所當，即爲人庸使以求簪裛何惜焉？漢代爵三級曰簪裛。是故鄉里樸遬，扶眥索能，皆綰印鼓。樸遬，平庸。印鼓，印牌鼓角。論説不根之士，慧有口，皆得超遷。大者起徒步至宰相封侯，而徙倚私門，肺腑阿邑，薦擢以顯者比比。爲卿大夫，享厚禄，不可勝數。然且鄙攻苦食淡者，何乃不肯録録爲也，斯吾固顯受其鄙耳。所拳拳者，體天地之撰，明聖人之中道，此必不容自已者也。經莫大於《易》，故作《太玄》。傳莫大於《論語》，作《法言》。史篇莫善於《倉頡》，作《訓纂》。箴莫大於《虞箴》，作《州箴》。賦莫深於《離騷》，反而廣之。揚雄作《反離騷》。辭莫麗於相如，作四賦。而其所自得者，在《太玄》《法言》。《法言》以時有問者，用法應之。《易》藏參天於兩地，而人無會通者，故特闡其參焉，此《太玄》之所以作也。夫聲之眇者，不可聞於眾人之耳。形之美者，不可混世俗之目。辭之衍者，不可齊於庸人之聽。今琴而高張急徽，追趨逐嗜，則坐者不期而附矣。試爲施《咸池》，揄《六莖》，發《簫韶》，詠九成，則莫有和者也。《咸池》，堯樂。揄（yú），引。《六莖》，傳爲顓頊之樂。《書·益稷》："簫韶九成，鳳凰來儀。"孔疏："成猶終也，每曲一終，必變更奏。故《經》言九成，《傳》言九奏，《周禮》謂之九變，其實一也。"嗚乎，當今之世，舍足下誰歸與？此固難爲俗人陳解也。即懷材之士，范君、劉君，亦嘗見禮。范劉二君，指范逡、劉歆。然子駿觀《玄》曰："空自苦，恐後人用覆醬瓿也。"貴知我者希，老聃之遺言,豈不亦信然乎!《道德經》:"知我者希,則我者貴,是以聖人被褐懷玉。"知之矣,誠毋足怪耳。好古樂道,古聖人之所尚,僕固有以自守泊如也。又不自幸,幸得足下,僕死復何恨?至於位卑履空,不能取高官尊寵,此非僕之所恨也。僕老憊,世日溷濁,又何鬱鬱?獨念君山不置,謹再拜。

梅朗三詩序

以予觀言詩家至今日,未嘗不作而歎也,詩其亡乎!至宛,見梅子朗三氏,讀其詩,詩不亡矣。宛陵,宣城別名。梅朗中字朗三,梅鼎祚之孫。謂余其言,余言難言也。苟事操觚,無論業一編,即以服青䋺行道中,區區協平反末耳,何所於此?青䋺(guā),紫青色綬帶。即所以爲土圭者,得一語相爲名高,一時翹明,又苦務贍博,何如自爲其所爲?土圭,測日影之器具。夫爲之者固已如此其美矣,言之何難?苟言之,誰然之哉?詩以言志,情動於中,故形於言。古之人典於學既深,發其餘爲聲歌,大率摅悱惻,託於比興,上下其觀,無慮皆仰古俯今,有所發憤,伸指扼腕,不觀其深,烏能知之?飲食宴樂之什,草木之易,日月之序,蓋其感也。作者之志大矣,豈爲若是已耶?乃學者學新聲,靡靡字句間,務爲婦人之容,吾淺之爲丈夫也。以今言之,何況馳騁沈謝,越齊梁,溯晉魏,至於漢,亢衡蘇李、枚叔間哉?即唐天寶前諸家,已寂如絕響,且曰不足道也。然其能爲天寶以後者,猶可言也。古今殊風,何所宋與元,不得倖三百與?尤而效之,不但井里知之鄙倍,而美以爲韶韺耳。韶,舜樂。韺(yīng),帝嚳樂。夫然而謂律聲之諧,初、盛最古,源於比興,宜則漢魏,是由聆鄭衛之音,曲終而奏雅,不已悲乎?朗三爲人魁岸,與論天下事,何其宏覽博物君子也。發之聲歌,其情深，其指遠。律體諸篇，音鏗鏗出金石。古詩雖建安諸子不逮也。曩者禹金先生倡東南，信陽、北地、歷下諸君子藉以益振。梅鼎祚，字禹金。何景明，信陽人。李夢陽，北地人。邊貢，歷下人。朗三其善述祖德者乎！至今誦先生集，猶能惟作者之志，著述犁然。即如《古樂苑》《紀乘》諸書，其木鐸天下者，卷卷如也。朗三又振之，天下其興與！余故樸邀不敏，不敢高言。然辱與朗三言志，其言同。獨汲汲者，好古下帷相勉耳。年皆二十以上，日月甚長，後當自進，且記于此。

朱貞吉王孫絕命帖題辭

《絕命帖》，宗侯朱貞吉先生所書也。先生工時賦，多著作，旁及臨池，莫不盡善。時爭購其字千金，先生之以爲傳久矣於世矣。其孫仲韶又手持《絕命帖》，游四方，豈惟欲以傳其書法耶？手澤存焉，焉敢忘乎？余觀其帖，先生易簀時，書以示子若孫者。夫人多通負材，豈無所以發憤於世，稍稍自矜？乃先生則皆溫溫仁孝言也，遺戒後人，古訓是式，蓋其厚與！天下之傳《絕命帖》者，又豈惟傳其書法邪？余從眉生聞仲韶其人，又多通，如其王父。沈壽民字眉生，宣城人，曾入復社，明亡不仕，密之老友。余雖未嘗見，然手持先人之手澤不敢忘，毋念爾祖，其有焉。《詩‧大雅‧文王》：「無念爾祖，聿修厥德。」有孫如此，益以想見先生之風。

龍唐山題辭

余往游台蕩、括蒼、石門諸勝，自以爲天下名山之峭拔者，無如此方。今年來越州，遇一唐昌僧，手《龍唐山圖志》。余覽之，是固余祖居之㡰，率山南七枝之一也。㡰(yǐ)，户牖之間。

率山即大鄣山,《水經》所稱三天子都,而葉石林不知者也。葉夢得號石林居士,宋代學者,著有《石林燕語》等。自大鄣起龍鬚南七十里爲問政山,山南爲大明。自都亭度昱嶺,起一峰,爲鹽官齊安國師道場,唐宣宗潛隱處。南出秀峰、銅坑,抵睦州。山之東,爲竺嶺、度龍池,北抵宣州。正東一峰,爲無著、楚南諸祖道場。東出天目山之中,爲星巖、佛頂、清涼三大峰,是爲龍唐山。寶掌和上憩其巔,而三祖燦亦嘗發光入此。僧燦,禪宗三祖。宋咸淳四年,度宗以母后乳癰,得明瞻禪師法水,灑之立瘥,度宗大悅,賜龍唐四十里營建梵刹,五沐宸章,真此山之遇乎!亦猶雁蕩之至宋始顯也。此山在萬峰之中,大有十八面,分有三十六曲。巖洞怪石,林立劍擁。幽窟如宛蜒,踞者如獅象。千湫百泄,奔注其間。巨木菁深,人跡罕至。考其寺,距昌化七十里。余歸路當由此入新安,登三天子都,分游諸勝地,因先爲之題其概如此。當造其峰,乃可作記,詎當如孫興公未至天台,而以一賦塞責云爾乎?孫綽字興公,東晉名士,曾作《游天台山賦》。許叔玄遺逸少書,稱此方金堂玉室,仙人芝草。許邁字叔玄,王羲之字逸少。若余能果此游,則較叔玄所稱必多多矣。

將歸賦

秋八月兮多西風,余獨何爲兮江之東?澹弭節兮枉渚,搴薜芷兮洲中。弭節,停車。枉渚,彎曲的沙洲。搴,采摘。紛陸離兮余珮,錯寶璐兮垂長璠。陸離、寶璐,皆美玉。長璠,玉珮。被石蘭兮齊蕭艾,嗟衆芳兮何以異。超余車兮叢薄,驟余馬兮亭皋。往復來兮遲遲,顧邅回兮勞勞。邅(zhān),難行。回,徘徊。勞勞,憂愁。羌製衣兮芙蓉殘,念游子兮天無寒。百爾所思兮在長夜,風雨至兮山之下。雨冥冥兮風翛翛,山無人兮木秋。所思兮不得見,遠游兮難久留。望故鄉兮浮雲馳,君不歸兮歸何時。白露降兮沾人,歲將晏兮安所之?

瞻陰雨賦

瞻陰雨兮蕭蕭,西風發兮颼颼。林紉呎肵以夭頜兮,潦膠蟄而長沇寥。紉,同"糾",纏繞。呎肵(yì xī),疾散。夭頜(cuì),過早枯萎。膠蟄(h),曲折回旋。沇(jué)寥,蕭條貌。余紆軫以瑟居兮,罔汩冥冥其何極。紆軫,隱痛。瑟居,獨居。罔汩(mì),失意貌。路幽拂以長鞠兮,獨堙郁乎山之北。鞠,窮困。堙郁,郁悶。山中人兮鳴玉琴,璐錯石蘭兮珮參參。風雨膠兮不已,闃無人兮傷我心。望所思而畔換兮,采三秀而莫與。畔換,同"畔援"。三秀,靈芝。嗟芬茀之匿櫨薄兮,齊莽莽於枉渚。芬茀,芳香。櫨薄,柱上方木,支撐房梁者。揚雄《甘泉賦》:"香芬茀以穹隆兮,擊簿櫨而將榮。"側啁哳之鶌雞兮,響山椒之渴旦。啁哳(zhāo zhā),吵鬧聲。鶌雞,形似天鵝的大鳥。山椒,山頂。渴旦,即"鶡(hé)旦",鳥名。砠石崴瘣以隱轔兮,振溪騫產以漫潰。砠(jū),石山。崴瘣(wēi huì),高峻。隱轔,堆壟不平貌。司馬相如《上林賦》:"振溪通谷,騫產溝瀆。"張楫曰:"振,拔也。水注川曰溪,注溪曰谷。騫產,屈折也。"郭璞曰:"自溪及瀆,皆水相通注也。"鬼目蔚莩霍靡而不可攀兮,毚茨商棘參菱而不見天。鬼目,草名,又名凌霄、羊蹄等。蔚莩(jì rú),草名。霍靡,細弱。毚茨商棘,細葉有刺之蔓生植物,又名毚顛棘。虥貓貘貀騁於步櫚兮,即且蛇虺連蜷而蜿蜒。虥(zhàn)貓,淺毛之虎。貘,似熊之獸。貀(nà),無前足之獸。步櫚,步廊。即且,蜈蚣。頯怵惕其焉敢眠兮,覽坱圠而虛自嗒。頯(fǔ),低頭。坱,原誤作"坱"。坱圠(yǎng yà),無邊無際貌。賈誼《鵩賦》:"大鈞播物,坱圠無際。"嗒(jiè),嘆息。欸斯世之難處兮,又奚之而可適?欸,嘆。夜耿耿兮雞不鳴,睇東方兮何時明。獨儲與兮不寐,長太息兮人生。儲與,徘徊。

蘇武子薊西雜詠序

余與豫章蘇武子,同客秣陵。蘇桓,字武子。秣陵,南京別稱。酒後賦詩,已自誦其《薊西雜詠》,歌余《九將》而和之,遂相與為不能已。嗟乎,《薊西雜詠》,武子己巳處都城作也。當是時,■薄城下,兵檄重跡,公卿股弁,計不知所出,士有相對泣耳。武子方色不變,談笑而賦詩,何壯也！夫豈無謂而若是者？其詩也,蓋歎也。觀其所作,多指當時之事,然又不上書,明言其故,或著為策略,獨作詩以紀之,詞隱而風,是何所不可與？余反覆至此,竊伏自悲,以為士讀書有意天下,豈不欲登明堂,條對急故？乃困於草莽,上容不得志。苟如古者布衣見天子,今無其法矣。無以,則上書公卿執政間,以為嫚易,徒見疏遠。退而賦詩,庶幾免詬病焉,士傳言安得明也？等諸商旅於市,又何以上聞乎？憶圍城布衣,亦嘗得見天子矣,然才不勝任,事以潰敗。後之待徵者,又譁衆取寵也,徒塞賢者之路耳。嗟乎,悲歌者自負其材,必不能終委溝壑,況天下多事耶？東西告者數矣,即郡邑豪夜呼而起,城郭為墟者數矣。當此憂亂,悲憤益甚,士且不得歸鄉里,守田園,以詠歌晏如也,雖欲不遠游,將安之乎？武子為人倜儻,且異能,好游四方。自言少生長長安,嘗馳馬漁陽古北平,觀險易,習兵,考錢穀之數,游長者,析時事,詳其利害,隱然有指掌急國家之意。以余聞其言,實有所本,酒後縱談,猶之處圍城色不變也。然其與世俗處,絕未嘗明言之。知之者以為有懷也,不知者以為能賦詩耳。余亦不欲居鄉里,雖愚劣,有意天下,好切指當時之事,而又言之,惟恐其明。讀武子《薊西雜詠》,悲矣,誰悲我者？於是草書其篇首,而武子亦為余敘《九將》云。

陳百史詩序

　　今天下方工博士家言，急爲世資耳。它詩古文辭，何必事？事之者不乏，然吾不能不慨雅道之喪也。豈風不可復與？何知者之寡耶？余少魯，然知好古，不善流俗人之言，以故雖欲游方内，未嘗爲人論説，乃者何幸得百史與長言之也。陳名夏字百史，江南溧陽人，密之好友，后爲兒女親家。百史采獲群言，博綜來古，所著述不可悉數，詩則其一，以喻志也。邸舍相遇，百史酒不過數行，而好激難，終亦歸於忘言。余不揆，以爲能知百史，而先論次其詩。詩渢渢乎皆雅、南之音，黃初、大曆，哀然進之，然竊不欲以詩論百史。渢渢(fēng fēng)，悠揚宛轉。雅，大雅、小雅。南，周南、召南。黃初，建安之后的一種詩體。大曆，唐代宗大曆(公元766–779年)年間流行之詩派，代表人物爲李端、盧綸等。百史爲人魁岸傑出，多知自將，古所稱倜儻英駿之士，方之蔑如。自榮辟得拜，歡同細席。傾心期，每無不得至夜半。酒後起舞，往往述其所歷，俯仰當世，已爲泣下。古處凌遲，良可契契，宜其詩之鄭重而又淋漓也。契契，愁苦貌。以百史其才，遨游燕、齊間，所與交，皆天下賢士，顧獨與余言而好之，余曷敢不以古之人爲望哉？夫士上者能好立名稱，然於古今實無所當，僅僅挾浮説，一再不遇，又焉慨耶？退而不孰何，徒發憤於當時，詠歌逍遙，無益。雖然，攻苦寡效，既無所指陳，以爲足多者，相見諷諭，又不肯一永言，果其蘊蘭艾而不辨也耶？百史今出矣，天下多事，國家求得人，旦暮應詔，其將以誰昔抵掌當世者？一觀其要難，務稱上意，百史勉旃！余雖無所事事，亦欲歸田園，紬書史，考成敗，或者猶足以奉大人之采擇。嗟乎，又非其時矣，猶是詠歌無間，爲足遣耳。百史最沉冥于昌黎，其將自許奏郊廟、頌明堂以華國乎？然百史之詩，如下太行羊腸阪，驅之緩之，兼取其意，未嘗不切天下之急故，又未嘗不慕煙霞之曠覽。百史才裕力勤，其致福當相讓矣。誠恐忽然迫起，安石撞車，煙霞既不能，急故又不勝任。余則早知安于廢人，相與嗚嗚而已。

小山詩十九首序

余來白下，偶同瀨上，驅車游市中。白下，南京別稱。瀨上顧我曰："此間有人能詩書，不與世俗事，不務立名稱，不好客，然獨好我，好我當好君矣。"於是入其家，飲我酒，誦其山詩十九首，又何其超然遠舉也！余顧謂瀨上曰："余數不欲與世俗處，然不能不好世俗之客。復日游市中，豈有所不可哉？觀小山遠舉之志如此，又詠歌處秦淮間，何也？"小山曰："飲酒而已，何遠何近？"

孫武公集序

余往與農父、克咸處澤園，好悲歌，蓋數年所，無不得歌至夜半也。周岐字農父。孫臨字克咸，密之妹夫。農父長余，克咸少余，皆同少年，所志同，言之又同。往往酒酣，夜入深山，或歌市中，旁若無人。人人以我等狂生，我等亦相謂天下狂生也。余有叔爾止，舅氏子遠，雖非同輩，而年相若，且引繩排根，不知何故風若。方文字爾止，方大鉉之子，密之從叔，有《嵞山集》。吳道凝字子遠，吳應賓之子。引繩排根，異己者同斥之。惟老父嘗戒之，然感於中，形於聲，不能禁也。後此多爲遠游，見天下士，稍稍知世俗之故，見人多不高談，獨歸來呼二三人歌而和之耳。年以來變亂狎至，不自我先，故鄉爲草竊殘逞，又益之暴寇旁午，流離於外,其悲愈甚。克咸改號武公,出入危城,親當矢石,擐控之餘,狂歌不廢,豈惟窮愁而後作耶？擐(huàn),穿甲。控,開弓。方今匈匈,所可掔腕者非一事,勿謂草野生無與也。掔,同"腕",當爲"扼"之誤。故每好言當世之務,言之輒慷慨不能自止。又自怪其處末世,非所宜矣,有喙三尺,安所不得吾嗚嗚乎？今年余與農父多病,而克咸所作最富。余適無所事,得盡讀之,錄其生平,爲《肆雅集》。自樂府以下,反覆詠歎,指遠思深,若收中吾,若吾呭耶。若收中吾,與吾意同。若吾呭耶,如吾之感慨。余知其意而歌之,亦可以不自嘔血矣。然克咸豈欲人知其意哉？我等雖困賤不遇,當流離後,亦無不得酒酣至夜半,猶澤園時也。然或相視大笑,或已而泣數行,此其意又非人所知也。則豈不欲以詩風天下者乎？天下其誰可以風乎？古之人望有知我者,至於後世,蓋非過也。後世有讀其詩者,問其改號武公何意,意已愴悅矣。左張弓,右濡毫,盾上磨墨,下馬露布,奮臂以當車轍,亦非詩人之幸。又況不然,誰實用汝？

陳卧子詩序

余束髮時爲詩,即與天下言詩者不合。年二十,乃交雲間陳子卧子,志相得也。陳子龍字卧子,號大樽,華亭人,晚明文學大家。嗟乎,博聞者寡矣,亟時取寵,惡事於此？彼其中無所發憤俯仰於古今,苟有所作,能免於時趣乎？何責其韞藉騷雅,存比興也？卧子負天下材,欲有所爲於天下,然屢退而著書稱說,稱說之不足,又呻吟之,是以其音沈壯多慷慨。余亦素慷慨,欲言天下事而不敢,但能悲歌。歌卧子詩,抑又自悲其志矣。或曰:詩以溫柔敦厚爲主,近日變風,頗放已甚,毋乃噍殺？噍殺,急促貌。余曰:是余之過也。然非無病而呻吟,各有其不得已而不自知者。子長過大梁，嗣宗登廣武。《史記·魏世家》:"太史公曰:吾適故大梁之墟,墟中人曰:'秦之破梁,引河溝而灌大梁,三月城壞,王請降,遂滅魏。'說者皆曰魏以不用信陵君,故國削弱至於亡。余以爲不然。天方令秦平海內,其業未成,魏雖得阿衡之佐,曷益乎?"《晉書·阮籍傳》:"時率意獨駕,不由徑路,車跡所窮,輒慟哭而返。嘗登廣武,觀楚漢戰處,歎曰:時無英雄,使豎子成名。"退之祭田橫，吊望諸君墓。韓愈《祭田橫墓文》:"貞元十一年九月,愈如東京,道出田橫墓下,感橫義高,能得士,因取酒以祭,爲文而弔之。"《送董邵南游河北序》:"吾因子有所感矣,爲我吊望諸君之墓,而觀於其市,復有昔時屠狗者乎?爲我謝曰:明天子在上,可以出而仕矣。"望諸君,樂毅在趙國的封號。屠狗者,高漸離也。高漸離屠狗于燕市,日與荊軻酣飲。永叔出守，欲求暉、鳳就擒之處。歐陽修《豐樂亭記》:"昔太祖皇帝,嘗以周師破李景兵十五萬於清流山下,生擒其將皇甫暉、姚鳳於滁東門之外,遂以平滁。修嘗考其山川,按其圖記,升高以望清流之間,欲求暉、鳳就擒之所,而故老皆無在者。"子瞻所至登臺，有長楊五柞之感、淮陰不終之恨。蘇軾《凌虛臺記》:"廢興成毀,相尋於無窮,則臺之復爲荒草野田,皆不可知也。嘗試與公登臺而望其東,則秦穆之祈年橐泉也,其南則漢武之長楊、五柞,而其北則隋之仁壽、唐之九成也。計其一時之盛,宏傑詭麗,堅固而不可動者,豈特百倍於臺而已哉?然而數世之後,欲求其仿佛,而破瓦頹垣無復存者,既已化爲禾黍荊棘丘墟隴畝矣,而況於此臺歟?夫臺猶不足恃以長久,而況於人事之得喪,忽往而忽來者歟?"《超然臺記》:"北俯濰水,慨然太息,思淮陰之功,而弔其不終。"其胸次發吳鈎于硎，切割古今，且得一駘蕩以暢其致，不覺爲人所目曰，此無病而呻吟。今之歌，實不敢自欺。歌而悲，實不敢自欺。既已無病而呻吟矣，又謝而不受，是自欺也。必曰吾求所爲溫柔敦厚者以自諱，必曰吾以無所諱而溫柔敦厚，是愈文過而自欺矣。日當流離，故鄉已爲戰場，困苦之餘，蒿目所擊，握粟出卜，自何能穀，此果不敢自欺於鳴鳩之淵冰者。持粟行卜,祈求神明護佑之意。語出《詩·小雅·小宛》。鳴鳩,班鳩。語出《小宛》:"宛彼鳴鳩,翰飛戾天。我心憂傷,念昔先人。"元劉瑾《詩傳通釋》:"此大夫遭時之亂,而兄弟相戒以免禍之詩。故言彼宛然之小鳥，亦翰飛而至于天矣，則我心之憂傷，豈能不念昔之先人哉？"淵冰，指《詩·小雅·小旻》之"戰戰兢兢，如臨深淵，如履薄冰"。江南全盛，卧子生長其地，家擁萬卷，負不世之才，左顧右盼，聲聲黃鐘，行且奏樂府於清廟，歌辟雍之石鼓，備一代之黼黻，以挽逝波於中和，豈不偉哉？黼黻（fǔ fú），華美之辭。然歌卧子沉壯之音，亦終不能自欺其慨慷也。余少卧子五歲，而觀狀貌，似予長。同志既寡，撫時擊節，終歸不欺其志而已，豈特騷雅比興之指，不可以與世人曉哉？

陳昌箕詩序

余往讀昌箕詩，如登華頂黃海，披襟當風，高視一世，然後有所指點，以爲此曠觀不羈人也。陳肇曾字昌箕，福州人，天啓元年（公元1621年）舉人。今見之，又恂恂長者。已握手道故，則慷慨不能勝。四顧無人，談天下事，遂至哽噎。且置之，沽斗酒，相視而歌，擊節和之，即以此歌爲逍遙游，乘雲氣，騎日月，曠矣哉！曠矣，又安知有是之非之者？然再三歌之，作詩之意，與序作詩者之意，皆往往在彼不在此。古人遨游名山大川，其所涉歷，與見聞所得，大抵作詩者之志，又豈獨在此耶？昌箕歸，語我自得奇山，在鰲峰下，卜築其中，可以嘯歌，然又豈我所以望昌箕者？江干喪亂，流寓苟全，一丘壑竟不可得，欲望如君之坐而嘯歌，抑何幸乎？余每幸此一曠，以自掩其悲苦。然一歌則悲，其苦更甚。故嘗忍而不作，大白陶然。大白，大酒杯。雖居金陵，游覽絶少。昌箕旬日而有《金陵草》，人率以敏多之，不則稱豪爽也，我正見其悲苦耳。天下士好慷慨，而又能自曠者，自待之厚不厚，非衆人之所知。惟其非衆人之所知，故願君之寧曠以自厚也。然則好慷慨者，豈自待甚薄者耶？

余别昌箕而齒酸及此,又何以望嘯歌鰲峰下者,忍而勿慷慨也?

麻孟璿古逸詩載序

《詩》何以逸也？仲尼删之也。仲達、漁仲,又以爲夫子無意於删也。孔穎達字仲達,鄭樵字漁仲。考季子觀魯,在襄二十九年。《左傳》魯襄公二十九年(公元前544年),載有吴公子季札出使魯國,觀周樂事。至哀十一年,夫子反魯。《左傳》魯哀公十一年(公元前484年):"魯人以幣召之,乃歸,雅頌各得其所。"《論語·子罕》亦載孔子語曰:"吾自衛反魯,然后樂正,雅、頌各得其所。"以所陳無所遺,則謂得之於魯太師,編而録之,豈不信然! 然《詩》上自《商頌》祀成湯,下至《株林》刺陳靈公,上下千餘年,而詩止三百五篇,又況上兼隆古,則龍門氏稱三千,不爲多也。取其可施於禮義,遂與聖人之意悖乎哉? 以余觀孔子正樂,雅、頌各得其所,説者以爲雅詩歸《雅》,頌詩歸《頌》,此一常人能事耳,曷聖人爲? 詩皆樂也,删其不合於音者也。正其音,因正其義。後世不知審音而音亡,辨義而又不知所爲義,義又亡。嗟乎,相沿湮失,音既不可考矣。温柔敦厚,垂爲詩教,其義不可以興乎?

吾友麻子孟璿之載古逸詩也,義存焉耳。麻三衡字孟璿,宣城諸生。後起兵抗清,被執而死。自經傳外,旁及佚記斷簡,靡不畢載。又勤討之,訓釋其故,使詠嘆之士,知所從來。以今觀之,大義較如,其有聖人之遺意乎! 帝王箴銘諸類,亦詳其聲協,動人戒謹。中間貞女義士,感時譏諷,往往獨多,豈非聞之者足以戒與? 諸如樂章笙歌,無其詩,存其名,欲後之人毋忘音,因以忘義也。迄於里巷謠諺,必兼采之,亦所以觀風俗,稽得失焉。雖以秦焚書後,多所漏略,即傳者當殘壁購獻之餘,豈無舛失，或雜僞作，然此一切載之，取其犁然咸備，學者得以大觀而考也，有裨好古，功豈不盛哉？三百止商周，上古之詩未備。得此遠溯羲皇，可稱極則。終於西楚，猶風之列秦也。使仲尼起而正之，亦所不廢。班孟堅所云諷誦不獨在竹帛故者，正此義也。知孟璿載逸詩之義，詩之義可以不亡矣。余素好誦詩，以爲詠歌之中，可以移人性情。且小子之學在是，故嘗間取古今詩删之。《論語‧陽貨》："子曰：小子何莫學夫《詩》？《詩》可以興，可以觀，可以群，可以怨，邇之事父，遠之事君，多識于鳥獸草木之名。"今讀孟璿所載，又殊自失，抑又自樂而序其義如此。

血書孝經題辭

　　讀魏子一血書《孝經》，未有不泣下者也。魏學濂字子一，魏大中次子。余嘗夜過忠節公之里門，展拜坊碣，子一慟，余亦不能仰視，忠節公可謂有子矣。魏大中反抗魏忠賢，死于獄中，身后追諡忠節。當刺血上疏時，聖天子爲之咨悼，辨折廷尉，眦裂面鱉，氣上薄天，公卿以下，鮮不動色，諸白父冤者，皆因以揚名請諡，子一何如人哉！居恒哭泣無已時，又血書《孝經》數本，自以泣盡而繼之以血也。視虞氏所紀《孝經集靈》諸行，爲尤至矣。虞淳熙字長孺，萬曆進士，著有《孝經集靈》。子一居陋巷，衣粗衣，食糲茹苦，若將終身然，不獨與不戚戚於貧賤埒也。嘗自以爲不孝不弟，無以爲人，書血以自贖耳。嗟乎，世之爲人後者，無慮皆侈車騎，圖田宅，或藉先人之名，干澤恩有司，家於是矣，是何不一誦《孝經》乎哉？忠節公素耿介，家故貧。子一有父風，不務爲世俗事，閉門讀書，靡所不究，將出有爲於天下，以報國家。子一者，可無愧《孝經》矣。子敬從于前，子一白於後，此所以有魏氏父子也。魏學洢字子敬，魏大中長子。大中死于獄，不逾月，子敬傷痛而亡。千古下傳血書《孝經》，將以爲幸耶？不幸耶？魏氏父子之血，豈好名者所能出耶？余讀竟，爲泣下而題之。

稽古堂雜錄敘

吾與周農父處稽古堂，息焉游焉，則以其所聞錄之。或語客，客謝去，錄之。孫志典於學，既聞耳矣。孫志，同"遜志"。典於學，致力于學。二語出《書·説命下》。其於諸氏尚猶頗有存者，則豈不得以其聞爲非是乎？本聞此論非邪？"以其聞爲非是"，認爲所聞之論是錯的。"本聞此論非"，本來就認爲所聞之論不對，并非由於别的原因才認爲它不對。典出班固《典引》序：永平年間，漢明帝召班固、賈逵等詣雲龍門，著小黄門趙宣持《秦始皇帝本紀》問曰："太史遷下贊語中，寧有非耶？"班固對曰："此贊賈誼《過秦》篇云：'向使子嬰有庸主之才，僅得中佐，秦之社稷未易絕也。'此言非是。"宣帝即召固入問："本聞此論非耶？將見問意開寤耶？"比誼會意，家各爲分，漢以後然矣。應劭《風俗通義序》："漢興，儒者競復比誼會意，爲之章句，家有五六，皆析文便辭，彌以馳遠。"俗故以之習所見，學於古訓者鮮。其拘儒又未觀其會通，無慮有今世之沾沾也。文章得聞，本《詩》《書》《禮》《樂》，别有以識其大者。茲則小者爾，所謂蹞小節也。賈誼《新書》："古者年九歲，入就小學，蹞小節焉，業小道焉。束髮就大學，蹞大節焉，業大道焉。"客爲齊王畫者曰："旦暮在人之前，不類不可，類之故難。無形者不見，不見故易。"即所謂畫鬼魅易，畫犬馬難也。典出《韓非子·外儲説左上》。吾將以與釋常談並也，得無其難者乎？吾實無異夫爲難也，有以當其用。有有之用，故錄之，錄之殆爲無用者。

泊軒記

越中吳子以泊名軒，又走千里求人記之。余未見吳子，未

嘗至所爲泊軒,或負山,或臨河,皆不得而論也。讀其書曰:
"獨念世之苟爲榮禄者,置之豪傑自命,以天下爲己任,稱大
經濟,卒也無慮欲富貴耳。獨計跡或不蒙,何以自便蕩軼?乃
曰丈夫貴作用,何爲拘拘必於儒者哉?銀艾高蓋,何不可自揚
揚也?黃金百鎰,何不可攫而取也?特以用於當世耳。當其
廣施予,任機智,可以揮數萬金而不顧。至用所不繼,必挾勢
力以啖之。何知仁義,以嚮其利者爲有德。嚮,受也。言已受其
利,則爲有德,何必知仁義也。語出《史記·游俠列傳》。躁而求勝,與挺
而走險,何以異耶?當世亦既景慕嚮從,傳爲美談矣。有澹泊
自好者,相與笑之,以爲無所取用也。吾處此世,而不能自勝,
又不能逃,故築此軒而居之。"予笑武侯生今日,又豈見尚於
世耶? 此所以臥隆中長嘯也。今曰泊軒,將閉門自居,不使人
見乎?抑開門邀賓客飲酒,縱樂其中乎?曾知老子之"泊
兮",即尼山之"浮雲"乎?《道德經》:"我獨泊兮其未兆,如嬰兒之未
孩。"《論語·述而》:"子曰:飯蔬食飲水,曲肱而枕之,樂亦在其中矣。不義而
富且貴,於我如浮雲。"泊軒之意,不在開門,不在閉門也。倘欲使
出入此門者,不愧此門耶?倘欲使天下之開門夸馳,與閉門囓
舌者,皆思其不能淡泊之故也耶?如其不能,魏牟重生,是一
莖薑,猶且不勝。《莊子·讓王》:"中山公子牟謂瞻子曰:'身在江海之上,
心居乎魏闕之下,奈何?'瞻子曰:'重生。重生則利輕。'中山公子牟曰:'雖知
之,未能勝也。'瞻子曰:'不能自勝則從,神無惡乎!不能自勝而强不從者,此
之謂重傷。重傷之人,無壽類矣。'魏牟,萬乘之公子也。其隱巖穴也,難爲於
布衣之士。雖未至乎道,可謂有其意矣。"則退之所云,一室之中,有以
自娛,亦一桑薪也。語出韓愈《與韋中行書》。滄溟入吾之池,五嶽
入吾之牖,古今圖藉入吾之榻,何内何外?何閉何開?天地在
此軒矣,何不可與天地間之人,共泊而共樂之?

静深堂記

樹必怒風，江必捲濤，然實靜也，實深也。"以言乎邇，則靜而正"、"惟深也，故能通天下之志"，載在《易傳》，人罕有知其幾者。大微余子，告余以所居在郭山下，卜築一室，自顔之曰"靜深"，屬予記之。處此堂者，會心遠矣。世士毋論多浮慕，即號傑立者，慮皆好動，期有所表暴於世。或廣摭曼詞，或卓樹瑰行，辨口快耳。可以取寵，天下相從以爲名高。又動即尤而效尤，雖自謂所蓄積至深，與示人以深不測也，群目其爲丈夫，吾淺之。先王父廷尉公書武侯之語而戒我曰："非寧靜無以致遠，而本於澹泊明志。"誠以澹泊乃能深耳。才須學也，學須靜也，誰觀其深，乃得其靜？諸葛亮《誡子書》曰："夫君子之行，靜以修身，儉以養德。非澹泊無以明志，非寧靜無以致遠。夫學欲靜也，才須學也。非學無以廣才，非志無以成學。"人情大抵欲富貴，稍貧賤即欲爲豪俠，親豪者以自居。豪固可以比富貴耶？抑將以傲富貴耶？秩秩廉隅，鄉里自好，則世所不足取矣。去鄉里，走通都，游大人，何莫非賢者也？吾見有閉門居一室者，即可謂靜深矣。然太史二十游江淮，過汶泗，探禹穴，豈可以不靜不深病之乎？即澹泊寧靜者，亦以流寓抱膝，自比管樂，稱爲名士，想見其氣，又何嘗不豪哉？故余又論其志也，志靜深者，動亦靜也，淺亦深也。百原之家學曰："天地之心，不可以動靜言。未嘗動靜，而又未嘗離乎動靜者也。"百原，指邵雍。知此者深幾矣。知神於深幾者，不落深淺矣。大微之築此堂也，附名山以傳耶？將以此自怡悅耶？亡其效明志以致遠乎？亡，同"毋"。寧靜在乎澹泊，澹泊在乎學。學即不落動靜者也。學固超於富貴貧賤之外，而不碍乎富貴貧賤者也。余故未登此堂，或入通谷,臨絕壑,多深林豐草,乃望而懷之,知此堂中之人,沉篤好學,圖書載籍,琴瑟匜鼎,左右秩如也。匜(yí),盥器。朝於斯,夕於斯,市井之囂,不敢恩矣。方自歎家有草堂,不獲寧處,而流寓市上,猶欲幸一日閉關,即樂一日之志,可以自省,差考其學業。今朝夕處此堂,仰而視之,曰靜曰深,未有不自見其天地者。愚者嘗以未能過此,則老子之"不見可欲,使心不亂",固處堂之切語也。敢藉口本自不動,而忽此靜深堂為偏高哉?故述其所聞,以為大徵記。

祭馬太僕文

馬孟楨字泰符,號六初,桐城人。萬曆二十六年(公元 1598 年)進士,官至太僕寺卿,《明史》有傳。

嗚呼,先生上下六十年所,其篤於家,佑於國,作人鄉邑,悉數之更僕。雖然,輿人之誦,蓋有辭矣。輿人,衆人。吾黨夙昔所為,雖樸遫,然欲其澤於儒術,褎然復古,聞之者,見之者,希吁相告,譣譣訛訛,所可道也,言之長也。譣譣,疾言。訛訛,詆毀。先生喟然謂倩若曰:"是甚盛不朽事。馬之瑛字倩若,孟楨之孫,崇禎十三年(公元 1640 年)進士。密之次女,適之瑛子教思。百餘年,我未之前聞。大江南北,蔚如矣。今割席分坐,如膠維耳。職涼善背,固哉。職涼,同"直諒"。名為直諒,而實背善道。語出《詩·大雅·桑柔》:"民之罔極,職涼善背。"朋淫匪彝,寡廉鮮恥,胡可勝憮也?朋淫,聚衆淫亂。匪彝,違背常規。乃者既相以文為倡,游必慎擇。將為國家文學方正之士,居官服政,又安忍詭權勢,阿邑所好,以滅義不見節乎?阿邑,同"阿諛"。不然,不寧惟異時,即今何為理於里中人?若幸有材,從諸名賢游,其無負旃。"旃(zhān),之焉的合聲。智等是以得介左右於先生。明德瑰節,厪能識其大者。厪,同"僅"。

先生爲人公廉，以義自將，所在清直見稱。初令分宜時，治無文深。已責稍入，或且被督，幾不測。然至士民顧化，爲之勸輸將，積逋且數歷年，令下三日，足供具，牛車擔負，千乘曷過乎？輸將，納稅。積逋，積欠賦稅。夫喬詰鷙斷，凌米鹽，何所不得聲譽？喬詰，詐偽詰責。稍有所求，以通好獵高等也。先生悃愊無華耳，未嘗一介行李，輦長安問諸貴焉。悃愊（kǔn bì），至誠。卒覲署南部，聞問亦弗及。其得入西臺也，即豫章萬、鄒諸君子引之也。西臺，御史臺。萬，萬國欽。鄒，鄒元標。中間視齰持斧，三輔齊魯，頗號難治，然視清直，較爲分宜爲尤著。大抵好直言，不畏强禦，素蓄積爲然。故所激揚，威稜懍鄰。威稜懍鄰，使人感到畏懼。嘗以爲侵牟其下，順比其上，此矯虔罪埒耳，深疾之。矯虔，敲詐掠奪。埒（liè），等。耽耽者側目，不敢因關說。耽耽，貪婪。關說，從中替人説好話。治矣，何顧其爲中訶，思所以中之？已爲行取者易部，白其枉重，不稱當事者指，遂誣以潛管內察，竟左遷，拄於外。易部，調任京職。枉重，邪惡不正。先生辭不拜，歸子舍乃老，概不以峭嚴迕執政爲行能，足倨敖人也。迕（wǔ），不順。後以他薦起光禄勛，尋晉太僕，先生又適內艱，可謂不遇，然先生何嘗重自失志悲哉？

子丑之歲，璫禍蜂起，君子重足一跡矣。指天啓四、五年（公元1624、1625年）魏忠賢迫害東林黨人事。洪惟作威，相軋動以殊死。銳身激昂其間者，執我仇仇，何故不風意，賣我以市寵。《詩·小雅·正月》："彼求我則，如不我得。執我仇仇，亦不我力。"蓋謂始求我時，如恐不得。既得到我，又傲慢無禮，且不用我。又況鄉不相能，彈詿之邪？詿（guà），誤也。彈詿，彈劾其誤國。何尤乎其免也？今聖天子給誥命，除故職，言者交章多之，蓋其時與會，執政又先時所抗簡者，摘諏之啄之，擠其啓事，不果，竟鬱於大用，以即世，能毋挈摛乎？惡，世之君子，苟富貴即慮權勢之一旦，惟貨賂以爲要質,交歡執政,受爵不讓,何以矯矯爲?家富而出官耳。既已取尊官厚禄,爲交游光寵,誰貴用事?事之,人且事我,我乃因勢,貪婪怙氣,報匡眥也,訾重幣也,美田宅也,偷樂焉耳,誰議誅之乎?委蛇取容,明哲所爲,何傷如此?爲士時即且沾沾慕之,修廉隅,厲節義,無益於用,果無謀矣。嗚呼,不詭權勢,阿邑所好,如先生者,豈不難哉?

　　先生爲諸生時,固已引義慷慨。及貴倨,歷朝居鄉,猶猶布衣。然深嗛退,與人言,稱美,避不敏,始終不以行能自矜。此先生所爲以文學方正,訓示後進,誠孫子也。由今紬遺編,覽先生敭歷疏議,凡百七八十上。紬,綴集。敭歷,即"揚歷",仕宦經歷。即如辨代藩之訟,争福府之田,摘制科之弊,剪左道之惑,危言讜論,何其斷斷也!豈非文學方正傳後世不衰者乎?以先生之德,雖未嘗柄國,然跡行事,溢於家國鄉邑間,若是其盛。乃今倩若昆季,皆材知深美,爲宗廟器,已斤斤文學方正之士,即奮志於朝,繩先生所行事,先生九京,其拭目待之矣。

卷三　稽古堂二集下

親臣議

崇禎十年秋九月，皇帝遣禁旅萬有二千人，會剿流賊於楚。太監劉元斌等將之，取道徐、鳳而過焉。徐州兵備徐標揭稱其秋毫無犯，市者不變，立野而營，餽餉全卻。而漕撫朱大典，特疏頌之曰"親臣"，美之曰"心膂"，形容之曰"玄黃于筐，簞食壺漿，猶覺多事"。所以贊歎之，鋪敘之，無所不至矣。

江淮散民，讀而駭然曰：治莫大於正名，法莫嚴於定分。親臣之頌，胡爲陳于堯舜之前哉？《禮》重展親，《傳》篤懿親。《左傳》僖公二十四年："兄弟雖有小忿，不廢懿親。"《中庸》曰："親親之殺，禮所生也。"天子之下，封建一字王，名曰親藩。王號以一字爲封者曰一字王。二字王以下，不敢與焉。府部之上，置宗人府以貫之。歷代嫌於逼尊，每虛親藩，不居府治事。自后妃、駙馬、諸戚、肺腑、皇親，輒不與以事權，坐而食禄，防其僭且專也。特奉一璽曰親親之寶，所以重天潢，明本支也。若是乎親之一字，不以假人，天經地義，昭若日星。乃大典遽取而媚寺人，曰親臣親臣云爾。國制大臣、小臣及民皆稱臣，惟宦官近在左右，乃不常稱臣，相沿謙遜，上疏自稱奴婢，上呼萬歲爺爺，其恭謹如此。往者賢璫張永曰："老奴何惜一命，以除逆瑾。"至今傳爲美談，遺芳史冊。自逆惡魏忠賢擅政以來，李魯生諂附之，倡爲内相、外相之説，云其爲宰相也。王珙更阿奉之曰厰臣而不名，於是滿朝一聲，即票旨亦曰厰臣。後其兒男尊號不已，則曰上公，曰元輔，而擁戴日加，楊景辰且請居攝矣。斯時也，皇祚不絕如髮，豈非名不正而分不定，至此極耶？

今皇帝龍興潛邸，不大聲色，巨逆以殲。惟時左右中貴人，豈無明哲忠順，志在社稷者？外廷士大夫公論，誰不歸之？然律嚴結交之科，人懷頌德之恥，寧可褒之於既往，而難以獻諛於當權。且也先輩名賢，如劉大夏、王瓊、李承勛、王邦瑞、丘濬等，屢著嘉謨，常懷遠慮，懼宦官之典兵馬，典錢穀，如唐宋往轍可鑒也。今者明主間一遣行，乃其安輯小心，職分所應恪者，得免彈劾，不掛清議，即為和平，于璫有光矣。何至節鉞重臣，畏耎不能滅賊，拱手頌璫，誇其師律，猶未已也，乃曰親臣親臣云爾？畏耎(ruǎn)，怯懦退縮。此言一出，更加厰臣之上，反令中貴有大不安者。是驅中貴日驕日滿，終獲罪于天朝也，非所以善成中貴也。同時會剿諸臣，如洪承疇、熊文燦、史可法、常道立、余應桂諸公，將比而頌璫乎？是不能也。將勿頌而形跡牴牾，百凡掣肘，軍功何由而立？如有其功，必首歸璫，如其罔效，而璫不認罪，天下大事廢矣。噫，獨不見西市之中，霸州之穴，頸血尸棺，媚子名聲，竟何如也？可不寒心哉？

貨殖論

論貨殖者，悲斯世之不可以不貨殖也。太史公作《貨殖傳》，悲之耳，扶風可勿譏矣。《漢書·司馬遷傳》："其是非頗繆於聖人，論大道則先黃老而後六經，序游俠則退處士而進奸雄，述貨殖則崇勢利而羞賤貧，此其所蔽也。"

有貨殖子，家數不訾，擅駔會之利，往來吳越荊楚、巴蜀燕秦之都，以賤徵貴，取其奇羨。駔會(zǎng kuài)，經紀。濮上辛文子所謂"知鬭則修備，時用則知物"，陰持計之甚熟也，故累至數百萬。計然，姓辛，名文子，范蠡之師。然爲人實謹飭，意隱厚，身衣布，未嘗寧處。不過以乘時富，安於鄉曲，非有所豪恣作奸也。又善施予，磊落急義，雖未嘗如古者動以千金稅人，然緩急無所辭矣。嘗善事澹泊先生，知其賢，深敬禮之。澹泊先生處於東山，有田數頃，築室其中，不戚戚於貧賤，以爲天下無可與與，不立名稱，無所著於當時，獨號淡泊先生云。

　　貨殖子時過先生曰："僕役役事事，甚卑賤。先生秉高義，懷道德，顧下與僕交。僕幸溫飽，願奉此區區爲先生家，先生又毅不内。獨竊以爲先生行已亢，何不稍治生產，爲子孫業，顧自病乃爾也？"

　　先生良久喟然而嘆曰："惡，是何吾之足病與？吾曩者至今，以爲子賢，非夫世俗之所謂貨殖也，故與子交。今子進我以貨殖之術，我將學子之所爲貨殖乎？抑亦效世俗之所爲貨殖乎？請得而試論之。

　　"今日王侯公卿，以迄士庶人，鮮有不惟貨殖是視者。其流雖各殊，所以好之則一也。夫商賈之事，逐什一之利，載金錫珠玉、旃裘筋角、魚鹽漆枲、果隋黍稷、柟梓馬牛之屬，趨俗之好，察地之宜，因翔貴得過直，資舟車，乘穰饑，致富數十倍。枲(xǐ)，麻。果隋，瓜果。從車服，游華貴，大者僮千人，過千乘之家。故秦楊以田農而甲一州，翁伯以販脂而傾縣邑，張氏以賣醬而踰侈，郅氏以灑削而鼎食，濁氏以胃脯而連騎，張里以馬醫而擊鐘。以上數語并見《漢書·貨殖傳》。董生曰：'明明求財利，常恐困乏者，庶人之事也。'此之爲富，毋足怪者。閭里之間，錢虜自守，操橐數千百金爲廢居，壔財役貧，權子母，擇隱賑者與錢通，計日而責償，肉好龜冉，察其善窳，其利再期而三倍之。壔(zhì)，貯積。肉好、龜冉，皆指錢幣。窳(yǔ)，劣。此爲術甚鄙，然自冠裳中,苟一治生,即或爲人起責受謝,坐旗亭儥券焉。王公大人且親行之,較錙銖爲尤甚,又況鄉人而纖者哉？若乃縮鼓懸艾,儋圭爵,自令長以上,得第不一二歲,涖任還,兼輛擊轊,其家已巨萬矣,斯何所自出之速乎？擊轊,車軸相碰。即爲其昆若族交游者,無慮且橫以飽也,又奚懲乎胥吏數輩,舞文弄法,侵牟小民耶？今長安道中,輦黃金入者,歲不下數萬石。無論激昂要津間,載喻其舌,可以無欲而不得,即游手奸猾,處其中者,巧刺沒之,亦以數萬計,此豈有持籌什一殖財之勞乎？載喻,撥弄。

"吾見富貴之家,田宅遍國境,極上腴。治宮室高嚴,離館曲榭,駘蕩相繆。至牆丹楹,錯以雕瑙。前堂羅管弦,設綺席,供具舉壽,漿酒藿肉。後房妖麗,陽文、段干之倫以百數,便嬛綽約,嬺服而御。陽文、段干,古之美女。僮僕雜纖羅,揄褰褶,奉指使。揄(yú),拉着。褰褶(qiān zhòu),套褲之皺褶。車馬都也,走犬良也,從游者如市,鶴蓋蔽門,所好無不聚,志無不樂。都,美好。鶴蓋,形如飛鶴之車蓋。斯固富貴之極奉,世俗所爲至愉快者也。然自角卯習父兄之訓,蠅營狗苟,即已夢寐,何幸得一致此,願足矣。語曰:'何知仁義,已向其利者爲有德。'言已受其利,則爲有德,何必知仁義也。語出《史記·游俠列傳》。賈生曰:'非貴有戚,不與婚姻。非富大家,不與出入。'財力相君,固人情也。雖爲僕虜,何有愠色？故鄉里嘗有喜多事者,摘舏以挑之,中分以啗之,使兩家媾鬩,而上下其手,處人骨肉,因以爲利,又冒善排難解紛之名,衆以爲能,此亦卑卑矣。它如翹明鬪智之士,恩有司,累長上,度夤緣爲干澤,使令有重客,所以阿之者百端,又何惜以身爲溝壑也？小有才,能持詭辨以婼出,口給喋喋,善從豪長者游以爲名,即不特可氣食其鄉人矣。婼(tuó),美好。口給,能言善辯。諛人所欲,取己所便,求詘而報伸,持一札，可又之它朱門焉。是故末技喜方，下至彈棋撥箏，格五意錢，日者隱語之餘，求食於外，朝披須捷，而暮享厚糈者，皆是也。須捷，破衣。糈(xǔ)，精米。其尤者遂以此富，夸毘籧篨，揖讓黼黻之庭，與人布武拾級，橫肱而踐坐，噭應淫視，則皆揚其與執權勢者交善，惟恐人之不知。夸毘，阿諛。籧篨(qú chú)，有醜疾不能俯身者。布武，疾走。當其掃門求引見，稍見賓禮，蒲服至地，葉拱牆負，冀倖得一竭犬馬，其狀曷可令人見乎？

"今守令初治簿書，未數月，過所之中，踵相錯焉。暮夜叩門，稱故交，固其常耳。通都大邑，銀艾之門，睹謁者長史，逶蛇相屬於道。或實蹇且約，爲人所厭惡，乃故爲豪華，側冠注，披襜褕，數易服，連車騎，從廬兒以呼，以示所游，無不奉意得志者，藉彼以恫此。襜褕(chān yú)，單衣。妄指朝廷，論時事，張虛疑以喝人。執習官常籍，察郵傳書，即爲其業經耆學矣。所可至矧者，已困無所得，丐貸而歸，猶侈於人，多者至數千金，曰：'吾向者以能廣結納，通輕俠，睥睨可動王侯。乃者游而遂困，恐爲人所笑。'然里人浮夸，慮無不慕服其所行爲有用也。至於郡邑大豪，爲關說當事，而貨取盈焉。同類相爭，甚無異挺利刃而奪之，力大者勝耳。往往收魁宿爲之囊橐，互辜榷以取贏。辜榷，搜括。閭中有田舍翁，或千百金之家，無辜而搜牢之。搜牢，搜刮。少以恣睢，令其饋獻。仇家曲聽則已，不然，誣告有司，椎人以蔑之，部索一至，立責囹圄，其家俄頃而析矣。之生而死之，之死而生之，峻詆而治實，大庭讞獄之爰書，又何兩造三居之足憑哉？三居，三等之居，依遠近所分之流放地。國家之要束，誠不若一紙書之報直也。

"嗟乎，權之所集，人爭附之。豪而無忌，人爭畏之。附與畏，均之安敢不聽耶？今夫貴幸招權，權愈大，賂愈重，其來輻輳，如水之趨下，終不可返，斯又烏可以盡論乎？是以有時既失,而猶多方自引,愊憶以動之者,仰首伸眉,視天畫地,結黨與,肆抵陒,縱訕謗,毀其所是,譽其所非,孰超遷,以為我力能薦樹之,孰得罪,被嚴譴,以為我實中之,使人愯然不知所指。抵陒(guǐ),乘人之危而詆毀之。愯(sǒng),恐懼。以故求而影響,無不如命,即後覺知,不既已得算哉?甚矣,夫權之不可失也。權者,勢之本也。勢者,利之歸也。當今之世,廉潔自謹,見侮於世。有權勢者,暴而益昌。嗟乎,不學貨殖,誠不能一朝居矣。然皆如子之貨殖,則天下又大治矣。吾耄且愚,亦欲養性以自適,將求效世之貨殖,其術甚便,顧獨無此厚顏耳。將效吾子,則必待身拮据,又不勝勞勞也。吾何病?病何妨吾?吾病不能忍,而復為子論之耳。"

貨殖子亦唱然歎曰:"僕固知世之所為貨殖也,竊嘗恥之。是以勉而為商賈之行,釋豆羹之辱。《孟子·告子章句上》:"一簞食,一豆羹,得之則生,弗得則死。嘑爾而與之,行道之人弗受。蹴爾而與之,乞人不屑也。"今聞緒論於先生,益感斯世之不可與與矣。悲夫!俗以相凌,貪風日滋,僕雖喜施予,又不能結交權勢,安能免於今之人乎?"遂棄其家,與澹泊先生俱隱焉。

士習論

士庶人至衆也,風俗所由,大半在士。士處公卿大夫與庶人之間,操文法,明習世術,進則為公卿大夫,賤侔庶人,所習不善,則天下因之,俗流以失。國家造士,去前代錄工詩賦,習法令,數更無益,何啻萬一?洪武中制科舉,諸明經、宏詞等科並革,存進士一科,與薦舉、歲貢為三。以用,三年比而賓興之。然進士科特重,一本於制義。蓋令深於義理之文,論觀博約之致,詔誥表判,觀王體國法,策時務,觀經世之略,可不謂造士慎善哉！然業經求仕，鮮以祗身，不俟大成，考《學記》之故，守《曲禮》之序。相沿至今，無論有通材閎覽者矣，博約之致，王體國法，經世之略，已置弗事。即所事制義，亦非有以聞也。終年役一編，居它儚儚無所知。書不同文，主者亦復錄之，烏知所爲美醜也？更相笑而已。

耳而目之，當世極崇高尊顯，鮮不由此。此不過爲利祿資，安用是博學深造也？賢父兄訓其子弟，亦曰努力事此，早自争達，以博富貴，它何計焉？有好古者起，博聞強記，推本經史，講求古今之成務，則群怪之，其道甚遠，又無當於世資也，徒敝敝耳，雖有不可讀之語，且將安用之？父兄者惟恐其子弟爲之友，靡歲月，不即策高足，誤矣誤矣。彼其事漁獵，頗知學者，亦以爲采獲章句，爲詭世逢時技耳，豈曰多讀書，固有所謂儒者經術，樹道德，建功績乎？當佔畢時，終夜不寢，冀倖得一第，可以美田宅，驕妻妾，爲親戚交游橫也，此即大丈夫功名當如是矣。佔畢,同"呫嗶",誦讀。至於蓄積經濟，淑其身忠國家，則以待能者。彼亦見薦紳先生所爲，無非清潔廉謹者見侮於世，豪侈侵凌者謂之顯榮，士何樂而不爲耶？是故貧者，喪恥無節，富人之子，益以僭差，被紈繡，飾珠瑛，金華朱蹻，車澤可鑒，驅僮僕呼於市，大率然也。湎酒淫佚，好利無厭，各擇其附己者爲黨與，終日籌興生，爲人居間，脇而剚之。成均膠庠故址也，而郡邑之都亭，若游苑焉。讞斷何事，囁嚅必問，投鉤筒者則爲之謀，從酒家典負而分金，此其至卑者矣。絃管六博，斗酒好客，猶可栩栩爲文士。其號豪俠者，舞知以御人，多武譎，罔絡張設，排擠賢者。幸有事而往來乾没焉，亦善揮予，結交貴倨，假其聲地。閭里無辜，而蕩析者不可勝數。若欲陷一人，又欲親數人，曰我與若交，我負意氣已然諾也。嗚乎，引義慷慨，爲人報仇，固如是邪？矜奮自賢者，苟焉游大人，學干謁爲滋殖,已有其才,固可不拘小節也。使皆童而習之,白首紛如,終無異志,老牖下,尚不足以敗俗傷化矣。然則尊功令,能明一得之見,以立聲譽者,不猶其上哉?

嗚乎,俗已如此,而望天下皆賢良孝弟、方正極諫、文學茂材之士,以待朝廷之舉,難矣!朝廷即舉孝弟賢良,亦不得核實,又何況如項安世所言,入是科,雖饕餮檮杌必用,出是科,雖顏閔曾史必黜乎?項安世字平父,南宋人,《宋史》有傳。饕餮(tāo tiè),貪婪者。檮杌(táo wù),惡人。顏閔曾史,顏淵、閔損、曾參、史鰌。所可太息者,士人之心,慮無不喜惡而惡善。苟能操觚有才,即可奮志青紫,饕餮檮杌何妨爲也?今稱人者,稱其苛察内深,力能抗人殺人,詐變莫窮,側目蜂蠆,則訢訢爲之解頤自快也。訢訢(xī xī),欣喜貌。若稱其温温恭人,抱忠信,行長厚,無深奸,則貌雖應之,必憤怒而不樂,以爲此無用人也。居今之世,作事取寵,以有用者爲貴,雖至暴戾,亦爭慕之。徒有仁讓君子風,則曾不孰何之,且訛毀之。嗟乎,朝廷欲取士得人,而天下皆願爲惡之人,能不悲與?能不悲與!

此無他,皆不肯讀書,知原本,敦禮樂之實也。吾竊觀士所稍急誦習者,督學使者來耳。自督學之官設,而里選之制,郡縣守令以事有專職,委之不治。督學使者,數歲乃一至,事煩日寡,無裕於施教。其試也,亦以財勢前耳。即試得士,若博之中呼,非有觀考之素可賴也,徒有優行一劣一。然見氣食鄉人者多優,而劣者必無藉,或得罪豪長者、師儒者也。其幸而當,不過十半。此雖督學日臨,士亦何匡懼自變乎?夫易拘牽士,士所易顧化者,郡縣守令也。明旨累頒式,士人服度,今猶故也。士以眥入,人賤之。弟子員之補,貢於三取士之一,皆得算。里人視以財得名器者,儼然曲領,士益藉口不復自重,無怪乎明旨之禁其章采,而下弗禁也。曲領,官員公服。舊法里老保其行,試而升之學,再保其行,試而升之省,則猶里選之遺也,而久棄爲具文。議者已條諷申飭,而不能行。然知其遂寢不行也,是豈非守令未加務耶?

嘉靖末,毛御史愷上言:"薦舉之取士也,擇而後用,其失也一二。科舉用而後擇,其失也八九。謂宜特設孝廉一科,郡守縣令正官,取諸生秀民中,行著鄉閭,學通經史,年有成立者,薦之省。大邑三人,中二人,小一人,府倍之。同舉者聽,而守令察舉,詢之耆宿,公之賢士大夫,驗之細民,保無繆舉,以充直指御史,會藩臬官,共試其經義,主典實,無華言,而待遇恩數,並居詞科上,庶學者尊經術,敦行義,人篤於自修焉。"崔文敏以爲宜歲令縣令,察舉民年十五以上,能占經行醇謹者,上之守而登之學。其輕狡者,雖才不右。督學官考較黜升之法,必本之行,責之守令,審當不焉。是二議者立,雖以豪猾緣奸,衹以生弊,然要其意,在于守令賢也。今國家育人材爲急,而士不多讀書,素不通達國體,觀古今,究得失,當職而責其忠,又責其效,得乎? 夫人稍稍開敏,苟爲趨時,一制義何能畢其所能? 其智必將爲非。誠皆知學古以求志,明百家而不爲所惑,上者懼然砥行,嘐嘐古人,下者亦被服儒術,熏于禮樂,不敢非之,好學之風行,雖有爲非僻,必不見齒矣。嘐嘐(jiāo jiāo),志大言大。

今宜在上者動之,當建勵學宮,置五經博士。品秩生徒,各有差。徵天下通知逸經古記、天文曆數,所在一封軺傳,遣詣京師,不稱者罷去,如石渠、白虎故事,講同異,發明大典,天下煥然,所以示萬世,志明材之盛焉。軺(yáo)傳,馬車。如此,士鮮有不慕學,孜孜遜志者。慕學則尚廉恥矣,禮樂之化,真迂遠邪? 高皇帝常臨諭太學諸生,爲意深至,豈直不殊石渠、白虎天子臨觀哉。正統中,北祭酒李時勉,南陳敬宗,一時士風,於斯爲美。李懋，字時勉，永樂二年（公元1404年）進士，官至國子祭酒。陳敬宗，字光世，李時勉同年，官至南京國子祭酒。督學郡縣，一如其行行之，士焉有不回心向道者乎？類非俗吏所能爲也。

擬漢武帝罷田輪臺詔

詔曰：帝王御天下，四裔賓服，豈斤斤規富強之效，鞭笞以明得意？亦惟是内修農功，和輯其民，外僅斥堠，俾邊塵無警而已。和輯，和睦。僅，同"勤"。斥堠，偵察。非不能勤遠略，以爲不足煩百姓而罷中國也。朕實不明，不深惟宗社大計。見漢興以來，■■數爲邊患，邊吏曾不能以一矢相加遣，朕甚憤焉。詔求郡國異材，可爲將，及使絕域者，秣馬厲兵，冀以雪白登馬邑之恥。自是大將軍青、驃騎將軍去病，數出塞，以我長技當■■，獲首虜頗衆，而我士馬物故亦多。又通西域，置校尉，欲斷■■右臂，曠日持久，糜金錢鉅萬萬，堇得渥洼馬數匹。又軍候宏奏■■縛馬足置城下，群臣皆曰，於占爲不祥，天亡■■也，急擊勿失。朕信之，遣貳師將軍廣利往。無何全師覆沒，廣利降。朕用是疚心疾首，怵惕惟厲，夙夜弗寧。乃搜粟都尉弘羊，暨丞相御史，奏遣卒西田輪臺。嗟乎，自軍興以來，丁壯困師旅，老弱罷轉餉，孤人之子，寡人之妻，窮荒大漠之外，骨白而磷青者，疇非朕之赤子？今瘡痍未起，呻吟之聲未息，又使西走數千里而田輪臺，捽草把土，蕭然飲泣，是重困也。捷枝渠黎，雖曰饒廣水草，其地與中國異。風烈霜慘，驚沙彌望，荷戈執殳，兼服錢鏄，士不堪命，必死。鏄（tuán），鐵塊。溝渠未通，荒蕪未闢，枵服待哺，又死。稼穡甫成，趣治亭障，■騎時擾，無日休息，又死。食不足，必輸自内地，士不足，必募自内地，展轉川途，又死。此一役，海内益耗然彫劫矣。夫以高皇帝神聖，猶采婁敬言，施以金繒。指劉邦聽從婁敬和親匈奴事。孝文皇帝選六郡良家之子，棘門細柳，躬自勞軍，而不輕與■角，誠爲百姓也。朕纘承先緒數十年於茲，不光昭休德，俾元元樂業，而第逞其雄心，以繹騷海內，其若祖宗與百姓何？元元，百姓。昔苗民逆命，虞聖班師。穆公悔崤之役，而曰我心之憂，日月逾邁，若弗云來。語出《尚書·秦誓》。朕縱不能仰媲舜德，成干羽之化，豈敢忘穆公之悔心？自今當務輕徭薄賦，課農桑，修武備，禁將之生事於邊者。輪臺議，其罷之。

爲賈誼對漢文帝問

賈太傅自以其材不得用，哭泣而死，余甚悲之，然甚隘之。太史公稱其同死生，輕去就，又爽然自失矣。嗟夫，誼之遇文帝，豈可不謂知己哉？今之爲洛陽者，欲一見天子，又安可得也？

賈誼以年少合天子意，天子將任以公卿之位，爲絳、灌、東陽所短，乃以爲長沙王太傅。絳、灌、東陽，分別指絳侯周勃、潁陰侯灌嬰、東陽侯張相如。後歲餘，賈生徵見。文帝問鬼神之本，嘆而悅之，因問曰："賈生數年，得無有所欲言者乎？"賈誼俯伏至地，免冠置對曰："臣誼材薄，少貧賤，荷洛陽守之知，聞於陛下。《史記·屈原賈生列傳》："賈生名誼，洛陽人也。年十八，以能誦詩屬書聞於郡中。吳廷尉爲河南守，聞其秀才，召置門下。"陛下沛不世之恩，召爲博士，一歲超遷至大中大夫，除長沙王太傅，千載一時之遇，豈顧問哉？臣竭犬馬，不足以報陛下。顧以臣之庸猥，忝厚爵祿，區區之忠，恨在鄙遠，不獲常侍禁闥。伏蒙徵見，前席問之，臣死罪死罪，何敢不言？然臣有言，臣恐陛下之今日信之，已而戮之也。然臣被聖恩至於此，雖腰斬何所惜？願陛下少加察焉。

"臣聞明主得賢才而用之，非不欲盡其所長，然而不然者，以左右擠之者衆也。臣固無算，陛下親擢臣於草菅，榮以組紱，使得入承明，從九卿，更進議事，不自量，當深寵。每詔令下，諸大臣不言，竊不敢不極意以對，猶匪懼其有未盡，不謂遂用此以見恚也。謂大臣皆國家世職，有功於先王，素自矜奉，要束至習也，臣小臣，烏敢以訾之哉？要束，禁約。然其數持朝廷，所填撫，多其計策。一切論具，往往專決。引故事，自除吏以下，可先分辨。天下傾仄，爭趨以求榮，大尊重也。傾仄，依附。臣不知避指，以爲對君父，宜無所隱，觸犯忌諱，與人不相中，被尤而退也，又何疑？苟臣言便，一旦陛下行之，諸臣得毋有不便乎？

"臣愚所言，以爲漢興，大抵皆襲秦故。方今陛下即位，天下和洽，固當改正朔，易服色，法制度，定官名，興禮樂。此所以隆至治，並三五，垂後世也。即臣初上治安之策，太息以陳陛下，亦見察不以爲過矣。諸律令所更定，列侯皆遣就國，陛下亦稍稍聽臣矣。方草具其儀，周章未就，遂爲諸臣所排陷。陛下聖明，亦既或省耳。臣以新進，妄欲效款款於國家，又得罪諸大臣，罪當死。長沙卑濕，固知死所，然臣願以直言極諫，前伏斧質，死且不朽。若以摘觖之言，徒見疏適，使臣不得忠於陛下，郁邑自斃，猶有餘痛。且數年在長沙，每北向頓首流涕，望陛下終已不察臣之愚，慮以爲先犬馬塡溝壑，不意再召，復得入長安，伏見北闕，此又臣之死所也。自陛下憐臣，使得備宿衛，降位博士，從輦下，朝夕有所進言，臣願足矣，安敢尸位公卿哉？萬不得請，願放臣歸洛陽，使遨游齊魯之墟以老，毋爲諸擠臣者所快，是陛下賜也。唯少矜之，俯伏不敢起。"上爲之感曰："然。"欲用之，然卒猶豫。居頃，拜爲梁懷王太傅。

擬主爵都尉汲黯爲故魏其侯竇嬰故太尉灌夫白冤奏

嬰、夫之得罪，知者莫不嗟之。其後天子亦曰，使武安侯在者，族矣。田蚡，漢景帝皇后同母弟，封武安侯。長孺故懟，當東朝廷辨時，長孺是魏其。汲黯字長孺，武帝時爲主爵都尉，以直言敢諫稱。託爲此奏，亦以慨天下之稱母后族，招權殺人者。

主爵都尉臣汲黯，頓首上言。前魏其侯竇嬰爲灌夫事，與武安侯田蚡廷辨時，臣是魏其。今夫已論支屬，魏其遂棄市渭城矣。論支屬，指宗支親屬皆受牽連，即連坐。臣黯愚戇，不勝憤憤，敢抵冒殊死，爲之白冤。

嬰少慷慨有德讓，先帝亦嘗察無如嬰賢。吳楚反，嬰爲大將軍，賜金千斤，陳廊廡下，令軍士財取爲用，金無入家者。以今之人之貪婪，求如此，其可得乎？好扶義以急人，喜賓客，進賢以爲國家用，豈其有所仰視天，俯畫地，辟睨幸天下有變哉？灌夫少爲其父陷亡，不顧首領馳吳軍，身被數十創，名聞天下，此國家壯士。且其人剛直不好面諛，已然諾。諸貴戚有勢在己之右，欲必陵之。士在己左，愈貧賤，尤益鈞敬禮。薦寵下輩，獨病使酒。嗟乎，此其所以中禍也。天下權勢所集，人於是趣之。魏其既失竇太后，以病免，而夫家居失勢，兩人素伉節，當此時，賓客益落，相爲引重，亦其情耳。夫之得罪，不過醉飽事，爭杯酒，不足以支屬。抵蔑而爲文惡，又豈特橫恣通奸猾，加之辭邪？抵蔑，誣蔑。夫人負意氣，犯權勢，鋭身欲與其所素交者共死，斯已足多矣。不忘素交者，必不敢忘其君。即召入時賜魏其食，陛下豈不晰乎？

武安侯蚡,既挾丞相柄國之威,內爲國戚肺腑之重,刻櫟以肅天下,驕恣自逞,田園膏腴,治宅甲第如宮闕,金玉充庭,鐘鼓曲旃,日奏於前。美色曼靡,諸珍好狗馬,自四方遺之,不可勝紀。事陛下之臣,不奉陛下,而趨武安之門,至尊不是過也。此獨非所謂支大於幹乎?陛下未之或聞耶?丞相奏事語移日,薦人或起家至二千石,上嘗曰:"君除吏盡未?吾亦欲除吏。"又請考工地益宅,陛下不已見之乎?即夫有罪,蚡安得使騎留縛置傳舍,而後請也?至於陰通淮南謀事,臣且不敢言矣。臣竊以武安招權,侵主上,布私人,風指劾彈,摺陷慹服,搖亂國本,當大逆無道,可斬也。摺,拔兵刃以習擊刺。慹(zhí)服,威服。顧乃置弗論,而誅嬰、夫,悲矣!臣知上獨以太后耳。夫能賞罰之謂天子。亂國政以奉太后,非孝也。臣以爲今當急斬蚡以告天下,庶幾賢材氣奮,爲人臣者,不得侵上藉勢,以肆夷戮也。不然,得權勢者昌,失權勢者亡,爲陛下之臣,亦何樂不爲奸宄,阿奉取權乎?又安計國是哉?臣懼不知所出,謹昧死頓首上,唯陛下裁幸決之。

七解[丁丑答客作]

　　七解者,爲七客以解其悲也。悲不可解,而終解於故人之言,人生重得故人也。祖構家故有七體,而七發自仲宣以下,皆以繁華榮臕說高士。祖構,作文。七發,始于枚乘之賦體。仲宣,王粲。榮臕,華美。此雖至愚,亦知其不能動矣。又爲聲協比麗所掩,使人誦之,無所感發。故變傳記古文法,別立一體,以自解云。

　　抱蜀子少倜儻有大志,年九歲能賦詩屬文,十二誦《六經》。《管子·形勢》:"抱蜀不言,而廟堂既修。"《形勢解》曰:"人主立其度量,陳其分職,明其法式,以涖其民,而不以言先之,則民循正。所謂抱蜀者,祠器也。"長益博學,徧覽史傳,負笈從師,下帷山中,通陰陽象數、天官望氣之學,窮律呂之源,講兵法之要,意欲爲古之學者,遇時以沛天下,而未之逮焉。性疏達,善得大意,而强記爲難。久之略忘,竊自恨甚,恨材知不及古人,而復身弱多病也。又善臨池,取二王之法。二王,王羲之、王獻之父子。好圍棋、舞劍,少知彈琴。吳歌雜技之末,有所見,輒欲爲之。居一室,周章不倦,或歌或咢,自得晏如,豈有所汲汲戚戚乎?周章,周游。《抱朴子·疾謬》:"開車褰幃,周章城邑。"咢,擊鼓。《漢書·揚雄傳》:"不汲汲于富貴,不戚戚于貧賤。"年二十,自以爲龍門此時,周歷天下矣,局促里巷,老牖下,胡爲者?乃載書籍游江淮吳越間云。自總角隨尊人經棧道,見峨眉,下三峽,又復過武夷、太姥,已北入京師,馳驅齊魯之郊,頗注意名山大川,有所興懷。乃者東游,浩然不足當意矣。處鄉曲時,以天下必有如古人者、過古人者。今見人物,猶之山川也。知己不過數人,斷斷名稱,大略材知相埒耳。斷斷,守善專一貌。於是歸,擬入山,大奮其力,合古今俯仰著爲一書,而里中難作,繼以寇賊,往來殺掠,兵火不絕,流離金陵,豈得已哉?家世好善,而善不可爲。家世好學,而不學者嫉之。雖客居屑屑,譏詬日至,有所著作,或傷時事,則焚其草,敢令今之人一寓目乎?屑屑,勞苦。時不遇矣,求爲上容,即突梯滑稽,庸詎與人合與?家貧不能好客,有客至,浮叟三豆,好我者不罪其纖也。蒸米熱氣曰浮,淘米聲音曰叟。豆爲食器,三豆言其少也。語出《詩·大雅·生民》:"誕我祀如何,或春或揄,或簸或蹂。釋之叟叟,烝之浮浮。"未嘗敢談先王,尚古學,況以此勸人耶?意有所至,則發嘯歌。嘯歌而悲,人莫之知也。間行市中,遇逢俉士與握輒氏於道。逢俉(wù),逢迎。握輒,似出《金樓子·雜記篇》:"有人讀書握卷而輒睡者。"執手未言,望橫世君驅塵而來,下車長揖。

時有縝栗先生垂簾於市，又假寓此，分半席以賣藥者，罔寔老人也。縝栗，細密堅實貌。《通雅》卷二十一："罔兩作方良、罔寔、罔閬、蜩蜽、魍魎。"程勇公來問卜，見諸子立日中，呼延入坐。坐定，皆欲與抱蜀子言。見抱蜀子顏色黴墨，心甚不懌，或曰："子何悲苦至於是？吾黨欲有所勸子，子能聽乎？"抱蜀子曰："唯唯否否，敬將聞命。"

逢晤士曰："子豈非以不遇故與？子毋郵我之説也，我以子爲不攻苦逢時之業耳。郵，通"尤"，責怪。邯鄲之步，可趣而至。號鐘之聲，再鼓而得。以子之材，何此爲難？乃復高務經史，追琢詞賦，儡身蔚氣，發爲長篇，雖千卷充棟，無取於世人之目也。儡，疲困。三冬篆刻，餓於侏儒。《五經》鑽厲，不若牧豕。人生因便以取青紫，其術甚易，安用博洽苦難，羈縻歲月耶？且世之人，群以便近爲業，有好古者，視之如仇。賢子弟稍嚮風慕義，而嚴父哲兄，即詈而拘之塾中，則子何取焉？彼夫談制義以爲名者多矣，何必經史詞賦也？吾願子貶其道，閉門揣摩之何如？"抱蜀子迨然曰："我固然君之説也，但性各有好，斷不可强。若以今人所爲長業者，則是鼓篋勿肆宵雅也，諷籀勿九千字也，霖雨勿假《漢書》也，刻燭叩鉢勿賦詩，登高勿爲大夫也。鼓篋，讀書。宵雅，《詩》之小雅也。諷籀，《漢律》規定，學僮十七以上，諷籀書九千字者，乃得爲吏。刻燭、叩鉢，均爲限時賦詩之義。史載南朝竟陵王子良嘗夜集學士，刻燭爲詩，四韻者則刻一寸。獨呫嗶一卷，誦制義數千篇，一踰年而又不適時用，則又編新得第者之章句而誦之，我以爲莫苦若矣。好古者計千秋，逢時者計一日。斯固迂談，不敢望人信而從之。獨今天下童習白紛於此，而不得售者，尚數百倍於好古之士。彼一時高第享名者，頗未必有一日揣摩者也，則又何居？吾道其果非耶？仇之詈之，又安辭耶？抑亦談此，可自贖邪？"

握輒氏曰："逢悟士不必爲子憂多盤也。聰明過於人者，事一日，即可當彌月，安用朝夕苦此乎？又安知其不一朝一夕而畢此乎？"抱蜀子曰："我實不能苦此，而朝夕未嘗不苦也。君將何以免我苦？"握輒氏前撫几曰："吾知子所愈愈者，故鄉喪亂，田園荒蕪，廉謹之家，流寓困乏。愈愈，憂慮貌。子又好呕義，遇人隱厚，舒緩無訾省。而閬中庸亡，皆責子以好施。親故自視不足，則望子以緩急。往來聞子名，而投刺者，又期子以醉呼舟旋。此不能不衣焦不申者也。子盍講計研之術乎？計研，即計然。出舉興生，計與錢通。出舉興生，出錢舉貨，興利生息。近皆詭隨，徒爲所軋耳。逐什一，徵貴賤，盡賈其所藏圖書琴鐔玩好諸物，權會魚鹽，其羨不爽。鐔(xín)，劍。羨，贏余。更能家食約嗇，一切交游皆謝之，不數年可以殖矣。"抱蜀子閔然吁曰："治生之策，儒者所急。然其如儻蕩不備何？且起問困人若干，蚨出若干，已不憚煩。困(qūn)，谷倉，代指貨物。蚨(fú)，錢。不得不使臧獲計之，至乾没十半，而摘觚其償，求數輩廉如鮑叔，亦已難矣。鮑叔牙，管仲之友，以廉潔知人著稱。當吾與客噱談，而使持其計出入之簿，來求左驗批察，米鹽麽密，能不厭而撝之？噱(jué)，笑。撝(huī)，揮去。及覺其雕悍，則又濡忍。始卞急怒甚，少頃或恕矣。即欲五門謹謹，但聞豚聲，誰爲我理此哉？至若賈其所藏，則我生平無所玩好，又齤然于世人之徒以玩好爲好古也，椎而且簡，居處粗具，雖盡鬻之，不得鈎金。齤(quán)，露齒而笑。鈎金，極少之金。若載書三十乘而舍之，又奚載焉？且所爲彝、鼎、敦、牟、卮、匜，及它環、玦、璿、珮之屬，得之或不數金，可以稱數百金，曰此秦漢三代器也，果其藏之，獨不十百於魚鹽耶？敦(duì)，盛黍稷之器。牟，釜屬瓦器。卮，酒器。匜(yí)，盥洗之器。玦，半圓形佩玉。璿(zhuàn)，有兆紋之佩玉。起而屏面笑曰，如鹽諸利而止如是，則不若干澤夤緣之爲得矣，不若爲人處事受謝之爲得矣，不若暮夜游手之爲得矣，又不若負大力者白晝攫之之爲得矣。"握輒氏竊聽之，曰："子所言，皆非子所能也。此等智盡能索，猶恐不足，而子方詠歌先王，其不以子爲棄物者幾幾也，吾且以子固無此肺腸耳。"

橫世君變色而作，誇嚴自詫曰："丈夫生世上，將以有用于斯世也，拘拘者何爲？吾見有俄頃而散千金，又俄頃而致千金者，可不畏哉？古稱輕俠慷慨之士，未有不廣結交者，其結交未有不先公卿者。席戶而多長者車轍，布衣而致結駟連騎。寧戚揚于齊桓，洛陽顯於吳公。寧戚，衛人，夜宿齊東門，飲牛而歌，桓公夜出聞之，知其賢，用爲客卿。洛陽，代指賈誼，見前注。食駃騠，投夜光，不以爲侈。駃騠（jué tí），良馬。彈蒯緱，掃相門，不以爲羞。蒯緱（gōu），以草繩纏結劍柄，馮歡持之。詳參《史記·孟嘗君列傳》。掃相門，魏勃欲見齊相曹參，常早起，掃其門，參用爲舍人。誠慨夫貧賤之不能自著，而游大人以成名也。今挾醫卜之常術，馮三五之賤伎，尚能謹於公卿，以取厚利，況能操觚持長短者乎？子何不少降其倨慢，稍一委蛇，上則可以廣令聞，下亦不失於糊口。彼四方貧賤讀書之士，不能爲人損益，可勿與也。必欲抱膝嘯歌，以待世有知己，折節而好之，今天下誰以知人愛才爲事哉？"抱蜀子曰："我固知之熟矣。輕誂之夫，服霧縠，飾劍佩，車澤可鑒。從僮僕，呼劇驂，則與冠蓋爭馳。四市皆避之，不知其所從來也。輕誂，輕捷。霧縠，輕紗。劇驂，七面通達之路。賢者處湫隘，門無車馬，鞀蹻羸蓋，出游而無招飲者，則一廛之人，始鄙之，繼誶之，親戚易而侮之。湫隘，窄狹。鞀蹻（zǔ jué），鞋子。羸蓋，羸囊步蓋。一廛，一夫之居曰廛。易，輕慢。嗟乎，風已如此，雖欲不勢利，何可得耶？果其通三公，交五侯，寒暑請造，燕而狎之，習遷除，論朝事，久而縉紳喜與之談，又未嘗不驚于他貴人之前也。因人成事，藉交報仇，可以使富人供我，可以使鄉人畏我，可以使不根浮慕之士，影而附我，雄乎哉！然我見公卿之門，與閽者爭肉好而通一刺，比比也。不則坐廡下徘徊焉，此固難爲坐矣。長裾盤辟，動引所聞，謂得之於某先生，又嘗爲某先生處何事，我無此顏，又安能巧言如簧，動貴人聽邪？吾寧處陋巷，安於無用耳。"

程勇公橫肱奮然而腐聲曰："於傑卑哉！何爲此浮沉流俗之語也？於傑(wū xiè)，厭惡聲。方今聖明旰食，求賢良方正，以輔出治。旰食，勤于政事。力破文法，興古盛舉。匹夫之微，可以進言。草莽之謠，直達大內。以子之明古今，審成敗，通達國體，目天下外■內寇，攘攘如此，何不著爲一書，極陳利病，以效忠於國家？而乃懷質确，守木強，扼腕憂時以處，不可謂傑也。"抱蜀子詻詻欲語，已悛悛曰："今欲力破文法，而下奉行之，仍爲故事耳。詻詻(è è)，嚴肅貌。悛悛(quān quān)，謙恭。今欲興古盛舉，而下因循之，止成一弊端耳。旁求進言，言雖得上進，而下之情，終不得上達也。夫踽分冒昧，自扞殊死以上，則必發憤於當世，邪正是非，名實賞罰之故，直陳極諫，言人所不敢言者也。乃一劘切及君身而言者危矣，一指陳及君之左右而言者更危矣。其言者不過取天下不甚切膚之利病，掃擄論列，若爲忠直然者，庶幾得達黃屋而柄者容之。且自許伏闕上書以來，而上書者無所不至矣。市井亡俚，未嘗一誦詩書，知咫尺之義，苟持潭愚，累息條對，則即走長安而上書。潭，清。累息，屏氣。老吏熟習科條，則上書。腐儒擯困無所復之，亦上書。董胥奸猾，掉捎罔上，以私陷人，與大家悁忿而角不勝，則亦上書。掉捎，搖動。悁(yuān)忿，怨怒。上書至今日，而更跡是者，君子恥之。況乎朝奏暮召，非猶古之恨相見晚也。彼固有其畜幸，通呼吸，完齾繫，而後外伏闕，徼亡望之福焉。一旦㪲礙，爲甞所輈，若輩亦未嘗逃也。㪲(zhuān)，懸也。甞(dàng)，并以甀爲甇也。轠(léi),擊也。言瓶忽懸礙不得下,而爲井甃所擊,則破碎也。語出揚雄《酒箴》。徒以仍仍書生,外無所引重,內無所援藉,一痛哭而不見信,則三木鋃鐺,足蹟趀埳已耳,又何如秕食膹衣之爲逍遙也?"仍仍,失意。三木,刑具,桎、梏、械也。蹟(tuí),跌倒。趀埳,陷阱。膹(fén),麻。

縝栗先生,撹策匒匒,誐然羞告曰:"古賢者進不足以得志,則退而有以自處。撹策,兩手執蓍草,分而扐之。匒匒(gōng gōng),恭謹貌。誐(ài),恭敬。今子負志偃蹇,獨逯然於茲土,非高士也。偃蹇,困頓。逯(lù),隨意行走。聞子有山在潛、霍之隈,其外達劇岐,皆巘谷崝嶒,絕壑懸度。潛,潛山。霍,霍山。巘,溝壑。崝嶒,險峻。所謂一夫守之,萬夫莫當,險阻四塞,足以禦賊矣。其中沃野數十里,藝桑麻,畜狗彘,如近郊然。網野獸,采野蔬,足以供億,此隆中高卧之地也。供億,供其匱乏。子既不合時,而時又不用子,山木膏火,還自衒與?《莊子·人間世》:"山木自寇也,膏火自煎也。"何不避世長逪,入山而隱,蟬蛻埃壒,儻然捧木茹皮之萌,相時而出,無不可者。蟬蛻,避世高蹈。壒(ài),塵。儻然,無思無慮貌。萌,同"氓"。乃復樸遬市中,將欲坐視江南之匈匈乎?吾請爲子占之。"抱蜀子太息曰:"遇時艱難,出既不若古人,隱亦不能如古人也。知幾當斷,我豈瞑瞑哉?然業爲世俗之人矣,病且文弱,不能躬耕,婚嫁未畢,兒女沾沾,似不能免。又無同志入山者,煙火不能相望,孑然一廬,吾雖大布藜藿,土著之奸,能無疑焉?曰好施以德之,則必一飯與之同飽而後可,彼皆飽而我盡矣。曰聲威以服之,則必多收武夫壯士以聚處,是一日優游而行軍之費也。且山中之人,盱目駭耳,而有司文法,又拘牽及之,寧可以行軍法擅殺人耶?盱(xū)目,睜大眼睛。如此則有四塞之險而不能守,猶之處康衢也,今賊固已巢穴於此矣。往聞之曰:'小亂居城市,大亂居山林。'天下其在亂不亂之間乎！苟全性命，是必有道矣。嘗以武侯之知，亦不能居瑯琊而不流寓也。流寓之後，始得南陽隆中一抱膝地。知不逮武侯，尚未知抱膝何所也。我瞻四方，蹙蹙靡所騁。先生雖有蓍蔡，又烏能爲今日決與？"蓍蔡，蓍龜。

罔寉老人倨倨視我曰："子誠長于計人間事者，亦能知世以外乎？倨倨，無思慮貌。吾壺中有藥焉，可以攄子之苑結，而開子之旦明也，子庸服諸？"抱蜀子曰："小子雖病，不喜服藥。以世人之藥，皆生病者也，不如勿藥爲中醫。今吾視公，其飲上池之水者乎？必有禁方，可得聞與？"禁方，秘方。罔寉老人曰："人各琳琳，自乖其道。琳琳(lín lín)，欲有所知。箴縷縩繺之間，攕楔呙齲之郄，固不越其身而謀也。箴縷，同"針縷"。縩繺(cuì shā)，衣縫。攕(jiān)，削。呙齲(wā yú)，齒不整齊。郄，同"隙"。句出《淮南子·要略》。深深既獲，耆欲可從。玄牝之門，豈浮夸無裏哉？吾與子顛顛而坐，不浹旬，黃庭紫闕，可以豁焉。顛顛(diān diān)，穩重貌。周宣王郊聞採薪之歌，所云巾金巾，入天門，呼長精，吸玄泉，正謂此也。語出《列仙傳》。自此以後，陽文、南威，列以百數，比御而無損，則亦至適矣。陽文，楚之美女。南威，晉之美女。而即由以炯目鬒髮，卻病延年，則人間之藥，莫加於此，可隨吾壺中受之。"鬒(zhěn)，黑。抱蜀子曰："久已知世之有此絕術也，然家有細君善妒，庸詎使綽約靡麗，紛紛裶裶于左右乎？日捽胡而色於室耳。且吾方謀饔餐之不暇，又烏能效曼倩日以上賜取少婦於長安中耶？"罔寉老人曰："王陽徵名衣囊，鴟夷累致千金，豈果拮据然乎？《漢書·王貢兩龔鮑傳》：王吉"好車馬衣服，其自奉養極爲鮮明，而亡金銀錦繡之物。及遷徙去處，所載不過囊衣，不畜積餘財。去位家居，亦布衣疏食。天下服其廉而怪其奢，故俗傳王陽能作黃金。"鴟夷，范蠡別名。古又有資焉，不移晷而石可爲鉼鐐也，赤仄可以爲鏐盪也。鉼，金餅。鐐，銀。赤仄，銅錢。鏐(liú)盪，金質濚器。人亦患貧困耳，故妻孥無所發憤而嫉之，亦其情也。果金多而厚易珠玉之飾，文綺錦毳，丹珀異珍，粲然在前，諒君家之諄語者，亦必改容焉，況丈夫不難辭兒女子哉？"毳(cuì)，細毛。抱蜀子曰："古有黃白之術，必仙人而後可得也。世人好此，故求之而終不至。仙人不必好此，故可致而不爲。且果有能得黃白者，何不自作富家翁，而尚出游于世，以利告人也？"罔寏老人曰："此猶末技，請言其上者，則清靜之道存焉。其至也，可以白日拔宅，乘飛鶴而上天，吾子豈無意乎？吾有師在太華之陰，年五百有餘歲，餐松絕粒，顔若處子，駕衛叔卿之白雲車，負李克之五嶽圖，化琴高之鯉，吹子晉之笙，當引子往求之。"《太平御覽》卷六百八十四："《神仙服食經》曰：漢武帝閒居未央殿，有人乘白雲車，駕白鹿，冠芙蓉冠，曰我中山衛叔卿也。"《列仙傳》卷上："琴高者趙人也，以鼓琴爲宋康王舍人。行涓彭之術，浮游冀州、涿郡之間二百餘年。後辭入涿水中，取龍子，與諸弟子期曰：'皆潔齋，待於水傍，設祠。'果乘赤鯉來，出坐祠中。且有萬人觀之，留一月餘，復入水去。"又："王子喬者，周靈王太子晉也。好吹笙，作鳳凰鳴。游伊洛之間，道士浮丘公接以上嵩高山。三十餘年後，求之於山上，見柏良曰：'告我家，七月七日待我於緱氏山巔。'至時，果乘白鶴，駐山頭，望之不得到。"抱蜀子曰："吾見世之談神仙者，皆游於富貴之門，豈富貴乃可求神仙乎？富貴如秦皇、漢武，不能免於沙丘、茂陵，而況以蓬蒿藍縷，求不死之藥耶？"

罔寏老人又大欲扶其説，説未出，忽有數輕婧少年，褥衣白紵，簪玉導，與錄事七香車并驅焉，寶袾文綦，蹇帷可窺也。輕婧，輕薄。紵(zhù)，麻布。玉導，冠飾。袾(zhū)，短衣。見抱蜀子而招之曰："何爲冒塵雜而儲與於此？"抱蜀子語之故，少年曰："及時爲樂耳，須富貴何時？且世之極富貴者，始殫筋力，肆苞苴以圖之，一日懸金印肘後，動即犯法下獄，盤水加劍，則又何樂焉？苞苴，賄賂。孰如得酒且歌耶？書生苦甚，吾當爲若澆磊塊也。"遂爲抱蜀子謝縝栗先生與老人而去，諸客又欲因抱蜀子以飲少年,相與摻袪而行。摻袪(shǎn qū),拉着袖口。語出《詩·鄭風·遵大路》:"遵大路兮,摻執子之袪兮。"行至河干,則維青翰以俟久矣。維青翰,舟船。榜歌發,放乎中流,顧舟中多不識者。抱蜀子不問姓名而上坐,其兩崖狹而修曲,倚檻與抱蜀子立拱者數數,而抱蜀子未嘗見也。已而張鼓吹,聲流瀨,載博山,爇沉水,老柳爲之起舞,好風爲之發香。博山,博山爐。爇,燒。沉水,沉香。脫之腊之,殽核維旅,座客或惡其淳厚,而抱蜀子適饑,舉筯大嚼,執斝畢之,未嘗不使嫳屑者笑也。《禮記·內則》:"肉曰脫之。"殽核維旅,陳列肉食和果品。斝(jiǎ),酒器。嫳(piè)屑,衣服飄動。行酒入又,即已故傞傞矣。傞傞(suō suō),酒醉失態。于是揮團扇,呼六赤,指隅席能度曲者,屬其歌,吹笛或笙或管者和之。六赤,骰子。更使撥鵾絃,繁聲促柱,令人心動。倡優迭進,淫嗈百狀,履舃交錯,微聞薌澤。淫嗈(yòng),淫亂。舃(xì),鞋。薌澤,香氣。雖不能一石,然亦不三升足也。及醉而起舞,抱蜀子叩枻高歌,欲賦詩而無與俱者,又不自知其何以悲矣。聽客散相呼,明日復治博具何所。又見使酒者,不得意于坐中,則驅人于道。抱蜀子益以黯然,徒步而歸,夜行無語,疾風中人,返邸舍,坐戶下,老奴良久乃起開門,至寢而臥,臥又不能寐,長夜展轉,憂從中來,謂之何哉!

翼日有帥初故人來訪,而抱蜀子尚臥未起也,強起復病,披髮而出。故人知其沉湎也,正色而譙讓之曰:"吾與汝少相期以古人,今雖不得志,則古人不得志之所爲可則也,何必憤激以自老耶?歎貧且賤,結納不爲人所重,意欲絕交,而又不閉門,處于謝客結客之間,更與市中酒徒,作使笑傲,以飾其慷慨,而慷慨終不能隱也。汝將謂人以汝爲和平乎哉?汝又謂此可以藏其身而免爲善之訕乎哉?我日斯邁,時不可追。少壯忽忽,即爲白首。不及此時,覃精經史,聞風化雨,以待後世,將何待乎?況遇合有時,終非没没者比耶?且汝以絶世之材,又能好學,博雅多聞,偶爾游衍,尚不失其藴藉。後生白帢烏衣,無愚管之一得,動欲頃步效之,坐荒其學,便枵腹而啜墨,則汝得罪于名教矣。白帢(qià),便帽。枵(xiāo),空。我等拔來報往,自在所免,獨毋好奇過當耳。烈何必蹈東海而死?魯仲連義不帝秦,蹈海而死。廉何必韋褐至爛?顧顒贈郭文韋衣事,見《結客賦》注。高何必以足加帝?《後漢書・逸民列傳》稱嚴光與光武帝共臥,光以足加帝腹上。明日,太史奏客星犯御座甚急。敖何必倨鍛不起?鍾會訪嵇康,康鍛樹下,不交一語。介何必儗廡爲人賃舂?《東觀漢記》卷二十:"公沙穆游太學,無資糧,乃變服客傭,爲祐賃舂。祐與語大驚,遂共訂交于杵臼之間。"節何必鑿坏踰垣?魯君聞顔闔賢,欲以爲相,使者往聘,闔鑿後垣而亡。魯何必不知馬足?《後漢書・朱樂何列傳》:"(朱)穆字公叔,年五歲便有孝稱。父母有病,輒不飲食,差乃復常。及壯就學,鋭意講誦,或時思至,不自知亡失衣冠,顛墜阬岸。其父常以爲專愚,幾不知數馬足。"穎何必知雞肋、解黄絹?魏武出令"雞肋",楊修知其欲棄漢中,事具《後漢書・楊震列傳》。魏武過曹娥碑下,見碑背題作"黄絹幼婦外孫齏臼"八字。魏武謂楊修曰:"解不?"答曰:"解。"魏武曰:"卿未可言,待我思之。"行三十里,魏武乃曰:"吾已得。"修之解曰:"黄絹,色絲也,於字爲絶。幼婦,少女也,於字爲妙。外孫,女子也,於字爲好。齏臼,受辛也,於字爲辭。所謂絶妙好辭也。"典出《世説新語・捷悟》。敏何必賦鸚鵡,文不加點?《後漢書・文苑列傳》:祖長子射大會賓客,人有獻鸚鵡者,射舉巵於禰衡曰:"願先生賦之,以娱嘉賓。"衡覽筆而作,文無加點,辭采甚麗。遲何必一紀三都?一紀,十二年。三都,蓋指左思之《三都賦》。遠何必築土室,納飲食?《後漢書・袁張韓周列傳》:"延熹末,黨事將作。(袁)閎遂散髮絶世,欲投跡深林,以母老不宜遠遁,乃築土室四周於庭,不爲户,自牖納飲食而已。"達何必裸裎入狗竇?《晉書》卷四十九:"(胡毋)輔之與謝鯤、阮放、畢卓、羊曼、桓彝、阮孚,散髮裸裎,閉室酣飲,已累日。(光)逸將排户入,守者不聽。逸便於户外脱衣,露頭於狗竇中,窺之而大叫。輔之驚曰:'他人決不能爾,必我孟祖也。'遽呼入,遂與飲,不捨晝夜,時人謂之八達。"豪何必投轄強灌人?《漢書·游俠傳》:"(陳)遵嗜酒,每大飲,賓客滿堂,輒關門,取客車轄投井中,雖有急,終不得去。"侈何必費萬錢,筯不下?《晉書·何曾傳》:"食日萬錢,猶曰無下筯處。"儉何必一裘三十年?晏嬰尚儉,《禮記·檀弓下》載有若語曰:"晏子一狐裘三十年。"書何必懸國門,一字不能增損?指呂不韋懸《呂氏春秋》于國門事。門何必使人號為登龍?東漢名士李膺以聲名自高,后進升其堂者,皆以為登龍門。適至其所當為,則為之而已,豈定為世人所喜,與為世人所笑而後可哉?"抱蜀子瞿然長跪而嘆曰:"世之勸我飲酒與不飲酒者,非知我者也。世之勸我讀書與不讀書者,非知我者也。人生有一故人知我,而我何憾乎?請與子研細席,同食啖,溫古昔,考當世,暮必稽其所得,間數日可出尋少年一縱樂焉,又明日閉關以為常。"帥初故人從之,抱蜀子於是乎不悲矣。

　　周農父曰:"才至此絕矣。然非密之之博學如此,又不見其才矣。此篇馳騁《左》《國》《史》《漢》,蘊藉《騷》《雅》,奴隸晉魏韓蘇,而自行其意,豈世人所號古文能及哉?頓折刻切,使人感動刺心,真所謂怨而不怒者乎!人無此才,無此學,而又不肯為其難者,宜乎其講便易淺近法門耳。"

多言誡 有序

　　言之至於多也,非不能言者矣。其次立言,言遂以病言乎?《左傳》襄公二十四:"太上有立德,其次有立功,其次有立言。"能言家聰明通辨,或即方聞、識時務,苟一以言為名稱,言得當欲,不以其所,又焉顧世,且誦不衰焉?方聞,博洽多聞。呐呐不出者,終没没耳。有三其緘,寧免於关耶?迫夫讒隙謗讟，大壞國家，下者立説争辨，異同阺毀，牀第之微，厓眦之間，罔非其言之辜。讟（dú），誹謗。甚以危亡殺身，小以禍挐相尋無已。言之不可不慎也如是，乃今人猶以能讒人爲能，君子傷之。"我友敬矣，讒言其興。"語出《詩·小雅·沔水》。朱子釋曰："今諸侯亦欲敬矣，特畏讒言之興，是以不至。至而有讒，恐不能自免耳。"又安在其不多乎哉？立誠以修，誠之所以言也。勉爲吉人，曰不誠，惡乎敢？

惟言無易，行之實艱。《詩·大雅·抑》："無易由言，無曰苟矣。"抑抑得隅，實虹爾閒。抑抑，慎密貌。隅，廉也。語出《詩·大雅·抑》："抑抑威儀，維德之隅。"虹，同"訌"，自潰也。辭費枝葉，修踐攸悔。起羞興戎，哲帝勿再。綍出有牿，游不以倡。綍（fú），繩索。遂辭約結，嘉謨有章。約結，封緘。嘉謨，嘉謀。丘頤羅凶，兑舌常折。《易·頤》："六二，顛頤，拂經于丘頤，征凶。"方孔炤《周易時論合編》："《遯》曰：陰柔不能自主之謂顛，擯陽于外之謂拂……陰以頤止，能慎且節，猶可言也。隨以頤動，不慎不節，不可長也。大言無當，如酌孔取，東坡所謂拖舌掠虛，使公卿饋拜，咎必及之。"《易·説卦》："兑爲澤，爲少女，爲巫，爲口舌，爲毀折。"肆虞弗持，淫圖斯覥。肆，放縱。虞，欺騙。淫圖，不正當之圖謀。覥，挑發。世之英傑，務名浮躬。務名浮躬，好名虛驕。翹知自炫，詭譑裒充。譑（jiǎo），多言。裒（póu），聚。煩易溺口，庸閒於人。《禮記·緇衣》："口費而煩，易出難悔，易以溺人。夫民閒於人而有鄙心，可敬不可慢，易以溺人。"捷給教諂，惟利是陳。截截善諞，號爲異材。諞（piǎn），花言巧語。誇詫銀皷，廣譽無回。聒聒儉膚，人誰信之？聒聒，喧擾。儉，當作"險"。險膚，邪險膚傳之語。《書·盤庚上》："今汝聒聒，起信險膚，予弗知乃所訟。"夸毘懸河，天蓋疢然。疢（chèn），病。澹藻清源，摘華振秀。摘（chī），鋪陳。爲文召訧，靡有夷究。訧，同"尤"，過失。鴻論擯譏，辨藏芥蒂。苟訾連挂，齘齒造渗。連挂，諷刺。齘（xiè），磨齒。渗（h），害。面謀如簣，蛾以善背。善背，互相欺諞。詆媒讆訶，愊憶争悖。詆媒，詆毁丑化。讆（wèi），欺詐。愊憶，憤怒。譖涵忮忒，其始孔甘。譖，讒言。涵，容忍。語出《詩·小雅·巧言》："亂之始生，譖始既涵。"忮忒，害人。孔甘，甜美。而邦而家，餤亂寧貪。《詩·小雅·巧言》："盜言孔甘，亂是用餤。"骨肉仇讐，幡幡爲嬉。幡幡，往來貌。朝舐其痔，暮寢其皮。雖以其考，猶將詈之。矧彼他人，能勿奰之？矧（shěn），況且。奰（bì），怒。由茲儀圖，戰戰末惟。儀圖，揣度。屑播古訓，慎之爲基。屑播，輕易播棄。燕聽雅頌，雍雍秩秩。譁衆何寵？師虞守默。師，衆。虞，度。謂衆人所謀也。木訥庶近，毋懱毋躁。《論語·子路》："子曰：'剛毅木訥近仁。'"迂台者多，謹厥攸好。迂，騙。台，我。乃述乃著，允爲令撫。凡百君子，勿以爲愚。

送李舒章序

六月十日間，兩得舒章書，又以詩見懷。李雯字舒章，雲間五子之一。余讀竟，爲之太息，何舒章念我之深也！東望歌而和之，和之欲長言之，長言之又不足矣，於是乎序。

余少知事古學，好詩歌。及長，見天下作者，甚寥寥也。至湖上遇卧子，即已想見舒章矣。時當秋盡迫冬，客游甚倦，思歸故鄉亟。又心搖搖，乃迂道之雲間，夜登舒章之堂。主人披衣，行子夜飯，儲與沼上，倚柱而論《離騷》，投分之奇，豈直如古一見舊識哉？迄今六年餘矣，兩人相視落寞，慷慨猶故也。然余身經兵火，故鄉喪亂，流離僦居，無所終薄。又以鄙賤爲人所厭，故慷慨較舒章更甚。今舒章問我以所著何書，所見何異人，所計入山之策云何，我三者皆無以應也。性魯好游衍，業已不遇，雀立不轉，動而有作，感世救時，不知者以爲誹謗朝政矣，知之者又以爲物禁已甚，無故而善悲怨，非君子之所喜也，故皆自燃其藁，絕不與人論及。時有載酒肴從我游者，則與之爲逋蕩醉呼，強以自慰，坐視荒落，無可爲故人覽者。至於結交豪傑，非黃金不能與之厚，從來矣。田園爲戰場，朝夕望計，雖欲散家，如無家可散何？且今之所爲異人，不過脈脈有權數，難其所爲，而高自錯者。不則委蛇簪纓，求完纂繁，謂能輕俠傲王公，即相驕穉，里人懾而歆慕之。驕穉，驕矜炫耀。其他文章之流，敷袟商搉，則又洞然比比如是也。敷袟，解開襟袟。余何必敝蓋羸馬，行赤日中，以求此數輩邪？親者無失其爲親，故者無失其爲故而已矣。果其有志當世，通古今，識時務，則此日有俯首學南陽、學公瑾者，尚不出市井僊僊舞也。南陽，諸葛亮躬耕處。公瑾，周瑜。僊僊，輕舉之貌。彼鼓刀而屠，力抗百鈞，可以其器不忘報恩者，則時不乏耳。乃今亦有日詫於人者曰，我能收死士，得其心，是誠能得死士者乎哉？入山而隱，實我等苟全性命之上策，然既已爾爾，難免世俗之累，即布衣短後，又安能躬耕隴畝邪？以是猶豫於儈牛牆東、下簾市上焉，慷慨悲歌，豈得已哉？據《後漢書‧逸民列傳》載，王君公遭亂，儈牛自隱。時人稱之曰避世牆東王君公。下簾市上，用嚴君平于成都市上閉肆下簾講學典。

　　舒章則可以勿慨慷矣。家在東海，烽燧不相聞，可安枕卧也。身負不世之才，而又勤敏不倦，著作日富，儻乎其後，安可望與？君生平同里同生，即得知己。今知己已得志青雲矣，然君之知己，亦我之知己也。我今春當賊信告急時，猶爲之痛飲，君豈不快哉？自"君生平同里同生"至"君豈不快哉"，七代遺書本缺。前年卧子告曰："我與舒章居雲間，誠足樂也。有天下疑難事，不易決者，則問彝仲。夏允彝字彝仲，崇禎十年（公元 1637 年）進士，明亡殉國。義疏章句之學，原本何自，則問勒卣。周立勛字勒卣（yǒu），雲間五子之一。考古而不秕繆，則問闇公、偉男。徐孚遠字闇公,顧開雍字偉男。我與舒章坐而嘯歌,誠足樂也。"然我流寓悲歌,猶不至以窮愁自病者,亦以遠望有吾子之樂,爲我之樂耳。揚子雲尚俟知己於千載之下,而我當世猶有知者,何苦而悲不止哉?今見君三問,無以應,又烏邑矣。天下之才,屈指可知,欲備天地萬物古今之數,明經論史,核世變之故,求名山而藏之,然後與故人飲酒,不已遲乎?故作《七解》以自況,末章爲故人責之,哀而勉。舒章何以責我勉我哉?幸亦以言贈我。

字韻論此文又見《通雅》卷五十。

古音之亡於沈韻,猶古文之亡於秦篆也。沈約著有《四聲譜》。然沈韻之功,亦猶秦篆之功。何也?羅泌謂古有倉帝,而頡乃黃帝之史,前此已有書矣。羅泌字長源,號歸愚,南宋史家。其《路史》卷三十二"辨史皇氏"條稱:"上古始制文字者倉頡也,而無懷氏已刻徽號,伏羲氏已立書契,俱在炎黃之前,豈得至黃帝而始制文字邪?"六書既出,各時增改。古文籀,大小篆,波磔之筆,至周列國,緣飾俱備,如《六書統》所載,一字至一二百。波磔(zhé),撇捺,借指書寫。《六書統》,元人楊桓撰。秦一天下,始禁列國之書,專從秦篆。故漢之《說文》僅存,但知小篆者也。自秦篆行而古文亡矣,然使無李斯畫一,則晉、漢而下,各以意造書,其紛亂可勝道哉?古音隨自然之氣,至有《七音韻鑒》,而叔然之反切始明。《七音韻鑒》據說源於西域,鄭樵曾依之作《七音略》。孫炎字叔然,漢魏之際經學家,創反切注音法,以兩字注讀一字。其中,被切字的聲母和清濁跟反切上字相同,被切字的韻母和字調跟反切下字相同。東晉謝安,乃屬徐廣兄弟作《音釋》,因取江左之方言,而沈約增定之。謝安字安石,東晉名相。徐廣、徐邈,晉代音韻學家。陸法言、陸德明、孫愐因之,宋《廣韻》因之,故自沈韻行而古音亡矣。陸法言,隋朝音韻學家,著《切韻》。陸德明,唐代經學家,著《經典釋文》。孫愐,唐代音韻學家,著《唐韻》。

《廣韻》，北宋官修韻書。然使無沈韻畫一，則唐至今，皆如漢晉之以方言讀，其紛亂又可勝道哉？

音託於字，故轉、假用多。轉，轉注。假，假借。同類應聲，則叶之爲韻。後人不能淹貫經史，旁考曲證，止便習熟，而成編之易爲功也。遂守斯篆，以論古聖制字之意，遵沈韻以斥中原自然之聲，則使人益痛李與沈之過矣。顏之推即歎小學依小篆是正，爲不通古今，何况今日邪？顏之推，南北朝時學者，著有《顏氏家訓》。吾故曰：音有定而字無定，切、等既立，隨人填入耳。切，切韻。等，等韻。漢以來，有通用者，有分別者。《通雅》本"有通用者"下附小注："金石碑刻多借。""有分別者"下附小注："注疏詞同，及《說文》《玉篇》所列。"魏、王、吴、朱，因漁仲、合溪而隨手創造。魏校著《六書精蘊》，王應電著《同文備考》，吴元滿著《六書分類》，朱謀㙔著《騈雅》，皆明代文字學家。鄭樵字漁仲，南宋史學家，著《通志》。戴侗字仲達，號合溪，南宋學者，著《六書故》。《長箋》守徐、郭，主漢篆，則泥而不通，何怪郝京山之一掃而通之乎？《說文長箋》，趙宧光著。郝敬字仲輿，號楚望，京山人，明代學者。然有古可借，今不必借者。自衛包改古文之後，《史》《漢》尚存舊文，《石經》時可徵引，惟當明其原委，乃不爲辯考者之所惑耳。衛包，唐代學者，天寶年間（公元742－755年）奉詔改古文《尚書》從今文。音韻之變，與籀、楷同。天地推移，而人隨之。今日之變沈，即沈之變上古也。上古之音，見於古歌三百。《通雅》本下附小注："如家麻歸魚模，皆來歸齊微，真先侵覃之合，是也。"漢晉之音，見于鄭、應、服、許之論注。《通雅》本下附小注："傳注歌謠，同事援引，訛誤可證。"至宋漸轉，元周德清始起而暢之。《通雅》本下附小注："温公讀不，戴氏讀佳。"周德清字日湛，號挺齋，元代音韻學家，著有《中原音韻》一書。《洪武正韻》，依德清而增入聲者也。必如才老取宋人之叶，必如升庵徇漢讀之異，亦何貴乎？吴棫字才老，宋代音韻學家，著有《韻補》一書。楊慎字用修，號升庵，明代考證學家。凡此數者，皆當通知，然後愚者之所折衷，可得而論矣。

龍眠後游記

余生長龍眠，歲徜徉其間，未嘗有記。記龍眠後游者，以當兵變寇亂之後，兵焚抴至，大家流離，即欲置身丘壑，驕語優游，其可得乎？抴至，同"狎至"，相因而至也。乃者方子猶得閒歸故里，呼故人，乘春日，載酒賦詩，恣嘯傲，寓目俯仰，寫其感慨，故足記也。

余去家六年矣，閒歸者再。而今年歸，去向者歸，又三年矣。此三年所，賊往來蜂午無算。親戚故老，存亡十二三。入里閈，圮垣荒棘，夷爲戰場。獨城堞繕修甚新，敵樓相望，女牆睥睨，一雉一廬，喜幸足以禦賊。然俯視橋下水，北望花萼諸山，惕然怵心，較向者歸，致嘆瓦礫，又大變矣。附郭山莊，薪毀殆盡。先世墳墓，松楸如故。故閒歸必欲入山，聊一展望。幸此一日，猶如昔時，幸有一日，即當放浪山水間，其意一也。

既歸，苦霖雨不絕，里巷雞黍，泥淖過從，殊自鬱鬱。先期期客，雨霽各策杖入山，飲我者載酒爲慰。會中春月望前一日風，道路收潦，至日果霽，天朗氣清，豈昭明所謂秋日乃肖耶？諸左謂予曰："龍眠不可以一日游也，當攜布被，信宿余三都館中，明日余飯汝。"頃之，子遠舅氏大呼而至曰："是不可以無圖。李伯時所以重後世者，此《龍眠山莊圖》也。"李公麟字伯時，號龍眠居士，北宋畫家。若近日工丹青，固可闕然遜伯時耶？"言未畢，吾家子建，適稅駕至自潛天柱峰，即招之曰："有今日《龍眠圖》矣。"方豫立字子建，密之從兄。子建素工此，十倍我。問其囊中，則筆札備具，即並駕共出北門。客或挈榼從，乘馬策

蹇,舉藍輿,從者數十人,容與於道。榼(kē),酒器。道旁耕者,
釋耒相顧,年來尚復睹此輩,僊僊問山水者乎?

　　入山甫數里,石流粼粼,沙渚回曲。側徑無塵,下車徒步。
民舍慮多誅茅,焚而新築者。林木伐後,猶有樗櫟榆柳,卷曲
輪囷,倚澗臨壑者存。輪囷,屈曲貌。春草復生,萋萋山麓,步少
倦,可以偃卧也。余幼讀書處,在寥一峰下,有澗石急湍,可以
流觴。顧諸客促駕,從此中飯。越嶺至谷口,老奴已治具遲我
矣。遂踞石上,趣治飯來。方子謂客曰:"余少以龍眠之泉無
千仞、石無萬仞者,或不得厠三峽、石門。然長游吴越,近寓白
門,大抵水爲巨浸,山多土阜,曠觀平遠,求一仞之泉、十仞之
石,不可得矣。人所號名山,率以古刹園亭勝耳。抑亦入山惟
恐不深,故厭之與?乙亥游東越,山果峭,稍稍似故鄉。然又
安能如故鄉之山,可以菑畬不買而隱也?"菑畬(zī shē),耕耘。飯
畢入舍中,見先曾王父及王父生平所著,壽諸木者,盡藏諸此,
又不爲賊所焚。嗟乎,使得竟返故鄉,於此枕石漱泉,讀先人
之書,豈不樂乎!又不可自必矣。

　　寥一峰之右,爲儼玉峽。儼玉峽,又余叔王父計部公寢歌
地也。方大鉉字君節,號玉峽,萬曆四十一年(公元1613年)進士,曾任户部
主事,密之叔祖。此地爲龍眠最勝,嶙峋壁立,飛泉澎湃。坐其
下,耳無留聲,泠然若有所忘。計部公樂之,築室其上,取以爲
號。今室已毀矣,六叔爾止寓白門,不得歸而樂之矣。方文字爾
止,方大鉉之子。我等且以一日樂之,又何慨焉?亟呼酒,卮斝並
進,倚石而醉。客俱醉,屬碩人歌,屬子建作圖。左國柱字碩人,
左光斗長子,方大鉉女壻。歌聲出於砯崟之間,若絶若續。履石渡水
曰砯(h),撞擊聲曰崟。回睨子建,已扶服最高石,操觚成幅矣。扶
服,同"匍匐"。陰崖巉巖,本不可行,而客醉欲争行崎嶇以爲能,
不能者跽而飲。余乃拂衣止之曰:"危甚。"噫,人世何往非危

地,而獨此危與？如是樂相樂者移日,日已落,方子自念樂無以加,而歌聲爲泉所奪,歌未遂,乃步張鼓吹以行。及河,爭奪馬渡河,復忘其歌。暮抵三都館,老僧烹笋及蒲,飽不能餐。蒲,"伊蒲"省稱,即素食。相與箕踞渡頭,放言高論,待其饑云。夜復置酒竹林中,余笑謂山中而坐階下,與城市大宅中庭,何以異邪？既命移酌石上,時既望,月臨前溪,皎出疏柳中,摻袂大堤,可勿秉燭也,何必非清夜游乎？既據石,臨沈潭,月逾明,風不起,遠流激石,微聞有聲,指伶人可以吹笙矣。方子自擊鼓,客皆雜奏,爲煩促之節,四顧深山,蓋亦何年聞此管樂之聲也邪？桐故樸僿,不知協音律。樸僿(pǔ sài),樸陋。此伶人者,猶故家所教,十餘年前,與予論節奏,今亦且老,發聲變調,令人愀然。秦淮歌舞,吳儂絕唱,固不若此山中合奏之適也。

夜深矣,露下沾衣,儲與不能去。僮子爇酒,誤燔田疁草,成夜燒,火甚烈。疁(liú),燒種,如古之火耕。客且燎衣,而田父方驚起,不知何故也。返竹林中,猶散髮披襟,或歌或咢,倚庭樹高談未已。日來方病,又何以豪至於斯耶？雞且鳴,客皆卧,余竟不成寐,曳敗絮展轉,東方白矣。披衣起,周回庭除,梅未殘,辛夷且發,此皆左少保公所手植也。辛夷,木蘭。左少保公,左光斗。嗟乎,有子能文章,好山水,爲世重,公亦樂矣。日出,客皆衣冠,余猶蓬首,出與溪頭漁者語,問山中年來無恙耶。此方雖亂後,猶外户不閉也。老農炊黍進羹,聚而享之,遂躡屨往窮龍眠之勝。循澗而入,陘峴交蔽,不知何往。陘(xíng),山谷。峴(xiàn),山嶺。獨土人因石壁下,築土成路焉。過石馬潭,徘徊拄杖,客有罷者,遂止於此。方子亦曰:"安能一日而窮龍眠邪？龍眠盤桓數百里,又安有窮邪？又何必窮盡龍眠之勝,而後有得山水之間耶？"碩人謂余曰:"君猶憶丙子射壇之游乎？曩者惟克咸及君耳。主人孫公甚賢,今賢主人成古人矣。西指剩山，層樓狹榭，朱檻畫舫，復何在乎？平灘在茲，小瑯環，倪太史山房也，太史公往矣。今日者，故人皆與，又有管絃之盛，人生幾何，何當多難日耶？"子厚曰："賊無滅時，此地終不與我輩嘯傲也。不者我輩冠進賢冠，勞于王事，或殉封疆，安得有此？他若樸遫城市，不出里閈，持籌而死牖下，亦何苦哉？"左國材字子厚，左光斗之子。乃賈勇乘興，興益發，罷者不知倦，或攀藤蘿，或度絶壑，或騰石之巔，或詠詩，或構賦，或卧或立，或濯巾，或與游童戲，各適其適，快哉今日乎！方子嘿嘿長呼曰："山水之勝，豈果勝絶江南北邪？亦游子戀故鄉邪？東西群巒，皆先人丘壠所在。子孫不争達，又去墳墓，之他鄉，徒放浪於此無爲也，醉而頓首石上，果醉與？"感慨之餘，慰以善謔。謔以誰善哭者爲工，方子蹙額舉聲，愴然屑涕，其強作善哭乎？毋亦俯仰興懷，相對泣數行下耳。

還過境主廟，見牧者告我，適有數白衣，載酒來此溪頭，詢兩日内，從三四十人，擊鼓吹笙，游山者何在乎？答以晨向山北，不知所在，余心知必默公也。陳焯字默公，桐城人，方志大家，纂修《江南通志》。先是老奴歸，以石作箋寄默公，及吾家子桓，并致臣向。方穀字子桓，劉漢字臣向，皆桐城諸生。左右或以不相遇爲憾，余以數子此來，自成數子，不爲世俗人，不必相遇也。子直、子忠曰："若以免於世俗人爲樂與？抑知兩日内，更增世俗人之譏耶？"左國楝字子直，左國林字子忠，皆左光斗之子。儻蕩不備，知之者鮮矣。方子方自以爲娓娓謹甚，特以感慨，遂不禁其狂放也。歸入北門，猶還望龍眠不忍別。見投子有人群起坐，意亦有乘興若我等者乎？詰朝行市中，遇默公，果從龍眠綠山登投子，同行者亞侯、子桓也。詰朝，天亮。吳道約，字博之，又字亞侯，桐城諸生。方子既樂其事，又感慨不能已，夜與諸左飯，援筆記之。記未成，晨起治家事，屢又滿，恐後此記終不成，遂過默公舍成之。草成而子桓忽至,云子建之圖且成,持以待記。讀余記數過,悒悒然吁矣。昔蘭亭盛事,而右軍但敘感慨。讀《後游記》者,得毋更有後之感慨者乎哉?

醫學序

先曾王父本庵公精醫學,以爲人子須知。方學漸字達卿,號本庵,密之曾祖。先王父廷尉公曰:"三才之故,身建天地,《靈素》不可不學也。"方大鎮字君靜,號魯岳,萬曆十七年進士,密之祖父。中丞公遇經驗方則抄之,遇醫輒問其所得,又研《易》象數,醫切此身,其確徵也。方孔炤字潛夫,號仁植,萬曆四十四年進士,官至湖廣巡撫,密之父親。小子以智少承家訓,禔躬循牆而已。禔(zhī)躬,安身。循牆,靠墙而行,示恭謹也。塾中誦讀之餘,好窮物理,故彙醫爲一編。丁丑老父爲南尚璽卿,因食鯸鮐腹悶,爲醫所誤,得金申之而解,于是學醫。鯸鮐(hóu tái),河豚。老父曰:"運氣、經絡、脈理、病能、藥性、醫方,皆通其常變,歷症而驗之。可千可萬,是其變化。一言而終,是其要歸也。張仲景、劉河間、李東垣、朱丹溪、薛立齋,各發揮其一端,而踵事相補,正欲學者集大成而知其故耳。"劉完素,河間人,金代醫家。李杲,晚號東垣老人,金代醫家。朱震亨,義烏人,居丹溪村,元朝名醫。薛己號立齋,吳縣人,明代名醫。智未行醫,且窮其理,就《靈素》之條貫,詳證治之準繩,約而記之,名曰《醫學》,聊備遺忘。將來或有所引伸而會通之,固協藝濟人之一助也。協藝,"協于分藝"之省稱。協,合也。分,分別。藝,材能。各當其材之謂也。崇禎維单春皖桐方氏子以智識于宓山之室。太歲在己曰屠維,太歲在卯曰单阏。己卯岁即崇禎十二年(公元1639年)。

四書大全辨序

國家欲使士子深於義理之文，若者士子競進，徒以義疏章句爲逢時資，勦説焉耳，何暇問義理果當與否耶？此吾友爾公所以有《大全辨》也。張自烈字爾公，號芑山，江西宜春人。明季諸生，初入太學即負盛名。明亡，屢辟不起。著有《四書大全辨》《正字通》等。夫深於義理者，必博學君子，廣見洽聞，然後能覽聖人之大指。士托儒林，志在身通。唯通，斯得其全耳。誦成祖之諭楊文敏亦曰：" 諸儒論義，有與傳注相發明者，采其切當之言增附於下。" 楊榮，明成祖寵臣，曾任內閣首輔等職，諡文敏。發明正欲其博也，切當指大指也。今之業此，童習章句，衹知爲制舉義，博學故難，亦安知所謂博學近思耶？何尤乎不得大指也？即自號不屑辭章，于義理獨深者，亦苦少不博學切問，以其渺見，執一省覽，釋此不能通彼，自相轇轕，即曰先民是程，吾豈許之哉？

吾觀聖人之言，非可以一端論也。情見乎辭，書不盡言，或反復得之。學者當以聖人之言，解聖人之言，思其意之所指，勿以辭病義。諸子百家，可合觀焉。故得大指者，恒不事章句小儒。然章句間不得大指，亦不能讀也。《爾雅》有釋詁、釋言，合而釋義。今但執訓詁，遂謂全得聖人之指，不亦迂乎？先儒亦惟恐其指不得，故思而釋之，晚年每有所得，不自以爲是。乃一切拘守之，襲其辭以爲制舉義，若此者不惟不得聖人之指，抑且不得諸儒求得大指之指。自謂深於義理，不屑辭章，誣矣。況有口程朱，攘臂爲狗彘，又欲行其説於天下，徼天下從之他日者，望其以聖賢之學，上進君，出政事，不更誣乎？

爾公躬行不苟，博學著書，亦既久被服天下矣。嘗曰：

"明王務學,惟正己知人是急,不沾沾章句訓詁。"蓋謂讀聖人之書,內以淑身,出則期不負國家。徒以爲文章讀之已非矣,至於藉此爲逢時資,豈所以對祖宗訓士至意哉?是安可不辨也?定其回穴,正其靡曼,攬其要難,略其附會,其不合聖人之大指者,蓋鮮矣。回穴,紆曲。靡曼,華而無實。參考者數年而始成,書成,方子讀之曰:可謂發明切當矣。道德、文章、政事,出於一矣。士君子讀而學之,理學大明,人材一歸於正,所學即所用矣。爾公之對祖宗,不負國家,志何深也。其爲世用,豈不大哉!又豈第望其立朝之後,上以此諷諭,下以此廣勵乎?崇禎十二年仲冬月既望。

卷四　曼寓草上

激楚[庚辰秋作]

　　智既上疏不獲請，懼伏窮巷，拊膺疾首，百爾摧裂。家君子適至，入省圜中。圜(yuán)，圜扉，指牢獄。天乎天乎，謂之何哉？自任楚以殺賊爲事，遇賊必戰，戰必捷。八捷而僅一敗，遂致於理。理，大理寺。設隨時言撫，豈有此乎？嗟乎，苟隨時矣，則賊潰必東下，東下則勢必張，豈特楚之爲厲耶？此役也，家君子言左將軍既敗之後，山不可深入，嘗具圖說，陳其山川形勝，畫洋泙待糧設奇之策，而督師羽檄迫催三路合剿，又復調楚撫回守襄陽。左將軍，左良玉。洋泙，地名。楚將素勇，貪功深入，而川、沅不至。是時襄陽去戰地且八百餘里，寧及救耶？自愧無以感瞳瞳之鼓，又望有谷耿之力乎？瞳瞳，即重瞳，代指帝王。業在患難中，自分難求憐於人矣。嗟乎，人生不幸，何以遂當此哉？虛喝時起，使人立僵。虛喝，恫嚇威脅。病悸之餘，偃而自敘，號曰《激楚》，當涕泣耳。其辭曰：

　　傷飄風之汩起兮，渤衰木以晨號。汩起，迅疾貌。渤，瀚渤，氣勢磅礴。遼巢彭濞以彌天兮，掘塊中人而難逃。《淮南子·俶真訓》："譬若周雲之蘢蓯，遼巢彭濞而爲雨。"高誘注："遼巢彭濞，蘊積貌。"掘塊(kè)，塵土飛揚。匿陋巷以屛息兮，激甕牖其來襲予。宋玉《風賦》："夫庶人之風，塕然起於窮巷之間，掘塊揚塵，勃鬱煩冤，衝孔襲門，動沙堁，吹死灰,骇溷浊,扬腐馀,邪薄入甕牖,至於室廬。故其風中人,狀直憯淒惏慄,驅温致濕,中心慘怛,生病造熱。"窺飛礫之蔽空兮,其容懼伏此窮居。彼車馬之聲互兮,策怞忽其前驅。聲互,互相碰撞。怞忽,搔摩。紛淺幭以振儵革兮,爭莊馗以徼呼。淺幭,用淺毛虎皮覆蓋車軾。儵(tiáo),馬韁。莊馗,道路。惟軒軒其愉此兮,安望其慔而過也?軒軒,揚揚自得。慔,憐愛。有生各有倫脊兮,顧獨罹此禍也。倫脊,道理。欸杜門之不敢見天兮,又孰敢叩而籲之?叩(qióng),窮。籲,呼。視白日非我有兮,心懪懪其誰訴之?懪懪(bó bó),煩悶。銛刃而涉血兮,抱鼠思而口呿。銛(guā),鋒利。鼠思,憂思。呿,張口結舌。依逆旅其望賓石兮,慰蒼頭之居居。孫嵩字賓石,東漢義士,曾藏趙岐于復壁中。蒼頭,奴僕。居居,不相親比貌。夫有功而獲戾兮,自振古而恒然。況得罪於維毘兮,何一眚之能全?維毘,同"維弻",輔弼之意。此處指楊嗣昌。眚,過失。瞻荆門與當陽兮,拂夫禠而屑涕。夫禠,劍衣。苟信洋泙之前畫兮,又曷慮棬空而盾敝?棬(quān),連弩。木蘭、師姑之八勝兮,矢崇朝而蔪滅之。木蘭、師姑,皆地名。矢,同"誓"。迫險中而返其員幅兮,已深文而掣之。員幅,疆域。深文,苛令。將卒既用命以死兮,即箕谷亦可以蹻足。箕谷,地名。諸葛亮曾命趙雲、鄧芝率偏師占據箕谷,吸引魏軍注意,自己引軍攻岐山。雲、鄧兵弱,爲魏軍擊潰,復斂衆固守,不至大敗。蹻足,同"蹺足",從容貌。時議迕於敢戰兮,烏能不鍛以箭鏃?郢上剡剡其在天兮,實式馮而鑒之。剡剡,閃爍貌。式馮,依附。寧委罪以喋喋兮,悼隳功而陷之。喋喋,嘮叨。隳,同"毀"。子幹不善左豐兮,勛已集而檻車徵。盧植字子幹,漢末大儒。曾任北中郎,率兵鎮壓黄巾軍。因不肯賄賂小黄門左豐,爲讒言所中,檻車而徵,減死罪一等。事具《後漢書》本傳。尹守熹平之失利兮,誰其贏服而間行?《後漢書·朱儁傳》:"朱儁字公偉,會稽上虞人也。少孤,母常販繒爲業。儁以孝養致名,爲縣門下書佐,好義輕財,鄉閭敬之……太守尹端以儁爲主簿。熹平二年,端坐討賊許昭失利,爲州所奏,罪應棄市。儁乃贏服間行,輕齎數百金到京師,賂主章吏,遂得刊定州奏,故端得輸作左校。端喜於降免而不知其由,儁亦終無所言。"
公謙之如薺兮,誰當送之於淆澠? 淆,當作崤。史弼字公謙,陳留人,歷官尚書、河東太守等。後遭宦官誣陷,檻車入京,吏人莫敢近。唯前孝廉裴瑜,送至崤澠之間,大言於道旁曰:"明府摧折虐臣,選德報國,如其獲罪,足以垂名竹帛,願不憂不懼。"弼曰:"誰謂荼苦,其甘如薺。昔人刎頸,九死不恨。"詳參《後漢書·史弼傳》。**服勞寧冀有故功曹兮,誰侔廉而自稱?** 廉范字叔度,京兆杜陵人。隴西太守鄧融,備禮謁范爲功曹。會融爲州所舉案,范知事譴難解,欲以權相濟,乃託病求去。融不達其意,大恨之。范於是東至洛陽,變名姓,求代廷尉獄卒。居無幾,融果徵下獄,范遂得衛侍左右,盡心勤勞。融怪其貌類范,而殊不意,乃謂曰:"卿何似我故功曹邪?"范訶之曰:"君困戹瞀亂邪?"語遂絕。融繫出困病,范隨而養視,及死,竟不言,身自將車,送喪至南陽,葬畢乃去。事具《後漢書·廉范傳》。**候圜扉而恫恐兮,對獄吏而搶地。甘覼瘖以枕格兮,徒捽草而佁儗。** 瘖(mín),病。枕格,受酷刑。佁儗(chì nǐ),停滯不前。**何叱咤之威於三木兮,欲噎噦其裂眦。** 三木,刑具。噎噦(yuě),氣逆。**搖琅當而穿須捷兮,何堪此鵠亭之灰骨相隨?** 琅當,亦作"鋃鐺",帶上鐐銬。須捷,破衣。鵠亭,"鵠奔亭"之省稱,申冤之意。據干寶《搜神記》:九江何敞爲交州刺史,行部至蒼梧高要,宿鵠奔亭。夜半有一女子,自稱蘇娥,字始珠,廣信人,到此亭,爲亭長龔壽所殺。敞遣吏捕問,具服,乃斬之。**中夜憢憢以椎心兮,爲人子者罪通天矣。** 憢憢(xiāo xiāo),恐懼。**裹薧胾而進兮,固難忍夫睊睊矣。** 薧胾(kǎo zì),干肉。睊睊(juàn juàn),側目相視。**頴舉幡而升卿出兮,安得孫、張而知其忠?** 虞詡字升卿,漢順帝時官司隸校尉,得罪中常侍張防,系于獄中。宦官孫程、張賢爲之求情,不果。其子虞顗與門生百餘人,舉幡候中常侍高梵車,叩頭流血,訴言枉狀。梵乃入言之,張防坐徙邊,詡即日赦出。詳參《後漢書·虞詡傳》。**翂十五而動冤兮,加髭鬚而儚儚。** 吉翂(fēn)字彥霄,梁天監初,父爲吳興原鄉令,爲吏所誣,逮詣廷尉。翂年十五,號泣衢路,祈請公卿,行人見者,皆爲隕涕。其父理雖清白,而恥爲吏訊,乃虛自引咎,罪當大辟。翂乃撾登聞鼓,乞代父命。武帝異之,乃宥其父。事具《梁書·孝行傳》。儚儚,昏昧。**攄蔚氣而悖兮,雖殟死不可以爲人。攄,發。蔚氣,病氣。瘟死,忽然而死。見者太息亦何益兮,齰舌恨恨其焉陳?齰舌,咬嚙舌頭,示悔恨也。恨恨(liàng liàng),悲傷貌。睇銀艾與故舊兮,咸股弁而歔欷。銀艾,高官。股弁,發抖。歔欷,嘆息。矧古處之不可再兮,各善用其韋脂。矧(shěn),況且。韋脂,肥澤柔軟,喻圓滑。罔密而克臬兮,起穢不聞而益恣。罔,同"網"。克臬,能奉法用事。非麟趾與褭蹏兮,羌但爲候人之所撝。麟趾,金錠。褭蹏(niǎo dì),金銀。候人,稽查官。撝(huī),揮斥。蒙額以膝行兮,將扶服而安之?扶服,同"匍匐"。素手顛蹶以希引兮,信清廉之不可爲。昃處聞人匈匈兮,殫悶馮生其欲墮。殫悶,氣厥。馮生,偷生。纂繁之無因兮,君知其不可。纂繁,語出《戰國策·魏四》,乃"羃䌨"之訛。羃,覆。䌨,結。交結之意。思白髮之在堂兮,倚枑根而北望。枑根(zhì chéng),門檻和門楔。屠余弟其愮愮兮,徒躑躅於容防。愮愮(yáo yáo),憂懼。《爾雅》:"容謂之防。"郭璞注:"唱射者所以自防隱也,所以容身防矢也。"謂浹旬其有音兮,都門之人何當歸。發伻來而不詹兮,聞瑕丘平陸其阻饑。伻(bēng),仆人。詹,至。朝采桂荏與蕲茝兮,夕懷荎藸與芞輿。桂荏,又名"白蘇"。蕲茝(chǎi),蘼蕪。荎藸(chí chú),草名,又名五味子。芞(qì)輿,香草,又名揭車。爇䔿燃薰而盛擩兮,稽首咎繇其示予。爇䔿(ruò liáo),烘烤脂膏。盛(zī),盛谷物之祭器。擩(rǔ),祭祀名。咎繇,皋陶,舜之理官。侯正直而弗爽兮,判若否其當治。帝其不可以理兮,念勞人而使知。靈肸飾而來游兮,群粥粥而祈之。肸(xī),傳播。粥粥,敬懼貌。或反接以藉藁兮,猗桔拲以相持。藉藁,坐於草席之上,謝罪待刑。桔拲(gǒng),雙手同械曰拲。在手曰桔,在足曰桎。隱閔其若有聞兮,曰女曹胡爲乎鰓鰓。隱閔,隱忍着憂傷。鰓鰓(xǐ xǐ),恐懼。忠藎不得其報兮,逆曳焉能以爲非?忠藎(jìn),忠臣。逆曳,不得順正道而行。揆諸理既已然兮,熏轑滿讕斯何時?熏轑,威逼。滿讕,污蔑。囹圄可以受道兮,古賢哲之所宜。刊章以輪作兮,此非台之所能助也。刊章,削去告發者姓名的捕人文書。台，我。刻深希寵而噆舌兮，此非女之所容憤怒也。噆，收起。憒（zhì），怨恨。肺石之冤上騰兮，即即塡閶闔之前。即即，雄鳥叫聲。閶闔，宮門。《後漢書·寇榮傳》：「臣思入國門，坐於肺石之上，使三槐九棘平臣之罪，而閶闔九重，陷阱步設，舉趾觸罘罝，動行絓羅網，無緣至萬乘之前，永無見信之期矣。」故降罰以菑祲兮，俾旱潦疾疫而連年。菑，禍害。祲，妖氣。■豕突而賊蜂午兮，橫術數千里其無煙。橫術，大路。言及此而低首兮，觸階流血而思捐。靈掩呬而起兮，沾余襟之漣漣。呬（xì），嘆息。馳西陸之沉景兮，倏莽莽其晻曀。西陸，太陽運行至西方。晻，陰暗。曀（ài），日色。嗟栵栭楥栩之立橊兮，歎蕿葵唐蒙之凋敗。栵栭（liè ér），茅栗。楥栩（yuán xǔ），柜柳和櫟樹。橊，枯木。蕿葵，即「落葵」。唐蒙，女蘿。夜轙頷而不寐兮，痛警柝之聲惡。轙頷無義，似爲「顉頷」之誤，不飽貌。眇濮鉛以暨祝栗兮，魂欲之而冥托？濮鉛，極南之國。祝栗，極北之國。夢登天而蹋彗星兮，挽弧矢而井狼沒。弧矢、井、狼，皆星名。射屏翳之吐雲兮，爾胡蔽聖世之雙闕？屏翳，雲神。雙闕，宮殿前兩邊高臺上的樓觀。駕虯龍使南征兮，驂鸞和爲雁行。《周禮》：「凡馭路儀，以鸞和爲節。」鄭玄注：「鸞在衡，和在軾，皆以金爲鈴。」亙中原而越宛雒兮，抵漢沔而游江湘。招靈均於洞庭兮，詢太傅於羅洋。靈均，屈原。太傅，賈誼。搜羊杜之碑於岑淵兮，眷躬耕之廬於南陽。晉太傅羊祜、唐鎮南將軍杜預，先後鎮守襄陽，有政績，後人并稱爲羊杜。今何日而搶攘兮，蹂此土其茫茫。擁牙節其若何兮，恐儴辱此尚方。牙節，牙旗與符節。嗤渠率其蠢爾兮，何不剸此而距躍？渠率，首領。剸（wū），誅殺。既爲天下雪冤兮，北首燕而受爵。顧乃殘生民以逞兮，使大江以北爲戰場。悲無家其㐲離兮，乘埃風以盼故鄉。㐲（pǐ）離，離別。盼（xì），視。里人爲流庸兮，田井荒而骷髏積。上龍眠之冢兮，號先人而嘖嘖。我生何不辰兮，歷兵火而加以困厄。攀松楸而頓足兮，入圮垣而反廢宅。嗟嗟曳杖者余廷尉兮,奉明善而危坐。噉噉(dàn dàn),豐厚貌。廷尉,密之祖父方大鎮。明善,密之曾祖方學漸。冠岌岌而被襜褕兮,手負劍而詔我。襜褕(chān yú),單衣。詔,告。爾勿以詩書爲足徵兮,何爲出不得於時也?爾勿以朋友爲足信兮,緩急奚爲而辭也?吾家世有隱德爲昭記兮,自斷事而監其忠。昭記,教導訓誡。斷事,密之九世祖方法,靖難時沉江而死。今披閽而茹肝兮,上帝方隲而忡忡。閽,宮門。隲,升。世已亂而卒瘨兮,念爾之材宜坎坷。好從頌以加食兮,報爾父以無它。無它兮今且奈何,驚寤兮泣而歌。歌曰:泣已盡兮,歌不得聲。風颯颯兮,夜不得明。天道其終無信兮,吾不知古之人何以爲生。

顧瞻噫[辛巳秋作]

運期公過京,作《五噫之歌》,傷之矣。梁鴻字伯鸞,扶風平陵人,東漢隱士。嘗過京師,作《五噫之歌》曰:"陟彼北芒兮,噫!顧覽帝京兮,噫!宮室崔嵬兮,噫!人之劬(qú)勞兮,噫!遼遼未央兮,噫!"肅宗聞而非之,求鴻不得。鴻乃易姓運期,名燿,字侯光,與妻子居齊魯之間。事具《後漢書·梁鴻傳》。本懷民之劬勞,而顧瞻帝京,有心哉!辛巳之秋,可以出都。苟獲餘生,曷與世事?然愴怳苑結,有不能不感者,故爲廣其意焉,志隱也。

氣稜稜以薄人兮,晨萩萩其披衣。薾緒風其呹肸兮,嗟百卉之奄離。薾,同"薾"。緒風,餘風。呹肸(yì xī),迅速散發。奄,忽。離,分散貌。迫蘗藩之綱嵀兮,蔽塵雛而來奔。蘗,黃木。藩,籬笆。綱,束縛。嵀(ào),動搖貌。劇驂已成坴敦兮,塞市肆之巷門。劇驂,七達之道路。坴(máo)敦,土丘。宮闕駘蕩以駥娑兮,環西山而嶙岣。駘蕩,曠遠。駥娑(sù suō),馬行疾貌。漢有駥娑宮,謂此宮之大可使馬兒疾駛。日生暈而黑雲逢浡兮,射睥睨而穿重闈。逢浡(féng bó),鬱積。睥睨，女墻。重闉，宮門。躡粗屬而呿吟兮，避軒車而徒步。粗（zǔ），馬勒。屬，草鞋。《淮南子‧氾論訓》：「蘇秦，匹夫徒步之人也，粗屬嬴蓋，經營萬乘之主，服啗諸侯，然自不免于車裂之患。」王念孫云：「'粗'皆當爲'粗'，字從旦不從且。《說文》：'粗，柔革也。'」呿吟，張口曰呿，閉口曰吟。見《通雅》卷十八"金口即禁口"條。軒車，大夫以上所乘之車。沉沛屛匽之黝濁兮，矜纓障面而不堪其汙。沉沛，大澤。屛匽，即"井匽"，臭水溝。汙，同"污"。匽局室而塞向兮，即膺擖而驅不去。局室，室如棋局。膺擖（yè），糞除時，箕舌（擖）向己胸前（膺），代指賤人所爲。噫素絅之化爲緇兮，心邈邈其區霧。絅，單衣。《中庸》："衣錦尚絅，惡其文之著也。"區霧，隱遁之處。天幾日而不黃兮，人何日而不匩懼？匩懼，恐懼。般紛紛而來此兮，慘不知其何故。既引慝而沉滯兮，所遇何其塞也。伊美惡之太不相雠兮，杌我又安遁也？杌，不安貌。荃果其爲茅兮，何忍遂藉之地也。謂蘭蘅而菣可薰兮，靈且連蜷而至也。菣（qìn），青蒿。靈，靈巫。連蜷，巫迎神導引之貌。《楚辭‧東皇太一》："靈連蜷兮既留，爛昭昭兮未央。"有儺列埓之莽蔞兮，獨摧連嶁之喬木。儺，盛貌。列埓，高低不平。莽蔞，雜草叢生。連嶁，相連不絕。豈位斯而敢望兮，傷功多而詬辱。土可鍵而石則畏兮，孰牽縊而能齊？惡聞聲而請塞耳兮，遂哼闌而莫知。折柄而不鍛其斪斸兮，恨鐯鈍而不以爲非。柄，樺頭。斪斸（qú zhú）、鐯（zhuō），皆指鋤。病蹠螫而日尋斧斤兮，又將以之治痈。蹠螫（h），足掌扭傷。疾嬋媛而群謠詠兮，孰矜憐者其罪之？梗楠怨有材兮，彼樗駁其誰治之？梗楠（pián nán），棟梁之材。樗，臭椿。駁，李之赤者。維麒麟以軛棗棧兮，豢蒙頌於巖廊。棗棧，同"皁棧"，馬廄。蒙頌，獸名，猱狀。巖廊，朝廷。蒲越不祭而躡之兮，列爓脀其不享。蒲越，用蒲草編的席子，祭祀用具。爓脀（xún rèn），祭肉。儐鬼神使巫覡兮，何弗詛亂階而汩汩？儐，敬。亂階，禍端。躁嬈而毀牘鍛兮，曷爲而不獢狖？躁嬈，躁戾苛刻。胎內壞曰牘（dú），卵內壞曰鍛（duàn）。獢（xù），驚懼貌。州留之髡屯㸿㺎兮，亦大丙之期醜。髡（kūn）屯，丑牛。㸿㺎（kē xiū），無角曰㸿，無尾曰㺎。語出《淮南子·説山訓》。大丙，古之得道能御陰陽者。陳盆篸而刉亡血兮，俾牽徬而縛其手。刉，割。強藥用蕡兮，輕熛用火。強藥（qiáng jiàn），堅硬。蕡（fén），麻。熛（biāo），脆。蔕華藕於修陵兮，冀藌薂而奚可？藌（mì），藕。薂（xiú），荷葉。《晉書·趙至傳》：「今將殖橘柚於玄朔，榮華藕於修陵，表龍章於裸壤，奏韶武於聾俗，固難以取貴。」天胡降罔而夭椓兮，生數輩若是其心芒。《詩·小雅·正月》：「民今之無禄，天夭是椓。」俗挺挏爲所恫喝兮，恣毒螫而卒狂。挺挏（dòng），上下。倚左貝以狺狺兮，嗷應橫肱以驚人。左貝，左琯、貝瑗，皆漢桓帝時宦官，因誅梁冀而封侯，氣焰囂張，有左回天、貝獨坐之目。回天言勢動人主，獨坐言驕貴無偶。狺狺（yín yín），犬吠聲。没利而易患兮，方藉與朱郭爲鄰。朱郭，朱家、郭解，漢代俠客。嗜古而持簡畢兮，誠嗤之以爲愚。窘急不能以丐貸兮，又何顔而坐其氈毹？氈毹（zhān shū），毛毯。搴迷陽勿傷吾行兮，重於地而焉如？搴，拔。迷陽，荆棘。《莊子·人間世》：「福輕乎羽，莫之知載。禍重乎地，莫之知避。已乎已乎，臨人以德。殆乎殆乎，畫地而趨。迷陽迷陽，無傷吾行。吾行郤曲，無傷吾足。」烏知其即輠於甼兮，安往而用其囁嚅？輠，碰擊。甼（dàng），大甕。惴赴蹈之焦爛兮，又繼輖而并軿。輖（zhōu），車轅。軿（píng），有帷蓋之車。祈羊其將至兮，山且崩而移其顛。祈羊，烹羊以祭。《管子·形勢》：「山高而不崩，則祈羊至矣。淵深而不涸，則沉玉極矣。」民夫人各有所迷兮，惡可強而合也？夫人，猶衆人。《禮記·祭統》：「上有大澤，則民夫人待于下流。」寧秕食而枲兮，何忝於簪裊之雜沓也？枲（xǐ），不結果之麻。簪裊，爵位名。甘奊㚔而容容兮，懸金蘥而膴膴。奊㚔（xié jié），頭不正。容容，飛揚。金蘥（lì），金璽蘥綬。膴膴，華美。門夥頤以沉沉兮，敢嘵嘵於建鼓。夥頤，驚羨聲。沉沉，宫室深邃貌。高眠而微太息兮，即覯閔而受侮。黎明踧踖而昏拜謁兮，吾甚卹其勞苦。踧踖（cù jí），恭敬不安貌。赤白囊之押至兮，顧乃秘而莫宣。采四市之譌兮，胡以盼未央而卷卷？慕龍蛇而據地兮，徒僕笑余而逌然。被酒與人逢俉兮，豈其好詭越而蹎蹎？蹎蹎(diān diān)，穩重貌。或供具而藿肉兮，資醓醢以腹便。不嗅餌而傳食兮，鼓或罷而成篇。篇已成兮不能語，醉起舞兮泣下。悲秋兮自古，望江南兮風以雨。風雨作兮江水波，不能語兮能歌。歸兮歸兮歲月無多，世不容汝兮當如何？

請代父罪疏[庚辰三月上]

　　會試中式舉人臣■■■謹奏：爲楚疆一敗有因，聖朝直告無隱，小臣昧死上控，願以身代父刑，伏乞天恩，俯察情罪，以申國是，以鼓後忠事。竊以君父一體，誠可籲天。聖主當陽，情迫何避？臣父孔焰撫楚，以香油坪一敗，督師奏聞，遂蒙逮問。夫臣父在楚年餘，九戰八捷。今獻賊從穀城走入房縣，時楚撫在荆門，川撫兵在夷陵，沅撫兵在歸州。閣部檄三路進勦，楚將楊世恩、羅安邦，敢戰深入，後救不至，二將陣亡。楚撫又奉調守襄陽，相去八百里，鞭長不及。二將正荷恤典，川、沅尚且不問，而獨逮調守襄陽之楚撫，此臣所以仰天椎心者也。又臣父據穀城令阮之鈿報可勦之狀，曾具八議，而是時撫局已成，恨誤此機，賊果西獗，此臣所以感時痛憤者也。年來勦賊無功，疆事日壞，廟議惟有厲責，刑部惟有深文，督撫前驅，邊卒同律，誰念軍中情勢，而惜忠謀切畫哉？國法森嚴，聖明在上，小臣何敢嘵嘵？伏念古有緹縈，求代父死。漢文帝時太倉令淳于意有罪當刑，其女緹縈隨至長安，上書請没入爲官婢，贖父刑罪。文帝憐之，爲除肉刑。吉翂十五，爲父白冤。參見本卷《激楚》注。是以不避鈇鉞，乞以身代，上申國體，而願赦臣父，以策後忠。皇上如天，聽臣呼籲，憐其愚昧，死且不朽。臣家累世受國恩榮，今叩南宫，粉骨方始，而親遇其父冤苦如此，烏有安然圖榮殿陛者,尚可靦顔聖世乎？謹昧死上,伏惟天恩憐允,無任哀鳴感激之至。

奉聖旨：殿試在即,方以智不得以私情陳請,該部知道。

請纓疏[甲申正月二十四日上]

翰林院簡討臣■■■謹奏：爲不分亂賊披猖,微臣誓暴此骨,願就河北行伍,父子枕戈,以報國恩事。臣父孔炤自成所特起召對,授以屯撫,感激天恩,念臣祖大鎮理學忠訓,不避忌諱,舉國家之要務,勒爲《芻蕘》書册,留在玉案。以爲今日之勢,屯緩兵急,乞假機務入銜,就便收練。奉旨下部,遷延至今,今賊果出關破山西矣。其氛甚惡,意在先攻九邊,後乃入腹,或分一枝橫衝濟、兗,斷我南北咽喉,大可憂也,臣父早言之矣。河北山東,跳馳白跖成群,而抱義塢主不乏。白跖,使用白弩之盗。誠持尺一,招爲義旅,可賴之以自爲守禦。兵機得勢,而興屯在其内矣。伏乞皇上加臣父軍務之敕,臣願矢骨原野,如范仲淹之子,挺身行伍。感衆效命,古固有之。臣每侍班,親見皇上不勝焦勞,而獷賊憑陵如此,一念憤至,五内迸裂,誓願馬革,以報三世國恩。臣本二甲出身,遲選例應予部,望以兵曹參謀,出聯鎮協。臣年正壯,堪任艱苦。賈勇前驅,剖肝瀝膽,自有同心投袂,共洒血者。武侯曰："萬人必死,橫行天下。"且覓死友,爲國先聲。所有事宜,再容詳奏。至于講職甚閒,別選充之。此時何時？義無廻避。父子枕戈,君親並報,畢命行間,早刻骨定分矣。是以冒昧上陳,伏惟皇上鑒其愚誠而許之,敕下該部,酌議事宜施行,臣無任激切待命之至。

召對補奏

翰林院簡討臣■■■謹奏：爲恭承召對，奉命補本，感謝天恩，忘其愚戇，茲特隨條陳列，以備廟謨事。二月初三日，上御德政殿。召對畢，上曰："所言多有可采，即補本來，欽此。"竊念聖心憂勤，時事孔棘，小臣對越，咫尺天威，一時指陳，語無倫次。幸蒙天語優容，令其補本，謹分條上列，以備采擇施行。而岌岌者，目前決斷也。按賊破潼關得西安，乃出取寧夏、延綏、榆林，而從偏頭入太原，其勢將犯同、宣、薊。大同、宣府、昌平、薊州。以強兵險路在邊，欲先取之，而後分哨真、保，相與期會。真，真定。保，保定。此賊似有粘罕之謀，深可慮也。粘罕，即完顏宗翰，女真人，金太祖開國功臣。各路增防禦，京營練衝鋒，現經申飭，恐仍故事。宜調吳帥就近統制，重在居庸。傳聞雲中隊伍，喪氣披靡，左、白觀望，援師其可恃乎？畿南、山東，以至淮口，多有輕剽標馳一輩。其信大義、蘊雄略者，原自有人。當下詔許所在倡義結塢，使朝臣通聲氣者招之。此輩聯絡，實護南北喉腹之衝。龍驤勞軍，常山有勢，不則且爲僞檄所駭，而虎翼前驅矣。《孫子兵法·九地》："故善用兵者，譬如率然。率然者，常山之蛇也。擊其首則尾至，擊其尾則首至，擊其中則首尾俱至。"此臣名夏、臣學濂等之所共知，而朝夕講求，矢以血報者也。至於非常之舉，定於帷幄，非小臣所敢輕言。然唐有房琯分領之策，祿山聞之破膽。房琯字次律，玄宗時名相。靈武之興，皇子亦領天下兵馬元帥之號。祿山之亂，京城陷賊。肅宗蒐兵靈武，以太子俶爲天下兵馬元帥。事具《舊唐書·代宗本紀》。宋幸澶淵，王旦預請監國。王旦字子明，宋真宗時宰相。靖康時，孫覿曾奏宗廟社稷之計。孫覿字仲益，欽宗時官侍御史、中書舍人等。驗往知來，又何諱乎？

皇上神明，取前史而覽之，自有萬全廟謨。愚昧區區，謝天而已。

一曰督撫之權當重。凡臨敵之撫，勿掣其肘，所屬之官，應令自選報部，錢穀之數，惟所適撥，則郡邑皆將也。從來將強，皆由家丁，偏裨指臂，義如骨肉，銀都可以自練，賞拔可以題授，則權之所在，激礪十倍矣。所進議者，直如藩鎮，乃能大有作為。如秦晉邊地已失者，許其恢復，即給世守。齊、淮、楚、豫，先撤巡方。此今日文武合用、轉弱為強之急劑乎！監軍容使，最宜罷遣，杜黃裳、裴度，有明驗矣。如王允成凶掠，風聞左良玉能誅逆將，遣中使厚金幣以旌之，良玉中拒，抗保允成之非掠，成何體乎？王允成，明末將領，楊嗣昌部下。左良玉，明末大將，因多次戰勝張獻忠等，拜平賊將軍。孫傳庭催之出關，諸將陽從陰背，今反加廣恩總督五省，遣中使犒之，而豫賊劉洪起，亦緣軍容得賞，高傑效尤，亦議加銜矣，成何體乎？孫傳庭字百雅，萬曆四十七年（公元1619年）進士。累官陝西巡撫、兵部右侍郎、兵部尚書等，圍剿李自成時戰死。白廣恩，原為盜，後降明，屢立戰功。因隨孫傳庭剿李自成，兵敗投降。高傑，李自成部將，後降明，福王時封興平伯，《明史》有傳。督撫親在行間，自可相機駕馭，豈是九重懸揣，貂珥囁嚅，所能革面？貂珥，近臣。彼起狗鼠而成虎狼者，反令呼吸帝座，而責督撫之節制成功，安可望哉？且巡撫之上有總督，又有督師閣部，輿瓢瓢裂，不若歸之于一，慎選其人之為得也。《戰國策·秦三》："百人輿瓢而趨，不如一人持而走疾。百人誠輿瓢，瓢必裂。"

一曰衞軍興屯。臣父孔炤前上《芻蕘》云：凡上林草場諸禁地，西北山諸禁水，似可先之勞之。該管衞門，募屯開種，三春一麥，便見充盈。目前城衞之軍，自可任此。再加贖作，招應自廣。勸屯多者，獎其首事，授之以銜。若近臣、親臣，勇于倡義，備本別墾。所墾之利，仍歸各姓，行之蕃庶，何愁穀粟之不饒乎？近先倡之，遠以信應，只在朝庭信行賞格耳。去秋，御前發十四萬爲和糴本，誠至計也。和糴(df)，議價交易，征購糧食。官府一體，轉移即能應急。十庫改折，所收不啻免緞造之數，惟裁決而行之。十庫，明代由內官監掌管的十所倉庫，分別爲甲字、乙字、丙字、丁字、戊字、承運、廣運、廣惠、廣積、贓罰。改折，以物品或銀兩替代應交物。

一曰招商海運。夫海之衛京師也，直如腋下取物。此天助國家之大利，而急猶不肯享之乎？元朱清、張瑄已有成效，先臣王宗沐、丘濬早言其便矣。所慮者，洋漂船費也。夫海人之不畏海，猶江人之不畏江。年來巨猾，何嘗不走潮如鶩耶？但仿祖宗朝中邊、中京之法，招商運至天津，多者予之以官，南北之貨聽其均輸，彼任漂沒，何勞過爲之慮乎？有效則許其自練船伍，足爲海道一旅，可以急遞，南北神行，豈不壯哉？如是則漕可間歲一免，或可連免。海道既壯，設官統之。而外洋之均輸，亦用商而權其稅。此一舉數千萬，足備封樁庫矣，何用苦逼練餉，而敲朴民間乎？《石林燕語》卷三："（宋）太祖初平諸僞國，得其帑藏金帛，以別庫儲之，曰封樁庫。"

一曰用人練才鼓舞之幾。今國家邊腹並棘，所望者督撫之才。使天下之能爲督撫者，慷慨而願爲督撫，不能爲督撫者，講求而學爲督撫，則督撫不勝用矣。乃主上宵衣旰食，日望天下有盡忠報國之心，富強制勝之學，而天下之竭精畢命，惟在四衙門。[上時驚問政府，何爲四衙門？以吏部、科、道、詞林對，上爲之歎]。善地考選，而京堂，而公卿，是所謂致福者也。空談養望，統別流品，賢者建牙，便爲失職。建牙，出師前樹立軍旗。稱麟鳳則喜，稱韓范則怏，是陷之爲沙場戶也。封疆之役，專委之一種苦命之夫，一授危地，身先將蕆，而所在巡方持轄，加以大璫監軍，內則密勿之府，司其風指，而白□督責，以苛爲能，不知兵難遙度,多言亂聽,而行間焦勞,百事掣肘,竭髓□嚮,肩旋噏舌,又何暇全力辦疆事哉?"白"、"髓"下二字漫漶不清。少有敗衂,與行伍一律,動引失機,司敗又鍛煉之。司敗,即司寇,主糾察之官。幸而謗弭功立,亦終身嚴疆已矣,孰能與安坐至公卿者,比其福樂尊寵乎?此天下所以不肯承擔督撫之略,以兵事爲諱,而巧宗虛無者,方且恥言富強。于是乎天下之才,概廢于逢迎彌縫,徼倖苟偷。而邊腹兵餉,制勝濟急之務,俱付故事,以虛文衍之。誰是爲國家艱大,講求撥亂報主者乎?嗚呼,所教非所用,所用非所學,議論支繁,督責無效,忠義無略,鼓舞不切,非不破格,非不重武,而人才不出,禍亂不止者,何也?以九重不知物情而賞罰不當其實也。夫守令切切矣,兵衛邑令有功,許以錦繡而見上司,或給京銜而領縣事,卓異竟予科道,自然感動,則夫免雜徭而備壯勇,煉民兵而保城社,鑛穴開冶,工產移商,皆地方官可以親酌,而不必別差大僚矣。又今日之太守監司甚贅,宜幷監司之權,以予太守,守得辟舉下僚,握兵民之實務。不見漢之平賊立功,皆太守乎?重權久任,方可責成。時有卓舉,乃新其氣。守令皆兼將略,豈憂流賊之馳,與客兵之橫哉?以臺省鼓有司,以京堂鼓臺省,是在朝廷知其機耳。昔安石有選士料事之法,取古危疑策問之,以練其因物情、轉時勢之學。目前舉動,則各封所策以懸斷之,詳古則知其學之實矣,後驗則愈顯其識之確矣。臺省建白,不取浮詞,料事料人,密奏不爽,然後優升京堂。京堂必試督撫,乃轉部堂。而考選之條,必先優待艱邑能控禦者。其散秩異才,先令奏記于大臣,而難問之,審視之,乃考選之。外則太守歲舉報國幹才,分科記之。天下明知朝廷所重,忠義爲本,濟時爲用,三途平視,賢能畢出,獎選而教習之,愈礪愈精,則舉世在野,無不講求,而受任受知,又加練習。天子不時召對訊之，特恩勸之，使人感激刺骨。而忠良侍從，益知切用耐勞，不徒恃其高氣。即已不能，亦不苛於責投艱之才矣。如是而不得人，不定亂，未之有也。

上通州魏相公書_{魏藻德，崇禎時內閣首輔，密之同年。}

小臣忽承召對，激切失次，復蒙天語優容，令其補本，此相公之庇也。各路調防，京營選練，見在申飭，而重督撫，撤巡方，有司兼將，招商海運，上皆稱善，謹一一開坐奏聞。茲所懇者，前日請纓小疏，出於愚誠。智父加敕，原有舊議。陳百史竟兼吏兵科都，智止願改兵部，招諸塢主，以成義旅。新鼓銳氣，須藉敕印，機到勢應，或借漕米，募商海運，以還朝廷。此輩約略聲氣相通，陳百史、魏子一、吳介子皆知之，昨未及細陳也。君親一視，父子畢命，時機岌岌，無容回避。至于非常之策，非小臣所敢言，而又不能忍，故引唐宋之議，微開其端，惟老先生從旁詳陳，請聖斷焉。流聞匈匈，似非申飭一句，所可抵敵。東漢、南唐，以及金源，以遷而亡，唐以遷而存，西晉、北宋又以不遷而亡，未可執一論也。昔漢周馥，睹群賊孔熾，洛陽孤危，乃建策遷都壽春。據《晉書》周馥本傳，建策遷都，事在晉懷帝永嘉四年（公元310年）。宋靖康時胡舜陟奏乞遷都，而孫覿申之。胡舜陟字汝明，績溪人，大觀三年（公元1109年）進士。忤秦檜，死於獄。張叔夜亦請駐蹕襄陽，可以紓難而復振。張叔夜字稽仲，抗金名將。若親征監國、諸王都統之議，皆爲宗廟社稷計，非屬駭聞。唐太宗征高麗，宋真宗幸澶淵，房玄齡、王旦直請太子監國，亦無所諱。天寶之亂，房琯請以諸王分領都統節度，祿山見分鎮詔，拊膺歎曰："吾不得天下矣。"此忠策之深者也。東宮臨留都，二王分藩，總憲大臣，已有此議，至萬全也。粵撫方震孺，智之伯也,亦揭言監國分藩事,恐事變路梗,又言海道之便,疏雖未上,其愛國則誠矣。以老先生之遇殊寵,千古無兩,當此時節,進退內外,舉無所逃于天地之間。據古直告,決此大機,宗廟社稷幸甚,復何所瞻顧乎? 此心忡忡,恃老先生同門之誼,素憐其愚,故敢以聞。

帝　學

　　天下之故,理爾,勢爾,情爾。兩端用中,而明四目,不過通上下之情,就天下用天下,而恭己無爲矣。帝王之學,豈若士子之習經義,贍詞章,爲博士官掌故哉? 然而不讀書,不喜近士夫,雖天縱乎,亦何由鑒古今而折衷之? 明于求賢,而逸于得人,秩序提綱,勸學礪事,此治平之政也。體天地之心,保育群生,納諫勤政,不以九重九有,惟予莫違,此誠正之要也。九重,天子。九有,九州。《詩·商頌·玄鳥》:"方命厥后,奄有九有。"使上下不相通,則天地不交而否矣,何因類其情而知其勢,舉大理而使盡其事乎? 不就天下用天下,雖群襲熟爛之詞,誦祝堯舜,而與今日之時勢、人情相舛,則督責程石,猶闒茸也。程,限也。石,百二十斤。史稱秦始皇日讀文書,以一石爲程。闒茸,庸碌。陸贄曰:"上下不相通者,九弊不去故耳。上有其六,下有其三。好勝人、恥聞過、騁辯給、眩聰明、厲威嚴、恣強愎,此六者,君上之弊也。諂諛、顧望、畏懦,此三者,臣下之弊也。上好勝,必甘于佞辭。上恥過,必忌于直諫。如是則下之諂諛者順旨,而忠實之語不聞矣。上騁辯,必勵說而折人以言。上炫明,必臆度而虞人以詐。如是則下之顧望者自便,而切磨之詞不盡矣。上厲威,必不能降情以接物。上恣愎,必不能引咎以受規。如是則下之畏懼者避罪,而情理之議不申矣。"《新唐書·陸贅傳》。

今夫世禄之第,隱賑之家,嗣子驕倨,惟狗馬聲色是好,畏見正人,其視詩書若弁髦然。弁髦,無用之物。又況天子,生于深宮,長于保姆,親妃嬪宦寺之時多,見學士大夫之時少,便僻以淫佚誘其縱樂,而古今載藉浩然無涯,其關切情事者,誰提而陳之？素不熏習,良久欠申矣,烏能勝彼乎？其循故典而晉接者,經筵日講也。故事：先陳訓詁于內閣,閣芟其犯忌者,翼日依文宣讀而已。此上下交之幾,啓沃之本,而奈何乎泄泄至此也？一二腐儒,噥噥耳不得聞鄭聲,目不得視艷色,手折花枝,强顏棄去,遂使黄屋厭見儒生。《伊洛淵源録》卷四載程頤經筵事：“一日講罷未退,上忽起憑欄,戲折柳枝。先生進曰：'方春發生,不可無故摧折。'上不悦。”又一者爲玄默虛無之説,高出于經史是非之上,從此不務詳其事之當否,而柄者得以飾詞矯亂而行矣。又一者浮才倖進,摛文傅會,及乎所行敗露,而左右指擿南衙曰,親近儒臣,彼竊用寵靈如此,而君心始疑,不知所倚仗矣。南衙,借指宰相。君心舉不信群臣,一無所倚仗,而憸邪因其疑忌,以術數中之,豈不可歎哉？

真德秀曰："學必求之古訓,以自得爲功。學必施于事,乃爲有用。"真德秀字景元,號西山,宋末理學家,著有《大學衍義》等。太祖命以《大學衍義》大書西廡,以備省覽,誠切切也。蓋用人理財,因民好惡而挈矩焉。挈,通"絜"。絜矩,謂法度也。事不歷漢、唐、宋之得失,以徵今時之勢,空以堯舜相都俞,亦何爲耶？都俞,嘆詞,形容君臣間之問答和洽。宮中省覽,尚嫌繁累,講筵敷演,祇完常規,上下之情未洽,何以能委曲批導,使九重知人情物理,而因時勢以振發之？臣子以遠古之語,責備聖躬,既已不受,而又見腐儒無益國家之急,其望臣子,期限甚過,往往以大賢之行,律天下之庸夫,繼而以不肖之心,疑天下之賢者,于是乎天下無一人可用矣。此無它，上下之情不相通，而庸相素無學識，奸相意在蔽賢之故也。但得一休休仁智之相，因民好惡，振綱紀，申教養，通變舊例，鼓以報效，則百職自理，天下自平矣。休休，寬容貌。然此一人者，天子從何知之？天子通德類情，則在宥中，自能決斷耳。愚臣嘗以宫中閒適，而欲廣聞見，莫若與士人處，莫若漢時執戟侍郎之切近，博士具官待問之備體也。小臣怙忌尚少，其黨不立，所期遠大，感恩直陳，且以閒適優容，得曲盡其各事之情，而古今之小謹偏長，奇才巨奸，皆無逃于明鑒矣。又得觀古論事，魚水之樂，異時將相，天子亦具夾袋焉。夾袋，備選之才。敬大臣，體群臣，道本如是。選庶常，選臺省，猶古遺意也。而終以格制疏遠，安能及漢、唐、宋待侍從之親乎？然要自人主好賢好學始。

相　道

　　每觀開創之主，多自天授。再傳之後，格君用人，總在宰相。昭代自胡、藍之變，疑權獨重，析一相而六，各部主之。宰相胡惟庸、大將軍藍玉，皆明開國功臣，後以謀反罪爲朱元璋所殺。後以大學士入閣辦事，文淵閣印，止可緘上，不可下行也，豈與漢之丞相大府、唐之中書、宋之政事堂比哉？然加銜兼秩，累至部堂，特進宮保，則職親地秘，絲綸在手，沙堤絕班，校尉傳呼于禁闕中，近嘗召宴内苑，詢事賜坐，尊寵極矣。絲綸，詔書。《禮記·緇衣》:"王言如絲，其出如綸。"沙堤絕班，樞臣所行之路。要以首輔爲主，參知聽之，雖不坐政事堂，而六部百司，承意先請，豈曰無權？正患持禄保位而怙權耳。怙權必塞言路，怙權必結近侍。外以黨嚇方鯁之士，廷杖挾威。密乃陰行時局之毒，收召羅網。事苟阿順，例爲雙擬，使中書泄其美者。後或不驗，則曰内駁也。即有素依齦齦,而主疑權落,伺察細行,歛身不敢見客,言路因以挾相,又因以附相,精力所注,瞻顧彌縫,幾何而爲國家擔當,盡知人課實之效哉？夫不格君心之非,不可以爲大臣之道。而不得君,不可以行道。徒爲衆人所共睨而貴之,是兩者方且自齟齬矣。《大學》以休休爲宰相經,而即曰"惟仁人爲能好人、能惡人",夫豈以容頭過身爲渾厚哉？《大學》引《秦誓》之辭曰:"若有一介臣,斷斷兮無他技,其心休休焉,其如有容焉。"容頭過身,頭可容,身即得過,得過且過之謂也。結主之誠,致主之術,必有由也。徒以所聞迂遠不切之膚言,方砥帝座,久之而與上不合,同類或中之。若深識達變者,起而巷遇納牖,則謑謑訿訿逑乎朝野,但取名跡,不論事幾,務求于君之所難行,而不顧己之未嘗行,以是儭然曰,忠而不見諒,豈不悲哉？納牖,"納約自牖"之省稱,謂導君于善也。旁觀指手,類曰伊、周、管、葛、房、杜、韓、范,合爲一人而後可。伊尹、周公、管仲、諸葛亮、房玄齡、杜如晦、韓琦、范仲淹,皆前代名相。其所自望于相,則見拔爲恩已耳。朱子曰"惟公惟明",相道畢矣。果其身在無可指摘之地,又不與上瑣瑣辨爭,令彼不能舍我,如李泌之見喜,如夷吾之言驗,然後可以舉大故,行大政,而惟吾之所欲爲。至于入粗入細,知柔知剛,則視其時與其事也。承秦苛礮,故曹參以清凈養之。漢武雄夸,故公孫弘以節儉挽之。魏相嚴刻之後,故丙吉以天道和之。魏相字弱翁,丙吉字少卿,皆漢宣帝時丞相。憲宗值尾大之局,故杜黃裳、裴度以決斷輔之。杜黃裳字遵素,憲宗時宰相。彭思永曰:"牢籠事吾所不爲。"彭思永字季長,宋仁宗天聖五年(公元1027年)進士。王沂公曰:"恩若己出,怨將誰歸？"王曾字孝先,宋真宗咸平五年(公元1002年)狀元,官至右僕射、兼門下侍郎平章事、集賢殿大學士,封沂國公。惟寇準爲能不用例簿,仲淹以百官圖陳,呂夷簡亦各互濟云爾。呂夷簡字坦夫,宋仁宗時宰相。要必生平學問,先究其實,留心人才,達于事變,以此濟時,以此報主,則爲天下求此一相,與相之所以化天下,始不負"惟公惟明"之一句也。選舉考績、兵戰河屯、錢穀漕鹽諸務,寧患其不臂使指、如星拱辰哉?

中涓議

宦者四星,表天市垣。《後漢書·宦者列傳》:"《易》曰:'天垂象,聖人則之。'宦者四星,在皇位之側。故《周禮》置官,亦備其數。"天市垣,星區名。以帝座爲中心,又名天府。《周官》統于冢宰,止供掃除,不畀以權,得矣。畀(bì),給予。管仲慮之曰:"中央之人,以緩爲急而取威,以急爲緩而惠民,能易賢不肖而威黨于下,能以民之財力上陷其主,危哉!"《管子·君臣下》。王畿作《中鑒錄》,非以備中官之鑒,以備人主之鑒也。王畿字汝中,號龍溪,陽明高弟。李騰芳亦編爲志。騰芳字子實,湘潭人,萬曆二十年(公元1592年)進士,《明史》有傳。鐵碑不許識字,高皇聖人之謨也,宣皇時開之。洪武中,太祖鑒前代宦官之失,置鐵碑高三尺,上鑄"內臣不得干預政事"八字,在宮門內。宣德時尚存,後爲太監王振盜去。非僅此也,東廠建于永樂矣。近年復稽此典不得,得于《國朝典彙》,故建。《國朝典彙》,徐學聚著。且有西巡廠,京營侯伯戎政,皆讓監軍容之座。衛與廠合,白領緝事,重足一跡。政府植根,絲綸雙擬,以美者上中書簿,市德于外。故驚心者,必通一呼吸而察之。一日得御覽鑒,乃黃屋厭煩,而令約之者。不令史官爲之,惡外覺也。凡屬此例,極力回互。尋常謂朝臣有門生故吏親知之恩,歸鄉有阡陌田園煽艷之樂,若內臣惟子身事主而已。時例二十四監,掌印者沒,其名下以簿聞,皆入內庫,以爲生足其用,死仍歸我耳。此所以十庫改折之議,苜蓿草場之議,皆必不聽,固以此也。據《續文獻通考》卷六,明朝自太祖始,設草場於大江南北,牧放官馬。宣德以後，莊田日增，草場日削。嘉靖八年（公元1529年），准戶部奏，正陽等九門外苜蓿草場地，除種苜蓿外，餘地召佃，每畝征銀若干。早于劉鋹見之矣，鋹之委政龔澄樞、陳延壽等也，曰："群臣皆各具家室，顧子孫，誰與我盡忠？必盡忠也，惟宦者可任。"劉鋹（chǎng），五代南漢後主。遂委政澄樞等，作刀山劍樹，以明珠玳瑁飾殿，離宮數十，刑酷斂重，宗廟竟滅絕，身爲俘，澄樞等身首分于千秋門外。夫人臣居官任職，固不可謂無家室子若孫矣。雖有家室子孫，亦何害其爲忠君愛國也哉？果世無國爾忘家之臣，足以生人主之敬服者哉？又上者自比于漢武、明皇，恃我足以制之，不過且以適其諛悦耳。疑者非所疑，而疑于其可託國之賢材。信者非所信，而信于其必敗度之宦豎。此非獨九重不能闢門達聰之過，蓋亦大臣不學，無以導主之過也。

　　或曰不如用士人給事常侍，如漢制。然以今之大臣，容祿保位如此，士人之爲容保，不相遠也。已而中訕，其弊何異？況宮禁在今，詎可改乎？或曰宦者亦人耳，既用之，當教之而制之，吾黨平視，不疾如仇，亦何亂焉？勃貂、管蘇，功于楚晉。勃貂，即寺人披。據《左傳》僖公二十四年載，呂甥、郤芮將焚公宮，殺晉文公。寺人披以難告，遂誅二人。管蘇，楚宦官。《新序》卷一："楚共王有疾，召令尹曰：'常侍管蘇與我處，常忠我以道，正我以義。吾與處不安也，不見不思也，雖然，吾有得也，其功不細，必厚爵之。'明日王薨，令尹即拜管蘇爲上卿。"景監、繆賢，著庸秦趙。景監，秦孝公寵臣，曾引見商鞅。繆賢，趙國宦者令，藺相如爲其舍人。巷伯嫉惡，趙整刺曠。《毛詩序》："《巷伯》，刺幽王也。寺人傷于讒，故作是詩也。"趙整，前秦宦官。《資治通鑒》卷一百三："整，宦官也，博聞强記，能屬文，好直言，上書及面諫前後五十餘事。慕容垂夫人得幸于堅，堅與之同輦，游于後庭。整歌曰：'不見雀來入燕室，但見浮雲蔽白日。'堅改容謝之，命夫人下輦。"寺人披奉命，曹日升解圍。《左傳》僖公五年："公使寺人披伐蒲，重耳曰：'君父之命不校。'乃狗曰：'校者吾讎也。'踰垣而走，披斬其袪，遂出奔翟。"安史之亂中，山南東道節度使魯炅守南陽,爲叛軍所圍,糧草殆盡。宦官曹日升率衆冒死入城,送糧并鼓勵守城之士卒。**鄭衆辭誅橫之賞,呂強勵直諫之忠。**鄭衆字季產,南陽人,漢和帝時宦官,曾首謀誅外戚竇憲兄弟。詳參《後漢書·宦者列傳》。呂強字漢盛,河南成皋人,漢靈帝時宦官。屢上書直諫,後爲趙忠誣告而自殺。事具《後漢書·宦者列傳》。**馬存亮遣將誅張韶之逆,楊復光感岌伸討賊之義。**唐敬宗時,染署工張韶宮中作亂,宦官馬存亮遣將平韶,事具《新唐書·宦者列傳》。楊復光,宦官楊玄價養子,歷任諸鎮監軍。唐忠武節度使周岌,曾降于黃巢,後經復光勸説,復歸唐朝。詳參《新唐書·宦者列傳》。**嚴尊美遽避樞權,逋青城以寄跡。**《新唐書·宦者列傳》:"遵美歷左軍容使,嘗歎曰:'北司供奉官以胯衫給事,今執笏,過矣。樞密使無廳事,唯三楹舍藏書而已,今堂狀帖黃決事,此楊復恭奪宰相權之失也。'蓋疾時中官肆橫云。後從昭宗遷鳳翔,求致仕,隱青城山,年八十餘卒。"**張承業請立唐後,甘餓殞以明志。**張承業字繼元,唐僖宗時宦官。曾輔佐李克用、李存勖,力圖恢復李唐。後存勖稱帝,承業仰天大哭曰:"吾王自取之,誤老奴矣。"肩輿歸太原,不食而卒。詳參《新五代史·宦者傳》。**我朝金英,叱鞬南遷,覃吉傾誠輔導,懷恩申救林俊之枉,寧瑾力白大夏之誣。**金英,明宣宗時司禮太監。英宗北征蒙古而被俘,侍讀徐珵倡議遷都南京,于謙力持不可。金英叱珵出,曰:"敢言遷者斬。"覃吉,明憲宗時太監,以老奄侍太子。太子年九歲,吉口授《四書章句》及古今政典。憲宗賜太子莊田,吉勸毋受,曰天下皆太子有也。太子偶從內侍讀佛經,吉入,太子驚曰:"老伴來矣。"亟手《孝經》。吉跪曰:"太子誦佛書乎?"曰:"無有,《孝經》耳。"吉頓首曰:"甚善。佛書誕不可信也。"懷恩,高密人,明憲宗朝司禮太監。員外郎林俊下獄,帝欲誅之,恩固爭。帝怒,投以硯曰:"若助俊訕我。"恩免冠,伏地號哭,帝叱之出。恩遣人告鎮撫司曰:"汝曹諂芳傾俊,俊死,汝曹何以生?"徑歸,稱疾不起。帝怒解,遣醫視恩,卒釋俊。以上數事,并見《明史·宦者列傳》。寧瑾,明武宗時宦官。大夏即劉大夏。寧瑾辨誣事,參見《明史》大夏本傳,文長不具引。**若曹麟鳳,士君子亦有愧之者,又況張涉、薛邕之爲所嗤笑乎?**唐德宗初即位,疏斥宦官,信任朝士。張涉以儒學入,薛邕以文雅進,後二人皆以貪贓敗。**張永嘉結主知,故能罷各鎮守內臣及銅牌之制。**張永,武宗時宦官,曾受命擒劉瑾。張江陵寬之使不吾畏,結之使不吾貳,乃以展吾志而安行,亦一幾也。毋已,則楊一清用張永除逆瑾,亦一時也。楊一清字應寧,成化八年(公元1472年)進士,嘉靖時官至內閣首輔。不然,當從大計黜陟,庶可風乎。正德中,浙鎮守鄧文欲自理刑訟,徑拘問官司,而諫臣戴金糾正之,有曰"如河南鎮守呂憲、山東王思敬,皆靜約奉法,百姓相慶,輿論許與之,臣豈敢有外言于時文同類中?"戴金字純甫,正德九年(公元1514年)進士,歷官監察御史、兵部尚書等。覽疏至此,皆重咎文之橫軼,而文亦內慚惡,以爲公論。惡(nù),愧。稱其同類,卒縮縮不敢如所行。故曰教忠謹微,勿溺于寬,養其廉恥,勿逞于頑,是在君,尤在相矣。王繼思有討蜀寇功,宰相欲以爲宣徽使。宋太宗曰:"朕讀前代史,不欲令宦官預政事。宣徽使,執政之漸也,止可授以它官。"宰相力言,帝怒,深責之。嗟乎,毋乃比周植根者多乎?如宋文貞一路不與言者,幾人哉?宋璟,唐代名相,諡文貞。《資治通鑒》卷二百十一:"上(唐玄宗)將幸東都,以璟爲刑部尚書、西京留守,令馳驛詣闕,遣內侍將軍楊思勗迎之。璟風度凝遠,人莫測其際,在塗竟不與思勗交言。思勗素貴幸,歸訴于上,上嗟歎良久,益重璟。"大臣行己光明正大,彼自敬服,而又平心待之,不示以隙,則善矣。韓魏公之斷,今日果可行乎?《宋史》卷四百六十八《宦者列傳》:"仁宗未有嗣,屬意英宗。守忠居中建議,欲援立昏弱,以徼大利。及英宗即位,拜宣慶使、安静軍留後。守忠又語言誕妄,交亂兩宮。于是知諫院司馬光論守忠離間之罪,爲國之大賊,民之巨蠹,乞斬於都市。英宗猶未行,宰相韓琦出空頭敕一道,參政歐陽修已簽,趙概難之,修曰:'第書之,韓公必自有說。'琦遂坐政事堂,立守忠庭下,曰:'汝罪當死,貶保信軍節度副使,蘄州安置。'取空頭敕填與之,即日押行。琦意以爲少緩則中變也。"

錢鈔議

錢法之足以裨國也,鑄百萬緡,則天地間生百萬緡之用矣,豈徒與商氓牟贏餘之計耶？就計之,今官遣市銅于南楚,每石直銀一斤。正赤[按廣市,日本銅每石九兩]加倭鉛、盧甘,十劑四六,則色正黃,而墮地鏗然也。肉好摩鋊,其重一錢,概直者釐,十倍于銀。鋊(yù),銅屑。是斤銅配加而得三百餘,以其息三分之一予商氓,而官收其二分之息,則轉輸行矣。南方米賤工賤,薪炭又賤,雖京行四銖,亦可移式南方冶之。然而不能者,工部鑄工,戶部鑄戶,官與吏各利其餘羨也。弊則倍加鉛、甘,其色遂黝,墮且碎矣。染而輸之,其用自賤,賤則不行,官何利焉？

又錢所以久而不行者,不能與銀爭也。人自藏銀,銀無增減,而錢鑄不定,漸必偷薄。又縣官之徵入者,例不收錢。錢無火耗平準積溢之數,毫無所資,此錢之所以不信于下也。火耗,損耗。平準,貴賣賤買、平抑物價之術。天下之勢,率因民情。因民情而制以法,因民情而利其用,則君之權斯行矣。權行而民情忻然,則信其寶乎！智嘗考秦鑄錢,用金幣,獨禁不許用銀。漢武更鑄麟趾裊蹄,如吉字挺,則不許民間散用銀也。銀禁則錢重矣,然必上收徵賦之錢,其下乃信,信則下令流水矣。又考洪、永間,禁民間不得以金銀物貨交易,犯者準奸惡論,首捕者以其物充賞。隆慶時亦嘗申禁銀之令矣。故收錢之利,并收鈔之利焉。小民所出布帛菽粟交易之間,惟銀為約。銀不得用,而錢司其權。然錢亦不便遠行輕賫也,故交子務飛楮以會,若券期取,此即鈔之意矣。交子,宋代發行的紙幣,又名楮幣。

在今之勢,當與鹽屯通。令積鹽于場,冶錢于南,而列鈔于邊。召商納粟于邊,而受鈔以支鹽。不即支錢,惟其所便。司鹽司錢,不得勒減。特示厲禁,許商之首,而鈔于是乎暗行矣。大抵銀錢之源,本出于鑛。而行錢行鈔之源,本立于信。信若不立,雖嚴刑疊敕,豈有益哉？《周官》荒政舍禁,則鑛穴常時閉之,恐民務末而輕農也。荒,凶年。荒政,救飢之政。舍禁,去山澤之禁,使民可以取食。《周禮·地官》:"以荒政十有二聚萬民:一曰散利,二曰薄征,三曰緩刑,四曰弛力,五曰舍禁,六曰去幾,七曰眚禮,八曰殺哀,九曰蕃樂,十曰多昏,十有一曰索鬼神,十有二曰除盜賊。"然銅鐵之冶,原未嘗禁。而滇黔之礦,又何嘗閉耶?但當令有司司之,勿輕遣內臣耳。前年遠臣進《坤輿格致》一書,而劉總憲斥之。《坤輿格致》,李天經主持、湯若望等翻譯,原書爲德國礦冶學家所著。近日蔣臣獻鈔法,而倪大司農奏而官之。然鈔造不能行者,以未先識禁銀行錢、通商屯鹽之幾,信無從立,而徒以片楮令人寶之,豈有此情理哉?

卷五　曼寓草中

考古通論　此文收録于《通雅》卷首之一，題名"考古通説"。

古今以智相積，而我生其後。考古所以決今，然不可泥古也。古人有讓後人者，韋編殺青，何如雕板？龜山在今，亦能長律。時勢必至，豈能禁而廢之？《通雅》無"時勢必至，豈能禁而廢之"句。河源詳于闊闊，江源詳于《緬志》。《元史》卷六十三《河源附録》："至元十七年（公元1280年），命都實爲招討使，佩金虎符，往求河源。都實既受命，是歲至河州。州之東六十里，有寧河驛。驛西南六十里，有山曰殺馬關，林麓穹隘，舉足浸高，行一日至巔。西去愈高，四閲月始抵河源。是冬還報，并圖其城傳位置以聞。其後翰林學士潘昂霄，從都實之弟闊闊實得其説，撰爲《河源志》。"《通雅》卷十五"論江之源，別出吐蕃，非止岷山也"條："江出岷山，在今茂州汶山縣。發源不一，而濫觴甚微。及閱《雲南志》，則謂金沙江之源，出於吐蕃之犁石。南流漸廣，至于武定之金沙巡司，經麗江、鶴慶，又東過四川之會川、建昌等衛，以達於馬湖、敘南，然後合于岷江。《緬甸宣慰司志》謂金沙江闊五里餘，緬恃以爲險。遠近大小言之，江源出于吐蕃犁石，即崑崙之南，河出朶甘思，即崑崙之西，可畫守積石、岷山已邪？"南極下之星，唐時海中占之，至太西入，始爲合圖，補闊闊所未有，可畫定《禹貢》之積石、岷山，太初之《天官》，不必求多哉。《禹貢》稱河出積石，江出岷山。太初，《史記·天官書》所載太初曆。由是觀之，讀書好古，貴求實徵，考究之家，藉以決疑省力，不在專己守殘、洸洋弔詭明矣。自"由是觀之"至"洸洋弔詭明矣"，《通雅》無。

子思在魯繆時，核以遷《表》，自不得見孔子。魯繆，即魯穆公。據《史記·六國年表》，穆公元年爲周考王十九年（公元前407年），距孔子卒已七十二年。焦弱侯曰:"伯魚生子思,而卒在孔子前。"焦弱侯,焦竑。伯魚,孔鯉。猶不決耶?不告而娶,在底豫後,孔子無誅少正卯之事,三一公斷斷然也〔吳觀我宮諭別號三一〕。《孟子·離婁章句上》:"孟子曰:不孝有三,無後爲大。舜不告而娶,爲無後也。君子以爲猶告也。"又曰:"舜盡事親之道,而瞽瞍厎豫。"趙岐注:"厎,致也。豫,樂也。"《史記·孔子世家》:"定公十四年,孔子年五十六,由大司寇行攝相事,有喜色。門人曰:'聞君子禍至不懼,福至不喜。'孔子曰:'有是言也,不曰樂其以貴下人乎?'于是誅魯大夫亂政者少正卯。"《學》《庸》貴闡《禮經》之心,不必苦辨古文。畫卦即是文字,不必苦辨倉帝。《詩》之爲樂,琴曲之爲兔園,《左傳》非丘明,夾漈得之。兔園,淺陋之學。《通志》卷四十九:"又如兔園之學,其來已久。其所言者,無非周、孔之事,而不得爲正學,不爲學者所取信者,以意卑淺而言陋俗也。今觀琴曲之言,正兔園之流也。但其遺聲流雅,不與他樂並肩,故君子所尚焉。"俊卿之論魯禮,戴埴之言泮宮非學,戴和之論雛和,張束之明二十五月禪,史繩祖明常儀爲官,升庵以《修文御覽》定西施之死,郝京山之言《周官》《春秋》,《明辨類函》言《老子》出于《管子》,《頤生微論》明《內經》之附上,此皆獨發。章如愚字俊卿,南宋學者,所論魯禮見《群書考索》卷三十三。戴埴字仲培,南宋人,其《鼠璞》卷上列五疑證"泮宮"非學校,乃僖公於泮水之上所建游從之宮。張束之字孟將,唐代學者,精三禮,所論三年之喪爲二十五月,見《舊唐書》本傳。史繩祖字慶長,魏了翁門人,其論常儀爲官,見《學齋佔畢》卷三"常儀常娥之辨"條。楊慎以《修文御覽》定西施之死,見《丹鉛余錄》卷十五。郝敬字仲輿,號楚望,主張不以三傳讀《春秋》,見《春秋直解》。《明辨類函》,明人詹景鳳撰。《頤生微論》,明人李中梓著,所論《內經》附上見該書卷一之"辨妄論"。虛舟子衍《河圖》爲《洛書》〔王化卿先生,長于吾桐,最精河洛〕,漳浦公衍《天方圖》〔老父與黃石齋先生在西庫論《易》衍此。老父嘆曰:此方圓同時圖〕,尤爲絕學,曠代始聞。王宣字化卿,號虛舟,方以智塾師。黃道周號石齋,福建漳浦人,晚明易學大家。

智常見數千年不決者,輒通考而求證之。春王正月,聚訟詞費。明堂朝廟,不悟通稱。昭穆祫禘,膠執其名。《禮記·祭統》:"昭穆者,所以別父子、遠近、長幼、親疏之序而無亂也。"祫禘(xiá dì),祭祀名。繪繡齋斧,遂成典故。詳參《通雅》卷二十五:"齋斧,齋戒受斧也。典故始于北魏,然實因附會齋斧之易説也。"合止柷敔,乃限六聲。柷敔(zhù yǔ),樂器。擊柷以合,擊敔以止。參見本書卷六之《合止柷敔論》。《黍離》《王風》,豈得言降?《黍離》爲《詩·王風》中的一篇,感嘆亡國之詞。四時五行,即爲六宗。參見本書卷六之《六宗説》。娶妻生子,辟卦周七。《易》之復、臨、泰、大壯、夬、乾、姤、遯、否、觀、剥、坤十二卦,合稱辟卦。《春官》廟樂無商,二十八調無徵。蓋必非缺一之説也。生今之世,承諸聖之表章,經羣英之辨難,我得以坐集千古之智,折中其間,豈不幸乎!《通雅》文末有以下識語:"客有過曼寓者,問《通雅》音義而及之,且識其小。辛巳涂月,浮山愚者密之記。"辛巳涂月,爲崇禎十四年十二月。

書晉賢傳後

尉氏、譙、沛諸賢,一時以下,往往自行至性。阮籍,陳留尉氏人。嵇康,譙國銍人。劉伶,沛國人。儒者謂流放矣,然其可尚者,獨以嘗澹然于利禄也。效之者反是,且以自便,是豈能曠達者乎?今靡靡世人,欲其一旦以禮義嚴自裁省,有不拘畏而反者與?文人才士,正當以懷曠達之意,可引之澹然于利禄。澹然于利禄,聖人許之矣。澹泊者,學之輿也。功名之士,恒謂爲小節,窮理之士,又以爲粗略,宜乎其自便耳。士誠能以澹泊爲本,則曠達與廉謹,不相悖也。老莊之學,可取其退讓以遠禍,而不必流于刻深。釋氏之學,可取其虛化以不膠生死,而不可溺于福報之説。長卿不慕官爵,延之不喜見貴人,澤于文雅,度量固已遠矣。《史記·司馬相如列傳》:"相如口吃而善著書,嘗有消渴疾。與卓氏婚,饒於財。其進仕宦,未嘗有與公卿國家之事。稱病閒居,不慕官爵。"《焦氏類林》卷一:"顏延之子竣既貴重,權傾一朝。凡所資給,延之一無所受。器服不改,宅宇如舊。常乘羸牛車,逢竣鹵簿,即屏駐道側,謂曰:吾平生不喜見貴人,今不幸見汝。"必曰分未及儒者,何其難天下之士耶?坐木榻五十年,因樹爲屋,超然知幾,猶謂其藏拙乎?《高士傳》卷下:"(管)寧凡徵命十至,興服四賜。常坐一木榻上,積五十五年,未嘗箕踞榻上。"《後漢書·申屠蟠傳》:"先是,京師游士汝南范滂等非訐朝政,自公卿以下皆折節下之。太學生爭慕其風,以爲文學將興,處士復用。蟠獨歎曰:'昔戰國之世,處士橫議,列國之王,至爲擁篲先驅,卒有阬儒燒書之禍,今之謂矣。'乃絕跡於梁碭之間,因樹爲屋,自同傭人。居二年,滂等果罹黨錮,或死或刑者數百人,蟠確然免於疑論。"貴不如賤,富不如貧,此人已知生死矣。《後漢書·逸民列傳》載:"向子平曰:吾已知富不如貧,貴不如賤,但未知死何如生耳。"嗟乎,富貴貧賤之間,君子當之,多所不免。危乎危乎,小節云乎哉?粗略云乎哉?夫奚爲而能自行至性乎哉?鹿起山人方以智書。《物理小識》卷十一:"先廷尉墓山名白鹿起,土人言往年見之。"

　　余作此論久矣,嚮欲以示農父,使示吾弟,忽忽十二月二十四夜。二十四夜故鄉最重,當此不能無淒然傷懷。適馬倩若同左碩人姑丈過予爲慰,偶見此幅,慨然命筆,遂爲記此。馬倩若,馬之瑛。左碩人,左國柱。以智再識。

　　余與吳子鑑在,當風雪之夜,每引十七史相論難。吳德操,字鑑在,號凫客,密之舅父吳道凝之堂侄,永曆時官監察御史、大理寺丞等。因舉予向所論者書之,遂作《交論》《好色》《好貨》三論,頗以爲近人情,可以顧化。後有識者,察而并觀可也。以智再識。

　　人生易老,恐後來見此,忘其爲何年,故復記庚辰云。[此紙得之友人鄭氏處,中履記]。

書鹿十一傳後

　　《鹿十一傳》者,東海楊夫子所著也,命其門人方以智書之。楊觀光字用賓,山東招遠人,崇禎元年(公元1628年)進士,官至少詹事兼翰林侍讀學士。智方厭冥冥,往來薰隧中,急入局室。室故隘,匿敝巷,雖未暇灑掃,然知此地糞除無益也。既讀《十一傳》,乃毅然除之,拚席膺揭,袂拘而退,下重帷,整冠拂衣,盥而臨池。拚(fèn),掃除。膺揭(yè),箕舌向己。《禮記·少儀》:"拚席不以鬣,執箕膺揭。"孔疏曰:"膺,人之胸前。揭,箕之舌也。箕是去物之具,賤者執之,不得持嚮尊者,當持箕舌自嚮胸前。"袂拘而退,指爲長者打掃,必加帚于箕上,以袖遮蔽而退。十一君,今其如我何哉?當其書時,環堵以外,車馬斐斐,未嘗絕聲,飄風忽發,驚沙堰,薄甕牖,雖有心者,能不動乎?然心奉吾夫子作傳之意,反覆簡畢,則固已忘此紛拏矣。吾夫子興起絕學,不染于世,將挹東海之澤,洗天下之垢。小子踥步而從之,其庶幾清明乎!嗟乎,一室塞向,不復動心,亦已苦矣。固何如絕流大江,登三山之顛,以仰止岱宗也?崇禎庚辰四月二十五日書。

智故早昏,不善書法。特抱尉律書不正之懼,又有梁子初、楊子林、袁峻自寫異書之好,故未嘗敢輟筆耳,其實無所得晉唐人萬分之一也。漢尉律:"學僮十七已上,始試諷籀書九千字,乃得爲吏。郡移太史并課最者,以爲尚書史。書不正,輒舉劾之。"《困學紀聞》卷八:"古未有板本,好學者患無書。桓譚《新論》謂梁子初、楊子林所寫萬卷,至於白首。南齊沈驎士年八十,寫細書數十篋。梁袁峻自寫書課日五十紙。"既承我師之命,自忘其醜,每間侍燕坐,得聆河洛陰陽之秘,聞所未聞,思欲從傍記之,使天下之微言不絕,又非特摶心揖志,僅以書時不動于紛紛也。[汪五河購得墨蹟,抄以寄我。中履記]

采石文昌三台閣碑記

采石,上江之望地,而姑孰之水口也。采石磯,又名牛渚。姑孰,當涂別稱。形家者曰:"宣水環郡城而匯于江,由巽而乾。方位由東南而西北。采石山顛,當建三層高閣,奉文昌其上,則人文蔚起,家給户足矣。"曹光禄根遂先生以爲然,遂變産三千金,獨力舉之。曹履吉字根遂,當涂人,萬曆進士,官至光禄少卿。閣成,以三台名。榱題丹臒,飛甍若翔。榱(cuī)題,屋檐。丹臒(wò),涂飾彩色。飛甍(méng),飛檐。閣下周榮,徘徊若翼。周,曲也。榮,屋翼。東西各三楹,以居黄冠。登高望之,萬家煙火,風帆蘆岸,雲霞出没,護郡治二十里外,如後屏焉。岷江從天門澹蕩洄浸其下,漱山之足。危石壁立,湍流有聲。古所稱燃犀牛渚,實爲名勝,逶迤山臂。《古今事文類聚》前集卷十七:"晉温嶠過牛渚磯,深不可測。世云下多怪物,遂燃犀而照之,須臾,見水族覆火,奇形異狀。嶠於是夜夢人謂曰:'與君幽明道别,何意相照也?'"夫山、慈磯,上下三山,直達留都,此爲天門。以望東南,梁山黛色如畫,蛾眉亭所由名也。謫仙樓在其陽,廣濟寺廓之。其麓有承天觀、于公祠,萬松星布,三台閣皆俯瞰之矣。

光禄公于家君爲丙辰同年,其嗣梁甫爲余妹夫,以書屬爲碑記。梁甫,曹臺岳。予甫落草,而客問曰:形家傅會汩陳,所謂文昌之神,杳冥仿佛,君子曷徵而記之? 予逌然曰:山川之靈氣鍾于間生之人,與人之光其山川,皆天也。天之爲天也,神不可知,而神于可知之人。《禮運》曰:"天秉陽,垂日星。地秉陰,竅于山川。"故形家以地蟠天,聖人以人事定天道。通變成文,而治教以昌。神明其中,而器度爲之表。莊子曰:"以有形者象無形者而定矣。"不測不二,端幾惟心。豈患其杳冥傅會,而遂蔑其徵應哉? 文昌于天,在北斗之魁。東應角而起,兩兩相比,是曰三台泰階之符。天與人也,文與質也,流與峙也,感與應也,神與明也,無有不兩相錯而用其中者。聖人合俯仰遠近而冒其如斯,晶光莫文于天,條理莫文于地,配義而昌之以名。人受中生而傳呼其中,因表其象,因而祝之。

人心之所吹呴流注,即神不可測者也。明堂位丙,登樓以巽,《圖》用于《書》,八一環中,乾巽爲門户,豈無謂哉?人當盡其所以光山川者,習莫能察耳。猶記家君與張二無先生,邂逅采石,深談天地之道,必託斯文,以垂昌明之運,生才間出,山川供其吞吐。張瑋字席之,號二無,武進人,孫慎行弟子。此地毋論虞雍公之勝、常定遠之躍,足壯嶽嶽浩浩之氣。虞允文,南宋名臣,曾大破金軍于采石。常遇春,定遠人,曾于采石大敗元軍。即如袁虎、太白、端叔,以經泊登臨,一篇一詠,百世之後,其光猶在眉目間。袁宏,小字袁虎。《晉書》本傳云:"宏有逸才,文章絕美,曾爲《詠史》詩,是其風情所寄。少孤貧,以運租自業。謝尚時鎮牛渚,秋夜乘月,率爾與左右微服泛江。會宏在舫中諷詠,聲既清會,辭又藻拔,遂駐聽久之,遣問焉。答云:'是袁臨汝郎誦詩。'即其《詠史》之作也。尚傾率有勝致,即迎升舟,與之談論,申旦不寐,自此名譽日茂。"李白《牛渚磯》詩:"絕壁臨巨川,連峰勢相向。亂石流洑間,迴波自成浪。但驚群木秀,莫測精靈狀。更聽猿夜啼,憂心醉江上。"李之儀字端叔,北宋詞人,作有《天門謠(登采石峨眉亭)》:"天塹休論險,盡遠目,與天俱占。山水斂,稱霜晴披覽。正風靜雲閒平潋灩,想見高吟名不濫。頻扣檻,杳杳落,沙鷗數點。"文之不負山川如此,欷歔昌哉!

根遂先生,上江之嶽望也。督學中州,春秋發者,其首六十四,前列發者無算,灼然文宗。文宗,提學別稱。其手筆爲世圭璧,好古不倦。寄興林泉之間,不與時競。觀與左、周諸公札,曲突徙薪,先幾辰告,是文在中者也。曲突徙薪,防患未然。先幾,預知。辰告,以時告誡。文在中,文德在中之意。《易·坤》:"六五,黄裳元吉。象曰:黄裳元吉,文在中也。"孔疏:"象曰文在中者,釋所以黄裳元吉之義,以其文德在中故也。既有中和,又奉臣職,通達文理,故云文在其中。"居鄉,贍貧、救荒、施轊、置義地,不一而足。轊(wèi),車軸頭。即如此閣,爲一郡利,獨力舉之,仁風遠猷,公諸人間,非山川之篤生間出者乎?遠猷,遠謀。梁甫金玉,英英蔚起,怡怡好善,必有所以爲山川吐氣者。郡志采石,得此閣而益昌矣。文既不負山川,故還以文記文昌之閣。其爲閣庀材鳩工董事者，某某也，例得並書。庀(pǐ)，備辦。崇禎辛巳賜進士出身工部觀政桐山年家子方以智頓首拜題。

通雅序 _{此文收于《通雅》，原題《通雅自序》}

函雅故，通古今，此鼓篋之必有事也。《漢書敍傳》："函雅故，通古今。"張晏注："包含雅訓之故，及古今之語。"《禮記·學記》："入學鼓篋，孫其業也。"鄭玄注："鼓篋，擊鼓警衆，乃發篋出所治經業也。孫猶恭順也。"不安其藝，不能樂業。不通古今，何以協藝相傳？詎曰訓詁小學可弁髦乎？理其理，事其事，時其時，開而辨名當物，未有離乎聲音文字，而可舉以正告者也。《爾雅》之始于《釋詁》，而統當名物也。《十三經》從之，博而約哉。自篆而楷也，聲而韻也，義而釋也，《三蒼》《五雅》，注疏字説，金石古文，日以犂然。匿庸嗜奇，一襲一臆，兩皆不免。沿加辨駁，愈成紕繆。學者紛挐，何所適從？今以經史爲概，遍覽所及，輒爲要刪。古今聚訟，爲徵考而決之，期于通達。免徇拘鄙之誤，又免爲奇僻所惑。不揣愚瑣，名曰《通雅》。雖挂一漏萬，然從今以往，各出所核，歲月甚長，備物致用，採獲省力，諒亦汲古者所樂游之苑囿也。辛巳夏日皖桐方以智密之題于上江小館。

此藏軒音義雜説引

聲音文字，小學也。然以之載道法，紀事物，世乃相傳。合外内，格古今，雜而不越，蓋其備哉。士子協于分藝，即薪藏火，安其井竈，要不能離乎此。時移改體，沿變傳譌，株守臆造，兩皆紛舛，學者苦矣。束髮讀經史之暇，游衍升庵、元瑞諸公之辨駁而聽之，久乃知其互失。_{升庵，楊慎。元瑞，胡應麟。}及來京邸,縱觀吳國華、鞏鴻圖所藏,考質金石,因而折中所疑,隨作斷論,彙從其類,以就正博雅君子。吳惟英字國華,襲恭順侯,有《墨響齋集》。鞏永固字鴻圖,大興人,光宗第八女駙馬都尉,李自成入京後自殺身亡。韓修武曰:"《爾雅》注蟲魚,大非磊落人。"睨而視之,薈蕞隨筆,詎賢于奕?亦曰歲月毋荒,後來省力,更有所會通云爾。崇禎辛巳浮山愚者智識。

吳鑑在北征草序[名德操,子遠之堂侄]

嗟乎,吾舊年不得吾鑑在同啓處,吾其不免矣。以落落之性,覯歷禍患,一跡幽處,仰天槌心,吊影痛骨,苟非有故人,其何以爲生乎?鑑在勤學,善詩歌,處此踰一年,夜夜相對三鼓,猶嗚嗚也。其家故貧,每發家人書,歔欷久之,然卒爲苦人,不忍言去。今年春,見肆赦詔,謂可蒙恩。肆,緩。赦,免也。又故邑兵荒尤劇,其家人盡病,乃從倩若還。還一月,在錢仲馭所,梓其《北征草》寄予。錢棅字仲馭,崇禎十年進士(公元1637年),歷官南職方主事,吏部郎中,廣東按察司僉事等。予讀之失聲,鑑在豈知予尚不得歸耶?初秋,家君子得出,予乃爲鑑在序之。

鑑在攻苦方聞,好深湛之思,手不釋卷,爲人雅樸,類周農父。既游京師,其文情益肆。劉伯宗所序云云,誠然矣。劉城字伯宗,貴池人。昔孔北海、郭有道、賈偉節輩,皆以少游京師,名震曹士,豈偉明所稱京師英雄四集,爲交結之秋耶?孔融曾任北海相,故世稱孔北海。郭泰字林宗,曾舉有道,雖以疾辭,世人仍稱其爲郭有道。賈彪字偉節。符融字偉明。四人皆東漢名士。不則謂覽宮闕,接公卿,可開鄉里齷齪之習焉耳。今日者,顧瞻遼遼,縶惟觀壯麗云爾乎?顧瞻,環視。遼遼,同"寥寥"。扱袵衢路,寺門建鼓,車馬輷輷,金紫銀艾,傳呼爭道,誰其執手稱良璞不剖,泣血相明者哉?扱,同"插"。輷輷(hōng hōng),轟轟。朝宁之間,容容爲上。朝宁,朝廷。容容,附和。豪黠以擿人爲能,詭言羃縶瑁、瑗,可以恫恐。擿(tī),指摘。羃(mì),覆。縶,結。交結之意。左瑁、貝瑗,漢桓帝時宦官,見《顧瞻噫》注。人情之變,日益傝張。寓目時事,非復昔比。以當古人游學京師者,感刺骨矣。發爲文辭,尚指其慨慷已甚,得乎? 每作成見示,增我泫然。我之泫然,適也。今江南諸士,歌鑑在之詩,不愮愮長嘆者,猶有詩人之情乎哉? 愮愮(yáo yáo),憂懼無告。余長鑑在五月,畏苦昂藏之什,此時再諷,固難堪也。嗟乎,吳子負才如此而不得遇,又悲我之得遇猶不遇然,親見苦狀,爲之徬徨,是北征本吳子壯游也,因苦人而苦矣。辛巳相月,同學方以智題于長安僧舍。《爾雅·釋天》:"七月爲相。"

周元亮友聲序

予既幸獲與元亮同門,嘗讀其詩歌,心折爲才士。周亮工字元亮,號櫟園,崇禎庚辰(公元1640年)進士,授濰縣知縣。入清,官户部右侍郎等。及令濰上,治聲溢都下。嘗南還,過其境,道路輿論又過之,何才士之能吏如此也! 彈琴之暇,容與吟詠,合諸舊作,號曰《友聲》。予讀之,音指清拔,内蘊温厚,大抵皆追惟昔所與游,俯仰有感,超然興懷。旨哉此聲乎! 何作吏而不廢文人之風期又如此也? 世之所號通才博譽者,及出爲吏,周章程石,爲胥徒舞文,尚不能眉列。周章,周折。程,限也。石,百二十斤。史稱秦始皇日讀文書,以一石爲程。眉列,即"列眉",真切無疑。不則日罄折當途,爲獵譽計,安所興懷良友爲? 且瘖歌言念,亦豈暇及邪? 元亮當之任時,予適送之,車馬在門,乃出章侯所圖彭澤令像,命予書《歸去來辭》,予已嘆其風期遥遠矣。陳洪綬字章侯,諸暨人,明末畫家。再讀《友聲》,豈惟其才士,殆非今之人乎! 元亮自金陵之大梁,即其歲,予始流寓金陵。夫金陵游冶地,四方之士,多于茲締交,何吾兩人一去一來,徒聲相聞而不相值,乃者天使之爲同門友邪?《詩》稱"求其友聲",如其同聲,蓋不待求而合也。

刑部主事項公傳

公諱如皋,字孟凱,南畿太平人。自號幾石子,慕介石之贊知幾也。《易·繫辭下》:"子曰:知幾其神乎!君子上交不諂,下交不瀆,其知幾乎!幾者動之微,吉之先見者也。君子見幾而作,不俟終日。《易》曰:'介于石,不終日,貞吉。'介如石焉,寧用終日?斷可識矣。君子知微知彰,知柔知剛,萬夫之望。"崇禎丙子舉于鄉,庚辰公車留者試禮部,天子思異等材,廷試之,將不次用。執政陰陳部曹急人,實抑之。公與雷介公首列當户曹,已改刑曹。或勸公,座師王公昆華,可一關説,事至無難。公曰:"以青氊之分,忽蒙不次,不論何地,惟矢乃心,乃心計冷散可乎?"青氊,寒士。矢,同"誓"。官位不重要曰冷,無實職曰散。

嗟乎,年來朝廷遺大體,無所以風感人才,收實略公忠之報。視此岌岌,督責益嚴,因有逢迎刻核,以固寵擅權者。有司風指,刑日以峻,文内而鍛煉之,罔密事叢,小則雜問,甚則廷杖,緹騎四出,中外大臣動以辟決,幾何而非不幸也哉?報聖天子,第一事在此曹矣。受事之後,各司正郎,多營資轉。公以主政兼福建、山東、湖廣篆。比其時,重足一跡,無慮求苟免,累日月以遷,不且爰書單辭,輕重其間,可以膏潤,與吏爲市。公曰:"吾祖履齋公,父惺吾公,以清介立教。我安得負吾祖若父,以負國家耶?"自計偕及今,皆丐貸同鄉,以瞻朝夕。計偕,赴京會試。同鄉同部雷介公,與幾石趣尚相礪,皭然方梗,京師傳"介石冰霜"之目焉。皭(jiào)然,潔白。曾問出一總戎虎大威,威後出關,感殊死得甦,遣人餉金荸無算,公卻之。

總戎,總兵。復,同"參"。其人再三,公矢白日,引入僦舍,視其牀蓐如此,豈求餉謝者哉?其人歸旬月復來,伏地泣:"主人戒命不受,則蟻不得歸。"公大怒,將收縛之,乃乞命去。嗚呼,世有冰霜至此者乎?

廠衛察察,日以詗事倖功。倖,貪圖。讞獄自北寺轉部者,日溢簿格。介公多執爭之,平反其所讞,屢奉嚴旨鐫數級。公曰:"此亦非以救人也。"嘗就事委曲爲脫人,故不直以次得寬。若朝臣之獄,胡周鼒、賀鼎,皆得輕比。其他吏士所全,固數數也。獨咨嗟者,黃石齋先生之事。黃道周字幼平,號石齋,漳浦人。崇禎十四年(公元1641年),因上疏彈劾楊嗣昌而系獄。詳參《明史》道周傳。物禁已甚,以黨中之者至深,故廷杖後,復調錦衣獄,並四公救之者,考訊逾冬,背株指使,乃移刑曹當律擬罪。疏救道周者,編修黃文煥、吏部主事陳天定、工部司務董養河、中書舍人文震亨。公正司其事,思所以全之,急則止觸不測,無益。適天子以悼靈王之故,惻然開恩,布大赦之詔,命輔臣范公復粹專理之。范復粹,山東黃縣人,萬曆四十七年(公元1619年)進士,崇禎十三年(公元1640年)任內閣首輔。公喜曰:"天眷君子矣。"久之,范猗違其事,密揭求會審,分別揣靡,釋諸小獄以塞責。若諸君子獄,則恐悖時指,遺後悔,此年來逢迎刻核之故智也。公銳身白請曰:"十四年一日之恩如此矣,大臣踴躍,使天下幸,以爲朝廷幸,豈特自計種德之時哉?即不能豁然縱遣,當爲積年諸滯,概輕一等,何會審分別之有?分別,歲秋審耳。"范搖指曰:"皇上英明特甚,若有纖隙,骸骨所係,子何慢言?"公反復陳之,即分別,當以大獄爲先。語至此,范則瞠矣。公他日再見,白如初,答亦如初。三見,公流涕言:"會審示公可也,分別之事,有司居其責。皋夔螳臂,爲朝廷廣恩,爲先生種德,即有禍,皋身任之。"范始爲之動色,長揖曰:"子大德如此,再三諄諄,子當先疏,老夫繼之。"公並以語本堂劉公題其事,詔下大審,十三司諸大獄,任其任者交推公。公司本科,具草列名,無避也。然范公終猶豫畏忌,審十餘日,劈長檷,出鉗釱,不過二三人,皆吏民痍病者。長檷,手銬。鉗釱(dì),刑具,鉗在頸,釱在足。痍,獄中致病。士夫之案,毫不敢聞。是時以大理寺爲公所,榜其堂曰:"皇恩大赦,實故事,秉筆畫疑而已。其後諸獄,以煙永得減死論者,乃部擬上,久而得允者也,于大赦何與焉?"

石齋先生一案,有解石帆中丞,以薦首領。解學龍字石帆,揚州興化人,萬曆四十一年(公元1613年)進士,因推獎黃道周而下獄廷杖。同黃公廷杖者,葉潤山户部,則告章格庵預囑後事。葉廷秀字潤山,濮州人,天啓五年進士。章正宸字羽侯,號格庵,崇禎辛未(公元1631年)進士,官至吏科給事中。疏救黃公而拜杖者,涂仲吉,則以太學生控疏申理者。馬通政思理,則以封本。馬思理字達生,天啓壬戌(公元1622年)進士,明亡不食死。董主政養河,則以擬罪徇情者。董養河字叔會,閩縣人。一年間,由戍擬上,凡數駁,駁至煙瘴,一則曰結黨亂政,一則曰未蔽厥辜,意不辟不止。至是公爲具審,曰:"沽名釣譽之情,前兩疏已痛切嚴責之矣。至此惟有一死。死生之際,臣不敢不慎也。緣我皇上自御極以來,所論死諸死,非封疆大事,則貪酷大罪,從未有以諫言誅大小一臣者。而今以此加道周,是道周無封疆貪酷之失,而有諫言蒙戮之名。于道周得矣,非我皇上無不覆、無不載之天地也。且皇上所疑者黨耳,黨者見諸行事,相聚訟言,乃爲植黨。道周自上一疏,空言無當,睿照一臨,肝膽寒裂。試看如某等者,始未嘗不相與,而今且斥之短之,周亦不與之較,日惟禱祝聖壽,怨艾無已,無復絲毫怙忿,是何足煩聖明之震怒,動朝廷之大法耶?昔孟子之論生殺也,不取決於左右諸大夫,而窮情於國人。國人皆曰可殺,然後察之。見可殺焉,然後殺之。今道周,國人皆不以爲可殺,而臣論殺之,豈確案乎?臣仰見我皇上,于去年行刑時,即負罪之人,猶忽然傳旨停免,滿城老稺,舉手加額,祝頌無極。聖天子豈有積恨於道周乎?萬一轉圜動念,臣已論定,噬臍何及?所以當此生死之關,不敢不其難其慎。恩威出自皇上,皇上如天之度,有非微臣渺識所敢窺測。故躊躇冒死,仍以原擬,仰候聖裁,而非微臣之所敢必也。解學龍疏舉循例,非敢創行。涂仲吉等愚昧取咎,仍照原擬。至若某等,項背相接,比肩事主,豈無臭味相關?一當利害,反面攻擊,若將浼焉,翻覆變態,薄似秋雲,縱不相干,亦非良士,亦照原擬,以示薄懲。"浼(měi),玷污。疏具畫題,三堂視之,猶不敢上。然後卒用此得放,卒用此成周陽羡初三月之善政,則公之苦心曲護,爲之先地也。

　　公爲諸生,即以清介名。舊有疢疾,在曹八月,茹苦不堪,驟勞疾發,發即知不可藥,乃先書戒其弟若子,奉祖父之訓,惟恨犬馬不能報皇上特用之恩命也。王公昆華,與雷介公、鍾無奇,視其喪,入室簡笥中,惟十五金,敝衣囊,書數帙而已。爲之斂賻,殯之。賻,以財助喪。上江館中,亦爲經營。值鍾無奇差出高郵,以其櫬歸。以智曰:幾石在部時,老父以撫楚爲楚相[楊、姚]所中,被逮。每入鐵門,幾石提牢,與語終日,切齒時事,無秉公盡分者。方以斯世之責望之,不幸即世。介公爲述其同事之苦,與其家世道風,屬余作傳。所稱履齋公陞,即周仲仕令仙源,聘修邑志者,敬讓好施,真理學者舊也。惺吾公館,隱于酒,而隱德尤多,鄉人皆能言之。余故詳其所目及,而傳之以待。

通雅又序 此文又見于《通雅》。

　　學惟古訓,博乃能約。當其博,即有約者通之。博學不能觀古今之通,又不能疑,焉貴書簏乎?古有博于文畫者,博于象數者、典制者、箋注者、詞章者、名物者、隱怪者。經史既別,各有專家。小學源流,忽爲細故。上下古今數千年,文字屢變,音亦屢變。學者相沿不考,所稱音義,傳訛而已。

上古眇矣,漢承秦焚,儒以臆決。至鄭、許輩起,似爲犂然,後世因以爲典故。鄭,鄭玄。許,許慎。聞道者自立門庭,糟粕文字,不復及此。其能曼詞者,又以其一得管見,洸洋自恣,逃之虛空,何便于此?考究根極之士,乃錯錯然元本,不已苦乎?摭實之病,固自不一。屬書贍給,但取漁獵。贍給,行文之助。訓故專己,多半傅會。其以博自詡者,造異志怪,學子橫、子年且不逮,豈許差肩曼倩、茂先間乎?郭憲字子橫,東漢人,舊説著《洞冥記》。王嘉字子年,東晉人,著有《拾遺記》。東方朔字曼倩,舊傳著《十洲記》。張華字茂先,西晉學者,著《博物志》。反不若君道、至能《草木狀》《虞衡志》,爲足佐景純、元恪,有禆多識矣。嵇含字君道,西晉學者,著《南方草木狀》。范成大字至能,號石湖,宋代學者,著《桂海虞衡志》。郭璞字景純,東晉學者,曾注解《爾雅》《山海經》等。陸璣字元恪,三國吴人,著有《毛詩草木鳥獸蟲魚疏》。

宋之編考,夾漈頗有所見。夾漈,鄭樵。章、馬次之,伯厚次之。章,章如愚。馬,馬端臨。伯厚,王應麟。金石則比輯于歐、趙、呂、王,而原父、子固、彦遠、長睿,辯考爲力。歐、趙、呂、王,歐陽修、趙明誠、呂大臨、王黼。原父,劉敞。子固,曾鞏。彦遠,董逌。長睿,黄伯思。朱子每慕六一,而于存中、泰之雜説,亦無不留心也。六一,歐陽修。存中,沈括。泰之,程大昌。

洪武初,劉、宋之根極,瓊山、荆川之編彙,潛谷、本清之圖纂,皆冒大略,少有是正。劉,劉基。宋,宋濂。瓊山,丘濬。荆川,唐順之。潛谷,鄧元錫。本清,章潢。子元、仁寶,瑣瑣記之。陸采字子元,明中葉人,著有《冶城客論》等。郎瑛字仁寶,明代藏書家,著有《七修類稿》等。陸文裕、于文定,時有一端。陸深字子淵,弘治十八年(公元1505年)

進士，官至詹事府詹事，兼翰林院學士，卒諡文裕，著述《史通會要》《玉堂漫筆》等。于慎行字可遠，隆慶二年（公元 1568 年）進士，官至禮部尚書，死諡文定，著有《讀史漫錄》等。京山若有所窺矣，支與流裔，未委悉也。郝敬號楚望，京山人，著有《周易正解》等。李大泌、阮霧靈，可謂強記。李維楨字本寧，隆慶二年進士，官至禮部尚書，著有《大泌山房集》《史通評釋》等。阮自華，號霧靈山人。李屬方子謙補《韻會》，其疏略猶之直翁，無大發明也。方日升字子謙，明代音韻學家，曾館于李大泌家，因成《韻會小補》一書。黃公紹字直翁，宋代音韻學家，著有《古今韻會舉要》三十卷。新都最博而苟取僻異，實未會通。楊慎字用修，號升庵，四川新都人。張東莞學新都，竊取尤多，嶺南之九成、子行也。張萱字孟奇，號九岳，東莞人，著有《西園聞見錄》《匯雅》等。陶宗儀字九成，元末學者，著有《說郛》《輟耕錄》《書史會要》等。吾丘衍字子行，元代學者，著有《學古編》等。澹園有功于新都，而晦伯、元美、元瑞，駁之不遺餘力。澹園，焦竑。晦伯，陳耀文。元美，王世貞。元瑞，胡應麟。以今論之，當駁者多不能駁，駁又不盡當。然因前人備列，以貽後人，因以起疑，因以旁徵，其功豈可沒哉？今日之合而辨正也，固諸公之所望也。壬午夏以智又記。

字彙辯序

　　聲音文字之小學，蓋道寓于器，以前用盡神者也。前用，"以前民用"之省稱。盡神，窮盡其變化也。二語皆出《易傳》。智嘗論曰：李斯亡古文，沈約亡古音，功過等也。參見卷三之《字韻論》。羅泌謂古有蒼帝作字，頡乃黃帝史，作籀大小篆波磔之筆。羅泌字長源，號歸愚，南宋人，著有《路史》。至周列國，緣飾具備，如楊桓所載一字至數百。楊桓字武子，元代學者，著有《六書統》等。秦並天下，始禁列國，專從秦篆。故漢末《說文》僅存，率傅會秦篆。秦篆行而古文亡，然使無李斯畫一，則漢晉下各以意造，紛亂可勝道哉？古音隨自然之氣，至有《七音韻鑒》，叔然之反切始起。_{叔然，孫炎。}東晉謝傅，屬徐氏廣、邈作《音釋》，而沈約增定之，陸德明、孫愐因之，宋爲禮部韻。自沈韻行而古音亡，然使無沈韻畫一，則唐至今，皆如漢晉之以方言讀，紛亂又可勝道哉？

六書之法，不出聲形，皆事也，則皆意也。音託于字，故轉假用多。同類應聲，故叶之爲韻。遂守李斯以論古聖制字之意，遵沈約以斥中原自然之聲，使人益痛李、沈矣。顏之推即嘆依小篆是正，爲不通古今，況今日耶？智故曰：音有定，字無定，切、等隨填，而後人沿守也。漢以來，有通用者，有分別者。魏、王、吳、朱，因漁仲、合溪而臆矣。《長箋》守徐、郭，主漢篆，則泥矣，何怪郝京山一埽而通之乎？然有古可借，今不必借者。自衛包改古文之後，《史》《漢》尚存舊文，《石經》時可徵引，當明其原委，乃不爲辯考者所惑耳。音韻之變，與籀、楷同。天地推移而人隨之，今日之變沈，即沈之變上古也。上古之音，見于古歌三百。漢晉之音，見于鄭、應、服、許之論注。至宋漸轉，元周德清始一暢之。《洪武正韻》，正其入聲者也。必如吳才老取宋人之叶，升庵殉漢讀之異，亦何貴乎？審此數者，可與言折衷矣。

予友張苣山，宗格致之學，飭行翂翂，覃思經傳，輯著《四書大全辯》，御史臺特題進覽頒行。_{翂翂，恭謹貌。}中有餘暇，復取《字彙》是正其譌，屬智序之。《字彙》，_{萬曆時梅膺祚著}。嘆曰：世有勤劬其力，以資後學如此者哉？梅氏取韓道昭《篇集》，與方子謙《韻會補》及周伯溫《正譌》數編而已。_{韓道昭字伯暉，金代音韻學家，著有《五音集韻》等。方子謙，見上篇注。周伯琦字伯溫，元末學者，著有《說文字原》《六書正譌》等。}子謙尚多疏舛，伯溫竊合溪而譌者也。道昭因黃公紹，公紹因《孟蜀》，《孟蜀》因《玉篇》《字林》，皆以傅會秦篆之叔重爲禰祖，經籍四部，并未淹洽，況知原委之所以然乎？黃公紹，宋末人，著有《古今韻會》。《孟蜀》，即《孟蜀石經》，五代時孟蜀毋昭裔所刻。叔重，許慎。智年來從吳恭順、鞏鴻圖，博稽金石，返質傳記，悟古人因沿之故，方與諸千年博考者，參較古今，集成《通雅》，苦不能竟業，則山川詩酒放浪之累也。吳惟英、鞏永固，見本卷《此藏軒音義雜説引》注。芑山獨攻苦食淡，無山川游聚、留連詩酒諸習，毅然起衰濟溺爲己任，手編扃室，終歲通覽，何患業不成？智滋懼矣，家三世窮理好學，智獨放浪自荒，仍是考究古今，差勝雕蟲博奕耳。竊嘗嘆芑山生平明體適用，悲世孔棘，以儉慎爲飲食，以著述爲干城。即小學諸編，猶且需之歲月，詳爲折衷，其用心專一爲何如也？後先所著書不止是，智謹先序《字彙辯》原委于此。壬午孟夏日。

熊伯甘南榮集序

壬申遇卧子于西湖，一歌而合。癸酉伯甘公車，過稽古堂，慰我博依，力倡大雅，歸于中和，許銅盤矣。熊人霖字伯甘，熊明遇之子，曾任南京工部主事。銅盤，"銅盤重肉"之省稱，謂殊遇也。忽忽一紀，先後通籍，猶未獲邕邕于明堂，且有瘋泣，翻作好歌，何驟變與？邕邕，同"雍雍"，和樂貌。瘋泣，鼠思泣血，憂愁之意。賊躙江北，從此流寓，枕上蒿目，酒後嗚嗚。有父盡瘁，而以黨逮，幸蒙召環，外逼内訌，督以疆畫，而弗采其《芻蕘》。柄者羃繫死權，上下蹴㐰，奚止乎《六月》《民勞》？羃繫，交結。死權，貪戀權勢至死不休。蹴㐰(h)，乖戾。《六月》《民勞》，《詩》篇名。鄭箋曰："《六月》，言周室微而復興，美宣王之北伐也。"毛序："《民勞》，召穆公刺厲王也。"鄭箋曰："厲王，成王七世孫也。時賦斂重數，徭役繁多，人民勞苦，輕爲奸宄，强陵弱，衆暴寡，作寇害，故穆公以刺之。"變曷怪焉？卧子覽余《流寓草》，誠予曰："悲歌已甚，不祥。"余雖欲更變其變，已不自知其然，非援醉車之墮以爲解也。《莊子·達生》："夫醉者之墜車，雖疾不死。骨節與人同,而犯害與人異,其神全也。乘亦不知也,墜亦不知也,死生驚懼不入乎其胸中,是故迕物而不慴。彼得全於酒而猶若是,而況得全於天乎?"伯甘歷年令義烏,舉卓異,與臥子同平許都之亂,行且爲天喉舌。崇禎末,東陽諸生許都反,陳子龍招撫之。其《南榮集》,寓書適至,余讀而嘆之,皆雅音也。簿書米鹽,劍戟矢石之間,而猶能若是,天才踔絕,固也,觀其深哉！敽(fá),盾牌。温柔敦厚而不愚,南榮子奉宫聲以轉世,有淵源矣。智嘗問中丞公曰:"《詩》三百篇,大抵皆貞誼孤孽感憤之所作也,于中和也已傷。"曰:"汝信'思無邪'乎?《論語·爲政》:"子曰:《詩》三百,一言以蔽之曰,思無邪。"怨即所以興,發即所以止。苟爲不然,蔚氣倚之。倚則安能不偏？必且訑娸以偷快鬬勝。琴太促則入慢,鼓太嚴則隱雷,貴中節耳。廷尉公不云乎,詩志也,詩時也,隨時永志,有變變而不變者存。與時消息,感不自欺,知此幾否？今所謂浮闊者傷于不情,苛癢者傷于纖佻,苟而之俚,掉而之險,衹嚴詞章之雅,未及乎聲。'神之聽之,終和且平。'《詩·小雅·伐木》。有知感之所自來者耶？學爲之養節乃能中,不可不自問也。"我聞大司馬公之論致中和也,猶我廷尉公也。崇禎初年,熊明遇曾任兵部尚書。家君在長溪,早傳提命。密之父親方孔炤官福建長溪,曾與熊明遇共事。全琴皆音,徽指相叶,敢以聲無雅俗之冒論,挈楹自遣,倚毋乃甚？屈原《卜居》:"寧廉潔正直以自清乎？將突梯滑稽如脂如韋以挈楹乎?"王逸注:"挈楹,謂同諧諛也。"正望熊子之入,上以感諭,下以同風,余得以化其愚而深之,且書此以先報。癸未秋題于曼寓。

送周農父還故鄉序

周子從不欲出游,去冬家君子被召北上,阻■徐淮間,農父韎韋短後,鞭馬羽檄旁午中,卒以間道夜行,與■火相望,冒險而至。韎(mèi),赤黃色。短後,戎裝。至京■正逼,宣督方以陽和兵屯柳巷,遣騎招之。數千里稅駕,可少息矣,又慨然往。往即鼓其軍,設奇逐■。至墻子嶺、榨樹之戰,若依農父布算,■安得歸?惜乎將仍故習,即主者無如之何耳。予自束髮交農父,至文弱。當澤社詠歌,志必于儒者。目天下多事,起而談兵,今遂能披甲馳突,親當矢石,豈非天下事無不可爲者乎?農父口吃而善著書,自詩詞外,所條論當世之務,動數十萬言,流徙攘攘,惜遭焚失。頃酒酣,與人料成敗,輒如桴鼓。此由觀古今熟,非但精陰陽占驗家學也。吾邑經民變寇警,益易練習,農父登陴以爲常。陴,女墻。家君子在鄲,周子實左右之,八戰而捷,每算必中,王佐才,何必多古人耶?古人之游京師,以成名者多矣。賢如林宗,猶告季智曰,此智士交結之秋。郭泰字林宗,仇覽字季智,皆東漢名士。趙元叔且哭京尹之門,要其車騎,以爲非此人無可與託名者。趙壹,字元叔。京尹,指河南尹羊陟。《後漢書·趙壹傳》:"壹以公卿中非陟無足以託名者,乃日往到門。陟自强許通,尚臥未起,壹逕入上堂,遂前臨之曰:'竊伏西州,承高風舊矣。乃今方遇而忽然,奈何命也。'因舉聲哭,門下皆驚,奔入滿側。陟知其非常人,乃起延與語,大奇之。"農父何難傲五侯七貴間?而顧漠然,惟二三故人往還,未嘗輕投刺要津達官門也。曰潞河相公聞其名,固欲見之,而農父不肯見。臨發,乃始貽書,指陳時事,能犯忌諱。潞河相公益重之,欲薦以官,此愈非其志矣。天下之危言正論,不足重于當道者,以其有所求也。邇來伏闕,成捷徑焉,農父恥之,故去而留書耳。嗟乎,故鄉爲戰場,余與農父同此無家之苦,而農父更苦于余,上有高堂,下有穉子,傚市銅官,盎無斗儲,止以急故舊之義而來,豈因今日,如百史、其武故人略多,而竟不一還省親耶?宋之繩字其武,溧陽人,崇禎十六年(公元1643

年)探花。嗟乎,余又感矣。上不能如陳涉江請纓殺賊,次不能見天子,言胸中所欲言,又不能退身遠引,爲古高士之行,下不能交游要人,以澤其身,父子相依,跼促輦下,佯狂不可,避世不能,舒章此言,反復堪痛。視農父之飄然出京,愧且羨之。且老友如農父而去,竟無以奉菽水之助,而僅爲文以送其行,益愧矣,敘何足以盡之?

曹根遂先生博望稿序

每嘆世無言文章者矣,同郡有霧靈先生,對江有博望先生,切近典型,而忽已往矣。今年梁父以《博望稿》,郵致次定,余卒讀而嘆,嘆此道在我朝凡數變,大雅久亡,即束髮事筆硯,敢向悠悠語此哉?根遂先生于余爲父執,稱博望者,以山名也。重之梁父托骨肉之親,期古人之業,兩家皆淵源詩書大雅之好。然余不得親奉朝夕于此父執前,竟以不遂,僅得一讀遺稿,顧瞻四方,又無與言此,此能無嘆乎?霧靈先生,阮公堅之也,余石塘業師師事之。阮自華,字堅之,阮鄂之子。萬曆戊戌進士,著有《霧靈集》等。石塘,白瑜。霧靈猶及見婁東,故其教尚博學,而文主王、李。婁東,即太倉,借指王世貞。李,李攀龍。二人乃明代文壇後七子領袖。其近《青州志序》者多,私心猶以爲口不屑修武,然《曹王碑》聱牙詰屈,或尤甚焉。根遂先生之文,皆由修武以陶鑄龍門者,又絶不落濟南之蹊徑,此余所以徘徊而嘆不奉朝夕也。世未嘗有元本,而好相是非。即有應是非者,豈受今之所是非乎?自劉宋以正大符開國之治,孝皇時崆峒起而振之,以秦漢爲倡。劉宋,劉基、宋濂。李夢陽號崆峒子,前七子領袖。世廟時濟南、婁東並烈,然婁東年老,歸之自然,政府諸列傳,其文則江漢之流也。其時方不屑歐曾,故不屑歸唐。歐曾,歐陽修、曾鞏。

歸唐,歸有光、唐順之。歸唐故步趨歐曾者。已而學者不能如其博學而如其貌,故詩成浮響,不復入情。公安變而刻削,竟陵變而淡薄,然已卑矣。公安派代表人物爲袁宏道兄弟,竟陵派代表爲鍾惺、譚元春。古文辭,則又有義慶之《世説》,蘇黃之小品,目以玄遠,別成清尚,空疏挾之,苟焉亡俚,故曰各有所長,各有所蔽。然徵其實,于元本之間,相去萬矣。會典謨諸子,而近情盡變者,子長固大雅之壇坫也。韓蘇得力于秦漢,而議論駕之。歐曾號曰平正,未免爲平正所藩。于鱗跡之已甚,元美有大體而未能盡變,猶荊川之歐曾未能盡變也。李攀龍字于鱗,王世貞字元美,唐順之號荊川。要以朴雅爲能事,八大家與秦漢,雖分淺深曲折,其門則同也。今之事歐曾,事秦漢,至相詆訶,專事皮相,又烏知其所以爲秦漢歐曾耶？而率意自便者,又雜之以佻巧藻繪,欲辨大雅,將誰屬乎？能辨雅者,可以秦漢,可以唐宋,並可以六朝,可以詞曲,但不當雜厠失體耳。博望先生之詩,合取天寶、大曆、元和之調,而出之以性情。古文以韓合子長,時從敘事起波發論。間有題跋,則馳驟蘇黃。此其有元本之學,故能出入縱橫,可大可小,自如指揮也。祖構之士,既不能辨體,又不修辭,曰吾行吾意耳,先生嘆之,蓋已久矣。先生好古博學,工書畫,精鑒別。收藏古器法帖,過于長睿、彥遠。長睿,黃伯思。彥遠,董逌。喜客樂施,自光祿歸,則徜徉青山采石,載酒詠歌,未嘗以寒暑間。方欲考古今,成著述,忽值不仁之疾,膈有淡飲,言不如其所指。小子盤辟榻前,是以不獲上下質論,此所以始終爲此道嘆也。謹依梁父之請,先次其詩古文若干篇,使天下讀之,且志吾上江之典型。

史統序

經以窮理,史以徵事。設身處地,自忘其心之成見而體之,乃能灼然天下之幾,而見古人之心,此所謂鑒也。自馬遷倣《春秋》作《史記》,歷代相沿,卷帙遂繁。溫公奉詔聘賢,以局自隨,始成《通鑒》,而袁樞紀爲《本末》。袁樞字機仲,南宋史學家,著有《通鑒紀事本末》。鄭樵廣杜佑之《通典》,馬端臨合爲《通考》,學者便之。呂東萊《詳節》,馬維銘續《纂》,約載而已。呂祖謙,人稱東萊先生,宋代史學家,著有《十七史詳節》等。馬維銘字弘衢,萬曆進士,著《史書纂略》。荆川《左編》,乃以評隲分品類。唐順之著《史纂左編》。李贄竊取,標新見奇,銛鋒所趨,巧言偏詞,忿設無由,是非何能不紛紛耶?李贄論史書有《藏書》《史綱評要》等。鄧潛谷《函史》,蓋欲隨而維之。今得莆田牧仲之編,一衷以聖人之道,知人論世,稱物平施,誠學古之津梁、濟時之指南也。鄭郊字牧仲,莆田人,《史統》作者。涂德公言與牧仲同事石齋先生,好學不懈。余廣之師,亦汲汲稱其淹通條達,持論和平。豈近世翹明剽竊,所能萬一者乎?牧仲正統,例起三國,不泥涑水、考亭,最爲委帖。涑水,司馬光。考亭,朱熹。其議得失,述成敗,別淑慝,賞才力,亦旁取古論大觀,論定其後。長中知人之短,短中知人之長,時有其宜,不没一善。漢治近古,武乃恢功。唐多雄姿,撥亂得力。晉流清言,而量定者勝。宋明理學,而國失之弱。不必冒言三代,而鄙漢後之瑣瑣也。不以後賢之守閑敦厚,而薄漢唐之劗割濟務也。十六國在北者,久漸華風,才兼文武,故士樂爲之用。北魏孝文,直以中國帝王待之矣。道自孔孟以後,于少保、張江陵正堪入橐而鍛煉之。于謙,官至少保。張居正,江陵人。隱見隨時,貴在求志達道,詎定以枯槁虛憍爲高哉?如論新法,宋當强幹,介甫不達物理,空負特達之主知,而溫公所執亦偏,安得明道起而任之?此吾所謂知人論世,平心而見古人之心者乎!士子體道學古,得其大用,有此明鑒,已省十半之力矣。余雖未見牧仲,而獲讀其書,知其志致中和，事措時宜，白心正骨，砥礪攻苦，又習聞銅海之天道，成德達材，交濟時雨，其何可量？_{黃道周，福建銅海人。}即日出而報國，啓沃廟謨，豈虛言哉？故樂而爲之序。崇禎癸未。

周易時論後跋

家君子自辛未廬墓白鹿三年，廣先曾王父《易蠡》、先王父《易意》而闡之，名曰《時論》，以六虛之歸環中者，時也。《易·繫辭下》："《易》之爲書也不可遠，爲道也屢遷，變動不居，周流六虛。"孔穎達疏曰："言陰陽周徧流動，在六位之虛。六位言虛者，位本無體，因爻始見，故稱虛也。"又八年，撫楚，以議勤穀城，忤楚相被逮。時石齋先生亦拜杖下理，同處白雲庫中，閱歲有八月。兩先生翛然相得，蓋無不講《易》朝夕也。肆赦之後，家君子特蒙召對。此兩年中，又會揚、京、關、邵，以推見四聖，發揮旁通，論諸圖説。_{揚，揚雄。京，京房。關，關朗。邵，邵雍。四人皆屬易學之象數派。}自晉以後，右王左鄭，而李鼎祚集之，依然皮傅鈎鈲也。_{王，王弼。鄭，鄭玄。李鼎祚，唐代易學家，著《周易集解》。皮傅，傅會。鈎鈲(pī)，錯亂。}至康節乃明河洛之原，考亭表之。學《易》家或鑿象數以言占，或廢象數而言理，豈觀其通而知時義者哉？一有天地，無非象數也，大無外，細無間，以此爲徵，不者洸洋矣。觀玩環中，原其始終，古今一呼吸也。雜而不越，旁行而不流，此《時論》所以折衷諸家者乎！_{雜而不越，出《易·繫辭下》。王弼解曰："備物極變，故其名雜也。各得其序，不相踰越。"旁行而不流，出《易·繫辭上》。林希逸解曰："此言旁行而不流者，蓋言聖人非善於一身，以至正之德，上符於天，下合於地，中合於人，无私无枉，无所不契。雖旁行於天下之間，亦无私邪淫過流蕩之事。所以然者，蓋至公至正而致然也。"}家君子之于學也，不跡于壇坫，不靡于文詞。通籍數十年，職方忤璫，幾罹不測，武陵一中，幸感天恩，皆怡然處之，安往而不逍遙環中耶？_{武陵一中，指爲楊嗣}

昌中傷也。余小子少受河洛于王虛舟先生，符我家學，尤恨爲詞章所廢，周章好博，且曰謹守父師之說，以晚學《易》，檮昧而文過耳。時乎時乎，猶恐不及。崇禎癸未冬日不肖男以智百拜謹跋于上江小館。

史斷[癸未冬作]

尚論古今，貴有古今之識。考究家，或失則拘，多不能持論，論盡其變。然不考究，何以審其時勢，以要其生平？雖咎繇操律而斷之，烏能不冤，烏能不漏乎？咎繇，即皋陶，舜臣，主刑律。讀史廢書而嘆，嘆莫大於此。

《資治》書"皮日休仕黃巢"，《綱目》書"莽大夫卒"，說者曰正人心也。皮日休字襲美，晚唐詩人。《通鑒綱目》，朱熹編。皮猶與鄭元璹存疑于《考異》，子雲不幸名高，談道者惡其壇坫，而宋之文章，又惡其艱深，故受責備獨苦。《考異》全名《資治通鑒考異》，司馬光著。子雲，揚雄。而漏者如宋弘、王祥，反得褒辭。宋弘，哀平時官侍中。王莽篡位，任弘爲共工。光武時，歷官太中大夫、大司空等。王祥，曹魏時官太尉，以孝于後母及不肯臣王著稱。入晉，拜太保，進封睢陵公。嵇紹與諸葛靚同科，而靦面君父之仇，塞責蕩陰，猶不足掩趙王倫之宰相，顧乃至今稱之。嵇紹，嵇康之子，後因保護晉惠帝，死于蕩陰。諸葛靚，曹魏征東大將軍諸葛誕少子。《世說新語》注引《晉諸公贊》曰："吳亡，靚入洛。以父誕爲太祖所殺，誓不見世祖。世祖叔母琅琊王妃，靚之姊也。帝後因靚在姊間，往就見焉，靚逃於廁中，於是以至孝發名。時嵇康亦被法，而康子紹死蕩陰之役，談者咸曰：'觀紹、靚二人，然後知忠孝之道區以別矣。'"王倫，八王之亂的主角之一，曾篡帝位。溫公載山濤用嵇紹之語，微詞已見。士既不讀全史，又不讀全《鑒》，專好循襲論斷，斷斷是非，遂使漏者漏而冤者冤。漏則已矣，冤何能忍？[宋弘爲王莽共工，王祥爲晉太尉，則長揖之骨可省。司馬氏殺嵇康，篡魏，而紹事之，又爲趙王倫侍中，故紹自云污僞職。按當時侍中，宰相加官也。王敦爲大將軍侍中，上表曰臣備位宰輔。自此南北朝皆以侍中爲宰相。]《兩山墨談》據《渭南集》，辨襲美之不仕巢。《兩山墨談》，明人陳霆撰。《渭南集》，陸游著。《筆乘》載胡正甫、簡紹芳辨子雲之不仕莽，雪其沉冤，豈非陰隲？《焦氏筆乘》，焦竑著。吾于是嘆考究之不可以已也。[小説載皮日休臣黃巢，爲作讖文而見殺。《通鑒考異》及胡三省注已辨之。陳水南，按陸放翁《渭南集》，以皮遁吳越死，子光業爲吳越相，四世孫公弼仕宋。聞宋子京以入正史，公弼欲辨于朝，未及而卒。《焦氏筆乘》曰：泰和胡正甫爲子雲辨，郫縣簡紹芳其説尤悉。言本傳，雄年四十餘，自蜀來游京師。王音奇其文，薦雄待詔。歲餘，奏《羽獵賦》。當成時，至天鳳五年（公元前18年），合四十餘，不牴牾耶？蓋平帝時卒，後世止因投閣與美新耳。簡公謂大家所補，或谷子雲作。蓋東漢著作，多托子雲，如《連珠》之類。世疵文雅，因訛而傳。不然，如張平子、韓退之、曾子固，皆服之無異詞。胡、簡、焦三公，言多不盡載。]

　　楊新都言野史不可盡信，唐之《河洛春秋》，誣顏杲卿上禄山降表，而郭子儀、陸贄之賢，皆加誣焉。顏杲卿字昕，與顏真卿同五世祖，爲安禄山所殺。宋代尤多，趙清獻娶妾，司馬溫公、范文正公奔兢，識者已辨之。趙抃字閲道，景祐元年（公元1034年）進士，累官至參知政事、太子少保，卒諡清獻。至于國史，有難信者，則在秉筆者之邪正也。兩朝國史，貶寇準而褒丁謂，蓋蒲宗孟之筆也。丁謂字謂之，北宋奸相。蒲宗孟字傳正，宋神宗時歷任進賢校理、翰林學士等，《宋史》有傳。蔡京及卞，誣司馬而謗宣仁太后，非楊中立與范冲，孰爲正之？蔡京字元長，北宋權相。蔡卞，蔡京之弟，王安石之婿。司馬即司馬光。楊時字中立，號龜山，程門高弟，官至龍圖閣直學士。范冲字元長，范祖禹之子，高宗時負責修《神宗實録》。嗟乎，世不生考究之士，紀傳之所載，且不能省覽本末，何問紀傳之所不載，而望其推而斷之乎？陶長沙之明哲似魏武，忠勤似孔明，此目最當。陶侃字士行，東晉名將，封長沙郡公。獨以諷取故節，正論上流，而青箱累世,與淮水同絕,故秉筆者舟旋貴盛之族,或出其親知,士行傳中,遂謂有八翼不軌之志。《晋书·陶侃傳》:"或云侃少時,漁於雷澤,網得一織梭,以挂于壁,有頃,雷雨,自化爲龍而去。又夢生八翼,飛而上天,見天門九重,已登其八,唯一門不得入。閽者以杖擊之,因墜地,折其左翼。及寤,左腋猶痛。"其大節昭彰,無可言矣,乃搜記其指文,又徵之以夢中之意。嗟乎,夢中之意,可得徵乎?此不問而知爲誣詞,明甚。侃子胡奴,拔刀問袁宏曰:"先君功業如此,足下作《西征賦》,何以一不相及?"宏懼而杜撰數語以免,豈不見當日之情哉？袁宏字彥伯,東晉史學家,著有《後漢紀》等。

　　李鄴侯事三朝,寧澹忠亮。李泌字長源,唐德宗時封鄴縣侯。其早爲神仙之言,正以顧榮所云,"有四海之名者,求退良難"。語出《晉書·張翰傳》。顧榮字彥先,東晉名士。留侯赤松,用是道也。《史記·留侯世家》載張良語高祖曰:"願棄人間事,欲從赤松子游耳。"《舊唐書》不勝其詆諆,今《鑒》于其卒也,猶云"好言神仙,爲世所輕"。夫言神仙,有何可輕？其人之功業出處如此,遇事極言,言人之所不敢言;輕身定難,制人之所不能制;回紇屯田,策人之所不能策。神仙乃其寄託超曠,古明哲之風也,何爲乎譏？吾因嘆曰:此陸忠宣門生故吏之言也。忠宣與鄴侯同時,同遇主,宜膠漆矣,然不聞同接密議,兩人者皆口不相齒,吾是以嘆兩賢之不同調也。忠宣從幸梁洋,號爲内相,一不在,天子如失左右手。以忠宣所負,人所望忠宣,無不以爲即宰輔者。及京都底定,乃不相忠宣,召鄴侯而相之。鄴侯相三年,忠宣遂無一言。至鄴侯且死,天子問誰可代相,計當時之人才,宜無過忠宣,而鄴侯顧不薦,薦竇參、董晉。晉僅不久去,參遂得重罪。說者且言忠宣構之,則謂忠宣愛鄴侯,鄴侯愛忠宣,恐無此人情也。忠宣當時文名重天下,門下士皆濟濟,而鄴侯嘗有超然世外之度,不屑作儒生聲價,必以是不合,而又兩人皆不出諸口。爲之門人者,親見當日之跡相形,從而貶之。鄴侯不立黨與,以道家自得,進非科目,致位宰相,故右之者寡耳。泌一子繁,爲親故細事,下獄論死。鄴侯之功如此,當時遂無出一言申救之者,人情概可知也。

司空表聖墮笏而歸中條,一慟于王官谷,生平大節表表。司空圖字表聖,《舊唐書·司空圖傳》稱:"昭宗遷洛,鼎欲歸梁。柳璨希賊旨,陷害舊族,詔圖入朝。圖懼見誅,力疾至洛陽,謁見之日,墮笏失儀,旨趣極野,璨知不可屈。"又:"圖有先人別墅,在中條山之王官谷,泉石林亭,頗稱幽棲之趣。自考槃高卧,日與名僧高士游詠其中。"《五代舊史》《梁書》至謂"躁於進取,頗自矜伐,爲端士所鄙。昭宗反正,召之,謂己當宰輔,時人惡之,抑其鋭。圖憤憤謝病,復歸中條,與人書疏,不名官位,稱知非子"。范公偁曰:"世何毁譽之相反也?以休休亭,耐辱居士,進退皎然,而不見知于當世,乃至是乎?"范公偁,范仲淹玄孫,著有《過庭録》。王元之爲《五代闕文》,始力爲之辨。王禹偁字元之,北宋史學家。元之時去五代不遠,故猶有所傳聞,《新唐書》取之。[王禹偁《五代史闕文》云:圖,河中虞鄉人。爲絳州刺史王凝所知,擢圖上第。凝出爲宣州,辟圖從事。已詔圖監察,追之。圖感知己,不忍輕離幕府。滿百日,不赴闕,爲臺司所劾。遂以本官分司,後乃知制誥。集有文曰:"戀恩稽命,黜繫洛司。于今十年,方忝綸閣。"此豈躁于進取者耶?圖見政僻,中官用事,棄官歸中條。及昭宗播遷,密通乘輿,故一奔問,即復歸山。其詩曰:"多病形容五十三,誰憐借笏趁朝參。"此豈有意于相位耶?王重榮請圖撰碑,得絹數千匹,圖致于虞鄉市中,恣鄉人所取,一日而盡。時盜賊充斥,獨不入王官谷,士人依圖獲免者甚衆。昭宗東遷,以兵部侍郎召,一謝而退。梁受禪,以禮部尚書召,以老病辭,卒年八十餘。敬翔、李振、杜曉、楊陟等嫌之,故拾其瑕,以泯大節。僧虛中云:"道裝汀鶴識,春醉野人扶。"言其操履檢身,非傲世者也。"有時看御札,不復掛朝衣。"言其尊戴存誠,非邈君也。計敏夫《紀事》載之。]

嗟乎,異同之間,不能免於謠諑。名尚爲天之所忌,況同輩乎?加以子孫故吏,各爲其私,亦人情也。吾惟望讀史之士，具卓識，觀大端。若欲論斷，必立旁證。考究之功，其可忽諸？

史論[二]

《井觀瑣言》曰："《孝經》三才、聖治、事君章，本竊《左傳》子太叔、北宮文子、士渥濁、季文子之言，而或者又謂傳者竊經。《爾雅》'如切如磋'等，本《禮記·大學》之文，而或者謂記者采《爾雅》之辭。《謚法》'經天緯地曰文'等云，本竊《左傳》成鱄之言，而或者反謂成鱄仿《謚法》之體。《鶡冠子》'貪夫殉財'等云，本竊賈誼《鵩賦》之詞，而或者反謂誼賦盡出《鶡冠子》。《子華子》'今世之人'一則，本竊韓文《柳子厚墓志》之意，而或者反謂退之此文出《子華子》。"《井觀瑣言》，明人鄭瑗著。《筆叢》言升庵謂《文子》載老子"人生而靜"四語，取入《禮記》，不知《文子》乃偽作，雜取經子之語，而楊反謂漢儒取入《禮記》，非矣。《少室山房筆叢》，胡應麟著。歐陽永叔不信《文言》，謂"元者"四語，先見於《左傳》穆姜。元者四語，即"元者善之長也，亨者嘉之會也，利者義之和也，貞者事之幹也"。

愚者曰：古人之書，不盡傳于後世。或其則古者而稱之，或各達其意，而偶同其辭。如諸公以《左傳》為證是矣。將謂《孝經》為顏芝所托乎？秦焚書，河間人顏芝藏《孝經》。漢初，芝子貞出之，是為《今文孝經》。《十翼》為田、丁所托乎？田何、丁寬，皆漢初易學家。然何其信《左傳》之深也？《春秋》為闕文，《傳》皆臆說，余別論之詳矣。即左氏仿佛舊史，然觀其專飾文詞，穆姜老婦，能作微言如是乎？明是敘事者，取《文言》之文以遣筆，乃反疑秦火不焚之典，而信歆、逵所飾之傳，蓋亦不達甚矣。始皇焚書，《易》為卜筮之書，獨不禁。歆，劉歆。逵，賈逵。東坡曰："《史記·

堯本紀》：'舜歸而言帝，流共工於幽陵，以變北狄；放驩兜於崇山，以變南蠻；遷三苗于三危，以變西戎，殛鯀於羽山，以變東夷。'太史公多見古書，足證西漢儒者之失。四族者，若皆窮奸極惡，則必誅之於堯之世，不待舜矣。屈原云：'鯀倖直以亡身。'則鯀蓋剛而犯上者耳。四族皆小人也，則安能以變四裔之俗哉？蓋誅，責也，亦不廢棄，但遷之遠方，爲要荒之君長爾。如左氏之言，皆後世流傳之過。"《東坡志林》卷三。彦遠跋《堯母碑》，言"漢人尚讖緯，以高祖爲雷電感大澤中以生，故追敘慶都感赤龍生堯相配。劉焯嘗謂左氏稱'在夏謂陶唐氏，其處者爲劉氏'，非魯史本文，乃漢儒特爲此語，以漢出堯後，託《左傳》有明文，求重於世，而孔穎達信之。"董逌《廣川書跋》卷五"慶都碑"。劉道原曰："惠公愛少子，立爲太子，而國人不與，而立隱。隱曰：'吾將讓焉。'太子桓公徯望十年不獲，而羽父殺隱立桓。徯（xī）望，期待。桓曰：'隱攝也，吾取之。'左氏信桓之欺，故曰攝。公、穀信隱之詐，故曰讓。皆失之。"劉恕字道原，北宋史學家，參編《資治通鑒》，別著有《通鑒外紀》。可知《傳》者，本皆遷就所傳之史，而揣摩立説，故展轉求當于聖人，而捉衿露肘，補綻不及。左氏略近于二傳，然自明者觀之，其未嘗親見仲尼，甚燎然也。陸文裕曰："《論語》反魯樂正，事在哀公十一年，孔子六十五。前此詩禮樂散亂，存十一于千百。季札聘魯，在襄公二十九年，是時夫子八歲，安得樂工之所肄習，與季子之所審定者，皆夫子國風雅頌之新編也？疑左氏之傳會以此。又季子所論，既往則或有據。獨于歌秦，則推其方來。是于音義何所取，而與列國異例？疑後人之附會左氏以此。先儒以爲左氏出於子駿，而君子曰，皆漢儒之文也。"陸深字子淵，弘治十八年（公元1505年）進士，嘉靖時官至詹事府詹事，死諡文裕，著有《史通會要》《玉堂漫筆》《儼山外集》等。引文節自《儼山外集》卷十五

《續停驂錄上》。郝京山言左丘明爲魯史官,謂《左傳》即丘明作,非也。察其力在藻繪,而略於聖人作經之意,此後世詞人借玄晏求傳而已。玄晏,禮教。《公》《穀》襲《左》而加例,胡氏襲三傳而加鑿,致使聖人忠厚之作,成險刻瑣碎射覆之書,皆因信《左》太過耳。語出郝敬《春秋直解·讀春秋》。胡氏即胡安國,著《春秋傳》。智推"左丘明恥之,丘亦恥之"之語,必丘明在前,夫子因之,故云。若許可門人,則不必如此詞氣也。孔安國曰:"左丘明,魯太史。"亦未嘗以爲受《春秋》之弟子也。疏乃曰"以魯太史而受經于孔子",則傅會矣。虞臘庶長,制乃在後,振孫斷之,謂非一人。陳振孫,南宋目錄學家。其《直齋書錄解題》卷三云:"其書稱虞不臘矣,見於嘗酎及秦庶長,皆戰國後制。故疑非孔子所稱左丘明,別是一人。"蓋戰國時,揚才立說之士,或更有左丘氏。而出於漢儒之手,又託之丘明。觀歆移書讓博士爭立,豈不欲多方求勝乎?劉歆作《移讓太常博士書》,主立古文于學官。"左氏失之誣",一語定論。太史公曰:"左丘失明,厥有《國語》。"然《史記》多采《國策》,而少《左傳》語,豈直未見耶?必出本有漢人增加,明矣。元凱《長曆》之僻,豈待問哉?杜預字元凱,西晉學者,著有《春秋左氏經傳集解》《長曆》等。

史論[三]

責備賢者,此亦學者借事自窮其所學也。尼山之門,以觀過爲衡人要束。《論語·里仁》:"子曰:人之過也,各於其黨。觀過,斯知仁矣。"上下千載,正可因端曲證,安得漫然聽舊史之取予乎?
張釋之、于定國,爲古今名廷尉,以無冤、不冤稱。《漢書·于定國傳》:"朝廷稱之曰:張釋之爲廷尉,天下無冤民。于定國爲廷尉,民自以不冤。"然釋之時,絳侯下獄,至因牘背行千金,乃得免,釋之何無一言,與犯蹕同白邪?《史記·絳侯周勃世家》:"人有上書告勃欲反,下廷尉。廷尉下其事長安，逮捕勃治之。勃恐，不知置辭，吏稍侵辱之。勃以千金與獄吏，獄吏乃書牘背示之，曰'以公主爲證'。公主者，孝文帝女也，勃太子勝之尚之。"宣帝殺趙、蓋、韓、楊，皆定國所奏當，何謂不冤？趙蓋韓楊，分別指趙廣漢、蓋寬饒、韓延壽、楊惲。《資治通鑑》卷二十七："臣光曰：以孝宣之明，魏相、丙吉爲丞相，于定國爲廷尉，而趙、蓋、韓、楊之死皆不厭衆心，惜哉！其爲善政之累大矣。《周官》司寇之法，有議賢、議能。若廣漢、延壽之治民，可不謂能乎！寬饒、惲之剛直，可不謂賢乎！然則雖有死罪，猶將宥之，況罪不足以死乎！"意者蕭望之欲殺韓延壽，魏相欲殺趙廣漢，廷尉不敢不承指乎！蓋、楊更爲天子所惡，宜其不争矣。不則趙、蓋等之崖岸凌厲，即同類之賢者，亦心恨之邪？黄龍、五鳳，終以此爲過舉，則廷尉何説焉？黄龍、五鳳，皆宣帝年號。意者漢有大獄，嘗令丞相、御史雜治之，且有黄門北寺，若盧獄、共工獄，足以爲張、于二公寬耶？

　　劉蕡對策，去甘露之變七年耳。劉蕡字去華，唐敬宗寶曆二年（公元826年）進士，文宗太和二年（公元828年）上《對賢良方正直言極諫策》，直斥宦官亂政。甘露之變指太和九年文宗與大臣李訓等，以觀甘露爲名，謀誅宦官仇士良事。事敗，李訓等被殺，受誅連者極多。當時物論嚻然稱屈，諫官欲論奏，執政抑之。問執政爲誰？裴度、韋處厚也。裴度字中立，憲宗時拜相，平藩有大功，封晉國公。韋處厚字德載，文宗朝宰相。馮宿即無論，中立、德載皆大君子也，李郃旌直之疏，入而不報，此毋謂文宗初立，大璫有功，太阿未振，不宜使之生心乎？馮宿字拱之，貞元中進士，累官至東川節度史，封長樂縣公。《資治通鑑》卷二百四十三："甲午，賢良方正裴休、李郃、李甘、杜牧、馬植、崔璵、王式、崔慎由等二十二人中第，皆除官。考官左散騎常侍馮宿等，見劉蕡策，皆嘆服，而畏宦官，不敢取。詔下，物論嚻然稱屈，諫官御史欲論奏，執政抑之。李郃曰：'劉蕡下第，我輩登科，能無厚顏？'乃上疏，以爲蕡所對策，漢魏以來無與爲比。"然劉昌平不得仕于朝，終於幕僚，裴、韋二公亦未有以待之，乃爲牛僧孺所用，豈蕡之剛氣激昂，素不與諸君子款洽邪？劉蕡，昌平人。李咸搗椒自隨，以争配食，而不敢言陳、竇之枉，裴、韋亦是意也？東漢靈帝熹平元年（公元172年），竇太后崩，宦官欲別葬，太尉李咸時病，乃扶輿而起，擣椒自隨，謂妻子曰："若皇太后不得配食桓帝，吾不生還矣。"陳蕃、竇武，皆黨錮之禍的受害者。

又有說焉。楊賜爲楊震之孫、楊秉之子，方正矯矯。楊賜字伯獻，漢靈帝時拜光禄大夫、司徒等。靈帝時，天投蜺嘉德殿，與蔡邕召對金商門，皆極言忤宦侍，邕竟徙朔方，賜以師傅免咎。蔡邕字伯喈，東漢文學家，獻帝時官拜左中郎將。然生平絶不贊服李、杜等，亦不爲黨人稱冤，則將以伯獻、伯喈爲非我輩乎？李，李固。杜，杜喬。二人皆爲梁冀所殺。賈偉節、郭林宗，表表人倫，而范史雲獨鄙二子，如不屑道。賈偉節，賈彪。郭林宗，郭泰。范史雲，范冉。可知賢者各有意見，立志所尚，引氣偏重，史雲之鄙，豈無所見哉？當延熹時，標榜品目，天下高其道，而污穢朝廷，此本非盛世之事、聖人之所貴也。然末季頹流，士且靦其面目，甘作牙爪，苟可謟附，不難制刃其親戚故舊，以合時趣炎。求以隱忍，爲正人吞聲者，已寥寥矣，又況挺身赴節，百折不撓，何得不拜服此天地間之正氣，而猶責備之耶？然以道自量，則不可不一推其情也。

任論

子長序游俠，中篇而嘆曰："緩急，人之所時有也。"其語未卒，特自痛其情耳。"已諾必誠，不愛其軀，赴士之厄困，既已存亡死生矣，而不伐其德。"此其于正義，何不軌之有？《史記·游俠列傳》："今游俠，其行雖不軌于正義，然其言必信，其行必果，已諾必誠，不愛其軀，赴士之陀困，既已存亡死生矣，而不矜其能，羞伐其德，蓋亦有足多者焉。"孟堅責之，故意掩前人以自鄭重，不惟不知此情，又何嘗明此義乎？《漢書·游俠傳》曰："背公死黨之議成，守職奉上之義廢。"又曰："郭解之倫，以匹夫之細，竊殺生之權，其罪已不容於誅矣。觀其溫良泛愛，振窮周急，謙退不伐，亦皆有絶異之姿。惜乎不入於道德，苟放縱於末流，殺身亡宗，非不幸也。"《周官》鄉教，教六行，孝、友、睦、婣、任、恤。鄉有重難，慮莫肯任，故貴其能出力擔負者。六行之教，任居一焉。俠者，任之靡也。靡，隨也。先王之政教息，上失其道，無以屬民，故游俠之徒，以任得民。慕其風聲，延頸願交者，接轂填門。其人因得藉勢作奸，眦睚殺人，藏亡匿死，擅主威而干國紀。蓋任俠之教衰，而後游俠之勢行。袁絲曰："一旦有急，扣門不以親爲解，不以存亡爲辭，所望者獨季心、劇孟耳。"語出《史記・袁盎晁錯列傳》。袁盎字絲，季心、劇孟皆俠士。此任恤之流風，而俠者所藉以成名者也。所謂"不軌于正義"，謂以武犯禁、梗功令、奪亡命之類也。必其上之誅罰，不當于三代之直，于是里巷之義，發憤犯難而任之。若所任非其義，是豈得爲俠哉？任而義也，見義不爲，孔子恥之，非直爲常人之緩急論也。古風日遠，人不好義，里曲之氓，惟計自便，無怪已。士君子高則談道德，次亦立名稱，一有不平之事，干涉禁令，則惟恐枝梢之及已，聞聲股栗，見影而伏。平素陳雷、廉慶者，患難倉卒，則閉門搖手，但不出首，即其德矣。陳重、雷義爲好友，里諺曰："膠漆自謂堅，不如雷與陳。"詳參《後漢書・獨行列傳》之雷義傳。《後漢書・廉范傳》："初范與洛陽慶鴻爲刎頸交，時人稱曰：前有管鮑，後有慶廉。"《詩》曰："惟其忍之。"《詩・小雅・小弁》："君子秉心，惟其忍之。心之憂矣，涕既隕之。"人豈無故而甘此獸心人面乎哉？不過畏禍偷身而已。知有身，則不知有義。波靡至此，舉世皆肉而無復骨矣。訑訑自任道德名稱者且然，而況從不以一事自任者乎？嗟乎，畏首畏尾，身其餘幾。言首尾有畏而身中不畏者少，語出《左傳》。嗣宗曰："繁霜被野草，歲暮亦云已。"語出阮籍《詠懷詩》第三首。"繁霜"，當作"凝霜"。彼但知有身矣，究安能長有其身？悲夫！

淮陰侯論

石塘子曰："淮陰當蒯通之舌，反復說之而卒不動者，心懾於漢高之晨入趙壁，即臥內奪符易置，謂非所及也。淮陰，韓信。蒯通，秦末漢初辯士，曾勸信三分天下。挈豨手從中起，故爲文深，自不可知。陳豨，劉邦將領，後反叛被殺。然待晏駕後，得毋是其心乎？"石塘子，白瑜別號。明仲《管見》，責淮陰何不學子房，慕赤松子游，人主宜無從介意。胡寅字明仲，宋代學者，著有《讀史管見》三十卷。先廷尉公曰："子房貌如婦人，即從定天下，出帷帳之略，然往往不爲之先，終書生耳。淮陰起行伍，指麾搴旗，即使終日語辟穀事，歌大風者詎信之邪？當楚漢時，變轍尚少，士學道，尚不知所以善處，況千金酬漂母、辱己兩中尉，功名快意以豪者哉？固不可以高密之闔門、藝祖之杯酒，論較號令三嬗之君臣也。"《後漢書·賈復傳》："復知帝（光武）欲偃干戈，修文德，不欲功臣擁衆京師，乃與高密侯鄧禹並剽甲兵，敦儒學，帝深然之。遂罷左右將軍，復以列侯就第，加位特進。復爲人剛毅方直，多大節，既還私第，闔門養威重。"藝祖杯酒，指宋太祖杯酒釋兵權事。智每以情斷之，信不反，亦不得不反。高帝不疑，高帝不得不疑。惟其情有負人者，豈惟其勢？說者曰："平齊請假王，此疑本也。固陵不至，又疑。自齊移楚，陳兵出入，又疑。疑安得不擒？"陶氏惡其多多益善之對，爲信所以取死。愚曰：死不在此，死在獻鍾離昧以媚漢耳。鍾離昧，項羽舊將，素與韓信善。項王死後，亡歸信，信卻獻昧首于漢王劉邦。嗟乎，人無賢不肖，皆有投分之義。起徒步，功百戰，封侯王，而不能庇一故人，此豈人情？嗟乎，同時前一年，又有不相知之朱家，爲冒說滕公，而釋髡鉗之奴，拜爲郎中。楚王即不敢言，楚遂無一客邪？即不能解，楚邊南越，何不早縱之？顧乃出此賣友之下策，忍乎哉？高帝豁達大度之主也，天下已定，

行此非常之格,安知不爵眛與季布等?雲夢之縛也,高帝曰:
"此人急則自便,負心如此,據形勝,畜餘力,事何可量?即畏
我,我在不動,我子孫能忍之邪?"信自此乃死矣,帝自此疑始
決,信自此反始決也。鍾離眛曰:"公非長者,公亦隨手亡
矣。"斯言也,長樂鍾下,鬼神憑之。韓信被呂后斬于長樂宮懸鍾之
室。樓護、甄邵之所爲,萬世而下,且爲里巷之所恥痛,而謂畀
千金予中尉之豪舉者爲之乎?《漢書·樓護傳》:"元始中,王莽爲安漢
公,專政。莽長子宇,與妻兄呂寬,謀以血塗莽第門,欲懼莽,令歸政。發覺,莽
大怒,殺宇而呂寬亡。寬父素與護相知,寬至廣漢過護,不以事實語也。到數
日,名捕寬詔書至。護執寬,莽大喜,徵護入爲前煇光,封息鄉侯,列於九卿。"
《後漢書·李固傳》:"甄邵諂附梁冀,爲鄴令。有同歲生得罪於冀,亡奔邵,邵
僞納而陰以告冀,冀即捕殺之。"

幼安論

東坡嘗于酒後獨歎幼安,而子由爲之贊,以爲三國一人而
已。管寧字幼安,漢末高士,曾避亂于遼東。蘇軾《東坡志林》卷十二:"管幼
安懷寶遯世,龍蟠海表,其視曹操父子真穿窬斗筲而已。終身不屈,既不可得
而用,其可得而殺乎?余以謂賢於文若、文舉遠矣。"蘇轍《管幼安畫贊》:"予
自龍川歸居潁川十有三年,杜門幽居,無以自適。稍取舊書閱之,將求古人而
與之友。蓋於三國得一人焉,曰管幼安寧。幼安少而遭亂,渡海居遼東,三十
七年而歸,歸於田廬,不應朝命,年八十有四而没,功業不加於人,而予獨何取
焉?取其明於知時,而審於處己云爾。"彼蓋以同時之文若、文舉、子
布、子魚、文休輩嘆之。荀彧字文若,孔融字文舉,張昭字子布,華歆字子
魚,許靖字文休。時方大亂,出而應世,鮮有能自全者。直己則害
身,枉己則喪德,處亂而能全,非幼安誰與哉?然余之嘆幼安,
不獨在能全也。幼安少即遭亂,渡海居塞北三十七年,又封公
孫之饋,泛海而歸,歸老田廬,終不應命,八十四而没,其于世
亦良苦矣。公孫即公孫度,遼東太守。在遼語惟經典,不及世事。

歸朱虛後,皁帽布襦,隨時單複,要似自隱忍以求全。而吾謂不在能全者,全不全,命也,士能安之而已。世士襲休明之暇,文斷古人,輒曰幼安累表謝魏朝,稱臣惶恐,諛頌魏德,何爲乃爾?嗟乎,此與責子容不當比新室於堯舜,一也。薛方字子容,新室指王莽。《漢書·王貢兩龔鮑傳》:"薛方嘗爲郡掾祭酒,嘗徵不至。及莽以安車迎方,方因使者辭謝曰:'堯舜在上,下有巢由。今明主方隆唐虞之德,小臣欲守箕山之節也。'使者以聞,莽說其言,不強致。"古之達人,自不爲生死所累,而必欲取死以自暴,此非達人之情也。莊子動言齊得喪、等死生,而漢之學者,猶曰莊子其有畏死之心乎。安之若命者,先有以遠之,不爲世用,與禍稍左,輕世肆志,其受刻士之責備,亦少殺矣。幼安"内省頑病、日薄西山"之書,乃其措詞之故事耳,而責備之猶且如是,士誠難爲士乎!既已輕世肆志矣,彼又安問人之責備以不邪?所悲者,不爲世用,與禍稍左,宜得全其天矣,然王偉元竟殉墳墓,庾叔褒殞于大頭,桓文林糜喪於合浦之獄,王孝孫立槁于壞車之下,此豈情哉?王裒字偉元,城陽營陵人。行己以禮,博學多能。痛父爲文帝所殺,未嘗西向坐,示不臣朝廷。隱居教授,三徵七辟,皆不就。廬于墓側,後爲賊所殺。詳參《晉書·孝友列傳》。庾袞字叔褒,勤儉好學,事親以孝。晚登大頭山而田于其下,墜崖而卒。事具《晉書》本傳。桓曄字文林,操行高潔,一餐不受於人。初平中,天下亂,避地會稽。遂浮海,客交阯,越人化其節,至閭里不爲訟。爲凶人所誣,死于合浦獄。詳見《後漢書·桓榮丁鴻列傳》。王尼字孝孫,本兵家子,寓居洛陽,卓犖不羈。後避亂江夏,遇饑荒,不得食,乃殺牛壞車,煮肉噉之。既盡,遂餓死。事具《晉書》本傳。以屯落讓汲之賢,海浪火島之險,加以網羅之世,刺史程喜之所察,無此一表,白首蹈譙君黃、劉望之轍,而始免於後世之責備,則又爲莊子所笑矣。《太平御覽》卷一百八十九:"《高士傳》:管寧所居,會汲者,或男女雜錯,或爭井鬥。寧乃買器分置井傍,汲以待之。"譙玄字君黃,巴郡閬中人,漢成、哀時爲諫議大夫。王莽篡位,變易姓名,間竄歸家,隱遁以終。劉望,更始元年(公元23年)稱帝,後爲奮威大將軍劉信擊殺。向平、李敏，不知所終，得毋畏責備而爲此邪？向長字子平，河內朝歌人。隱居不仕，好通《老》《易》。建武中，男女娶嫁既畢，勅斷家事勿相關，當如我死也。於是遂肆意與同好游五嶽名山，竟不知所終。見《後漢書》本傳。李敏，河內太守，爲公孫度所迫，攜家入于海。士不幸生亂世，既已幸全于當時，而猶不得全於後世之論，吾是以讀眉山兄弟之所嘆而重嘆之。

孔北海論

賈生所謂馮生，謂壯士自馮其氣一往者也。《史記·伯夷列傳》："賈子曰：貪夫徇財，烈士徇名，夸者死權，衆庶馮生。"死嘗易之，而淡泊實難。非學道，鮮有能樂其澹泊者。嗟乎，澹泊如幼安，誠哉龍德乎！而世士猶摭其稱臣之表，以爲口實。以今推之，世固有慷慨之士，寧富貴以死，必不能貧賤以生者矣。孔北海爲世士所最擊節，而聞道者竊嘆之，其說何居？孔融字文舉，曾任北海相，後爲曹操所殺。《傳》稱文舉才疏志廣，卒無成功，悲之也。圓園委曲，固不可以每其生。《後漢書·孔融傳》："夫嚴氣正性，覆折而已。豈有圓園委屈，可以每其生哉？"章懷太子注曰："園即刓字，音五丸反。謂刓團無稜角也。每，貪也。言寧正直以傾覆摧折，不能委曲以貪生也。"然文舉死其所不必死，是足悲耳。死不足悲，其所以死，蓋未當也。守北海而被困，得昭烈而解，託身入許。昭烈，劉備。孔融曾爲黃巾軍包圍，求救于劉備而得解。以文舉之智，寧不知孟德之很心猜禍，姑欲收人望而濟其所欲哉？文若欲試其略，盱衡一世，無如曹車騎者，其始必有以動之。建安元年（公元196年），曹操拜司空，行車騎將軍。畢知竭力，爲之謀主，逮乎九錫，不從其願，不得不死，文舉則未嘗爲謀策共事。謀策共事，如賈詡、程昱，皆能見幾求退，闔門見遠，文舉胡爲乎來哉？《三國志·賈詡傳》："詡自以非太祖舊臣，而策謀深長，懼見猜嫌，闔門自守，退無私交，男女嫁娶，不結高門,天下之論智計者歸之。"《三國志・程昱傳》:"太祖拊昱背曰:'兗州之敗,不用君言,吾何以至此?'宗人奉牛酒大會,昱曰:'知足不辱,吾可以退矣。'乃自表歸兵,闔門不出。"徒以其盛氣苑結,無所發泄,顧乃頹放其唇齒,發詞偏宕,以敖弄之,若不為屈。果不屈,當直明舉大義,以勸其未然。若嗣宗醉中之文,猶曰慕箕、由,享喬、松,以為諷諭。箕子、許由,皆隱士。王子喬、赤松子,皆仙人。文舉未嘗一語及此也,以少府同建安之朝,食許下之禄,其去仲宣賦從征之舉幾何?王粲字仲宣,建安七子之一。當其時,徐庶為老母入魏,終身隱忍,言語行事,遂不概見。其不肯出一策,享其福,確然矣。文舉之志,定為徐公所賞,而未嘗不為徐公所惜也。郗慮既承風旨,奏免融官,宋人待客大爐酒酸之書,將更欲求解邪?郗慮字鴻豫,曹魏時官至御史大夫,與孔融不睦。大爐,累土為之,以居酒甕。《韓非子・外儲說右上》:"宋人有酤酒者,升概甚平,遇客甚謹,為酒甚美,懸幟甚高,著然不售,酒酸。怪其故,問其所知長者楊倩倩。曰:'汝狗猛耶?'曰:'狗猛則酒何故而不售?'曰:'人畏焉。或令孺子懷錢挈壺甕而往酤,而狗迓而齕之,此酒所以酸而不售也。'夫國亦有狗,有道之士懷其術而欲以明萬乘之主,大臣為猛狗,迎而齕之,此人主之所以蔽脅,而有道之士所以不用也。"以此時引退荒野,如胡昭之陸渾,以經籍自娱,張臶之援琴,壽至百五。胡昭字孔明,潁川人。張臶(jiàn)字子明,鉅鹿人。二人皆養志不仕,隱居讀書。《三國志・魏志》有傳。操本重文舉之名,外相容忍,何故必殺之為?即不然,容身與仲容等,亦徐公没没之意也,何乃自快座上之客、樽中之酒乎?復除太中大夫,此豈有所不得辭邪?久立朝位,跌蕩放言,與孫權使語,如遺張紘、虞翻書,此亦常事,而止以成路粹諂吉利之功,豈不哀哉!張紘字子綱,東吳謀士。虞翻字仲翔,仕于東吴,易學家。路粹字文蔚,官丞相軍謀祭酒,承曹操指,著文羅致孔融之罪。諂(tāo),逾越本分。諸葛武侯曰:"來敏亂群,過於文舉。"此言必有所見。吾謂北海非不灼然于世變,獨以聞道荒忽,任情難禁,寂寞之地,一日不能居,遂莽莽然憑生而死。愚者乃益嘆曰：士有寧富貴以死，不能貧賤以生者。無他，不能澹泊耳。幼安之木榻，安得不在泰山青雲之上？

清談論

或謂清談放曠，起于漢末。仲長統詩曰："寄愁天上，埋憂地下。叛散五經，滅裂風雅。"仲長統字公理，山陽高平人，漢末思想家，著有《昌言》。鄭泉臨卒，欲葬陶家側爲酒壺，蓋籍、伶之先鞭也。《太平御覽》卷八百三十三："《吳書》曰：鄭泉字文淵，臨卒，謂同類曰：'必葬我於陶家之側，庶百歲之後，化而成土，幸見取爲酒壺，獲我心矣。'"愚者曰：楊貴之裸葬，老父之弔龔，陸賈之酣越裝，平陽之醉撾䇲，其旨皆達。《漢書·楊王孫傳》："楊王孫者，孝武時人也。學黃老之術，家業千金，厚自奉養生，亡所不致。及病且終，先令其子曰：吾欲裸葬，以反吾真。"皇甫謐《高士傳》卷中："彭城老父者，楚之隱人也。見漢室衰，乃自隱修道，不治名利，至年九十餘。王莽時，徵故光祿大夫龔勝，欲爲太子師友。祭酒恥事二姓，莽迫之，勝遂不食而死。莽使者及郡守以下會殮者數百人，老父痛勝以名致禍，乃獨入，哭勝甚悲。既而曰：'嗟乎，薰以香自燒，膏以明自銷。龔先生竟夭天年，非吾徒也。'哭畢而趨出，衆莫知其誰也。"陸賈之酣越裝，似指陸賈使南越，趙佗賜"橐中裝直千金"事。平陽之醉撾䇲，指平陽侯曹參爲相，日飲酒爲事。其子䇲(zhú)諫之，參怒而笞之二百。事具《漢書·曹參傳》。若賈生之"造化爲爐，陰陽爲炭"，枚乘之"如遠行客"，趙壹之"不如囊錢"，何殊公理之詩乎？賈誼《鵩賦》："且夫天地爲鑪，造化爲工。陰陽爲炭，萬物爲銅。合散消息，安有常則？千變萬化，未始有極。忽然爲人，何足控揣？化爲異物，又何足患？小智自私，賤彼貴我。達人大觀，物亡不可。"趙壹字元叔，《後漢書》本傳載其文曰："河清不可俟，人命不可延。順風激靡草，富貴者稱賢。文籍雖滿腹，不如一囊錢。伊優北堂上，抗髒倚門邊。"其源濫于莊、列、惠、秉。秉指公孫龍。孔子同時之原壤，即此見也。在《易》之終："飲酒濡首，有孚失是。"《未濟》卦上九爻辭。濡首，濕其頭也。有孚，有信。失是，不知節制也。《象》曰："亦不知節也。"知節則從容中矣。呼唯呼天也,相師取瑟也,皆冷峭之清談也。呼唯,出《論語‧里仁》:"子曰:參乎,吾道一以貫之。曾子曰:唯。"呼天,出《論語‧憲問》:"子曰:不怨天,不尤人,下學而上達,知我者,其天乎!"相師,見《論語‧里仁》:"師冕見,及階,子曰階也。及席,子曰席也。皆坐,子告之曰某在斯,某在斯。師冕出,子張問曰:'與師言之道與?'子曰:'然。固相師之道。'"取瑟,見《論語‧陽貨》:"孺悲欲見孔子,孔子辭以疾。將命者出戶,取瑟而歌,使之聞之。"浴沂與點也,不火推琴也,皆隨緣之放曠也。《論語‧先進》記曾點言志曰:"莫春者,春服既成,冠者五六人,童子六七人,浴乎沂,風乎舞雩,詠而歸。夫子喟然嘆曰:'吾與點也。'"不火,見《莊子‧山木》:"孔子圍於陳蔡之間,七日不火食。"推琴,見《莊子‧漁父》,文長不具引。信及豚魚,又曰利貞。《易‧中孚》:"彖曰:豚魚吉,信及豚魚也。"素不出位,宜觀時措。士君子以禮樂為膳啖,故不墮坑塹耳。晉人刻意賣高,因以護短廢事,而詭隨造駭,愈遁愈奇,毫釐千里,弊遂如此。虛舟子曰:"蒙莊一生高隱,恬淡自得。阮籍媚司馬昭以達生,嵇康傲鍾會以橫死,皆失蒙莊之旨者也。然阮以亂世陸沈,嵇以憤世亢激,後世太平順流,縱恣滅禮,以談莊者,又去嵇、阮天壤矣。安得不以一鼓牛飲,大寂樂定,為放曠耶?"《新序‧刺奢》:"桀作瑤臺,罷民力,殫民財,為酒池糟堤,縱靡靡之樂,一鼓而牛飲者三千人。"然則處此時者如何而可?世既目為讀書癡矣,牛之而牛,馬之而馬。老子曰:"與之名而弗受,再受其殃。"語出《莊子‧天道》。處此時者,藏身于讀書癡,是中和之道也。李溫陵謂向秀在七賢中最可鄙。李贄別號溫陵居士。沈幼宰曰:"秀佐康鍛柳下,注意依附。叔夜許之,正如幼安不絕子魚耳。"沈長卿字幼宰,明代學者,著有《沈氏弋說》。愚者曰:向子期頗能平心,不作詭態,肆顛倒之語。孝標云:"秀與嵇康、呂安為友,趣舍不同。康傲世,安邁俗,而秀雅好讀書。"劉峻字孝標,有《世說新語注》傳世。二子以此嗤之,此乃子期之所以藏刀乎!在《遯》之顛曰:"大壯,非禮弗履。"《易‧大壯》:

"象曰：雷在天上，大壯。君子以非禮弗履。"依卦序，《遯》與《大壯》相鄰。《遯》之《咸》曰：" '肥遯無不利'，無所疑也。"《遯》卦上九象辭。嚴君平以簾接人，戴安道以禮自遠，通一不用而寓諸庸，肥矣哉！崔銑謂陶靖節潔身如嵇康而安，遯保如孫登而平，放志如阮籍而法，知其所以騎日月、乘雲氣乎！崔銑字子鐘，號後渠，明代理學家。興懷六籍，無絃拍撫，此靖節之肥于清談也。興懷六籍，指陶淵明《飲酒詩》第二十首："羲農去我久，舉世少復真。汲汲魯中叟，彌縫使其淳。鳳鳥雖不至，禮樂暫得新。洙泗輟微響，漂流逮狂秦。詩書復何罪，一朝成灰塵。區區諸老翁，爲事誠殷勤。如何絶世下，六籍無一親。終日馳車走，不見所問津。若復不快飲，空負頭上巾。但恨多謬誤，君當恕醉人。"胡昭、張跻，枕藉自適。玄晏借書一車，雲禎八十細書滿篋。《晉書·皇甫謐傳》："皇甫謐，字士安，幼名靜安……就鄉人席坦受書，勤力不息。居貧，躬自稼穡，帶經而家，遂博綜典籍百家之方。沉靜寡欲，始有高尚之志，以著述爲務，自號玄晏先生。"《南齊書·沈驎士傳》："沈驎士，字雲禎，吳興武康人也。祖膺期，晉太中大夫。驎士少好學，家貧，織簾誦書，口手不息……驎士負薪汲水，並日而食。守操終老，篤學不倦。遭火，燒書數千卷。驎士年過八十，耳目猶聰明。以火故，抄寫燈下細書，復成二三千卷，滿數十篋。時人以爲養身靜默之所致也。"不與人爭高幢，而以老蠹魚藏其清談，又何所疑？

論虛談大道不講實務之病

子由曰："晉室之敗也，士夫大言無當，無慷慨感激之操，而畏兵革。天下英雄，知其所忌而乘之。霜雪饑饉所勞之筋骨，而以高堂不習寒暑者捍禦，宜其隕越矣。雖有賢人君子之才，而無益於世。雖有盡忠致命之意，而不救于患難。此其病起于自處太高，不習天下之辱事。"語出蘇轍《晉論》。子瞻判官告院，上神宗議曰："性命之説，自子貢不可得聞，而今學者恥不言性命。《論語·公冶長》："子貢曰：夫子之文章，可得而聞也。夫子之言性與天道,不可得而聞也。"讀其文,浩然無當而不可窮。視其貌,超然無著而不可捉。此豈真能然哉?中人之性,安于放而樂于誕,憚禮義拘束之耳。"子瞻頗好微言,而爲國家立論,確然如此。宋之諸儒,過晉遠甚,然而經權實略,殊不相應。邵子觀化,忽云幽州,正以天下大關,大臣實學,此日時宜,莫先於此,而徒貌爲雍容之度,何爲乎?《伊洛淵源錄》卷五:"邵堯夫疾革,且言試與觀化一遭。"又:"諸公都在廳上議後事,他在房間便聞得。諸公恐喧他,盡之外說話,他皆聞得。一人云有新報云云,堯夫問有甚事,曰有某事。堯夫曰:我將謂收却幽州也。"韓、范經濟得體,而未究其功。《宋史·韓琦傳》:"琦與范仲淹在兵間久,名重一時,人心歸之,朝廷倚以爲重,故天下稱爲韓范。"安石銳意富强,而剛愎自壞。其餘則無其材,無其志也。維州還悉怛,唐最失策。《舊唐書》卷一百四十七:"李德裕鎮西州,維州吐蕃首領悉怛,謀以城來降,德裕奏之。執政者與德裕不協,遽勒還其城。"温公寧爲牛僧孺所掩,不肯直李德裕,則時惡米脂四砦爲開邊生事之成見耳。[夏將嵬名山,取李諒祚來降,先費六十萬。後夏來爭,又喪師數十萬。温公實與富鄭公同意,蓋觸一時之計耳。拘儒拘咫尺之義,坐失事機,則非也]。章惇固憸矣,開梅山自其功,長沙安化五寨,至今無復獠患。章惇字子厚,神宗時參知政事,新法之支持者,《宋史》入奸臣傳。憸(xiān),陰險。濟北晁無咎,言梅山不必開,則爲章專其事,爲清議所不與耳。晁補之字無咎,蘇門四學士之一。方曹翰欲取幽州,承周世宗一日取三關之餘威,時遼國多隙,取之必矣。趙普亦知翰能之,而不勝媢嫉,巧爲之阻,自此金匱逢太宗,玩愒而已。轉思漢武之功大矣哉,後儒苦以黷武議之,安得不腐?昭代于忠肅、王文成,洵二人哉。于謙謚忠肅,王守仁謚文成。大公無我,明道適用,旋元視履,知人善任,雖難兼長,然學不通明,虛講何益?《易·履》:"上九:視履考祥,其旋元吉。"朱熹注曰:"視履之終,以考其祥。周旋无虧,則得元吉。"細謹者維俗,達機者策勛，休休者包之，因物付物，時乘統御，使國家卿士，以此倡鼓，以此煉心，豈患人材之逃無而廢事哉？聖人體無妄而享大有，即器是道，本末一貫。後人執離器顯道之談，而不歸實用，自與帝王經世之務遠矣。《蠱》《漸》之上，廢或中權。《蠱》《漸》之上，即二卦之第六爻。《易·蠱》："上九：不事王侯，志可則也。"《易·漸》："上九：鴻漸于阿，其羽可用爲儀，吉。"王弼注曰："進處高潔，不累於位，無物可以屈其心而亂其志。峨峨清遠，儀可貴也。"廢或中權，意爲雖自廢，但合乎權道。《論語·微子》："虞仲、夷逸，隱居放言，身中清，廢中權。"厄寓放言，則又一時位也。

箕山説

麋公曰："洪水獸蹄，輴樏荒度。輴樏（chūn léi），行路之器具。行涂曰輴，行險曰樏。水土漸平，由鮮食而粒。天地生機，聖人不及鋪張，粗具草稿而已。茅茨樸角，素題越席，太羹銄簋，不惟無享天下之樂，而且有叢天下之憂。樸角，同"樸桷"，未加工之椽。素題，無采飾之梁柱。越席，蒲草編成之席。簋（guǐ），食器。堯黧舜黑，固其宜耳。許由亦何所艷羨而受之也哉？"麋公，陳繼儒別號。智按：韓非早如此説矣。夏楷曰："洪水爲害，天子粗衣惡食。許由荒山匹夫，受用又可知矣。今田畯家支鷄斗黍，便起争攘，其又何歟？"樓暘叔、湯君錫曰："申、呂、許、甫，皆四岳之後，許由其一也。以當時咨四岳觀之，則堯有讓四岳之事。"陶宗儀《説郛》卷十七"許由"條，引有二人之説。石塘子曰："《左傳》言許太岳之後，猶然小國諸侯，苟安無累，何苦受天下所争之天子，而自苦耶？"王維曰："許由挂瓢，巢父洗耳。耳非駐聲之地，聲非染耳之跡。惡外者垢内，病物者自戕。此尚不能至于曠士，豈入道之門？"王維《與魏居士書》。愚者曰：摩詰爲教家聖諦所垢，尚未至第一義，何以能曠？夫第一義而可駐乎？曠一病也。摩詰隔膜之談,翻字較勝云爾。挂瓢洗耳,藐姑射之雲氣也,而欲以實法繫綴之耶?槐里武仲,皇甫實之。傳說許由字武仲,槐里人。皇甫即皇甫謐。揚雄定以爲無,亦所不必。楊誠齋曰:"子雲到老不曉事,不信人間有許由。"楊萬里號誠齋,南宋詩人。黃溍曰:"莊生寓言也,子州支父、石户之農,又爲誰乎?"黃溍字晉卿,元代學者。韓修武曰:"留傳箕山者,所以教後世之讓也。"敝屣之義,幹蠱在此。《孟子·盡心章句上》:"桃應問曰:'舜爲天子,皋陶爲士,瞽瞍殺人,則如之何?'孟子曰:'執之而已矣。''然則舜不禁與?'曰:'夫舜惡得而禁之?夫有所受之也。''然則舜如之何?'曰:'舜視棄天下猶棄敝屣也,竊負而逃,遵海濱而處,終身訢然,樂而忘天下。'"幹蠱,"幹父之蠱"之省稱,謂子承父業也。此爲誠諦,不妨流通。考摭實跡,贅矣遠矣。堯、許當時,各事其事而已,本不以曠爲高。

舜娶説

宗一曰:"不告而娶,必帝女也,必底豫之後也。底豫,謂舜事親有道,使瞽叟快樂也。不則在下何久鰥耶?孟子不難桃應之戲語,以畫敝屣天下之神,則無後一例,肯爲野合不告廟者托乎?《孟子·離婁章句上》:"孟子曰:不孝有三,無後爲大。舜不告而娶,爲無後也,君子以爲猶告也。"溫公、子由,皆言之矣。"尚論曰:"瞍保虞幕之國,象欲奚齊,瞍畏後寵而奪嫡。虞幕,有虞氏之始祖。象欲奚齊,謂象欲代舜也。奚齊,晉獻公和驪姬所生之子,太子申生異母弟。不然,豈家庭無故而遽殺人哉?陶河濱、漁雷澤,猶之泰伯之荆蠻也。泰伯乃周太王長子,讓位于弟季歷。孔子曰:'耕漁陶販,非舜事也,而往爲之,以救敗耳。'此出雜書,實得聖人之意。瞍、象之欲殺舜,在初年之間。而堯之舉舜,在克諧之後。《史記》反復重出,何也?"此段摘自元代學者金履祥《論舜漁陶》,該文收于唐順之編《稗編》卷七。鳥工龍工,引者逸語。傳說瞽叟使其塗廩,自下焚之,舜服鳥工衣服飛去。又使浚井,自上填之以石,舜服龍工衣,自傍而出。然《孟子》亦載謨蓋之言。謨,謀也。蓋,蓋井。舜浚井,而象擬下石蓋之。典出《孟子·萬章章句上》:"父母使舜完廩捐階,瞽瞍焚廩。使浚井出,從而掩之。象曰:'謨蓋都君咸我績,牛羊父母,倉廩父母,干戈朕,琴朕,弤朕,二嫂使治朕棲。"虛舟子曰:"古人心行一真,從權遂事,原無成例。後人執三代後折中明備之式,以核聖人舉措,無微不合,所以往往多回互耳。"孟子不在於辨世俗傳訛之跡,而在於發明聖人處變之心。其發明處變之心,亦以陶鑄後世,使之精義入神,非以此核聖人也。精義入神,精研義理、入于神妙。上古事跡,自不必拘拘與辯。以上六十余字亦見履祥《論舜漁陶》文。

李斯斬趙高説

《志林》曰:"隱公誅翬而讓桓,雖夷、齊何以尚茲?公子翬(huī),魯國權臣,弒隱公而立桓。東坡此處爲假設之辭,蓋謂隱公若能殺公子翬而還政于桓公,將可比肩于伯夷、叔齊。李斯畏蒙氏奪其位,故俯而聽趙高。蒙氏指秦將蒙恬。若會百官申明之,而斬高,扶蘇德矣,何蒙氏之足憂?"劉道原曰:"左氏信桓之欺,故曰攝。公、穀信隱之詐,故曰讓耳。"愚者曰:隱不能爲子臧,而桓方躁于衛、晉,翬顧不可得而誅也。臧僖伯,魯之賢臣,曾勸諫隱公勿如棠觀魚。以扶蘇諫始皇而觀之,固切齒李斯者也。斯正憂與扶蘇齟齬,豈憂蒙氏哉?

子陵論

罪子陵者曰:"光或取高帝之天下,還之高帝後人。光雖一高士,猶高帝遺民,而不臣高帝之後人,可乎?"嚴光字子陵,曾與光武同學,後隱遯不仕。以足加腹,草野倨侮,范升之劾周黨,正此意也。《後漢書·嚴光傳》:"因共偃臥,光以足加帝腹上。明日,太史奏客星犯御座甚急。帝笑曰：朕故人嚴子陵共臥耳。"周黨字伯況，東漢隱士，曾拒絕光武徵召。范升彈劾周黨，詳參《後漢書・周黨傳》。太公封營丘，殺東海居士昆弟二人。或問焉，公曰："吾聞其議曰'不臣天子'，是望不得臣也；'不友諸侯'，是望不得使也；'耕食掘飲，無求于人'，是望不得賞罰勸禁也。"語出《韓非子・外儲說右上》。《齊策》曰："於陵仲子，何爲至今不殺乎？是率其民爲無用者。"此法家之激言耳。或曰："使爵不足榮，則天下不可勸也。使爵足榮，則天下之欲，不可得足也。將使其亦榮亦不榮。其輕之，害帝王之權矣。其不輕之，害處士之義。"老父曰："權與義，本一道也。處士不貪爵祿，正所以重帝王之爵祿，而生無窮之勸也。往蹇來碩，隱亦尊君。往蹇，往則遇難。來碩，來則有大功。高尚其事，志自可則。"范文正詠子陵曰："雲臺爭似釣臺高。"又云："但得諸公依日月，不妨老子臥林丘。"古人遇事感興，因症畜藥。貧賤富貴，均不與于道。而必過貧賤關，乃能過富貴關。造次顛沛，豈非倚天之長劍？方正學曰："糟糠之妻尚如此，貧賤之交可知矣。羊裘老子早知幾，故向桐江釣煙水。"光武即位，嚴光隱名埋姓，披羊皮釣于澤中。此又一說也。後渠曰："舜即帝位，鄧墟七友終身不見。子陵不離富春，乃更可思。"嚴光晚隱富春山中。此又一說也。宓山愚者曰：人之刻責子陵，與過贊子陵者，皆非子陵之實地也。人各有所好，子陵容與山水，蕭然自足，其所好也，何嘗計及薄糟糠之後患，與藏拙之嫌乎哉？

王叔文

王叔文、八司馬，一敗而史極意詆之，與李訓輩齊稱，抑何冤也！王叔文，山陰人，唐順宗時任翰林學士，主持政治變革，史稱永貞革新，後被憲宗賜死。支持叔文革新的韓泰、陳諫、柳宗元、劉禹錫、韓曄、凌準、程異、韋執誼,皆被貶爲邊州司馬,史稱八司馬。李訓字公垂,唐文宗時宰相,計殺宦官仇士良,事泄被殺。順宗初,罷宫市,卻貢獻,召陽城、陸贄,貶李寔,相杜佑、賈躭,皆叔文啓之也。陽城字亢宗,德宗時歷任諫議大夫、國子司業等。陸贄字敬輿,德宗時賢相,著作被編爲《陸宣公翰苑集》。李寔,唐宗室,官京兆尹,聚斂無度,順宗即位,貶爲通州長史。杜佑字君卿,唐德宗宰相,著《通典》。賈躭字敦詩,官至尚書左仆射。最要者,用范希朝爲神策行營節度,韓泰爲司馬,奪宦官之兵,而授之文武大吏,卒爲宦官所持,遂至磔死,實由于此。當劉闢爲韋皋求三川,至許以死相助,金錢溢進奏邸,使叔文小有欲,不難爲所餌,顧叱而欲斬之,抑何壯也!《舊唐書·王叔文傳》:"叔文平生不識劉闢,乃以韋皋意求領三川。闢排門相干,欲執叔文手,豈非凶人耶?叔文已令掃本場,將斬之,韋執誼苦執不可。"皋以逆知叔文之失宦者心,故敢抗疏直言其失,而亡所顧忌,豈得爲定論耶?嗟乎,叔文不必其君子,然其禍自宦者始。不五月而身被惡名以死,此其情有可原者。八司馬皆有才,正以誅宦官正義舉也。特計出下下,爲所反噬,惟范文正公嘗爲原之。范仲淹之説,見《述夢詩序》。

防亂

亂起藩鎮可懼,其權足藉也。游俠博販可懼,其智略足駕役也。駕役,駕馭役使。文墨齷齪,無能爲矣。妖術誆庸人,不足欺豪傑,五斗米、紅黄巾,豈終濟乎?内亂大臣若王莽者,謙恭收名行之士,推戴而陰移之;曹操以權謀挾威,狃士而明奪之。然以名致人,名敗而士叛之,向爲所欺,必將恥爲所賣。心腹之托,即心腹之憂,懿固操之私人,卒何如耶?若乃宦官女子,非有彈壓之軀,固天下所恥北面者也。然吕、武公然垂拱,而漢、唐宦者之亂不遂。奴智奴威,非有所恃,必無自立之勢也。母后猶有臨人之分,天下之爲分屈也久矣。愚者曰:《鑒》于光武,喜其黜呂雉,于五王,恨其不僇武曌,正爲定分虛名,不可一日不赫赫于天下萬世之耳目也。《鑒》,《資治通鑒》。光武黜呂雉,見《後漢書・光武帝紀》:"呂太后不宜配食高廟,同祧至尊……遷呂太后廟主于園,四時上祭。"五王,指神龍元年(公元705年)正月,張柬之、崔玄偉、桓彥范、敬暉、袁怒己利用禁軍,發動政變,逼武則天讓位于太子李顯之事。事成,五人皆封王,史稱五王政變。名教正名,所以定分。合天下萬世之分,以勢其理,而狂情屈其七八也,豈不大哉!世有湯武,所以教萬世之爲君者。論者曰:湯武非聖人也,將以教後世之爲臣者,義不得而貸也。

出門庭論

"入於左腹,獲明夷之心于出門庭",舊以微子當之。《明夷》卦六四爻辭。王弼注曰:"左者,取其順也。入于左腹,得其心意。故雖近不危,雖時辟難門庭而已,能不逆忤也。"朱震《漢上易傳》:"上六極闇,九三極明,四遠上、近三、應初,《震》爲左,《離》爲大腹,四自《震》應初入《離》,入於左腹也。《坎》爲心,《坤》中爲意,初六之四,《離》變《艮》爲門,四爲夜,獲明夷之心于出門庭也。初之四則《坎》,《坤》變《兑》爲説,獲心意之象,故又曰獲心意也。其微子去商之事乎!上六極闇將亡,其意豈願亡哉?去闇就明,亡者復存,則獲明夷之心意矣。"微子啓,帝乙長子,商紂之兄,以紂無道而出走。武王滅商,封于宋。箕子則五表之矣,所謂出門庭而立門庭者也。《明夷》六五爻辭:"箕子之明夷,利貞。"蓋謂箕子佯狂自晦爲"出門庭",以《洪範》授武王爲"立門庭"。《象正》曰:"周公之學,蓋多得之箕子矣。箕子,紂之諸父。商禮兄終弟及,箕子嘗勸帝乙立微子不聽,竟立紂。及比干誅,微子去,天下屬望一綫,危哉。周公讀至《明夷》之五,變《坎》濟《離》,佯狂免禍,忽獲其心,故以繫象,以其内難正志,傳《洪範》于萬世也。孔子至此,遂以文王與箕子比肩合贊。羑里衍《易》,萬世之斯文在茲。初之垂翼,非其象乎!"《易象正》,黄道周著。初之垂翼,指《明夷》初九爻辭:"明夷于飛，垂其翼。君子于行，三日不食。有攸往，主人有言。"

或曰："箕子幸處朝鮮，足矣，何又來周，以《洪範》傳武王？"此非入箕子之腹者也。或曰："微子抱祭器歸周，是亦不可以已乎？"此非入微子之腹者也。智謂微子去國最先，與泰伯同。《史記》抱器歸周者，太師疵、少師彊。《尚書·微子》篇，亦稱父師少師，故訛傳耳。以爲抱器歸周、全宗祀者，亦非入微子之腹者也。《訂詁》曰："孔子不以去貶仁，仁之權也。"其去魯也，以爲燔肉，以爲女樂，皆未入孔子之腹者也。《孟子·告子章句下》："孔子爲魯司寇，不用。從而祭，燔肉不至。不稅冕而行。"《論語·微子》："齊人歸女樂，季桓子受之，三日不朝，孔子行。"自成邑之不墮，而去志決矣。孔子爲魯司寇，爲削弱三桓勢力而計劃墮三都，成邑其一也。稱彼婦者，以是遮覆桓子，桓子亦借此自受罪焉。義不可絶，不必聞之于鄰。于是十四年不反，後以康子歸，歸亦不仕，志事託于斯文，斯亦箕子出門庭立門庭之範也。由是而論，舜之陶漁，季札之游，何非以出門庭爲左腹者乎？季札，吳國公子，屢游中原，曾聘魯，觀周樂。《節》之初，"不出門庭，無咎"；二，"不出門庭，凶"。出不出，獲不獲，蓋其時矣。《同人》二五相遇，先咷後笑。《同人》卦六二爲陰爻，九五爲陽爻，故有中正相應、同人之象。初之"于門"，上之"于郊"，象之"于野"，安往不獲其心乎哉？于門，原誤作"出門"。《同人》："初九，同人于門，無咎。"《同人》："上九：同人于郊，無悔。"《同人》："彖曰：同人于野，亨，利涉大川，乾行也。文明以健，中正而應，君子正也。唯君子爲能通天下之志。"遯世無悶，不見是而無悶，子思獲其心曰："惟聖者能之。"《中庸》："子曰：素隱行怪，後世有述焉，吾弗爲之矣。君子遵道而行，半塗而廢，吾弗能已矣。君子依乎中庸，遯世不見知而不悔，唯聖者能之。"請循其本。

兩端之中

或曰:"道,通也、大也,所以並存也、合處也。不大不通,不可以相至,而又相與爲反也。"或曰:"事必行兩,物固待彼而論此。苻堅用王猛,則兼誅樊世、仇騰、黜席寶。苻堅,前秦皇帝,淝水戰敗,一蹶不振,後爲姚萇所殺。王猛,前秦丞相、大將軍。元祐用司馬光,則黜章惇、蔡確、邢恕。三人皆入《宋史·奸臣傳》。懸衡者左抑則右舉,右抑則左舉,抑之所下至,舉之所上至也。未嘗有能以不抑而舉者,以爲自相待之勢也。"此言並存者,言一舉一抑者,不相悖耶?

樛留曰:"齊桓兩用管、鮑,成湯兩用尹、㐌。即伊尹、仲㐌。然魏兩用樓、翟而亡西河,楚兩用昭、景而亡鄢郢。"樓即樓緩,翟指翟璜。昭、景,楚之二姓。語出《韓非子·難一》。將獨用耶?"湣王一用淖齒,而擢筋東廟。主父一用李兑,而探㲉餓死。"《韓非子·外儲説右下》:"淖齒之用齊也,擢湣王之筋。李兑之用趙也,餓殺主父。此二君者,皆不能用其椎鍛榜檠,故身死爲戮而爲天下笑。"《韓非子·難一》:"湣王一用淖齒,而身死乎東廟。主父一用李兑,減食而死。主誠有術,兩用不爲患。無術,兩用則爭,爭事而外市,一則專制而劫弑。今留無術以規上,使其主去兩用一,是不有西河、鄢郢之憂,則必有身死減食之患。是樛留未有善以知言也。"此言事勢之用兩,在明主耳。

《呂覽》:"相劍曰:'白所以堅,黃所以韌。黃白雜,堅韌矣。'難者曰:'白不韌,黃不堅。黃白雜,不堅且不韌矣。'劍之情未革,而或以爲良,或以爲惡,説使之也。"典出《呂氏春秋·別類》。此言事之設兩造辯也。

《淮南》曰:"師曠撞琴諫君,跌衽宮壁,左右欲塗之。平公曰:'舍之,以爲寡人失。'孔子曰:'欲求諫也。'韓非曰:'臣失禮,又弗誅,是縱過也。'賓見人于宓子,賓出,宓子曰:'望我而笑,是擭也。擭(qiān),慢。交淺言深,是亂也。'賓曰:'望君而笑,是坦也。交淺言深,是忠也。'故賓之容,一也,或以爲君子,或以爲小人,所自視之異也。"典出《淮南子‧齊俗訓》。此言好惡之兩臆也。

《列子》曰:"多智之人,量利害,料虛實,得亦中,亡亦中。少智之人,不量利害,不料虛實,得亦中,亡亦中。將何以異乎?"語出《列子‧力命》。甲曰:"心是則取,非則已,何暇擇利害?天道之不與吾事也久矣。"乙曰:"數義而前,逢福,以信義得也。逢不善,以爲義之無類也。善不善之取利害,不失一髮矣。"二人者爲道不同,其善自取得,則一也。此言直心細心之兩用也。

措事於義之所可,亡於義之所不可,然猶得利,是兩得也。不幸而犯患,其不失是,則在前矣,自取安焉,此之謂無全失也。或曰:"事後未可知也。設曲巧,幸造化,可以得矣,然而未知也。其未可以必之理均,而棄義從邪,先多一失矣。"由是觀之,將取畸士之巧説乎?將由聖人之中道乎?攖以畸士之巧變而不動者,真不惑也。不惑則定,定則誠明泯矣,泯于聖人之中道者也。泯則可以忘言,乃可以言。

即事而隱説

禰衡之摻撾也,容態既閒,音節復妙。《後漢書‧禰衡傳》:衡字正平,少有才辯,而氣尚剛傲。曹操欲見之,而衡素相輕,自稱狂病不肯往。操聞衡善擊鼓,乃召爲鼓史。因大會賓客,閱試音節,諸史過者,皆令脱其故衣,更着岑牟單絞之服。次至衡,衡方爲漁陽參撾,蹀躞而前,容態有異,聲節悲壯,聽者莫不慷慨。衡進至操前而止,吏訶之曰:"鼓史何不改裝,而輕敢進乎?"衡曰:"諾。"於是先解袒(nì)衣,次釋餘服,裸身而立,徐取岑牟單絞而着之,畢,復參撾而去,顏色不怍。操笑曰:"本欲辱衡,衡反辱孤。"摻撾(càn zhuā),又作"參撾",擊鼓之法,亦爲鼓曲之一種。時衡目中,豈復知有操哉?而操已不能不辱於衡也。舉座擊節,操愈不能不辱於衡也。本辱衡而辱于衡,奪於衡之氣也。衡若詬罵不屈,或諧媚優倡,操怒欲殺之,已喜而縱之,一喜一怒,而操已無餘思矣。惟使之怒不得,喜不能,終其身有愧而已。夫以一鼓史而能使人愧己終其身,雖鼓史可也。

戴安道之隱於琴也,謝招與琴,固已輕之,戴無忤容,而談琴理愈妙,目中寧有謝哉?戴逵字安道,譙國人,東晉名士,博學多才,能鼓琴,工書畫。《世說新語·雅量》:"戴公從東出,謝太傅(玄)往看之。謝本輕戴,見,但與論琴書。戴既無忤色,而談琴書愈妙。謝悠然知其量。"若絕不與言,或移之他,使知其達,一知之而謝已無餘念矣。惟以爲琴士,即與之言琴,終日無忤色、無溢詞,夫乃服其人之不可得而辱,并不可得而榮也。

愚者曰:今日破琴,毋乃犯手,不爲王門伶人,謝幼度護虎丘,固得力耶?《晉書·戴逵傳》:"太宰武陵王晞,聞其善鼓琴,使人召之。逵對使者破琴,曰:'戴安道不爲王門伶人。'晉武帝累徵戴逵,謝玄(字幼度)憂逵遠遁不返,上疏止之。"衡之岑牟,孰與哭坐?岑牟,鼓史所戴之尖帽。若能狎黃祖爲鷗,則老瞞真爲所辱矣。黃祖乃劉表部將,性急,禰衡爲其所殺。曹操小名阿瞞。古人地步甚高,不惡而嚴。《易·遯》:"象曰:天下有山,遯。君子以遠小人,不惡而嚴。"《伊川易傳》:"遠小人之道,以惡聲厲色,適足以致其怨忿,唯在乎矜莊威嚴,使知敬畏,則自然遠矣。"安道禮論,曾讀之否?《晉書·戴逵傳》:"性高絜,常以禮度自處,深以放達爲非。逵乃著論曰:夫親没而採藥不反者,不仁之子也。君危而屢出近關者,苟免之臣也。而古之人未始以彼害名教之體者何?達其旨故也。達其旨,故不惑其跡。若元康之人,可謂好遯跡而不求其本,故有捐本徇末之弊、舍實逐聲之行。"又曰:"且儒家尚譽者,本以興賢也。既失其本,則有色取之行,懷情喪真,以容貌相欺,其弊必至於末僞。道家去名者,欲以篤實也。苟失其本,又有越檢之行,情禮俱虧,則仰詠兼忘,其弊必至於本薄。"非徒同塵爲無敵也，有時爲井丹之責盛饌、李充之抵肉于地，有時爲王述之張目不答、顧愷之將酒勸柱。同塵，和光同塵。《後漢書·井丹傳》：「井丹，字大春，扶風郿人也。少受業太學，通《五經》，善談論，故京師爲之語曰'《五經》紛綸井大春'。性清高，未嘗修刺候人。建武末，沛王輔等五王居北宮，皆好賓客，更遣請丹，不能致。信陽侯陰就，光烈皇后弟也。以外戚貴盛，乃詭說五王，求錢千萬，約能致丹，而別使人要劫之。丹不得已，既至，就故爲設麥飯葱葉之食，丹推去之，曰：'以君侯能供甘旨，故來相過，何其薄乎？'更致盛饌乃食。及就起，左右進輦，丹笑曰：'吾聞桀駕人車，豈此邪？'坐中皆失色。就不得已，而令去輦。自是隱閉，不關人事，以壽終。」《李充傳》：「充遷侍中，大將軍鄧騭，貴戚傾時，無所下借。以充高節，每卑敬之。嘗置酒請充，賓客滿堂，酒酣，騭跪曰：'幸託椒房，位列上將。幕府初開，欲辟天下奇偉，以匡不逮。惟請君博求其器。'充乃爲陳海內隱居懷道之士，頗有不合。騭欲絕其說，以肉啗之，充抵肉於地曰：'說士猶甘於肉。'遂出徑去。」《世說新語·忿狷》：「謝無奕性粗強，以事不相得，自往數王藍田，肆言極罵。王正色面壁，不敢動。半日，謝去良久，轉頭問左右小吏曰：'去未？'答云：'已去。'然後復坐。時人嘆其性急而能有所容。」王述襲父爵藍田侯，故又稱"王藍田"。顧愷之將酒勸柱，此條似爲密之誤記。據《世說新語·方正》載，將酒勸柱者爲顧孟著：「顧孟著嘗以酒勸周伯仁，伯仁不受。顧因移勸柱，而語柱曰：'詎可便作棟梁自遇。'周得之欣然，遂爲衿契。」徐廣《晉紀》曰：「顧顯，字孟著，吳郡人，驃騎榮兄子。少有重名，泰興中爲騎郎，早卒。」高坐之胡呪，何如貫休之誦詩？劉孝標《世說新語》注：「《高坐別傳》曰：和尚胡名尸黎密，西域人，傳云國王子，以國讓弟，遂爲沙門。永嘉中，始到此土，止於大市中。和尚天姿高朗，風韻遒邁，丞相王公一見奇之，以爲吾之徒也。周僕射領選，撫其背而嘆曰：'若選得此賢，令人無恨。'俄而周侯遇害，和尚對其靈坐，作胡祝數千言，音聲高暢，既而揮涕收淚，其哀樂廢興皆此類。性高簡，不學晉語。諸公與之言，皆因傳譯。然神領意得，頓在言前。」周侯即周顗字伯仁。胡祝即胡呪也。貫休，俗姓姜，唐末詩僧。《唐才子傳·貫休傳》：「初昭宗以武肅王錢鏐平董昌功，拜鎮東軍節度使，自稱吳越王。僧貫休時居靈隱，往投詩賀，中聯云：'滿堂花醉三千客，一劍霜寒十四州。'武肅大喜，然僭侈之心始張，遣人諭令，改爲四十州，乃可相見。休性躁急，答曰：'州亦難添，詩亦難改。余孤雲野鶴，何天不可飛?'即日裹衣鉢拂袖而去。"**仲御之振足,何如子驥之條桑?**《晉書·夏統傳》:夏統字仲御,會稽永興人。幼孤貧,養親以孝聞。後其母病篤,乃詣洛市藥。會三月上巳,洛中王公已下,並至浮橋,士女駢填,車服燭路。統時在船中曝所市藥,諸貴人車乘來者如雲,統並不之顧。太尉賈充怪而問之,統初不應,重問,乃徐答曰:"會稽夏仲御也。"充使問其土地風俗,統曰:"其人循循,猶有大禹之遺風,太伯之義讓,嚴遵之抗志,黃公之高節。"充又謂之:"昔堯亦歌,舜亦歌。子與人歌而善,必反而後和之,明先聖前哲無不盡歌。卿頗能作卿土地間曲乎?"統曰:"先公惟寓稽山,朝會萬國,授化鄙邦,崩殂而葬。恩澤雲布,聖化猶存,百姓感詠,遂作《慕歌》。又孝女曹娥,年甫十四,貞順之德,過越梁宋。其父墮江不得尸,娥仰天哀號,中流悲嘆,便投水而死。父子喪尸,後乃俱出。國人哀其孝義,爲歌《河女》之章。伍子胥諫吳王,言不納用,見戮投海。國人痛其忠烈,爲作《小海》唱。今欲歌之。"衆人僉曰:"善。"統於是以足叩船,引聲喉囀,清激慷慨,大風應至,含水噀天,雲雨響集,叱咤讙呼,雷電晝冥,集氣長嘯,沙塵烟起。王公已下皆恐,止之乃已。諸人顧相謂曰:"若不游洛水,安見是人?聽《慕歌》之聲,便仿佛見大禹之容。聞《河女》之音,不覺涕淚交流,即謂伯姬高行在目前也。聆《小海》之唱,謂子胥、屈平立吾左右矣。"子驥,劉驎之字。條桑,采桑也。典出《晉書·劉驎之傳》:"車騎將軍桓沖聞其名,請爲長史,驎之固辭不受。沖嘗到其家,驎之於樹條桑,使者致命,驎之曰:'使君既枉駕光臨,宜先詣家君。'沖聞大愧,於是乃造其父。父命驎之,然後方還,拂短褐,與沖言話。父使驎之於内自持濁酒蔬菜供賓,沖勑人代驎之斟酌,父辭曰:'若使從者,非野人之意也。'沖慨然,至昏乃退。"**至於謝鯤之鸜鵒舞、桓伊之箏歌,終不爲反巾帖地、簾外執板者藉口。**鸜鵒(qú yù),又作"鴝鵒",俗名八哥兒。《晉書·謝尚傳》:"襲父爵咸亭侯,始到府,通謁導(王導),以其有勝會,謂曰:'聞君能作鴝鵒舞,一坐傾想,寧有此理?'尚曰:'佳。'便著衣幘而舞,導令坐者撫掌擊節,尚俯仰在中,傍若無人。"謝尚乃謝鯤之子,此處似密之誤記。《晉書·桓伊傳》:"帝(晉武帝)召伊飲讌,安(謝安)侍坐。帝命伊吹笛,伊神色無迕,即吹爲一弄,乃放笛云:'臣於箏分,乃不及笛,然自足以韻合歌管,請以箏歌。……伊便撫箏而歌怨詩曰:'爲君既不易,爲臣良獨難。忠信事不顯,乃有見疑患。周旦佐文武,金縢功不刊。推心輔王政,二叔反流言。'聲節慷慨,俯仰可觀。安泣下沾衿,乃越席而就之,捋其鬚曰:'使君於此不凡。'帝甚有愧色。"不惡而嚴,天山之遯肥矣哉!《易·大畜》:"象曰:天在山中,大畜。君子以多識前言往行,以畜其德。"《易·遯》:"上九,肥遯无不利。"

名教説後

　　或問名教。曰:教必正名,即自然也。盧毓對魏明帝之畫餅,其一端也。《三國志·盧毓傳》:明帝謂毓曰:"選舉莫取有名。名如畫地作餅,不可啖也。"毓對曰:"名不足以致異人,而可以得常士。常士畏教慕善,然後有名,非所當疾也。愚臣既不足以識異人,又主者正以循名案常爲職,但當有以驗其後,故古者敷奏以言,明試以功。今考績之法廢,而以毀譽相進退,故真僞渾雜,虛實相蒙。"田況曰:"名者由實而生。堯舜三王非好名者,而鴻烈休德倬若日月,有實美而然也。夫爲人主者,志于有爲,名非所當嫌也。"田況字元均,北宋人,累官至觀文殿學士。引文見《宋史·田況傳》。薛季宣言士大夫好名,特爲臣子純德之累。人主爲社稷計,惟恐士不好名。誠人人好名畏議,何鄉不立?仁宗遂命爲大理正。薛季宣字士龍,號艮齋,南宋永嘉學派的開創者。仁宗,乃孝宗之誤。詳參《宋史·薛季宣傳》。高忠憲曰:"名不可得而好,亦不可得而避,各自盡其實而已。近世言高行穢,專以好名吹賢者之疵,乃可公然好利,而得豪放之名。或以固陋而得掃除之名,或以頑鄙而得藏納之名,甚且以狠狡而得英雄之名。是世間之不學不修,不顧職業,而捷于名利雙收者,必以罵名得名爲錦囊焉。"高攀龍,東林領袖,死謚忠憲。倪鴻寶疏駁祠璫,可嘆也。倪元璐字玉汝,號鴻寶,天啓二年(公元1622年)進士,官至户部尚書。祠璫,指替魏忠賢建生祠事。崇禎元年(公元1628年),忠賢伏誅,遺黨楊維垣上疏,詆及東林。倪元璐疏駁之,有云:"書院、生祠,相勝負者也。生祠毀,書院豈不當修復?"詳參《明史·倪元璐傳》。自夫頭上安頭,鑿空言高,而懲咽廢食,浚恒自快,荀子所謂"錯人而思天,失萬物之情"，陸贄所謂"以精失士"者也。浚恒，超出常情。《新唐書·陸贄傳》稱贄謂德宗曰："夫求才者貴廣，考課者貴精。往武后收人心，務拔擢，非徒人得薦士，亦許自舉，其才豈不易哉？然而課責嚴，進退速，故當世稱知人之明，累朝賴多士之用。陛下賞鑒獨任，難於公舉，有登延之路，無練核之方。武后以易得人，陛下以精失士。"卒之以食色爲天真而縱之，以禮義爲人僞而薄之，口口總殺，實藏總赦，誰勘破其巧乎？木鐸大防一潰，是非顛倒，悖經抗法，巧鬪自雄，而國是安可立乎？《論語·八佾》："天下之無道也久矣，天將以夫子爲木鐸。"近世士夫，全賞李溫陵之偏鋒以冤賢，庶人全慕《水滸》之椎埋以快意，而天下大亂矣，是誰作俑？噫！《易》曰："遏惡揚善，順天休命。"語出《大有》象辭。朱子曰："天命有善而无惡，故遏惡揚善，所以順天。反之於身，亦若是而已矣。""包荒馮河，得尚中行。"語出《泰》九二："包荒，用馮河，不遐遺。朋亡，得尚于中行。"朱子曰："占者能包容荒穢，而果斷剛決，不遺遐遠而不昵朋比，則合乎此爻中行之道矣。"教立化行，而後公享其無名之福。主世責者，寧可爲詖邪之言所惑？

卷六　曼寓草下

明堂説

《戴記》曰："明堂九室，十二堂，三十六户，七十二牖。以茅蓋屋，上圓下方。外水曰辟雍。月令施十二月之令。赤綴，户也。白綴，牖也。二九四，七五三，六一八。"法龜文也。引語出《大戴禮記·明堂》。龜文，《洛書》。"夏后世室，殷人重屋四阿，周明堂度九尺之筵。"語出《周禮·考工記》。蓋漸文矣。黄帝明堂，中一殿，四面無壁，茅蓋，通水，復道，有樓，從西南入，則公玉帶所上漢武者也。《史記·孝武本紀》："濟南人公玉帶，上黄帝時《明堂圖》。《明堂圖》中有一殿，四面無壁，以茅蓋，通水，圜宫垣爲復道。上有樓，從西南入，命曰昆侖。天子從之入，以拜祠上帝焉。"朱子曰："意當九室，如井田制。東中爲青陽太廟，東之南爲青陽右个，東之北爲青陽左个，南之中爲明堂太廟，南之東，即東之南，爲明堂左个，南之西，即西之南，爲明堂右个。總章玄堂仿此，中爲太廟太室。""即東之南"、"即西之南"八字，朱子《明堂説》中，皆爲雙行小字。只是三扇九架屋而已矣。康成謂明堂、太廟、路寢，異實同制。伯喈謂明堂、太廟、辟雍，同實異名。伯喈，蔡邕。陳暘取袁準之辨，殊未盡然。陳暘字晉叔，閩清人，宋紹聖中登制科，官至禮部侍郎，著《樂書》二百卷。袁準字孝尼，晉武帝時官至給事中，著有《袁子正論》等。

　　智按：廟者，貌也。前廟後寢，古以前堂通謂之廟。如後世之呼殿、呼廳，皆"廷"轉聲，霆即電，可證也。後此乃分別宗廟、明堂之稱耳。《禮》天子無事不于廟中以朝諸侯同,則天子永無南面之日矣。《士禮》"迎于廟門外",即廳事之門外也。所稱漸熟,故各執以爲常,古則猶通稱也。所謂明堂者,表嚮明而治之堂也。齊之明堂,猶行在所,巋然靈光也。由是論之,祭祀之殿,亦可謂之明堂。朝會之軒,亦可謂之明堂。辟雍教士之宫,亦可謂之明堂。四阿九室,自然之理,其制大同小異,隨時增損,何必以《考工》之五室、《大戴》之十二室爲疑耶?堂必軒其三楹,而室或夾焉奥焉,則通爲九方分者,何不可各面呼爲三間耶?以八八之方圖,合《洛書》之九宫,其論自確。《易》六十四卦縱橫排列所成之圖爲方圖。畫州建國,井地制兵,莫不法之。上棟下宇,取諸《大壯》。《易·繫辭下》:"上古穴居而野處,後世聖人易之以宫室,上棟下宇,以待風雨,蓋取諸《大壯》。"豈有祀帝祀祖、明治興教之宫室,草草不合表法者哉?月令分居配位,大抵制器尚象之意,非必定如此也。黄帝明堂,中一室寓藏一也。樓從西南入,寓巽方也。此即漢説,已證古有八宅之精義矣。今之中極殿、大享殿,亦上圓而下方,是其遺也。俗儒泥跡,往往執名,虛談通冒,先並精義而荒之。鄉飲偶射,皆有天地陰陽之義,何謂明堂不法《洛書》哉?

祫禘説

《王制》云:"天子諸侯宗廟之祭,春曰礿,夏曰禘,秋曰嘗,冬曰烝。天子犆礿,祫禘,祫嘗,祫烝。諸侯礿則不禘,禘則不嘗,嘗則不烝,烝則不礿。諸侯礿犆,禘一犆一祫,嘗祫,烝祫。"鄭玄:"犆(tè),猶一也。祫(xiá),合也。天子諸侯之喪畢,合先君之主於祖廟而祭之,謂之祫。後因以爲常。天子先祫而後時祭,諸侯先時祭而後祫。"又《大傳》曰:"禮,不王不禘。王者禘其祖之所自出,以其祖配之。諸侯及其太祖。大夫、士有大事,省于其君,干祫,及其高祖。"干,原誤作"于"。孔穎達曰:"干,空也。空祫,謂無廟也。大夫士知識劣於諸侯,故無始封之祖。若此大夫士有勛勞大事,爲君所善者,則此是識深,故君許其祫祭至於高祖。但無始祖廟,雖得行祫,唯至於高祖,並在於壇空而祫之,故云空祫,及其高祖也。"又《祭統》云:"春祭礿,夏祭禘,陽義也。秋祭嘗,冬祭烝,陰義也。古者于禘也,發爵賜服,順陽義也。于嘗也,出田邑,發秋政,順陰義也。故《記》曰:'嘗之日發公室,示賞也。草艾則墨,未發秋政,則民弗敢草也。'禘嘗之義大矣。周公既没,成王、康王追念,賜以重祭,外祭則郊社是也,内祭則大嘗禘是也。"又《郊特牲》云:"饗禘有樂,而食嘗無樂。凡飲,養陽氣也。食,養陰氣也。故春禘而秋嘗,春饗孤子,秋食耆老,其義一也。"春饗,原誤作"秋饗",據《禮記》改。《周禮》言祭不言禘,其言四時祭曰:"以祠春享先王,以禴夏享先王,以嘗秋享先王,以烝冬享先王。"《韻會》曰:"礿,一作禴。《易》'西鄰禴祭',薄祭也。《王制》《祭統》'春曰礿',此夏商禮也。"《韻會》,宋人黄公紹著。

愚者曰:周尊大禘始祖自出之名,故改"春礿夏禘"爲"春祠夏禴"乎!然孔門述禮,則猶稱礿禘。統論治道,則概稱禘嘗之義。以四時舉陰陽,則通稱春禘而秋嘗。以其祭曰祫,與一祮一祫之禘,概而言之,則曰祫禘。儒者未觀其通,故紛然也。《公羊》曰:"祫者何?合祭也。毁廟之主,陳于太祖。未毁廟之主,皆升合食于太祖。"《禮記外傳》曰:"禘祫謂之殷祭。"司馬彪《續漢書》曰:"殷祭三年一祫,五年一禘。禘以夏四月,祫以冬十月。《禮緯·稽命曜》載之。"賈逵、劉歆云一祭二名,馬融、王肅云禘大祫小,鄭玄云祫大禘小,皆各見一端者也。祫爲禘而設,禘爲主而祫爲從,何爲以大小名?張純以祫爲冬十月,百穀成熟,合聚飲食,則是天子大蜡之祭,所謂合聚萬物而索饗之者,于祫禘、祫嘗、牷禘之故,原未洞也。張純字伯仁,漢哀、平年間爲侍中,襲封宣平侯。禘以祫爲大,以牷爲小,以每歲爲大,以越歲爲小。其曰天子禘、諸侯祫,《禮》無此明文。《後魏書》曰:"古祭時祫並行,天子先祫後時,諸侯先時後祫。今當夏之月,減時以從要省。"蓋天子諸侯祭禮之殊,不過在時歲之疏數,與牷祭之各于其廟,祫之合群廟而食,爲差別耳。惟《禮·祭法》曰:"周人禘嚳而郊稷,祖文王而宗武王。"是則以禘爲字法,而號其推始祖之所自出,謂爲大禘焉耳。然考《周官》所稱大祭祀者,惟是禋祀昊天上帝,迎祀五帝,將事四望,肆享先王而已,不聞有大禘之名。豈禘爲周天子特隆之大祭,而不設職掌于《周官》哉?

魯禘説

《家語》:"孔子爲魯司寇,與于蜡。蜡祭,年終合祭百神。既賓事畢,乃出游于觀之上而嘆,謂言偃曰:我觀周道,幽厲傷之,吾捨魯何適矣?魯之郊及禘,皆非禮,周公其已衰矣。杞之郊也禹,宋之郊也契,是天子之事守也。天子以杞、宋二王之後,周公攝政致太平,而與天子同是禮也。"又曰:"先王患禮之不達于下,故饗帝于郊,所以定天位也;祀社于國,所以列地利也;禘祖廟,所以本仁也;旅山川,所以儐鬼神也;祭五祀,所以本事也。"《孔子家語·禮運》。據此論之,祀周公以天子禮樂,爲成王賜伯禽是也。董子曰:"成王之使魯郊,蓋報德之禮也。"劉貢父取證《呂覽》,"魯惠公請郊廟之禮于周,天子使史角往報之",此平王也。劉攽字貢父,北宋史學家。王伯厚[應麟]、羅長源[泌]以爲然。元許白雲[謙]言之,我朝何子元、楊升庵暢之。何孟春字子元,弘治六年進士。《明堂位》,魯儒借名文過,世遂謂成王無賜周公禮樂事矣,禘果僭矣。[按:所引《呂覽》《左傳》《閟宮》,皆言郊言雩,或言郊廟,本文無禘字。有言禘于莊公,刺在莊也。謂禘從此始,則非]。何以決之?孔子曰:"天子以杞、宋二王之後,周公攝政致太平,而與天子同是禮。"《孔子家語·禮運》。則知賜周公之禮,即在賜杞、宋二王時,非越西周而東周,明矣。天子非平王,更明矣。夫子之非魯郊者,非其僭禮;非魯禘者,非其失禮,不爲其僭禮也。何也?子言魯之郊及禘皆非禮,而下文止明言郊同杞、宋爲非禮,及禘之義無譏焉。又明言禮達于下,惟郊爲天子之事,社旅則諸侯與焉,五祀則大夫與焉。是知中云禘祖廟,所以本仁,在社之下、旅之上,非止天子事也。魯禘之非禮者,前巫後史,卜筮瞽侑之殺訛也,非謂僭也。此夫子之言也。[《明堂位》云:"成王命魯公世世祀周公以天子之禮樂,是以魯君孟春祀帝于郊,配以后稷;季夏六月,以禘禮祀周公于太廟。凡四代之服器官,魯兼用之"]。曰郊及禘非禮者,魯因禘而先郊。自郊及禘,則不特郊非禮,而禘亦因繼郊而非禮矣。《明堂位》于郊,直曰"孟春祀帝,天子之禮也";于禘,則曰"季夏以禘禮祀周公于太廟"。其禮與天子禮,實有殺焉,文甚明曉,而讀者不察。魯禘即夏禘也,周用六代禮樂,魯受四代禮樂,不舞《雲門》《咸池》,樂止夷蠻而無戎狄,尊俎止夏商而無有虞,牲止白而無騂剛。其移天子禮樂于群公之宮,則因周公而僭也。若禘于周公之禘禮,則非僭也。大夫士有大事,省于其君,干祫及其高祖,則諸侯之及其太祖者,豈非禘乎?以周禘嚳而配稷論之,杜預注左氏,禘文王于周公之廟,而不立文王之廟,魯亦何僭之有?

然則"既灌以往,吾不欲觀者",何耶?閔公二年夏五月吉,禘于莊公,速也。[莊公喪制未闋,時別立廟,又不于太廟,故譏之]。僖八年秋七月,禘于太廟,用致夫人。[《左》曰:"秋禘而致哀姜,非禮也。"致者,致新死之主于廟,而列之昭穆。此譏禘而致夫人成風之非,所以歷三禘者無譏也]。文二年八月,大事于太廟,躋僖公。[僖爲閔公庶兄,繼閔而立,嘗爲臣,今升閔上,故曰逆祀]。宣八年,有事于太廟,仲遂卒于垂。壬午猶繹,萬入去籥。[此譏卿卒而繹之非也]。定八年,從祀先公。[陽虎屢祀取媚,將殺季氏而敗]。襄十年,宋以桑林享公。[士匄曰:魯有禘樂,賓祭用之,正謂既灌而往。至于繹祭,復陳昨日之樂,用以賓尸,而因以享公也]。昭二十五年,將禘于襄公,萬者二人,其衆萬于季氏。是則既灌而往之非禮,有不可勝言者。《春秋》不書歲事之郊,而特書改卜不從、不郊之郊,明乎魯之可不郊也。[定十四年郊,不致燔俎于大夫,孔子行。故知《春秋》歲不勝書。夫子對定公曰:"周之始郊,其月以日至,用上辛。至于啓蟄之月,又祈穀上帝。此二者,天子禮也。魯無冬至大郊之事,降殺于天子",《函史》引《記》曰:"啓蟄而郊,郊而始耕,蓋周之圓丘祀天,正歲建子月也。迎長于郊以報饗,其正月建寅月也。啓蟄而郊,以祈穀。正月而郊,郊而東作焉。正歲而郊,郊而受朔焉。季秋則大饗帝于明堂,宗祀文王以配之。《詩序》有合饗天地之樂,而以昊天有成命當之。分之則青黃赤白與黃靈而五,謂大神示。仲夏則大雩,孟冬祈來年于天宗。蓋王祀天,歲十舉,而郊爲最尊。"孫宣公曰:"歲九祭,皆主于天。至日圓丘,正月祈穀,五時迎氣,孟夏雩,季秋大饗。天災大故,則旅于上帝。"]

詩亡非雅亡論

跡熄《詩》亡,今説者以爲《黍離》降爲國風而雅亡也。《孟子·離婁章句下》:"王者之跡熄而《詩》亡,《詩》亡然後《春秋》作。"毛序:"《黍離》,閔宗周也。周大夫行役,至于宗周,過故宗廟宫室,盡爲禾黍,閔周室之顛覆,彷徨不忍去,而作是詩也。"鄭箋:"平王東遷,政遂微弱,下列於諸侯。其詩不能復雅,而同於國風焉。""王一之六"注:"平王徙居東都王城,于是王室遂卑,與諸侯無異,故其詩不爲《雅》而爲《風》,然其王號未替也。"王一之六,指《國風》之序次,首《周南》,次《召南》,次

《邶風》，次《鄘風》，次《衛風》，《王風》居第六。吁，泥極矣！夫十五《國風》，合《周南》《召南》與東都之《王》，共十五也。東都之《王》當爲《雅》，則西都之《周》《召》二篇，亦當爲《雅》。曰東都之《王》降而爲《國風》，則《周南》《召南》亦降而爲《國風》矣。辟如今之北畿、南畿，以貢舉言之，兩畿與十三省，各錄所試而爲書，豈南畿當有試錄，北畿不當有試錄乎？《周南》《召南》，猶之周之西畿也。東都之《王》，猶之周之東畿也。《關雎》至《騶虞》，周西畿之風也。《黍離》至《丘中有麻》，周東畿之風也。采風者分地而錄之，豈分時乎？如曰《黍離》行役，悲感宗周之宮廟宗室，追怨之深，以是疑其爲降，則《關雎》亦後人追思所作。太史公曰："周道缺，詩人本之衽席，《關雎》作。"漢明詔："應門失守，《關雎》刺世。"杜欽傳："佩玉晏鳴，《關雎》嘆之。"則亦足以生疑矣。孟子曰："王者之跡熄而《詩》亡，《詩》亡然後《春秋》作。"言《春秋》之義，專明上下。大一統之禮，莫大乎巡狩述職之典。今周衰矣，天子不巡狩，故曰跡熄。不巡狩，則太史不采風獻俗。不采國風，則《詩》亡矣。此《春秋》之所以作也。

六宗説

《尚書》"禋于六宗"，諸説不同。禋，祀也。語出《舜典》。王莽以《易》六子立六宗祠。乾坤爲父母，象天地。坎、離、巽、震、艮、兑爲六子，象水、火、風、雷、山、澤。摯虞曰："《月令》：'孟冬，天子祈來年于天宗。'六宗之神也。"摯虞字仲治，《晉書》有傳。劉邵以爲萬物負陰抱陽，冲氣以爲和，六宗者，太極冲和之氣，爲六氣之宗者也，《虞書》謂之六宗，《周書》謂之天宗。孔穎達曰："王肅六宗之説，用《家語》之文，以四時寒暑也，日月也，水旱也，爲六宗。孔注《尚書》同之。伏生與馬融以天地四時爲六宗。劉歆、孔晁以乾坤之子六爲六宗。賈逵以爲天宗三,日、月、星也;地宗三,河、海、岱也。《今尚書》歐陽夏侯説六宗者,上及天,下及地,旁及四方,中央恍惚,助陰陽變化,有益於人者也。《古尚書》説六宗,日、月、北辰、岱、河、海也。六,原誤作"天"。日月爲陰陽宗,北辰爲星宗,河爲水宗,岱爲山宗,海爲澤宗。鄭玄以星也、辰也、司中也、司命也、風師也、雨師也,爲六宗。"虞喜別論曰:"地有五色,大社象之。總五爲一,則成六。六爲地數,推校經傳,別無他祭也。"虞喜字仲寧,晉代學者。劉昭以爲此説近得其實。張髦曰:"父祖之廟六宗,即三昭三穆也。"魏文帝以天皇大帝、五帝爲六宗,杜佑取之。

智按:《尚書》本文,上言上帝,下言山川群神,此似爲地大社之説近是矣,然一六太虛無據也。嘗以五方有六神:東方少昊之子曰重,爲勾芒;南方顓頊之子曰犁,爲祝融;西方少皞之子曰該,爲蓐收;北方少皞二子曰修、曰熙,爲玄冥;中央共工氏之子曰句龍,爲后土。此較諸家爲確矣,蓋五行而二水也。

合止柷敔論 此文收于《通雅》卷三十。

事有數千年相襲以訛,而究不知正者,不少矣。柷敔之用,其一也。郭璞云:"柷如漆桶,方二尺四寸,深一尺八寸。中有椎柄,連底挏之。挏(dòng),搖動。敔如伏虎,背上有二十七鉏鋙,刻以木,長一尺,櫟之。鉏鋙(chú yǔ),枒齒狀物。櫟(lì),同"擽",擊打。擊柷之椎名爲止,戛敔之木名爲籈。籈,音甄。其用之也,樂之初,擊柷三聲以作之;樂之末,戛敔三聲以止之。"自馬融、鄭玄、李循、《白虎通》,其説皆然。《唐六典》:"協律郎,舉麾鼓柷而樂作,偃麾戛敔而後止。"遺法舉羽,或提燈籠是已。然則柷敔之用,果此六聲而已耶?總因《尚書》"合止柷敔",誤解合爲始合、止爲終止也。夫合止者,合而止之,一字一轉,或數止焉,節之謂也。吾觀時樂得之矣。時之度曲,可以使人人一律者,版爲之也。版有眼,故加節焉。十番之奏,一聲版,二聲魚,皆以木爲之。取其音清烈,不爲衆樂所掩。夫柷敔之聲猶是也。伶州鳩曰:"革木一聲。"一聲,無清濁之變。語出《國語·周語下》。革音直,非若金石之鏗鏘。革之闛鞈,絲竹之嘹亮綿長也。闛鞈(tāng tà),鐘鼓聲。不過挏櫟相擊,耄然而止。正如版魚,用爲節奏,曲之遲疾,視此爲準。雅相之聲,近乎拉颯,悄然以輔柷敔之間,此度曲之所爲大襯小襯也。柷敔不得其用,今乃用銅鈸杖鼓以補之。琴瑟設而不作,亦以不知版眼也。琴曲中有入慢,則有趨可知矣。今之單彈琴者,猶度清曲也。使其引喉轉聲,以意長短,不合拍按,豈可聽乎?琴與瑟合,遂與六琴六瑟合,遂與衆樂合,皆恃拍按之節以一之。若專以靜遠緩細爲高,無復版眼,則竟可隨意短長,是焉能與衆合耶?人之用聲,聲有常止。止以更氣,止以言乎齊也,合止明矣。春官教春牘如柷,小春謂之應,以應大春所唱之節。又云牘以應柷,則柷非三聲而畢,可知也。房庶曰:"金石,鐘磬也,而變爲方響。方響,擊打樂器。絲竹,琴簫也,而變爲箏笛。木,柷敔也,而貫之爲版。"房庶,北宋音樂家。馬貴與亦編九拍版、六拍版于柷敔之後。馬端臨字貴與,南宋史學家,著有《文獻通考》等。胡以代拃,唐名樂句,宋以檀若桑爲之,非明徵乎?拃(biàn),拍手擊節。貴與亦疑之,而不敢決耳。

星土説

孔子曰:"仰以觀于天文,俯以察于地理。"語出《易·繫辭上》。邵子曰:"圓者星也,歷紀之數,其肇于此乎!方者土也,畫州井地之法,其昉于此乎!"語出邵雍《皇極經世書·觀物外篇上》。鄭漁仲曰:"河出《圖》,有自然之象。洛出《書》,有自然之理。"鄭樵《通志·圖譜略》。蓋謂《河圖》之如星點者,爲諸圖形象之祖。《洛書》之如字畫者,爲六書文字之宗也。時運之輪象天,列位之方法地,二十八宿當方圖之外圍。星土相占,掌諸職方,文理互顯,方圓互用者也。禹之治水治地,皆用九爲規,奠九州,刊九山,滌九川,陂九澤,固有取爾矣。《圖編》取中豫、北冀、南揚、東西梁、西北雍、東南徐、東北兗、西南荆,以配《洛書》,其概也。《圖書編》,章潢撰。《唐志》山河兩戒之釋星土也,然乎否耶?《新唐書·天文志》:"(僧)一行以爲天下山河之象,存乎兩戒。北戒自三危、積石,負終南地絡之陰,東及太華,逾河,並雷首、底柱、王屋、太行,北抵常山之右,乃東循塞垣,至濊貊、朝鮮,是謂北紀,所以限戎狄也。南戒自岷山、嶓冢,負地絡之陽,東及太華,連商山、熊耳、外方、桐柏,自上洛南逾江漢,攜武當、荆山,至于衡陽,乃東循嶺徼,達東甌、閩中,是謂南紀,所以限蠻夷也。"今泰西合二圖補金魚火鳥,天河坤維續參、井,艮維續箕、斗,首尾相環,此何以分焉?嘗考地球之説,如豆在胦,吹氣則豆正在中,其理然矣。胦(pāo),氣囊。然未言其如瓠有蒂臍,而赤道之腰,分南北東西,與二極爲六合矩也。卵之所伏,必分上下。圓物而水浮之,絲懸之,便自定分。三輪五線,證知中國當胸,西乾當左乳。中土以卦策定禮樂,表性命,治教之大成,獨爲明備中正,豈偶然乎?當北極之下者,無用之地也。黃道之下,人靈物盛,而中國在腰輪之南,天地人相應,其幾自應。地勢符天,全地應之,一方之地亦應之。可以平列,即可以環列。古人因民之所知而列之,惜今無神明,不能重定中土之分野,而猶守隋、晉之《志》,更今郡縣名耳。

禹貢水説

孟子:"決汝漢,排淮泗,而注之江。"考《禹貢》曰:"沿于江海,達于淮泗。"蓋夫差掘溝以通晉,而江始達淮,孟子指夫差之邗溝爲禹跡也。河自龍門至大陸爲一流,至秦決魏都,始有二流。遷作《河渠書》云:"斯爲二渠,復禹舊跡。"是以決渠爲禹跡也。桑欽作《水經》,酈道元注之,其于中江、九江、敷淺原,未明也。桑欽,漢代地理學家。江入會稽,遂謂楊子有口通于淛,訛之甚矣。淛,即漸江也。

愚者曰:古會稽郡大,後乃分半爲吳郡耳。後人有精于前者。《禹貢》導河自積石,而元闊闊溯源出于甘朶。江發于岷,而《緬甸志》載蜀馬湖江,本于緬之金沙江。金沙源在崑侖之南,與黃河源在崑侖之東,此豈不詳于《禹貢》耶?

用幣説 此文收于《通雅》卷四十。

前《食貨志》云:"太公爲周立九府圜法:黃金方寸而重一斤,錢圜函方,輕重以銖。"《漢書·食貨志》。小顏曰:"言黃金以斤爲名,錢則以銖爲重也。"小顏指顏師古,其叔父顏游秦作《漢書决疑》,而師古有《漢書注》,故世稱小顏。李奇解圜法:"圜即錢也,圜一寸而重九兩。"師古非之,以太府、王府、内府、外府、泉府、天府、職内、職金、職幣爲九府,圜謂均而通也。"秦并天下,幣爲二等。黃金以鎰爲名,上幣。銅錢質如周錢,文曰半兩,重如其文。而珠玉龜貝錫銀之屬,爲器飾寶藏,不爲幣。漢興,以爲秦錢重難用,更令民鑄筴錢,黃金一斤。而不軌逐利之民,蓄積餘贏,以稽市物,痛騰躍。"《漢書·食貨志》。《平準書》"更命民鑄錢,一黃金一斤,約法省禁"云云。

智按："黄金一斤"四字,上下文不甚洽,疑有脱簡。師古曰:"復周之制,更以斤名金。"其他又云"馬至匹百金"、"武功爵,凡直三十餘萬金"、"陸賈橐裝直千金"、"賜斥上將軍四十金"之類,詎如今俗之以一金爲一兩邪？"斥上",服虔注作"斥土",開土地爲冢壙之意。《惠紀》:"視作斥上者,將軍四十金,二千石二十金,六百石以上六金,五百石以下至佐吏二金。"注鄭氏曰:"四十金,四十斤金也。"晉灼曰:"斥上二千石,賜錢二萬。此言四十金,實錢也。下言黄金,真金也。不言黄,謂錢也。"《食貨志》:"黄金一斤,值錢萬。"師古曰:"諸賜言黄金者,皆與之金。不言黄者,謂與萬錢也。"《公羊》"百金之魚",何休注:"百金猶百萬也。古者以金重一斤,若今萬錢矣。"智考晉灼所引《食貨志》"黄金一斤值錢萬",此乃王莽之法也,黄金何其賤歟？下又云:"朱提銀重八兩爲一流,直一千五百八十,它銀一流直千,是爲銀貨二品。"朱提銀,產于朱提山,質優。本八兩銀矣,乃直千錢,何其懸絶？毋乃爲大錢乎？莽大錢徑寸二分,重十二銖,文曰"大錢五十",言當五十小錢也。小錢直一,重一銖。次曰么,曰幼,曰中,曰壯,則小錢正鵝眼、綖環之比矣。鵝眼、綖環皆古之劣錢。大錢五十,止可當銀一分耳。智固以莽之所謂黄金一斤、朱提銀一流者,乃貨品,而以金雜之,猶武帝之白選曰白金也。承上文錢貨六品而言,下又云是爲銀貨二品,其義明甚。獨疑周之黄金方寸而重一斤,曰一斤則一斤矣,何爲重言方寸乎？此承上文九府圜法而言,爲九府之一幣,必有制度。所云方者,或如漢白金之二品,曰重差、小方之乎？李奇曰"圜一寸而重九兩",未可厚非也,可因而推知方寸一斤之説矣。《平準》所云"更令民鑄錢,一黄金一斤"者,蓋謂一黄金鑄幣,號曰一斤也。《食貨志》又曰:"今半兩錢法,重四銖。"鄭氏曰:"其文爲半兩,實重四銖也。"然則周之方寸,漢之白選,莽之銀貨,應皆別有實法,今不載其法耳。古不許民散用銀,必成幣而後令用之。是秦之幣二等,不及銀者,固有以也,銀即在金鎰中矣。

世代既殊,稱謂移易。遷、固文字古簡,自魏、晉、唐諸人,即以臆揣作注。臣瓚曰:"秦以一鎰爲一斤,漢以一斤爲一金。"此説爲近,猶可旁考懸斷耳。臣瓚,姓氏不詳,西晉學者,著有《漢書集解音義》。徐鍇曰:"《書》:'金作贖刑。'古贖皆用銅,漢始用黃金,少其斤兩。後魏以金難得,合金一兩,收絹一疋。"徐鍇字鼐臣,南唐學者,著有《説文解字繫傳》。疋,同"匹"。《禹貢》"金三品",康成曰銅三色,則或者曰金幣,是銅鎏金者乎?《晉志》引漢《金布律》,有罰贖入責,以呈黃金爲價,科有平庸,此自鈞金之遺。然金有高低,況漢制,金爲幣,或有仿半兩而實重四銖者乎?故須呈價也。景帝六年,定《鑄錢僞黃金律》。元封五年,酎祭少府省金,金輕色惡者奪爵。酎(zhòu)祭,漢代諸侯在宗廟祭祀時獻給皇帝的助祭金。《王子侯表》:"地節四年,襄隄侯聖,坐酎金八兩少四兩,免。五鳳四年,朝侯固城,坐酎金少四兩,免。"太始元年,更黃金爲麟趾裹蹄。師古曰:"舊金雖以斤兩爲名,而官有常形制,亦猶今時吉字金挺之類,亦曰馬蹄金,往往于地中得之。或帝表祥瑞,故普改鑄錢爲麟趾裹蹄之形,以易舊法耳。"常璩《巴志》言:"黔中弜頭虎子夷秦精,秦王刻石與盟,殺人顧死倓錢。弜,音强。倓(tàn),用以贖罪的財物。盟曰:'秦犯戎,輸黃龍一雙。戎犯秦,輸清酒一鐘。'"常璩,東晉人,著有《華陽國志》,第一卷即《巴志》。所云黃龍一雙,乃當時之金幣也。由此觀之,余謂不許散用金銀,而金幣有形,此確證也。董彥遠曰:"漢一金,金四兩,直二千五百文。"此揣古今而兩不決爾。方勺曰:"漢法聘后,用黃金二萬斤,爲錢二萬萬。"方勺字仁聲,北宋學者。又曰:"當時黃金一兩,才六百。銀一兩,才二百。"宋王栐《燕翼詒謀》曰:"真宗問曰:'成平中銀兩八百,金兩五千,今何增踴如此?'"栐,原誤作"棟"。東坡但怪古黃金之多,直未考爾。智以李時珍之言,一當十,則太少。酌以沈存中、程大昌之言,則古一斤爲今五兩而少,一兩爲今三錢而少。然則漢之四銖錢,正如唐開元之二銖而少。漢之莢錢,則輕極矣。

詩樂論 此文收于《通雅》卷二十九。

《五經》無《樂》,獨以《樂記》當之乎!《記》曰:"誦詩三百,歌詩三百,弦詩三百,舞詩三百。"此數語實出《墨子·公孟》篇。《周禮》:"太師以教國子。"《内則》:"十三學樂、誦詩、舞勺,成童舞象。"《春秋》:"大夫賦詩論志。"猶遺風也。孔子修之以教弟子,取瑟及琴,造次不輟,故晏子有"繁弦歌鼓舞以聚徒"之譏。子曰:"興於《詩》,立於《禮》,成於《樂》。"《六經》遺三,何哉?蓋以《書》治政事,《春秋》操是非,《易》窮神化。若自成童庶士,刻不相離,而泯于日用,熏陶鼓舞,則《詩》《禮》《樂》最切,而已藏《易》《書》《春秋》矣。教鯉學《詩》《禮》,而《樂》亦藏矣。《論語·季氏》:"陳亢問於伯魚曰:子亦有異聞乎?對曰:未也。嘗獨立,鯉趨而過庭,曰:'學《詩》乎?'對曰:'未也。''不學《詩》,無以言。'鯉退而學《詩》。他日又獨立,鯉趨而過庭,曰:'學《禮》乎?'對曰:'未也。''不學《禮》,無以立。'鯉退而學《禮》。""小子何莫學夫《詩》",而《禮》《樂》亦藏矣。語出《論語·陽貨》。鄭夾漈曰:魏得漢雅樂郎杜夔,僅能歌《文王》《鹿鳴》《騶虞》《伐檀》。太和惟存《鹿鳴》,至晉又亡。漢有齊魯《詩》、毛注、鄭箋,皆言義,不知音。六亡詩,所謂笙詩,束皙補之,不亦贅乎?束皙字廣微,西晉學者。鄒肇敏曰:"《南陔》即《天保》,《白華》即《頍弁》,《華黍》即《棠棣》,《由庚》即《瓠葉》,《崇丘》即《伐木》,《由儀》即《菁莪》。"鄒忠允字肇敏，無錫人，萬曆進士，著有《詩傳闡》。亦一臆耳。

愚者曰：雅樂拘于漢、宋之泥説，終已不復。而學者無以節宣，拘則疲循，肆則大潰，愈溺于淫靡之俗樂矣。楊椒山告韓苑洛，其概也。楊繼盛字仲芳，號椒山，嘉靖進士，曾從學于韓邦奇。韓邦奇字汝節，號苑洛，正德進士，著有《苑洛志樂》二十卷。夫元聲，冒統也。元聲即黄鐘，十二律之定音以其準。節奏樂器，實事也。聲之中節，本自易簡，不過高下疾徐，錯綜而合節奏，爲調法耳。十五字、七調、五音、三等，不能違也。較今俗樂側調，低二字爲正調，即雅矣。管色均絃，人聲依律。唐之絶句，皆入樂府。理學歌詩，林希恩歌學譜，止執一法，是則三百篇不必旋十二律，非拘而何？聲音之故，微至之門。律度出于河洛，而未觀其通；枳敔所以節奏，而不知其用，又何言哉？黄鐘損益，猶之人身，兩乳之尺度，各自爲長短而不差者也，必待截管候氣乎？古代以律占驗節氣之法，詳參《後漢書‧律曆志》。倫論天然，不限古今，惟神解者，乃可與言。倫，序也。論，説也。《莊子‧齊物論》："夫道未始有封，言未始有常，爲是而有畛也。請言其畛：有左，有右，有倫，有義，有分，有辯，有競，有争，此之謂八德。六合之外，聖人存而不論；六合之内，聖人論而不議。"

詩蔽

《史記》云："古詩三千餘篇，孔子取可施于禮義者三百五篇。"語出《孔子世家》。穎達疑之。歐陽修信之[十分刪九]，有周太師樂歌次第、今詩次第、鄭氏《詩譜》次第。歐陽修《詩譜補亡後序》云：《周南》《召南》《邶》《鄘》《衛》《王》《陳》《齊》《豳》《秦》《魏》《唐》《陳》《曹》，此孔子未刪《詩》之前周大師樂歌之次第也。《周》《召》《邶》《鄘》《衛》《王》《檜》《鄭》《齊》《魏》《唐》《秦》《陳》《曹》《豳》，此鄭氏《詩譜》次第也。黜《檜》後《陳》,此今《詩》次比也。"相傳《大序》子夏作,《小序》毛萇作,則鄭玄、王肅、蕭統所守也。《毛詩序》分《大序》《小序》兩種。列在各詩之前,解釋其宗旨者,爲《小序》。列在首篇《關雎》小序后,統論全經者,爲《大序》。韓愈、鄭樵不信,而楊慎駁之。沈重曰:"鄭《譜》意《大序》是子夏作,《小序》是子夏、毛公合作。後漢衛宏敬仲,從謝曼卿受學,因作《毛詩序》。"沈重字子厚,南北朝時經學家,著有《毛詩義》。《隋志》云:"敬仲潤色。"程明道信《序》,伊川曰:"《小序》固史作,如不作,則孔子亦不能知。《大序》非聖人不能作。"《二程遺書》卷十九。朱子以爲宏作焉,端臨不從。楊慎曰:"朱子因呂成公太尊《小序》,遂盡變其説。"呂成公即呂祖謙。"楊慎"原誤作"朱慎"。《升庵集》卷四十二:"去《序》言《詩》,自朱文公始。而文公因呂成公太尊《小序》,遂盡變其説。蓋矯枉過正,非平心折中之論也。"陸鈇、顧澹真,皆有《呂氏讀詩序》。陸鈇字舉之,浙江鄞縣人,正德十六年(公元1521年)進士,官至山東提學副使。呂祖謙著有《呂氏家塾讀詩記》三十二卷。《左傳》燕享,屢賦鄭衛,則刪淫之疑可解矣。鄭衛,《國風》之《鄭風》《衛風》。王柏云:"所刪者,或存于閭巷浮薄之口。漢儒取以補亡,乃退《何彼》,削《野廬》,歸《甘棠》于《王風》,黜鄭、衛淫奔之詩。"王柏字會之,號魯齋,朱子三傳弟子,著有《詩疑》《書疑》等。引文見《宋史》本傳。王陽明信王厚齋之説,陽明以音論,與漁仲合。漁仲曰:"得其鄉聲則存,不得其鄉聲則不存。"其一端乎!邵康節、謝上蔡、蘇轍,皆謂孔子所取之詩,必無邪詩。蘇轍謂非一人之筆。程大昌有"南雅頌"之論[與《詩傳》合]。許敬庵孚遠作《思無邪論》,信申培之詩説也。許孚遠字孟中,號敬庵,德清人,嘉靖四十一年(公元1562年)進士,官至兵部左侍郎,《明儒學案》入《甘泉學案》。申培,漢初經學家,《魯詩》的開創者。《詩傳》子貢著,《詩説》漢人申培著,皆近代出。《隋志》稱《魯詩》亡于西晉,或子貢、申培所説,韋賢所治者乎?韋賢字長孺,西漢經學家,傳《魯詩》。亡于虞喜所傳石本之代也［喜字仲寧,餘姚人］。黄文裕公佐［字才伯,香山人］《詩傳跋》曰:"此晉虞喜所摹石本書,一廢于梁天監,再廢于唐貞觀。發于宋宣和、紹興,尊信于趙明誠、黄伯思、董逌、洪适、胡元質、范成大,各有緒論及之。洪适,南宋金石學家,與趙明誠、歐陽修并名,著有《隸釋》等。胡元質字長文,長洲人,宋高宗紹興十八年(公元1148年)進士,歷官秘書省正字、四川制置使等。范成大,字致能,號石湖居士,南宋詩人。余得本於秘閣,梓於成都,附以申公詩説。新安吴懷古重刻之,姚應仁、鄒忠徹闡其義焉。"［子貢《詩述》,進《豳風》于《雅》,退《魯頌》于《風》。子曰:《魯頌》不可訓也,吾降而爲《風》。周公燕享,有小正焉。《鶴鳴》,所以修身也。《伐木》《菁莪》《隰桑》《白駒》,燕賢也。《魚麗》《嘉魚》《瓠葉》,燕大臣也。《樛木》,諸侯慕文王。《騶虞》,虞人舉其職。四國害周公,康叔賦《柏舟》。管叔將畔,大夫諫之,賦《雄雌》。《何彼穠矣》,周恥齊襄公。《齊丰》,知小白之君齊也。鄭世子忽辭昏于齊,祭仲諫之,賦《有女同車》。鄭靈公棄世臣,而任狂狡,子良憂之,賦《扶胥》。《小弁》,爲尹伯奇,鄰大夫閔之。《麥秀》,子良諫靈公。《抑》爲懿戒,在《小雅》。《閟宫》,僖公時作。申培《詩説》,取《豳風》《鴟鴞》諸篇,與《魯頌》綴于《周南》《召南》之後,取《曹》《檜》列于《鄭》《齊》之前,取《七月》置《小雅》,而以《秦風》殿十五國。大小正即雅,大小正續大小傳,即變雅也。有周頌、商頌,無魯頌。其説多與毛、韓相牴牾］。魯之不應有《頌》,朱子固嘗致疑。高邑趙公南星曰:"《關雎》文王之詩,猶稱風焉,以其未爲天子也。周自東遷後,且降而爲風矣,魯安得有頌? 毅然降《魯頌》于《國風》,實本申培也。"趙南星字夢白,東林黨領袖之一。石莊曰:"列國凡有宗廟,必皆有宗廟之詩,詩必皆以頌爲名,不特魯有之也。魯之異于列國者,升歌清廟,下管《象》《武》耳。太師陳風,采民間之歌謡而已。諸侯自詠嘆其祖功宗德,則于民風無涉,故夫子不得而見。"陳弘緒字士業,號石莊,南昌新建人,晚明學者。然則列國之頌,何爲絕不一出? 曰:逸詩多矣,安知無雅、頌雜于其間?

《王制》曰："天子賜諸侯樂，則以柷將之。賜伯、子、男樂，則以鼗將之。"《樂記》曰："天子之爲樂也，以賞諸侯之有德者也。德盛而教尊，五穀時熟，然後賞之以樂。"此賜之天子者也，不則自爲之者也。《駉》《駜》《泮水》《閟宮》，魯也，它國其類也。《駜》即《有駜》，與《駉》《泮水》《閟宮》合爲《魯頌》。

樂調考 本文收于《通雅》卷二十九。

《按律樂歌》曰："正月太簇本宮，黃鐘商，俗名大石，如《萬年春》之類。二月夾鐘本宮，俗名中宮，如《玉街行》。三月姑洗本宮，太簇商，俗名大石，如《賀聖朝》。四月仲呂本宮，無射徵，俗名黃鐘正徵，如《喜升平》。五月蕤賓本宮，姑洗商，俗名中管雙調，如《樂清朝》。六月林鐘本宮，夾鐘角，俗名中呂角，如《慶皇都》。七月夷則本宮，南呂商，俗名中管商角，如《永太平》。八月南呂本宮，南呂宮，俗名中管仙呂，如《鳳凰吟》。九月無射本宮，無射宮，俗名黃鐘，如《飛龍引》。十月應鐘本宮，姑洗徵，俗名中呂正徵，如《龍池宴》。十一月黃鐘本宮，夷則角，俗名仙呂角，如《金門樂》。十二月大呂本宮，大呂宮，俗名高宮，如《風雲會》。"《按律樂歌》，全稱《十二月按律樂歌》。《明史·樂志》有載。

唐俗樂二十八調：曰正，曰高，曰中呂，曰道調，曰南呂，曰仙呂，曰黃鐘，是爲七宮。曰越調，曰大食調，曰高大食調，曰雙調，曰小食調，曰歇指調，曰林鐘，是爲七商。曰大食，曰高大食，曰雙，曰小食，曰歇指，曰林鐘，曰越，是爲七角。曰中呂調，曰正平調，曰高平調，曰仙呂調，曰黃鐘，曰般涉調，曰高般涉，是爲七羽。《唐樂志》："俗樂二十八調，皆從濁至清，迭更其聲，下則益濁，上則益清。"徐景安《書》曰："俗樂調有宮、商、角、羽而無徵調,徵在商之中也。"景,原誤作"晏"。徐景安,唐朝人,所著《樂書》已佚,宋王應麟《玉海》有摘引。今《九宮譜》,北曲十六調,南曲十三調,皆本諸此。段安節《樂府雜錄》二十八調,以平、上、去、入記之,但于末記之云:"商角同用,而宮逐羽音。"節,原誤作"昌"。段安節,臨淄人,唐朝宰相段文昌之孫,段成式之子。此可推矣。

《隋志》:"周文時,龜茲人言五旦之名。以華言譯之,旦即均也。"《隋書·音樂志》。《遼史》有四旦二十八調:曰婆陀力旦,即七宮也;曰雞識旦,即七商也;曰沙識旦,即七角也;曰沙侯加濫旦,即七羽也。其聲凡十,曰五、凡、工、尺、上、一、四、六、勾、合。蔡元定嘗爲《燕樂》一書,證俗失以存古義,今采其略附此:

黃鐘用"合"字,大呂、太簇用"四"字,夾鐘、姑洗用"一"字,夷則、南呂用"工"字,無射、應鐘用"凡"字,各以上下分爲清濁。其中呂、蕤賓、林鐘不可以上下分。中呂用"上"字,蕤賓用"勾"字,林鐘用"尺"字,其黃鐘清用"六"字,大呂、太簇、夾鐘清各用"五"字,而以下上緊別之。緊五者,夾鐘清聲,俗樂以爲宮,此其取律寸律數,用字紀聲之略也。一宮二商三角四變爲宮,五徵六羽七閏爲角。五聲之號,與雅樂同。惟變徵以于十二律中,陰陽易位,故謂之變。變宮以七聲所不及,取閏餘之義,故謂之閏。四變居宮聲之對,故爲宮。俗樂以閏爲正聲,以閏加變,故閏爲角,而實非正角。此其七聲高下之略也。聲由陽來,陽生于子,終于午。燕樂以夾鐘收四聲,曰宮、曰商、曰羽、曰閏,閏爲角。其正角聲、變聲、徵聲,皆不收,而獨用夾鐘爲律本,此其夾鐘收四聲之略也。宮聲七調,曰正宮,曰高宮,曰中呂宮,曰道宮,曰南呂宮,曰仙呂宮,曰黃鐘宮,皆生于黃鐘。商聲七調,曰大石調,曰高大石調,曰雙調,曰小石調,曰揭指調,曰商調,曰越調,皆生于太簇。羽聲七調,曰般涉調,曰高般涉調,曰中呂調,曰正平調,曰南呂調,曰仙呂調,曰黃鐘調,皆生于南呂。角聲七調,曰大食調,曰高大食角,曰雙角,曰小石角,曰揭指角,曰商角,曰越角,皆生于應鐘。此其四聲二十八調之略也。

存中曰:"十二律并清宮四聲,當有十六聲。今之燕樂,止有十五聲。蓋今樂高于古樂二律以下,故無正黃鐘聲。只以'合'字當大呂,猶差高,當在大呂、太簇之閒。'下四'字近太簇,'高四'字近夾鐘。'下一'字近姑洗,'高一'字近中呂,'上'字近蕤賓,'工'字近林鐘,'尺'字近夷則,'上'字近南呂,'高工'字近無射,'六'字近應鐘,'凡'字爲黃鐘清,'高凡'字爲大呂清,'下五'字爲太簇清,'高五'字爲夾鐘清。法雖如此,然諸調殺聲,不能盡歸本律,故有偏殺、側殺、寄殺、元殺之類。""合"字音似呵,"四"字似思,"一"字似伊,"尺"字似扯,"六"字音靈悠切,"凡"字音似翻,"高凡"字似泛,"五"字音鳴,即合簫管七調諸法也。

朱子曰半律,《通典》謂之子聲。後人失之,惟存四聲。有四清商聲,即半聲也。王洙有《古今樂律通譜》云:"今胡部樂,乃古之清商遺音。總論之,凡樂無五音,即不成聲。猶聲高下不備,即不成歌。外國各有其五音也。樂府之以清商名者,調法之名也。如今《山坡羊》曰商調、《山桃紅》曰越調之例。"陳暘《樂書》曰:"樂有歌,歌有曲,曲有調。故宮調,北云婆陀力調,又名道調,婆羅門曰阿修羅聲也。商調,北名大乞食調,又名越調,又名雙調,婆羅門曰帝釋聲也。角調,北名涉折調,又名阿謀調,婆羅門曰大辨天聲也。徵調,北名多婆臘調,婆羅門曰即羅延天聲也。羽調,北名般涉調,又名平調移風,婆羅門曰梵天聲也。變宮調,北名阿詭調也。"

《金華文統》曰："太常樂，本大晟之遺法也。大晟，宋徽宗崇寧年間（公元1102－1106年）創立的掌管音樂之官署。自汴、蔡没，而東嚴侯得其故樂部之。王圻《續文獻通考》卷一百五十三引《金華文統》，"之"作"人"。國初徵樂東平，太常徐公遂典樂，其義不能究矣。崇寧之世，魏漢津乃以蜀一黔卒，造大晟樂府，遂頒其書。津嘗私謂其弟子任宗堯曰：'樂律高，北方玄鼎水又溢出，是不久矣。'樂有古雅樂，有俗部樂。漢采謳已不古，六代多吳音，北樂襲外國。乃隋平得樂，存者什四。世以爲中外正聲，蓋俗樂也。至是，沛國公鄭譯復因龜茲人白蘇祇婆善琵琶，而翻七調，遂以制樂。故今樂家猶有大石、小石、大食、般涉等調。大石等國本在西域，而般涉即是般瞻，華言羽聲，隋人且以是爲太簇羽矣。教坊色長張俁曾製《大樂玄機論》，七音，六十律，八十四調，不脱白蘇之舊。正行四十大曲，常行小節，四部弦管，尚循唐末梨園之遺，此非鄙俗雜行乎？"末"原誤作"來"。王圻《續文獻通考》卷一百五十三引《金華文統》文，"唐末"作"大唐五代"。宜雅樂之未易復也。"《金華文統》，明人趙鶴編。

崔遵度作《琴箋》，非止夏至之音也。崔遵度，北宋琴家。一自中而左泛有三焉，右泛有三焉。及其應也，一必于四，二必于五，三必于六焉。苟盡法而考之，乃有二十五徽焉。是一氣也，尺絃具之，丈絃亦具之。作《易》者，天地之象也。作琴者，天地之聲也。愚者曰：大操皆自七徽起者，中也。聲起于中，兩頭分盡。鼓雖擊邊，聲亦中起。八音匏土革木一聲耳。竹止十三聲，高下借用。金石以厚薄備十三聲，則無所不備矣。此絃所以均鐘，而琴瑟所以不徹也。《通典》以應鐘爲變宮，蕤賓爲變徵。《淮南子》曰："姑洗生應鐘，不比于正音，故爲和。應鐘生蕤賓，不比于正音，故爲繆。"按二變不得爲調，以其非正聲也。所謂和、繆者，蓋以繆和之取濟助耳。醫家有繆刺,左病則鍼右,恐其意亦當然。陸子淵曰:"《通典》八音之外,又有三。舜時用八音,金石絲竹匏土革木,計用八百樂器。至周時改製五音,減樂器至五百。《通雅》本"製五音"前有"用宮商角徵羽用"。至唐又減樂器至三百。太宗朝三百樂器內,挑絲竹爲戎部,五音並分平、上、去、入四聲。《通雅》本"五音"作"用宮商角徵羽"。其徵音有其聲,無其調。八音之中,金聲最高,竹革之聲次之,匏音次之,絲音又次之,石音最低。"《藝苑卮言》:"何元朗云:'北人之曲,以九宮統之。九宮之外,別有道宮、高平、般涉三調,道宮至低。南亦有九宮,然南歌或多與絲竹不協,豈所謂土氣偏詖邪?'"《藝苑卮言》,王世貞著。智按:不然。今南歌皆可合竹,但不以合絲,以北曲促而絃宜連響也,南曲則緩,故難合耳。若精論之,皆可合也。元美謂貫酸齋、馬東籬、王實甫、關漢卿、張可久、喬夢符、鄭德輝、宮大用、白仁甫元曲擅長,但大江以北,漸染胡語,沈約四聲,遂闕其一。元美即王世貞。貫云石字浮岑,號酸齋。馬致遠字千里,號東籬。張可久字仲遠,號小山。喬吉字夢符。鄭光祖字德輝。宮天挺字大用。白樸字仁甫。余按北無入聲,不始于元時;而外國忍收之語,非無入聲。

愚者曰:大抵五音二變之名,不得已而立者,實則變動不拘也。其生也以奇一而止五,必加七而循環始均。閒處各一,故以名記之,猶勾股之記甲乙耳。推及聲原,雖音有七,而用則用五。大經所言七調,正與律原合。而謂諸名宜掃除之,此不必也。《易》不可爲典要而有典常也,使渾渾然以呼嗄相視,豈能定哉?以笛列七,則尺、上、乙、五、六、凡、工也。尺生六,六生上,上生凡,凡生乙,乙生工,工生五,五生尺。輕之重之,如十六鐘加清聲,謂之寄聲半聲,此則可高可低。"六"字即有"合"字,"五"字即有"四"字。每一調則閉二字,如閉"凡"、"上"二字,則爲平調;閉"凡"、"乙"二字,則爲正調;閉

"五"、"尺"二字,則爲梅華調;閉"六"、"尺"二字,則爲絃索調;閉"五"、"工"則爲凄凉調;閉"乙"、"工"則爲背工調;閉"上"、"六"則爲子母調。北調則微犯之,名曰犯,此凡吹人皆能言之。琴有七絃,宮、商、角、徵、羽、少宮、少商是也。以二聲相合,命之曰仙翁。以和其調,則七而用五。其細分十三徽、定五音者,乃定格耳,豈盡循環之妙哉?不得已而名之曰,由低而高,曰宮、商、角、徵、羽。至第二調,則又變矣。此須與解人言。精簫管者,止能用其法,而莫能推原其理。

四禮説此文收于《通雅》卷二十八。

　　《儀禮》《周禮》,皆云周公作。後有《大戴禮》《小戴禮》,是曰四禮。《小戴》,今《禮記》也,最後而列《五經》,以述孔子語也。《儀禮》《周禮》列《十三經》,《大戴》不列學宫。大小戴雷同《家語》,而《大戴》載孔子語獨多。則《漢·藝文志》稱《曾子》十八篇,此類是也。《正義》序云:"《周禮》《儀禮》,是《禮記》之本書。"有一禮,必具一義。禮本周公,義本孔子。經明于傳,四禮定于二禮矣。《大學》《中庸》,禮經之心,百世可知,此易簡之至理也。《禮運》曰:"禮本于大一,分爲天地,轉爲陰陽,變爲四時,列爲鬼神。"人者天地之心,五行之端,協于分藝。道德仁義,非禮不成。藏智崇于禮卑,内外本合。智以崇爲貴,禮以卑爲用。語出《易·繫辭上》:"知崇禮卑,崇效天,卑法地,天地設位,而易行乎其中矣。"《易》《禮》會通,而幽明一矣。司馬談宗道家,而遷尊孔子,繼《春秋》。《禮》《樂》二書,詳哉言之。"洋洋美德乎!宰制萬物,役使群衆,豈人力也哉?"語出《史記·禮書》。此卓見也,此遷所以爲孝也。

　　古作"礼",後作"禮",以禮運運禮器也,使人履其體理也。後世或失拘牽,故曰:"禮,時爲大,順次之,體次之,宜次之,稱次之。"語出《禮記·禮器》。祭以孫爲尸;將嫁,教于王宮三月;大饗已廢夫人之禮,而謂後世可泥古之跡乎?《禮記·曲禮》:"孫可以爲王父尸。"《儀禮·士昏禮》:"女子許嫁,笄而醴之,稱字。祖廟未毀,教于公宮三月。若祖廟已毀,則教于宗室。"《禮記·坊記》:"禮非祭男女不交爵,以此坊民。陽侯猶殺繆侯而竊其夫人,故大饗廢夫人之禮。"郊祀疑天地分合,宗廟疑昭穆迭毀,大學令太常擇民,明堂遵玉帶之《圖》,漢始綿蕞,其後止此。綿蕞,創制。唐《貞觀禮》出玄齡,《顯慶禮》出無忌。韋公肅有《禮閣新儀》,王彥威有《曲臺新禮》。《五禮通考》卷首卷三:"(唐憲宗)元和十一年(公元816年),秘書郎韋公肅錄開元以後禮文,損益爲《禮閣新儀》三十卷。"又曰:"元和十三年(公元818年),太常博士王彥威,集開元以後至元和十三年五禮,裁制勅格,爲《曲臺新禮》三十卷上之。"宋聶崇義進《三禮圖》,陳祥道著《禮書》,劉溫叟上《通禮》,盧多遜有《纂義》,王皞、賈昌朝有《新編》《新禮》,王洙、尹師魯有《禮器》《禮象》,而《朱子家禮》則儒者所宗也。陳祥道字用之,北宋人,著《禮書》。劉溫叟字永齡,宋初官御史中丞。盧多遜,宋初宰相。王皞字子融,后以字爲名,大中祥符(宋真宗年號)年間進士及第,累遷太常丞同知,著有《禮閣新編》。《宋史·禮志》:"景祐四年(公元1037年),賈昌朝撰《太常新禮》及《祀儀》,止於慶曆三年(公元1043年)。"王洙字原叔,仁宗朝翰林學士,著有《周禮禮器圖》等。尹洙字師魯,《宋史》有傳。《禮象》一書,爲陸佃所著。未知師魯別有《禮象》,還是密之誤記,待考。洪武革鈸笠都納之後,舉徐一夔、梁寅、周子諒、胡行簡、劉宗弼、董彝、蔡深、滕公琰修《禮書》,宮闈外戚駙馬除前代弊,祭祀而省俎豆,冠服而省五冕,訓儲而議再拜,封拜而嚴本支,父母均喪三年,冠昏逮于士民。鈸笠都納,元朝服飾。三年《大明集禮》成,諭陶凱曰:"教化必先禮義,政刑非所先也。叔孫雖禮糠秕,然創制于煨燼,兩生迂待百年,朝廷之禮廢矣。"時哉大哉!黃道周《博物典彙》卷二"皇朝禮"條:"儒士徐一夔、梁寅、周子諒、胡行簡、劉宗弼、董彝、蔡深、滕公琰至京，詔同修禮書。元年，議郊祀耕籍禮。二年六月，讀叔孫通至'魯兩生不肯行'，因詔侍臣曰：'叔孫雖竊禮之糠秕，然創制於煨燼之餘，以成一代之制，可謂難矣。兩生不無迂耶？必待百年，朝廷之禮廢矣。'三年，勅尚書崔亮等議喪禮。九月，《大明集禮》成。其書準五禮，而益以冠服、車輅、儀仗、鹵簿、字學。四年六月，御東閣，與群臣言禮樂禮書。陶凱曰：'整齊風俗，必以政刑。'上曰：'教化必先禮義，政刑非所先也。'"

參兩說 此文收錄于《周易時論合編·圖象幾表》卷八。

天三合九，地二合六，圓一圍三而用全，方一圍四而用半，此本說也。《圖象幾表》卷八有"九六圖說"。其圖下一上二、左三右四，五居其中。一三五爲天數，合而爲九。二四爲地數，合而爲六。蓋嘗借泰西爲問郯，豁然表法，反復卦策，知周公、商高之方圓積矩，全本于《易》。《左傳》昭公十七年秋，郯子來朝。孔子聞之，見於郯子而學之。既而告人曰："吾聞之，天子失官，學在四夷，猶信。"豁然表法，《圖象幾表》作"豁然李長者之表法"。因悟天地間，無非參兩也。參兩者，所以用九六也。九六爲十五，十五爲三伍，三伍歸一五，五即一也。邵子之旨，一役二以生三，又役三而役二也。以二生數，二其天三爲六。而六止用五，五藏于用半之四。常維四而八而十二而十六者，載上天以爲用也。四恒立而用三于四中，盈虛在手矣。

參兩實用，見于《洛書》。前此三千年，未有發明者。故列其概云：中統四生四成之《河圖》，既變中應四正四隅之《洛書》，則一極三而爲九，三九二十七，三其二十七爲八十一，極畞秭無出一三九七者，此以四正之陽參天也。依《河圖》，一二三四爲四生數，六七八九爲四成數。依《洛書》，一三七九爲四正，二四六八爲四隅。畞秭，極大之數。千生萬，萬生億，億生兆，兆生京，京生秭，秭生畞。兩一爲二，兩二爲四，兩四爲八，兩八爲十六，兩十六爲三十二，兩三十二爲六十四，極畡秭無出于二四八六者，此以四隅之陰兩地也。七六數少而後于八九者，先三極之而以四爲歸，歸于《兌》《乾》，爲終始也。蓋因算黃鐘律而得之，因《辟》卦之七十二藏百八而得之，因八卦之二十四藏三十六而得之。則八卦亦十二卦也，六十四卦亦九十六卦也，三十六卦亦五十四卦也。

《河圖》四周自乘爲八十。而北則不加，南減三五之一，獨用也。東二十四，西三十六，乃平用也。即老陽、老陰策也。二少則不會參兩矣。二少，少陰、少陽。十數以內，惟六會參兩，故《易》止用六爻。兼三才而兩之，則參兩也。偶倍二四而八，中不及六，猶之四隅之參兩不敢及五也。三倍三而爲九，中亦不及五七，故卦留七七爲蓍用，五則無非五也。董銖所云"兩二一三爲七，兩三一二爲八"，則十數之中，無非參兩矣。

且就適用之節舉之：琴徽爲天地人正聲之合，故絃具周天，七泛十三藏閏之度。尺絃具之，丈絃亦具之。一徽至十三，乃四分用三分也，八《洛書》而首尾空二《洛書》也。一徽至二徽爲十五度，二至三爲十二度，三至四爲十八度。四至五，則倍十五之三十也。五至六，則倍十二之二十四也。六至七，則倍十八之三十六也。七爲中徽，後半如前半，非此三等數之徽幾哉？十二者，六之兩也，四之參也，九而三分益一也。十八者，九六之會，而卯律參之三分損一也。十五者，《圖》之中三五，《書》之交午十五也，三五之會也，進退一而進退三之樞也。任其參兩而旁羅，歸于五與十者，紀之以十爲成、五爲中也。猶一月三十日，氣候之一中一節也。五六者，十數之中，生成之終始也。月法、爻策、半甲，其會也。是十其參，十五其兩，而六其五矣。此三十之繼十二，爲元會日時之大用乎！

陽尊九而九不會,兩其九爲十八而會。《易》尚八而八不會,參其八爲老陰策而會。猶之十數以内,兩其三、參其二,爲六爻,而天下之變盡矣。由兩其六、參其四之時法十二而推之,兩其十二爲二十四,而參其八亦二十四也。此四六合節,而二十五之天數藏一也。參其十二爲三十六,而兩其十八爲三十六也,此四九六六之合而環宮主陽者也。兩其老陰之二十四爲四十八,而參其十六,亦四十八也,此六其八而四其十二之合也。兩其老陽之三十六爲七十二,而參其二十四亦七十二也,是八其九而六其十二之合也。參其南方二七之十四爲四十二,而兩其三七之二十一亦四十二也,此七其六而洛藏三之合也。兩其三十、參其二十爲六十,此五其十二而十其六之合也。甲也,律也,除四之通期卦也。參其三十六、兩其五十四爲一百八,此象限也,十二其九而十八其六之合也。兩其七十二、參其四十八,此《坤》策百四十四也。兩其百八、參其七十二,此《乾》策二百十六也。參其三十二、兩其四十八,此全爻四破之九十六也。參其三十、兩其四十五,通期四破之九十也。期,《圖象幾表》作"其"。兩其九十六、參其六十四,此陰陽爻平分之百九十二也。兩其百三十五、參其九十,此邵子所嘗言四分三之二百七十也。百三十五者,三其四十五也。或損十八,或損六而用之,則二百六十四、二百五十二,皆參兩可分者也。兩其百四十七、參其九十八,是三分通期,蓋二十四之二百九十四也,百四十七者、三其四十九也。三其二千三百四十而兩其三千四百五十六,爲六千九百十二者,三十六其百九十二也。三其千五百三十六而兩其二千三百四十,爲四千六百八者,二十四其百九十二也。以至三其四萬三千二百、兩其六萬四千八百者,一元之十二萬九千六百也。從此無量,安有出于參兩三五錯綜者哉?言三五者,十數之中,約用生數,止矣。至一得五而六,二得五而七,三得五而八,四得五而九,五得五而十,即一二三四五也。十不用而大一不可見,小一不能加乘,故止用二三四五,而言二即具三矣,列四即具五矣。一切數度,因地立體,而天用之。以天數統地數,故但舉三五而已。

人身呼吸合天地卦氣説 此文收録于《周易時論合編·圖象幾表》卷六。

人身即天地,誰不云然？然非徒冒言其道理也,試質析之。道理,《圖象幾表》作"通理"。行于骨節間者,氣血而已。氣爲衛,行脈外。血爲榮,行脈中。氣之周流曰衛,血之循環曰榮。血實統于氣,而流行氣血于十二經、十五絡者,皆脈也。八奇經,脈之縱橫約幾也,沖氣統之。脈之縱橫約幾六字,《圖象幾表》作"別脈"。奇經八脈爲陽維、陰維、陽蹻、陰蹻、沖、督、任、帶。沖氣,陰陽相沖而成之和氣。肺爲氣門,寸關尺浮中沉之候平旦也,寸口其大關鍵乎！寸關尺,切脈部位名。橈骨莖突處爲關,關前爲寸,關後爲尺。浮中沉,診脈手法。輕手診之爲浮候,重手診之爲沉候,不重不輕診之爲中候。《難經》："三部者,寸關尺也。九候者,浮中沉也。上部法天,主胸已上至頭之有疾也。中部法人,主鬲以下至臍之有疾也。下部法地,主臍以下至足之有疾也。"《難經》曰："寸口者,五臟六腑之所終始。"本清曰："候脈者必取平旦,雖云陰陽未動,陽氣未散,飲食未進,經脈未盛,脈絡調均,血氣未亂,然此其梗概,而習矣莫之察也。其實脈行十二時,夜半大會,寅則會肺。《圖象幾表》作:"其實脈行十二時中,寅則注肺,百脈會焉。"寸口,肺經也,每日從寅至申屬陽,從申至寅屬陰。人目動則行陽,目合則行陰。寅乃陰之盡,陽之初。"引自章潢《圖書編》卷七十一《脈總敘》。故上焦、中焦之營氣,寅會太陰于寸口。下焦之衛氣,會睛明于目。《難經》："三焦者,水穀之道路,氣之所終始也。上焦者,在心下下鬲,在胃上口,主内而不出,其治在膻中玉堂下一寸六分，直兩乳間陷者是。中焦者，在胃中脘，不上不下，主腐熟水穀，其治在臍傍。下焦者，在胃下脘，膀胱上口，主分別清濁，主出而不內，以傳道也，其治在臍下一寸，故名曰三焦。雖曰上、中焦隨營，下焦隨衛，而總統于宗氣呼吸，則三焦之火，一氣所運也。故越人洽《內經》，而約決之曰："平旦變見于寸口，診法取决於寅時。"以上五十四字，《圖象幾表》作："故百脈變見于寸口，診法取决於寅時。"一歲十二月，一日十二時，經脈各有所注，陰陽升降，與天地應。蓋宗氣營衛，所謂陽在陰中，而包其外者也。以上十七字，《圖象幾表》無。《靈樞·邪客》："五穀入于胃也，其糟粕、津液、宗氣分爲三隧。故宗氣積于胸中，出于喉嚨，以貫心脈而行呼吸焉。營氣者泌其津液，注之於脈，化以爲血，以榮四末，內注五臟六腑，以應刻數焉。衛氣者出其悍氣之慓疾，而先行於四末分肉皮膚之間而不休者也。"醫家誰究心乎？音出于丹田，而字滿于商，肺所司也。噫，人生于寅，子興謂平旦之氣，雞鳴而起，豈特可以察脈已哉？依邵雍元會運世説，人生于寅會。《孟子·盡心章句上》："雞鳴而起，孳孳爲善者，舜之徒也。孳孳爲利者，跖之徒也。"聽聲知病，聽聲知吉凶，猶有先此者。

物理小識自序 此文收于《物理小識》卷首。

盈天地間皆物也。人受其中以生，生寓于身，身寓于世，所見所用，無非事也，事一物也。聖人制器利用，以安其生，因表理以治其心。器固物也，心一物也。深而言性命，性命一物也。通觀天地，天地一物也。推而至于不可知，轉以可知者攝之，以費知隱，重玄一實，是物物神神之深幾也。《易·繫辭上》："夫易，聖人之所以極深而研幾也。"寂感之蘊，深究其所自來，是曰通幾。寂感，"寂然不動，感而遂通"之省稱，蓋指萬物微妙難識之本體。物有其故，實考究之，大而元會，小而草木蠡蠕，類其性情，徵其好惡，推其常變，是曰質測。質測即藏通幾者也。有竟掃質測而冒舉通幾,以顯其宥密之神者,其流遺物。誰是合外内、貫一多而神明者乎？萬曆年間,遠西學人,詳于質測,而拙于言通幾。然智士推之,彼之質測,猶未備也。儒者守宰理而已。聖人通神明,類萬物,藏之于《易》,呼吸圖策,端幾至精,曆律醫占,皆可引觸,學者幾能研極之乎？智何人斯,敢曰通知？顧自小而好此,因虛舟師《物理所》,隨聞隨决,隨時録之,以俟後日之會通云爾,且曰自娱。歲在昭陽汁洽,日至箕三,浮山愚者記。太歲在癸曰昭陽,太歲在未曰汁洽。癸未,崇禎十六年（公元1643年）。

象數理氣徵幾小序 此文收于《物理小識》卷一。

爲物不二之至理,隱不可見。《中庸》:"天地之道,可一言而盡也,其爲物不貳,則其生物不測。"質皆氣也,徵其端幾,不離象數。彼掃器言道、離費窮隱者,偏權也。日月星辰,天懸象數如此。官肢經絡,天之表人身也如此。圖書卦策,聖人之冒準約幾如此。無非物也,無非心也,猶二之乎？自黄帝明運氣,唐虞在璣衡,孔子學《易》,以扐閏衍天地之五,曆數律度,是所首重。運氣,五運六氣。璣衡,璇璣玉衡。扐閏,掛蓍草余數于指間,以象閏年。儒者多半弗問,故秩序變化之原,不能灼然。何怪乎舉禮節樂律而弁髦之,舉倫物舊章而放棄之,謂爲聖人之所增設乎哉？核實難,逃虛易。洸洋之流,實不能知其故,故吹影鏤空以爲恢奇。其言象數者,類流小術,支離附會,未核其真,又宜其生厭也。于是乎兩間之真象數,舉皆茫然矣。胡康侯曰:"象數者,天理也,非人之所能爲也。天示其度,地産其狀,物獻其則,身具其符,心自冥應,但未嘗求其故耳。學者靜正矣,不合俯仰遠近而互觀之,又何所徵哉？"胡安國字康侯,宋代經學家。智故隨聞而紀之,自天象始。

物理總論 此文收于《物理小識》總論。

《野同録》曰:"子夏之言生數,曾子之言幽明,律以庸言,不類鑿乎?要其理有不可誣者。《物理小識》下附小注:"子夏曰:"天一,地二,人三,三三而九。九九八十一,一主日,日數十,故人十月而生。八九七十二,偶以成奇,奇主辰,辰十有二,辰主月,月主馬,故馬十二月而生。七九六十三,三主斗,斗主狗,故狗三月而生。六九五十四,四主時,時主豕,故豕四月而生。五九四十五,五主音,音主猨,故猨五月而生。四九三十六,六主律,律主鹿,故鹿六月而生。三九二十七,七主星,星主虎,故虎七月而生。二九十八,八主風,風主虫,故虫八月而化。餘則各從其類矣。魚鳥卵生,生于陰而屬于陽。魚游于水,鳥飛于雲,故冬雀入大水爲蛤也。蠶食而不飲,蟬飲而不食,蜉蝣不飲不食,介鱗夏食冬蟄。龁食者八竅而卵生,咀嚼者九竅而胎生。四足屬無羽翼,戴角者無上齒。無角者膏無前齒,有羽者脂無後齒。從其類也。晝生者類父,夜生者類母。故至陰主牝,至陽主牡。孔子曰:吾聞之老聃,此命之性也。又曰:商聞山書,東西爲緯,南北爲經。山爲積德,川爲積刑。丘陵爲牡,谿谷爲牝。蜂蛤龜珠,與月盛虛。是故食水者善游而能寒,食土者無心而不息,食木者多力而咈戾,食草者善走而愚,食桑者有絲而蛾,食肉者勇敢而悍,食穀者智慧而巧,食气者神明而壽,此乾坤之美也。孔子對魯哀公曰:分于道之謂命,形于一之謂性。化于陰陽,象形而發之謂生,化窮數盡之謂死。故命者性之始也,死者生之終也,有始其必有終矣,此性之命也。"曾子曰:"天之所生上首,地之所生下首。上首之謂圓,下首之謂方。方曰幽,圓曰明。明者吐气者也,故外景。幽者含气者也,故内景。火木外景,金水内景。吐气者施,含气者化,是以陽施而陰化也。陰陽之气,各止其所則静,偏則風,俱則雷,交則電,亂則霧,和則雨,陽气勝則散爲兩露,陰气勝則凝爲霜雪。陽之專气爲雹,陰之專气爲霰。毛羽之虫,陽气之所生。介鱗之虫,陰氣之所生。惟人爲裸,受天地之中以生也。裸與羽毛鱗介同。東方之夷九種,種有十類。南蠻、北狄、西戎,稱之亦三百六十,而聖人爲之長。"伏羲讀俯仰遠近之書,故其範圍如此。氣行于天曰五運,產于地曰五材。七曜列星,其精在天,其散在地。故爲山爲川,爲鱗羽毛介、草木之物。聲色臭味,別其端幾。黄帝論人,亦以五五約之,正謂獨性各別,而公性則一,陰陽和平,中道爲貴。《靈樞·陰陽二十五人》:"天地之間,六合之内,不離于五,人亦應之。故五五二十五人之政,而陰陽之人不與焉。"若生有所乎萌,成有所乎歸,誠無所逃于始終相反乎無端也。"

邵子言變化感應而歸之于道。《物理小識》下附小注:"暑寒晝夜交而天之變盡之矣,雨風露雷交而地之化盡之矣。日月星辰,水火土石,天地之體也。暑變物之性,寒變物之情,晝變物之形,夜變物之體,性情形體交而動植之感盡之矣。雨化物之走,風化物之飛,露化物之草,雷化物之木,走飛草木交而動植之應盡之矣。本一气也,生則爲陽,成則爲陰。有一此有二,有二此有四,有三此有六,有四此有八。八者四而已,六者三而已,二者一而已。始天分地,而萬物,而道不分也。終則萬物歸地,地歸天,天歸道。"虛舟子曰:"道無在無不在也。天有日月歲時,地有山川草木,人有五官百骸,其至虛者即至實者也。"百",《物理小識》作"八"。天地一物也,心一物也。惟心能通天地萬物,知其原,即盡其性矣。董子曰:'天地之間,若虛而實。'故性命之理,必以象數爲徵。未形則無可言,一形則上道下器,分而合者也。莊子言虛無,然歸于極物而止,則曰以有形者象無形者而定矣。聖人與民折中日用,使之中節而已。其格致研極之精微,皆具于《易》,誰固達而知乎? 襲言常理者,拘膠闒茸,千萬噥噥,不肯研幾,究爲生死鬼神、鈨斷喬宇者所劫而懼,徒跲躓耳。闒茸,卑下。鈨(wǎn)斷,處世無圭角。喬宇,譎詐。跲躓(jiá zhì),顛躓。其造迷解閉,偏高鈎奇,塞通爲術,而困人從之,嚼破黄葉,悟何道乎? 兩末一往之説,時爲藥耳。空藥對治徇物之病,而妙藥更消執空之病。折中適得,事所當事,乃不爲逃雨所累,而遂贅守此樹前之核,不復學問。彭蒙、田駢,是虛生浪死之人牛也。不爲生死所惑,并不爲超生死之談所惑,言動象占,見其物宜,俯仰遠近，極事通變，此學而不厭者，真絕學也。本末源流，知則善于統御，舍物則理亦無所得矣，又何格哉？病于言物者，好奇之士，好言耳目之所不及，附會其説，甚則構虛駭人。其拘謹者，斤斤耳目之前，外此則斷然不信。其蔽均也。"

宗一曰："學有專門，未可執此以廢彼也。人生而耳之目之，至平常矣，卒而問之，有奇于此身者乎？有奇于天地間者乎？裸而九竅，言語老少，無不同者，無一同者。星辰何以明？雷風何以作？動何以飛走？植何以榮枯？噫，怪極矣。"

老父曰："聖人官天地，府萬物，推曆律，定制度，興禮樂，以前民用，化至咸若，皆物理也。其常也，即其變也。變未有極乎？變極自反乎？惟神而明之者知之。天道自東而西，星曆自西而東。地之陽氣自南而北，陰氣自北而南。人推移其中而變，有不變者存焉。不知差別之常變，而執常者，則周公之儀禮有不可以治世，神農之《本草》有依之足殺人者矣。"

鄧潛谷曰："區宇之内，土壤少殊，物生隨異，而況分華夷，限山海，其恢詭俶怪之變，胡可勝紀？古所無者，何知今非創産？今狎見者，烏知後之不變滅乎？"

宓山子曰：因地而變者，因時而變者，有之。其常有而名變者，則古今殊稱，無博學者會通之耳。天裂字隕，息壤水鬪，氣形光聲，無逃質理。孛(bèi)，彗星。《山海經·海内經》："洪水滔天，鯀竊帝之息壤以堙洪水。"郭璞注："息壤者，言土自長息無限，故可以塞洪水也。"智每因邵、蔡爲嚆矢，徵河洛之通符，借遠西爲郯子，申禹周之矩積。古人神明間出，不惜綻漏而且言之，自護則不必言矣。常統常變，灼然不惑。治教之綱，明倫協藝。各安生理，隨分自盡。中和易簡，學者勿欺而已。通神明之德，類萬物之情，易簡知險阻，險阻皆易簡，《易》豈欺人者哉？"險"原誤作"儉"，據《物理小識》改。或質測，或通幾，不相壞也。

四行五行説此文收于《物理小識》卷一。

或問：中國言五行，太西言四行，將何決耶？愚者曰：豈惟異域，邵子嘗言水火土石，而略金木矣。地藏水火，分柔土、剛土爲土石也。朱隱老曰："四爲體，五爲用。金石同體，言金而石隱矣。"朱隱老字子方，號潛峰，元末明初人，著有《皇極經世書説》十八卷。周子尊水火在上，次表中土，下乃列金木焉。詳參周敦頤《太極圖》。金木者，從土中生出者也。今所據者地之五材也，金爲土骨，木爲土皮是也。水爲潤氣，火爲燥氣，木爲生氣，金爲殺氣，以其爲堅氣也，土爲沖和之氣，是曰五行。黃帝曰："六合之内，不離于五。"語出《靈樞‧陰陽二十五人》。既言五運，又分六氣，不參差乎？播五行于四時，非用四乎？《易》曰："一陰一陽之謂道。"非用二乎？謂是水火二行可也，謂是虛氣實形二者可也。虛固是氣，實形亦氣所凝成者，直是一氣而兩行交濟耳，又況所以爲氣而宰其中者乎？神不可知，且置勿論。但以氣言，氣凝爲形，蘊發爲光，竅激爲聲，皆氣也。而未凝、未發、未激之氣尚多，故概舉氣形光聲爲四幾焉。《楞嚴》七大，地、水、火、風、空、見、識也。地水火風之四大，猶之水火土氣也。有四實，則有四空，實皆空所爲也。而猶有容餘之空，故表空焉，皆因人目之見而顯。見本于識，而藏于識，故表見識焉。心藏神而主性，腎藏精而主命，以見識表之，亦可悟五臟六腑之實是二行矣。若欲會通，正當舍二求一，而後知一在二中。謂之二即是一，謂之不二不一，謂之三兩，謂之九六，謂之七八，謂之四五，謂之五六，無不可者。且請學《易》。

水火本一論此文收于《物理小識》卷一。

水濕火燥,相反甚明,而《易傳》曰"水火不相射",何也？愚者曰：本一氣也,而自爲陰陽。分爲二氣,而各具陰陽。有時分用,而本不相離；有時互用,而不礙偏顯；有時相制,而適以相成,特人不著察耳。天一生水,而反成陰潤之性。地二生火,而反成陽燥之性。呵氣屬火,而化爲氣水。精液爲水,而反以成人。果二物耶？人身言之,腎水也,心火也,時時交濟,不可間隔。《物理小識》無"言"字。以理言之,智火也,仁水也,理水也,性火也,是水直以火爲性命矣。不見夫雨露霜雹,皆陽氣之蒸餾,硝磺發而砲滴,雷鳴而泉通,春火力深而礎石潤,熱爐之下必有氣蒸乎？是火直以水爲性命矣。不見夫螢燐珠珀,皆濕氣之凝聚,薪經浸而火不斷,燈加膩而益明,井油得水愈熾,高奴之水肥可燃乎？《水經注》卷三："高奴縣有洧水,肥可燃。水上有肥,可接取用之。"日炙草木而滋茂行汁,參補陽而口生津,水中之石,擊之得火,煉劍淬水而剛,二者之用,交濟相成,莫不皆然。《物理小識》"參"后有"茂"字。識者于此,益悟代錯之本一矣。益,《物理小識》作"蓋"。

水患説此文收于《物理小識》卷二。

人以水生,以火死。蓋以水火交而生,以水火濟而養,以水下流、火上炎而死也。天地開時,初有水荒。天地壞時,火急生風而吹壞矣。一元中之一會,其始亦有水厄。依邵雍,一元共十二萬九千六百年,一元十二會,一會共一萬八百年。太西言洪水時,亞你墨尼亞爲甚,猛雨四旬,地面全没,止遺諾厄數人。諾厄,今譯"諾亞"。考其時,當帝嚳之八年壬辰云。中國洪水在堯時,是一徵也。林孟鳴考堯時水患有十七年。林兆珂字孟鳴，莆田人，萬曆二年(公元1574年)進士,官至安慶府知府。揭靜叔考有一百五十八年，引《竹書》堯十九年命共工治河，六十一年命崇伯鯀治河，六十九年黜鯀，七十年錫虞舜之命，七十五年司空禹治河，八十六年司空入覲。揭衷熙，字靜叔，密之弟子揭暄之父。是則先用共工治水，次用鯀，皆以堙水無功，而導之成功者，實終于舜攝之己巳歲也。舜歷試後，乃使治河，《書》所謂"納于大麓"，孟子所謂"舉舜而敷治"焉。《史記》："堯使舜入山林川澤，暴風雷雨，帝行不迷。"蘇氏曰："洪水爲害，堯使舜入山林，相視原隰，正與《尚書》、孟氏之言合。而《孔叢》、桓譚乃改'大麓'爲'大録'，張萱以爲壇會諸侯，徒爾紛紛，不知舜實治水也。益烈山澤，水氣盛，火氣微，故用烈。刊木便相視，亦用烈。《國語》：'共工從孫四岳，從禹疏川導滯。'《物理小識》"孫"作"鯀"。《史記·殷世家》：'契長佐治水有功。'然則禹之治水，益佐之，岳與契又佐之矣。《國語》太子晉云：'共工墮高堙卑，以禍天下，皇天弗福，共工用滅。有崇伯鯀，稱遂共工之過，堯用殛之羽山。'《虞書》曰：'靜言容違，象恭滔天。'言水不治也。"

愚者曰：古時水患甚久。當營巢時，亦有甚不甚。史書頗簡，今合觀之，了然矣。治水之法，隄遏最下，導之爲上。孔子贊禹曰："卑宫室而盡力乎溝洫。"溝洫即治水之上策也，何待賈讓畫三説耶？張江陵居正，在政府，集門下談治河，刑曹商爲正，獨無言。公問之，商曰："河不可治。"江陵默然以爲得，遂遷御史。愚者笑曰：關並謂禹治水時，空平原東郡以爲積瀦，以入東北海，其勢易。關並字子陽，王莽時任長水校尉。馮逡欲潴屯氏，賈讓欲徙冀民，皆因而導之之意也。二事皆見《漢書·溝洫志》。然有説焉，以安堵之郡邑讓河，今可行乎？人各護其土著,誰肯無事而徙其田宅耶？是與羊謀其羞,神禹所不能行也。縣官歲費數百萬,徒潰中飽,不如已之,聽其決後,乃下哀惻之詔,爲之移措安置,當委之河者竟委之,旁分浸淀者旁分之,豈不永遠安瀾乎哉？是在明君哲相,不言而默運耳。

藏智于物説_{此文收于《物理小識》卷二。}

《説卦傳》類萬物于八卦,悟此幾乎？《禮運》本天殽地,舉五、六、十二之相旋,悟此幾乎？"殽",通"效"。《禮記·禮運》："五行之動,迭相竭也。五行、四時、十二月,還相爲本也。五聲、六律、十二管,還相爲宮也。五味、六和、十二食,還相爲質也。五色、六章、十二衣,還相爲質也。故人者,天地之心、五行之端也,食味、別聲、被色而生者也。"以天盤加地盤,而生克制化,隨變應節。六壬占法所用木盤,上有天上十二辰分野,謂之天盤。下有地上十二辰方位,謂之地盤。兩盤相迭,轉動天盤,得出所占之干支與時辰之部位,以判斷吉凶。《易》軌三式,皆有經緯宇宙焉。三式,六壬、遁甲、太乙。常運,經也。占以人歷其位者,緯也。焦熱沍寒,視歷此者何人耳。愚者嘗言以推移之宙消貪心,以規矩之宇辨物則,而一萬俱畢矣。此句《物理小識》作"而萬念俱可畢矣"。去者已去,來者未來,今又逝也,貪執何爲？達人樂此,而荒狂又竊之。故必明六合五破之宇,處處皆然,乃知物之則,即天之則,即心之則也。《管子》曰"宙合",謂宙合宇也。灼然宙輪于宇,則宇中有宙,宙中有宇。春夏秋冬之旋輪,即列于五方之旁羅盤,而析幾類應,孰能逃哉？聖人不惡蹟動,藏智于物,故《圖》《書》象數,舉其端幾,而衍《易》以前民用,損益盈虛、推行變化在其中矣,要不離乎統類配應之時位也。人人本具,愚夫取識,猶且不爽,況齋戒至誠,而叩神明靜正之士乎！故曰至誠如神。

醫藥通類約幾說此文收于《物理小識》卷五。

老父曰："至理不測，因物則以徵之。"方孔炤《知言鑒》分宰理、物理、至理爲三。《青原志略》卷三《仁樹樓別録》："問宰理，曰：仁義。問物理，曰：陰陽剛柔。問至理，曰：所以爲宰、所以爲物者也。"醫固一大物理之彙籥也。喙者、跂者、核者、柯者，皆可以任督榮衛觀之，皆可以好惡制化窮之。喙者，氣喘者。跂者，腳病者。核者，體內結核者。柯，借作"咳"。形色精神，臭味燥潤，無非元氣陰陽之升降出入也，無非五、六、十二之運氣經絡也。五、六、十二，指五運、六氣、十二經絡。用在中節，調其亢承，類應之綱，符幾不二，盡其性者，秩序變化在其中矣，豈愁約則荒而博則混哉？雌雄子母，藥之倫也。水土之抽爲草木，其水母而土父乎！動物之榮衛脂膏，其水母而火父乎！究論之，六淫亦水火也，七情亦水火也。六淫，風、寒、暑、濕、燥、火。其病也，亢火與元氣不兩立，停水亦與元氣不兩立。停水即積水。其交濟也，水火即元氣也。氣爲體，水爲相，火爲用，不相離也。是皆可以參兩而通類研幾焉。氣味最切，而形色應之。《物理小識》下附小注："如香走气，味入血，花實蔓幹，各具形色。"輕重各分陰陽，而上下遂專升降。《物理小識》下附小注："金石主墜，而硫以質揚。沉香神砂，兼統升降。"凡有頭尾，三停以分。《物理小識》下附小注："耆歸防桔類。"皮骨筋節，皆應表裏。《物理小識》下附小注："竹茹走膜，諸皮走皮。藤則象筋，藕杉用節。"腐蘗溲通，同主于化。《物理小識》下附小注："麴豉皆因腐變，畜糞概謂之通。寒號食柏實而遺，己復自食其遺，故通血分。"物體全具，取其專長。《物理小識》下附小注："瓠藤含水，萆麻吸物。秦艽以糾象絡，石菖以清入心。莖具五味，而功在酸收。葉耳同豨薟，而專入巔腦。"其通類固犁然矣。永叔曰："船上驚病者，刮舵牙汗末，和丹砂茯神飲之而愈。茯神，中間抱有木心的伏苓。蜈蚣螯者，唾墨畫鷄味啄之，止痛。"此亦以其神情而通類也。

書姓氏抄後 此文收于《通雅》卷二十。

自有《統譜》，原引粲然，然未必盡當無舛也。《萬姓統譜》，明萬曆間凌迪知著。如"所氏"引"伐木所所"，以古有虞衡，因主伐木，遂以爲姓，此亦支矣。虞衡，掌山林川澤之官。支，支離。《風俗通》："所姓，宋大夫華所事之後。"《穀梁傳》："隱九年，俠卒。"俠者，所俠也。此與顏籀已異。顏師古字籀，唐初經學家。"朱"以爲舜臣朱虎後，似之。《東觀》曰："其先宋微子之後，周衰宋滅，奔碭，易姓爲朱。"《廣韻》："本自高陽後，周封于邾，爲楚滅，子孫去邑氏朱。"則"朱"有三説。"路氏"，《國語》："妘姓，陸終子求言後，別封路。"《廣韻》："唐世系，姬姓，帝摯後，封路。"《急就篇》注："路，水名，在涿郡界，居者氏焉。"此亦三説也。西漢史游作《急就篇》，唐顏師古爲之注。"苟，草名，所居饒之，因命氏。"又云："晉荀氏後，避難改姓。"《姓苑》又云黃帝後，説亦參差。今關中蒿音苟，去聲。其實《説文》苟字從芉省，蒿古文也。"龐"爲高屋之名，其先殷富，好爲室屋；"審"引"審曲面勢"，當爲司空之官，則尤回穴矣。回穴，紆曲。"兒"、"倪"本爲一姓，"鄂"、"尋"文合斟尋，宋即是"裘"，而師古不能原。"角"本無"甪"，而應麟分爲二，又何在是正"闔閭"、"逢逄"以爲功哉？觀《通志》所載，移避所更，相伯、哀爰之爲一，疏棘桂痛之更變，京秸之自取，賀師之避諱，"吞"之音他前，"遺"之音惟，"賁"之音肥，"不"之音彪，"玉"之音肅，"能"、"侎"二姓之音耐，員慕、子胥，則平聲不當音運，"毋丘"即貫，則雙姓不得音無。加以遺復，沿改無常，博雅者不能無漏，宜矣。是用裒集，列其稀僻者，備遺忘可也。《通雅》下附小注:"自子長刪《世本》爲《世表》,旁行邪上,并效《周譜》,此劉杳所引也。《漢·溝洫志》,王橫亦引《周譜》。後漢有鄧氏《官譜》,應劭、王符皆有《姓氏篇》,何承天乃作《姓苑》。《吳志》:薛綜定《五宗圖》。晉摯虞作《族姓昭穆記》。南齊賈淵,祖弼之、父匪之,世傳譜學。王弘《百家譜》,王儉廣之。元魏定諸州士族,自陳羣九格由中正考之。唐有高士廉《氏族志》,路敬淳《衣冠譜》,王玄感《姓氏實論》,柳沖《大唐姓族系錄》二百卷,柳芳注論甚詳,作《永泰新譜》。李利涉《唐官姓氏記》,韋述《開元譜》,張九齡《姓源韻譜》,林寶《元和姓纂》八姓外三百五十姓。宋景祐雁門邵思《姓解》百七十門,二千五百六十八氏。錢明逸撰《熙寧姓纂》,紹興中鄧名世有《姓氏書辨証》。鄭樵爲《氏族略》。長沙丁維皋撰《百族譜》,周益公序。又嘗脩《姓源韻補》,容齋常譏之。鄧氏《辨証》,黃潛嘗譏之。大抵附會耳。洪武十四年,編修吳沈、典籍劉仲質、吳伯宗,據户部黃册,編爲《千家姓》,首云朱奉天運。楚中周景虞以韻編之成章,如《千字文》。因姓載歷代之人,則凌迪知《萬姓統譜》具矣,然無辨證。當別作一書,而闕疑尚多,且有所俟。崇禎戊寅冬,皖桐方以智密之識于稽古堂。"

養生約抄序 _{此文收于《通雅》卷五十一。}

養生之説,《老子》有云"外其身而身存",《莊子》曰"澹然無極,衆美從之"。緣督善刀,火傳無盡,養其生之主矣。緣,順也。督,中也。善刀,猶拭也。火傳無盡,以薪火喻形神。神仙家言,方技也,特附玄牝耳。《道德經》:"玄牝之門,是謂天地根"。句謂神仙家追求長生,屬方技之流,并不符合老子之精神。守尸鬼窟,大乘呵之。守尸,求肉體長生者。鬼窟,幽鬼所居之處,譬盲昧無知。"死而不亡者壽",何謂非"仁者壽"、"無量壽"乎?噫嘻,生固累人,生亦何負于人?執之皆病,善用之皆藥。考亭注《參同契》,亦以閒居職簡者,無嫌乎此,順性命之理者,不可不窮盡而至也。不以播精魂、販傀異,而以卻疾病、平民心,孰非仁壽之域歟?傀異,怪異。艮背行庭,坎離交濟,鏤丸本然,革囊本然,用之治世，用之理身，何分于因物付物之大公邪？艮背行庭，盖謂動靜不失其時。《易·艮》：「艮其背，不獲其身。行其庭，不見其人。」朱子曰：「止于其所當止，是不有其身矣。雖行于有人之地，而不見其人矣。」坎離交濟，養生家追求長壽之方法。坎爲水爲汞爲陰精，離爲火爲鉛爲陽氣。因物付物，順任萬物之理，我無與也。塞兩間皆氣也。知其所以爲氣，氣即神矣。知其神于精神，精神謂之聖矣。《孔叢子·記問》：「子思問于夫子曰：物有形類，事有真偽，必審之，奚由？子曰：由乎心。心之精神是謂聖，推數究理不以疑。周其所察，聖人難諸。」夭壽不貳，顔子無礙三十二，堯舜無礙百餘歲也。防其自私而忽正務，故略言之。已一生死矣，何用言之？其實生即無生，養身養德，無二道也，平心而已矣。心誰肯平乎？以養生之澹嗜欲，少嗔恚，陰平陽秘，恬愉自得，使人適從而致中和，此黄帝之心哉！陰平陽秘，意思是陰氣平和，陽氣閉密，則精神之用日益治。語出《素問·生氣通天論》。今且爲醫衍法，一曰治神，謹芟支蔓，約指橐籥于此。

神仙説

顔之推曰：「神仙之説，未可全誣。但牛毛麟趾，不願汝曹專精。牛毛麟趾，謂學仙者多如牛毛，成仙者少如麟足。貴愛養神明，遂其所稟，勿爲夭折。」語出《顔氏家訓·養生篇》。麟趾，《家訓》作「麟角」。郝早服曰：「無此渣滓，亦無此清虚。離卻神氣，别無妙道。」高人達士之伸吐也，失遇之不得已也。尋常理語，不足以爽脾胃，游諸寥廓，取不可知之氾沃而遣放焉、曼衍焉。氾沃，「汰沃之氾」的省稱。汰沃，四海與天際之水流聲。氾，涯。語出《淮南子·道應訓》：「我南游乎岡㝢之野，北息乎沉墨之鄉，西窮冥冥之黨，東開鴻濛之先。此其下無地而上無天，聽焉無聞，視焉無矚。此其外，猶有汰沃之氾。」大覺金仙，猶之法身佛也。宋徽宗廢佛，改稱佛爲大覺金仙。智者一笑，是巧語溢言耳。其情則真，其文則奇，以是而易傳。後來竊裔宇而異其幡,奉此劫誘,又何怪耶?裔宇,譎詭。《千金方》云:"列仙或負篤疾,或干重典,或挾才而萬不一逞,乃一決而就此。"則神仙亦不得已而爲之,非樂就也。有勉范忠宣以攝生者,范云:"萬一如丁令威化鶴歸來,見城郭人民俱非,亦有何樂?"范純仁字堯夫,范仲淹次子,卒謚忠宣。《搜神後記》:"丁令威,本遼東人,學道于靈虛山,後化鶴歸遼,集城門華表柱。時有少年舉弓欲射之,鶴乃飛,徘徊空中而言曰:'有鳥有鳥丁令威,去家千年今始歸。城郭如故人民非,何不學仙冢累累。'遂高上冲天。"韓退之曰:"人欲久不死而觀居此世者,何如也?"語出韓愈《唐故殿中少監馬君墓誌》。老父曰:"太史公述道家,以爲形神離則死,佛言緣生無自性,此質論也。老子曰:'死而不亡者壽。'佛曰無量壽。岐伯曰:'不生不化,靜之期也。'黃帝曰:'有不生不化乎?'岐伯曰:'與道合同,惟真人也。'語出《黃帝內經素問·六微旨大論篇》。蓋生死之中,有不生不死者存,此通幾也。自非智者,難言不惑。"葉水心《題謝道士混元皇帝錄》曰:"人之爲天地,天地之爲人,統氣御形而謂之道者,非世論也,存之而已。"世論,世俗之論。《天隱子》曰:"天地在我首之上、足之下,開目盡見,無假繁巧。神仙先知易簡,苟言涉奇詭,適足使人執迷,無所歸本。"《天隱子》,舊題司馬承禎著。司馬承禎曰:"世人學神仙,反爲神仙所迷。學無爲,反得無爲之病。神仙亦人也,在於修我靈氣,勿爲世俗所淪拆,遂我自然,勿爲邪見所凝滯,則功成也。"司馬承禎,唐代道士,著有《坐忘論》等。文中子曰:"仁義不修,孝弟不立,奚爲長生?甚矣人之無厭也。"文中子王通,隋代大儒。引語見《中說·禮樂篇》。郭象曰:"係生故有死,惡死故有生。無係無惡,無死無生。養生者非求過分也,全理盡年而已矣。"屈原《遠游》篇曰:"壹氣孔神兮於中夜存,虛以待之兮無爲之先。"朱子每謂此:"廣成子告黃帝,不過如此。"朱熹《楚辭集注》卷五:"一,專也。

孔,甚也。此言道妙如此,人能無滑亂其魂,則身心自然,而氣之甚神者,當中夜虛靜之時,自存於己而不相離矣。如此則於應世之務,皆虛以待之於無爲之先,而庶類自成,萬化自出。蓋廣成子之告黄帝,不過如此,實神仙之要訣也。"鐵腳道人《霞外雜俎》,言《坤》《復》之交,亦此旨也。《四庫全書總目》卷一百四十七:"《霞外雜俎》一卷,舊本題鐵腳道人撰,有敖英序,稱嘉靖丁酉,泊舟空舲灘,遇仙翁所授。又有後跋,稱鐵腳道人姓杜氏,名巽才,魏人,亦未詳其信否也。所言皆養生術,大旨闡黄老恬靜之理。"《坤》《復》之交,指亥末子初之时。《霞外杂俎》云:"人身元气,亦有升降。子时生于肾中,此即天地一阳初动,感而遂通,乃《復》卦也。自此後渐渐升至泥丸,午时自泥丸下降于心,戌亥归于腹中,此即天地六阴穷极,百虫闭关,草木归根,寂然不动,乃《坤》卦也。静极復动,循环无端,其至妙又在《坤》《復》之交,一动一静之间,即亥末子初之时。"王世懋《望崖録》曰:"無輕生之徒,無養生之厚,無求生之過。修短有數,早定於有生之日。飛仙至人,非凡福可企。吾必曰長生,即妄也。要使生時胸中空闊灑落,去日分曉自在。朝聞夕死,本無限量,亦無執著,是在勉之而已。"《望崖録》内篇語,收入《王奉常集》卷五十二。《四庫全書總目》卷一百二十五:"《望崖録》二卷,明王世懋撰。是書内篇一卷,皆談佛理,自稱以三教歸一,與林兆恩、屠隆所見相同。蓋明中葉以後士大夫之所見,大抵如斯。外篇一卷,記師事曇陽子事,尤爲怪異。"

卷七　嶺外稿上

寄李舒章書[乙酉五月晦日南海寄]

嗟乎舒章,冤一至此哉! 弟之皎然不污,自北來者,塗之人知之矣。竟爲鄉井仇隙,滿讕橫誣,鬼蜮障天,以白爲黑,知舒章當何如爲我皆裂乎?鄉井仇隙,指阮大鋮。滿讕,欺罔。

自四月十二夜得間逾垝垣,昒旦紿出崇文門,倉卒冒死,遂不及通問。垝(guǐ)垣,壞墻。昒(hū)旦,黎明。紿(dài),絲繩。踵決丐食,毒蓋何言。蓋(hē),螫。五月朔抵清浦,是時聞史閣部議定策,有連諸暴帥出揭者,爭權未決,高傑方恣掠邗上,乃迂道由泰州渡孟河,至留都,五月十日也。高傑原爲李自成部下,後降明,《明史》有傳。邗(hán)上,即揚州。新主監國,史閣部出師,鳳督入輔,小臣伏疏請罪,且欲悉報賊狀,而銀臺閼阻,不令上達。崇禎自殺,鳳陽總督馬士英等擁福王朱由崧監國,旋即稱帝,建號弘光。白版錐印,方攘攘競擁戴功。白版,同"白板",只用板書而無詔敕印章之官。老父曰:"汝以我故入城,然在此,人且以汝干覲,盍出相隱地? 干覲,干謁覲覩。我欲以老。"故先至橫山以待足下。令弟與諸故人,更衣食我。已乃得老伯殉難音耗,猶子酹地,始益自痛,痛我兩人,何命之窮也! 酹地,以酒灑地,祭奠也。

臥子以書導余游天台,而老父云:"長溪民德我,其地僻僿,可以家焉。"萬曆四十七年(公元1619年),方孔炤調任福寧知州。矜茫浹月,朝議沸騰,天方降罔,陰氣遂熾。矜茫,亦作"茫矜"。《方言》："茫矜，奄遽也。"浹月，滿月。懣觟擿觟，發十七年之憤，而抗劾者紛紛，皆謂指出於老父。懣觟（mán huà），欺瞞。阮大鋮本魏忠賢黨羽，馬士英薦之于朝，任兵部右侍郎，從此黨禍復熾。抗劾者，指反對阮任職者如姜曰廣、高弘圖等。仇家日夕造蜚語，何所不至？然公道在人，草野伉直，至自北者，各著紀錄，猶未有以中也。老父曰："彼謂降賊諸名，半出汝口，將羈汝以實此案，而重汝之怨。今吾道憂危，賢者獲罪。伊早暮且柄用，亡慮罘網善類，不留遺巢，何況我家，患無名乎？罘（fú）網，網捕。遠之，遠之。"故秋歷台蕩，轉入太姥，陟嶠觀海，遂漂百粵。然後知岡兩登樞後，豺虎生翼，嗾人誣彈，坐以詭名刊章之罪，懸定贖徒，此猶司寇之仁也。岡兩，同"魍魎"。刊章，刪去告發姓名的追捕文書。《明季南略》卷五："二十七日，御史王孫蕃論方以智自虧臣節，復撰偽書，以亂是非，命逮以智。"

嗟乎，冤一至此哉！俯惟生平燥髮，持簡諒，則古昔，誠無一事不可相爾室者，此冤胡為來哉？燥髮，胎毛始干，指少年之時。簡諒，信實。相爾室，問心無愧。語出《詩·大雅·抑》："相在爾室，尚不愧於屋漏。"昔新莽毒弒平帝，篡奪孺子，陳少府世受國恩，僅以祖臘見垂史冊。祖臘，祭祀名。《後漢書·陳寵傳》："莽篡位，召咸以為掌寇大夫，謝病不肯應。時三子參、豐、欽皆在位，乃悉令解官，父子相與歸鄉里，閉門不出，入猶用漢家祖臘。人問其故，咸曰：我先人豈知王氏臘乎？"又況子容堯舜之對，不當伏歐刀乎？甄孟成為慶緒異致，蘇司業稱病自謝，旋皆擢以優秩，表其後凋。甄濟，字孟成。慶緒，安祿山之子。蘇司業，蘇源明。《資治通鑒》卷二百二十："初，汲郡甄濟有操行，隱居青巖山，安祿山為采訪使，奏掌書記。濟察祿山有異志，詐得風疾，舁歸家。祿山反，使蔡希德引行刑者二人，封刀召之，濟引首待刀，希德以實病白祿山。後安慶緒亦使人強舁至東京，月餘，會廣平王俶平東京，濟起，詣軍門上謁。俶遣詣京師，上命館之於三司，令受賊官爵者列拜，以愧其心，以濟為秘書郎。國子司業蘇源明，稱病不受祿山官，上擢為考功郎中，知制誥。"靖康啣縛，閶宮淪於腥羶,辱莫甚焉。張忠獻、趙忠簡,止以逃太學,不署立異姓名,今其勛光遂爾赫奕。忠獻,張浚諡號。忠簡,趙鼎諡號。《宋史·趙鼎傳》:"京師失守,二帝北行。金人議立張邦昌,鼎與胡寅、張浚逃太學中,不書議狀。高宗即位,除權户部員外郎,知樞密院。"如弟何人,可以比此?謂雖以年餘不挂齒牙之散秩,不宜僅守次節,責之以死,死固士所當勉矣。嗟乎,當城破時,握舒章手,委地飲泣,絕命之辭,綷於袺裚。綷(cài),以絲縫之。袺裚(jié zùn),袖子與衣襟。翼日聞諸老有投職名者,憤而引決,而足下止之,以爲前歃血所謂者何。十七之夕,天子召戚臣劉鞏急入。東宮二王,固已在外,天意不忘,可以出則舉事。忘,同"亡"。前日蒙召對稱賞,許君父之言在耳。此半年陰結山東、河北之忠義,臨時求護龍種之苦心,天日在上,瀝血可對高皇,是以忍須臾死耳。大丈夫貴能用其死,以有所爲,烏■溝壑亡俚耶?"溝"前一字漫漶不清,疑作"填"。既已哭東華,被賊執,則求死不得矣。至廿六日押入,呼名不應者反接,驅被鋒鍔,笰考慘毒,刺剟攻心。笰(péng),笞打。剟(duō),割。內外庭除垣廡間,梏拲輒數百人。梏拲(gǒng),捆綁。嚼膚掠髁,曓呼徹天。曓(bó),痛叫。病骨膺之,動即僵死。從血肉枕籍中,昵瞍上蒼,欲罵不聞。昵瞍(yuǎn ruǎn),舉目。捽髮把土,恨何以不先死,而忍詬及此。捽(zuó),抓。死固應耳,適有天幸,爲其書記卒所護。卒故雒陽書生也,幽囚慰持,枕格嘗後,蹈背熅火,治創給餐。枕格,受酷刑。蹈背熅火,救治之義。《漢書·李廣蘇建傳》:"(蘇)武謂惠等:屈節辱命,雖生,何面目以歸漢?引佩刀自刺。衛律驚,自抱持武,馳召毉,鑿地爲坎,置熅火,覆武其上。蹈其背,以出血。武氣絕,半日復息。"會張芷園抗氣而折賊焰,我輩稍有生路。張家玉字玄子,號芷園,崇禎十六年(公元1643年)進士,李自成入京時被執。念已忍詬及此,孟威履善之事故在,茍公達既能自若,鄭議郎乘便脫身,棄妻子,冒湯火而奔,此固已萬死矣。

据《晋书・周访传》附载,周虓字孟威,少有节操,官至梓潼太守。宁康初,虓母、妻为苻坚所获,遂降於秦。苻坚欲以为尚书郎,虓曰:"蒙国厚恩,以至今日。但老母见获,失节於此。母子获全,秦之惠也。虽公侯之贵,不以为荣,况郎任乎!"每入见坚,辄箕踞而坐,呼之为氐贼。并密书与晋,说贼奸计。太元三年(公元 378 年),虓潜至汉中,坚追得之。後又与坚兄子苞谋袭坚,事泄,坚引虓问其状,虓曰:"昔渐离、豫让,燕、智之微臣,犹漆身吞炭,不忘忠节。况虓世荷晋恩,岂敢忘也?生为晋臣,死为晋鬼,复何问乎!"荀攸字公达,荀彧从子。郑泰字公业,东汉大儒郑衆曾孙。二人曾合谋刺董卓,事泄,泰逃奔袁术,攸系狱。攸于狱中言语饮食自若,会卓死得免,後为曹操谋士。**靡靡之家,倖亂真膺**。靡靡,随风倒伏。倖,幸也。膺,受也。谓趁乱而重新掌权。**懻忮之俗,善妒成風**。懻忮(jì zhì),剛戾。遂乃禁治公道諸單,臆造重輕,招賕出入,方飲狂泉,承望希寵,正人齰舌,誰敢發言?貧無厚賕,積怨難釋,貞女蔑爲淫婦,平地沉於海底,豈不哀哉?賕(qiú),贿赂。

嗟乎,大丈夫赤心苦節,明如日月,而坐爲仇陷,無以自伸,上不能慰白髮,下不能庇黃口,便足仰天絕吭,然而此時愈不可死。古來忠良被謗者數數也,而此名難當。不留此身以待昭雪,則遠辱祖德,近傷親心,且使天下後世以爲懷忠萬苦,不獲直報,英傑喪氣,義士灰心,則罪更大矣。靜言思之,我固當罪。先王父廷尉,世傳闇修,訕笑聲譽,而乃少弄文翰,操筆是非,尊古學、辨風雅,舉止異趣,爲時士所忌,其罪一也。既已容跡玩世,據地歌陸沉於金門,又好指斥臧否,肆志軒鶩,其罪二也。《史記・滑稽列傳》稱東方朔"時坐席中,酒酣,據地歌曰:陸沉于俗,避世金馬門。"閒冷得親伏御前,條奏急狀,遂爾不知忌諱,痛言時弊,其罪三也。善不可爲,而祖、父立朝居鄉,礪節守正,身既疾邪,而弱弟復剛腸徑情,已然諾,分涇渭,不能突梯事仇,無以教之,其罪四也。樊姬曰:"哭城城崩,嘆市市罷。"今忠誠格皇天,而衆人莫爲毫釐,其罪五也。正在轉側,卜肆瞯然,忽示朝廷更始,一切宥赦,稽首天恩,小臣實不任受也。矐(xuè),驚視。分矢暴骨疆場,人又以爲熱中。匿而佔嗶崖谷,則又疑爲譏謗。嗟乎,他日此心苟白,退伏草間,卒成半生所著之書,惟有叩鐘山下自殊耳。

嗟乎,已被惡名,曼辭欲焉聽乎?舒章親見我萬死者,遙聞去冬,已間關奉輀車歸。輀(ér),喪車。忠孝薄天,與君文章,并已千古。海汐附書,卷切爲慰。知己之前,不覺嘵嘵。嗟乎,舒章視我,故忼慷士也。當鈌斧加脰,湯鑊在前,甘心受之,坦然無怨。鈌(huá),斧舌。脰,頸。一罹奇禍,冤氣苑結,殊不可忍。弔影無慚,輒復痛骨。雖頗喻老莊之指,焉能釋邪?轉憶讀書攻苦,生免紈綺之習,弱冠出游,投分足下,業好悲歌,卧子嘗戒我不祥,驗矣。甲戌敝邑寨變,嗣經兵火,江以北爲戰場,清白數畝,廢同蒿萊,流寓江南,筆耕傚市,所願閉户覃思,研究載籍,述其家學,參記所聞,備采史之用。愛閒居,不慕官爵,此自文人恒情,非爲高也。倖脱諸生,便值老父以議剿穀城,受武陵之毒,荆門八捷,反致逮理。方卧虎、兩墮用事,大臣阿邑,摧殘君子,廷杖漳浦先生時,斯何時也?卧虎、兩墮代指宦官。漢桓帝時,宦官單超、徐璜、具瑗、唐衡、左倌與帝合謀誅外戚梁冀,開始宦官專權時代。時有諺曰:"左回天,具獨坐,徐卧虎,唐兩墮。"兩墮,意爲持兩端而隨意爲之。護侍閽扉,重足一跡,膝行沙堀中,告哀者兩年,傾家以免,僅存皮骨。幸荷聖明,可得歸耕以養矣,然比新法拘迫,禁人逃選,因乃羈絆朝隱,猶冀勒當代務爲一書,上瀆聖覽,萬一直言得罪,其夙願也。適老父賜環陛見,一啟其口,陷阱機發矣。■復蹂躪畿南山左,自秋及夏,老父僅乃受命河北。弟即請纓,終以銳氣指陳,聖明賞之,而爲時相所沮。此足下共事,爲我怦怦者。嗟乎,言不見用,忠不見信,國家坐視十餘年,爲庸夫所誤,小臣拜禄十七石耳。我兄時亦以高堂相牽，嘗嘆云，避世不可，佯狂不能。兩人文章意氣爲友，古人相期，乃竟同遭國難，豈非命乎！嘗一日纏銀當歸羈邸舍，道遇足下，急語杜陵三徑，當復何時，搖手而別，由今痛之。此易世語也，非無季鷹之識，竟邀庾袞之蹤。張翰字季鷹，因見秋風起，乃思吳中菰菜、蓴羹、鱸魚膾，曰："人生貴得適志，何能羈宦數千里，以要名爵乎？"遂命駕而歸，事具《晉書》本傳。庾袞字叔褒，少履勤儉，事親以孝，曾攜妻隱林慮山，《晉書》有傳。平原且受禪詔之疑，崔寧妄被通書之謗。崔寧本名旰，唐代名將。德宗時，朱泚叛亂，行反間計，署寧爲中書令。朝臣王翃、盧杞等又僞作寧遺朱泚書，德宗遣人縊殺之，事具《新唐書》本傳。命之窮矣，冤一至此哉！

近見曾二雲先生書，及市肆轉販《金閶時務策略》，所敘北事，苦人皆列褒恤之條，始嘆世猶有人心在也。曾櫻字仲含，號二雲，萬曆四十四年（公元 1616 年）進士。崇禎末罷官入獄，會李自成入京，釋放獄囚，得以逃出。金閶，蘇州別稱。仲翔不過謫徒，尚云一人知我，死亦不恨，況受此奇冤耶？家長子者難免，耕陌上者猶及，故踵子幹於上谷，步臺卿于海濱耳。盧植字子幹，因得罪董卓免官，隱于上谷。趙岐初名嘉，字臺卿，曾避難于北海。日且驚心，非特一也。方懠憲憲，如彼棲苴，道路以目，不知何解？方懠，發怒。憲憲，欣喜。語出《詩‧大雅‧板》："天之方懠，無爲夸毗"，"天之方難，無然憲憲"。水中草曰苴，棲苴喻處境窘迫。浪傳■騎舛馳，連烽潁泗，長江天塹，專賴神烈。明主漸親政事，公道久而自彰。但未知容有衆正之朝廷，爲木石訟冤不也？言及乎此，涕泗交流，孰視斗血，欲灑何地？老親在金紫山中，恐不及徒家長溪，當携細弱來貴郡，棲大峒耳。古處無所事屬，聚首難期，鄉風嗚咽。

唐之甄濟、蘇源明，宋之趙鼎、張浚、胡寅，以視密之守節之苦，尚且遜之，而密之尚郁郁放歌湖海，豈不痛哉！光武中興，首推不仕莽之卓茂。卓茂字子康，南陽人。以儒術舉爲侍郎,遷密縣令、京部丞。王莽居攝,稱病歸。光武即位,先訪求茂,舉爲太傅。今赤伏再造,公道揭於日月,將不日明召下簾肆間請密之,以許先帝之血佐中興,又不必過九真而沉玄石也,如何如何？赤伏,"赤伏符"之省稱,帝王受命之符。九真,地名,古屬交州。程九屛評。

忠良被謗,從昔有之。然不謂抗節負義,炳若日星,如我密之者,當萬死一生之餘,而乃爲其仇隙誣蔑至此,豈不哀哉！讒人伏機既久,天下之所共知,烏用明之？讀此書,令人感憤一時,流涕千載。林六長評。林銓字六長,福建人。

漢王莽之亂,卓茂見推于光武。朱泚之亂,蔣沇、劉迺表奏于西平。《舊唐書·李晟傳》:"晟斬僞相李忠臣、張光晟、蔣鎮、喬琳、洪經綸、崔宣等。又表守臣節不屈于賊者程鎮之、劉迺、蔣沇、趙曄、薛炭等。"李晟因平定朱泚之亂,被唐德宗敕封爲"西平郡王"。禄山之亂,汾陽恢復兩京,天子親定功罪,秩獎甄、蘇二公。郭子儀,汾陽人。靖康之亂,有李綱持正,故一毫無枉。豈有懸斷顛倒,如今日者哉？余從燕都,親見國難。密之抗節獨苦,忠心壯志,可薄雲日。而值仇慝障天時,能不悲乎？假此時親復舊都,密之尚遠出漢唐諸君子上,豈僅僅足當從逆者三司列拜而已哉？嗟乎,何甲申忠臣之不幸也！鹿公評。方寵,方以智族叔祖。本名大掄,后慕鹿門龐公而改。

附載公論

湯惕庵曰:"南都操刻論者曰:'王莽弒平帝、簒孺子,何乃稱爲堯舜明主,自稱小臣？指薛方辭王莽徵辟事,見前注。可斬也。世受漢恩而不能死,僅用祖臘,史何褒焉？'如此,則是光武不當封褒德、安衆侯,而肅宗不當拜秘書制誥矣。光武即位後,封卓茂爲"褒德侯",讓變名姓,避隱林藪的劉宣襲封"安衆侯"。安史之亂後,唐肅宗以甄濟爲秘書郎,蘇源明爲考功郎中,知制誥。專以比干律人,則箕子受朝鮮之封,有罪矣。以結纓律人,則高柴逃不由竇者,非矣。衛國政變,高柴逃,子路結纓而死,詳參《史記·衛康叔世家》。以召忽律人,則豈惟仲父無恥,季札之復命哭墓,復位而待,亦無恥矣,豈公論哉?召忽,齊國人,曾與管仲同輔公子糾,後桓公即位,殺公子糾,召忽死之。復命哭墓,指季札到吳王僚墓前哭泣復命事。據《左傳》昭公二十七年載,公子光(闔閭)弑吳王僚,季札出使返國,曰:"苟先君無廢祀,民人無廢主,社稷有奉,國家無傾,乃吾君也,吾誰敢怨?哀死事生,以待天命,非我生亂,立者從之,先人之道也。"烈女不事二夫,封髮刑耳者何愧焉?刻論之心,非忌則軋,聖人所惡也。李賊在北都,露刃九門,走不得出。南都城開三日,從容迎■,則今日之安坐剪髮、稽首腥羶者,即昨日之操刻論者也。"湯來賀字佐平,號惕庵,江西南豐人。崇禎庚辰(公元1640年)進士,官至廣東按察司僉事。明亡歸里,主白鹿書院講席。楊機部先生曰:"亡國之士夫,當以死自矢。而圖恢復之朝,從無概責以死之典。肅宗定六等,後猶悔之。子儀克河東,全用陷賊者爲內應。況今日竟未恢復尺土,而遽逼人事賊乎?朝廷但宜表死事以隆典,而擢守節者以美官,則得體矣。"楊廷麟字機部,一字伯祥,清江人,崇禎進士,唐王時任兵部尚書,抗清而死。此公論也。姚有僕上石齋先生曰:"馬、阮報怨,南都以亡,自拔來歸者得問罪矣,西北之人不俱漏網乎?且有不歸而旋降■者,其父兄揚揚于家,不敢問也。夫臣子以禮守節,不當問受恩之深淺,然朝廷以法服人,則官之大小輕重,宜分別而等殺。如自宰輔而下,金紫大臣何許?其執政要路數十年者何許?今止逮二三南歸之小臣,官未滿百日,祿不過十石,爲王維、鄭虔者,鍛鍊大辟,而尊寵與賊召語者,反蒙收用,其何以服後世?嗟乎,士有幸不幸耳。早生數十年,皆忠孝廉節,身名俱泰。不幸遭亂,一不免,遂爲世所蹂躪至此。才與名,真老莊之所恨哉!至爲甄濟、蘇源明者,事久論定,芳名自傳。時當害才之世,不得受甄、蘇之賞耳。若今日南都,降索頭等,豈得籍口王維、鄭虔比乎?"王維、鄭虔,皆爲安禄山所迫,署僞職。

　　乙酉四月,湯惕庵自南都來廣州,彙曾二雲先生書,及《國變本末》爲一卷,曼公苦節,深見贊服。至六月,聞南都之變,而諸爲刻論者無不降■。故有僕之語,似爲百史輩惜耳,然實公論也。因惕庵書,故記諸公之言于左。丙戌十月,清江與有僕俱守章貢死難。余覽公論之語,重有感云。鹿公方寵識。

嶺外文序

　　極治生才,極亂亦生才。才人之資適逢世,豈不有命哉!余自結髮知文章,好友朋,即當鄉井之變。已賊蜂午江北,流寓移徙,盱衡忧慷,十餘年,天下竟板板至此。板板,反常、邪僻。所交天下知文章士,蒿目當世者,亡慮不得見用,又不暇坐而講論方聞,豈不有命哉!嗟乎,幸免椎結,轉側嶺外。椎結,同"椎髻",謂髮如椎形也。此處借指滿清之剃髮。又幸一時同流寓者,有初白、樹本、親臣、子霞、紫佩諸子。又幸赤伏再造,中興之典,注意嘉與。諸子又皆負天下才,平日則古昔、敦詩書者,聚而講習,此亦足自慰才人之命矣。嘗嘆古人遭亂不廢其業,春卿抱經而匿,伯山漆書在身,後皆輔翼建武,彰中興之絶學。桓榮字春卿,漢代經學家。王莽末年,天下大亂,榮抱其經書,與弟子逃匿山谷,雖常飢困而講論不輟。建武十九年,爲光武帝辟爲議郎。二十九年,拜爲太常。事具《後漢書·桓榮傳》。杜林字伯山,曾於西州得漆書《古文尚書》一卷,常寶愛之，雖遭艱困，握持不離身。建武年間，官至大司空。事具《後漢書·杜林傳》。今諸子同此忼慷，尾瓊比落，不以無家廢其懷抱，投分砥礪，簡畢不輟，豈不難乎？余方處姚有僕署中，因與長公以式彙之曰《嶺外文》。姚端字以式，姚奇胤長子。嗟乎，筆札久廢，眷念誰昔諷誦，惟有永嘆。仲宣荊楚，止存二篇。王粲字仲宣，建安七子之一，曾避亂于荊州，作《登樓賦》及《七哀詩》等。炫、焯教授，且憂不行。劉炫、劉焯，皆隋代經學家，二人爲好友。乃者得讀諸子之文，襃然編勒，海濱逸人，安得不用此加慰藉耶？又見諸子所作，皆廓達高古，固治世之文也，而生亂世，天其生才以已亂乎？桓太常、杜司空之業，請以爲諸子勉。

送黃公之潯州序[代姚有僕]

　　黃公秉憲治廣海且歷年，而又之潯州。秉憲，掌刑獄。其屬吏某，乃敢爲文以述其卷卷，拜送綏旌之下。夫屬吏雖不慕善事雷同，然勤勤以文送上官，亦至非分冒昧矣。然不自以爲冒昧非分者，以公之遇我深也。某自奉簡諒時，即以爲士君子師表後世，治行第一，惟以清爲舉首。簡，書篇數。諒，言語信實。借指初學之時。然清而才足以弭亂爲難。節已尚，無可矜之色，爲尤難。既當吾世獲師表，遂何幸甫受一職，而步趨下塵，親承辟呬也？辟呬，長者之教誨。故事：鼓吹入謁，趨承霤已。承霤，屋檐下行水之槽。後堂盤辟，唯諾而已。公每見，必開顏悉問，孰疾苦利害，孰豪有力，孰無辜號無告。作官其地，必以身範物，以情達隱，使異者不敢訾，同者不見德，庶爲上治，豈惟束溼取名能耶？束溼，形容官吏馭下急切苛刻。同事相臡没者，清夜無愧耳。臡(mǐn)没，勉力。粵服舊遠都下，所轄無慮下得以餽其上，自公來而猶有敢挾苞苴、伺公門者乎？苞苴，賄賂。吳鄧城之飲貪泉而澣衣被絮,王東海之遺子孫不在越裝,以今媲美,無少長咸以爲過之過之,以加荆州之惟恐人知也。吳隱之字處默,東晉濮陽鄄城人。曾任廣州刺史,于石門飲貪泉水。爲官廉潔,冬月無被,浣衣則披絮,《晉書》有傳。王僧孺,東海人,南朝梁天監中,爲南海太守。前郡守市土物,要利數倍。僧孺並無所取,乃嘆曰:"昔人爲蜀郡長史,終身無蜀物。吾欲遺子孫者,不在越裝。"負望之巖巖,未免玄亮察察。若思峰岠,惟公以惟恐人知之懷出之。岠,同"距"。飲人以和,誘民孔易,恒若不及,故與人無私,而人自不敢干以私。不然,以負雕悍之俗,忮懻相尚,收魁宿爲之囊橐,大庭讞定,以竿牘要之,過所旗亭,蒼頭廬兒,踵相錯焉,幾何而令巷門自毀乎?忮懻(zhì jì),嫉恨。與人無私,夫人而能爲誦也,人自不敢干以私,公真難及矣。此地谿洞林箐,與海上爲出没。萑苻弄兵,依阻山澤,往往而然。萑(huán)苻,春秋鄭國湖澤名,後代指盜賊。容貸羈縻,來則鳥集,去如飄風。時欲驅一切凋劫之餘以徇之,其爲亂階,豈特未見其形哉?即舊歲之變,海邦蜂午,一二亡命,因緣爲奸,挾持左道,動搖衆心,閭巷卷甲而趨,外訌内潰,又復訛言孔多,恣睢詭隨,全粵之勢,固幾乎僨矣。僨(fèn),壞。公爲之清壘坐鎮,居以威重,蒞以嚴謹,使諸豪右鼓弁,或摘觖其黨,令自解散,或謀未成而遽攝之,不俟尺符,捷於烽火,無待攔然,而提封賴以安晏,功顧不偉與?鼓弁,戰栗。攔(xiàn),凶猛。提封,疆域。是豈徒以齦齦博廉隅者,所能指揮而號令與?此由公之清德,洽於人心,故所下輒服,不但流水之源也。某以無算之材,昕夕趨事,宜其鱉鱉無補,而幸以鮮戾,公之教我,不謂深乎?鱉鱉(bié bié),盡力貌。今父老摩肩然頂,無不爲頌公者,然不如某之誦公之深也。

憶公曩在儀曹,其時柄國者,載翕其舌,小蛇大附,無不激昂得權。載翕,撥弄。或謂公稍稍突梯,久理尚書郎事,則東宫大婚近，可循舊躋清卿，何必僕僕外藩也？公則固已心鄙長安暮夜驕人者矣，銳意求出，恬退自其所素然也。由今思之，可不謂明哲乎？即乃者中朝多難，然際會中興，或又不能不幸陳留一日之間，周歷三臺。《後漢書》蔡邕本傳稱，邕陳留人，博學有雋才，董卓甚重之。始補侍御史，又轉侍書御史，遷尚書，三日之間，周歷三臺。慈明徵至臺司，僅九十五日，賢者有所不免矣。荀爽，字慈明。《後漢書·荀爽傳》："獻帝即位，董卓輔政，復徵之。爽欲遁命，吏持之急，不得去，因復就拜平原相。行至宛陵，復追爲光祿勛。視事三日，進拜司空。爽自被徵命及登臺司，九十五日。"南珍輻輳，至皆兼兩，走蔣山者，能不如鶩？兼兩，同"兼輛"。蔣山，鐘山別名，代指南京。公以夙望先達，數十年察此治最，旦夕三獨坐，入佐輔弼，天下庶有慰乎！然適以潯州相徙，是其不屑意于當路，不已較與？元凱道將，千里數數，猶謂非求爲益，欲以免禍。由今況古，能如公之清夜不耶？不知者以新除遠道，爲公扼腕。知之者，服公明哲之足以傲世。然公則澹如耳，萬無所可矜者置諸懷抱也，公愈難及矣。繾綣之私，又不惟遇我教我之深也，故忘其非分而書以送公。

送晏公序 [代姚有僕]

我公通籍二十有七年，而今始以璽少卿入。粵海之士大夫以迨父老子弟，沐浴膏澤，既深且厚，則無不夾道謳思，銘諸鼎鉉，以爲公賀，然知公不受賀也。其屬吏某，固已心折我公之心久矣。以我公負天下器，出則定亂方垂，入則坐論謨弼，直指諸掌。方垂，邊陲。謨弼，佐謀。獨以行己高，抗節清正，無復意于高官大位，乃公又嗛退不伐，猶猶如不出諸口，故人莫得而贊之。如受賀也，曾數十年不超遷歷台司，而乃待之日者哉？

公鄉令吳江，吳江去我鄉，鐸相聞也。清而子諒，正而和易,吳人至今尸而祝之。乃今得親奉行治化,益信我公之清正,非夫樹清正以自概爲名高者也。初趨承堂皇間,念以子丑之際,我公執不議封,忤大璫,禍幾不測。千仞凜然之節,宜若岱宗,高不可仰。然公顚實揚休,懊懊接引,甚于下執齅明也。顚實揚休,謂浩氣内充,若陽氣之生養萬物。語出《禮記·玉藻》:"山立,時行,盛氣顛實揚休,玉色。"懊懊(yǔ yǔ),步履安詳貌。齅(zōng)明,即齅蔑,又稱然明,春秋時鄭國大夫。《左傳》昭公二十八年:"昔叔向適鄭,齅蔑惡,欲觀叔向,從使之收器者而往,立於堂下,一言而善。叔向將飲酒,聞之曰:'必齅明也。'下執其手以上,曰:'昔賈大夫惡,娶妻而美,三年不言不笑。御以如皋射雉,獲之,其妻始笑而言。賈大夫曰:才之不可以已。我不能射,女遂不言不笑。夫今子少不颺,子若無言,吾幾失子矣。言之不可以已也如是!'遂如故知。"公之再召入銓曹也,又以與時方鑿,失權相指,故有是出。自古蘭陵雅意,疏言不可。濮陽之願,辭過大行。賢者之于本朝,雖非眷顧,亦其情也。而公獨不然,容與趣車,剸心理梟,不惟毫若無愮愮者,又何嘗以忤璫、忤相自岸然謝哉?剸,同"專"。梟,明代稱提刑按察司爲梟司。愮愮(yáo yáo),憂鬱貌。公謁拾級,輒命堅坐,語移晷,詔以立身治人之概、處世善俗之方,諄諄若慈父哲兄之惟恐不盡也。訟獄之情,洞若觀火。小民大家,各服其志。或順時而鷹擊,或復一無所問。杜周甫之多所陳託,劉季陵之閉門掃軌,兩無嫌於令聞休揚也,亦惟是清以服之,正以明之而已。杜密字周甫,東漢"八俊"之一,官至太僕。劉勝字季陵,曾任蜀郡太守。《後漢書·杜密傳》云:"密去官還家,每謁守令,多所陳託。同郡劉勝,亦自蜀郡告歸鄉里,閉門掃軌,無所干及。"

適者海上之氄,百蠱生集,窮迫累氣,虛文無底,攘攘而往,非武毅能一切禁之也。越俗廢居爲雄,必有高明之家,爲之馮籍。廢者賣也,居者積也。廢居即賤買貴賣。六車生耳,爲家纖計,何可勝道?率分鹵場而擅其權,視氣力爲高下,與隱賑錢通而貴其息,乃其飾者耳。私粥以趨勝,制之不可,由來非一。

自公視事，而豪貴俱不敢銳然自服主名。不自服主名，而馮籍者夾矣。一署藩篆，而奸宄列眉，前此所營營陋規者，一旦革去。與人無私，小大共見之。故紛起而息，亂作而定，謀建而不自矜，勛立而不自歸，好成人之善，獎人之美，德教人之不能。子諒和易如此，有不欲尸祝其清正也，豈人心哉？

送龔銓部督兵出虔序

建木龔公少負名稱，余子弟佔畢其文章，余讀之，心折其立言之指，折衷古今，故必經術士能引義忼慷者也。龔棻字建木，南昌人。崇禎十六年（公元1643年）進士，弘光元年（公元1645年）授廣州推官，後出兵江西，兵敗投水死。今來理廣州，得瞻魁岸，接緒論，益自嘆其然。天生材爲國家，有以矣。國家不幸當四七，幸有聖人應赤伏之符，將以一隅再造區夏，所需中興人材，顧不急乎？《後漢書·光武帝紀》："光武先在長安時，同舍生強華自關中奉赤伏符，曰：'劉秀發兵捕不道，四夷雲集龍鬥野，四七之際火爲主。'"李賢注："四七，二十八也。自高祖至光武初起，合二百二十八年，即四七之際也。漢火德，故火爲主也。"龍飛之元年十月，粵東舉取士之典，公分闈得諸士而訓之。諸士感公之訓，謀所以書諸屏。屏且成，公已募兵出虔矣，余益作而嘆引義之難，若公者中興真經術也。嗟乎，承平既久，冠裳習委蛇，無慮羨安坐至公卿，何用經術爲？談者愚人矣。即年來搶攘，臣子非不欣然引報國之義，然誰昔不好講求，加以習安乘便，見事畏葸，坐視爲高。欿（kǎn），借爲"歉"，不自滿足意。葸（xǐ），懼。郗金鄉紛紜致台鼎之嘆，賢者之情比比，何足彼哉乎？郗鑒，東晉大臣，高平金鄉人。《世說新語·言語》："郗太尉拜司空，語同坐曰：平生意不在多，值世故紛紜，遂至台鼎。"

公苾任時，留都之問押至。此鄉方橫賊竊發，道路疑駭，公以奉命無所逃，忼慷單車，抵治而亂定。建州之詔亦下，聞公與公鄉諸長老相期萬一起義之語,神明鑒之。公之計爲士行思遠,業足素具,豈猶復仕宦過廣州門諺邪?中興奉詔之後,擁戴蒙恩,晉秩加寵,人人無不以清華賀公,公獨夷然。余早信公之夷然也,當公成進士,朝廷十年復開石渠之選,公鄉首推公,公以爲世方多事,臣子宜勞習外務,不與其試,顧今日肯能索求美官乎?日者公鄉楊公入輔,留吉安支拄攻當,萬公已拜新節督虔,皆知公經術忼慷,能得人,能悉事,故請公司馬,而走書望公。萬元吉,南昌人,隆武時任兵部右侍郎、兵部尚書,戰敗投水死。是時賊梗雄、韶,行人股弁道惡,公竟突騎度嶺往赴之。至即與二公營中布算,條畫機宜,聯絡諸路,故有正月十八日之大捷,此與思過廣州門者霄壤矣。今公歸而募兵,刻期而出,恢復指掌,豈待問乎?公頃且補銓曹,賀公者謂可勿問兵事矣,公則日勵行伍間也,曰:"人惟畏難,故不習兵。武鄉作正議曰:'據道討淫,不在衆寡。'諸葛亮爵號武鄉侯。天方多難,不爲其難,寧安坐邪?埋金德胡,下髮載義,苟實心爲之,何機不可乘、何人不可用乎?"蓋發憤報國,不避湯火,夙志也。志在恢復,故無日不以察豪傑、訪技勇、考地利爲事。不然,五羊都亭,手版磬折而已,何庸心焉?至持廉平,去泰甚,郡上讞,大獄吏引案而驚服如神,剸劃吏治,不畏強禦,固爲第一,此又不暇誦公耳。公訓諸士曰:"士不學經術,其於浮獵章句,何益?今日飭身之始,值鄘南草創之會,枕戈報國,誰不同心?光武帝劉秀曾于鄗(hào)南設壇告天,即皇帝位。務在講求石畫,毋避難而就易也。"石,通"碩"。碩畫,謂大計也。六師近臨章貢,公率異軍露次稽首,杖策及鄴之喜,寧過此邪?《後漢書·鄧禹傳》:"(鄧禹)聞光武安集河北,即杖策北渡,追及于鄴。光武見之甚歡,謂曰:'我得專封拜,生遠來,寧欲仕乎?'禹曰:'不願也。'光武曰:'即如是,何欲爲?'禹曰:'但願明公威德加于四海,禹得效其尺寸,垂功名於竹帛耳。'"且夕復豫州，合荊黃，順流而定舊都，然後高密剷甲兵，敦儒學，公更著金石之頌，以獻宗廟，諸士其當進而歌之矣。《後漢書·賈復傳》："復知帝欲偃干戈，修文德，不欲功臣擁衆京師，乃與高密侯鄧禹，并剷甲兵，敦儒學，帝深然之。"及門先得李生等七人。關生則別門佚落，公搜而出之。其林生則公爲流寓之士，銳身得者，今荷聖恩矣。余之樂得稱道者，不惟喜公以真經術佐中興，又喜公訓經術之材以報國也。

歷昭紀略序

余來端州遇嚴公伯龍，與比落閒處，得讀《歷昭紀略》，見吾友徐子巢友爲之序，嘆其徒手奮力，全城復城，而人竟泯其功，以爲遇不遇命也，時勢使然，然哉！錢謙益《列朝詩集》丁集卷十六："（徐）穎字渭友，改字巢友，海鹽人。爲諸生，以詿誤逃於僧。自楚歸，入茅山爲道士。久之復出游江南燕洛間，好談兵，以徐鴻客、姚榮靖自許。兵後入閩粵，不知所終。"嗟乎，古之英傑冒極難，乘阽危，幾垂成而不遂，或功成無言之者，或且以功得罪，豈不比比乎？然在末世猶甚。士夫縞印鼓，習清平，翶翔仕路之學，其中懷原不切切憐人之才，故所至不復訪人所行事，忽舉公道，率求之耳，甚則求之賄矣，世安得不亂邪？時也勢也，英傑生此時之命也。酒後抵掌，足以於邑。伯龍自引成紀之數奇，吾謂大丈夫求無愧數奇亦已矣，詎必積勞中率，封安樂侯，乃爲榮哉？李廣，隴西成紀人。數奇，命數不好。中率，符合軍功封賞條例。安樂侯，當爲樂安侯之誤。《史記·李將軍列傳》："廣之從弟李蔡，與廣俱事孝文帝。景帝時，蔡積功勞至二千石。孝武帝時，至代相。以元朔五年（公元前124年）爲輕車將軍，從大將軍擊右賢王，有功中率，封爲樂安侯。"嗟乎，天下如此矣，有功而必見用，與今日之時勢繆矣，伯龍豈惟命乎！然爲伯龍喜，喜時勢復當今日之屬中興也。丈夫枕戈嘗膽，勉無愧數奇之風，何憂侯不侯邪？余之抵几書此者，一以望當世之猶宜憐才訪問也，一以幸草野高士之從旁紀是非也。

書通雅綴集後 此文收于《通雅》卷三末尾。

　　智每嘆藏書難，讀書難，編論尤難。漢、隋、唐之《志》，皆因朝廷之力，此王堯臣、陳騤所以易從事也。王堯臣字伯庸，北宋目錄學家，主持編修《崇文總目》。陳騤字叔進，台州臨海人，紹興二十四年（公元1154年）進士第一，著有《南宋館閣錄》十卷。宋士夫藏書如李淑、宋綬、尤袤、晁子止、陳振孫之輩，皆稱好事，各有書目，間爲評敘，較唐吳兢《西齋》、杜信《東齋》爲盛矣。李淑，著《邯鄲書目》。宋綬字公垂，仁宗時官至參知政事。尤袤，著《遂初堂書目》。晁公武字子止，著《郡齋讀書記》。陳振孫，著《直齋書錄解題》。《舊唐書·吳兢傳》：「兢家聚書頗多，嘗目錄其卷第，號《吳氏西齋書目》。」杜信字立言，元和國子司業，著有《東齋籍》二十卷。夾漈之《略》、貴與之《考》，此至今昭昭者也。《略》指鄭樵《通志》二十略，《考》指馬端臨《文獻通考》。夾漈言前人編錄，有見名不見實者，有見前不見後者。以雜史上下分爲二家，隋、唐二《志》，不成條理。《崇文目》評《廣記》云：「博采分門，則何以異於《御覽》？」又譏孟堅之無倫類，不知班依子駿之舊也。貴與乃痛詆之，以竊《通典》之細注，而疏於田賦等。夫七音六書，前所未發，經制之事，俱有成文，彼詳於難者耳，夾漈之卓犖，豈可沒哉？編《志》依《通典》，猶《漢書》取《史記》，《史記》取《國策》《世本》，不得不相因也。以董無心爲墨氏弟子、《玉格》入譜錄、《樹萱》入草木，則誠爲少室山房所笑矣。董無心，《論衡》稱之爲儒家之徒。《玉格》，段成式《酉陽雜俎》中的一篇。《樹萱》，《新唐書·藝文志》入小說家。少室山房，胡應麟。貴與所編之《經籍考》，但取公武、直齋二《錄》，中亦未免重誤，何以議人？如李濟翁之《資暇》，一云李匡義，一云李匡文，文乃義之訛也。《渚宮故事》云後周余知古撰，又《渚宮舊事》云唐知古撰，載荆楚事。此晁氏少載其姓，而以其書言事止於唐也。《西夏須知》一卷，晁云："劉温潤守延州編。《蕃爾雅》一卷，不載姓名。"而別條又有《羌爾雅》。元瑞亦並載之，不知其即《蕃爾雅》也。按《宋史·藝文志》，直載劉温潤《蕃爾雅》，此應據《崇文目》也。《崇文書目》，宋仁宗時官修書目。《編年通載》，晁氏曰："皇朝張衡撰。"又見別條斷論，亦作張衡。按衡乃得象之孫，嘉祐二年進士第一，則是章衡，浦城人矣。黃長睿譏王堯臣之失，而不知張萬福、酈炎，皆有同名。《書史》緣羊欣之目而附會學士陳遵、程懿卜，《原治篇》遂據之。王洪洲自云補《通考》之漏，而自漏不免，又多以宋人書置元人之後。王圻字元翰，號洪洲，明代學者，著有《續文獻通考》等。升庵以《示兒編》爲孫愐，以抄書者爲王融，猶云刻誤，如《玉海》《筆叢》之毋照、尤襄也，而敘毋煚爲毋昭裔後，引《管寧別傳》以證幼安銀鈎之語，無乃如晦伯之所料乎？《示兒編》，宋人孫奕著。《梁書·王筠傳》："余少好抄書，老而彌篤，雖遇見瞥觀，皆即疏記。後重省覽，歡興彌深，習與性成，不覺筆倦。"楊慎《丹鉛餘錄》誤作王融語。毋煚(jiǒng)，唐玄宗時人。毋昭裔，五代孟蜀時人。楊慎誤把毋煚看成毋昭裔後人。楊慎《墨池璅錄》卷四："《管寧別傳》云：'寧字畫若銀鈎。'《茅山碑》云管寧銀鈎之敏是也。"陳耀文字晦伯，確山人。萬曆三十八年(公元 1610 年)進士，官至按察司副使。著有《正楊》，專駁楊慎。

曩在都門，有《聞見略記》，少爲廷尉公所藏。家君從璽卿還，逐日課之。所有經史諸監本，諸子百家，及諸大類書，文集表表者皆具，但無異書及宋元諸經解小說、天下志書未全耳。年二十出游，徧訪諸藏書家，就抄其目，許借者借之。欲走越就祁公之四部，又以家信返。祁承㸁，紹興人，藏書于澹生堂，編有《澹生堂藏書目》。止與臥子定交，問其所藏書，正不必異書也。流寓白門，收焦、顧兩家之遺，吳中所刻小說亦多。方選古今詩風，從事文集，終日諧際，潦倒詩酒，僕僕中偶然過目而已，固常自恨。通籍後，即值老父在西曹，不與宴會，掩寓則讀書。又與鞏鴻圖、吳恭順往來，所收金石古文，漢唐碑拓，生平未見之書，舉其副，悉以相遺，或得抄之。因以所見，錄其大略，不必盡我所藏也。其宋、唐以上，有名無書者，輒列其名。或他書所稱引，如升庵、弱候輩所載，皆別記條目。或好事家藏有論敘者，因而記之，概之曰聞。大約異書多僞，亦無大書。如《永樂大典》俱不可得見，然吾家藏亦自足枕籍也。詎知流離至此，盡棄不問，追憶所記，仿佛夢中。嗟乎，若天許我還故鄉，抱少伯之漆書，畢朱虛之木榻，欲求尋常書冊，盈尺皆難，況其異乎？嗟乎，生平雅志在經史，而不自我先如此。從刀箭之隙，伏窮谷之中，偸朝不及夕之蔭，以誓一旦之鼎鑊，隨筆雜記，作挂一漏萬之小說家言，豈不悲哉！愚道人今年三十六矣，讀書固有命。

爲朱子暇太守畫 朱治憪，字子暇，秀水人。天啓元年（公元 1621 年）舉人，授肇慶府推官。永曆時，進副都御史，總督兩廣。

　　高房山以王容溪《如夢令》，繪之爲圖。高克恭號房山，元代畫家。而倪雲林亦用其意，贈王仲冕。倪瓚《清閟閣全集》卷九：“無錫王容溪先生嘗賦《如夢令》云：'林上一溪春水，林下數峰嵐翠。中有隱居人，茅屋數間而已。無事，無事，石上坐看雲起。'高房山嘗繪之爲圖。……余戲用其意，爲圖贈仲冕。辛亥春倪瓚。”今坐三萍，偶夢得之，聊倩雲山以答青松紅葉之筆。隆武改元春日窓山方以智。

爲瞿稼軒題畫

　　石田恒取董、巨、子久以入梅花，成其蒼古。沈周字啓南，號石田，明代書畫家，與文徵明、唐寅、仇英，并稱"明四家"。董源字叔達，南唐畫家，曾任北苑副使，南派山水畫的開創者。巨然，南唐宋初畫僧，學畫于董源。黃公望字子久，號一峰，元代全真道士，著名畫家。此卷獨仿雲林，皴山磊落，都似礬石，不點一苔。皴，繪畫技法之一，以淡干墨涂染，以顯山石紋理。而以墨沙襯其下，回渚層折，枯樹離離，又造一鬱秀深澹之境。稼軒老伯撫粵而携此以游，其胸中之瀟灑何如耶？瞿式耜字起田，號稼軒，常熟人，萬曆四十四年（公元1616年）進士。弘光時官右僉都御史，廣西巡撫。永曆時任兵部尚書，臨桂伯，城破被捕，爲清兵所殺。范石湖言桂林山峰崒立，爲天下最。范成大號石湖，宋代詩人。崒（zú），高聳。恨不令石田見之，必更別創一奇。時與朱子暇、林六長、徐巢友同觀。年家子方以智。瞿式耜乃密之父孔炤同年。

又春溪圖

石田欲顯春溪，不復設色，夾岸作翹起蒲楊，間以桃樹，焦點作花，而春色爛然矣。老手賣弄，以意爲之，奇哉！

爲子暇跋小米雲山

米元暉《湖山煙雨圖》，有廬山黃石翁，是其妹夫李坦以澄心紙屬之者。米友仁，北宋畫家，米芾之子，世稱小米。澄心堂紙，產于徽州。林樹遠近，淡積焦破，靜對當自識也。往見鞏鴻圖得《楚山清曉》，有朱子、洪適、尤袤、錢端禮諸人題識，正自難知。侍郎自題："夜雨霽後，曉煙初泮。"此更得之，今日覿面，何可容易？

爲徐巢友畫

太白祠前詩，一醉古人去。在此久聞之，七星巖乃遇。且作百仞筆,筆乾起雲霧。三面石臨江,破廟欹松樹。請君放開兩蛾眉,可是采石當年句?巢友曰:住。

瞿稼軒年伯詩序

囊者家君子命智候先生虞山,今十年矣。豈惟日從喪亂之後,流離天末,復拜榮戟之下耶?智時卜寓康州,先生從蒼梧東赴行在,維舟城下,猶子進一飯,辱長者之手,語如再生,因隨舟至崧臺,日侍辟呀,遂得盡先生數十年詩歌,伏而誦之。先生諸體,出入衆家,一歸于朴。至余小子,何敢論詩?所伏誦而識者,先生通藉三十年,立朝抗節,動與時忤,集中十半,皆家居所作也。然盱衡感慨,出以安和,始信小子生而好悲,其病甚矣。言志永言,固自有輻藉原於學問也。《書·堯典》:"詩言志,歌永言。"當留都昏稼時,先生慨然引出。及蒞粵西,而西事迅發,相傳撫軍金石之志何如哉?指桂林靖江王自立朝廷,不聽隆武帝統帥,并逮捕瞿式耜事。識者由數十年前讀先生之詩,即已知先生之志矣。古者相見,歌詩論志。人生標季,鮮不噍以殺矣。噍殺,急促貌。歷觀數十年諷諭淵感,然無往而不得吾情,蓋治世之音也,其當中興乎!其學問豈與以智名勇功者乎?嗟乎,方求鍾簴不驚,戮力草創之會,功名可謂至難,然又至易。鍾簴(jù),社稷。圭爵之加,封即三等。智見先生手不釋卷,歌出金石,固夷然不在此也。功已高,故可以不言。學問已深,故可以不警。警(jiào),大呼。人盡能讀先生之詩者乎?讀先生之詩,想治世之音,宜可以忘悲。然小子跂此,幾已烏邑閣筆,悲不自勝矣。轉側海底,驚見父執,近傷時事,遠惟故鄉,欲言有所不敢,苟欲歌,能無悲乎?憶東皋教我曰:"女毋好游,游吾數郡,皆好名鮮實學,游見世所謂名士如是而已。"

東皋,瞿式耜常熟故居。學必自損,今十餘年,果何益邪?幸而九死,不污其志。《瞻旻》告哀,長者哀之,故撫其手而與之言詩,是以識此。

冰井記[代瞿年伯作]

　　蒼梧郭東門稍北,有冰井寺。井居寺之西偏,味至甘,有源不涸。《本草》載其主治之功,梧人賴之。考《一統志》,唐元結於肅宗時爲此地容管經略使,過部嘗之,題曰"冰井",爲銘刻石泉上,有"火山無火,冰井無冰"之句。元結字次山,號漫叟,別號猗玗子,唐代詩人。宋宣和間,郡守蕭盤有詩云:"井名未磨滅,自我發沉晦。"則爾時已堙塞,從訪求得之矣。我明天順六年,崑山御史中丞葉公,與征夷將軍顏侯彪,有事南徼,師旋,索是井於莽蒼中,得次山斷碑一角,辨可數字,公大位姓名獨存,因重浚之,紀文於石,覆亭其上。碑,原作"牌",據七代遺書本改。時郡人陳洙作《漫泉亭賦》,漫亭云者,次山自號漫叟,遂以顏之。

　　余來西粵,泊蒼梧時,值國變紛紜,東方戒嚴,朝夕爲備禦計,雖聞冰井之名,未遑履其地。屬靖藩變起,潢流橫發,江水沸騰,余亦遂有桂林之行。賴新天子威靈,波濤頓息。越明年,謝事將歸,復泊此地。一日至冰井寺,求所謂漫泉亭者,則井存而亭烏有也。淤泥旁塞,甃石迸裂,井匽無導,濁流反羨入井中。甃(zhòu),磚砌之井壁。匽(yàn),排水溝。余不覺頓足曰:"此冰井,乃污井也。飲此水以療疾,若不反以致疾乎?"念謀之有司,董其役者未必盡制。適新安舊家子吳君,僑寓寺傍,因語之故。吳君故同志,相視周旁,知泉源不在井中也,乃躬督鏃鍬,發旁釦砌,離舊井凡四五尺而源見。鏃(zhuō),鎬。釦

(kòu)砌，鏤砌。蓋原有巨石爲山之根，汍泉穴出，從石罅中汩汩流者三，此乃所謂冰井也。汍(wán)，淚流貌。汲而嘗之，甘洌與前迥異。吳君喜而告余，余再觀之，則新池中已泓然滿注矣。井湮七百餘年而始見其源，豈非隱見有所待耶？爰庀良材，爰出新規，陾陾然亭成矣。庀(pǐ)，備辦。陾陾(réng réng)，眾也。輔以欄楯，螫以堅石，其四周復疏溝洫以瀉山坡之水，俾自頻之淫潦不復入。從此挹之不竭，酌之愈甘，其功不益永賴乎！

余搜諸舊碑，或曰冰井，以厭郡火山，或又曰雙井。自元公以唐大曆來，後遷徙不一。萬曆間郡守林喬南所刻寺石，袁衷所記二池之蓮，地已變異，今乃得真源而樹之。古人或羨停泓，或嘆淵注，其意各有所托，不獨以有功永賴居民已也。反復葉文莊公碑，獨以元公天下士，道州之政最，故人至不欲名字之。今石可泐，其文不可蝕，字幾盡，名不可泯。卷卷於往還京國、道出其下者，得以想見公之爲人，立碑之意，蓋其遠哉！乃者時當搶攘，適覯斯舉，豈曰元凱淵底，幸其必傳邪？杜預字元凱，西晉學者。曾率兵平吳，勒功于石，沉于萬山之下。亦幸慕文莊之慕次山云爾。

答吳年伯書[諱炳，丁亥二月夫夷寄行在]

日正辭少詹之命，陳情於老年伯，憐天涯猶子而庇之，不謂復濫及此，捧綸讀諭，病人驚懼失魄矣。吳炳字可先，號石渠，宜興人。萬曆四十七年（公元 1619 年）進士，崇禎中任江西提學副使，永曆時官至兵部右侍郎，兼東閣大學士。後爲清兵所執，絕食而死。老年伯欲提挈之，其如蹇命不足植何。小佴自木石海濱，冤憤入骨，沉病一年，有感即發。近日嘔血之後，益覺虛仆，目昏氣逆，頭大如箕，顧影殘生，無復人理，命也苦矣。仰惟老年伯屹然天柱，輔佐廟謨，故半月間長沙亂定，平樂■遁，諸鎭爲長城堵禦，桂林鞏護，南韶出鋒，皆老年伯調劑布置，同心戮力之桴鼓也。幸在餘庇之下，得少喘息安枕耳。賤性狂直，外放內狹，與人齟齬，動而得禍，是以未嘗一日列班行，老年伯所知也。向在端州會議，原自矢不加官，是以聞命，未嘗敢受。今尺寸無效，半年之內，獵升臺次，論資循俸，國體所無，苟有人心，當之愧死。況樗材無益萬分，而止有蹟塔，失魄不亦宜乎？蹟塔(tuí xiàn)，"足蹪趀塔"之省稱，跌倒義。今在局外久矣，伏乞老年伯念同鄉同譜之子，止餘一人，矜而宥之，全其愚分，使小侄以春坊病痊，進供講職，所全於國體，非細也。小疏哀陳，總恃主持，允其下悃，感更生矣。悃(kǔn)，至誠。嘔病吐沫，語語至情，不敢上欺長者，百顙以懇，企求體恤。有萋有且，哀鳴仄復。有萋有且，語出《詩·周頌·有客》，敬慎之義。

夫夷山寄諸朝貴書

　　二月晦日得吳年伯書，始知不免。諸君子果謬傷海鳥，橫斤山木，以塞責耶？弟監寐原尋死地，但平生讀數行書，欲少畢其著作，然後暴骨原野，此其至願也。監寐，寢而不寐。今日將突梯滑稽乎？抑不避恩怨耶？則今日出而死，固不能待疆埸間矣。拊心弔影，無一可者，請略陳之。

　　自北都萬死守節而歸，爲馬、阮所陷，以白爲黑，忠臣灰心，灑天瀰海，即得怔忡驚悸、嘔血頭暈之症，病且一年。今桂林復發之後，僅存人形耳。近日目昏不見，加以氣逆，一有所思，則暈大如斗，何以勝勞乎？一不能也。賤性狂直，見人之不善，則若不能容。今日之勢，能一刻與人處乎？二不能也。性又疏懶，每答人一書，則先愁竟日，病來尤甚。晝刻六時，四分皆卧,今何以接待群賢? 三不能也。當端州會議,自矢不加官,方在屢疏控辭,而今乃坦然受之,食言不信,違神不祥,一可笑也。生平愛閒居,不慕官爵,見人營營,嘗笑之,而今何以自白? 二可笑也。本文弱書生,而氣奮則欲橫尸戰場,今出則速死耳,殊非年來難後所講老莊之學,三可笑也。一弟議廢三衙門,以六曹帶之,分班直中書,又欲廢巡方,廢監司,今可行乎? 一不便也。一愚議不必每事差朝臣,今諸公乞差者差矣,朝堂幾空,得無怪乎? 二不便也。一賤性外和内方,若一念專至,則百情俱斷,遇事執强,毋乃嫌之乎? 三不便也。諸君子憐其不能,體其可笑,審其不便,不如公糾參之,上以免誤國之羞,中以兩全朋友之情,莫感恩乎此矣。

　　凡人無事而受用官家,有事而掉臂,則義有所不可。若自聖人登極以來,未嘗一日立朝,一事與聞,此業已局外久矣。光武不責周黨之綃頭,謝玄請絶戴逵之召命,即慕古人鑿坏踰垣之躅,其爲罪不亦末減耶? 周黨字伯況,東漢隱士,曾拒絶光武徵召。綃頭,束髮頭巾。今未敢如此也,求以原官病痊供講職,不允則藉藥請規避之罪耳。方今假■遁自平樂,長沙之變已定,郝帥將復五羊,規避之罪,或可移等。惟冀仁人君子,若猶念故舊之誼,惜病夫之苦,曲全疏慢不材之質,合力訟言而赦之,陰隲固不小也。伏枕頓首。

九龍盆飯僧題辭

　　丁亥痾月,余止夫夷,理痾蓮潭刹中,日與苄苓伍,絶不見人。痾(bǐng),三月別稱。苄(hù),地黄。苓,茯苓。有僧掛錫來自衡嶽者,詫其崒嵂羅峙七十二峰,古王碑赤石字,遂勝夙心,不覺神往。崒嵂(zú lù),高峻。僧因是屬其岣嶁之側,九龍盆飯僧叢林，乞余言，爲諸檀越舍者倡云。嗟乎，丈夫生亂世，欲舍此生久矣。以好游名山之殘生，咫尺衡嶽，而又不獲去，跼高天，蹐厚地，悵悵其何所如乎？泰岱、太行、太華、嵩高、霍山，俱淪區脱矣。區脱，原指漢代與匈奴交界地帶。此處代指滿人。主五衍八正者，其亦悲世有願棄家游五嶽者乎？五衍，即人、天、聲聞、緣覺、菩薩五乘。八正，即正見、正思維、正語、正業、正命、正精進、正念、正定等八正道。嗟乎，向子未知死何如生，自今論之，其亦徐舍其身者乎？《高士傳》卷中：向長"讀《易》至損益卦，喟然嘆曰：'吾已知富不如貧，貴不如賤，但未知死何如生耳。'建武中，男女嫁娶既畢，敕斷家事，勿相關，當如我死也。於是遂肆意與同好北海禽慶，俱游五嶽名山，竟不知所終。"其猶有未能舍身者乎？又何怪世士之蠅營濡忍也。嗟乎，今日者浮雲蒼狗矣，朝及夕如木舜矣，吾固願世之食厚晏温者，何必作沾沾觀乎！杜甫："天上浮雲似白衣，斯須改變如蒼狗。"木舜，木槿花。

劉遠生生還疏序

嗟乎，士死難，難矣！然氣一往，易耳。必以萬死守節，冀爲孟威履善所爲，此其難哉！孟威履善，見本卷《寄李舒章書》注。去年劉公遠生爲■執，卒乘間扶服見主上，士誠烈矣。劉廣胤字遠生，陝西富平人，永曆時歷任刑部左侍郎、兵部尚書等。余讀其生還諸疏，爲之下泣。泣余亦萬死守節者也，麻鞋露肘，反爲奸仇所陷，踰年乃見白于思文皇帝。嗟乎，余命不及遠生遠矣。遠生延津見闕時，思文皇帝大撫掌，嘆異之，然不能即用之以恢復，則遠生所遇，又足嘆矣。何嘆也？余所覿奸臣障天，遠生所見者明主也。當其撫虔一月，練兵七千，支餉僅八千，遂能身先士卒，大呼抗戰，以一當百，使白水聖人視之，豈直嘆馮魴已哉？白水聖人，光武帝劉秀。馮魴字孝孫，東漢功臣，爲縣令時城陷遁逃，後詣行在，得光武嘉獎。今又直五成陌上矣，天蓋護之以恢復也。朱恭祖、魏鉅鹿,奔還樹勛,錫以上爵,何足道乎?朱修之字恭祖,南朝宋大臣。初爲州主薄,被北魏軍俘虜,後泛海逃回南方。烈士撫心,亦望人知其難耳。

曠達論

世以曠達爲動越禮法者,淺之言曠達矣。夫至人之曠達,正所以成其謹介也。禮以言乎敬也、讓也、誠也、忠恕也,欲其謹介,立坊表耳。微言大義,其所論不離乎人情。安之利之,必于是,不離乎富貴貧賤。《論語·公冶長》:"子路曰:願聞子之志。子曰:老者安之,朋友信之,少者懷之。"《里仁》:"君子無終食之間違仁,造次必于是,顛沛必于是。"富貴貧賤之間,人情易遷,故欲其謹介,然後能淡然有以自處,合于禮法也。曠達之士,自行至性,而大不踰閑。黃金千馴,軒冕公侯,視之漠如,不易其所有。故其遠覽世外、旁若無人者,要以淡然于利祿,不動心也。淡然於利祿,聖人許之矣。聖人之教,以謹介致其淡然。至人之道,以曠達致其淡然。其致一也。世之儒者與達士,何相非之甚乎?世所爲儒者,多有二病:窮理而不博學,聞道而不爲善。故其所言,未嘗不至精,而所謂粗者,正恐未必能淡然也。世所爲達士,專以任誕,自便于聲色貨利之場,豈非老子之罪人哉?仲尼不貴詭異之行,名教本非苦難之事。拘守苦難,以尊禮法,與好作詭異,以超禮法者,皆好名之徒,桎梏其至性爲之者也。好名已甚,則必不近人情以取之,烏有不近人情而能不拂其性者乎?

俟命論上[丁亥天雷苗中作]

曹欣時曰:"聖達節,次守節。"曹欣時,春秋時曹國公子。達節,不拘常禮。今之刻論,且病箕子,而達生者曰,聖人無死地,交相警也。警(jiào),攻訐。論人當論世、論情,考其生平,烏可執一哉?

《綱目》譏"莽大夫揚雄死",而曾子固以雄處莽際,與箕子之《明夷》合,温公以爲監于孟、荀。司馬光《乞印行〈荀子〉〈揚子法言〉狀》:"臣伏以戰國以降,百家蜂起,先王之道,荒塞不通。獨荀卿、揚雄排攘衆流,張大正術,使後世學者坦知去從。"程子讀《中首》,嘆曰:"子雲之學已至此位。"蓋許之也。簡公以爲雄年七十,在成帝時獻《甘泉》,已四十餘,則雄死在莽篡前。《明辨類函》曰:"劇秦美新,或谷子雲作,班固忌雄耳。"鄧潛谷言:"孔緯與蕭遘卻,勍遘汙僞命賜死,以爲遘負大節。《舊唐書·蕭遘傳》:'遘在相位五年,累兼尚書右僕射,進封楚國公。僖宗再還京,宰相孔緯與遘不協,以其受僞命奏貶官,尋賜死於永樂。'風裁峻整,本以僞署避地去,而猶死于讒,史不白焉,哀哉。"惜才者如此,刻論者如彼,不有聖人,公道何明?

余又嘗嘆宋弘之賢,自投橋下,以拒赤眉,而曾爲王莽共工。宋弘字仲子,光武時官太中大夫,以清行稱。共工,官名,即少府。嵇紹蕩陰登車,血濺帝衣,而先爲趙王倫侍中,則何以稱焉?嵇紹字延祖,嵇康之子,後因保護晉惠帝,死于蕩陰。夫畏死者人之常情,而害仁則名教所惡。聖人峻其防,則曰忠臣不事二君、有死無二。論其學,則曰修身俟之,所以立命。生寄也,死歸也,不動心而已。其保身之道,則曰既明且哲,守死善道,無道則隱。此與老氏身退,其指一也。向平不仕莽而游五岳,曰:"已知貴不如賤,富不如貧,尚未知死何如生。"夫人能富貴貧賤不動心,即已知生死矣。曰未知何如者,聽其自然,俟之之道也。君子居易以俟命,易也俟也,至人所以不傷其天也。居易俟命,語出《中庸》。易,平而無險之地。時至則死耳,初非以死博名也。王尼餓死車下,豈同劉炫之凍餒?司空圖之卒于中條山,豈同龔勝之逼迫哉?老父弔之曰"非吾徒也",何不早學向平乎?皇甫謐《高士傳》卷中:"彭城老父者,楚之隱人也。見漢室衰,乃自隱修道,不治名利,至年九十餘。王莽時,徵故光禄大夫龔勝,欲爲太子師友。祭酒恥事二姓,莽迫之,勝遂不食而死。莽使者及郡守以下會殮者數百人,老父痛勝以名致禍,乃獨入,哭勝甚悲。既而曰:'嗟乎,薰以香自燒,膏以明自銷,龔先生竟夭天年,非吾徒也。'哭畢而趨出,衆莫知其誰也。"崔篆曰:"生無妄之世,上有老母,安得獨潔己而危所生哉?"到大尹而稱疾,此又一道也。《後漢書·崔駰傳》:"(崔)篆兄發,以佞巧幸於莽,位至大司空。母師氏,能通經學百家之言,莽寵以殊禮,賜號義成夫人,金印紫綬,文軒丹轂,顯於新世。後以篆爲建新大尹,篆不得已,乃嘆曰:'吾生無妄之世,值澆羿之君,上有老母,下有兄弟,安得獨潔己而危所生哉?'乃遂單車到官,稱疾不視事,三年不行縣。"至于受主之官爵而反面事仇,守國之封疆而以城降賊,三尺孺子亦得誅之矣。我故謂劉殷孝感鬼神,籬下得粟,囧拜新興而不受,後何爲劉聰録尚書事乎?《晉書·劉殷傳》:劉殷"嘗夜夢人謂之曰:'西籬下有粟。'寤而掘之,得粟十五鍾,銘曰:'七年粟百石,以賜孝子劉殷。'自是食之七載方盡。"又曰:"(齊王)囧奇之,轉拜新興太守,明刑旌善,甚有政能。屬永嘉之亂,没於劉聰。聰奇其才而擢任之,累至侍中太守,録尚書事。"此傳與密之"不受新興"説有異。謝朏朝服出東掖還宅,可謂定矣,永明中義興、吳興二守,不可損乎?《梁書·謝朏傳》:"及齊受禪,朏當日在直,百僚陪位,侍中當解璽,朏佯不知,曰:'有何公事?'傳詔云:'解璽授齊王。'朏曰:'齊自應有侍中。'乃引枕卧,傳詔懼,乃使稱疾,欲取兼人。朏曰:'我無疾,何所道。'遂朝服步出東掖門,乃得車,仍還宅。是日遂以王儉爲侍中解璽。既而武帝言於高帝,請誅朏,帝曰:'殺之則遂成其名,正應容之度外耳。'遂廢于家。"王祥爲晉之太保矣,前此之愛人以禮,又何貴此揖乎?據《晉書·王祥傳》,王祥字休徵,琅琊臨沂人。曹魏時,拜司空,轉太尉,封睢陵侯。及司馬炎爲晉王,祥與荀顗往謁,顗謂祥曰:"相王尊重何侯,既已盡敬,今便當拜也。"祥曰:"相國誠爲尊貴,然是魏之宰相。吾等魏之三公,公王相去一階而已。班例大同,安有天子三司而輒拜人者？損魏朝之望，虧晉王之德，君子愛人以禮，吾不爲也。"及入，顗遂拜而祥獨長揖。司馬炎曰："今日方知君見顧之重矣。"司馬炎踐祚，拜太保，進爵爲公，加置七官之職。阮籍大醉六十日，以辭司馬之婚，後在袁孝尼家草九錫文，何乃醒乎？《晉書·阮籍傳》："文帝初欲爲武帝求婚於籍，籍醉六十日，不得言而止。"又曰："會帝讓九錫，公卿將勸進，使籍爲其辭。籍沉醉忘作，臨詣府，使取之，見籍方據按醉眠。使者以告，籍便書按，使寫之，無所改竄，辭甚清壯，爲時所重。"由此論之，共工、侍中，故不能爲宋、嵇二子飾此瑕也。

或曰："弘先爲布衣，何傷？紹之侍中，則司馬一家也。然則遜國之際，不已激乎？"黎美周曰："朝廷既傷士氣，而正學亦失中道。以季札無廢祀之義推之，可以無死。"黎遂球字美周，番禺人，隆武朝官兵部職方司主事，提督兩廣義師援贛，城破殉難。余曰："城破之日，閉門飲藥可也，何至忍九族以自取名耶？後世得向平之意，而隱不違親、貞不絕俗者，其陶潛之居栗里、韋夐之號逍遙公乎！韋夐字敬遠，北周學者，隱居不仕。古人不輕受高官厚爵，恐以身許人。紫芝之歌肆志，鹿門之悲雞豕，是已。《高士傳》卷中："四皓者，皆河內軹人也，或在汲。一曰東園公，二曰角里先生，三曰綺里季，四曰夏黃公。皆修道潔己，非義不動。秦始皇時，見秦政虐，乃退入藍田山，而作歌曰：'莫莫高山，深谷逶迤。曄曄紫芝，可以療飢。唐虞世遠，吾將何歸？駟馬高蓋，其憂甚大。富貴之畏人，不如貧賤之肆志。'"另據《後漢書·龐公傳》載，龐德公，南郡襄陽人，荆州刺史劉表數延請，不就，攜其妻子登鹿門山，因采藥不返。悲雞豕，見下篇注。史有變易名姓，不知所終，蓋真俟命者，吾甚慕之。此既爲至人之所貴，而又聖人之所許也。

俟命論下

讀德公之《於忽操》，誠不禁其飢而後噫也。《於忽操》凡三章，其末章曰："於忽乎不可以爲，其又奚爲？謂雞斯飛，誰得而羈？謂豕斯突，何取於縛？是皆以食而得之，吾方飢而噫。雞兮豕兮，死以是兮。"《通雅》卷三:"《於忽操》是王禹偁擬作,《宋文粹》載之。"窺其所尚,猶以獨拜牀下者,定軍山爲不得天年矣。章懷太子注《後漢書·龐公傳》引《襄陽記》曰:"諸葛孔明每至德公家,獨拜牀下,德公初不令止。"定軍山,諸葛亮遺命歸葬處。可以見,可以隱,聖人之論也。無何有之鄉,廣漠之野,以樗櫟全其天年,此老莊之指也。馬融曰:"左手持天下之圖,而右手扼其吭,愚夫不爲。今以咫尺之義,滅無訾之躬,殆非所謂。"此則其指之流病矣,是不可以訓。可以訓,可以全其天年,而合於聖人者,晉之嵇延祖,唐之顔魯公,吾不能無嘆也。叔夜之懷抱,豈惟晉不當事?魏又當事乎?神農虞夏忽焉没兮,我安適歸,是其所以玩世也。然不知用其光,死已爲公和所笑矣。"公"原作"共",據七代遺書本改。《晉書·孫登傳》:"孫登字公和,汲郡共人也……嵇康又從之游三年,問其所圖,終不答,康每嘆息。將別,謂曰:'先生竟無言乎?'登乃曰:'子識火乎?火生而有光而不用其光,果在於用光。人生而有才而不用其才,而果在於用才。故用光在乎得薪,所以保其耀。用才在乎識真,所以全其年。今子才多識寡,難乎免於今之世矣。"康生值魏,司馬篡魏而殺康,是爲國仇,豈特父仇乎?如紹者,靚比也。諸葛誕見殺,靚誓不見晉武,背洛水而坐。諸葛誕乃曹魏征東大將軍,因反抗司馬昭,擁兵聯吳,事敗被誅。其子諸葛靚在吳國任右將軍。晉滅吳後,諸葛靚返鄉,終身不面向洛陽方向而坐。紹即不爾學父之鍛,老于鍛何如?嵇康好鍛,向秀常爲之鼓風。不則何不爲季鷹乎?則,原作"即",據七代遺書本改。季鷹之飄然還吳,吳猶遠于譙之銍也,何至以血著于蕩陰乎?嵇康,譙郡銍縣人。若曰有死而已,則前此貂蟬盈坐,厠其中,何以自解耶?顏文忠公之死於希烈也,年七十七,當遣宣慰汝州前一年耳。顏真卿諡文忠。李希烈,淮南節度史,擁兵叛亂。代宗立,清臣爲刑部尚書、魯國公。德宗初,兼禮儀使。魯公年七十二,知足不辱,可以休老矣。已爲盧杞所深嫉,改太子太師,罷使。盧杞之權,日以熸蔽,公何不以死争？煬蔽,遮瞞。既度不能争而除之,則去國耳。當時鄴侯之歸衡山,豈不得請者哉？龍興西壁之墓誌祭文,何如老歸臨沂而傳書法也？何爲老戀戀於朝,而坐待大奸之陰中乎？思莼自著首丘之賦,潁陽早講神仙之學,則進退俟命之道,自爲之計者預耳。張翰思莼羹之美而返吳,著有《首丘賦》。李泌曾隱居潁陽。於此以德公之指嘆之,知二公者故不能不受吾之嘆也。

勸學編引

沉有老文學李梅溪,年八十,猶手自折簡,以學勸人,嗟乎尚哉！王元禮曰:"吾少好抄書,老而彌篤。後重省覽,歡興彌深。"王筠字元禮,南朝學者。沈雲禎八十尚火下細書二三千卷,滿數十篋。沈麟士字云楨,南齊高士,篤學不倦,曾遭火燒書數千卷。魏武曰:"老能好學者,惟吾與袁遺。"袁遺字伯業,袁紹從兄。顏之推曰:"曾子七十乃學,荀卿五十始來游學,公孫弘四十餘方讀《春秋》,朱雲四十始學《易》《論語》,皇甫謐二十始授《孝經》《論語》。"《漢書·朱雲傳》:"朱雲字游,魯人也,徙平陵。少時通輕俠,借客報仇。長八尺餘,容貌甚壯,以勇力聞。年四十,乃變節從博士白子友受《易》,又事前將軍蕭望之受《論語》,皆能傳其業。"言人有坎壈,失於盛年,尤當晚學,不可自棄也。坎壈(lǎn),不得志。李公自云:"學詩之好,老於達夫。而不失鉤芒,樂於輪扁。"高適字達夫,唐代詩人,年五十始學爲詩。《莊子·知北游》:"大馬之捶鉤者,年八十矣,而不失豪芒。大馬曰:子巧與？有道與？曰:臣有守也。臣之年二十而好捶鉤,於物無視也,非鉤無察也。"《天地》:輪扁告齊桓公曰:"臣以臣之事觀之,斲輪,徐則甘而不固,疾則苦而不入,不徐不疾,得之於手而應於心,口不能言,有數存焉於其間。臣不能以喻臣之子,臣之子亦不能受之於臣,是以行年七十而老斲輪。古之人與其不可傳也死矣,然則君之所讀者,古人之糟粕已夫。"公殆能以學免亂者哉！庾叔褒墜崖于大頭,王偉元受害於戀墓,公獨老居鄉黨,優游于干戈之世,而不傷其天,此乃天以報學者乎!庚衰好學墜崖,王袞廬墓爲賊所殺,皆見卷五《幼安論》注。天下人盡不好學,而乃望此於遐陬山邑邪?亦曰學以免亂,且以度日,故樂得而勸人耳。必曰濟南口誦以待挾書之除,龍亢抱經卒受稽古之寵,則又迂遠矣。濟南伏生,秦博士,焚書時壁藏《尚書》,後求其書,止余二十九篇,文帝時使鼂錯往受之。桓榮,譙國龍亢人,王莽時抱經書逃于山谷,光武拜爲太子少傅,明帝封爲關內侯。

書劉鞏傳後

愚道人曰:智誦古節烈奇丈夫、奇女子,直心所至,迸塞天地,未嘗不隕涕曰,此踐形脫生死之真種草乎!《孟子·盡心章句上》:"形色,天性也。惟聖人然後可以踐形。"開天《六諭》,以日月洗發虞廷。《六諭》,指明太祖頒行的六條聖諭,包括"孝順父母、尊敬長上、和睦鄉里、教訓子孫、各安生理、毋作非爲"。洗發,發明。虞廷,指舜告禹之十六言:"人心惟危,道心惟微。惟精惟一,允執厥中。"方、黃諸賢,碎首以明幾希,冠絶千古。方孝孺、黃子澄,皆死于明成祖靖難之役。孟子曰:"人之所以異於禽獸者幾希,庶民去之,君子存之。"惜乎崔、魏之孽,人心剝蝕,先帝十七年早朝晏罷,以《孝經》磨礪多士,無救萬一,悲夫!崔,崔呈秀。魏,魏忠賢。惟以萬歲山死社稷一霹靂,結《六諭》之款,千古帝王所未有也。劉[文炳,新樂侯]、鞏[永固,駙馬]俱年少,以肺附之戚,左提右挈,全家視死如歸,從烏號之側,合之十八公,亦足爲方、黃諸賢之後勁矣。踐形脫生死,以此振鐸,鬼神護之。追憶寄語,書于天末。朝廷贈卹至隆,當從後錄。

卷八　嶺外稿中

寄首輔瞿年伯

全武劫駕，恥見逼縶，故負石灌園，掉頭不顧。全武劫駕，指永曆帝在全州、武岡爲武將劉承胤挾持事。然今躡足苗洞，爲■所追索，而冥冥何篆，卒保髮膚，猶得章甫深衣、望雲稽首者，此何莫非一年前棄妻子之力耶？"爲■"，七代遺書本改爲"爲世"。柳州在永，即云風起，以爲異候。夷獠雜語，百狀難堪。況今之塗首垢面，弔影昕夕者乎？然甘心無所怨也。所以中夜鼠泣者，上不能乘會以暴此骨，又不能扶服以見老親，命之苦矣，何以爲人？去秋天雷，曾致一札，變亂之際，客生寄語老奴云在鑑在所，計當達矣。吾道大君子長者，又素知此一猶子，愛之憐之，故復無聊，道其苦命耳。春初敝年侄姚生入苗見慰，得悉近耗，老伯之烈，與神烈山埒矣。人心思漢，舊占必驗，屬其游説鼓倡，旁探要領，旬月之間，則所在括發也。以式忠孝出於天性，欲赴湯火，以無忝二存之嗣耳。姚奇胤字二存。適聞有黃公被執復生，發憤其忠義，不避艱險，以入告故，敢附耿耿。近事緘以式楮中，定宵衣樂聞也，哀企何極。宵衣，天未亮即起身，喻勤于政事。

寄閣部雲從何公

何騰蛟字雲從，貴州黎平人。南明時歷任兵部右侍郎、湖廣總督、兵部尚書等。

社稷賴長城於楚三年矣，四七之厄，符應會昌，專藉老先生手扶日月,再造天地,圭瓚華瑤,阽危復存,高密、好時,何難于此時乎!圭瓚,酒器。華瑤(zhǎo),車蓋前端弓頭。高密侯鄧禹、好時侯耿弇,皆東漢開國功臣。今閫鉞鉏耰,所在嚮應,皆老先生之布聲靈也。閫鉞,借指各路將領。鉏耰,借指農夫。功高南嶽,普天幸甚。木石如智,素所服膺,入楚擬候,而病荒事阻。全陽有劫駕之憨,即慕王官谷矣。棄家一年,幸全蓬首。更生托庇,復覩衣冠。每念聖恩,未獲碎骨,而積病支離,惟有熟視斗血耳。爲今之勢,各督各鎮,戮力同心,天子爲神祖之胤,中原有不歸命者乎?然蠟詔不可不早布也,車駕不可不出要地也。老先生負蓋世之望,有蓋世之功,露檄所至,人自投誠,但祈速徧,以定人心耳。朝廷制藩鎮之太阿,惟在居重馭輕。老先生身統六軍,成山嶽之營,即爲行在所,則李昌言豈敢逼鄭畋,王建豈敢迫韋昭度乎?唐僖宗時,行軍司馬李昌言逐鄭畋(tián),自任鳳翔節度使,事具《新唐書》卷九。昭度乃唐昭宗時中書令,曾被派爲西川節度使,爲閬州刺史王建所迫而還。事具《新唐書》昭度本傳。便羽附問,病中草率。

與楊峒若 楊喬然字峒若,崇禎庚辰(公元1640年)進士,永曆時任都御史等官。

　　夫夷杠使者車,負茲未獲執手。負茲,生病。此後聞全陽正色之操,剛果巍然。據《小腆紀傳》載,劉承胤挾永曆于全州,無人臣禮。楊喬然與之爭,以至裂冠毀裳。顧少連笏擊奸臣,楊文先終懼郭汜,朝廷顛越,幸以此重。顧少連字夷仲,蘇州人。唐德宗時翰林學士、中書舍人。《新唐書》本傳載:"裴延齡方橫,無敢忤者。嘗與少連會田鎬第,酒酣,少連挺笏曰:'段秀實笏擊賊臣,今吾笏將擊姦臣。'奮且前,元友直在坐,歡解之。"楊彪字文先,漢獻帝時太尉。郭汜,董卓部將。董卓死,郭與李傕互鬥,李劫持獻帝,汜遂留公卿爲人質。楊彪謂汜曰:"將軍達人間事,奈何君臣分争,一人劫天子,一人質公卿,此可行邪?"汜怒,欲手刃彪。彪曰:"卿尚不奉國家,吾豈求生邪?"左右多諫,汜乃止。事具《後漢書·董卓傳》。病夫悉之,一則以拜服我同年友,一則以感而黃鵠舉矣。一年孤身弔影之苦,苦不足道,幸保數莖於苗地,忽覯陳公,重扶大義,首復黎靖,所在解辮響應,遂有更生之望。吳將軍聲震天下,金帥反正於豫章,惠帥會兵於九江,近得口信,事之最確者,天命誠昭昭哉。冬春以來,老年翁與呂東老、陳盟翁峙足抵抗于上,瞿年伯撐支於內,何雲老拮据於境,均之功在社稷,日月臨之。然長驅策應,聯皮、張、王、馬而調度直下,此百姓之所壺漿仰竢者也。若弟之荼毒萬端,僅存斗血,林央木石,椎胸何語?惟有姚年侄以式端,暗中相視耳。特囑其因便詳列近事,以慰焦勞。以式偉識英風,具烈丈夫器,誠不愧我有僕年兄也。然端州予以供奉,亦大亡俚矣。濫觴末流,何止錐印之誚?乃獨惜於忠臣之子,而少年名孝廉乎?昔李文水憕之子源,特詔賜緋魚袋。文,當作"汶"。李憕,並州汶水人,唐玄宗時禮部尚書,後被安祿山所殺。段成公秀寔之子伯倫,與三品正員。段秀寔字成公,唐代名將。涇原兵變時,被朱泚殺害。若以式,固宜即石渠天祿矣。然其忠義弈裂,嘗欲一走湯火,以報君父,當用臺省銜監軍爲稱。老年翁爲特題之,以猶子隨長者,爲幕府得異人,弟私心以爲至適便,即與瞿年伯道之。在以式被劫之後,非急於游宦以爲資營,我輩固爲愛才,又以報死者起見耳,知老年翁必擊節見嘆也。義旗相望,道路可通,當先以一檄示諸鎮及士民,便可字及崖壑。一切瑣瑣不具悉。

與程金一 程源字金一,崇禎十六年(公元1643年)進士,永曆時官兵部右侍郎等。

　　端州恨臥虎之哮,全陽悖劫駕之虐。灕江一別,總計弟始终未尝一日立班行者,惟我兄知此心耳。陆宸必将避岐华之锋,司空图岂受柳燦之訹?燦,当作"璨"。陆宸字祥文,陆贽族孙,《新唐书》有传。《新唐书·司空图传》:"昭宗在华,召拜兵部侍郎,以足疾固自乞。会迁洛阳,柳璨希贼臣意,诛天下才望,助丧王室,诏图入朝。图阳堕笏,趣意野耄,璨知无意于世,乃听还。"所以去春,一当宠命,即慕史云弃妻子,冒病驱豕入山,不再顾者,古人故有取也。范冉字史云,汉桓帝时议者欲以为侍御史,因遁身逃命于梁沛之间,徒行敝服,卖卜于市,事具《后汉书》本传。罹苦既深,鬇鬡遂保。鬇鬡(zhēng níng),头发蓬乱。苗夷靖绝,汉腊长存。靖(zhēng),陡峻。新莽时陈咸父子用汉家祖腊典,详参卷七《寄李舒章书》注。然东望翠华,北望老亲,忧从中来,鼠血岂能已耶?时时有人说我翁拥兵数万人,屯思南境,为之喜慰。当时屈指计命世之才,固在我兄,弟辈行此苦行,实才百倍不如也。幸有姚年侄端,漂泊之馀,忽依闻问,时令其间探要领,阴行鼓倡,今遂人心勃然,所在起义矣。陈友龙将军一举而复黎靖,堵牧老衝锐而抗常德,汉官威仪,更生重覩,惊喜之信,不一而足,特令以式列之以上侦报,想铃阁所乐闻也。陈友龙,原为刘承胤部将。承胤降清,为友龙所杀。堵胤锡字牧游,无锡人,崇祯十年(公元1637年)进士,永历时任兵部尚书、东阁大学士等。老兄急宜以此时同吕、杨,合调诸镇,使其一心,则李纲遂成长沙之旅,郑畋不患凤翔之谍。招降摧朽,尤在持权。郭子仪之用韩旻,李抱真之收励王武俊,岂非以义气感之哉?安史之乱中,郭子仪攻崔乾祐于蒲州,陷于贼营的河东司户参军韩旻等,起为内应,事详《新唐书·郭子仪传》。李抱真,本姓安,河西安息人,唐德宗时官工部尚书等,曾入叛将王武俊营,劝降成功。以式大有王佐之略,气可举泰山,时时发愤暴尸,以无忝其父。老兄若托其游说,固此时一策士鲁仲连也。以为爱官爵,则失之矣。长驱而下,野人以一壶迎牙门,此其胡卢何如也?

答金道隱金堡字衛公，別字道隱，浙江仁和人。崇禎庚辰（公元1640年）進士，永曆時任禮科給事中。後出家爲僧，法名澹歸。

自棄妻孥匿天雷時，聞我兄孑然逆旅，揣分同隱，獲追求羊，不謂狂風復爾吹散。求羊，求仲、羊仲，漢代隱士。荒落之人，草衣木食，苟全踰年矣。乃復爲使者之伻所識，引■見索。伻（bēng），仆人。伏嘆北都以來，守此死且萬死，死復何惜？亦曰未獲見老親，又暴骨非所也。幸而遁入深洞，以苗得免，仰搔種種，可對蒼天。《禮記·內則》："疾痛苛癢，而敬仰搔之。"始信古人訷邯塞北，或一朝棄妻子者，既不辱其性命，又無礙於老莊，其行蓋非誣哉。訷邯，樂浪（今朝鮮）縣名。若弟者非敢爲高，以保身莫此便也。人心欻然，天命炯炯。欻(xū)，速貌。天柱至此，浹月迄今，久已解瓣，是以得抱經徒步，托食於門人。孝孫不殺車牛，光伯免於凍餒，直一間耳。王尼字孝孫，城陽人。據《晉書·王尼傳》載，"避亂江夏時，王澄爲荆州刺史，遇之甚厚。尼早喪婦，有一子，無居宅，惟畜露車。有牛一頭，每行輒使御之，暮則共宿車上。常嘆曰：'滄海橫流，處處不安也。'俄而澄卒，荆土饑荒，尼不得食，乃殺牛壞車，煮肉啖之，既盡，父子俱餓死。"劉炫字光伯，隋朝經學家，變亂中凍餒而死。

又答衛公

賢者立節，惟在皎然不欺其志，而不必爲所極難。達者自行至性，樂在俯仰無愧，而不必傷其天以爲名。子真之吳市，何讓於君賓之柏堂？梅福字子真，壽春人，西漢經學家，屢上諫書。王莽專政，棄妻子而去，傳以爲仙。後有人有見其於會稽，變名姓爲吳市門卒，《漢書》有傳。龔勝字君賓。蕭定之潛竄，何亞蔣散騎之絕食？蕭定字梅臣，江南蘭陵人，唐德宗時官户部侍郎、太常卿等。朱泚叛亂，變姓名，藏匿里間間。京師平，首蒙旌擢，除太子少師。《舊唐書》有傳。蔣沇，唐德宗時爲賊所執,欲授以僞職,因絕食稱病,潛竄里間。京師平,拜右散騎常侍,事具《舊唐書》本傳。其志一也。苦有百倍,久暫徑庭,則所遭耳。足下於聖人至人之道,均之無閡也,然猶嗛嗛如此,此其學能克己而恕人,此其度足以宰天下,盡感人才而用之矣。《俟命》二論,去年天雷所作。又書數篇,則告苦人之薄命也。弟雖獲與君子同籍,然比時老父在圜扉,膝行忍痛,不與宴會,同年好友,竟缺杯酒之歡。後君謁選時,僅一握手耳。聲聞相交,固未嘗使君子久處,實觀其心也,況弟有北都萬死不屈而歸爲人陷之奇事乎。張芷園以稱賊爲老先生而逮問,弟之贖徒,則以刊章定罪。張家玉字元子,號芷園,東莞人。崇禎十六年(公元1643年)進士,弘光時因投降李自成而被逮入獄,永曆時任兵部尚書,戰敗自殺。弘光時,馬阮專政,方以智被定爲從逆罪第六等。此一冤例,古亦有之。楊國忠誣韋陟,盧杞誣崔寧,孔緯誣蕭遘,秦檜誣趙鼎,然此皆當時恢復,是非難掩,豈若南都馬、阮之懸斷報怨者乎?韋陟字殷卿,唐玄宗時累官至吏部尚書。楊國忠忌其才,屢構陷之,事具《新唐書・韋陟傳》。阮以逆案,與弟家世仇,其欲甘心,宜矣。可怪者,同時好名之友,肆其擠人成名之術,又從旁樂道而下石焉。試問今樂人之謗者,有一不辮髮者乎?嗟乎,當其用心,何不仁之甚也?然究公道不可泯,北來之人直筆益著。無論史道鄰、徐虞求、曾二雲、蔣八公諸先生,誦言獎擢,即草野細人,何嘗不嘆息於南都之市耶?徐石麟字寶摩,一字虞求,嘉興人。天啓二年(公元1622年)進士,弘光時起爲右都御史,旋晉冢宰。清兵攻嘉興,自縊而死。蔣德璟字中葆,號八公,晉江人。天啓二年進士,崇禎時官至太子少保、文淵閣大學士。《國變錄》《中興書》遍窮谷矣,即令親周修之所齎《金閶時務》,弟皆見褒白,豈非世猶有人心哉?本謂馬、阮必敗,衆正當國,北都恢復,事久論定,此心不憂不明,豈意索頭猖披至此。今受聖人獎擢,驟膺殊恩,亦可謂昭雪之至矣,然苦人猶以爲未獲死所。我兄皎然雲霄，無分寸之謗，操天下之管鑰，弟安能不一白其生平乎？若聽其然疑，則此人可以不交書札矣。死固士所自矢，士所自責，而謠諑罝之，豈能漫然？從前學道，浮不得力，快口刺譏，為人所惡，宜其受此屈也。今傳薊公且復北都，北都路人無不能言苦節者，事久論定，何問悠悠也耶？今者嘵嘵，可謂迂且誕矣。然不避迂且誕者，敬我兄也。惟鑒察之。

寄張爾公書

平生知交篤行明理，莫如爾公，爾公其尚明苦人之苦乎哉？智萬死不屈於北都，北來之人無不人人知者。當時米吉士、韓雨公、汪子白諸人所親見，決我棄妻子南奔，告諸督鎮以賊狀。五月至南都，九月阮大鋮用事，而節婦罝爲淫婦矣，冤哉冤哉！嗟乎，同郡之仇，君所夙恨。先祖、家父歷朝居鄉，與薰蕕素矣。戊寅歲，吳下同社顧子方、吳次尾輩，以其爲逆黨之魁宿而揭之，彼以爲出自我，齰舌甘心，何所不至？顧杲字子方，無錫人。吳應箕字次尾，貴池人。一旦柄用，翻先帝十七年之案，欲盡殺天下善人名士，何獨於智？而止于贖徒，而又赦之，此幸矣。所疾頟痛心者，輓近儇薄，以才相忌，以名相傾，平日所忮懥，欲仿佛之不能得者，幸樂見其禍，恨不立擠之深淵，而下石其上。舍弟年來使氣伉俠，智嘗令師事足下，而剛腸指斥，終不復改。其所中怨，皆移於我。聞素所稱一二交好者，幸而旁觀事外，便操刻論，欲誅薛方，而斬陳咸。親戚宗族，望惠不至，群增飾說，以沸騰之。降賊之家，又利於恩渙，豈直楊國忠欲誣韋陟耶？北來漸多，直筆益著。昏椓障天，又榜禁草野公道之書。然弟被無妄時，人雖畏憚虐燄，然無不暗中太息，以爲奇冤也。徐虞求先生慷慨言智當同甄、蘇之表擢。曾二雲先生以書與羅給諫，以爲趙鼎、張浚、胡寅。魯孺發大呼闕下，以死保我之不屈。魯可藻字孺發，和州人。弘光時授新城縣令，永曆時擢爲御史。吳邦策逮下北獄，必欲左證殺智，然至兩髁斷，而正論不撓。吳邦策，四川貢生，著有《國變錄》。弟亦何以得此？要之事久論定，公道人心自在也。

嗟乎，甲申忠臣之不幸也！以朝廷不能恢復舊京，天子不得親見是非，而逆黨馬、阮方訐以東林仇福藩之論，重刻《三朝要典》，一網善類，是以臆造懸斷，招賄報怨，國遂以亡。《三朝要典》，天啓六年（公元1626年）大學士顧秉謙等編，述梃擊、紅丸、移宮三案始末，乃魏忠賢閹黨羅織正士、顛倒是非之書。此真千古一奇事，故智受千古一奇冤耳。隆武在延，賜環昭雪。劉薦叔、袁特邱輩，屢疏以爲難于卓茂、韓滉等。劉中藻字薦叔，福安人，崇禎庚辰（公元1640年）進士，後在福建抗清，兵敗自殺。袁彭年字介眉，號特邱，袁中道之子，弘光時官左都御史等，後降清。韓滉字太沖，長安人。《舊唐書》本傳稱：“大曆中，改吏部郎中、給事中。時盜殺當平令韋當，縣吏捕獲賊黨，而名隸北軍。監軍魚朝恩以有武材，請詔原其罪。滉密疏駁奏，賊遂伏辜。”適何敢當？適，疑作“智”。止以傷命之苦至此也。先是，老父知大亂方起，命余出相隱地，而南都遂變。游子就友于粵，而延汀又變。永曆改元，權璫亂政，智辭中允之命，留病梧州，而肇慶、廣州又變。翠華西幸，智扶病入夫夷山。劉承胤自全陽劫駕如武岡，智遂苦辭閣銜，棄家孤隱，變姓名于沅州天雷苗中，而武岡又變。氈裘肆毒，追索朝臣，智未嘗一日立班行，而孤身如庸保者踰年矣，是以得全短髮，復見義旗衣冠耳。嗟乎，數年之間，國統三絶，行在五遷，而智一甘刑戮，兩棄妻孥，又萬死中被奸仇之鋒，極難時遭奴僕之叛，命不謂苦乎？知者謂智北都膺刃聽死，不汙僞職，天雷題詩於壁，自拒■使，以方汲郡之封刀不應，劉宣之抱經林藪。甄濟，汲郡人。《後漢書·卓魯魏劉列傳》："劉宣字子高，安衆侯崇之從弟。知王莽當篡，乃變名姓，抱經書，隱避林藪。建武初乃出，光武以宣襲封安衆侯。"然古人更有苦於今日者，苦人此生，已憾不及比干、夷、齊，又何道哉？中夜泣血，嘗不能止，不侍老親四年矣。南都將變，老父遣拙妻稚子來視余，丙戌季秋，遇于粵海，故略知龍山踪跡。干戈阻絶，兩募寄書，猶未見返，茲復托二人從貴鄉走建德，惟我兄導之。

又寄爾公書

讀書之士，生當亂世，可謂至苦。然當亂世而舍讀書，則尤苦矣。余不才，好讀書，爾公故知之，然何由遂？總角時，祖父之訓，誦經閲史，不咕嗶制舉義。年十五，《十三經》略能背諷，班、史之書，略能粗舉。長益博覽百家，然性好爲詩歌，悼挽鍾、譚，追復騷雅，殊自任也。弱冠慕子長出游，游見天下人如是而已，遂益狂放，自行至性而不踰大閑。以爲從此以往，以五年畢詞賦之壇坫，以十年建事功于朝，再以十五年窮經論史、考究古今。年五十，則專心學《易》，少所受王虛舟先生河洛象數，當推明之，以終天年，人生足矣。豈謂甲戌，敝邑民變，清白之家，善不可爲。繼以賊擾江北者十餘年。甫得通籍，老父爲武陵、蘄水所陷。武陵，指楊嗣昌。蘄水，指姚明恭。弟兩年苦侍圜扉，告哀感天，卒蒙陛召。比欲歸山，而令嚴逃選，羈絆朝隱，國變倏然。悲哉！悲哉！智弱冠災木數十萬言，皆詞賦也。災木，災及梨棗之省稱。後稍稍有所進，著作古文，皆不以示人，考辨經史，不敢與人言論，以末世惡人學問也。矢死倖還後，一切生平著作，所博記經史之疑，所收金石、古文、文字之原，所考天官、輿圖、律曆、異記，所訊邊事土情，俱灰燼矣。

流離南海,時爲門人姚端有所纂錄。及入楚遁沅,又多亡失。遐方無書可考,所記善忘,恐復秕繆。用修貶所所論,元瑞、元美摘而詆之,今隨野老問草木方言而已。

嗟乎,少年溺於雕蟲,中年荒於禍亂,父師所授,生平所得,皆未成編。海內之言智者,或以爲詞客,或以爲狂生。天性不愛利禄,時以曠達玩世,故不爲邊幅以自彫飾,窮理者嫌其異於宋儒而非之者有矣。計天下沉朴一心,究考古今者,惟吾爾公。知亂不慕功名,隱處深山者,必吾爾公。則天下知余心者,必爲爾公。爾公白下與余交時,余猶流連詩酒,亦未深言也。然爾公許我,定知我者。君山中必有桃源,可以避兵;擁書萬卷,可以考較;化行成市,可以分肆,能招故人與同席乎?經史所志,請陳端緒。三《禮》三《傳》,各自爲編,必附以後世之事,其辨乃明。《孝經》《論語》《詩》《書》,則先祖傳有定本,足衷漢宋之説。古今博物,則通於《爾雅》。文字、小學、音律、切均,統而正之。《易》有聖人之道四焉,少所學河洛象數,能守師説。庚辰黄石齋先生,同在西獄,以性與天道語我。二先生求之太深,時有回穴,然其合聖人之指者,誠千古未有之絶學也。患難自慰,時加紬繹,此則當靜告吾爾公以就正者。廿一史得失成敗之林,設身其間,究其世變,體乎人情,折中聖人,斷而論之,名曰《史疑》。多聞闕疑,不敢自以爲是也。若乃著一代之史,則昌黎讓之,子玄難之。昌黎,韓愈。子玄,劉知幾。所記時事,不敢以出,固宜專奉爾公,成直筆耳。古今之詩歌,當代之古文,智舊有選本,論次十年,將成而天下亂。若得盡集書帙更選之,亦非難也。弟嘗自恨貪多技藝,分其心力,又曠達之性,放浪山川,不能勇於立名,既無同學鼓礪之,旋作旋廢,不亦宜乎?每敬吾爾公,有和靜沉毅之氣,足以策我之解。然弟亦時有逸懷超覽,或以解足下之莊,兩人交相益也。若得同學讀書,以過亂世,不爲苦矣。貴郡去敝邑近,省侍往返,抑又稱便,尚未知兵交何時可息,得道路擔簦耳。
擔簦(dēng),跋涉。

屈子論[戊子,洞口中元競渡,既歌以弔之,又筆此紙。]

嗟乎,天地所以不死者,其猶此憐才之心也乎!古人往矣,士子猶誦讀其文,想見其生平。其文不概見,而以名傳者,亦必史氏之文表之。至有文傳者,則人心尤反復噓唏而憐之不能已。反復噓唏而憐之不能已,至於《離騷》至矣,豈非謂屈子之文,以死而傳乎?世人畏死,故憐人之死傳其文耳。夫烏知古人之不以死生介意乎哉?夫烏知古人不以死生介意者,定以文博名也乎哉?謂古人不以死生介意而并不以文介意者,此後世聞道掩飾自尊之談,而非不以死生介意者之情也。古人其心,翱翔乎天地,呼吸乎古今,隨所出處,倘然自適,或著書以垂教,或發聲以言志,何與乎死生?詎必以其無文,見其無情?詎必無情,然後能不爲生死累乎?忠不見用,信而見疑,其心一,其聲悲,不必以傳,不能以不傳。此其日月爭光之文,文固已傳天地之心矣。吾故謂屈子之死,故不死,其文固不死也。弱冠時爲文弔屈子,謂其入則與王謀議國政,出則爲王應對賓客,嫺于辭令,上官大夫私見其文,欲竊之而屈子不與,以是見害。則屈子之所以死,固孫登、郭文輩之所笑,非直子長之嗟其何國不容,子雲之嘆其文肆質戁,猶憐之也。《史記·屈原賈生列傳》:"太史公曰:余讀《離騷》《天問》《招魂》《哀郢》,悲其志,適長沙,觀屈原所自沈淵,未嘗不垂涕,想見其爲人。及見賈生弔之,又怪屈原以彼其材游諸侯,何國不容,而自令若是。"文肆質戁(xiè),謂其文風恣肆,內心褊狹。語出揚雄《反騷》。雖然,公和、文舉,將椎陋不能文者耶?毋亦守老氏之説,聰明譏議,爲近于死,故忍而不傳其文，以偷其不情之生？然則世謂二子聞道者，二子蓋畏死之甚者也。王介甫、魏了翁，竟以爲汨羅自沉，爲未必然，猶之首陽餓死，乃貧賤以老耳。今世至謂彭咸爲神仙，而屈子慕之。嗟乎，此真以後世之愛惜其死，以愛惜古人之死。深知古人之心，與天地之心，固不必其死不死也。屈子以不死之文，死其所不必死，以成其不死之死。天地曰：後世貪生畏死，日甚一日，蠅營狗苟，視節義如寇仇。故留此日月爭光之文，以引其憐才一綫不死之心，而因以傳古人不計生死之心。則雖令千萬世傳疑，可也；雖令千萬世不深知屈子，而群謂其以死傳文可憐，可也。嗟乎，孤臣孽子，何代無之？彼寧知天地反覆之試其心乎？里巷砥節之匹夫，未嘗不十百于溝壑，而幾人以文傳？或有文，文不可以傳，則本非不以生死介意而爲文，故其文不足以配其不死也。然世一有文人，舉世嫉之，惟恐其不死，天地又妒之，猥曰以死傳其不死，豈不痛哉！毋亦文人固能傳天地之心，而又傷天地之心已甚乎？嗟乎，果有不以生死介意之文人，則何妨傷盡天地之心，聽舉世嫉之、天地妒之而已矣。特患世不讀書，斯道將喪，則有才而不知憐，憐才之心又死，雖屈子日月爭光之文，草木同朽，天地亦無如之何，是可悲也。

姚忠壯公傳

姚公諱奇胤，字有僕，號二存，錢塘人。鄉試爲石齋先生門人，深以爲得師。忼慨立節，天下己任，非直故事座主也。中庚辰榜，出闈先歸。癸未廷試，人皆曰十年罷石渠之選，今復之，莫不磨淬，而公以爲有司親民，士君子練達，必當始此，何必高步玉堂，而羞州縣乎？選南海，蒞任，聞北都之變，思中途倡義北指,會龔建木司理廣州,湯澹庵作海道,同心保障,以爲受命此方,即從此方戮力。五羊故龐雜,外瀕海嶼,内多深菁,賊出没不能制。而豪有力之家,且囊橐以分其資,綱捕獲賊,賊無不故縱者。公懸格相告,海渚肅然,賞信刑斷,大家廩廩。南海歌之曰:"安此方,姚與湯,大家歛手小民良。"有海賊羅亞福,能風帆躍五兩斗中,公募降之,令其子端與歃血盟。又因南海之保結,練成一營,一年之間,遂平諸賊。乙酉夏閏,石齋公以隆武起。公馳記,條列當世之事甚備。行取召對,言及中外嘗膽,先自聖躬,勿以一隅粉飾故事,此第一義。天子爲改容,即授御史,使按粤東。公再三辭:"臣方作小吏于其地,即衣繡衣,操激揚之斧,人其謂我何?人人謀安避危,此天下之所以亡也。視今日最急無如虔,臣願先矢石爲諸將士倡。"上尤喜,即日草勅,以都御史關防監諸軍。時督師則楊公機部,總理則郭公雲機,撫虔則萬公吉人。吉人又題留吏部龔建木、兵部黎美周于其軍。有僕至虔,則■已屯皂口,急甚。六君子相對逼蹙,皆寄命于將。將各有意指,不相下。龔建木激羅亞福造舟下灘,而陸兵袖手視之,一戰而衂,遂不支,畫城以守。衂(nù),敗。守虔四閱月而破,六君子皆死,有僕畢命于西城。其所招呼南海之舊營,竟同死無一生還者,可不謂忠烈所感乎哉!有僕之入虔二月也,本以監軍調度,虔可駐,信豐有一軍,亦可駐。其警也,公返入虔。天子又撤回監軍,而公不出,曰:"吾與龔建木、黎美周,相期共事。吾寧自取便,負吾友,使獨死乎?願同死此。"時丙戌十月也。公之子端,以乙酉舉于流寓,越二年爲御史。泣請于朝,贈兵部尚書,謚忠壯。智曰:龍倫自虔州出,爲余言有僕巡視庵廬,時時以納韡刀自礪曰:"吾惟恐負吾石齋師。"韡,同"靴"。余知有僕志死此矣。嘗告我通籍先一年,祈夢于少保,以劍相贈。劍以定難,亦可自決,今決于此,烈哉!

寄朱震青相公書[戊子十二月]朱天麟字游初,號震青,崑山人。崇禎元年(公元1628年)進士,永曆時拜東閣大學士。

入粵後,稍見邸報,始粗知一年來事。目今各路漸復,可以刻望中興,而居重馭輕,基於宥密。日進桂城,從敝年伯處,讀老先生大疏,及屢次書,上自君德,外備方略,誠撥亂之真經術也。所云立京營,請駕出,今日舍此,豈更有握機制勝之道哉?此所以望風下拜同鄉大君子,爲天下幸也。敝年伯似必不能入,智則請罪退誓,出于至誠,惟俟江北信來,賤骨少強,即覓死所耳。同鄉惟老先生姘幪天下矣。姘幪(píng méng),蔭庇。前書唐突,引楊國忠誣韋陟、盧杞誣崔寧、秦檜誣趙鼎三事,蓋北都一案,惟智與張家玉爲一例,而智五年來,未通箋牘,今又重承下問,故不敢不重白于大君子之前也。

智本駑劣,少好詞章,忼慨疏狂,譏評月旦,虛名浪蕩,惡之者多。既爲阮誣,而同名相忌者,旁觀樂道,聽其傳疑,固不免矣。嗟乎,甲申忠臣之不幸也!不能逢朝廷恢復舊京,親見是非,豈能望如肅宗之擢甄濟、蘇源明哉?智棄妻子,奔君親,以甲申五月初至南京,可謂最早。同伴喜言北事,而降賊之家,痛恨入骨,此又不幸也。至九月,馬引阮柄用,盡翻先帝十七年之案,而老父屬左三山,首犯其鋒,此尤不幸也。左光先,字三山,桐城人,左光斗之弟。懸斷智以贖徒而又赦之,小人良心,不敢厚誣,此亦幸矣。當甲申五六七月間,草野北來皆有直筆,公道人心,自不可泯。如《國變錄》、《中興實錄》、曾二雲先生與羅給諫一單、閶門張魁血誓單、家傳市鬻諸書,不止一種,苦人皆見褒白也。阮必欲陷之,無所發端,直至八月,阮方嗾劉孔昭以刻書之名見劾，又榜禁草野公道諸書。然比時逮吳邦策下獄，挾令報智降賊，而邦策至死無二詞。徐虞求先生、史道鄰公祖，皆不畏邪焰，以爲確證，不屈于賊。智此時先已遠引，不置一喙，本謂馬、阮立敗，衆正當國，自有公道，重定北都之案，而不意昏椓蹙國之至於亡也。今蒙思文皇帝昭雪復職，皇上褒獎，竟被殊恩，夫復何曉曉耶？然大丈夫赤心剖血，乃爲同郡仇奸障天橫蔑，而又爲浮名險士故意傳疑，豈得爲不辱哉？人心忌才嫉能至此，此世之所以亂也。翻恨當時僅聽賊死之，而不能先爲夷齊，此恨何及？此所以必欲一見老親，斷覓死所耳。至智之甘死不汙，北都行路之人皆能言之。兩髁瘡痕，至今尚著。天日在上，無愧衾影。事久論定，舊京旦夕且復，又何曉曉？然同鄉有大君子，叨留衙門，即爲前輩，烏敢被難五年以來以爲既往之事，不一上陳乎？一字有欺，神明殛之。是以復贅，伏惟鑒原。

掌憲疏序

《掌憲疏稿》，袁子特丘際再造之世，統憲事所條上也。袁子自淮李爲儀曹，先帝召對，置之給諫。余江北前輩，皆以聲氣善之。後在南都，亦以此故，忤時而去。覽三朝封事，表表矣。今皇帝龍飛端水，再蹕此地，以建中興之表，四方響應。佇還故都，則南天反正之功，袁子實力造之，功豈不偉哉？袁子之言，明國體，應經術，今自在憲，振紀綱，杜僥幸，操持不阿，猶之平日也。再造之世，開功名之門，有操持者，未免物禁，然袁子何恤焉？生爲其難，死爲其易，昔人嘆之矣。朱序、鄭元璹之還朝，呂好問、朱勝非之竭忠，願遂功成，豈不誠難哉？朱序，東晉大將，曾爲前秦所俘，淝水之戰時得以立功還晉，《晉書》有傳。

鄭元璹字德芳,唐初出使突厥,處羅可汗暴疾而死,疑其下毒而被囚。後兩國和親,元璹始得還,事具《新唐書》本傳。呂好問字舜徒,宋欽宗時御史中丞。靖康之難,金人立張邦昌,以好問爲事務官。金人既撤,好問勸張邦昌退位,還政于太后。宋高宗曾勞之曰:"宗廟獲全,卿之力也。"朱勝非字藏一,《宋史》本傳稱:"勝非,張邦昌友壻也。始邦昌僭位,勝非嘗械其使。及金人過江,勝非請尊禮邦昌,錄其後以謝敵。苗、劉之變,保護聖躬,功居多。"于文定亦曰:"賢者所處,極難耳。"于慎行,萬曆時禮部尚書,東閣大學士,謚文定。特丘以中郎先生之嗣,名著方内。當余據地金門時,潦倒放歌,不過與袁子馬上揖厭而已。余北都與甄汲郡同苦,而還與趙聞喜同冤。趙鼎,聞喜人,抗金名將。因得罪秦檜,貶至吉陽軍,絕食而死。士比好妒,且有哆侈樂道者。哆侈,喋喋不休。袁子爲白之延平,未嘗相聞也,袁子故自行其直道耳。余於袁子,亦猶直道也。大丈夫秉心報國,自有本末,天下士覽其奏疏,即知之矣,豈以余感知己之恩,而阿所好乎?

代瞿年伯壽新興焦侯序 焦璉字瑞亭,永曆大將,累封新興侯、太子少師、左都督宣國公等。

　　自余奉命來撫粵西,則獲與公左右五年矣。五年中當彌天之變,幾歷死生,乃猶得與公容與此土,河山如故,一奉公觴,舉相慰勞,有不長言之不足者乎!時中興之二年,聖大子重蹕端州,殷然念留桂林行宮,爲再造根本。新興之封,晉公爵侯。又適公嶽降之辰,一時同事,謀稱觴爲壽,余即不一言,安能忍哉?
　　桂林前陀昭州、蒼梧,南控南海,後障嚴關、湘山,北制楚徼。曩初承乏,即念多故,以爲國險民附,一不幸,何必不莒即墨也。據《戰國策》載,燕將樂毅攻齊,屠七十餘城,臨淄盡降,唯莒即墨不下。今不兩年■前後馮陵我矣,幾不且盡版圖。而天祚中興,留待回幸,■遂自此敗。以此頌公功,天下後世,皆知公功在河內、信都上。任光,曾任信都太守,固城拒王郎,光武帝拜爲左大將軍。然拊心痛定而言之,未有不讓余親見心折者也。當去年二月,■陷平樂,官守奔散,老臣一人,分坐此已矣。適公單騎赴省之日,爲■突踰城之日。土方披甲,給連廒米,倉卒巷戰,公馳彎關弓,直接鋒刃,矢貫于肘,戰益疾力,一呼擒斬之,外■以遁。廒(áo),糧倉。嗟乎,即非公,又安有今日奉觴者哉?未已也,五月十四日,又有劉承胤標將之變,佯入援,實搜牢以去。公傷將指,而■乘間再至,非公裹創礪師,出戰兩晝夜,俘斬其僞官,殲殁其陣,■便絶跡灘水乎?此當爲公進觴者也。未已也,陽朔又有黎獻之變,迂惑我氓,猖獗都荔山,爲■前鄉。公鋭身鼓之,一奮而下,梟鹹無遺,此又當爲我公進一觴者也。以此收已散之民心,綏而輯之,厲兵選將,方將東顧,如鼓答枹矣,拒意有郝兵之來蹂躪邪?郝永忠部,原爲李自成部下,後經南明改編,參與抗清。凋劫之人民,初輯之疆土,空盡之帑粟,曾幾何供其恣睢乎?二月二十一之事,勢所必至,余既已知之矣。湖湘之■,必瞰全陽,予既已料之矣。國家數年環海之城邑,多半望風靡靡,未有拒者,況敢戰乎?彼其棄險而剽劫内地者,當此而鼠竄亡怪矣。駕既去,城已空矣,■騎且逍遙入嚴關,抵城下矣。使非公北門之戰,甘棠之戰,八林之於腥羶,有不殆哉?八林,似即"八桂",廣西別稱。以四潰時,人直揣渝胥耳。獨有操戈赴難,身先士卒者,誠所謂飲血尸立,誓不俱生者也。公之戰也,嚼齒欲碎,謂不親冒矢石,士安有必其死者?北門、甘棠,呼動天地,禽■驍騎,斬之磧上,然後與諸擁旄者,并起礣之,追奔逐北,連復堅城,此其慷慨陷陣,調劑主客之功,鐘山馮式矣。馮式,憑倚車前橫木,示敬也。言念及此,公安得不大舉予觴乎哉?

聞公少年投筆從戎，天下方處堂晏如。公每飯，未嘗不切切，以爲我輩血戰之秋也。高密、汾陽，公業自許矣。鄧禹，東漢開國元勳，封高密侯。郭子儀，汾陽人，平定安史之亂的功臣。今果以一身存宗社，爲中興元勳。羯■橫天下，而粵西首敗之，天下後世，比公功何等哉？前此癸未之復永保駕，殷在聖心。乙酉之定謀平靖，全活生靈，道路尸祝之，且不暇言矣。余日與撫軍直指公告朝廷，有曰爵臣有大異人者三，而豐功偉績不與焉。此一言，固堪爲我公再進一觴者也。匈匈久矣，承制假節，以力相傾，道徽刺兗，至掘蟄燕。避亂推行主，阨塞奉塢主，苟便以遑，何恤殘民？行主，主持行旅之人。史稱祖逖率親黨數百家避地淮泗，爲衆推爲行主。起冶未免南塘之出，伯卿且畫恣聽之策，何況摩雲破寨，號以爲雄？《晉書·祖逖傳》曰：逖"屯于江陰，起冶鑄兵器，得二千餘人而後進。"又曰："逖以社稷傾覆，常懷振復之志。賓客義徒皆暴傑勇士，逖遇之如子弟。時揚土大饑，此輩多爲盜竊，攻剽富室，逖撫慰問之曰：'比復南塘一出不？'或爲吏所繩，逖輒擁護救解之。談者以此少逖，然自若也。"《後漢書·任光傳》："世祖曰：'卿兵少，如何？'光曰：'可募發奔命，出攻傍縣。若不降者，恣聽掠之。人貪財物，則兵可招而致也。'世祖從之。"伯卿，任光號也。寵洲李才，或襲以賞，草菅民命，弁髦王制，亂世由來太息矣。《晉書·王澄傳》："巴蜀流人散在荊湘者，與土人忿爭，遂殺縣令，屯聚樂鄉。澄使成都內史王機討之，賊請降，澄僞許之，既而襲之於寵洲，以其妻子爲賞，沉八千餘人於江中。於是益梁流人四五萬家一時俱反，推杜弢爲主，南破零桂，東掠武昌，敗王機于巴陵。澄亦無憂懼之意，但與機日夜縱酒，投壺博戲，數十局俱起。殺富人李才，取其家資，以賜郭舒。"使皆如呂蒙之斬取笠，道規之誅遷席，天下幾時不簞食壺漿，以迎官軍哉？《三國志·呂蒙傳》：蒙"令軍中不得干歷人家，有所求取。蒙麾下士是汝南人，取民家一笠，以覆官鎧。官鎧雖公，蒙猶以爲犯軍令，不可以鄉里故而廢法，遂垂涕斬之。於是軍中震慄，道不拾遺。"劉道規，劉裕少弟，晉安帝時任荊州刺史累年，秋毫無犯。及歸，府庫帷幕儼然若舊。隨身甲士二人遷席于舟中，道規刑之于市。公之不言功，不委署有司，不徑行科取，率兵行止秋毫無犯,古名將所難,顧惟今日大異耶?自公敗■後,方內闃鈒櫌鉏,所在響應,不日且從公飲至鐘山之前。如公之忠勇謙退,有節制之將,論次開國丹青間,與中山齊烈矣,何忝自許高密、汾陽乎?公功在天下後世,良史自有實錄。余不佞獲左右久,同患難久,燧燔喘息,舉目山河,于危急中,心折公之心,搴旗布置,心折公之略,日與往還鈴閣,氣度雍容,求之陽夏公孫,又深心折公之學問矣。馮異字公孫,東漢開國名將,封陽夏侯。史稱其好讀書,能《左氏春秋》《孫子兵法》。是以不辭冗猝,言其所親見,聊將奉觴之意,書此以壽。

鑑在變詩序

士生世而乃作變詩,殊可嘆也。龍眠之詩,以雅爲倡,自予數人者始。十五年來,賊擾江北,親友離散,獨鑑在從余燕都朝夕兩年。其所作詩曰《北征草》,余初脫難苦,曾嘆而序之。至今日者,求如昔日之嘆離散,又隔世矣。乃尚留我兩人于天末遐荒,予又得出苗峒,免傭保,爲鑑在序變詩,能無再三嘆乎?延汀變後,鑑在遇我於蒼梧,我書《於忽操》而歎曰:惟劉子高、郭子橫,爲可以免。劉宣字子高,知王莽當篡,乃變名姓、抱經書,隱避林藪。郭憲字子橫,王莽篡位,拜爲郎中,賜以衣服,憲受衣焚之,逃于東海之濱。故棄妻子,變姓名,孤身遠遁,入草不顧。然歷盡茶毒,而僅全蓬葆。蓬葆,頭顱。我鑑在以柱史侍從,四隨播遷,兩當■薄,獨能崎嶇涉險,砥礪臣節,宣再造之猷,顏色不變,印鼓如故,言苦于予,似衹以異,然其志趣同,其苦故同也。嗟乎!干戈之世,文人無不苦者。王高平既去荊楚,但存流寓二篇。王粲字仲宣,高平人,曾避亂于荊州,作《登樓賦》及《七哀詩》等。邊浚儀才氣不屈,傳止《章華》之賦。邊讓字文禮,東漢陳留浚儀人,作有

《章華賦》。今鑑在儼然繡衣使者，方從容案牘之暇，盡理其諷詠之什而刻之，以慰同里之好詩者，足嘆否耶？昔子美麻鞋見主，拾遺以傳。安史之亂時，杜甫投奔肅宗，任左拾遺。其《述懷詩》有云："麻鞋見天子，衣袖露兩肘。"次山逃猗玕洞，名播南徽。元結字次山，安史之亂初，曾率族人避難猗玕洞。二子之詩，皆變於唐之本調。後世慕其悲凉，感其切直，未嘗不以爲盛唐之音也。今吾子既著變詩，而天下方以中興，采風者安知不以龍眠之變雅，當《六月》《民勞》乎？予既序鑑在變詩，隨以天雷所作自序篇，屬鑑在序之，或又一變也。

爲鑑在直指畫

別鑑在後，歷沅州天雷苗、貴州赤溪土司、武岡羅公洞口、大埠猺，而至此。敘變詩後，意不能已，因寫重疊關山，以贈故人。直指掩門時，正堪壁上相對。戊子冬表兄方以智。

虞山一游，已作小序。瞿年伯更欲圖之。桂林山皆筍立，不沾寸土。山谷曰："李成不生郭熙死，奈此百嶂千峰何。"李成、郭熙皆北宋山水畫大家。愚强爲之，略皴松頂石臺，其奇突插列者，悉以遠山染成，亦一別觀也。以智藁上。

題粵西直指署中後堂扁

先斷事伯通公之孫佑，中弘治進士，巡按粵西，有詩集。今吳鑑在侍御適奉此差，居此堂，而詠詩皆宗盛唐。吾皖有盛唐山，故題曰"盛唐繼軌"。永曆二年行在學士■■■書。

臨黄鶴林泉讀書圖書其後

東日堂，觀叔明所作《林泉讀書圖》，自題曰："虎鬭龍爭萬事休,五湖明月一扁舟。綠簑衣上雪颼颼,雪月光中垂釣鉤。釣得鱸魚春酒熟,一縷青煙燃楚竹。蓬窗曉對洞庭山,七十二峰青似玉。"王蒙字叔明,號黃鶴山人,元代畫家。又題曰:"《邵氏聞見錄》:'宋南渡後,汴京故老于廢囿中飲,歌太白《秦樓月》一闋,坐中皆悲感,莫能仰視。'良由此詞,乃北方懷古,故遺老易垂泣也。余亦嘗填《憶秦娥》一闋,以道南方懷古之意:'花如雪,東風夜掃蘇堤月。蘇堤月,香銷南國,幾回圓缺。錢塘江上潮聲歇,江邊楊柳誰攀折。誰攀折,西陵渡口,古今離別。'"由前觀之,太受用哉。由後觀之,真悲感矣。嗟乎,生死夙定,功名難居。讀書而享林泉,人生之至樂也。離別不無,且看今日在碧簪林立之處,爲鑑在臨此,亦非容易。它日傍官軍還故鄉,扁舟自由,丹青在此手矣。因抄其語,遂成長卷。戊子冬宓山愚道人識。

爲璃王孫數筆

王孫引我游獨秀峰,盤桓顏魯公洞,出坐花軒,臨曲池,山百仞插水中,怡然樂之,因求我示筆法。二十年間,鄭千里告我以法,鄭超宗告我曰熟,楊龍友告我曰鬆,魏子一告我曰埃幹。鄭重字千里,明末畫家。鄭元勛,字超宗,崇禎十六年(公元1643年)進士,工詩善畫。楊文驄字龍友,貴州人,善畫山水,隆武時抗清而死。魏學濂字子一,崇禎十六年進士,魏大中次子。《膝寓信筆》:"鄭超宗曰:膽壯筆老,法足故也。楊龍友曰:疏秀深穩,得於意外。魏子一曰:幹筆埃筆,烘染破墨而已。"子視此數筆中具否?子生長此鄉,山水太奇險,石皆斧劈,不可下手,且以黃大癡寫之。黃公望別號大癡道人。宓山愚者記。

寄朝中諸公書[己丑(公元1649年)春日靈田山中發]

愚道人嘗言本朝屢得天助,乃今果然,朝中喜可知已。然竊以朝廷即還故都，正謂諸君子憂國方始，勿遂得意也。昔建武鄗南受符，親以戎衣平定禍亂。光武帝劉秀即位于鄗（hào）南。靈武之興，據朔方之全盛，兩年內即克復兩京。安祿山反，玄宗西逃，太子李亨即位于靈武，是爲肅宗。今從嶺表爲繼統之規模，業已勢殊形異矣，毋乃太興、建炎乎！晉北有祖、劉牽捍，內有陶、溫經營，然數年之間，兩當內變。祖，祖逖。劉，劉琨。陶，陶侃。溫，溫嶠。宋賴韓、張、劉、岳，乃能偏安，然始不免溫州犯海之險，而後不免稱臣之辱。韓，韓世忠。張，張俊。劉，劉光世。岳，岳飛。據有天下之半且然，況天末乎？藩鎮之勢，日且幾幾，惟在朝廷聲靈速遍，控馭有道耳。富貴苟安，或且以建安、義熙爲想望，有識者能無憂耶？今若上下一心，臥薪嘗膽，則業可過晉、宋。不則廿五年，十五年，亦未易安枕也。

　　草創之初，在收人心。收之先須服之，四海雖大，然豪傑觀政事而歸命，望影立見。若束手偷安，倖漁人之利，則唐末之馬、劉、王、錢，亦以練兵愛民，勤於政事，選賢用才，乃能自立。今朝廷以神祖之孫，詔書所及，自然符響。然要在以政事立表，布一令，行一事，必思有以服天下之心，此所謂先定規模也。丙戌監國之初，每謂四海先朝之正人君子，又數年來守節之士，死事之子弟，皆當加恩，令所在踴躍，使山河父老，刺骨啣誠，知朝廷不以近而遺遠。此其關係，正非淺鮮。然今三年，猶未遍行。至擁戴言功，不惟臣子所不忍言，朝廷亦不宜言，言之則示私於天下矣。

　　夫起業於一隅者，計通于天下。一軍之將，猶養死士，布間諜，欲周知四方之情形，況帝業乎？朝廷當日夜構招艱貞智計之士，乘機遠圖，苟得一間，十道并發，得一烈士，如獲異寶，分布四海，捷播聲靈，並得諸將之情性，招山谷之忠義，使內廷處分，皆當窾綮，而吾黨士君子練習之，便可爲將。上所重在此，則下趨學之。始求跅弛，或容僥倖，既已買骨，神駿自來，豈非國家大便乎？跅弛，放縱不羈。以愚觀日者輦下之所爭競講求，恐甚不在此也，惟安坐而聽天助之，植耳而待喜信之自來耳。不勝杞人之懷，倚嚴復此草草。

平西答劉客生書

劉子之責方子出山，猶方子之責劉子還山也。弟之人粵，非赴召，乃避兵耳。古人有半途而返者矣，有至都而返者矣。即有罪，自聽范升、殷浩議之。范升字辯卿，東漢初經學家。殷浩字淵源，東晉大臣。昔人云："欲厚風俗，當聽朝士從志山林。"今日留一恬退人，想亦漢、晉明主所許耳。亂劫屢更，平昔知交，流泊天末，能有幾人？安得不相庇？安得不加愛？以史局安養閒病之人，愛我至矣。弟之愛我兄，則前引莊周同聲歌"寒涼回固，可以久長"二語而已。出處分途，各有其理。君德貴經筵，當以開言路、慎左右、辨邪正、馭雄傑，爲誠正之實務。閒時進講，或《帝鑒圖》，或《衍義》，取其切比，引古觸今，知開創君臣，有朋友之道。他日執爭獻替，則以沁入者爲憑據，足下之任也。說既入，旁不能惑，則強幹橫行於天下，而賞罰出自朝廷矣。得君而行，則武侯。不得君而因人扶國，則荀文若。荀彧字文若，曹操謀士。不得君而立朝不退，則孔文舉。此東坡之所以嘆幼安也。或者沉浮末世，如阮咸之在朝不在職乎？每念足下舉止豪俠，嘗欲自行胸臆以爲快。此其鄭公業之賓友高會，王濬沖之談宴自若耶？鄭泰字公業，東漢大儒鄭衆曾孫，官至揚州刺史，曾圖謀刺殺董卓。王戎字濬沖，西晉名士。位至臺鼎，分土留青，非所敢祝也，不其爲賈文和乎？賈詡字文和，曹操謀士。相愛之極，不禁長言。家兄一案，既已笑破，便可置之一笑矣。見所見,聞所聞,冷眼笑分工拙耳,豈甚相遠哉?末幅欲償所負,誠笑其云然也。鹿湖遺老,兩辱天章,閒局遂野人之願,寄謝貴要,尚乏侑函,正此慊慊。侑(yòu),答謝。若以十數年之交,棄家出苗峒者,當路宜瞻視之,又何償之云乎?自去冬亦蒙縑金之惠矣。桂林長者所給,足支今年。仁祖有米,當以來春爲始,勿以爲笑也。龔在岐雖未讀其著作,然器局淵雅,爲天使,不訝山人之慢,是倜儻聲氣人,增價臺閣無疑矣。山中傳外事如夢,近略聞二三,諸君子計畫有功矣。日不暇給,無乃勞乎?瞿年伯云客生相與三年,終未嘗特作一詩見贈,愚道人亦將比例云云。致意溫玄博儀部,代筆不准也。

與丁金河 丁時魁字金河,崇禎進士,永曆時官吏科都給事中等。

天使至,甚惶恐。伏聞勅諭,專以修史屬望,此聖恩以閒局全病夫也,遂其拳曲矣。史事不必入直,並不必張大其事,蓋雖大典而實緩局。今天下未平,舊都未還,何爲急此?但令後人揣朝廷借名優待恬退之士,則可耳。天下事,有諸君子任之,外方攘攘,朝廷能粗立紀綱,功亦非細。若欲展掃寢廟,則尚煩深心大力也。治道通明,在乎言路。而言之得入,責在講筵。請以鑒切時事而間入之,天縱之資,無不豁然,則無所容其蔽矣。此乃中興致治之本,外此必屬伯道。因人取權,或用機事,功一不就,道詎可謂順乎?

鄉在京師,見《鑒抄》一部,如犯諫危語甘露等事,皆略衍之,乃宮中所嘗覽也。先帝時奏章,但稱堯舜,而漢唐宋事,多不敢引以譏切。有用者,則以爲誹謗。比擬失倫,宰相或因而中之。曾見疏引漢文,而旨曰漢文中主,明帝渺視,遂重處分之。金天樞苦救劉念臺,先帝震怒。金光宸字天樞,全椒人,官至左僉都御史。劉宗周，號念臺。蔣中堂引唐太宗納魏徵諫以解，先帝曰："劉宗周不是魏徵，唐太宗有慚德，朕豈學之？"比當對曰："太宗雖有慚德，而納諫一事，乃足千古。"然徒蹠跡而已。此皆平時無以沁入，臨時安能爭引乎？江陵作《帝鑒圖説》，正此意也。人主宮中，豈能讀全《綱鑒》？然又不令史臣纂本，恐見笑于臣下，乃令中涓輯之，至今可爲浩嘆。故以此勉客生，得毋以爲迂乎？開言路，辨邪正，慎左右，馭雄傑，四者乃誠正實務。若貌言誠正，則真迂矣。七月一札，入覽否？徐爾興何不出？前小疏恐其流連，甚矣輦下之迷人也。

姚年侄有留守相公薦，客生申之，諸年伯力任，可以曲成矣。此自我輩同年，爲忠臣死友，完一古道行誼也。以式有才有氣，氣太盛耳，未免淺動。然在長者有以養之，即所以化之。即責之，貴有以成之。弟嘗苦勸其讀書，然見彼好學之志，不勝其立功之心，撫矟刀鳴，思繼前烈。矟(shuò)，竿。嗚呼，少年英分，當此畫印之時，安能遽以古人懲責之耶？諸公執持風裁，自宜嚴肅。然大家扶植一殉難同年之子，雖私亦公也。常袞裁抑僥倖，崔祐甫一用用八百人，皆所以爲朝廷。常袞字夷甫，崔祐甫字貽孫，二人皆唐代名相。《新唐書·崔祐甫傳》云："袞當國懲其敝，凡奏請，一杜絶之，惟文辭入第乃得進，然無所甄異，賢愚同滯焉。及祐甫，則薦舉惟其人，不自疑畏，推至公以行。未踰年，除吏幾八百員，莫不諧允。帝嘗謂曰：'人言卿擬官多親舊，何邪？'對曰：'陛下令臣進擬庶官，夫進擬者，必悉其才行，如不與聞知，何由得其實？'帝以爲然。"裴度、韋處厚，不能拔劉蕡，而反爲牛僧孺所用，是爲兩失。夫延奬人才，不能十五，尚可二三，以報宗國，詎徒以執簿長榜爲祖制乎？以式久無字來，憂其爲溫嶠矣。溫嶠字太真，東晉政治家，封始安郡公。《晉書》本傳稱："除散騎侍郎，初嶠欲將命，其母崔氏固止之，嶠絶裾而去。其後母亡，嶠阻亂不獲歸葬。由是固讓不拜，苦請北歸。詔三司八坐議其事，皆曰：'昔伍員志復私讎，先假諸侯之力，東奔闔閭，位爲上將，然後鞭荆王之尸。若嶠以母未葬没在胡虜者,乃應竭其智謀,仰憑皇靈,使逆寇冰消,反哀墓次,豈可稍以乖嫌,廢其遠圖哉?'嶠不得已,乃受命。"弟之曉曉,亦以有僕爲患難知己,不能存歿異態也。去年在楚,寄書瞿年伯與年兄,已詳言之。忠臣之子而名孝廉,以視武攸南寧以來,何所慚公道資格耶?以式意氣慓厚,甘蹈湯火,愚以爲因其飢而用之,使以臺省監軍,奔走營伍,必得其用。又練其才,異日爲一儒帥,不亦善乎?數十年來君子,好稱麟鳳,主風裁,而不講兵農經濟,雖有罷起,終至美官,習氣相沿自便,小人藉口訛之,遂以亡國。今何不造就此子,使作奇男子?定以不可得無所用之畫餅詞林,許而不與,令烈士千里棄家,忍餓含淚于行都破邸耶?倘激而爲納牖之行,則我輩貌似刻薄,而此子根基不正,亦父執之羞也。燈下草草,不覺多言。書甫畢,弟遂愚至此。此時此子或已得美官,且諸公以美官許之,彼必不樂苦事,而我猶以苦事陷之,愚矣愚矣!

與金道隱給諫

金河、客生前後責智當出,智知與周太原同罪,恃白水真人赦之。周太原指周黨,白水真人指光武帝劉秀。據《後漢書·周黨傳》,黨見光武,伏而不謁,自陳不仕之志。博士范升毀之,稱其"私竊虛名,誇上求高",光武詔曰:"自古明王聖主,必有不賓之士。伯夷叔齊不食周粟,太原周黨不受朕禄,亦各有志焉,其賜帛四十匹。"黨遂隱居黽池,著書上下篇而終。自登極三年中,一日未立班行,與累印鼓而思掉臂者,罪當殊等。時又太平,律以規避,不又蒙減等乎?智自避兵入粵來,屢向諸知己言之詳矣。伏波抵足夜話,原知反正之後,麋至摩肩,此席自應累累,何暇强一病夫來作贅疣?反正指永曆二年(公元1648年)李成棟反清歸明事。野人定可以背受積薪,堅卧外野也。猶且獻其區區,再三勸留趨朝之駕,雖出處各有其道,撐天拄地,足覆野人,然野人自矢本心,實以此爲愛良友耳。年兄既抵行在,與弟書云:"不聽良言,遂沉苦海。"後又從瞿相國函中寄語,勸智勿入。極感知己至愛,刻鏤雞骨。比時奉札,尚望朝陽一鳴,還徯南溟之翻。蓋以亂劫之餘,晨星數友,既相倚慰,必相體亮,情愫直披,不真何益?體亮,同"體諒"。君子握權吐電,自光臺鼎,然我輩何用作臺鼎浮詞耶?老年翁天授峻格,氣凌四維,慷慨入朝,自爲朝重。然上期正主,外期自強,舍此二者,山中人終以其背向日爲可愛,愛人相獻也。智本詩酒狂生,遭難頹憊,實不敢欺君倖位,致誤國家。憶語我曰:"何乃以詩酒自畫耶?"非自畫,乃天性有限。長卿之愛閒居,豈有伯夷之操乎?性生如此耳。故都可還,何不作官從六師,而堅忍自苦,直是性與澹泊相近,絕非爲名高。隆中白沙,樂得抱膝耳。或爲泰山,或一丘壑,或爲鳳凰,或爲麋鹿,古今大矣,何相閡乎?昔謝幼度爲戴安道上疏,請絕召命,至今嘆其相成,知己不肯施此恩耶?蔽牛之樹,不中繩墨,其受雨露則一也。

祭姚默先文

永曆三年己丑七月乙酉日,默先姚公既厭世于平樂之平西村,方子爲之殯斂入棺,題明旌,以牲醴庶羞,與流寓及地之賢士,祭其靈曰:

嗚呼,公父子噴血抗難,三年不屈,可謂忠矣!延汀天子,以仁武賜爵,錫之特典,爲令子封。公冒難來端州,金給諫專疏伏閣,薦公于公。公年五十有九,自非夭折。所扼腕者,丈夫馬革素志,竟不得馳驅還都,與中興之功。嗟乎,余邑錢幼光言公不肯隨闒茸,入班次,而顧願西游,此又有高士之風。闒茸,猥賤之人。吳見吾言公究岐黃,嘗施藥以救人,今乃自安天命,不藥其躬,信乎逸我以死,自有大數。公方入視余之子,而余乃爲公送終。嗟乎,亂世擾擾,士大夫不得其死,數數矣。旄旌印組,黃金橫帶,常不免於刀鋒。如公灑然而去,安知不尸解于山中?入山病矣,未嘗一杯享公,今奠椒漿,靈其來降。

姚吳二君墓誌銘

己丑七月,姚公默先既即世於平西,方子爲之卜地淺葬之,甃甎作隧,爲後日迎歸便也。踰月,公同來之吳君參,亦以病卒,因葬於公隴之南。方子感離亂之世,兩君相得而相繼沒於此地,援筆誌之。

姚公諱之朔,浙江錢塘人。占籍開封,起家明經。其子姚志卓,以起義軍功,隆武元年封仁武伯。閩中之難,父子相失。仁武伯屯保廣信山中,公復與副將陳克美等,起義沙陽。爲■所迫,走江西。至行在,又慨然不肯徘徊輦轂,直拂袖西上,此真古烈士風矣。北都之變,公在承恩寺,與張拱所處,知苦人之節最悉,故頗敬慕余,入山見訪,正不獨爲稚子診視也。公能醫,相見已瘧。初寓吳見吾館中,耳微鳴,余曰虛也,公自以爲壯,曰一汗可已,及汗後,熱止而不能言矣。嗟乎,豈非命乎!公年五十有几,在亂世爲令終,子仁武伯,爲中興元勛,何不可自慰九原也?

吳見吾,吳君參之字也,溧陽人。其兄見末,與余相識。見吾游惠州,遇■潛匿,踰年,值反正,過行在,不肯作官,而以經教授於粵西,此亦非近日可得者。與默先、馭少同溯流上,故與默先交甚厚,今誰知其先後長往耶?余令其家相向,兩君其當招呼白雲之間乎!銘曰:與良友兮相望,乘白雲兮翔翔,天下將平兮魂歸故鄉。

卷九　嶺外稿下

林子詩序[銓]

　　余識林子六長自南海始。林銓字六長，福建人。余方以北都萬死，歸爲同郡之奸仇所陷，遠游南海。南海令姚有僕，以張芷園之言，服其苦節，與林子言之，故三人者相朝夕也，今忽忽七年矣。余與林子幸覯中興，而中間間阻，各歷苦難。余又于沅靖經■毒，匿髮于苗峒，踰年乃得重邂逅灘江，依留守相國之庇，吟詠强飲，握手太息。而有僕先以監虔軍死難，其子至今困躓於時，家人細弱，復陷異地。嗟乎，余是以序林子之詩而重怦怦也。林子素忼慨，嫉邪扶正誼，已然諾，向游吳中，與虞山論合，嘗爲鄒忠介公裒刻疏集。鄒元標，東林領袖之一，諡忠介。裒（póu），收集。林子其人，固不必以詩傳，然今讀其詩，識量風度，亦往往概見。中興嘉與，公卿頗易，林子事留守至久，今第一舊門人中，獨能長守儀郎，此其風度何如耶？《桂林唱和集》中，林子之詩日益高遠，余勸其編年紀之。日林子書來，欲來平西，旦夕有僕之子以式，亦當西來，又可以相對石上，擊如意矣。

壽魯開府序

　　今天下中興，賴有西粵。維時繇按粵以撫粵者，則我魯公孺發也。魯可藻字孺發，見前注。公以撫粵時聞訃，■難方熾，不敢以避。及五羊反正,車駕躡端,乃敢抗章哀請。五羊反正,指永曆二年(公元1648年)兩廣提督李成棟反清復明事。今年之春,諸將佐欲爲屏以壽公,公呬息以辭。呬(xì),噓。嗣因兵退,內地攘攘,公又不敢以謝事安處山谷也。調停主客,經營候代,歷盛夏,踰凜秋,西粵屹然,而衡、永遂復,中原響應。諸將佐請申今春之請,公猶然辭。諸將佐乃入山乞言于余,以爲旦夕北還舊京,將以此文懸公之堂。且公之服將闋矣,余是以知壽公而公可以不辭也。

昔袁中書以國家有事,墨縗出任,事平之後,乃請終服,《綱目》是之,著以特書。袁粲字景倩,南朝宋陽夏人。曾因母喪去職,以國難入赴,事平又固求反墓,《宋書》有傳。温始安以絕裾而來,阻亂不得奔喪,以三司八坐之議,終受散騎侍郎之命。今公哀請之疏,前後且十一上矣,況巖疆之重任,三年中之孔棘,非散騎之比乎!余與公同生江北,又同社白下,同爲諸生時久,已知君之持己守正,引義忼慷,誠報國之器也。今幸同在天末,覯遇中興,公立功效忠,三年中從循吏拔御史,授旌節,余雖未一日入班行,然知公者莫如余,惟余可以言,惟公可以受之,公何辭焉?

改元之會,聞公令夫夷,治行殊異,朝廷擢爲侍御史,公不之知也。及天子幸全陽,公乃從零陵入班分道。是時劉承胤以迎駕爲名,炭炭然有岐華之劫矣。薰灼之下,小蛇大附,慮無不出其門者,公則斷斷然不可。今觀與楊總憲書,何其介也!粵西正急,公慨然以直指行。行遂從外寇内暴時,支持多難,左右成留守之功,固亦直指之功也。丁亥之冬,東西并恐,■勢重沓。公獨當東一面,即馳昭平,僞鎮僞令傳牌已至,非纜水平姜木格之捷,桂林豈得安坐,計出嚴關耶?募間合義,自春迄夏,開建三失而三復之,躬率大師抵梧,夜猶對壘,而反正之信適至,此其功,豈在恢拓下乎?梧陽兵燹之餘,益以饑饉,室廬灰燼,士女仳離,餓殍載道。公給蘧舍,鬻行桴,寬局鑰,任人出入,捐粟賑荒,禁兵淘擄,疏通商賈。往來將帥,所在暴橫,然戒兵士從二十里外徑過,不敢入城市一步、取民一木一草,何以致此?填梧七月,民不知兵,室家安堵,咸曰不意當吾世,猶見太平之日也。及返填桂林,梧州失煙火矣,野行聞哭聲矣,經過客兵,搜牢不堪,小民思撫梧中丞,無不雨泣者,撫梧之功,又曷可沒哉?劉琨、荀藩之在北,自承制設守令。劉琨字越石,西晉將領,曾據守太原抵御匈奴等胡族。荀藩字大堅,晉懷帝永嘉年間,官司空。承制,秉皇帝旨意而便宜行事。李晟、鄭畋之在渭橋、鳳翔,亦假官吏分供。李晟字良器,唐德宗時名將。鄭畋字臺文,唐末宰相,曾組織抗擊黃巢起義軍。邇來成敝習矣,委署所至,剝民取償,往往不免。公獨不行,此皆公生平持己之素,非矯情也。

數十年間,方內正人,以我江北爲宗。公久從金天樞先生,聞人倫是非甚悉。故自砥益嚴,引義尤篤。當南都鬼蜮障天,公獨爲苦節之士冒忌抗言,入圜扉護視周仲馭、雷介公,道路爲之齰舌。周鑣字仲馭,金壇人,崇禎元年(公元1628年)進士。雷縯祚字介公,太湖人,累官山東武定僉事道。福王時,二人爲馬、阮所殺。嗟乎,此豈委蛇取權而又自飾名高者比乎?方今神州歸命,天祚國家,赫聲濯靈,大振于我江北。即日從六師還故鄉,重拜廟貌之後,掃墓而祭,復過全椒,見金先生,公可以不愧江北矣。效忠而功成,豈非大孝乎哉?凡余所言,亦祝公不愧公之生平,祝公不愧吾江北而已矣。至若丹青臺鼎之詞,曾何足以壽我孺髮也?

祭瞿相國夫人誄詞[并序]

嗚呼!夫人事我師相凡四十有一年,老當國難,崎嶇危疆,重立社稷,抗凶■,歷暴亂,且五年。以鍾山之靈,南都義振,旦夕六師返故鄉,而夫人先此即世。此我師相憂勞中涕既隕之,諸門下士與事治喪,不能不重爲之於邑也。夫人自爲瞿氏婦,以至爲夫人,躬行孝敬,治家勤儉。其懿行自里門述之,雖更僕未可終。即乃者粵西日傳夫人丈夫也,豈特世禄之家相萬哉?計留守桂林,桂林歷刀兵之阨,不幾幾乎?自丁亥迄今,■薄非一矣,兵亂又非一矣。留守殉國之志,自其素學,故能處之不驚。夫人固可以先請也,然死之之義,每亂益堅,以爲吾事夫,猶臣事君,生則同生,死則同死而已。■烽每至,舉城無不空者。夫人曰:"死即死此,曷避爲?"故靖變而見血衣,則一慟踣地。踣(bó),倒。■騎已入城巷,舉案自若,變起倉卒,徐商內外,倉庫匱乏,悉捐簪珥,謂此非大丈夫乎哉?豈非天生大忠臣,而即生此女丈夫爲之配乎?嗟乎,虞山之瞿、邵,爲方內望。夫人以名門女適大君子,席兩氏累代纓紱,傳詩書禮義之澤,相夫至黃髮,子若孫皆争達名稱,躬受中興宰相夫人翟茀之命,人世所歌俾爾單厚者非耶?翟茀(bó),貴婦所乘之車。俾爾單厚,謂天予之福厚且盡也。語出《詩·小雅·天保》:"天保定爾,亦孔之固。俾爾單厚,何福不除?俾爾多益,以莫不庶。"朱子釋曰:"謂天之安定我君,其命甚固。既付以福之單厚,日新無窮。又付以禄之多益,無乎不備。"夫人故貴居無與比,夫人故可以呥呥,怡然受享矣。呥呥(rán rán),咀嚼貌。然終身荆布,率先操作,免薨潃灑,恒自治具,未嘗一時安逸侈封靡,享一日之繁華也。免,新鮮者。薨,乾陳者。潃,久泔也。灑(suǐ),滑也。謂加工食物,使之柔滑。我師相素愛才好士,座中常滿,每客至商榷,不問早暮,陳酒醪,羞肴蔌,未嘗煩咄嗟焉。捋荼拮据,蓋體夫子之憂國而憂之也,誠哉與以死勤事者矣。捋荼(lǔ tú),勞碌。《詩·豳風·鴟鴞》:"予手拮据,予所捋荼。予所蓄租,予口卒瘏。"今夫人之孫,萬里蹈海,馳冒鋒刃,適與喪會,蓋其感哉。乙酉之秋，師相以秉鉞抗節，爲逆靖縶困，夫人率數十口，轉側江渚，賴聖母多方護之，幸脫危阽。比聞發喪，皇太后能不減膳垂悲乎？聖天子視師相猶尚父股肱，日且遣使致祭慰唁。夫人之靈輀，佇隨黄鉞扈從，即返舊京，虞祖于先隴，皋復于寢室，又何憾焉？諸門下士敢先藉白茅而爲之誄，其詞曰：

皇佑元忠，誕生元配。奕葉文英，倪天贈佩。_{奕葉,累世。倪(qiàn),如同。}罄訓維温，秉心維正。嚵唯則節，婉嫕乃性。_{婉嫕(yì),柔順。}下褘執笄，申之以敬。不逮事姑，藏帕怲怲。_{怲怲(bǐngbǐng),憂愁。}趨機以礪，投畚以舞。采衣成名，象賢繩武。_{象賢,效法先人之賢德。繩武,繼承祖先之業績。}牽絲文水，輔以清廉。投香乃悦，曳布勝裀。_{裀(rán),盛裝。}治行入最，代視晨昏。徂賚孝婦，德不可諼。_{諼(xuān),忘。}先帝誅瑠，召入掖垣。獻替靐没，勸其直言。_{獻替,進諫。靐没,勤勉。}黨禍歸野，守此簠飱。_{簠(guǐ),食器。}里中歃歈，匪我思存。_{歃歈,同"揶揄"。}已而讕誣，逮致于理。善人在患，天鑒臧否。懣觟挺挏，人情可嘆。_{懣觟(mán huà),不明正道。挺挏(dòng),上下推動。}獨持門户，悉索多端。_{悉索,搜括。}解網歸來，汲井水寒。揣爲陶翟，終焉盤桓。教子一經，獲登賢書。既慰目前，言念先姑。虞山之麓，卜築東皋。采采蘋藻，以祀以遨。詎云天步，三七爲期。江東賓禮，暫爾倭遲。出當昏椓，罔兩障天。外任荒徼，南都倏然。嗚呼夫人，哲秉幾先。死則同穴，扶老舟旋。甫建雙旌，靖孽爰熾。中丞抗難，遂被楚縶。夫人慟仆，慘不欲生。幸依聖后，闔門以寧。赤伏告符，東廂建策。鸞輿屢遷，西都光宅。岌岌桂林，以托老臣。登陴攔然，紛哉■塵。誰非明哲，出此城闉。閔惟留守，與其夫人。昔聞傅燮，呼字別成。_{傅燮字南容,漢靈帝時曾與皇甫嵩一道,鎮壓張角黄巾軍。後爲漢陽太守,爲叛賊王國、韓遂所圍。}

其子幹年十三,從在官舍,勸其棄郡歸鄉。言未畢,燮慨然而嘆,呼幹小字曰:"别成,汝知吾必死邪?蓋聖達節,次守節,且殷紂之暴,伯夷不食周粟而死,仲尼稱其賢。今朝廷不甚殷紂,吾德亦豈絶伯夷?"詳參《後漢書·傅燮傳》。李憕在錐,遺室潛行。李憕,唐玄宗時東京留守,爲安録山殺害。猶有稚子,汝其經營。夫人太息,仰天一聲。死則同死,副君忠貞。竭力守禦,曷恤此情。乃罄其裝,乃捭其囊。捭(bǎi),開。惟縑惟紃,彼筐彼箱。苟可饗士,手燂壺漿。燂(tán),加燒。苟可以甲,夜縫鐵裳。棄子勉皋,傾貲與昶。勉皋,勉勵衆人。名媛烈識,侔古無兩。將士感勵,奮力樹功。卒免腥羶,留護紫宫。歷此三年,遘亂非一。明知搜牢,忍苦綏輯。綏輯,安撫集聚。忠臣烈婦,聽之有昊。寧溢無怨,剡剡奚告。《離騷》:"皇剡剡其揚靈兮,告余以吉故。"盱衡蕩平,偕旋故鄉。詎謂一朝,長逝芒芒。使我師相,哽咽黴墨。念國勞瘁,增此悱側。灡江湯湯,連舫帷堂。湯湯(shāng shāng),浩大。軍事旁午,具稱莫將。合營浪浪,四市徬徨。浪浪,流淚貌,《離騷》:"攬茹蕙以掩涕兮,沾余襟之浪浪。"門下諸士,掩袂在旁。天使孝孫,踰海會喪。御祭來臨,曲照湊腸。湊腸,棺材。隆以殊恩,爛昭未央。靈其禗禗,來格來饗。禗禗(sī sī),不安欲去貌。

壽留守瞿相國六十序

今皇帝中興改元三年,而先生以首輔留守桂林者即三年。三年中,前後抗■,更歷它暴,社稷阽危,以留守而安。迄今各路再定,醜■喙窳,舊都且告復矣。八月上澣,適當先生壽晉六袠,賓佐在事,踴躍於門下,以相國功在社稷,自勒景鐘,顧謀先奉觴爲國家壽,而徵文于小子智。上澣,上旬。袠(zhì),十年。智固先生同鄉同年子也,又與老父同朝,同道相砥。智弱冠雅游,即走常熟,奉教于東皋。比來天末,携持等骨肉矣。雖檮昧不敏，無所于辭，敬從平西山中，作歌序之。方將濡草，不勝感集，先西望而拜曰：

嗟乎，天代生二三大君子，爲天下係治亂。詎意國祚中微，神州板板，忠良及難，多半淪亡，而獨留此一大君子于嶺表佐中興，黃髮正冠，扶六十之杖，指揮軍國事，豈非生民大慶乎？天下從此治矣。私計吾道大君子，如劉念臺、鄭玄嶽諸先生，立朝不滿數十日，爲邪黨所沮，未嘗大用。史道鄰先生之在南都也，驅縶之江北。黃石齋先生之在閩也，阱之于湖東。今天子舉國聽先生，爵列五等，中外倚望，此吾道之盛遇，前此豈有比哉？曩者諸君子，但喜分別流品，眇言經濟，守己峻隘，不能集衆收材，若論舉成功，亦實不能及今日之留守相國也。嗟乎，人皆知天下荼毒，而桂林一隅，獨不被腥羶，此乃留守之功，不知此一隅乃天下也。功在一隅，功在天下矣。武攸之逆勳賣國，自非桂林，以何爲信都、靈武乎？信都太守任光，固城拒王郎，光武帝拜爲左大將軍。安錄山反，玄宗出逃，太子李亨即位于靈武。郝兵逼駕踰邕之後，自非桂林，何從集諸將而恢全出楚乎？■■長驅而南，從未一戰，惟自粵西敗回耳。即五羊反正以來，鑾輿爲所迎矣，矯稱蜂出，遠益恫疑，自非桂林，何所係楚、蜀、滇、黔之望乎？

試姑再思之：丁亥之春，倉皇幸楚，先生留之不得，泣疏爭之不得，乃請身自留守，此留守之始事也。是時■自東上昭潭，省會逃奔，虛無人跡。天子在全陽，念首輔甚，馳驛書召還，縣縣不即脫險地，而留守堅誓與■角拒。比急時，■衝陣上，留守坐文昌門府，調算自如也。甫■退而又有劉兵之亂，劉兵走而■沓至，徒以矢義感激，兵將必命，禦截追伏，無日不戰。戰此半年間，捐橐措餉，悉夫人之簪縑充之矣。既復平樂，方爭梧州，而驚聞蒙塵，且入柳象，再四爭躍桂林，合防楚敵。未幾而郝兵潰入矣，明知必劫駕，明知必有淘擄之毒，突梯悦之，故有免者，留守仍侃侃爭戰守，以爲爲國受慘，所不辭也。赤手驚痛之頃，猶手招諸勛鎮，灑血誓師，成中興第一戰功。從此各路，景起嚮應，蠟表至自中原。由此言之，功不在天下也哉？即乃者何督師以輕身失救，湖南私卻，轉以讓賊，全、永兵退，訛言匈匈，桂林一日，信八九異，流人鰓鰓，盡室浮家，獨留守怡然，神色不變，日惟調劑主客，倍任憂勞，卒保無事，而楚中旋可踵復。鰓鰓（xǐ xǐ），恐懼貌。若如世人便計，則前者專官敦趨，勅至再三，尋封文淵印以請，何故苦辭政事堂之權而不一暫釋巖疆，選耎觀望乎？直念許身國家矣，今未能銷距，外且警至，盡瘁之義，刻骨至執，此所以當事變而氣定也。聞之曰："忠能生勇，志定若愚。"信哉！御賜銀章曰"精忠貫日"，然往嘗與人書緘，識其篆曰"愚不可及"。是素志也，是誠不可及矣。

間讀留守兩年奏草數百十篇，論事慷慨，直切無隱，忠懇反覆，使人屑涕。所斥強扈之失，所駁頒行之舛，皆在一年前，絕非後來啜汁展意者比，惜國家猶未能盡行先生之言也。嗟乎，先生之忠，固見于留守，尤見于留守之所言。條奏執爭，囊封露板，世不能悉顛末，詞頭或微隱之，動稱其元老擁戴之功，夫擁戴豈忠臣所侈聞耶？臨桂世伯之券，璽書屢下，而發憤固讓，誠以風耳。然天下賴先生者，以今皇帝神祖之孫也。天興告祡，草野以莫親於桂藩，謂安仁讓之，漂泊蒼梧間，兩膺緋翣，舊粵撫之護視至矣。告祡（chái），祭天。緋翣（fú shà），喪事。指桂王朱常瀛及其第三子安仁王相繼去世一事。而初撫粵時，即值靖江舉事，使梁曠不戮竟陵之邀使，李希言不詰永王之擅引兵，尚可言耶？指靖江王朱亨嘉自稱監國事，瞿式耜時任廣西巡撫，拒絕擁戴，被軟禁于靖江王府。彼固怒中丞之先事諭軍衛以大義也，已又怒中丞之檄帥調狼以禦變也，揭而上訴，困之邸中，先生正色無所撓。彼將甘心，尚欲挾之，未有以害，蓋已密致闖將圍城矣。獲逆之日，市肆不易，黨與悉縛，閭巷無一人冤者，中丞輯變之功大矣哉！變已定而東人至，攘而上之，故獨傳中丞之節，而中丞之功遂隱不言，此又愚不可及之一矣。

　　憶從端江，嘗獵纓曰："天下亂有其本，本在逆案巨奸。用烏程以苛刻阿邑，排殺善類，内以羈縶左右，外以熏轑天下，十七年陰行逆案之道，而國亡矣。"溫體仁，烏程人。羈縶，庇護。熏轑(láo)，威逼。先生固壯有溉，不合不能忍見，一生扼腕爲此也。以廉吏入給諫，承先帝誅璫，奸人方合算，圖中立，非主公論，罪容定乎？及陰行其道者柄用，罔密事叢，犯之者禍挐不解。先生曰："亂本始此矣。"直糾疏三四上，遂以他中削籍。彼其黨未厭也，後文致之，逮入西曹。幸賴聖明，僅得生還。方抗疏，寧不知黨禍耶？愚忠惟知爭國是，分不避耳。江東初立，或云求舊，先生知黨禍又將烈矣，因其遠我而遠引遐方，今從此地建中興之基，豈非天祐忠臣乎哉？先生以文懿公之風，醞籍兩世，組紱之下，篤志詩書，雖在稠濁，常不釋卷。數經兵火，輒復購求，較讎刪拾之。性特愛才好士，如恐不及。客過伏波者，無不得承顏盤辟，啖後車燔炙焉。趨朝者求示朱紫，忤時者依此蟬蛻。流寓之士，自遠輻輳，視此方吏無鋸項，野無白著，農桑敷畜，猶祝污邪，殆劉弘傳贊所謂沸海恬波者與！輻輳，車馬聚中處，借指都市。白著，流民。

　　先生晚更強健，贍給周浹。每黎明起，發章報答，接見將吏，略治程品，會賓客與談宴。日所行事，必手條錄之。人姓名書往來，舉其年月，默識如流。自去秋今春，鈴閣之暇，時乘興登臨虞山諸勝，麾置導從，散屧郊野，載酒招集，揮麈嘯歌。屧(xiè)，行走。覽《桂林唱和集》，能不想見嘆之乎？智考郭忠武王收復兩京,裴文忠公自東都留守,復同平章事,年皆六十,兼資文武,願以誦祝。然汾陽不能義格神策,晉公不能獎直劉蕡,而先生遇大刑賞,昌言補救,諫官得罪,必爲之伸吐,苟非卑疵而前,孅趨而言者,時時引領西望焉。仲公理嘆蔚蔚胸臆,崔亭伯憂紛縷塞路,要以清議有在,即人心可以不亡。此固先生天性正直,爲吾道揚眉耳。日長君伯申,使其子浮海來省,必知故鄉義旗近耗,而薊國疏已至行在,旦夕首輔督六師,合軍江淮,拜廟貌,還故鄉,朝廷喜北道主人,同年老友,供張享至,而小子從伯申雁行,前伏膝下,奉觴爲壽,斯誠吾道君子千古嘉談矣。又竊羨先生早得一奔越萬里之孫,煦噢嘗膳,言念孝思,以慰忠懷,可不爲先進一觴乎? 勿近以舉案興感也,請先爲上壽諸子作奉觴之歌以誌後慶。歌曰:

登虞山兮望虞山,暘顥顥兮龍江關。率王師兮拜神烈,報故舊兮今年還。稽首兮君恩,扶老兮有孫。橄雷雲兮答桴,菀楨幹兮盈門。湛湛兮離水,采采兮蘭芷。將進酒兮多士,誰作歌兮猶子。馳馬上兮晉詩書,食邑本土兮傳海虞。天子萬年兮赫明明,建南宮兮圖丹青。

和州王良翰傳

王君良翰,字仰周,和州人。崇禎乙亥之春,和州爲獻賊所破,王君罵賊死。死事中,君與州守黎公爲並烈矣。余時僦居南都,聞和州之事詳,魯孺發故時言王君生平。君蓋長者,少以孝聞,行甚敕備,又非娖娖者流。娖娖(chuò chuò),拘謹。居里門,引義然諾,不旣信。士之穿決攻苦食啖,皆取賴焉。和之士,不必丐貸,以有王君之好施也。教家嚴正,子弟無敢不劻劻者。年五十,爲鄉耆賓,自州侯往往式其門閭。嘗曰:

"吾儕有數畝負郭,足以飦粥。飦(zhān)粥,稠粥。有先人之敝廬,足以庇風雨。扶杖稱老,以義自處,固人生之至樂矣。"其訓人如教家然。當賊旁午大江以北,中都之寢廟,且以束苣。苣(jù),火把。沿江城邑,亡慮匈匈謀渡江。王君慨然曰:"士守墳墓,從長吏。有急者,子弟爲父母效此土捍禦,庸亡何爲?不幸而死,死義。人何能不死乎?"一時翕然,遂倡守具。嗟乎,承平久矣,一旦搶攘,民不知兵。州守故賢者,獨仰天曰:"死耳。"城始閉,賊蟻附一日而破。破之日,黎公闔門自到,王君則爲賊得,罵賊不止。賊刃下,先其鼻,血流溢吻,飲以噴舌,聲愈厲。王君之子用賓,以身衛父,賊斫之十數創,以爲死,且急淘擄,貪它鈔取,故置之。淘擄,搶掠。用賓得少蘇,而王君竟死,此固其生平以義自處之志也。王君之妻魯氏,先王君死。其諸子方爲賊驅,子婦四人,與其女,同時死,死于一室。賊火夜發,四周燃盡,而此一室存,五尸如生。猶有二小口,雖餓不能言,然夜隨其母尸臥,蓋其異哉。黎州守名弘基,岳州人,狀元黎淳之後。史臣曰:賊初橫江北,獨和城破,殺傷最慘,然士女死義比比。今無城不破矣,安所可望和之士女乎哉?魯孺發以其宗族及本州之死義者請於朝,皆蒙褒卹。又遺書余平西山,爲其同里王生用聘、用極,爲其父作傳,又余舊聞之者,于是乎書。

劉大司馬傳略

自己丑隱平西山中,因留守所蕆蕞近年事,爲之檃括。檃(yǐn)括,剪裁訂正。虔州之難,楊機部[廷麟]、郭雲機[維經]、萬吉人[元吉]、姚有僕[奇胤]、龔建木[棻]、黎美周[遂球],同死最烈。此後吉安山中之幟,先後俱盡。如劉須彌司馬,其一也。適吉安諸生劉大樸，從安福轉桂東，入營道，來言西江事，因略記之。劉公諱士禎，萬安人，中萬曆壬戌進士。萬曆無壬戌年，據查繼佐《東山國語》載，劉士禎爲天啓壬戌（公元1622年）進士。通籍二十餘年，秉豫章之學，方梗任質，不求偷合。歷侍御，藩臬浙、黔、閩、楚、粵，凡七省。藩臬，藩司、臬司。所至先難任事，事不能憶其詳。當崇禎癸未，簡命南京兆，以控辭，陳悉及朝端之要。總憲茂明李公常舉之，余所知也。受事及期，而甲申變矣。公分一死，與姜、張諸公議恢復諸策。時偷安半壁者，不過定鼎一語，徹擁戴，超殊異耳。畫清溪爲鴻溝，豈不誠如卞彬所歎哉？公侃侃曰："今日上下，惟有背檐瀝膽，誓清中原，滅而後食，鞠躬盡瘁，義節爲大。"彼都人士，皆能言之。言之非難，而新亭藉卉，竟無言者，是以知忠貞之言與呦俱，蓋天性也。由通政領工部尚書，時阮、馬障天，羅織善類，公孤危在朝，猶施救護。禍將及矣，以無所得中，僅而獲免。忽忽有劫駕棄城之計，公星馳扈蹕，破竹之勢，土崩瓦解，昏棣之毒，道路指之，一年矣，可奈何？歸至西江，與楊、郭諸公歃血，大建旗鼓，羽檄滇、廣各路，雄師數萬，假天之威，每戰輒克。値八閩立天興府，起公大司馬，勅諭聯絡江楚。吉贛二郡漸開，未幾而萬督喪師，竟以決裂。天顧有在，端州告祟，召公大司馬，并大司寇，屢奉温綸卷卷，勅屬湖南首事，義無所顧，變產破家，號集虎落，旅距且有年矣。己丑七月，大被圍困。公之子肇謙被繫，囹圄迫迕幸甦。其弟肇頤憤嘆不屈，箭刎而死。公乃冠帶東向拜，呼神烈山諸陵，在天之靈，引罪自責，刺血繕疏一通，作絕命詞一首，急馳書撫州揭公，勉以國事，瞋目怒眥，數日不食，以畢此命。大樸曰：畢命之日，可謂從容矣。野史氏曰：今日無往不死，死惟恐不得其死所。至於能用其死而不死者，豈非天乎？劉公後，傳姜公曰廣、傅公鼎銓、揭公重熙，皆殉節，不得其顛末，並略記於此。[大樸後亦死于曹志建營]。

不改居默記引

不改居者，余流離南楚西粵所作之行鄢也。兵燹之間，所過籬落，陋巷穿敗，設此鄢之，未堪宗茂深蘇門之圖，聊當扈伯重甗甋之廚而已。宗測，字茂深。《南齊書·宗測傳》："測善畫，自圖阮籍遇蘇門于行鄢上，坐卧對之。"扈累字伯重，三國時人。傳說其以甗甋鄢，施一廚床，食宿其中，晝則潛思，夜則仰視星宿，吟詠不輟。既已堅坐不起，苟有饔飧，長日無事，猺獐雜處，構書爲難。自北變以來，一字都失，時復記父師之訓，半生之一得。豈曰三篋不遺？《漢書·張安世傳》："世書三篋，詔問莫能知，惟安世識之。"抑亦元禮瞥觀省覽之好也。永曆己丑涂月，愚道人方以智識於平西山中。

與留守相公借書

伏處平西山又一年矣，有斐既歸，倚杖隨影，所戀戀者，惟此殘編，時一披對。野人見者，未嘗不環視瞔瞔。瞔瞔(zhāi zhāi)，睜大眼睛，驚奇狀。村塾一二里師，其訝更甚。望如退之當日之區生遠來一語，何可得乎？間數月，亦有軒車策騎而入者，留之信宿，語不及此。道其懷來，非汲汲于桂林，即欲向行在者，望以平昔爲之道地。又汲汲行在不暢意者，望爲之道地于桂林也。幸有留守相公，爲愚道人之父執可以一行，然非其本願，即有所語，塞責而已。向曾求幕下有開敏之士，分一就王隱以屬稿從事，亦征西之雅志也。王隱字處叔，晉元帝太興初，召爲著作郎，令撰晉史。後以謗免，黜歸于家，貧無資用，書遂不就。乃依征西將軍庾亮於武昌，亮供其紙筆，書乃得成，詣闕上之。事具《晉書·王隱傳》。以此觀之，知必無此不事事之一木石人矣。嗟乎，功名人之所不能漫然者也,況今日之易耶？自流徙五六年,五羊之海,灘江之洞,夫夷武攸,以至沅靖之深山窮谷,凡爲愚道人一屬目而接談者,無非明知沸鼎,冀望一游者也,此何足怪？可怪者,愚道人當此時,皇皇求一人同讀書,而樂其所樂,知老年伯固已捧腹久矣。今不復望人,惟望架上之書,分其十之三四予之。此日之仲宣,必不向許下一寸,其不負中郎明矣。《三國志·魏志·王粲傳》："粲徙長安,左中郎將蔡邕見而奇之。時邕才學顯著,貴重朝廷,常車騎填巷,賓客盈坐。聞粲在門,倒屣迎之。粲至,年既幼弱,容狀短小,一坐盡驚。邕曰：'此王公孫也,有異才,吾不如也。吾家書籍文章,盡當與之。'"乙酉在姚有僕署中,所輯《史紬》,猶出草草。老年伯抄本,聞以予客生。客生僕僕魚佩,翱翔金華,何暇閱此？不如見還。若再兩年,巖穴餘光,當有條緒,足供後世。所以望開敏之士者,匈匈不可知,有非筆所能及者,欲以傳之于將來也。鈴閣森森,何爲及此迂緩？然知羽扇之間,不妨一笑。

夕可先生贊

　　姚夕可先生者,杭之西溪人。衛公爲紀其行,謂余贊之。當板板之末,伏于表薄,而涸於市廛。表薄,草野。西溪以至南北峰,曳杖儲與,如籬落間。世之所盛鼓吹,襐服金襡以恣者,即古之逸士所以振足激天,大雨響至之地也。襡(shǔ),長襦。先生嗜奕,不必其坐照,未嘗非坐照也。坐照,通過禪定而觀照正理。嘗出,以黑白子著算縢,要諸掖,逢人則延以就地,松下移晷,披襟當風,此豈營營計勝負者乎？縢(téng),囊。有酒必醉,無論其人,呼大白屬之。已發聲撫拍,仰天而歌,視肆中與單外等,旁若無人。人亦不知其所謂,謂之狂叟。先生曰："我何狂？謂我以夕可狂可也。"噫,先生其朝有所聞者與？余自歷世變,轉側九死,倘然曰："道不必聞,死無不可。"恨不即見先生，一問所聞，得毋莊生之可乎可、不可乎不可者哉？嗟乎，世人無慮無如死何，因而諱死。先生乃以死著之額上，以爲號，使呼之於人間，是直以其額爲鐸，而世未有真相可之者。有子曰湘，能文章，爲人峭而遠，每一念至，眇生死而不顧，真夕可先生之子也。余故可衛公而爲之贊。贊曰：我不我可，謂我有生。生本不生，復何所聞？天以之幕，地以之席。齁且萬年，莽此朝夕。齁(hōu)，鼾聲。莽，大。知可以夕，即可以朝。敖弄塵垢，游矣逍遙。維伶有鍤，維泉有壺。《晉書·劉伶傳》：“常乘鹿車，攜一壺酒，使人荷鍤而隨之，謂曰：死便埋我。”澆此黃土，舉世嗚呼。可黑可白，可止可行。羅什多事，成龍鳳形。《酉陽雜俎》前集卷十二：“晉羅什與人棋，拾敵死子空處，如龍鳳形。”先生之號，驚此終古。霹靂半天，問之無語。愚道人智，題於平西山中。

書莊子後

若夫爲不善，非才之罪也。語出《孟子·告子章句上》。或曰皆才之罪也，懲咽廢食乎？煉其才而善用之，才與不才之間，似之而非也。《莊子·山木》：“材與不材之間，似之而非也，故未免乎累。若夫乘道德而浮游則不然，無譽無訾，一龍一蛇，與時俱化，而無肯專爲；一上一下，以和爲量，浮游乎萬物之祖，物物而不物於物，則胡可得而累耶？”才全而德不形者，誰乎？順化爲才全，物不能離曰德不形，參見《莊子·德充符》，文長不具引。歇庵謂才贍且追逐，何暇從事枯淡之道哉？然安知今所從事非惑之尤乎？有逆施而後獲者，勤之所以息也。莊子生戰國而全其天，彼時貴人，不盡橫死，而老死牖下者無算。即如稷下三千人，亦多善終，何嘗不全天？豈皆聞道耶？所難者，莊子以絕世之才，自知其忍俊不禁，而別路以爲善刀，不犯鋒芒，使人莫爭，不墮暗癡，留其高風，故爲貴耳。魏公子牟之巖穴，難於爲布衣之士。《莊子·讓王》。卜梁倚有聖人之才，故女偊告以聖人之道。《莊子·大宗師》。無其才而藏拙，反以道爲名，是欺德也，豈足以服才士之心乎？據質而論，才有大小，悟有淺深，究因其所長，各如其分而止，不能禁，亦不能強也。學問深造，變化甚微，是聖人之所惓惓耳。

曾少司馬墓誌銘

余隱平西之二年，虔之二曾，以書爲其尊君請誌銘。余自惟通籍後，即辱與韋庵先生交，今以盡瘁終，是何所辭？誌曰：

公諱應遴，字無擇，本號二濂，慕營道之濂溪也。其號韋庵者，自以天性弦急，見事不能忍，常自矯艾，故佩韋焉。然其生平坦直剛毅，任儓不畏難，自爲名諸生，至督軍秉中丞節，如故也。公中崇禎庚午鄉試，甲戌進士。主西曹事，審決江北，所至稱神明，調職方郎。職方爲中樞邊腹之要領，叢脞而任怨，戊寅、己卯之間，岌岌乎難哉。

先帝時，■騎三入内地。喜峰之入，自戊寅冬，至己卯夏乃出。其始入也，破昌平，逼畿輔，攻西阜門。公所商略布置，多出成算，中外賴之。而宣督盧公象昇援至，京城始解。然躪兗、濟、臨清，破州縣七十五城，以溽暑而引退。其時尚以此紛紛敘功晉級，公喟然曰："封疆至此，尚貪天乎？"已改兵科給事中，痛發其所目擊，上嘗嘉納之，然行之難矣。天下之壞，不壞於加派乎？臨軒策問，欲追聖祖養兵，不費民間一錢之良法，公議腹邊二屯法最詳，而部覆不行，滋議加派，從此益紛擾，民不堪命，柄國何人，能辭無策乎？十庫改折，金花織造，一支補，即數千萬。天下既不講求經世之務，大臣又忌諱，不敢深切更新，大率固寵保祿，推諉而已。朝廷方銳法苛核，宰相逢迎，又藉以喝言者。言者多被嚴譴，動則曰眇視、曰沽直，廷且杖矣，公卿廩廩然。公率本鄉以水災求蠲則得請，因風霾盡瞑，上《天心民命疏》，劘切聖躬，以軫念始爲修省，天子爲之動容，覽疏畢，行陛數帀曰：「予一人罪也。」諫官自有其道，豈憂九重不霈威哉？

　　庚辰廣寧報盤嶺之犯，公策其借廣義爲犄角，持久計，欲乘其營未固，遣銳出師，奮斫老營，以招至海鮮水師，牽掣其後。疏上未報，適有高麗國使李舜男見旅順北岸，已駕鮮船啣尾矣，此皆防邊六要中所預陳者也。未幾，督江粵餉，餉不足額，雖曰民困，實奸胥之梗也。廉得魏衡等立辟之，又除奸役，以淮米僉發窮里之弊，復官爲起運，民始得甦。當其爲公也，雖親舊無所私。有故人子載米十餘艘，乞放，公念民饑，不忍以私情鰥父母之邦，捐橐謝之。及歸里，一無營，惟就西疇爲梅逸公建祠，創立祭田而已。梅逸公，公之高祖也。餉竣復命，遷兵都給事中，是時邊益棘矣。往者各口有款賞，任邊者乾沒之，而虎兔永卜諸酋，日以携貳。今三十六家部落，爲吾守邊者，皆掉臂歸■矣。東江乃搗穴牽制之一勢也，東夷又去矣，僅僅一山海關，丸泥可封乎？公疏陳固關，必恢松錦。恢松錦，必陰間諸部爲吾用。今計惟借資馬市，使哈卜德我來歸，松錦可指顧取也。然主者習故習，因循不之省，而洎界嶺、黃崖不守矣。督師范志完束手無策，■遂襲破萊蕪、長清諸城，再逼京師。聖上焦勞，惟倚重首輔視師，逗遛不行。公憤甚，抗疏促之。嗚乎，其罪豈止此時耶？天生相縣以貪冒爲性，■將出，諸帥欲坐而冒功，督師怯不能戰，知罪大竭力苞苴，其曰■以多金致首輔，買口而出，且勿論矣。時趙公光忭兵追之，亦失利。志完錢神所及，遂使罪歸于趙公。公尤憤激，立草功罪大案，疏糾志完誤國，爲光忭訟冤。自內閣兵部文武諸臣，無一寬假。首輔百計彌縫公不得，而諸權貴忿阻，轉攻趙公，竟同志完西市，豈不惜哉！

是時自河陝襄鄧，已大苦寇氛。上每文昭德政中左召對，憂形於色。公言國家病在兵自兵、民自民，兵日擾民而民日怨兵。如使兵民合一，要當慎選守令，操練以備緩急，無事則擇地耕屯，有事則整槊待戰。又言淮揚、朝蒲、兗青三處，宜分鎮厄防，以爲京師門戶，最委悉中機宜。上嘉允，然竟寢者，宰相無擔當決斷之者也。公掌科來一年，疏論盈尺，忤時招忌。錦衣鎮撫駱養性特疏款列上前，欲構公。上曰："遴在兵科久，得罪人衆，中豈無讒言？非黨也。"事已竟釋。公六疏懇斥，乃許之。過別總憲李公邦華，言及國事，相對鳴邑。次桑乾，遙見寶頂，誠不知叩頭流涕之無從也。抵舍而三月十九之變至矣，哀號幾絕，變產勤王，沿路募兵。閭巷之勇決，素食公德，往年獻忠破袁、吉，公疏設兵駐寧，以曠地課稅供餉，後土寇陳福保竊發寧都，獨聞公義，無不願執挺者。已得南都旨，禁止義師，師遂散，捐金歸有司。此以知南都之政，其亡也忽焉。以東南半壁，正人心以守此，可以晉宋，而爲馬阮昏椓至此。每望神州，痛心嘔血，遂成痰飲之病。

乙酉八月，思文帝天興告祭，起太常寺少卿。相國楊公廷麟，人望也，書勉恢復，強病就商之。而公伯子燈，素然諾，已與永寧監軍陳丹等，有招閻總之謀。閻總，大寇也，自崇禎戊辰蹂江閩，焚剽村里，官兵不能制，虔屬邑苦此久矣。公以寇必與■合，爲禍益烈，縱百萬豺虎，欲不噬人，得乎？國家方急需兵，既資以禦敵，又消地方之蠚，是一舉弭內外憂，莫便於此。蠚(zéi)，害蟲。相國喜贊，即遣燈拜疏行在，召對，擢兵戶主事，督催丹所募，敕相國同公悉心招撫。勅甫至，陳丹已先令羅纓魏勛往諭之。公直強病，與守道彭公期生，入其營，語之曰：："爾輩受祖宗三百年水土之恩，不能操甲胄以捍圉，顧哨聚以糜爛鄉井，罪豈容誅？今皇上俞允招撫之請，恩至厚，正更新立功贖罪之日，勉哉為中興功臣。"于是首禁焚殺淫掠，以軍律稍整戢之。時衆新撫，所請或不允，輒瞋揚眉，公以情法馭之，尤費調劑。自古招倈，必先自成勁旅，故指臂使之。今事出倉卒，袖手起田里，所以能服之者，至誠與大義也。相國調援湖東，移營黃金高樓，候餉未發，而土民以撫衆故寇也，頗懷猜懼。公欲呼其父老與語，釋其疑，會有大桀煽動為亂，土民益疑莫敢前。已遂噪公舍中，為之一空。撫衆欲為報復，嚮集城下。公命次子燦急走止之，遮道哭拜諸將，為之感泣，乃不竢給餉，即日拔營渡河而去。三月，升兵部侍郎兼都察院右僉都御史，三賜手勅，督湖廣師，命所撫為龍武新營，以寵異之。五月吉破，圍虔，虔督萬公元吉，求援于相國。相國率標兵南下，燈亦督陳丹兵至虔，一戰而潰。公愴然以虔為閩越咽喉，一不守，天下大勢去矣。吾龍武一旅，分當緩湖東，先援虔。時燦亦受職方，監本營軍。公呼燦曰："吾父子受國重恩，今不報，其尚何待？爾速趣軍救贛，吾雖病死，無容辭。"燦泣求諸將，或不應，更以餉為辭。公計窮，乞丐得二百金分給之，曰："此何足餉？示投醪而已。"投醪，同甘苦。諸將乃大感奮，並辭二百金不受。十二月冒酷暑，數萬人徒行二百餘里，無怨色。抵雩，相國喜慰兼至，而前軍抵贛敗還。公怒，欲親督戰，會萬公貽書，以■退皂口，止援師薄城，而公愈憤，病愈劇矣。劇甚，燦何忍視其父，委此無益，昪公依山，營遂解散。當其時，賈勇者渠率也，餘十半思歸農矣。又里民舊嫌未釋，故相忮懻，主者又病，欲無散，得乎？

逾兩月，公少蘇，聞汀贛之變，伏枕嘆曰："嗟乎，吾故撫龍武為國殺賊，不幸衆散歸籍。雖十萬盜賊已為良民，虔南閩越,無剝膚患,亦十世之利,然非吾之始志也。今若此,吾生不如死。"遂椎心垢面,頓亢絶食。太夫人勞之曰:"吾尚在也。"復勉遷延五閲月,語燦曰:"吾終死已矣,國仇不能報,少孤,又不能終養吾母,死且有憾。"遂暈眩不能言,卒以此死。死且曰:"吾忠孝未盡,死勿旌我。"嗟乎,孔北海之志大矣,終以書生無成師藉手,徒爾意氣感激,是以不得遂志。然士君子處此無畏難選蠕者,況公素剛毅任事者乎?人安往不死,死此盡瘁之心,君子之所講也,古何人無憾哉?

公生萬曆辛丑四月十一日午時,歿永曆丁亥十一月二十五日寅時。娶温氏,封安人。側室楊氏。子六人,傳燈、燦、煌、煜、煇、炤。女四人。孫四人,儆、俶、倬、倫。女孫一人。伯子傳燈、次子傳燦,已詳前序,皆引義忼慷,能文章。以亂故,改葬公萬斛里第一橋,是用銘之。

銘曰:芒芒古人,犖犖此義。不惟其功,當論其志。家濂溪左,天生毅毅。必於儒者,死生從事。正笏立朝,爲直言士。康回殄國,抗章無忌。康回,共工。殄,絶滅。辰告訏謨,表左歷試。辰告,以時告戒。空承允嘆,奉行骫骳。骫骳(wěi bèi),無骨氣。知亂瘝憂,悼天其墜。倏焉南北,淪胥以棄。倡義禁止,捐金儲峙。周屺賀循,躬耕以俟。天興奮興,病中踽企。招徠草澤,棘矜布置。彼蒼用餕,惟有盡瘁。土雅塢主,親客比伙。伙(cì),輔助。希馮本土,尠蝎容易。傷哉今日,是何時勢?不然南奔,粤有餘地。平原道徽,退亦無罪。烈烈髮指,仰天直視。寧灑此血,喋喋吐氣。儒生命矣,天予良嗣。克成前烈,以待碑記。

祭鹿公叔祖文

嗚呼,公之同我南奔也,其親見我之封刀愚血耶?其憐我之命窮耶？其憐我之才當以窮益工耶？謂我累世紈袴子，能衣敝履穿，犯霜露，啖粗糈，重趼千里，此非人所及。又遭不世之難，磨不世之險，反被不世之冤，而逆旅饑寒之間，毫無愁容，嘗云以曠達行其謹介，今脫略生死，超然得失，真有老莊之風，念與求隱，老以歌詩，其願同也。故南都之赫炫白版，公慨然而棄之。赫炫，顯赫。白版，無誥命之官。已延汀之印鼓璀璨，知交無不流連者，公斷斷贅余之遠逝焉。鹿公其材，何往而不可官？自隱白沙之耕，實無意也。端州造會，人求公不可得，用公不可得，始嘆此公真鹿門之志矣。《後漢書・龐公傳》：龐公者，南郡襄陽人也。荊州刺史劉表數延請，不能屈。後携其妻子登鹿門山，因采藥不反。今虞山乃以職方相重，固已重公之所輕，而公不及受，豈非公厭此塵世哉？嗟乎，余之悲也，約隱定隱，隱竟分背。復來尋公，公竟長逝。值此攘攘，人生如寄，曠然遠覽，塵土富貴。酒以埋憂，詩以對臆。生既逍遙，死何屑涕？道風念舊，是不可以不誌。乃遣伻至西寧之鄉，爲公立碑而祭之。歌曰：靈乘雲兮鴻鵠與飛，不見兵燹兮山川是非。極目滄桑兮，故鄉可歸，可以不歸。

鹿公小司馬墓誌銘

職方主政鹿公方公，余族叔祖也。同余患難來嶺南，計買田西寧爲隱計。公先入居，余以倉卒走楚，復以戊子冬入桂林，踰年知公即世，遣伻細訊陳喬生，及趙將軍，爲理葬事。余堅不作官，遯居平樂之平西。兼阻兵亂，庚寅之春，專人竣役山中，遂以交分，不嫌行卑，敬誌諸石。

公諱龐，本名大掄，後慕鹿門龐公而改。自爲諸生，躬行謹樸，而中懷倜儻。以睊眦於貴人，公又巖巖不爲之下。後爲他事伏闕,其胞兄弟不免於理。北都之變,同逃出東便門,丐貸而南,反爲郡仇所陷。公感我萬死不屈,遂相左右,歷台、蕩、太姥,過程鄉老龍,入五羊,投姚有僕。有僕義之,與黎美周、梁漸子、陳喬生,皆相唱和。晚乃好學,爲詩益工。福州創建,香山再三挾余行,余避之。公以余爲是,速決隱地。丙戌遇端州監國,當事聞公名,欲官之,公竟入西寧矣。余家累先在康州,因與當事不合,不入班行。車駕復還端改元,余則堅卧蒼梧溯甘村之口,忽忽亂至,隱約遂失。戊子反正,天子復以端州爲行在。粤西中丞魯公,聘公參軍事,廷揚之。留守桂林督師瞿公,題公爲職方主事贊理。及余再入粤,問公,已不及受,故知公必不出也。

銘曰:雙鹿遺風,公其尚兮。白沙之衡,惜余望兮。靈其逍遥,詩以思兮。躬耕之地,今以祠兮。公生于某年月日時,卒於丁亥年月日時。有子在桐,此山淺葬爲隴隧,以可扶還也。

稼軒瞿相公傳

公諱式耜,字伯略,蘇州常熟人。稼軒,其號也。瞿氏在本朝最顯,文懿公景淳,中嘉靖乙未第一,其制義學者稱昆湖如闕里,即公王父也。瞿景淳字師道,別號昆湖,官至禮部侍郎。文懿公生星卿公汝說,中萬曆壬辰進士。星卿生公,中萬曆丙辰進士。奕世閥閱,蓋其盛哉!乃公少折節行寒士也,耿直自遂,明其家學。邵文潔公多公無世禄習尚,以女孫妻之。初筮永豐,直指察廉敏,上治行最,江西人至今無不稱公耿直者。直指,朝廷派遣之巡察官。當上計行取,忽星卿公病,輦下心動,方候考,欲馳還,同資皆驚,固挽之不可,還則易簀前兩日耳,孝哉感乎！上計，上報計簿，借以考績。行取，調任京職。自此一生，公遂無登高日，以星卿公忌在重九也。

崇禎改元，復應部徵。先帝擢給事中，未數日，彈諸事皆徧。時宜興、烏程，相繼柄國。宜興，指周延儒。烏程，指溫體仁。龍飛首政，欽定逆案。逆案之奸憝，千百其伎，欲行胸臆，乃變南黨爲時局，柄者得之，植根于內，詗宮中喜怒，以便阿邑，一切深故文巧，若無所私者，可以固寵。固寵必塞言路，言者必故以他事罪之。外不敢言，而內日密。相繼七八年，漫淫進孰，逆案雖不能起，而陰爲逆案行胸臆，翦除善類，自示仗馬之威，小人之計得乎哉。或爲上所覺，則暗傳其術于後人，烏程所以號傳衣也。公勃然論之，視此不直言，言復何爲？疏再三上，竟忤旨削藉去，禍且不測。僅見斥，同輩爲公賀，公曰：“禍自未艾，然君子正無所事辭禍也。”亡何，復社難起，果因它以中公，緹騎逮理，舉家匡懼。公坦然就膠致，死生以之，豈動色乎？久之，天子知其無它，罷歸田里，如是者十六年。

北都既變，留都建立。公以夙望起少尹，條恢復之議。馬、阮用事，豈惟議不用，且深疾之，方翻先帝十七年之案，昏椓摩共，朝不及夕。公之出撫粵西也，以瘴徼稍稍遠引耳。抵粵西，留都變矣。福州稱天興府，隆武甫頒詔，而靖江王以桂林稱兵矣。公在蒼梧，其牙爪挾公以上，百計要脅，公雖鼎鑊不爲動。密致征蠻將軍，外合端州兵，而平之。公功甚大，而以節見，東督授平粵伯，而西撫惟少司馬，公豈以爲少乎？平粵，旋進封侯，總督如故，而延汀喪矣。平粵總督者，丁魁楚也。今上向駐端州，端皇考生安仁、永明二王，安仁于天興，已高克讓，今獨永明，巋然神宗之孫，誰不歸心？隆武帝時時言屬之，豈須猶與？比總督擁眥次如山，惟欲走耳。公强責之，乃進箋監國，然彼復結中人爲之地，自處首揆，以少宰處公，加同參懷。雖同參懷，權不自己，區畫無所聽。端州梧州，車駕往返，廷爭不得，一遷而瓦解，夫何怪乎？

　　丙戌之冬，翠華西上，而總督竟入岑溪，卒以餌降，又焚其身。公曰："彼能分十一以資朝廷，猶可以背城借一也。"歲丁亥，爲永曆新元，駕至桂林，公始秉政。乃進岐亳奮興，不以地限之論，而羽燧押至，朝咸股弁，內議幸楚，公卿失色，無能言。羽燧，烽火。公獨侃侃，既陛奏，又闕陳之，一二日凡十數爭。爭不能得，行宮夜戎裝矣。公知不可留，願自留守，排闥入，言天下之所以亡，今日所當痛哭者，走而已矣。自兩京至閩以至此，走一城，失一城，走一步，失一步。皇上即自萬全，臣犬馬無賴，惟有死此，臣願獨請留守，車駕左右爲之動容。上慰勞，即賜留守敕印而發，此留守之始也。上躓全州，心念公忠，獨留守危桂林，素無重兵，何以支持？詔令扈駕，又遣使敦諭，公手疏反復，言其不可。時■已屯梧州，奄平樂。征蠻將軍思恩侯陳邦傅分守平樂，棄入柳州。■竟發躑陽朔道上，桂林城中無一官，獨留守坐文昌門內耳。躑(bō)，行。公散家財，募奔命，有黃沙將焦璉，宣府敢死士也，素立功粵徼，平八排，卻湖南賊，受公知遇，同守不去。丁亥二月，平樂有孝廉黎獻，勾■入寇，載西省官屬符印，旌旗蔽道而上。焦璉方從野外來，分兵城北倉給米。■六騎入南城，嗀箭旗亭往來。公立署門，招士卒，殊寥寥也。拊焦璉，璉奮步挾箭出，虜中璉背，璉收血射殺之。市上兵始合，閉城門，獲其數騎。然外騎沓上，矢集如蝟，乃賈勇開東門出壓之。城上呼聲動天，遂大克獲，追至竇氏羊角而還。全陽聞之，爲加御膳。武岡將劉承胤來迎駕，意欲分功，以兵一隊佐桂林，反與焦營角，譁索公門。公坐堂上責之，遂劫焚民舍而散。此一亂也，璉亦被創，公復慰璉任事，親裹其膕，邵夫人悉簪珥以供軍。膕(guó)，膝部。甫半月，恢復平樂。

露布至行在,行在又在武岡,劉承胤封安國公,威福自出矣。公猶以疏爭行在當蹕桂,不則蹕全,何得奉天、寶雞之行。露指承胤,承胤連邦傅于柳,欲掣公肘。公直劾邦傅,明知膏身殉國,無所惜也。丁亥八月,承胤果賣國以降。幸祖宗之靈,聖駕由靖入融,公拜疏龍城,迎蹕桂林。嗟乎,當此時,普天腥羶,獨留守守一桂林城,屹立以待南巡,豈非天哉?

承胤既降孔有德,而王進才、張光璧、馬進忠,各營退散。郝永忠從永退全,何中湘因之保桂。詎知狼子野心,終不爲用。十一月全陽之捷,可以長驅矣,顧乃安坐索餉。戊子二月,索桂林,掠公卿,劫駕。雜容之舉,公非不知之,要以先國後身,舍此安逃?故坐受其展慘毒而弗避也。郝永忠既走,何中湘在永寧州,公收合餘燼,招中湘出,而■騎至桂林北門。適有周金湯閉城,城上發炮擊之。焦璉輩合力死戰,鏖甘棠渡,敗之。追及靈川,又敗之。進據溶江,游屯興安,而田之。三月復全陽。此其轉敗爲勝,皆留守忍慘城中之力也。是年正月,江右金王反正。金王,金聲桓、王得仁。已而李成棟以廣東反正,陳友龍以靖州反正,馬進忠出復常德,何中湘率趙印選、胡一清、曹志建諸將,直恢永衡,且通長沙。朝廷封公臨桂世伯,進吏兵尚書、武英殿大學士,賜蟒玉,公辭不受。蓋其封賞諸公,尚失次第。如金聲桓封豫國公,復改昌國。王得仁封建武侯,改封建國。二營皆不受,致傷國重。李成棟初上表章,引罪恭謹,朝廷獎敕過當,虧損大體,漸生其驕,後何以制?語甚詳切,而詔指乃陳邦傅所出。聖駕自柳而南寧,南寧而潯,邦傅在潯,故專斷賞罰,自封慶國公,世守粵西。其子封侯,妻父毛守憲封寧端伯,幕客胡執恭封武康伯,濫極矣。留守痛之,奪其世守,乃一則也。

李成棟既迎駕,以端州爲行在所。內一敕封八伯,即成棟亦憂之矣。小人視兵勢薰蕕,則相謟附,朝端選耎,則委曲市恩,留守虛言力爭,能免方枘圓鑿邪?枘,原誤作"柄",據文義改。薰蕕(lǎo),彌漫。謟(tāo),僭。朝端,朝廷。選耎,怯懦。或説留守以此時選將練兵,與邦傳爭强,轄收經賦,資鹽榷,屯興靈之田,以養守戍,畜威訓厲,外禦强暴,内清君側,如此然後可一號令,風行山立。留守純臣也,儲與未決,過此則豫章報陷,常德自棄,成棟醉潰于烏陘,友龍見獘于永忠,何中湘失足于湘潭,境日以蹙,政日以靡,烏能復改弦更張乎?何封中湘王,旌死難,報前烈也。公哭之痛,曰:"君去矣,安所留吾?吾畢吾留守而已。"朝廷有大得失,必抗言無所畏忌。諫官有敢言者,輒録其奏疏,撫掌嘆息。行在數播遷之後,恩怨依倚,自相引排,朝廷且有詔獄之事。公爭之如爲諫官時,雖不見信,然貽危之廟堂,亦因以存國體,顧不重乎?

己丑四月,警忽至嚴關,桂林之城又空矣。留守晏坐如平常,諸將因少定,而關以之守。守桂林前後四年,血戰存城者三,中歷暴掠者二,天性忠貞,倉卒素定,故九死而不移也。生平讀書好客,雖在旁午時,緩帶詠歌,客至即和之。常熟古虞山,桂林有虞山,故自稱虞山老人。常熟有東皋,故于伏波對渚,顔曰小東皋,與客談笑。知其詩者,大都劉琨破涕之音。小東皋者,知不復歸,志死其地耳。五月邵夫人即世,即殯之小東皋。適公孫昌文,以邑士趙延年力,浮海而至,正會其喪,公于是以諸事屬之長孫。自分必死,勉强支吾,朝廷有不能行者,將卒有不能行者,日夕惟有悲歌耳。悲乎悲乎!庚寅六月失龍虎關,復力扼之。至十月,恭城、靈壁、大溶三路困憊,兵饑糧盡,民刮骨矣。一月五日,諸將走矣,城遂坐破,臣力竭矣,可奈何?

將破之辰,總督張同敞,勒二馬邀留守行。公曰:"吾以君爲來同我死,我豈出此城半步者乎?"張公義之,便留同死,呼酒痛飲,飲盡乃衣冠往而見執。雖孔有德之喑啞叱咤,虓闞酷暴,無所屈也。喑啞,怒叫。虓闞(xiāo kàn),強悍。謂公坐,公曰:"吾不知此鳥獸坐。"昇牀坐之,爲訊細故,公曰:"分有一死。"閉之復室,令降者胡服,或隨帳諸同鄉人出入更勸之,公瞑不答,與同敞賦詩已耳。有德一日自往說降,同敞厲聲噴罵其面,每一聲,公從旁爲拊手擊一節。有德令摑同敞頰爛,然猶未敢害公。踰月以所親堅報陰爲道地,公曰:"死耳死耳。"會以絹帶達焦新興,令其間舉,爲邏卒所獲,遂與張公遇害。同時反接,營人聽公翔步至風洞山,公曰:"此山吾素所愛,當死于此。"刀兩下,口猶恨恨絕命詞也。尸即葬風洞下,百姓合城野爲號哭三日,天爲作風霾大雷電,陰雨二十日。日有公故糧道降者,無病呼公赦之而斃。公故旗鼓獻公孫于營,亦暴號見主公嘔血死。■營將士,咸夢公爲神。公詩傳播,孔虜亦聽之。古人嘗稱萬世下有生氣,信其然乎!

　　公三子,長玄錫,壬午舉于鄉,公所命守墳墓者。次玄鎕,間關歷年,達粤西,未見父而桂破,孝子之命苦矣哉。三玄鏡,被擄時,五歲,罵賊曰:"吾宰相子,汝安能害我? 我有日當報汝。"此亦家門天性矣,今在昌文處。智曰:余父與公同年友,受魏瑒之難,先帝詔舉職方,公所薦也。余二十游吳,公開東皋飯之。忽忽二十年,同在天末,悉公甚深。今亦見執,誓死而未死,故痛哭灑地而爲之傳。

卷十　猺峒廢稿

夫夷山再辭疏

　　詹事府少詹事兼翰林院侍讀學士臣■■■謹奏，爲庸才萬難勝非常之任，塞命不敢膺非次之榮，仰祈聖明，垂鑒愚誠，以免誤國事。臣自聞命之日，驚懼失魄，方瀝血控辭，冀蒙矜允，近奉聖旨："卿名臣家學，典博鴻儒，立需嘉猷，共襄國步，即日就道入直，以慰佇望，不允辭。該部知道，欽此。"臣益擎首惶恐，心顔無措矣。臣之惴惴，一則不敢以後進淺倖，踰越老成，超厠非分，一則自矢不加官，今一旦連冒殊榮，貽謗增累，何以自解？然所以懼死愧死者，尤以國事委任，必賴非常之才，經緯並濟。以臣庸劣悴憊之身當之，其于覆餗，即在舉跬，若復隱忍，臣肉其足食乎？覆餗，力不勝任而敗事。語出《易·鼎》："九四：鼎折足，覆公餗，其形渥，凶。"謂臣尋章摘句，優俳諷誦，此力所能勉者。謂臣前臨難不屈其節，此臣不敢不自礪者。若責其有撥亂濟變之略，臣雖碎首，何益萬分？夫朝廷用一人，必先養其資望，足以服天下，練其才具，足以理庶務，然後舉而用之，瞻拜得體，遠近相信，建一議，行一事，不拂人心，庶可有益國家。今臣以咕嗶書生，病苦薄命，馬齒未及四十，歷官不滿兩年，而覬爲中興恢復之相，雖路人亦知其非福相也。又臣秉性疏直，動即多忤，半生消骯髒于詩酒，人目之爲狂生。年來憂憤，遂得痼疾，人且憐之爲廢人矣。唐鄭綮知歇後之誚，尚能累表致仕。《舊唐書·鄭綮傳》："綮善爲詩，多侮劇刺時，故落格調，時號鄭五歇後體。光化初,昭宗還宮,庶政未愜,縶每形於詩什而嘲之。中人或誦其語於上前,昭宗見其激訐,謂有蘊蓄,就常奏班簿側注云:'鄭縶可禮部侍郎平章事中書。'胥吏詣其家參謁,縶笑而問之曰:'諸君大誤,俾天下人並不識字,宰相不及鄭五也。'親賓來賀,搔首言曰:'歇後鄭五作宰相,時事可知矣。'累表遜讓不獲,既入視事,侃然守道,無復詼諧,終以物望非宜,自求引退。三月餘,移疾乞骸,以太子少傅致仕。"臣即闒苴,猶自知恥,敢不守此難進之矩步乎?臣屛營展轉,度力報稱,誠不獲已,受少詹之命,謹闖邸老稺,操持伏地,加紳,叩頭謝恩訖,容臣調理,庶效趨蹌。若非嘗之任,則臣萬萬不敢冒受,以誤國家。昔鄧騭之有死無二,卒蒙詔許。鄧騭字昭伯,漢和熹皇后之兄。以定策立安帝功,封上蔡侯,增邑三千戶。騭詣闕上疏自陳,有曰"刻骨定分,有死無二,終不敢橫受爵土,以增罪累"。太后不聽,騭頻上疏至于五六,乃許之。事具《後漢書》本傳。楊倫無北行一寸,亦荷見原。《後漢書‧楊倫傳》:"陽嘉二年(公元 133 年),徵拜太中大夫。大將軍梁商以為長史,諫諍不合,出補常山王傅。病不之官,詔書勅司隸催促發遣,倫乃留河內朝歌,以疾自上曰:'有留死一尺,無北行一寸。刎頸不易,九裂不恨。匹夫所執,強於三軍。敢有辭。'帝乃下詔曰:'倫出幽升高詩,寵以藩傅,稽留王命,擅止道路,託疾自從。苟肆狷志,遂徵詣廷尉。'有詔原罪。"草莽苟淹,敬勒愚款,伏惟皇上矜臣所句,特回寵命,則微物知免,銘存灰没矣。

四辭請罪疏[戊子八月自楚中洞口上]

奏爲積病未膏原野,新恩叠下川巖,謹瀝誠請罪,乞賜處分事。臣自元年三月再疏陳辭,復蒙特差翰林院待詔臣張應斗齎詔敦趨,臣方惶恐哀控,而張光璧與劉承胤相構,淘擄押至。淘擄,同"淘虜",掠奪。臣冒病投小艇,展轉西延,屢遣奏章,俱未得達。止因臣衙門臣劉湘客有信相聞,附具辭疏二本,時事五策。自此以後,驚風日烈,寇跡日深,土宄猺魁,時欲吞噬。宄(guǐ),奸賊。臣慮難自免,遂棄妻子,散僮僕,孤身強病,遁跡幽峒,比至沅之西溪苗中,已八月矣。傳見抄報錦衣衛馬吉祥尋臣不得疏,奉聖旨:"輔臣■■■,簡命已久,肥遯何深?勅著亟繳,還加尋訪,欽此。"臣進退維谷,引慝難呼,隨即傳武岡之變,翠華幸粵,瞻天蹈地,曷喻悲惶。至十一月初八,則沅州亦被■矣。臣變姓于天雷,復爲同類役吏所露,引■追索。臣又遁入深箐,潛轉天柱,槁身骨立,等于傭伍,志存漆炭,樂受饑寒。是時僞偏院、僞沅靖道,再三嚴索,必欲搜出誘致,以獻功于恭逆。孔有德降清後,曾受封恭順王、平南大將軍等。適有天幸,所在脱免。然東望車駕,北望老親,上不能酬馬革之夙願,下不能及五嶽之自保,中夜鼠泣,何以生爲?會監軍道臣王國柱,與姚端等所舉義兵,盡合統于陳友龍之大營,以圖武岡。而王國柱報臣云,去年九月皇上移蹕龍城,奉有敦請勅書,差副總兵王正體,訪臣至黄狗山西延,不能得,繳于晏輔臣處。復于正月廿六日在桂林,蒙皇上召對。又奉有勅過義寧,被獞人劫去,亦曾奏明。臣流涕伏地,何皇上之念臣不置也?自又三月至七月,奉天始告恢復,臣喘息於洞口,擬攝怔忡,即可奔覲。八月初六日,寶慶繼復,南楚道路,庶成坦途。忽八月十七日,准奉天府署事范承燁,差經歷胡文垣云,奉粵按臣吴德操丈,閱邸報,都察院劉湘客一本,奉有敦趨閣臣■■■之明旨。本年六月十六日,復奉聖旨,據奏:"■■■,鴻才亮節,尚滯荒鄉。已有旨,著行敦趨,該部知道。欽此。欽遵。"臣不勝感激殊恩,焚香扶服,叩頭投地,拊膺自痛。痛念我皇上之恩如此日厚,而臣之罪日益重矣。一年以來,臣凡八奉温綸,三蒙特使,而臣曾不能一有應答,此則臣之罪也。權奸亂政,臣每畏忌其鋒,不能抗疏劾争,此則臣之罪也。醜■憑陵,臣僅萬苦伏匿,自保短髮,不能起義嬰城,與蕭曠等罵賊而死,此則臣之罪也。蕭曠字逸然,初爲劉承胤屬將,守靖州。永曆元年秋,武岡陷,劉承胤降清,馳書召曠降。曠大罵,焚其書。後與敵巷戰,力盡而死。事具王夫之《永曆實錄》卷二十三。有此數罪,方當席藁,而皇上儼然敦趨寵之,臣有何地可自容乎?用是怔懼,謹瀝微誠,伏乞明賜處分,以肅綱紀。至于臣才之不堪,則臣前三疏哀辭懇切,已瀆聖聽矣。臣無任悚仄待命之至。

請修史疏[戊子十二月粵西平西山上]

爲史學自當盡職,綸扉實愧殊恩,敢乞矜許原官,俾專舊業,並舉名儒,共襄盛典事。綸扉,宰輔所在處,代指內閣。臣前于玖月貳拾五日,准留守東閣大學士臣瞿咨爲聖治方新,國史愈急,請勅遣訪史學閣臣,以奏中興大業事。據提塘官抄傳都察院左副都御史劉湘客一本奏前事等,因奉聖旨:"輔臣■■■,起家兩榜,學擅三長。癖甘泉石之耽,未赴絲綸之席。匪朝伊夕,簡在朕心。據奏《三朝實錄》,編次需人。朕雖戎馬間關,未嘗刻忘文獻。■■■著即專勅趨召入直,劉湘客著即竣差事供職。該部知道,欽此。"抄捧前來,爲炤專官奉敦,尚艱風火之途,赫蹏代綸,早叱鹽梅之駕,理合移會,希即遵奉施行等因到臣,臣感聖恩憐才,而因以自寬其病劣曠職之罪矣。赫蹏,薄紙。鹽梅,喻賢才。臣承祖、父之訓,篤心簡編。自諸生通籍來,恒時操槧記問。適值變亂,率多失亡。今遇日月重明,中興光復,欲紀先朝之典,誠甚盛事,臣雖憊弱,焉敢不勉?但念干戈未戢,臣之義命,合塗郊壘,何敢習安?而憲臣劉湘客,不以其爲椎魯,當興再造之時,旁求文獻之請,謬及于臣,臣滋愧懼。然病骨亡俚,徒自憤誓。今憲臣請之,皇上憐之,而使專局于此,亦見聖朝無廢材耳。雖不敢謂雕蟲小伎,自佗纂修,而臣命以閒冷,或可少延。臣罪以退守,或可少逭。道

(huàn),免。惟待病骨苟强,再請馬革而已。必乃驟加宅揆,慚惡非分,政本機務,銖稱難勝,臣方懼罪日多,而病且不日劇乎？臣積病連年,慮入骨髓,近者粗能拜起,而腠理已殘,此詔使臣之所親見也。腠(còu)理,氣血灌注處。倘蒙天恩,罷其入直,但守翰院,老爲史官,諸輔臣膺總裁之榮命,而臣受皇上憐才恤病之恩,得專領此局,苟塞中興之一蠹,則出獄之班固、論職之劉知幾,庶可比而儗焉。班固曾因私作國史下獄,後經弟班超詣闕上書,得召見,除蘭臺令史。劉知幾,唐代史家。曾因不滿史館制度之混亂,上疏罷史職,退而私撰《史通》一書。然烽火之後,書册多遺,編考之煩,尤資夙望。昔司馬光居洛十五載,聚集文章,分采名流,而後成編。苟史學既需專局,尤必亟請名儒,廣搜書籍,乃能集事。有如袁州張自烈者,臣請爲皇上舉之。自烈本候選貢監,先年臣父孔炤在楚曾與道臣袁繼咸薦舉。又輔臣史可法累辟之,皆不就。窮理著書,砥行不苟,名著海内,且二十年。崇禎十四年,江西按院臣徐養心,特題增修《四書大全》,奉旨删纂,刊刻頒行。後按臣周燦復題,奉旨進呈御覽。隆武元年冡臣郭維經,特疏題翰林院編修兼御營監軍御史,不起赴職。遭■之後,隱居葛源,沴經搶攘,講誦不輟。更刊《大全》于深山,真一代儒者,今日之桓榮、鄭玄也。桓榮字春卿,東漢經學家。臣與之交,亦十餘年,知其酷好圖籍,雖當遁徙,必抱經書,又嘗自著本朝實録定本。此一臣者,篤行守節,博聞明理,名士碩果,無與頡頏,殆天留之以徵中興之文獻者也。伏乞皇上特賜優擢,使之專意國史,或仍史館之銜,或拔置坊允之列,既資其人,又資其書,誠中興黼黻甚盛事也。故臣因留守輔臣史學之咨,而并舉之。伏望聖鑒采擇施行,臣無任惶悚待命之至。

六辭入直疏[己丑九月十三平西上]

奏爲屢蒙專使，恭謝天恩，謹更吐愚誠，伏乞始終憐允，以安閒病，以免罪戾事。臣前具瀝誠乞請處分一疏，奉聖旨：「朕經營草昧，寤寐名賢，光贊中興，共襄啓沃。屢勑召卿，殷於饑渴。惟卿星駕，遄赴徵蒲，慎勿固辭，久羈成命。遄(chuán)，速。蒲，蒲輪，車子。該衙門知道，欽此。」臣怵惕失顔，懼愚誠之猶未能上達也。已見臣史學自當盡職一疏，奏聖旨：「卿篤志簡編，時操鉛槧。雖間關轉從，或有散亡，而奚囊腹笥，可當文獻。《新唐書・李賀傳》稱：賀「每旦日出，騎弱馬，從小奚奴，背古錦囊，遇所得，書投囊中。」蘭臺石室，倚佇實深。其即早賁蒲輪，星臨史館。賁(bì)，登臨。所薦張自烈隱居講誦，窮理著書，仍即趨召前來，共襄修纂。該衙門知道，欽此。」臣感拜而悚嘆，知皇上動憐恤之意矣。嗣因徐應運齎江北諸臣，及臣父蠟丸至，專俟領勑，望其回鄉，然後敢以私情，上瀆聖鑒。而三月以後，退兵搶攘，累息平西，合家困病。又傳臣父荷蒙寵命，募力謝恩，而梧途中梗，搖搖久之。忽行人司行人臣龔之鳳，齋捧勑諭一道，皇帝勑諭輔臣■■■：「朕以卿文行，黼黻一時。潤色鴻猷，實咨淹洽。朝夕納誨，亦惟博通。蓋自監國嗣服之時，代言頒布，人心感泣，勝彼奉天。爰立之殷，已基於此。及歷宮詹，登揆席，而卿復艱貞自處，謙牧不前。勑召再三，尚稽翼贊。朕以德宗未能相贄，是以盛業有怼。而朕既相卿，乃復爾在遠，一日未登政事堂，不且使後世謂朕無異德宗乎？且卿一代良史之才，不讓班固。而東京之盛，實傳《漢書》。今際中興，圖書宜紀，非卿纂述，胡以炳然三代同風？特遣行人龔之鳳，齎勑敦趨，惟卿即日揚帆順流，赴行在所。朕終始典學並望交修,跂予之懷,佇紆瘝瘵。欽哉特勅,欽此。"臣恭設香案叩頭謝恩,慚惶伏地,感我皇上憐臣恤臣之意,蓋已至矣。修史大典也,亦閒冷之局也。積病以閒可養,狂直以冷可免,此臣前疏所求苟塞中興之一蠹也。勅諭比臣于陸贄,則臣無切諫匡拂之功,臣實愧之。比臣于班固,則臣無私著國史之嫌,臣幸遭遇過之矣。本朝王世貞私作《史料》,焦竑私作《獻徵錄》,臣今奉勅,於前有光,雖多病漂流,焉敢不勉?至於撰席翼贊之任,才實不堪,此所以奉命且三年,而終不敢受也。蓋論臣之分,惟有馬革裹尸,而憊骨支離,又無資藉。修史之事,乃其本職,而時切烽火,未敢輒言。今旄頭落芒,光復指刻,臣可以老爲史官矣。旄頭,昴星。既蒙明勅,許其專領,臣于僑寓調攝中,便當思輯舊典,或招博通之士,與之分稽。伏乞皇上收回閣銜,免其入直,以史局自隨,令所在有司,供其藥餌紙筆,此則憐恤之至恩也。臣自避兵入粵以來,留守輔臣與臣父同年,念猶子而給養,又多購書籍,頗足溫考。王隱依征西,遂成《晉書》。參見卷九《與留守相公借書》注。流離夢想,時嘗比之。方今朝廷急務,在乎廓清一統。史事尚緩,何煩開局行都?不以臣庸劣,因材恤病,使之專心,則臣有發憤巖穴,偃伏之餘,紀其所知,疑則闕之,以續《史料》《獻徵》云爾。隨還舊都,問中原之文獻,輯備采錄,庶成一編,此即臣沒齒之事矣。豈敢固辭于三年,而倖榮于一日,竟汗顏疾趨,入政事堂,以遺譏後世哉?伏惟皇上始終垂憐,伏地幸甚。

七辭疏

爲恭謝天恩,哀請臣罪事。臣苦辭歷年,未蒙鑒允,正擬伏疏請罪,忽接行人司行人臣方祚亨,恭捧勅諭一道,皇帝勅諭輔臣■■■:"朕纘承大統,紹緒鴻庥,朝夕兢兢,日思克還舊都,用光前烈。鴻庥,蔭庇。惟賴名賢碩彥,以弘濟艱難,共襄再造。今西北義旅已掃■氛,東南士民望幸甚切。誠得累朝節義之臣,爲中原人望所屬者,入資啓沃,用裨匡襄,則巋然靈光,具瞻中外,偉矣喬嶽,式藉聲聞,於以規畫廓清,必能昭戡定之功,致興平之績矣。卿天人實學,忠孝世傳。鼎鉉弘謨,人倫師表。北都著節,南徼艱貞。識備古今,才堪四應。實望卿居端揆之任,理機務之繁。樹表于朝廷,則四方豪俊,知所歸依。發策于疆場,則遠邇群英,共奮撻伐。纂修固屬鉅典,調燮更藉鴻謨。且卿以高節邁風,徒思采杞著書,後世必笑有臣如卿,朕竟不獲煩卿佐理天下,其謂朕何?今特頒勅召,令行人方祚亨敦趨,其即星言速駕,慰朕寤思。幸勿再辭,益深懸跂。欽哉特勅,欽此。"臣不勝惶恐叩頭謝恩,汗懼匍匐,無地自容。又臣第六辭疏,屢蒙專使事,奉聖旨:"卿節義文章,久標海內。經綸事業,注望端揆。時事多艱,豈忍堅卧?纂修固屬鉅典,燮理更藉鴻謨。佇俟匡襄,用慰飢渴。着再頒勅趨召,惟卿即日脂轄,以慰朕懷。脂轄,脂車。該衙門知道,欽此。"臣伏念自北都遭變以來,久當殉國,而乃以不污偽職,孤隱艱貞,上荷勅諭,再三褒獎,臣之未獲死所也,益自悲矣。臣之苦曲,前疏已陳。實無分毫之功,尺寸之才,何敢叨冒宰相,以誤國欺君?是以屢年控告,冀蒙我皇上之一矜許也。前承皇上憐臣恤臣,業專許以史局,而此時恢復爲急,開局可緩。日聞車駕幸梧,臣引領東望,叩心如擣。加以天使頻臨,引戾滋甚,違命之罪,何待人言?臣惟有席藁請罪而已。既經公彈,而赧顏疾趨,忍冒廉恥,爲罪愈大。忍(niǎn),汗顏。伏乞皇上重賜處分,或聖恩憐之,不即膏斧鉞,則如東晉蔡謨三年不受司徒,免爲庶人。如此,臣荷天地之德,世世犬馬無極矣。

八辭疏

為詔使頻臨，臣罪愈重，謹恭謝天恩，再陳罪悃事。悃(kǔn)，誠懇。臣方附行人司行人臣方祚亨拜疏請罪，又接中書科中書舍人臣賈胤聖齎捧勅諭一道。皇帝勅諭輔臣■■■："朕以國家再造，寤寐求賢，必藉大儒，以資匡贊。茲因小醜匪茹，雄、韶失守，朕暫蹕蒼梧，調發將士，則舒猷濟變，夾輔朕躬，非識具古今、節高天下者，不足羽儀一世，戡定時艱也。卿忠表四朝，身經百折。北遭寇變，則表箕子之明夷，身可殺，脰可斷，志不可屈。南遇■氛，則尚西山之大義，苗可居，卜可賣，髮在必全。通數千年之興衰，治道本於經術。習二十一史之人物，學古乃以救時。亮識鴻謨，蒼生望其霖雨。清操正骨，百職仰其高風。允為紳韠之儀刑，洵作朝廷之柱石。韠(bì)，禮服。屢勅敦召，未見脂車。佇念于懷，匪伊朝夕。今命中書科中書舍人賈胤聖，齎勅前來趨召。卿其即日束裝，以慰懸望。是非榮卿以綸扉，實煩卿以佐理。知卿必不就逸辭勞，致朕拳拳寤寐也。欽哉特勅，欽此。"臣惶悚至地，叩頭謝恩，慚戰隕越，手足無厝。皇上之恩日隆，臣之罪愈重矣。自此山中一年以來，凡三蒙特使，臣有何德能，足以當皇上眷注如此？不惟懼死，抑且愧死。疏散之才，實不足以濟國匡時。屢年哀辭，何敢自欺其心，以欺君父？然世受國恩，涓埃未報。臣父萬死守節，倡舉無效，尚蒙聖恩擢加中樞之銜。臣兩遣間歸，皆半道而返。每一念至，中夜飲泣。艱難之力，既無寸效，而臣屢次抗違，忝辱異數，臣之罪，固無所容于天地之間矣。伏乞皇上速加重法，臣分乃安。臣年來流寓轉側之地，亦在邊疆，伏枕荷戈，等于待死。仰惟皇上回日月之照，憐其愚誠，勅下廷臣議罪，以肅斧鉞，臣死且不朽矣。

九辭疏

　　爲愚臣罪方三請，敦趨使已四臨，謹惶恐迎詔，恭謝天恩，并哀陳請罪之愚誠事。臣今年來接行人司行人臣方祚亨及中書科中書舍人臣賈胤聖齎捧二勅，尚未復命，恐懼拜疏，正在請罪，忽接中書舍人任斗墟齎捧勅諭一道，皇帝勅召輔臣■■■：" 朕漂搖江滸，篤望名賢，匡弼朕躬，以濟險難。茲者東事未定，西警方殷，朕焦勞殊甚。卿忠節見于燕都，堅貞烈乎南徼。鴻才碩望，朝寧儀刑。偉略壯猷，中外仰服。藉卿命世之材，以抒定變之略。屢勅敦召，未見脂車。饑渴以懷，匪朝伊夕。茲特命中書舍人任斗墟前來捧勅敦趨，惟卿凜此簡書，即日就道，入佐啓沃，以輔交修。力贊中興，惟卿是望。慎勿再堅高蹈，久滯東山，致殷癙瘵之思，以重朕憂勞也。欽哉特勅，欽此。"臣惶恐不安，恭迎詔書，叩頭謝恩，戰隕立僵，無地自伏。何皇上隆禮至此，臣之罪誠不可逭矣。從來朝廷召用新卜，不過降麻。敦起耆舊老成，方遣專使。然差出者，大約以一年復命。今一年之中，詔使四臨，而此數月中，前使尚未復命，而新使已至矣。臣方請罪不暇，有何德何能，足當皇上之殷切乎？臣之不可爲宰相，非獨臣自知之審也，人皆知之。夫朝廷用一相，必其心有以自信，又必養其望，使天下皆信，然後參贊佐理，內外咸服。如唐肅宗之用李泌，官不過侍謀軍國元帥長史，養之至于子孫朝，乃相之。德宗之用陸贄，倚之爲左右手，官不過學士，及復京之後，乃相之，然旋以伉直見罷，反不如當日不爲宰相之有益於恢復也。以臣之薄劣，萬分不及泌、贄，然老爲史官，嘗備顧問，臣不敢辭。若望其秉政撥亂，真覆餗矣。臣不惟半世疏狂，無益世事，兼且天性直率，動與物忤，覯閔受忌，無禍不歷，以言仕宦，竟屬廢人。即自皇上監國時，臣議開創之政，一切與人不合，得罪首輔，從此睽違。比時坊允少詹之擢，臣皆固辭。緣全陽忽降殊典，臣在西延山中，惶恐驚伏，再三自揣，不得已謹拜少詹之命，以明繫心投分，有死無二，豈曰立其朝、居其位、食其祿而後感恩乎？至於不次之位，萬無此理。哀辭四年，不蒙允察，此臣罪之所由日深也。前者東西並急，留守輔臣，時時見責，故有楚蜀之請。然病骨支離，毫無資藉，又臣所素告皇上者也。今中原好音洊至，東西機局漸就廓恢，臣又可以僥幸乞恩，求賜處分矣。

十辭疏

為請罪出于至誠，聞言適遂本願，懇乞聖明速賜議罪，以尊朝廷事。臣前後屢疏請罪，正在惶恐，伏聽處分，而忽聞有彈臣者。臣一年中從不見邸報，此疏適有人自行在來，抄以示臣。臣讀而感其意，以為此愛臣之至者也。臣本詩酒狂生，遭亂頹懑，臣第三辭疏引鄭縈之辭，史猶嘉之，業已熟陳哀控矣。四年堅乞，一字無欺。君父之前，何嫌瑣訴？臣性疏易，少頗不羈，嘗自行其至性，以為淡于利祿，聖人所喜，而曠達之懷，可明謹介。故自諸生通籍，恒比東方朔據地之遺，通脱蕭然，不修儀體，若曰慢世，恐不能免，其罪一也。又好學古歌詩，高視遠論，為世所嫉，學道未深，則筆舌招侮，其罪一也。實無救時之略，宜愛廉恥，既已自任其麋鹿，而又動勸人勿貪祿位，其罪一也。臣之家學，以淡泊恬退為主。臣所自信者，惟此而已。至于修飾邊幅，貌應繩墨，惟恐有累官箴，不便瞻聽。此則率性，有所不能，其罪一也。臣木石殘喘，尾瑣無家，自出茁峒，避兵入粵，依臣父執，滯桂一春，嗣後在平西山一年餘矣。儗居敝廬，上漏下濕，雞豕雜處，槁等山農。舊疾時發，舉室顛連。當道有司，從不聞問，此屢次天使所目擊者。若世之君子，責臣以爲安享，以視薰灼鮮華，盈門溢乘，恐世之君子，亦未必以此爲安享也。臣于患難，無所不嘗。膏肓之症，增發無次。然臣之哀辭，本爲才卑庸劣，叨留史官，已爲過分，何敢冒忝撲地，誤國苟榮？非直以病爲辭，亦前所上告也。至拜少詹之命，則臣萬不得已，受于西延者，亦不敢大異同於衆人耳。臣今請罪，正待斧鉞。若黃冠野服，則聖人之殊恩。臣前引蔡謨之例，上恃浩蕩者也。乃者羈偃之地，俱是嚴疆。萬死分定，避亦安免？獨計聖明御宇，已經四年。雖有幾時戒警，亦有幾時暇豫。以爲各路底定，扈蹕舊京，而比時臣未嘗不哀辭也。扈蹕(bì)，隨侍帝王。臣之所恃浩蕩，而少寬一等者，此耳。臣今恇懼失魄，棲伏水次，專候廷議，即拘司敗，更復何言？所望皇上勿降詔遣使，速賜處分，即是真憐臣，真恤臣矣。又以流離殘梗，總依覆幬，轉徙筆耕，無容欺隱，頹憊之命，兩絓彈章，若論廉恥，何顏可汗？絓(guà)，牽連。伏乞聖鑒垂憐，死且不朽。

芻蕘妄言

　　一曰制之當更也。端州之始議曰：以行在爲大營盤，天子如總督，群臣如偏裨。不設百官，不用部覆。君臣同心，文武戮力，魚水之深，義猶朋友。詞林臺省，罷兼六曹，而統于政府。如漢之東西曹司，有所爲，則帷幄商之，朝謀而朝發，毋復文法紛紜，體貌隔絕。體貌，規矩。諸葛武侯引志曰"萬人必死，橫行天下"，是也。光武之在河北，昭烈之在漢中，此豈步太平、繼統守文之貌哉？惟在講求居重馭輕之術，謀臣死士，群策群力，臥嘗而圖，以之鞭使雄傑，降盜招寇，無不可者，此謂橫行。故勢緩則居中布置，日益自強；勢急則姑避其鋒，或以進爲退。故有守之而徒敝，有棄之而乃取者，去冬之五羊是已。何也？遐方遠徼，■能虛聲取之，而必不能守。吾緩其強而攻其弱，坐取軍資，而俟中原之機，亦至便也。今其機近矣，下岳鄂可，下豫章可，取資於粵可，要在服人心而鼓將氣耳。今日之至可憂者，百姓怨兵而望■也。今欲使將自爲謀，而民與官自相爲保，則有守令兼將帥之一法。守令兼將帥，則貳也、幕也、尉也、胥吏也、紳矜也，皆參佐行伍矣。監司諸官盡裁之，則其權一矣。行在不設官，而四方夙望，盡下詔加銜，聽所在倡義，則行在官少，而西揭之源清矣。若強圉之郡邑，則竟以將帥兼之。如古以將軍管縣事，其例也。彼自兼守，而以其戚曬爲令者聽，蓋自取其地，自屯其田，則自愛其民。即有他侵盜，彼必護之。而其地之有力者，亦相附以守其家。官有守險指臂之助，民無殺掠逃竄之慘，莫便於此。孰如選一市人而蒞其地，爲必逃之奴隸乎？此畫地以守之上策也，必當與土寨團練合而議之。

一曰土寨之當倡也。民之苦鋒刃非一矣，性命不暇保，而責其爲官家乎？人先喻之保身家，而後忠義可鼓也。江以北十年苦賊，民自爲寨，而官軍亦因之以偵探。至德安、黃州土寨尤勇，■大兵至則上寨，兵去則殺其偽署，如此兩三年，今且與孫守法相應矣。孫守法字繩武，明將，官至陝西副總兵，後爲清兵所殺。光、固之間，至今亦未降。若今湖南粵徼，處處有險，如日者科臣李膺品之團守靈川山中，科臣蔣奇生之團守羅江村，一方依之。若舊臺臣劉與秀之在永州山中，詞臣劉自燁、陶汝鼐之在攸縣山中，鎮臣黃金台之在道州，皆是意也。朝廷若倡使聯絡之,使所在賢紳富室,爲之率長,團其保甲,明其約束,可以助官軍之聲援,通偵探之郵置,扼塞要路,棋置星峙,往來正營,合符而行,亂兵則不得縱橫矣。各出其力,各守其險,官兵得專心于致勝,不費朝廷一粒一錢,而有猛虎在山之勢。此正與守令兼將帥之法,相保相衛,而料地屯田,即在其中。應詹、虞詡,有不爲家國當長城者哉?《晉書・應詹傳》:"王澄爲荆州,假詹督南平、天門、武陵三郡軍事。及洛陽傾覆,詹攘袂流涕,勸澄赴援。澄使詹爲檄,詹下筆便成,辭義壯烈,見者慷慨,然竟不能從也。天門、武陵谿蠻並反,詹討降之。時政令不一,諸蠻怨望,並謀背叛。詹召蠻酋,破銅券與盟,由是懷詹,數郡無虞。其後天下大亂,詹境獨全。"虞詡字升卿,東漢名將,歷官武都太守、尚書仆射等,曾率兵大敗羌人。事具《後漢書》本傳。今當加銜獎勸已立之寨,而倡其未立者。其富家能出資團練,則授以官。若能率衆復一城,則竟賜舉人進士出身。蓋今日之可動人者,惟此而已。不破此格,復何用乎?伏幸裁議。大抵此類事,朝廷及機而獎之,則恩威在朝廷。若遲遲不行,將來人必自救性命,自相部署,則所損者多矣。

　　一曰議餉當求其源也。言兵餉至今日,難矣。然古人起事于危亡之餘,收合于散敗之日,豈無術哉?要亦出則因糧,守則料地而已。料地,核計土地。料地即料人,戰國動稱地方數千里,帶甲數十萬,則其說何居?後代李抱真在澤潞,李德裕在西川,皆用三丁選一之法。《新唐書・李抱真傳》:"抱真策山東有變,澤潞兵所走集,乘戰伐後,賦重人困,軍伍彫刓,乃籍户三丁擇一,蠲其徭租,給弓矢,令閒月得曹偶習射,歲終大校,親按籍第能否賞責。比三年,皆爲精兵,舉所部得成卒二萬,既不稟于官,而府庫實。乃曰:'軍可用矣。'繕甲淬兵,遂雄山東,天下稱昭義步兵爲諸軍冠。"任光信都招兵,聽其恣使。《後漢書・任光傳》:"世祖曰:'卿兵少,如何?'光曰:'可募發奔命,出攻傍縣。若不降者,恣聽掠之。人貪財物,則兵可招而致也。'世祖從之。"祖逖廩布渡江,惟在收賊。據《晉書・祖逖傳》,司馬睿以逖爲奮威將軍、豫州刺史,給千人廩,布三千匹,不給鎧仗,使自招募。祖逖仍將本流徙部曲百餘家渡江,中流擊楫而誓曰:"祖逖不能清中原而復濟者,有如大江。"辭色壯烈,衆皆慨嘆。屯于江陰,起冶鑄兵器,得二千餘人而後進。事當初起,不得不然耳。所謂料地者,屯田爲本,而鼓鑄開採次之。袁曹戰爭,中原爲墟,非有村邑之可掠也,一用棗祗,而軍用遂饒。棗祗,漢末人,曾任陳留太守等,首倡"屯田制",爲曹操采納。亡慮問武侯之久駐,子儀之自耕,爲行軍上算已。今兵賊蜂午之餘,耕種多棄,良田半蕪,誠料人爲兵以護農,又料人爲農以畫地,募魁傑爲墾率,獎之以官,十分其四,官民兩利,則一郡之禾,已足數十萬兵之饋矣。向年江北被賊,比屋逃亡,官軍借民田穭而食之,成效炯如也。此其説又在以守令兼將帥,紳豪團土寨,相須而行者。

一曰説士之當求也。朝廷之權,有時虛尊而不能行者,可以説客辨士,談言微中而行之。故尺一之詔,不如三寸之舌。定天下者,未有不汲汲求此者也。凡人之情,不過避害計利耳。悚其大害,較其大利,然後引以名義,感以意氣,焉有不動者乎?彼有其謀主,有其親暱,有其所畏忌,有其所軋鬭,得其窾而入之,明臨以朝廷之命,鮮不合矣。即敵亦可説,況駕馭群雄耶?今■之必衰,合之圖讖,昭昭矣。自開闢至胡元,爲中華之厄閏,豈有中華方數百年,復歸胡人之理?論元會運世,我太祖開國起元,曆數正未艾也。今傳三桂率三衛入矣,山東蔡琦橫絶南北,漢中孫守法勢通德黃,閩粵豫章全無■兵,英雄擁衆握權,何不長驅下城,易如拉朽,獲無窮之利,而有復土之功、安民之德,孰與曠日無聊,咀食于山陬窮鄉耶?嗟乎,事至亡俚,惟降耳。夫■之忌猛將極矣,即爲之用,高鳥盡,良弓藏耳。彼封王者,何以不終臣事之乎?且降者十半,奪其本營,別屬他部,則縛鷄倍易,命如懸絲,丈夫何不爲張軌、李克用,受王侯之利于平日,享忠義之名于萬世,而乃束身受斃哉?張軌字士彥,曾長期據守涼州,并盡忠于晉室。李克用,唐末將領,黃巢起義時,曾受命勤王,戰功卓著,受封隴西郡王。揣自説士陳之,有不待其辭之畢者。自朝廷命之,則彼且索餉徘徊矣。事如此者非一端,要見定天下者,説客間諜,汲汲爲甚。

一曰間使之當廣也。無間諜,是無耳目。無耳目,則聾而鳴金鼓,盲而持旌旗耳。孫子曰:"興師十萬,日費千金。"此言賓客間諜之用也。敵何強弱?何虛實?敵將爲何?將何隙?所信何客也?如此,然後能料之,能使人間之。此皆以死士效用,豈望揚旗發撥之塘兵邪?前者端州詔書,東不及漳,北不過虔,何論其他?英雄起事一隅,而天下如指諸掌。天下之勢,全在中原。今北地、中原一輩,正在猶豫,朝廷可以遠置漠然乎?大江以北,江浙以西,忠義不乏,特遄伏耳,一呼則嚮應矣,可弗一通耶?聞堵撫臣胤錫,便宜達詔于漢鄖,此最得機者也。堵胤錫字牧游,崇禎十年(公元1637年)進士,永曆時任兵部尚書、東閣大學士等。臣以爲朝廷宜多募義士,變服蠟丸,布于四方,就中即有間諜之用。若臣江北,臣即募人可以達之。朝廷處一隅,而中原義盛,宜使之知所推奉,此甚不宜遲也。要之賞罰當,是非公,行一事,皆足以收人心,布一政,皆足以服遐邇,則遠方賢哲,望氣而歸命,草澤烈士,聞義而效死,是又在乎宥密之地、帷帳之中矣。

自龍飛以來,以殗殜控辭,蓋未嘗一日立班行矣。龍飛,皇帝即位。殗殜(yè dié),病半臥半起。二月十五傳駕幸沅,倉卒載病,趨徑西延,已乃知蹕全陽也。鼠思泣血,伏蓐尤甚,條此未上。會劉客生使過西延,因附一冊。丁亥清明後十日,病臣■■■識。

浮山文集後編

卷一　藥地愚者智隨筆

辛卯梧州自祭文

自甲申至庚寅，無可道人以猗玗洞之縣絲，流離嶺表，十召堅隱，不肯一日班行，爲白髮也。猗玗洞，安史之亂時元結率族人避難處。轉側猺峒，以鵄納爲歸路。鵄（chī）納，僧服。庚寅之間，棲一瓢於仙回山，不幸同隱有相識者，係累胥及，被縶而膠致之平樂將軍。將軍奉默德那教，尤惡頭陀，露刃環之，視此衲之不畏死而異之，逼而詋之，終以死自守，乃供養於梧州之雲蓋寺。默德那教，回教。詋（xù），恫嚇。大病垂危，久而小愈，無可道人自燃香而祭之曰：

生死一晝夜，晝夜一古今，此汝之所知也。汝以今日乃死耶？甲申死矣，自此而阮石巢之鋒，乙酉三河之盜，丁亥大埠之劫，天雷之苗，被左之遁，昨冬之平樂教場，何往而非死？阮大鋮，號石巢。三河，梅縣三河壩。大埠，今湖南衡山附近。若自無始以來之道人視之，邵子所謂虛過萬死矣。蒙莊氏日以齊生死、一夭壽爲言，而乃啍啍于曳尾、櫟社樹，養生全其天，若真有莫可奈何然者，夫烏知剖心納肝之爲大養生乎？啍啍（tūn tūn），懇切貌。夫烏知雷首山之大全其天乎？非不欲五嶽不知所終，而卒不能以五嶽，則即以鼎鑊爲五嶽，無不可也。子平奭乎哉？奭（nuò），懦。向長字子平，河內朝歌人，隱居不仕，好通《老》《易》。建武中，男女娶嫁既畢，勅斷家事勿相關，當如我死也。於是遂肆意與同好游五嶽名山，竟不知所終。見《後漢書》本傳。未之知耳。

天地不殺，則無以爲生。人獨以殺我爲仇也，一何愚哉。借爾傳舍，閒往閒來。白駒過隙，速于遠客。況今日者，虎狼也，水火也，兵戈也。文字交游之場，皆可以膏脣而拭舌也。死不必一道，即以道守死者，亦未必死汝以名。嗟乎，世人其莫可奈何于此，又安得不以生死爲大事哉？有以名敵生死者矣，有以氣勝生死者矣，有以一生死之説遺生死者矣，果有真知其故者乎？能以死知其所以不死，知不死之無不可以死，則此死也，誠天地之大恩矣。

罽賓王彌羅崛，秉劍謂獅子尊者曰："既離生死，可施我頭。"尊者曰："身非我有，又何吝？"王即揮刃，斷尊者首，王右臂旋亦墮地，七日而終。象白山人言往世皆爲白衣，以嫉法勝故，陰戕于崛，乃今償焉。安世高度郏亭同學，化廣州市少年，又往會稽市上畢對，皆以往世嫉法懟恨致之。詳參慧皎《高僧傳》卷一。無可道人，幸可以忘此，此年來感天地之大恩，痛自洗刮者也。獨卷卷者，白髮望之久矣，尚未得一伏膝下，姑以逃勾吳爲解，是則白馬曇照之所呼苦苦者耳。《景德傳燈錄》卷十："荊南白馬曇照禪師常云，快活快活。及臨終時叫苦苦，又云閻羅王來取我也。院主問曰：'和尚當時被節度使拋向水中神色不動，如今何得恁麼地？'師舉枕子云：'汝道當時是，如今是？'院主無對。"因起而歌，歌曰：風飄飄兮雲漭漭，地之下兮天之上。香烟指故鄉兮安所往？未能免俗兮嗚呼尚饗。

祭直之弟文 方其義字直之，密之胞弟。

余漂流七八年，冀比幼安火島，得歸白鹿之堂。詎意深山一瓢，竟攖維縶，乃聞吾弟之喪，且三年矣。舉聲一號，謂之何哉？痛定作詩四章以哭之，已乃爲位，祭之以文曰：

嗚呼，此何時，人何能不死？此何時，若何爲死？蒼天，蒼天，何竟使吾爲獨子！獨子在膝下，猶可言也。顧乃分背歷年，而限之以數千里。遥望高堂，睠睠曷已。以吾弟其才，可以出入乎古昔，而凌獵乎書史。可以湖海，可以桑梓，可以丘壑，可以城市。既伉俠而離奇，又突梯而骫骳。突梯，圓滑。骫骳(wěi bèi)，頑皮。萬無奈何之時，有若則猶可以破巢爲門户，以蓬蒿爲甘旨。胡爲乎一病不可復救，毋乃還居巢之背疽，而莫敖大心之不視乎？蓋謂方其義憂國而死也。范增，居巢人，項羽謀士，後疽發于背而死。莫敖，楚官名。大心，楚將名。《戰國策·楚策一》曰："昔者吳與楚戰於柏舉，兩御之間夫卒交。莫敖大心撫其御之手，顧而大息曰：'嗟乎子乎，楚國亡之月至矣。吾將深入吳軍，若扑一人，若捽一人，以與大心者也，社稷其爲庶幾乎！'故斷脰決腹，壹瞑而萬世不視，不知所益，以憂社稷者，莫敖大心是也。"憶余自北全猗玗之命，執余手而悲喜。僅三日而送余雲間，以雲間有卧子。逢黨人之鄣天，嗟昏椓兮誰與爲理。禍發之後，導余轉徙。温麻太姥，乃中丞公甘棠之里。甘棠之里，曾經爲官處。謂此别不過搖手，彼小人之敗可以計暑。嗟乎，孰知其巨浪翻天，而舉世瀰瀰，年以一年，視此如燧。惟孤身以轉側，且藏匿乎鬼壘。中間寄書，獨嘉余之不仕，將謂擇禍，猶可免累，崑崙既傾，增城安恃？長書遂成永訣，乃厭亂而不報。訊之鄉人，皆能嘆吾弟之素履。遺孤三尺，可繼鞭弭。嗚呼，獨痛汝生平騎馬彎弓、盾上磨墨之志，乃不先不後，而同此委靡。灑淚書之，不覺一紙。嗚呼哀哉，焚之而已。

等切聲原序

天地間一氣而已矣。所以爲氣者，無有無，統天地之天也。氣發而爲聲，聲氣不壞，雷風爲恒。《易·恒》："象曰：雷風，恒。君子以立不易方。"世俗輪轉,皆風力也。人受天地之中以生,故鳥獸得其一二聲,而人能千萬聲。通其原,盡其變,可以通鬼神,格鳥獸。蓋自然感應,發於性情,莫先于聲矣。故聖人立文字以配之,作聲歌以暢之,制音樂以諧之。其通語言,定訓義,猶其教之最明顯者也。流傳至于祝由而去災病,長嘯而召風雨,皆其遺也。祝由,以符咒禳病之方術。

五行之位,西方屬金,主聲,納音起焉,故等韻出於西乾。今數千年,而泰西復以西音入,其例可以互徵。中國文字之教獨盛,人未深於耳順。其講此者,不過守初譯之字母,沿守溫之所加,或增或改,各執其方言,終未嘗有較然開明之論,使天下便之。守溫,唐代僧人,撰有《三十六字母圖》一卷。所謂通華梵,僅通其仿佛之義而已。九州之人,對面扺掌,嘗不能解,又況言及通鬼神、格鳥獸哉?歷唐宋至今,無慮數十家,十數變其法,而終不明者,其起例最目,未盡善也。彼或強別以傅會前人,或創改以便於所習,半屬遷就。遷就而窮者,亦自以爲不知,即欲一暢其所便習之理,終不善說。試問之曰:前人何故爲此不便者?唐宋方言若何?漢晉方言若何?因以推三代方言若何?宜其無詞以剖析也。晉定漢釋,已采吳音。休文一編,唐宋宗主。沈約字休文,著有《四聲譜》。沈或折衷于越音,而後世精此,惟吳越之牙吻與沈韻合。[如今蘇、紹作官談是也。]然以天下之大,兩畿十三部,獨聽命于吳越數百里,于寓内當百之四五耳。天地鍾人之氣,遂偏至此,豈通論乎?

智嘗論古今動植、器具名物、事變得失、人之賢不肖,學者必學而後知。東坡所言子夏之日月,當矣。義理聲音,則人所自有。今人具五官,發諸心,出諸口,與無量聲音王之五官無異也,與伏羲神農之五官無異也。古神聖無師可受,無書可考,何其通天人、識物性若是?人與草木,皆芸芸天地間,草木猶上古之草木也，人獨非上古之人乎？良以習便隨俗，未嘗自窮其統理氣之理，自盡其無有無之性耳。有人焉通而明之，世又好相非是。上者守典要以争之，而不知所爲典要者，有上古之典要，有後世之典要。上古聖人不得已而爲之立名，此上古之典要也。今且傳於世者不備，已而補之，已而就所變更者附之。後人不能遠推，則愈傳愈失，遂以訛誤爲典要者有之。此人忽欲廢典要，而言聲原，能免妄造之謗乎？此人曰：廢典要而後能言聲原，通聲原然後能言世之何以爲典要耳。必且盡讀世間之書，盡察世間之言，然後能旁引曲證，以明各代各方之所沿變。故先立一近法，近法明乃能以近推遠，以今推古也。

近法莫先于起例。起例者，借一事，配一音，而字窮音混，故合字以圖之。唇舌腭齒喉，又各有淺深、内外、送氣、升收、開合之位，不立例，何以狀之？與人言，口呿而不合，舌撟而不下，如是而已矣。談勾股和較之法，使無甲乙丙丁之號，則安知其所指爲誰耶？和，加。較，減。近法者先就天下之大，取其近者，折衷爲一法，猶西儒入中國，而忽創字父字母之説，未嘗不相通也。使吾能暢言吾之近法，使吾能盡解吾之近法，何難再舉此法，以論法前人之法，由宋元而唐而晉而漢，則三代以上，庶幾乎夢寐矣。漢唐之可據者，當取各箋注、各詩歌、各謠諺以證之。無證者，則以此證彼，由華而推梵，由回回、小西天、蒙古之字母，以推大海陀羅尼，豈無端乎？惟其有近法起例可比可辨，則我所不能明者，後人得因此以著論加詳。數千載之下，億萬里之外，皆可對翻。小則明文字之音義，一貫而知。大則知無聲之原，以盡聲音之變。和樂律，通鬼神，格鳥獸，神而明之，六通豈欺人哉？道寓于藝，小即藏大。《易》包天地，而以蓍策名；字母括天人理數，而以衆藝名，惜無衍者。邵子以天聲唱,地聲和,誰知之乎？有無而形氣,形爲物,氣爲聲。形色臭味皆氣,惟聲至神,與物相表,故足以推萬物之數,通萬物之情。陳㻌庵廣祝氏涇之說,亦一端也。陳藎謨字獻可,號㻌(sù)庵,明代學者,著有《度測》等。愚者之作《聲原》,起例也。欲凡有聲者,各自知其聲之原,因知聲即無聲者,善適其用,而又非以聲即無聲,荒學而蟲豸也。無量聲音王,其噍矢夫！苾馱散漢愚者智識于梧州之冰舍。［始于甲戌(公元1634年),成于壬辰(公元1652年)］

匡廬名字疑

唐盧藩言秦立廬江郡,山因此名。盧藩,唐宣宗時廬州刺史,著有《廬江四辨》。以《禹貢》《山海經》爲斷,不必匡君廬山。《疏》非之,言漢武始立廬江郡,潯陽在江北,晉永興乃以江南名潯陽,何言秦漢潯陽有廬山乎？《山海經》:"廬江出三天子都,入江彭澤西。"又曰:"三天子鄣,在閩西。"注云:"在歙,浙江出焉。"《水經》又云:"漸水出三天子都。"以爲疑。

智按:吳草廬注南溟,言率山爲三天子都,都一作鄣。吳澄號草廬,元代學者。陽水出浙,陰水出彭蠡。一作漸江,乃浙之訛。《山海經》廬江、彭澤、柴桑之山,甚明。史遷曰:"予南登廬山。"《漢書》年表:"北界淮瀕,略廬衡爲淮南。"顏籀曰:"廬、衡,二山名。"《衡山記》云:"武帝南巡,以衡山遠,乃移南嶽之祭于廬山潛山。"則廬山爲江湖之望,由來矣。郡地更割,史略于古。藩以《禹貢》《山海》斷之,近是。其曰廬山古南鄣山,謂之天子都,則因彭水出三天子都而訛也。亦曰輔山,《九微志》云:"周武王時,方輔仙去,惟廬存。"《謝顥碑》云:"匡續修煉虎溪之上,七百年輕舉。"周景式云:"匡俗子孝,當周武王時。"唐《類函》作匡裕子希,胡元瑞分爲二人,豈知"續"訛爲"俗",又訛爲"裕"耶?方匡聲近,皆周武王時,仙去廬存,殆是一人。傳疑亦可,山水固在,何不可以質論?藩謂山因郡名,智謂郡因山名。廬江者,合廬山、九江而言也。智更有疑焉。《禹貢》紀州,必表大山,烏有彭蠡入中江之處,廬山歸然,而反略者?敷淺原,云在德化,朱子非之。智按:"棠棣之華,鄂不韡韡",言萼之勇也。韡韡(wěi wěi),華美。篆象形,《易》震爲勇。《左傳》三周華不注,山如華之勇也。不、勇、敷,古通。孫愐曰:淺,流疾貌,平聲。猶漸漸之類。勿泥深淺也。原,古源字。廬山如華,而瀑最多,其爲勇淺原乎。或稱方輔山,皆勇音之轉,又一證也。謹書以俟後之游覽者。古今相傳,必用名字。傳虛成實,疑之者誰?不知實際,而掃名字,猶然誤也。闕疑乎?傳疑乎?證之者誰?

向子期與郭子玄書[係《炮莊》二書]

世皆以君竊僕書,補《秋水》《至樂》,易《馬蹄》,行世。《晉書·郭象傳》:"先是,注《莊子》者數十家,莫能究其旨統。向秀於舊注外,而爲解義,妙演奇致,大暢玄風。惟《秋水》《至樂》二篇未竟而秀卒。秀子幼,其義零落,然頗有別本遷流。象爲人行薄,以秀義不傳於世,遂竊以爲己注,乃自注《秋水》《至樂》二篇,又易《馬蹄》一篇,其餘衆篇或點定文句而已。"或譽君,或詬君。《世說新語·賞譽》:"郭子玄有俊才,能言老莊。""王太尉曰:郭子玄語議如懸河瀉水,注而不竭。"君將謂有功于莊子乎哉?爲此言者,將謂有功于僕乎哉?請爲君釋冤,以釋吾之冤。

《莊子》者,可參而不可詁者也。以詁行,則漆園之天蔽矣。莊子嘆世之溺于功利,而疢心其始,又不可與莊語,爲此無端崖之詞,卮之寓之,大小重之,無謂有謂,有謂無謂,使見之者疑憤,疑憤不已,乃有旦暮遇之者。《莊子·齊物論》:"瞿鵲子問乎長梧子曰:'吾聞諸夫子,聖人不從事于務,不就利,不違害,不喜求,不緣道,無謂有謂,有謂無謂,而游乎塵垢之外。''''萬世之後而一遇大聖,知其解者,是旦暮遇之也。"鵬之與鶯也,椿之與瓠也,豕零也,骷髏也,蟲臂鼠肝也,會則直會,不煩更僕,豈特《天道》《天運》爲正論、末後敘《六經》而悲一曲爲本懷乎？鶯(xué),鵲。豕零,即豬零,草藥。更僕,喻多至不可盡數。不見天地之純,古人之大體,雖曲爲之解,亦終身駢拇而不反者也。《莊子·天下》:"後世之學者,不幸不見天地之純,古人之大體,道術將爲天下裂。"況以注名,膠膠然曰,我莊子知己也。冤哉！冤哉！當莊子之璨瑋連犿其書,非以爲名也。璨瑋,奇特。連犿(fān),宛轉。語出《莊子·天下》篇:"其書雖璨瑋而連犿無傷也,其辭雖參差而諔詭可觀。彼其充實不可以已,上與造物者游,而下與外死生、無終始者爲友。"即欲傳其書,欲傳其純者大者耳,非欲傳莊子也。即傳莊子,傳其所以爲莊子,非必蒙城之叟也。鴻蒙拊髀雀躍,河伯望洋而嘆。拊髀,拍打臀部。《莊子·在宥》:"雲將東游,過扶遙之枝而適遭鴻蒙。鴻蒙方將拊脾雀躍而游。"河伯見海若而自慚,見《秋水》篇。北游服隱弅之默,童子指七聖之迷。《莊子·知北游》:"知北游于玄水之上,登隱弅(fēn)之丘,而適遭無爲謂焉。知謂無爲謂曰:'予欲有問乎若:何思何慮則知道？何處何服則安道？何從何道則得道？'三問而無爲謂不答也。非不答,不知答也。"《徐無鬼》:"黃帝將見大隗乎具茨之山,方明爲御,昌寓驂乘,張若、謵(xí)朋前馬,昆閽、滑稽後車。至於襄城之野,七聖皆迷,無所問途。適遇牧馬童子,問途焉,曰:'若知具茨之山乎？'曰:'然。''若知大隗之所存乎？'曰:'然。'黃帝曰:'異哉小童！非徒知具茨之山,又知大隗之所存。請問爲天下。'……小童曰:'夫爲天下者,亦奚以異乎牧馬者哉？亦去其害馬者而已矣。'"老龍死矣,嚗然放杖。《莊子·知北游》:"妸(ē)荷甘與神農同學于老龍吉。神農隱几闔户晝瞑,妸荷甘日中奓(zhà,推開)户而入曰:'老龍死矣！'神農擁杖而起,嚗然放杖而笑,曰:'天知予僻陋慢訑(同"誕",放縱),故棄予而死。已矣！夫子無所發予之狂言而死矣夫！'"支離無脤,攘臂全人。《莊子·德充符》:"闉跂支離無脤(shèn)説衞靈公,靈公説之,而視全人,其脰肩肩。"何處非華封？典出《莊子·天地》

篇。堯觀乎華，華封人請祝壽、富、多男子，堯以"多男子則多懼，富則多事，壽則多辱"而辭。封人云："始也我以女爲聖人邪，今然君子也。天生萬民，必授之職，多男子而授之職，則何懼之有？富而使人分之，則何事之有？夫聖人，鶉居而鷇食，鳥行而無彰；天下有道，則與物皆昌；天下無道，則修德就閒；千歲厭世，去而上仙；乘彼白雲，至於帝鄉；三患莫至，身常無殃；則何辱之有？"何處非新沐？《莊子·田子方》："孔子見老聃，老聃新沐，方將被髮而乾，慹（zhé，靜）然似非人。"以爲堯，則皆堯也；以爲孔，則皆孔也。天皆天也，人皆人也。莊子猶向子，向子猶郭子。不知千載上，果有莊子否？果有蒙城否？而且辯詰莊之爲向耶、郭耶？僕固不受矣，君胡爲乎受之？

　　世之以莊子解莊子者，非知莊子者也。不知者，以爲逃此自樹畸辯耳。知之者，以爲欲人之渾沌也。果如此乎，是徒以上古之塵垢，塗晚近之耳目，莊子之冤，愈不可解矣。人生天地間，當立天地之前，回天地之後。以其前後，擿之俄頃，反而自問，何以謂之我？何以問我而我遂我其我？何以爲官天地、騎日月之我？《莊子·德充符》："將求名而能自要者，而猶若是，而況官天地，府萬物，直寓六骸，象耳目，一知之所知，而心未嘗死者乎！彼且擇日而登假，人則從是也。彼且何肯以物爲事乎？"成玄英釋曰："綱維二儀曰官天地。"《齊物論》："齧缺曰：子不知利害，則至人固不知利害乎？王倪曰：至人神矣！大澤焚而不能熱，河漢冱而不能寒，疾雷破山，飄風振海，而不能驚。若然者，乘雲氣，騎日月，而游乎四海之外，死生無變於己，而況利害之端乎？"天地何以有我？我何以即天地？何謂無我之真我？久而一瞥，我還我，我不自知其我，又何容所謂無我、真我者哉？號爲混沌，我不應也。無物，而物物者誰與游乎？《莊子·知北游》："有先天地生者物邪？物物者非物，物出不得先物也，猶其有物也。猶其有物也，無已。"物物無物，乃與物冥。循乎大變，故無待而常通。又順有待者，使不失其所待。指正屈時，屈無待也。指正伸時，伸豈有待哉？齊生死者，無死無生者也。齊小大者，無小無大者也。以齊爲冥者，非冥之至者也。冥之至者，又冥其冥。無所謂無生死也，無所謂無大小也。不聞其言乎，師天而無地，其不可行明矣；果蓏有理，人倫相齒；天地之行，聖人取象焉；非曰靜也，善故靜也；不生不死之攖寧；疑始無始；用心若鏡；乘物以游心，托不得已以養中，得主矣。恢詭憰怪，道通爲一；爲是不用而寓諸庸，適得而幾矣；因是已；是之謂以明；照之以天；參萬歲而一成純。未始有，即庸有者也。以明者，即止其不知者也。吾故曰：《莊子》者，殆《易》之風而《中庸》之魂乎！

　　方圓同時，於穆不已。《中庸》："《詩》曰：'惟天之命，於穆不已。'蓋曰天之所以爲天也。'于乎不顯，文王之德之純。'蓋曰文王之所以爲文也，純亦不已。"森羅布護，即無待之環中也。雖不可詁，何礙乎詁？不見天地之詁混沌乎？卦策之詁太極乎？文王翻轉伏羲之環而錯之，孔子顚決文王之環而雜之，老子塞無首之環而黑之，莊子恣六氣之環而芒之，此與子思以代錯妙反對之環，孟子以浩然充時乘之環，有以異乎？庖丁桑林，真中節者也。蝴蝶栩栩，真踐形者也。問禮柱下，服其猶龍，何乃退草《春秋》，遵譏議近死之訓？據《史記·孔子世家》載，孔子適周，問禮于老子，老子送之以言曰："聰明深察而近於死者，好議人者也。博辯廣大危其身者，發人之惡者也。"此非尼山善學青牛者乎？尼山指孔子，據《史記·孔子世家》載，叔梁紇與顏氏女"禱於尼丘得孔子"。青牛指老聃，據皇甫謐《高士傳》"老子李耳"條，仲尼至周，"見老子，知其聖人，乃師之。後周德衰，乃乘青牛車去，入大秦"。可以知櫟社曳尾，非怖死苟且之謀矣。以刑爲體，誰解此刀？以刑爲體，以刑法作爲治國之本。語出《莊子·大宗師》。以禮爲翼，誰怒而飛？以禮爲翼，以禮作爲治國之輔助。寓宅而致心齋，無所逃于大戒，此莊子新發《繫辭》齋戒之硎，以利用《春秋》之獄也。《莊子·人間世》："若能入游其樊而無感其名，入則鳴，不入則止。無門無毒，一宅而寓於不得已，則幾矣。""回曰：敢問心齋？仲尼曰：若一志，無聽之以耳,而聽之以心。無聽之以心,而聽之以氣。聽止於耳,心止於符。氣也者,虛而待物者也。唯道集虛,虛者心齋也。""天下有大戒二:其一,命也;其一,義也。子之愛親,命也,不可解於心。臣之事君,義也,無適而非君也,無所逃於天地之間。是之謂大戒。"其抑墨胎、申屠也,特欲安庸人之地步,誘人勿貪名利,乃可曲全耳,豈謂白刃不可蹈乎? 墨胎指伯夷、叔齊。《藥地炮莊》卷八《讓王》注曰:"孤竹國在遼西令支縣,今永平有肥如塚。《論語疏》:姓墨胎,名智允。"申屠,指申屠狄。《莊子·大宗師》云:"若狐不偕、務光、伯夷、叔齊、箕子、胥餘、紀他、申徒狄,是役人之役,適人之適,而不自適其適者也。"入水之丈人何稱焉? 典出《莊子·達生》篇。孔子觀水于呂梁,問一丈夫蹈水之道,丈夫曰:"吾無道。吾始乎故,長乎性,成乎命。與齊俱入,與汨偕出,從水之道而不爲私焉。此吾所以蹈之也。"孔子曰:"何謂始乎故,長乎性,成乎命?"曰:"吾生於陵而安於陵,故也;長於水而安于水,性也;不知吾所以然而然,命也。"

　　嗟乎,伐木殺鵝,材不材之間,久嘆之矣,將安免乎? 典出《莊子·山木》篇,大木因不材得終天年,雁因不材而被殺,莊周曰:"周將處夫材與不材之間。材與不材之間,似之而非也,故未免乎累。"將求免爲人乎? 天地不能免爲天地,聖人不能免爲聖人,人奈之何求免人乎? 謂路免行,迂矣,謂路免塵也乎哉? 謂海免波,迂矣,謂海免水也乎哉? 知必不免,不得不言求免。不許苟免,免何非苟? 委蛇者,直塞之夫襐劍也。委蛇,隨順之義。《莊子·應帝王》:"壺子曰:'鄉吾示之以未始出吾宗,吾與之虛而委蛇,不知其誰何,因以爲弟靡,因以爲波流,故逃也。'"直塞,代指浩然之氣。《孟子·公孫丑章句上》:"敢問何謂浩然之氣? 曰:難言也。其爲氣也,至大至剛,以直養而無害,則塞於天地之間。"夫襐劍,帶衣之劍。《禮記·少儀》:"器則執蓋,弓則以左手屈韣執拊,劍則啓櫝,蓋襲之,加夫襐與劍焉。"注云:"夫襐,劍衣也,加劍於衣上。"以徘徊爲委蛇,是亦魯遽鼎冰瑟弦也,蹢閭夜半舟鬭也,有不必免而免免者存,曾知之耶? 自掃其材不材之間者,適得之寓庸中節也。備物以將形,藏不虞以生心,敬中以達彼,不厭其天,不忽于人,欲當則緣于不得已。《莊子·庚桑楚》:"故敬之而不喜,侮之而不怒者,唯同乎天和者爲然。出怒不怒,則怒出於不怒矣。出爲無爲,則爲出於無爲矣。欲靜則平氣,欲神則順心。有爲也欲當,則緣於不得已,不得已之類,聖人之道。"春之有秋也,不得已也。無累更生,是秉神武。《莊子・達生》:"夫欲免爲形者,莫如棄世。棄世則無累,無累則正平,正平則與彼更生,更生則幾矣。"《易・繫辭上》:"古之聰明睿知,神武而不殺者夫。是以明於天之道,而察於民之故,是興神物,以前民用。"意爲用吉凶禍福服衆,而不用刑殺。無郤可塗,是爲至常。《莊子・天運》:"吾又奏之以陰陽之和,燭之以日月之明。其聲能短能長,能柔能剛;變化齊一,不主故常;在谷滿谷,在坑滿坑;塗郤守神,以物爲量。"塗郤守神,郭象注曰:"塞其兌也。"如此自洗,如此自愼,庶幾倘佯乎無所可用之鄉。隱不自隱,藏天下于天下。無所可用,則無所不可用者也。由此論之,莊子其洗心愼獨之真傳捷徑乎!《易・繫辭上》:"聖人以此洗心,退藏於密,吉凶與民同患。"

末學紛挐,難以悉數。故先曠之以天,蕩之以海,怒之以風,深之以息,示之以機,適之以蟲,燼之以火,養之以刀,刳之鍛之,反之滑之,符其主而物于世,而宗應逍遙極矣。龍雷倨堂,不張皆備。語出《莊子・天運》。"龍雷"爲"尸居而龍見,淵默而雷聲"的省稱。倨堂,蹲踞堂上之意。數語皆形容老子。南榮遂忘其問,溫雪不可容聲。《莊子・庚桑楚》:南榮趎贏糧見老子,老子曰:"子自楚之所來乎?"南榮趎曰:"唯。"老子曰:"子何與人偕來之衆也?"南榮趎懼然顧其後。老子曰:"子不知吾所謂乎?"南榮趎俯而慚,仰而嘆曰:"今者吾忘吾答,因失吾問。"《田子方》:孔子見溫伯雪子,出而無言。子路曰:"吾子欲見溫伯雪子久矣,見之而不言,何邪?"仲尼曰:"若夫人者,目擊而道存矣,亦不可以容聲矣。"參逍遙之先者誰乎?吾友阮嗣宗,合處分致意之真,率之于巢由喬松之醉草,識者稱爲至愼。阮籍《達莊論》云:"彼六經之言,處分之教也。莊周之云,致意之辭也。"巢,巢父。由,許由。二人皆堯時隱士。喬,王子喬。松,赤松子。二人爲傳說中的仙人。阮籍嗜酒,《世說新語・任誕》云:"王孝伯問王大:'阮籍何如司馬相如?'王大曰:'阮籍胸中壘塊,故須酒澆之。'"《世說新語・德行》:"晉文王稱阮嗣宗至愼,每與之言,言皆玄遠,未嘗臧否人物。"叔夜讀《莊子》而增放,卒以不免。嵇康《與山巨源絕交書》云:"又讀《莊》《老》,重增其放。故使榮進之心日頹,任實之情轉篤。"嵇康後爲司馬氏所殺。然則世之不善讀《莊子》者,皆詁《莊子》者之過也。僕固不受矣,君胡爲乎受之?冤哉子玄!

惠子與莊子書

施頓首子休足下:自僕著書五車時,足下從不以所著見示也。《莊子·天下》:"惠施多方,其書五車。其道舛駁,其言也不中。"待僕死而乃布之,快口辯耳。據《莊子·徐無鬼》"過惠子之墓"條,惠施當早卒於莊子。以其友爲鑿帨,又使後世影響之流,揣子休汲汲傳其死友如此,又不苟誇其死友如此。鑿帨(pán shuì),腰帶與佩巾,裝飾品。《文心雕龍·序志》:"飾羽尚畫,文繡鑿帨,離本彌甚,將遂訛濫。"嗟乎,古今渺渺,若是沉誣,豈可量哉?鼻上有堊,吾拭之耳,不勞君之運斤也。《莊子·徐無鬼》:"莊子送葬,過惠子之墓,顧謂從者曰:'郢人堊慢其鼻端若蠅翼,使匠石斲之。匠石運斤成風,聽而斲之,盡堊而鼻不傷,郢人立不失容。宋元君聞之,召匠石曰:嘗試爲寡人爲之。匠石曰:臣嘗能斲之。雖然,臣之質死久矣。自夫子之死也,吾無以爲質矣,吾無與言之矣。'"謂僕相梁,恐君代其位而三日搜,聞鵁得腐鼠之嚇,而後以魚解之。《莊子·秋水》:"惠子相梁,莊子往見之。或謂惠子曰:'莊子來,欲代子相。'於是惠子恐,搜于國中三日三夜。莊子往見之,曰:'南方有鳥,其名曰鵷鶵,子知之乎?夫鵷鶵,發于南海而飛于北海,非梧桐不止,非練實不食,非醴泉不飲。於是鴟(chī,貓頭鷹)得腐鼠,鵷鶵過之,仰而視之曰:嚇!今子欲以子之梁國而嚇我邪?'""莊子與惠子游于濠梁之上。莊子曰:'儵魚出游從容,是魚之樂也。'惠子曰:'子非魚,安知魚之樂?'莊子曰:'子非我,安知我不知魚之樂?'惠子曰:'我非子,固不知子矣;子固非魚也,子之不知魚之樂,全矣。'莊子曰:'請循其本。子曰汝安知魚樂云者,既已知吾知之而問我,我知之濠上也。'"《秋水》篇這段"魚樂"之辯,緊接在"惠子相梁"之後,故方以智戲稱爲"而後以魚解之"。僕不白冤,此乃足下自遺醜耳。曾有畏好友奪位之人,而能爲君賓,又來唁君妻喪者乎?成玄英曰:"賓,對也。匠石雖巧,必須不動之質。"《莊子·至樂》:"莊子妻死,惠子吊之,莊子則方箕踞鼓盆而歌。"揮斥天地之士,一當富貴而色室怒市,尚曰達士之友,鄉人齒冷矣。《莊子·田子方》:"夫至人者,上窺青天,下潛黃泉,揮斥八極,神氣不變。"郭注:"揮斥,猶放縱也。"

以君所敘僕語,大一小一,方生方死,皆非妄也。據《莊子·天下》篇,惠施歷物之意曰:"至大無外,謂之大一;至小無內,謂之小一。"又曰:"日方中方睨,物方生方死。"正反相伏,對而舉之,適得其常,人自不悟耳。即僕之舌灕灕此者,又何獨以擁腫據梧,堅白無用,偏送足下臨深以爲高乎?《莊子·齊物論》:"昭文之鼓琴也,師曠之枝策也,惠子之據梧也,三子之知幾乎,皆其盛者也,故載之末年。唯其好之也,以異於彼,其好之也,欲以明之。彼非所明而明之,故以堅白之昧終。"不得已而生,生不得已而用,喘耎肖翹,莫不用其所用,無用則不必生矣。無用固有無用之用,而有用者詎可廢乎?擁腫者,欲以不材終其天年,忽遇野燒,忽有伐山通道者,忽龍取大木巢海以禦蟲,不知能終天年否?且君既齊壽夭矣,安所見夷、比之非大全其天者乎?貪生畏死者,天地之情也。君實畏之,猶夫人耳。乃爲此貌生死之說,突梯自解,因以排刀鑱如飴者,貶之爲名。君獨不好名而著書,何爲?著書而刻意爲奇峭淵藻之文,何爲?《大宗師》終倚戶之哀歌,何爲?《莊子·大宗師》:"子輿與子桑友,而霖雨十日。子輿曰:'子桑殆病矣!'裹飯而往食之。至子桑之門,則若歌若哭,鼓琴曰:'父邪!母邪!天乎!人乎!'有不任其聲而趨舉其詩焉。"望知其解者,萬世猶旦暮也,何爲?《莊子·齊物論》:"萬世之後而一遇大聖,知其解者,是旦暮遇之也。"

本不知聖人喜用生機之故,名空不避名之故,未嘗不欲功名事業也。《天界覺浪盛禪師全錄》卷三十三:"杖人曰:聲聞爲我,便欲斷滅。且問此欲成聲聞乘之我,非名根乎?福果則利根也。立教必正名,故曰'名不可得而好,不可得而避'。此中道而立之教綱也。入道真實,須全放下。

纔著名想,便爲名鬼所噉矣。果熟香飄,隨緣行化,故曰名空不避名。"惟恐功名事業之爲世所忌而豫避之,以保其電光石火之革囊,乃竊最高之門,顛倒日月江河之規矩,而逃之諱之。混則易掩,鬼則易畫耳。有物有則之倫倫理理也,猶日月江河也,即未有天地前所畢具者也。聖人因時衍之,以濟民行。後此千百世有聖人起,必有以補救鼓舞之。時也,適也。君罪聖人耶,何不罪天地?不得已而有天地,乃混沌之所爲也,何不罪混沌?君之言曰:"竊鈎者誅,竊國者侯。侯之門,仁義存。"語出《莊子·胠篋》。吾亦曰:竊仁義者,道德之賊。竊天地者,混沌之賊。竊混沌者,非古今之大賊乎?竊仁義與竊混沌,其竊一也。詬盡世之名,以自爲高不可及之名,誰容君詬?君何不混沌而姓莊?何不混沌而名周?何不混沌而字之子休?將誰稱之?

世之凡士千而才士一,才士百而精禮樂者一。凡士安于不知,而才士求知。才士之巧,剽剽劫劫,而禮樂之家,原原本本,此所以逾少也。中和中節者,則又千不得一矣。惡拘而樂放,惡難而樂便。君之言,高矣,而放者遁之;簡矣,而便者遁之。不煩終年考究,不煩終日操持。向也力不能徧,心若惡之,行不能合,夢若遜之。今有此掃鄙一切之詞,而乃傲然惟所欲爲,而莫敢難。世更有最便最放,最不可窮詰之術,如足下之門者哉?足下得計矣。以爲後世之情,必樂我而奉我,我足以駭古今,而得不朽之名。即有正色堤防,起而責我,終不勝才士之内憐而外護之。足下得計矣。雖然,足下苦矣,足下冤矣。世之愛足下者,皆不能學問,不能事業,不能人倫,而詭托者耳。足下有至性存,托乎托乎,豈復有至性乎?幸有惠施爲告世曰:義精仁熟,而後可讀《莊子》。蒸湆《六經》,而後可讀《莊子》。則《莊子》庶幾乎飽食後之茗荈耳。不然,君既冤聖人以冤天地,而終以自冤,遂爲混沌天地之大賊矣。誣一死友，何足雪哉？所太息者，以可以救世者而竟誤世也。

僕之歷物，物本自歷。舍心無物，舍物無心。後世必有希高眇，厭當務，專言汪洋之心，而與物二者矣。道何道？謂其由焉耳。由之謂用，通乎晝夜，四分用三。邵雍《觀物外篇》："天以一而變四（日月星辰），地以一而變四（水火土石）。四者有體也，而其一者無體也，是謂有無之極也。天之體數四而用之者三，不用者一也。是故無體之一，以況自然也。不用之一，以況道也。用之者三，以況天地人也。"其不用也，所以善其用也。衆人苟用，君子正用，聖人皆用皆不用，畸人惟鑿無用之用，而不顧天下有用之用。別墨有專守不用者，死人也。別墨乃墨家後學相互攻擊之語，謂其異于墨也。語出《莊子·天下》篇："相里勤之弟子，五侯之徒，南方之墨者苦獲、已齒、鄧陵子之屬，俱誦《墨經》，而倍譎不同，相謂別墨。以堅白同異之辯相訾，以觭偶不仵之辭相應，以巨子爲聖人，皆願爲之尸，冀得爲其後世，至今不決。"方以智似把慎到等人也歸于別墨之列。《通雅》卷首三有"別墨之謏髁縱脱"之説，此處亦稱別墨爲"死人"，二者在《天下》篇皆屬批評慎到之語。無始予天而天不能用，則不肖天也。天予我而我不能用，則不肖子也。苦縣大耳兒，守財虜耳，君反執之以訾治家好施、與人同用者乎？《史記》稱老子爲"楚苦縣厲鄉曲仁里人也"。

卵有毛，雞三足，郢有天下，犬可以爲羊，馬有卵，丁子有尾，火不熱，山出口，輪不蹍地，目不見，指不至，至不絕，龜長于蛇，矩不方，規不可以爲圜，鑿不圍枘，飛鳥之影未嘗動也，鏃矢之疾而有不行不止之時，狗非犬，黃馬驪牛三，白狗黑，孤駒未始有母，一尺之棰日取其半萬世不竭，此吾激天下之辯，而辯吾之所不辯耳。以上辯者二十餘事，皆見《莊子·天下》篇。日新之天地，必且以此等爲迷世奪人之奇方。而自吾開之，吾不以爲功，吾又何罪耶？

物既隨天，天亦隨物。天且不能自主，吾又何得不隨？吾自信吾者，有口斯食，有口斯辯。食還其食，不以累腹。辯還其辯，不能累心。偶爾著書，不必傳不傳也。人生此世，貴不虛生。士不讀書，而免虛生乎？寓而不居，即有而無。用光得薪，莫若書。伐毛洗髓，莫若書。士一日不讀書，猶一日不食也。書獨簡冊也乎哉？上古以來，乃讀混沌天地之書者也。仰觀俯察，且坐混沌之西席，授天地以章句，而謂其不肯讀書乎？世鈍且怠，或匿不言，以爲沉靜，實未能通，故囁嚅不敢言，言復爲人所難，不如以不言難人。自吾五車者論之，均不與道相涉。而公道有大分數，不可讓衆盲盲萬世也。辯不可匿，絲毫對簿。《青原志略》卷三載方以智語曰：“虛理尚可冒曼籠統言之，象數則一毫不精，立見舛謬。蓋出天然秩序，而有損益乘除之妙，非人力可以強飾也。”默容巨偽，非草木蟲蠕，則奸尻耳。句謂不言者易于藏偽，非無知之物，即奸詐之徒。

至人無情，無不近情。既以蛻俗蛻空，而不娛《詩》《書》，土塊也。乘物以游心，不游何寓？《莊子·人間世》：“且夫乘物以游心，托不得已以養中，至矣。”且何塵垢非神明乎？不者壽其肉，不者煉其靈，明者笑曰：聚終歸散，存終歸亡，適得怪焉。《莊子·天下》：“豪傑相與笑之曰：慎到之道，非生人之行，而至死人之理，適得怪焉。”以數千年爲數日，狼籍人間之歲月，蜉蝣之暮，即稱彭祖，何苦五十步笑百步耶？

道本無得無不得。生斯世也，不知亦然，知之亦然。知之乃受用其不知，而不爲談生死者所惑耳。生如是生，死如是死。生即不生，死即不死。人寓于世，世寓于人。吾隨吾之所寓以自適焉，適然語，適然默，才與不才，能暢皆暢。其不可易者，草孝其根，肢忠其首，知命俟之，素其時位，與世疴癢，以濟民行耳。《中庸》：“君子素其位而行，不願乎其外。素富貴，行乎富貴；素貧賤，行乎貧賤；素夷狄，行乎夷狄；素患難行乎患難，君子無入而不自得焉。在上位不陵下，在下位不援上，正己而不求於人，則無怨。上不怨天，下不尤人。

故君子居易以俟命,小人行險以徼幸。"人或不能如聖人之所爲,又不知聖人之所爲,爲即無爲,遂專廢其當爲,爲其不當爲,而苟曰無爲。然皆聖人之所養,而食聖人之天者也,乃敢輕唾聖人,遂使小人藉口縱恣,爲天下害,則見破者未破此矣。急于自受用者,倚混沌而掃天地耳。倚一氣乎?一氣中有理焉,如主統僕。倚一身之外無餘乎?官骸經絡,秩敘歷然不紊也,天下猶一身也。

子休自云：以有形者象無形者而定矣。有形者爲物,無形者爲道,以有形之物取法無形之道,即可得安定。語出《莊子・庚桑楚》篇。皆本然,即皆當然。止有當然,是爲本然。無當然之本然,本然又安寄乎?天地間之芸芸也,凡有一物,必有其故。人不知故,而罪其生後之治生安生者,何不罪其無故而生乎?宮室之有窗櫺,窗櫺之有交疏,以取明而斲木者也。人知其由,則信而忘之,鸚鵡疑而詰之矣。山氓見錦繡,告爲蟲吐,又針黹而繢綵之,宜其驚矣。黹(zhǐ),刺繡。綵(cài),絲。賢知之不知聖人,猶山氓之不知錦繡,鸚鵡之不知窗櫺也。好以生死有無曼衍乎?生以死爲歸,死以生爲歸,生死以無生死爲歸,無生死以生生死死爲歸。未始有始,今日是也,善吾生也決矣。君惡天地,則何不聽人之費聰明,以速死其天地,而成混沌哉?然且不能,則何如各樂其天地四時之本業而聽之?必欲以鴻荒之本然,罪中古之當然,以冬春之當然,罪夏秋之本然,豈不悖哉!

道問無應,即器是道。《莊子・知北游》:"知北游于玄水之上,登隱弅之丘,而適遭無爲謂焉。知謂無爲謂曰:'予欲有問乎若:何思何慮則知道?何處何服則安道?何從何道則得道?'三問而無爲謂不答也,非不答,不知答也。"象數徵理,數以度用。夫度其數而中節者,即不墮諸數者也。權衡者,貫混沌天地之髓也。仁義者,貫混沌天地之神也。政府立,而宰民並宰君矣。政府因君民對待而立,既立則可宰制君民。學問傳,而辯之即養之矣。使其獷獷不知古今,以受足下之鼢劓,而獨容足下之單詞,是禁草木不花、江湖不波之條約也。獷獷(guǎng guǎng),粗魯。謂吾五車窮天地者累,則以窶室窮混沌者,其累無以異。謂吾治耳目以適心者累,則屠耳目以剚心者,其累無以異。曾知不累之累也耶?曾知累亦不累也耶?卉必不能不花,花必不能不芳,而人免生死乎?自謂生死自生死,足以免生死,則五車窶室,免同一免,不免同不免。聖人之空空,聖人之富有日新也,五車何累焉?

都亭有造冕者,詫于織履者曰:"我尊汝卑,何不拜我?"我方恥以道貸監河之粟,以一藝自食其力,何必金顏此市肆,以與足下爭姓名哉?《莊子·外物》:"莊周家貧,故往貸粟于監河侯。"吾愛子休者真才也,子休所以爲子休,惠施不與之爭耳。萬世誠可愚而不可直告,吾故容子休以絕世聰明愚萬世,而萬世亦竟不知其愚之。才真才矣,真道不可以沒真才,而假道敢傲之乎?吾傲之而容之者,學適其學,才適其才,道適其道,不必世之知,不必世之不知。吾聽吾,世聽世,然不忍使世之終愚,爲黠者所魚肉至此,又冤我子休教之也,故以辯聽後人之辯。

此愚者大師五老峰頭筆也。佛以一語窮諸外道,曾知佛現外道身,以激揚而曉後世乎?苟不達此,不須讀《莊》,又何能讀《炮莊》?大醫王詳症用藥,橫身劍刃,申此兩噓,苦心矣,豈問人知?壬辰孟秋玉川學人傳笑識。
"傳笑",《藥地炮莊》作"傳关"。"壬辰孟秋",《藥地炮莊》作"壬辰秋"。

祭姜如須文[諱垓,萊州人,崇禎庚辰進士]

別如須十餘年,從萬死一衲還故鄉,知如須在吳,謂可握手翔佯,詎知竟不一見,一尺之書,亦未獲將,嗚呼痛哉!涕既千行,憶如須丁丑游江左而得余也,猶余壬申西湖之得卧子,皆以叶用大雅之聲,合奏撫掌而起。庚辰同籍,以兄事我,自此始。兩人之心,如乳投水。每嘆士不好古,詩亡久矣,君當軼駕君鄉之滄溟,更盡其變,以諧溫厚之旨。滄溟,李攀龍別號。音中金石,諷諫淵感,縱橫佚蕩,稱篔簹氏。出或並轡,飯則共几。擊鉢達旦,豪呼戚里。早朝則御橋賦月,入市則構書落紙。又負奇氣,忼慨上視。初除行人,拜鑿碑之疏,誓除逆宄,天下以爲讜論,而宵人早已切齒。感時事而乙其處,相對鳴邑而已。詎謂踰年,北極焚燬,子美先使,甄濟矢死,奔就君親,而黨禍發燼于同里,老親命之遠游,歷瘴海以轉徙,淪鋪被縶,復蹈刃而至此。此惟可以告君,君奈何其不我俟?嗚呼哀哉,哭何能止?沸騰之中,傳侯光儠廡于吳市,往來專諸之墓,酹酒太伯之里,有詩歌古文數千篇,時時播流人耳。嗟乎,變以世盡,變至無可如何,而繼之以死,此豈特以《錦錢集》爲蒼天之所以眷吾子乎?余既膠致之斗室,自以爲外黃之車,聞赴擗慵,不能期白馬而奠皋橋之廬,乃以冢筆,寫此哀辭,椎心而歌,不知其爲變詩。皋橋之廬,梁鴻所居。此處借指如須家。焚香上天,如須知之。

虛舟先生傳

王虛舟先生諱宣,字化卿,金谿人,生于桐城。少負才不羈,與先叔祖玉峽公[諱大鉉,癸丑進士]、赤城公[諱大任,丙辰進士]爲友。邁志好古,爲詩歌文詞,凌轢晉唐,上軋周秦。一不第,遂棄舉子業,儻然高蹈,自號虛舟子。桐自先曾王父講學,先廷尉公倡之。先外祖吳觀我先生好參究,合三教而一之。先生往來壇坫間,無不微言解頤也。米公友石,聞而交之。米萬鍾號友石,萬曆二十三年(公元1595年)進士。中年學道,屏絕室家,以《易》爲終始之學,寢處其中。米公曾爲序其《風姬易遡》行世。世尚功令,趣干時之業,未有好其書者,後老于桐。智十七八,即聞先生緒論。曠觀千世,嘗詩書歌詠間,引人聞道,深者徵之象數。其所雜著,多言物理。是時先生年七十,益深於河洛,揚、京、關、邵,無有能出其宗者。智方溺於詞章,得先生之秘傳,心重之,自以爲晚當發明,豈意一經世亂,遂與先生永訣哉？周農父言先生往來姑熟曹梁甫,惟目少眊耳,近百歲乃即世,有遺書在桐之下鄉左氏處。一日翛然告衆而化,自非深于環中,烏能倘佯此擔囊,而全其龍德乎？其言無之而非道也,不以道爲名。道不出于通晝夜而知,而不以知爲門庭。發明微言,旁通指遠,不局局紫陽之模範,而恒以紫陽之好學勸人。近代公甫、達夫,標之曰主靜,說者以爲近于禪。虛舟子曰:"禪無問其近不近,亦知主靜之並非禪乎？六十四、七十二,皆一也。一無動靜也。杳杪而言無極者,桎梏其天地,而扞格其太虛者也。詡詡曰道也,理以窮而愈支矣。"斯言也,豈不足以木鐸千古乎哉？世愈下,道逾遠,止以赫奕利達論人,不則以聲名門牆論人,宜先生之書不傳也,況遭此兵燹乎。故記其大指于此,他日考其遺言之存者,爲白諸名山。

書顧人正幅

甬東顧人正,折節學古有年,豁然以其心,與往古,與天下,明善與人同之故。故先與鄉之學古者柴台甫、蔣萬爲、張珍仲、陳蘊生、陳殷六諸子,麗澤同事,名其社曰"與社"。麗澤,互相切磋。與之時義大矣哉! 標季相與,豈獨塗塗與屬？即翹明方聞,樹道論文之壇墠,未免拔來報往。墠(wéi),祭壇四周之矮墻。或卑疵而前，或汲汲戚戚，詎保終始，不悼派水鼓妖乎？
卑疵，卑屈。無故而生之怪聲曰鼓妖，術者謂偏聽偏信所致。夫人不能以
心相與，由不明其本也。忽然相與，絕不知與往古相與、與天
下相與之故，莽莽然以情，斷斷然以聲，此典謨黼黻之所不能
飾，而蓍龜鍾鼎之所不能信也。雖昵無間，而增名高，其心逾
不可知矣。一往之士，因以絕世。孫登、焦光、郭文，皆群鳥
獸、塒草木，積年遇人，不交一言。孫登，晉代隱士。焦光，東漢隱士。
郭文，晉代隱士。嗟乎，是豈天所以與人之心耶？蒙莊氏言與天
爲徒，與古爲徒，而要之乎相與於無相與，此固善與人同之指
也。知相與於無相與者，同所以與天，同所以與古矣。人正之
心，以爲千年一綫，久無以相與者。雖人人同，人人竟不自知
其同。忽曳縱而歌頌，削然而反琴，不病之，且笑之。玄閣、汾
亭既可誹，而章甫、縫衣又安可得乎？楊慎《泛舟浣花東皐》詩："揚
雄玄閣不寂寞，杜甫草堂天下稀。"汾亭，隋代大儒王通講學游憩處。章甫、縫
衣，儒服。《禮記·儒行》："丘少居魯，衣逢掖之衣。長居宋，冠章甫之冠。"嗟
乎，士誠難相與於此時，有心者誠不得不重相與於此時。此時
而明其相與於無相與者，善其大同，以振救此千年將絕之一
綫，則舊宅金石絲竹之音，實式憑之。吾固願天下同知與社之
心，則天所以與人之心，業已木舌而戶曉之矣。

孝經通箋序

愚嘗言孝、學、教、覺皆本于爻，爻者兩中五之交而效之
也。天地交而生子，子效其父，始爲肖子。《易》覺天地而六
子盡孝，爻固卦之孝子，卦固太極之孝子也。聖人者，天地之
孝子也。而後天者，先天之孝子也。聖人憂後世多不肖之夢，
不知生死終始之易簡，故樹孝爲先覺幢，而大呼於天之下曰，

此至要之準也。教學之鐸,于是乎命唯者以雷萬世矣。唯者指曾子,《論語・里仁》:"子曰:參乎,吾道一以貫之。曾子曰:唯。"天教人曰,生生成成,尊卑承輪,春先秋後,終而復始。此可以明代續終始之學矣,故曰孝無終始。孝以效天地,則孝在髮膚之先。孝以覺古今,則孝在身世之後。使十二時,原反元會,因二不二,豈更有他道哉?

　　那谷者,薛更生正平也。年過八十,作《孝經通箋》,刺聖人之血,合甘露瓶,首標新旨,欲輓轆轤而唯之。愚讀三復,不勝痛幸,以孝爲戒,以孝爲宗,以孝爲學,以孝爲教,自覺覺世,見此一題,而萬世通神明于毛裏矣。愚不肖請再箋之:孝無終始者,學無生死也。惕然于生之所從來,則惕然於心之所從來。以天人鬼神通作供養,是何如疾痛苛癢?以元會成壞珍重一息,是何如焄蒿悽愴? 焄蒿(xūn hāo),祭品所發之氣味。前後代續,盡此一報,則刹那臘縛之幾,即孝子之所以嚴父事天者也。臘縛,梵語,一刻之義。慎更有慎於此者乎哉?嚴更有嚴於此者乎哉?一部《莊子》,惟以怵戒之刀,盡年養親。參見《養生主》。七篇《孟子》,惟以送死大事,盡心直氣。誰不知續?而不知無斷無別之所以續。卑者續利于身世,尊者續名于鬼瑣,遂爾熏熏赫赫,高高奇奇,而根柢之真,反忘所自。是故聖人以孝爲無名之大名以燒之,此固推千古之高奇熏赫而逼人歸本之烈炬也。人子之生死波靡也,豈在刀鋸幸免,以侈無敢毀傷乎?自毀其戒,即傷其天矣。自辱其天,即傷其親矣。生死之幾,皆始於倏忽之惡慢。倏忽即成天下之過怨,貽禍國家,流毒後世,焰蛾橫死,真可憐生。今使之于不敢惡、不敢慢,磨吹毛劍,而大地之險阻平矣。閭巷亡俚,不能不護家庭以爲顏色。凶暴至死,亦不能掩其天倫之肺肝。衆中呼之,必且面赤,暗室覽之,必且汗下,況稍知尊親無忝者乎?是知禮樂制度,不過表孝子之舞蹈。兵刑地獄,豈能比《孝經》之迅利哉?

更生發嚴父配天之諦曰:"天者父之天,子尚不敢有也。資於事父以事天,資于事天以事地,資於事父以事母,資於事母以事兄。覺孩提愛敬一念,太極儀象,森列其中矣。始以自嚴,則父子即是君臣。無不愛敬,則君臣即是父子。"更生苦心,迸裂至此,其真取髓滴骨矣。視天夢夢,雖夢中覺夢,不猶愈乎?果能夢見無終始之孝子,必爽然通于神明曰:莫孝于心,吾孝吾心,吾孝吾天矣。自神明其續無先後之天,即神明其嚴父事天之天,遂使萬世爲父母者之天,皆不負先天之大父母,而各嚴事其無生死、無終始之天,豈不大快孝爲戒宗之梵網,豈不大暢孝爲教學之金口乎?此謂先覺,此謂至要,此謂大報恩。

書周思皇紙[遠害之弟]

庚寅冬,余既被縶於仙回山,膠致平樂,一營環刀鋒,而衲子怡然就刃,故其帥異而養之。麻城思皇,聞來視余。自此移蒼梧雲蓋寺,思皇遂相朝夕。中間主者,勒書趨降,矢死不應。又環集邐者,連及它事,數數瀕死,寺僧有遠引者,思皇皆左右,未嘗避。越二年,兩粵法一、章金等,無不皈信。施尚白白其直指,因得聽之鼎湖。桂林忽亂,嶺表倉皇,念此不急歸,謂十年孤隱之意何?竟獨從尚白度嶺,惟思皇從,蒼梧法屬,俱不及相携矣。壬辰八月,止匡廬養瞖目。匡廬就遠公社養親者子驤,伊可懷也。思皇爲余先報白鹿,明年元正,余歸省子舍。既已不能菜葉燒庵,又半生重累,累係之白下,猶之雲蓋也。圓具天界,掩關高座,又踰一年,思皇自其家,蕩泱潢流千餘里,而來飯之。余感其意,何以爲贈?請書年來所以感天地者,書以贈子,可乎?

曩以蒙莊之懸寓,適安樂之環中。懸寓,懸于宇内,衆皆見之。《莊子·天地》:"辯者有言曰,離堅白,若懸寓。"嘗曰:道不必聞,死無不可。生死小事,時至隨順,何足膠膠言之?然才情所發,輒多搤擤。搤擤(è qiān),扼腕。自北都守甄、蘇之節,歸與趙鼎同冤。老親命之遠游,從台蕩歷太姥、羅浮,苑結過當,仰視天,俯視地,發聲激齒,山石爲之崔隤,飈湍爲之滴射,若無所可容其怦怦者。七年中五變姓名,展轉天雷、被左、赤嵲之間,卒封刀於平樂,畢命俄頃,而大笑自若,豈非天地之爐鞴鍛鍊相成就耶?加此一年,比前三年之大笑自若,進乎不乎?白浪稽天,鐵船可駕,圍數帀而弦歌,諱窮求通,還之時命,知之斯安之矣,益信死者吾之大恩人也。非爐鞴如是,烏能親見死即無死,生即無生,而受用之哉?

思皇負踔絶,具遠鑒,能超然于世網,獨托志乎古昔。家有先人之田園巾箱,而又出求天下讀書聞道之士,翛翛往來,何所不自得無何有之逍遙耶?然旁觀天地之爐鞴如是,又聞我感天地之爐鞴如是,則共和用光得薪之指,其光必更灼灼有進於生平者矣。是以不辭渴筆,爲滿此紙。還過匡廬之傍,見同棹而返之賓明,抵家見藏明寄頌之槁木,并以示之。珍重此爐鞴時,正當有火發之事,斷勿以無所事之逍遙,爲自得之極致,一杖畫止也。[賓明,湖口孝廉王必逑也。槁木,梅惠連之煴也]。

擊磬集序

紫淀張氏,以擊磬明其四言。坤五氏舉石以立辯,謂其訕然而止,不肯媚人。黃文煥字坤五,天啓五年(公元1625年)進士,官至翰林院編修。以問紫淀,紫淀然乎?我讀其語,蓋《巷伯》《小旻》之流，《懷沙》《惜誦》之變，而《短歌》《碣石》《獨漉》《善哉》之調也。《毛詩序》："《巷伯》，刺幽王也。寺人傷于讒，故作是詩也。"又曰："《小旻》，大夫刺幽王也。"《懷沙》，懷沙礫以自沉。《惜誦》，惜其君而言之。二者爲屈原《九章》中的兩篇。《短歌》《碣石》《獨漉》《善哉》，皆古樂曲名。察其時，蓋君子聽磬聲之時也。《樂記》曰："辨以致死。"《禮記·樂記》："石聲磬，磬以立辨，辨以致死。君子聽磬聲，則思死封疆之臣。"君子聽其聲，其所思者爲何臣與？古之人或有志於時，時於忽乎不可以爲，爲之非其人，即其人，不過致死，死且無辨之者，淪胥以鋪，謂之何哉？淪胥以鋪，無罪而受牽連。不得已，託之于聲，以爲傳言旅市之比。悲矣，又不敢自悲其悲，或矢死以傳其文，或齊生死而慰之以道，此皆休心於聽致死之聲者也。旁觀者僅曰，不得志於時，此豈知其心哉？或曰：磬立秋之樂，夷則之氣，故易以悲。夷則，十二律中第五陽律名。嗟乎，苟習咫尺之便，未嘗一驚心塗膏曠野，琢浮瀛之石，懸招仙之閣，彼且植耳悇憛，與闛鞈叫呼等。悇(tú)，憂。闛鞈(tāng tà)，鐘鼓聲。不謂棲棲之叟，乃得之荷叀，異乎哉！荷叀，即"荷蕢"。《論語·憲問》："子擊磬于衛，有荷蕢而過孔氏之門者，曰：'有心哉，擊磬乎。'既而曰：'鄙哉，硜硜乎！莫己知也，斯己而已矣。深則厲，淺則揭。'"今察其時，又進乎擊磬之時矣。聽此聲者，尚不瞿然生死之間者何人哉？反覆無已，以專門生死，不當復聽此聲，吾請以山河大地爲磬，以無孔鐵椎擊之，不知其碎與不？〔張文峙爲莊節公之弟，瑤星之叔，選《昭代布衣集》百卷，自定《紫淀集》五十卷，終之以此，可以知其人矣。〕

范汝受集引

汝受詩歌樂府，纚纚大袟，永言大雅，不事鈎鏁，不艷纂組，風度翔武黃初以上。纚纚(lí lí)，連綿不盡。纂組，編集。黃初，魏文帝曹丕年號，詩風近于建安，史稱黃初體。使二十年前，卷跽鳴鳩亭下,必且與之扼腕而談河梁之響,痛竟陵之濫耳矣。裷跽(juǎn jì),收袖爲裷,長跪曰跽。河梁之響,蘇李贈別詩。奈何哉于九死之死灰爆之,而欲其以生死之説説詩也?一切法法而無一法,詩何嘗不如是?則請以詩知生死。知生死無他,死其心則知之矣。尼山以興天下屬詩,而極于怨。《論語·陽貨》:"子曰:小子何莫學夫《詩》?《詩》可以興,可以觀,可以群,可以怨。"怨極而興,猶春生之,必冬殺之,以鬱發其氣也。行吟怨嘆,椎心刻骨,至于萬不獲已。有道之士,相視而歌,聲出金石,亦有大不獲已者存。存此者,天地之心也。天地無風霆,則天地瘖矣。嘻嘻,詩不從死心得者,其詩必不能傷人之心、下人之泣者也。明允曰:"窮于禮而通于詩。"聖人知讀書之士,無如其性情何,故以詩爲風霆以激之,當其節宣,哀樂不能入也。世之情其性者,任情而爲詩,不知中節,未嘗持志耳。詩也者,志也,持也。志發于不及持,持其不及持,以節宣于五至中,則心與法泯矣。《禮記·孔子閒居》:"子夏曰:民之父母既得而聞之矣,敢問何謂五至?孔子曰:志之所至,詩亦至焉;詩之所至,禮亦至焉;禮之所至,樂亦至焉;樂之所至,哀亦至焉。哀樂相生,是故正明目而視之,不可得而見也,傾耳而聽之,不可得而聞也,志氣塞乎天地,此之謂五至。"法至于詩,真能收一切法,而不必一法,以詩法出于性情,而獨盡其變也。不以詞害,不以理解,其下語也,能令人死,能令人生。專門生死之家,衝口迸出,鏗然中乎天地之音,況能以不變變者,詩而不自知其詩,而出入生死者乎?由此觀之,詩固隨生死、超生死之深幾也。幸哉二十年前不言,言之二十年後,此言詩者之變乎!以不變變,變亦隨之,謂爲詩家之風霆也可。

孤史序

自有天地,未有作《孤史》者。孤之有史,其見天地之心乎！知天地所以托孤者，知生死矣。故其友序之曰：張子年五十有八，先自祭，與子訣，而今不死。無可道人年四十有四，庚寅以僧被繫於粵，求死不死，自祭之，遺書誡子，而至今不死。見本卷《辛卯梧州自祭文》。兩人得毋近以死詒天地者哉？觀《易》至十貞悔之際，留碩果反下，而長至得元，此其天地之托孤于小、大雪乎？振古終今，立天地間，而不負天地者，即天地之孤也。雨潤之而又霆擊之，勾芒之而又蒸郁之，繼且吴落之、彫傷之，必墜其實而槁爛之乃已，是何用心之辛螫耶？勾芒，發芽。吴落，同"濩落"，凋落之意。《通雅》卷七："《莊子》'濩落'，《史記》'呉落'，'吴'與'濩'通。"天地曰：吾以成吾孤耳。孤而能以天地之心爲心者，始不負天地矣。以天地之心爲心者，能死其心以學天地也。懼以終始，其要無咎。吾輩下地時，即時時以死自存。存矣，吾故知天地之知吾兩人，不以死詒天地也，天地亦欲托此兩人于雪中耳。兩家之子，但知其父爲天地之孤，則可以讀此史矣。

靈前告哀文

嗚呼痛哉，何以至此極也？崩裂又崩裂矣！刀頭潛竄而拜膝下，甲申之五月十日也。旁人方憐韓洄見休，而臨安且蔑忠簡矣。韓休，韓洄之父，《舊唐書》有傳。趙鼎，南宋抗金英雄，謐忠簡。大人命我遠游，奄忽十年，兩歷淪喪，以祇支過法場，僅乃匡廬歸省一月，又逼煴火，以閉關高座謝之，詎謂博此一場之終天絕地乎哉？祇支，又名掩腋衣，僧服。煴火，無焰之火，借指被逼出仕。不肖之子，罪無逃矣。大人通籍四十年，爲官八年，職方忤魏璫，撫楚忤楚相[楊嗣昌、姚明恭]，晚歸三徑，發明秩序變化之《易》，以繼明善公、廷尉公之學，無疾而逝，何所忝乎？爲子者，竟未能盡一日菽水之職,又况過河三呼、彌天皆血之時,不得親視含歛,擗地自絕,復何及耶?嗚呼痛哉!自恨少不能學家學,空事博雅,蒿目悱惻,怨誹無忌,卒以俛詩感時,見犯樞密,爲門户家所摘衊而中之。庚辰,大人在西庫中,傅大司馬語及顛末,此男之罪不可解者一也。當是時,徒傷吉翂控疏之愚,且行魏劭賣邸之事。吉翂十五救父,見《曼寓草上》之《請代父罪疏》注。魏劭賣邸,見《後漢書·史弼傳》:"前孝廉魏劭,毀變形服,詐爲家僮,瞻護於弼。弼遂受誣事,當弃市。劭與同郡人賣郡邸,行賂於侯覽,得減死罪一等。"庚辰、辛巳,沙堰兩年,不曾禀命大人而爲之。密之曾膝行沙堰兩年,爲父鳴冤。權柄煬蔽,詹舌洞喝,因破荷薪之産,罪一也。詹舌,"載詹其舌"之省稱,形容孤苦無助。大人與黄石齋先生圜中講《易》,而不肖子不能入此,猶然悲歌忼慷,妄談時事,開卻要津。大人已賜環召對,而井研惡之,阻樞貳之命,罪一也。大人既出濟上,男爲范質公中堂所薦,與魏子一、陳百史先後召對德政殿,不勝懇懇,刺譏時弊,大犯物禁。范景文字夢章,號質公,萬曆四十一年(公元 1613 年)進士,官至兵部尚書兼東閣大學士,明亡自殺。故大人屯緩兵急,兼請召募之陳,不允。男請纓疏,亦閣不下,不得遂從父戮力之志。蓋人以其平素詩酒潦倒,不自鄭重,憒作壯語,嗤其螳臂,罪一也。甲申三月十九,不能絶亢,乃爲三木刺剟之囚。冒死得間,比蔣沇之潛竄。《舊唐書·蔣沇傳》:"建中元年(公元 780 年)冬,鑾駕幸奉天。沇奔行在,爲賊候騎所拘執,欲以僞職誘之,因絶食稱病,潛竄里閭間。京師平,首蒙旌擢,拜右散騎常侍。"五月十日,泣拜膝下。時方擁戴,不當與議,指激北伐,而平日之忌者諑之,黨案又翻,致令大人不安,乃命遠游,歷台蕩,轉太姥,泊五羊,遂此九年,違侍温清,而權奸吞噬,剥床以膚,罪一也。《易·剥》:"六四:剥床以膚,凶。象曰:剥床以膚,切近災也。"留都忽,天興倏,端江爲五成陌。端江,今肇慶。五成陌,漢光武帝稱帝處。

男與粵督參差，寄隱漂泊。翠華溯桂林，過武岡，入直之命屢使敦促，而終未一立班行。家鄉傳聞，遂令大人有子相南海之嫌，迫令索歸，受盡委迲，洗橐幸免，罪一也。迲（zé），逼迫。繫出平樂法場之後，冰舍二年，乃得放還匡廬。迫冬歸省，僅僅一月，操江逼之出，三省又逼之出，惟矢涅槃，閉關雨花，遂遠子舍，罪一也。大人寄信曰："安之所以安我也。"忽忽三年，易簀之際，竟不得一送。破關奔喪，遑問法雲有例乎？袒踊襲經，無髮可指，無地可入，罪通天矣。合明寺之陽，舊卜佳城，治命即事。襟土攀柏之餘，念及遺言，合編《時論》，且以自盡，留其殘喘耳。嗟乎，忽言至此，更有一痛。家有數千年正決之學，而復不能侃侃木舌，且行異類，託之冥權，是又將誰告乎？不覺直敘，聲已復吞。惟大人在天之靈，式馮鑒之。

宋子建秋士集序

不見子建，又十餘年。宋存標字子建，號秋士，雲間詩派代表人物之一。忽寄其集，遠來命序。發而歌之，號曰《秋士》。悲哉，秋之爲聲乎！時以秋成，風以秋變，士蓋以悲爲性哉。非以今日秋也，生爲才士，則已秋矣。集目始于壬申，則余初過雲間之歲也。當是時，合聲倡雅，稱雲龍焉，一俯一仰，不自知其聲之變矣。雲龍，雲間、龍眠。臥子嘗累書戒我悲歌已甚，不祥。嗟乎，變聲當戒，戒又安免？子建曰："皎然不欺其志已耳。詩也者志也，從吾所好，曼衍以窮年，變不變何問焉？"忽忽崩裂，以汲郡青巖餘骨，過轅文之塾，子建開後園，執其手，泣數行下，聲滿天地，變不變乎？宋征輿字轅文，子建從兄。自此轉仄鋒鍔法場，餘饉瀕死，此十餘年感天地恩，痛自創艾，捽草塞齒，然且啾啾，變不變乎？今讀子建之樂府古今諸什，棲逸終老，詠懷悼舊，何其蘊義塞淵，以溫厚之聲滿天地也。以子建數十年詞壇老將，白首抗志，三泖之樓，琴樽如故，副書充棟，已不易矣。天又予之兩才子，楚鴻漢鷺，以手筆事親，吾子建坐享張子明逍遙之福，皎然不欺其志，豈偶然哉？張竧字子明，漢末鉅鹿人。養志不仕，人稱其"上不事天子，下不友諸侯"。《樂記》曰："歌者直己，而天地應焉。"嗒然者衝口，直己而已。曳縰之聲變乎？縰（xǐ），束發之頭巾。原誤作"縱"，無義。《莊子·讓王》："曾子居衛，縕袍無表，顏色腫噲，手足胼胝。三日不舉火，十年不製衣，正冠而纓絕，捉衿而肘見，納履而踵決。曳縰而歌商頌，聲滿天地，若出金石。天子不得臣，諸侯不得友。"鼓枻之聲變乎？《楚辭·漁父》："漁父莞爾而笑，鼓枻而去，歌曰：滄浪之水清兮，可以濯吾纓。滄浪之水濁兮，可以濯吾足。"皆衝口也。御六氣，負青天，遂自以為決疣一生死矣，何春何秋？猶倚戶而呼乎？悲與不悲，以悲慰，以悲戒，一也。變本不變也，大椿合春秋以為春，兼葭合春秋以為秋，一以為棣華，一以為庭柏，其黃葉耶？《涅槃經》卷二十："如彼嬰兒啼哭之時，父母即以楊樹黃葉而語之曰：'莫啼莫啼，我與汝金。'嬰兒見已，生真金想，便止不啼。然此楊葉實非金也。"為秋士者，初不以黃葉自委也。子建汲古好學，讎比簡編，至老不輟。父子鼓舞，以古今為膳啖，樂業其業，是始終以雅道風世，不以變變者也。善乎維節氏之序之曰：平者焠者，豐者靜者，悉從詠歌文章生。得其道，可以伏處不恨。當其至專，寂如槁葉，一塵一芥，幾會所關。惟其性之，是以志之，聲滿天地，是不欺者。無可道人智題。

周易時論合編後跋

重覽癸未跋，忽忽十五年。癸未跋，收于《前編》卷五。老父歸臥環中堂，《時論》又再易稿矣。時乎，尚何言哉？小子感天地之鉗錘，刀鍔百淬，瘴徼歸省，復遇熅火，鐵限封關，老父則無不以生死相反復也。瘴徽,瘴氣與巡徽,借指南方。鐵限,鐵門檻。不恥衣食,不忘溝壑,習坎繼明,懼終始矣。痛此終天,古今皆血。《易·坎》:"象曰:習坎,重險也。"《易·離》:"象曰:明兩作離,大人以繼明照于四方。"既已剝爛黃葉,緣無所避。合編未竟,遺命諄諄。時當病廢,墓廬碌趚,命兒編錄,薪火而已。碌趚(sù),忙亂。嗟乎,環中寂歷,善用維時。寂然不動者,太極本體也。歷然分明者,天地萬物也。本體不離乎萬物,是謂寂歷同時。拂跡者膠柱,竊冥者荒蕪,統御謂何?獨立亦未易也。姑曰委化,悶無悶乎?果不可以莊語,而以卜筮象數寓之乎?差別難窮,賴此易準,待好學者深幾而神明之,存乎其人,同時哭笑。

讀書通引

聖人以可見傳不可見,三知終于知言。《論語·堯曰》:"子曰:不知命,無以爲君子也。不知禮,無以立也。不知言,無以知人也。"心聲也,風教也,鐸在讀書之士,何容避耶?象數表法,書之本也,未有天地,蘊之矣。爲前民用,表而教之,因有制用之言,因有救弊之言,因有通變之言。哲士有審幾之言,謀士有遂事之言,忠諫有曲喻之言,失志有頹激慰解之言,教亦多術矣。中衢既立,四達旁通。中衢,四通八道之路,喻聖人之道。甚者逼人,遂有充類顛倒之言。至于名物稱謂,則訓詁家也。徵核讎比,則考究家也。諷嘆悲怨,則騷雅家也。載古今之得失,則記事家也。言之不足,故長言之。文屬情生,筆起勢決,宛委覆折,以取餘波,詎免于齟齬乎?道以人宰,言主維世。太上太簡,則輕藐禮法。偏黨吹索,則周納文深。吹索,吹毛索瘢。著述以捃摭成家,恃才以偏鋒快意。大道既裂,各護專門。以訛傳訛,因便巧託。不通其故,能辨之乎?理之事之,虛其實,實其虛,言人人殊。約而舉之，曰正曰反，曰冒曰析，曰質曰通而已。必知其全，乃能知言。果其知言，則辨亦不辨也。

七略四部以來，天人、陰陽、禮樂、名法、器度、藝術，以類相從。漢劉歆整理皇家圖書，分爲輯略、六藝略、諸子略、詩賦略、兵書略、術數略、方技略，是爲七略。晉荀勗分群書爲甲、乙、丙、丁，是爲四部。然各高其所知，則呰其所不知。呰(pǐ)，詆。詖淫之流，争差飄忽，非有是非，是又有是非，偏有是非，全又有是非，交網倚伏，巧曆不能算也。後之言事者，何暇知源？言道者窺豹一斑，習泥成見，或爲畸異所炫，刻舟以求之，劍去遠矣。文士尋行采獲，鈎章棘句焉耳，詎能穿紙背乎？愛惜所加，冤誣古昔，不之恤也。夏蟲語冰，雖極贊聖人，猶之狎侮也。聖人之于天地間也，其有所言耶？其無所言耶？其言即無言耶？何以然，必有所以然，其究也不得不然，三而一之，一而三之。或謂或不謂，有謂無謂，矯枉而矯矯枉，可以折中矣。得訣歸來，正謂有分合正反、同時不相壞者在也。《易大傳》曰：象其物宜，觀其會通，以行其典禮。象其物宜，法象物之所宜。典禮，典章制度。語出《繫辭上》："聖人有以見天下之賾，而擬諸其形容，象其物宜，是故謂之象。聖人有以見天下之動，而觀其會通，以行其典禮，繫辭焉以斷其吉凶，是故謂之爻。"引而伸之，觸類而長之。《繫辭上》："是故四營而成易，十有八變而成卦，八卦而小成，引而伸之，觸類而長之，天下之能事畢矣。"唯深、唯幾即唯神矣。幾者，動之微、吉凶之先見者。《繫辭上》："夫《易》，聖人之所以極深而研幾也。唯深也，故能通天下之志。唯幾也，故能成天下之務。唯神也，故不疾而速，不行而至。"《學記》曰："道而弗牽則和，强而不抑則易，開而弗達則思。陳澔《禮記集說》釋曰："示之以入道之所由，而不牽率其必進；作興其志氣之所尚，而不沮抑之使退；開其從入之端，而不竟其所通之地。如此則不扞格而和，不勤苦而易，不雜施以亂其心，有相觀以輔其志而思則得之矣。"罕譬而喻，可謂繼志矣。陳澔："罕譬而喻，比方之辭少而感動之意深也。繼志,謂能使學者之志與師無間也。"自離經辨志,而知類通達,謂之大成。"《禮記·學記》:"一年視離經辨志,三年視敬業樂群,五年視博習親師,七年視論學取友,謂之小成。九年知類通達,強立而不反,謂之大成。"不於其類,安知其會?不于其會,安知其通?不知其通,安行其宜?會者,會其類也。引觸者,所以通也。多之會多,猶一之引一也。游五都,登崐崙,失其鄉井矣。物之觸物,猶心之格心也。步日月,歷古今,豁然呼吸矣。然非上智,必由困衡。《孟子·告子章句下》:"人恒過,然後能改。困於心,衡於慮,而後作。徵於色,發於聲,而後喻。"不由困衡,烏能深通天下之志?志能繼乎?執兩以竭之,藏三以悱之,欲其深造自得焉爾。《論語·子罕》:"子曰:吾有知乎哉?無知也。有鄙夫問於我,空空如也。我叩其兩端而竭焉。"《述而》:"子曰:不憤不啟,不悱不發,舉一隅不以三隅反,則不復也。"

　　今夫身經險阻之士,覽史論世,設身處地,一觀古人在患難中,我湯火矣。適古人得志揚眉之時,我披襟當雄風矣。歌詠所適,神爲之解,耳目爲之倏申,手足爲之舞蹈。送易水者,髮上指冠,是子長之髮指也,是即萬世讀書者之髮指也。漁父歌滄浪,遂去不復與言,是屈平之鼓枻也,是即萬世讀書者之鼓枻也。聞一知十之懸解,乘雲氣,負青天,何足以爲形容?《論語·公冶長》:"子謂子貢曰:'女與回也孰愈?'對曰:'賜也何敢望回?回也聞一以知十,賜也聞一以知二。'子曰:'弗如也,吾與女弗如也。'"又安在其古人,安在其爲我也乎哉?使膏梁讀之,所見無非頤指也者。不惟鴻鵠將至,周章其事與姓名,即與之句櫛字比,日數行下,掩袂欠伸矣。凡人之志,順則爲飽溫煽艷所昏,逆則爲佗傺拮据所奪,淺猶難之,何言乎深?望其止《黃鳥》,思《棠棣》,躍龍馬,通晝夜耶?《黃鳥》《棠棣》,代指《詩》;龍馬、晝夜,代指《易》。語上語下,相去何啻九等?《論語·雍也》:"中人以下,不可以語上也。"故曰"不陵節而施之謂孫"。語出《學記》,鄭玄注曰:"不陵節,謂不教長者才者以小,教幼者鈍者以大也。施,猶教也。孫,順也。"時教必有正業,不興其藝,不能樂學也。研極之至,蒸化有無,刻畫虛空,如數一二。如是觀象,得之繫表。楊慎《丹鉛總錄》卷十一:"繫表二字,人多不解所出。按《晉春秋》荀粲曰:'立象以盡意,非通乎象外者也。繫辭以盡言,非言乎繫表者也。象外之意,繫表之言,固蘊而不出矣。'《晉春秋》今亡,僅見類書所引耳。"我與璣衡九宮,若相疾痛苛癢,時時搔之,輒手之于背然者。是故大無外,細無間,舉而宜之,秩則有司,統則君相,并包天地,運之掌上。甫言"不可典要",即曰"既有典常"。《易·繫辭下》:"《易》之爲書也不可遠,爲道也屢遷,變動不居,周流六虛,上下无常,剛柔相易,不可爲典要,唯變所適。"又曰:"初率其辭而揆其方,既有典常。""不可爲典要"言剛柔變化不定,"既有典常"言可遵循卦爻辭所講之道理。既曰"樂以忘憂",又曰"學之不講,是吾憂也"。《論語·述而》:"葉公問孔子於子路,子路不對。子曰:'女奚不曰,其爲人也,發憤忘食,樂以忘憂,不知老之將至云爾。'"又曰:"子曰:德之不修,學之不講,聞義不能徙,不善不能改,是吾憂也。"全藏于密,以前民用,代錯不悖,更何疑焉?

倫必對待,道以事交,此代錯也。禮嚴樂和,此代錯也。《書》戒《詩》興,此代錯也。春仁秋義,此代錯也。所讀者書也,能讀書者誰乎?以可見之《六經》,傳不可見之《六經》,此代錯也。若然者,正所謂分合正反同時之《易》也。孔子與諸高弟,未嘗一語及《易》,何非《易》耶?嘗言立禮,禮即具樂,爲其合外內也。《論語·泰伯》:"子曰:興于詩,立于禮,成于樂。""小子何莫學夫《詩》",《詩》即兼《書》,爲其善引觸、鼓性情也。物必有則,當則與否,是因二也。因二即《春秋》也,《易》一其中矣。一入志林,漸摩鼓舞,氣質不知其化而化矣,操履不知其和而和矣。出以濟國,處以善俗。業立行達,無忝所生。仰事俯育,通于神明。匡坐絃歌,足以引年。朋來不慍,足以忘世。

人尚不知此謂讀書之實務，又能知讀書之神于用虛耶？士既時乎删述之後，左圖右書，爲吾省力，觀察建考，莫不一揆，又何必高言碧落之秘本，棄環中之萬卷南面，托于泥龜水牯，掩固陋乎？士之簡畢，農之耒耜也，所貴會通引觸，彌綸言先。君子不器，能器其器，豈毀器以矜道哉？不好非知，不樂非好，天地四時，爲我田宅，經史百家，爲我播穫，不欺以爲種，好學以炊之，與萬世之士，於穆于講習中，其樂至矣。於，嘆辭。穆，美也。

文受序

邵子曰："《春秋》，盡性之書也。"漳浦公曰："《春秋》，聖人忠恕之書也。"宗一公曰："無是非而能因天下之是非也，因是非而能轉天下之是非也，轉是非而能藏天下之是非也。"自鄭樵、啖助、陸淳、趙匡，以至今之郝京山，可謂辨矣。啖助，唐代經學家，著有《春秋集傳》《春秋統例》等。陸淳，啖助弟子，著《春秋集傳纂例》。趙匡，啖助弟子，著《春秋闡微纂類義疏》。吾虞之本師，定爲《存俟》，要不出于孔子之一懼也。《孟子·滕文公章句下》："世衰道微，邪說暴行有作，臣弒其君者有之，子弒其父者有之。孔子懼，作《春秋》。"香巖李子，少受此學于姚現聞先生，而晚貫一切見成之指。其編既成，屬愚者指其大略，豈非欲人忘指，而即以指指者哉？愚者噴然曰：撦有希無，體無寓有，謂之不落有無，而不離也。撦(chàn)，去除。幡幡乎，是大反因，是爲公因。幡幡，反復。相因者相反，是謂反因。相反者所共有之統一體爲公因。故明不落不離之宰，以理其形神道器之用。夫婦也，鬼神也，卦蓍也，禮樂也，費隱也，理事也，皆一在二中者也。天無先後，中有條理，前用正經，不落其不落矣，豈貪洸洋之泥龜，而執倏忽之黃葉哉？表夫婦本有之公好公惡，以安養其夫婦鬼神之天，而麟角之袂，拭日月矣。天何言哉？春秋冬夏焉已耳。聖人玩《易》之時義，而以《春秋》律之，見諸行事，深切著明。不名之曰冬夏，而名之曰《春秋》，此何謂耶？一年酷寒酷暑，爲日不多，餘皆中和平分之候也，直謂之春秋矣。名春秋，示中和也。董子治《春秋》，而指其微曰：二中配二至，二和配二分。東方和北方之所起，西方和南方之所養。《春秋繁露・循天之道》："循天之道，以養其身，謂之道也。天有兩和，以成二中。歲立其中，用之無窮。是北方之中用合陰，而物始動於下。南方之中用合陽，而養始美於上。其動於下者，不得東方之和不能生，中春是也。其養於上者，不得西方之和不能成，中秋是也。然則天地之美惡，在兩和之處，二中之所來歸而遂其爲也。是故東方生而西方成，東方和生北方之所起，西方和成南方之所養。"（末句據蘇輿校定句）。此中在和中之指，所以明一在二中之指也。知此兩端用中、舉一反三之指，皆歷然，皆寂然矣。一切見成者，公好公惡之一切見成也。寂然者不二，歷然者不一。不一者不二，則歷然即寂然也。寂歷同時，豈舍歷而寂哉？即歷是寂，又豈有作好作惡者哉？聖人懼充類之慘苛，伏冥應之闇媚，則蝸高狼顧，眞率獸矣。故垂木舌，轉此風雷，盥洗萬世之目手，以吞吐亭午之夜氣。天有何例？而即以一春一秋例之。《春秋》無通例，而即以民視民聽例之。苟信天之必春必秋，而同此民視民聽之懼也，則隨諸家斷之可也，隨人偏舉义定斷之可也，隨末世經義之協於分藝可也。《法言》曰："不見天常爲聖人之筆舌乎？"《法言・問道》："吾見諸子之小禮樂也，不見聖人之小禮樂也。孰有書不由筆，言不由舌？吾見天常爲帝王之筆舌也。"以民徵天，以天治民，人苟知此爲忠恕盡性之書，因之轉之，以藏天下於天下，斯固本無是非之可得矣。推虛空之座，巡幢林之地，以權稱物，以平用權，苟能指之，即是忘指。盡古今是吾李子之一懼，則盡古今是吾李子之一笑也。

貨殖傳評題詞

　　白白齋《貨殖傳評》，吾桐姚康伯先生筆也。姚康字休那，一字康伯，明諸生，桐城人。一生恬澹寡營，師事吳觀我宮諭，得其別致。爲人狷而狂，能自遣而不傲。何芝岳相國極重之，然一無所干。何如寵字康侯，號芝岳，桐城人。萬曆二十六年（公元1598年）進士，官至東閣大學士。《明史》卷二百五十一有傳。時時讀書，偶有所著，發詞儻遏。先祖廷尉公最厭放佚，然時稱之，愛其人也。晚年左夏子館之，爲抄其書。左國鼎字夏子，左光先之子。合明山樂廬中，重得此冊，反復數過，深刺人情，以反衍爲曼衍，頹激生波，令傷心之士，徬徨起舞。《莊子·秋水》："以道觀之，何貴何賤？是謂反衍。"時方炮莊，因作而嘆曰：子長不得已而寓之《貨殖》，子休不得已而寓之《盜跖》，苦心堤眉，誰解此乎？堤眉，孔子異相之一，此處代指孔子。得無有誤解之者乎？白白曰：好古者，好其款識之文，規製之妙耳，豈以銅價哉？《貨殖傳》垂數萬言，謂無一字及富可也。今人竟欲以富當太史公，是鬻銅于太史之門者也，況欲以盜當莊子耶？藥地愚者，更發一笑。

易餘引

　　三時以冬爲餘，冬即以三時爲餘矣。大一以天地爲餘，天以地爲餘。然天分地以立體，而天自爲餘以用之，即大一之自爲餘、自用之矣。角、徵、羽者，商之餘。商者，宮之餘。五音爲無聲之餘。無聲發聲，發聲不及餘聲十之一也。無聲者，且與之用餘矣。法者道之餘，法立而道轉爲餘，以神其用矣。死者生之餘，生者死之餘。以生知死，以死治生。無生死者，視生死爲餘。生如是生，死如是死，視無生死又爲餘矣。人適所用,以無用者爲餘。知無用之用,則有用者爲餘矣。不以有用之用,廢無用之餘,豈以無用之用,廢有用之餘耶?

《易》無體而前用者,善用餘也,即餘而一其體用者也。《易》唯變所適,故不可以一體明。前用者,"以前民用"之省稱,指其爲百姓行動之前導。知因二、圍三、旋四、中五之爲大餘乎?方孔炤《周易時論合編》卷一:"《禮運》曰:'禮本於太一,分爲天地。'即太極兩儀也。自此兩儀爲太極,而四象爲兩儀,四象爲太極。""二分太、少爲四象,而一即藏於中五矣。此参兩参伍、旋四藏一之旨,所以爲萬法盡變也。"知三十六、四十八之盡其小餘乎?幽明萬變,纚於指掌。天道人事,措之飛躍。貞夫一則餘皆一也,謂之無一可也,一皆餘也。舍日無歲,舍餘安有《易》乎?幾其畫後之有餘,必深其畫前之無體。幾深其後即前,則神其無前後矣。逆數順理,三立三與,則用餘無餘,而有無之見冰消矣。三立三與,即《易·説卦》之"立天之道,曰陰與陽。立地之道,曰柔與剛。立人之道,曰仁与义。"或徇餘,或避餘,或並餘與無餘而棄之,皆非知《易》者也。役物刻跡,是宋人之守株也。厭岐求齊,是斷鳧而續鶴也。兩不立而踞其最巔,仍是涓蜀梁之影,而不免於黎丘之殺其子也。《荀子·解蔽》:"夏首之南有人焉,曰涓蜀梁,其爲人也,愚而善畏,明月而宵行,俯見其影,以爲伏鬼也,卬視其髮,以爲立魅也,背而走,比至其家者,失氣而死,豈不哀哉?"《吕氏春秋·疑似》:黎丘丈人自市醉歸,有鬼效其子之狀,扶而道苦之。丈人歸,怒其子,其子泣曰無此事,丈人信之曰:"譆,是必夫奇鬼也。我固嘗聞之矣。"明日復飲於市,欲遇而刺殺之。其子恐其父之不能返,遂迎之,丈人望其真子,拔劍而刺之。

大義既著,乃可微言。物物不物於物者視之,何義不大?物物,使物成爲物。不物於物,不爲物所使。此處指太极本体。何言不微?然善世宜民,藏通於質,貴舉其切方近譬者耳。若爲塵封情錮,如塗塗附,未能爛反颠決,不薾則膠,故別路旁通之,置之死地而後生,蓋習坎困蒙之存乎疢疾也。薾(ěr),困。《易·蒙》:

"困蒙,吝。象曰:困蒙之吝,獨遠實也。"惟其病病,是以不病。厭學而侈絕學之極,則是養癰也。故以志學爲砥石,不被外轉,倫之經之,始能立本。自爲藥樹,乃能勿藥。知而從之,從其志矣。大成之苑,何往而非天游乎? 其曰"是吾憂也",是其樂以忘憂也。《論語·述而》:"子曰:德之不修,學之不講,聞義不能徙,不善不能改,是吾憂也。"自憤以憤萬世,是其隨緣放曠也。精義成事,即絕義事。知其起處,即與儔侶。天中衢室,自有適得之當當,豈在長抱屠剿無民之酷案,貪溺謑髁縱脱之羽旋,藏身電激,以專門裨販黃葉乎?《莊子·天下》篇稱慎到"謑髁無任而笑天下之尚賢也,縱脱無行而非天下之大聖","不師知慮,不知前後,魏然而已矣。推而後行,曳而後往,若飄風之還,若羽之旋,若磨石之隧。"詭隨旁睨,肆其殘逞,篷撻天地,鞭笞帝王,遂令風竿相洽,悍然不顧,以善爲諱,以惡爲榮,毋乃假平泯以率獸食人乎哉? 無不以畏學護其短,無不以鄙夫柴其懷,而或以聖賢莊其色,或以至人逃其跡,其弊一也。以聖賢莊其色者,人猶得而責之。以至人逃其跡者,人誰得而糾之? 此其流弊之分數,主教者不可不辯也。大泯不泯,至平不平,辯學者不可不知也。散木高乎,狂醒藏拙耳。枯木難乎,橛株受惑耳。橛株,木樁子。《通雅》卷四:"古人皆以好高拘執爲橛株之目,猶今云一橛頭禪。"能行異類,彼其人哉。風吹不入,固聽之矣。抱涉川之全材,而斂其高尚以治蠱者,真羽儀乎! 時乘其達天行地之龍馬,而舍身作明倫繼善之蓍龜者,真球圖乎! 球圖,天球河圖。明珠辟塵,非掃塵也。廣居喜雨,非逃雨也。寥廓之談,利於閫拓。閫拓,同"開拓"。鬼神幽暗,表于魂魄。變化之中,何奇非庸? 然壎篪善於牖民,圭景在乎正告。《詩·大雅·板》:"天之牖民,如壎如篪。"聖人以无咎素其險易,以似是矩其毫釐,以好學燒其薪火,以因應還其蘭艾,而惟容乃公之幬,常古自覆,聽其代錯矣。《老子》:"知常容,容乃公,公乃王。"

孟子之于諸方也，先擘之而後蚓之，既塞之而乃闢之，兩不由而時任其雙風，蓋深於學《易》者乎！《孟子‧滕文公章句下》："於齊國之士，吾必以仲子爲巨擘焉。雖然，仲子惡能廉？充仲子之操，則蚓而後可者也。"揚雄曰："古者楊墨塞路，孟子辭而闢之，廓如也。"不能反復於一在二中，而酬酢以用餘，則動貤者執外，限貪者執内。《易‧艮》："九三：艮其限，列其夤，厲，熏心。"朱熹釋曰："限，身上下之際，即腰胯也。夤，脅也。止于腓則不進而已。九三以過則不中，當限之處而艮其限，則不得屈伸，而上下判隔如列其夤矣。危厲熏心，不安之甚也。"徒炫畫前而遺落畫後者，乃執一而廢百也。徒守後即前之倏忽，漫汗無漏，而忌諱治漏，不問通志成務者，尤執一而廢百也。外也，異也，百中之一耳，況其遁邪生害乎？知其蟊賊，收其蛭蟆。蟊賊，害蟲。蛭蟆，水蛭與蚱蜢。祭貓勸耕，大地皆藥。養其成用，容彼遁矣。勤食其力，自無害矣。不知不能者，即與知與能者也。與知與能者，即不知不能者也。《中庸》："君子之道費而隱。夫婦之愚，可以與知焉。及其至也，雖聖人亦有所不知焉。夫婦之不肖，可以能行焉。及其至也，雖聖人亦有所不能焉。"然全與、全不之並包中，不礙乎有知有不知、有能有不能之類辨也。知即不知、能即不能之合喙中，不礙乎知而自以爲不知，不知而望其致知，能而自以爲不能，不能而望其成能也。合喙，合于喙鳴，即無心之鳴也。語出《莊子‧天地》。八千歲之大椿，既不足塞蟪蛄之耳，豈畏饑噫食得之雞豕，訮厲曠代之麟鳳耶？悲矣已矣，厭常喜新，亦風力也。不因之，不足以鼓舞。分藝成材，皆臣職也。知有天王，盡咸若矣。地之大也人忘之，太華、瞿唐驚奇峭矣，然奇峭皆地所載也。天之高也人忘之，奔雷隕星斯有駭者，然奔隕皆天所覆也。遂有大其地而罪人之分九州、辨風土者矣，遂有高其天而罪人之歷星辰、列干支者矣。源之當窮也，豈謂僑守甘朵緬番，乃爲知江河之源乎？參見本書卷六之《禹貢水說》。流之當窮也，豈謂柈處沃焦歸墟，乃爲盡流於海者乎？傳說東海有大石山，海水注者無不燋盡，故曰沃焦。方以智《東西均‧源流》：﹁海有沃焦，其名不必信，理則近之。﹂﹁向謂地浮水上，地升降而溢落，此似之而非也。彼尚不知地球之說也，乃地心與天氣相呼吸而然也。由此推之，各海皆吸入地心，地心轉經絡而上升，各沁于各山之頂，而總須彌之頂亦一頂也。源而流，流復爲源，乃一輪也。﹂汴漕者汴漕，江漢者江漢耳。道不遠人，不知即遠。習俗將牢，直告誰信？苟非以不恥衣食，自鞭其溫飽，不忘溝壑，自激其天淵，墻高基下，輿瓢必裂矣。《戰國策‧秦三》：﹁百人輿瓢而趨，不如一人持而走疾。百人誠輿瓢，瓢必裂。﹂靈草護門，尚恐不勝。招苙降渠，復何望乎？《孟子‧盡心章句下》：﹁今之與楊墨辯者，如追放豚，既入其苙，又從而招之。﹂苙，圈也。招，羈其足。聲郤雲梯，堧垣蟻穴。堧（ruán）垣，宮殿外墻。爲淵驅魚，宜其三星在罶矣。《孟子‧離婁章句上》：﹁民之歸仁也，猶水之就下、獸之走壙也。故爲淵驅魚者，獺也。爲叢驅爵者，鸇（zhān）也。爲湯武驅民者，桀與紂也。﹂罶（liǔ），魚簍。三星照在魚簍，則無魚也。神武其齋戒，神明其幾深，貴知因濟，與民同患。《易‧繫辭上》：﹁古之聰明睿知，神武而不殺者夫。是以明於天之道，而察於民之故，是興神物以前民用。﹂不因不濟，何用《易》耶？責人不暇，言自責也。直道澌滅，膜視不仁。辨而不辨，豈得已哉？古之人有顯肩者，有默輓者，有兼山者，有洊至者，有伏下宮、經煴火者，苦心衛道，寧望人知？肩，肩負。輓，輓救。兼山，出《易‧艮》：﹁象曰：兼山，艮。君子以思不出其位。﹂洊至，出《易‧坎》：﹁象曰：水洊（jiàn）至，習坎。君子以常德行，習教事。﹂伏下宮者程嬰，經煴火者蘇武。知我罪我，萬世猶旦暮也。

　　萬死一生，封刃淬海。餓有瓢飲，樂得隨流。多劫此業緣也，不如緣其疇人之世業。萬方此一路也，何所免於遒人之孟春？遒人，行人之官。《書‧胤征》：﹁每歲孟春，遒人以木鐸徇于路。﹂三且不收，一唯自信。《論語‧里仁》：﹁子曰：吾道一以貫之。曾子曰：唯。﹂果有餘乎？有知《易餘》之言先者乎？可以餘消餘矣。偶聞何生、當士、平公之問答而録之，或有問答，或無問答。三人之原型分別爲吳應賓、王宣、方大鎮。如問問答、無問答之故，十二世後，自有問答者。筮餘之繇曰：爰有一人，合觀烏兔。射"大明"。在旁之中，不圜何住？射"方"。無人相似，矢口有自。射"以智"。此字謎之釋，見龐樸《東西均注釋》序言。因樹無別，與天無二。章統十千，重光大淵。太歲在辛曰重光，在亥曰大淵獻。密之生于辛亥，即萬曆三十九年（公元1611年）。皇覽以降，過不惑年。

卷二　藥地愚者智隨筆

五老約引

　　素逝之士，以山水爲性命，何必其山水，何必其不在山水乎？素逝，出《莊子·天地》篇。成玄英疏曰："素，真也。逝，往也。任真而往，羞通於物務。"各有不得已者，哀樂不能入也。子平、子夏，相約以五嶽老，而發兩"不如"、一"何如"之嘆，是誰傳之？向長字子平，北海禽慶字子夏，二人同游五嶽名山，後不知所終，事具《後漢書·逸民列傳》。兩"不如"、一"何如"之嘆，指向平下面這句話："吾已知富不如貧，貴不如賤，但未知死何如生耳。"彼如歷封刀于青巖，極潛竄于交管，火島而還鬱洲，傳《一鳴》于王谷，其爲五嶽何如耶？司空圖《與王駕評詩》云："吾適又自編《一鳴集》，且云撐霆裂月，劫作者之肝脾。"王谷即王官谷，司空圖隱居處。九死劫灰，顛沛苗獞，壬辰得離粵岇，息病匡阜，開三疊路，上五老峰，庶幾子驥，欲約同心而終焉。歸省鹿湖，兩逼熅火，竹關墮窀三年，藥廬濺血又三年，哀何能已？適在浮山藥地，夢五老爲五嶽之老，題余杖以"藥游"。嗟乎，夢何能已？藥何能已？游又何能已？夢中告曰：五老峰下，雪浪奔雷，何其怒也！五老峰上，浸天拔地，何其曠也！誰能一怒一曠，而一其仁智之二樂乎？《論語·雍也》："子曰：智者樂水，仁者樂山。"樂何能已？種藥之孤曰：惟有灑此上池，鉏此雲峰，續白蓮、青松之主賓，播不欺之種耳。《史記·扁鵲倉公列傳》："（長桑君）乃出其懷中藥予扁鵲：'飲是以上池之水，三十日當知物矣。"白蓮，東晉慧遠與劉遺民、雷次宗等所結往生淨土之社。青松，參見王祎《自建昌州還經行廬山下記》:"宋元豐間,真淨文禪師住歸宗,時濂溪周先生自南康歸老九江,上黃太史以書,勸先生與之游甚力。以故先生數數至歸宗,因結青松社,若以踵白蓮社者。"天下有傷盡古今之心者,約歸于此,約又何能已?或哀其樂,或樂其哀,何不可以哀樂之夢爲藥,而享其哀樂不入之山水也耶?五嶽之老歌曰:鉏灑得力,山天不知。我則隨風,藥游叶之。醒而如約,是亦哀樂不入之藥夢也。聊當邪許,自有和者。

正叶序

邵子旋韻而嘆曰:"其知道乎!"一行配聲,有深幾焉。《通雅》卷五十《旋韻圖説》:"晁公武曰:一行撰《五音新書》,以人姓五音驗八卦也,卦影用之,心幾之徵乎!"嘗以古韻、悉曇、太西合之珙、溫、康節,乃知天然之叶,本不容造作,而享其中和者也。神珙,唐沙門,著有《切韻圖》。守溫,五代僧人,曾仿梵文創漢語聲類三十字母。世守沈約,以唐宋皆頒行于禮部,歷代沿習,無知其故者。挺齋定中原之響,《洪武正韻》加以入聲。周德清號挺齋。柴廣敬所傳朱子譜,郝京山約爲十二韻,陳礦庵析爲三十六韻,皆因《正韻》而折攝之。柴欽,字廣敬。郝敬,京山人。陳藎謨,號礦庵。折攝,折伏、攝受。《正韻》爲宋文憲所訂,雖細切未改,而中原之氣大暢。時宜正叶,不獨同文也。豈有天下之大,惟從數郡鼓唇乎?轉注假借,無往不可以叶。天然相應者,時乎宜矣。以此唱和,夫復何疑?通古、通沈,隨人自廣可也。

浮山之孤序至此而嘘曰:悟不二不一之公因乎?叶即如矣,叶即當矣。如如當當,叶二爲一者也。環韻而起於冬,中和以平,心法寓焉。呼與吸叶,開與闔叶,有聲與無聲叶,通晝夜者貫之。兩間皆氣也,所以爲氣者何在乎?生死也,喜懼也,天人也,理事也,虛實也,中旁也,頓漸也,統辨也,世出世也，無非代錯之交輪幾也。《東西均·三徵》："交也者，合二而一也。輪也者，首尾相銜也。凡有動靜往來，無不交輪，則真常貫合于幾，可徵矣。"龐樸釋曰："交，用以表徵虛實（一切空間上的對立）的溝通。輪，用以表徵前後（一切時間上的對立）的相續。由虛到實、自前至後的貫通狀態難以描述，則用幾來表徵。"皆叶其中，皆貞夫一也。平心和氣而善用之，不期而叶矣。心氣偏倚，平何容易？黃帝知風之自，寒伏雷火，表叶蟄于冬至。陰洛新洛，表四五六之獨順也，巽風之順乾也。《青原志略》卷五《新洛窆說》："陰洛，乾也。新洛，巽也。"叶用又于天地門戶，見心制權。聖人得其幾焉，生於憂患，以死養生，因懼以制其喜，因喜以神其懼。聞足以戒，激怒亦中和也。孤孽哀鳴，怨興亦溫厚也。聲氣風力，心光相續，塞乎天地，有主之者。臣奉子順，鼓舞盡神，發即未發之中節，魚逆流，鳥習風，叶其本叶焉爾。遠社、易堂，一時鐸應。托孤妙叶，我歌可乎？莊生曰："欲當則緣于不得已。"永言諭志，衝口隨類，比興寂感，何非浴萬世而風之也哉？干叶二五，支叶二六，聲先叶律，言以五七，奇統偶也。上溯騷雅，隨意短長。《猗蘭》在今，何爲不爾？猗蘭，琴曲名，喻高潔也。衍之寓之，或以爲均木，或以爲啞鐘，已不得已，又何所避？均木，均鐘木。用來調諧聲音。

游梅川赤面易堂記

程山秋水齋晤止山，言赤面、三巘、冠石之勝，先走信回梅川，令愚者過萬安岕。謝文洊字秋水，號約齋，南豐人。講學程山，與易堂諸子相唱和。曾燦，又名傳燦，字青藜，號止山，易堂九子之一，師事方以智。頓黃介五竹蓬，遇子宣，語逾日，而彭遜士來相略矣。揭暄字子宣，廣昌人，天文學家，密之弟子。彭任字遜士，易堂九子之一。乃從頭陂越秀嶺望仙橋，臨觚口渡，乘筏下梅川。未至縣二十里，望群峰如劍戟，怪甚。遜士導我步入小峽，憩長亭。其山如果壘盒,上爲玉皇殿。對面巉巖不可上者,乃赤面也。喜欲覓磴,遜士云:"且過金牛洞。"洞在三巇之趾,傾崖疊兩洞如赤城。少息一飯,乃過穿田,主人彭躬庵出迎。彭士望字躬庵,易堂九子之一。少頃,林确齋至。林時益字確齋,明宗室,明亡後變姓隱居寧都。留宿樹廬,語至夜分。樹廬者,因一桂樹而廬也。林确齋居冠石,明日陟前岡,經東巖,穿小瀑,乃上磴置梯入關。其山石若幞,故名冠石。幞(fú),頭巾。自製片茶曰白水香,草亭款客。愚者嘆曰:"在此蓬萊中,與門人子弟,晝耕夜讀,豈容易得哉?"

　　三魏相過,邀上易堂。三魏,指魏祥、魏禧、魏禮三兄弟。經一線天,至赤面峰下,如千尺㠉,如桂府獨秀山,四面塹立,惟南裂一縫如鯉口,僅容一人。鑽石絓木,綆汲而上,中半爲樓,再百步,從井出。其巔橫廣百弓,長且里許。易堂在其圩阿,東房居之。圩(wéi),低平处。此山之邸,有石池,汲泉飲在此,和公結宇焉。魏禮字和公。易堂之後,有谷聚水,冰叔稱爲勺庭。魏禧字冰叔。其肩立山神廟,旁有兩廡。廡望三巇頂,茅屋參差,呼聲相聞,而阽危嶄絶不可即。招手在此,與仙何異?《志》所稱金精十二峰,此翠微峰也。

　　金精在黃竹砦之下,前作樓,仰洞檐如水簾。後則大士崖,實連卷如橋巷,相傳丽英辭吳芮而仙去在此。土人砌其石,广爲關,以禦亂也。三巇徙迤稍廣,止山與李咸齋、彭天若、遜士,皆編籬若鱗次,別建一室,往來過從。李騰蛟号咸斋。丘邦士、李少賤,別從鄉至。丘维屏字邦士。躬庵之坦胡心仲,訓遜士子,連篾作墊,就談信宿,視掌廓然,積翠當窗,豈不快哉!胡映日字心仲,彭士望女婿,後爲密之弟子。早暮鏗聲,穿松濤來,則圓通巖之鐘鼓也。其路從冠石之腋入。圓通之背爲雷屛,路從水莊入,各一谷也。冰叔設帳于水莊,過蓮山之溪橋,一村隨流。分軒設榻,且息浹旬。因語集賢諸巖懸水之奇,送我再游。由玉皇閣過陘十里,爲青陽洞。洞臨龍潭,旱祈雨者,取神水焉。相望爲飛泉巖,人從石廊入洞而瀑注之,如吾浮渡之金谷然。側上鳥道復有小瀑,橫過集賢巖。巖最高廣,可容千人。其瀑數百尺,自檐墜谷,大似龍湫。但雁宕自剪刀峰入,而此從深洞內向外坐觀之,不見注潭之狀,其遙蕩裊娜則同也。僧以竹繩引歸小池,便瓢酌耳。此巖之頂有田,田後石崖亦有二瀑布,古建團焦,今圮矣。團焦,圓形小屋。伏虎巖在兩巖之間,松杉蔽之,結室爽塏,愚者因留臥此逾月。每隨日陰,倚杖聽瀑,天地之供閒人不既多乎？丘邦士來語象數,有神解,因以研極望之。魏石牀來,忽有二濂之奕客,愚者觀之,與石牀一笑而已。曾應遴字無擇,號二濂,崇禎七年(公元1634年)進士,曾燦之父。山水間不作談道語,更勝,然惜不得石牀爲少文圖也。

　　郭山庵主體湛來迎,遂越東坑,經磨盤砦。山石兩層相次如磨,磨之隧,土人棧閣,圍而居之。再入爲溫氏砦,其溜十丈,上有小湖,主人不在,不暇登矣。稍南爲仙洞,迅雷墮之。北行至四圓山口,入郭山,則幽棲平林也。觀旗金玉,間來下帷。版屋開牖,諸公番直,愚者安之。而壽昌遣人至,謂黃龍背新築一藥地矣。愚者奇此山川,因約記之曰:梅川之望爲蓮花,西山一帶,分枝衍麓,頓起諸奇峰,挺拔谽谺。谽谺(hān xiā),险峻。自黃頂至蟆崃,長四十里,殊似武夷、陽朔,所少者九曲與灘江耳。山石質稍粗,然絕壁峭立,不沾寸土。漩突澓窪爲小竅穴,不可勝紀。澓(fú),漩渦。其山根皆四斷不相屬,可以周行,特荊棘塞之。亦有流碙,險窞難步,是其概也。窞(dàn),深坑。《志》所載金精云云,烏盡其十分之二三耶？又奇者,諸公或土著,自城依巖,或流寓,種植自給,二十年來,各携全家,踞峰頂,讀書懷古,敷衽嘯歌,扶義古處,有茹肝澡雪之風。山川以人發光,良不虛哉!愚者蹋南北而登易堂,幸有三世之《易》,應留此津逮之窟矣。因用宋筆,寫此數圖,而記其後云。

河邨集序

在端桂之戊己,魯孺發因屬使疏節烈以上聞,戴敬夫其同里也,甚詳。端桂,端州、桂林。戊己,戊子(公元1648年)、己丑(1649年)。戴敬夫,名重,和州人,官至湖州府推官,抗清而死。余隱平西,觸痛為之一歌。今閉竹關,見其子務旃、無忝,如見其父,又為之觸痛一歌。戴本孝字務旃,戴移孝無字忝。劉存宗編《河邨集》,芑山梓之,屬余弁之。劉城字存宗,貴池人。余不忍讀,且以墮黜三反,廿一死灰。忽忽終天絕地,廬墓合山,無忝重跰天下,復抵我不擇地,而與之捽草把土,此痛何如?不擇地,密之廬墓處。黃葉燒空,惟一實地。頂踵直塞,自不容已。作而噑曰:敬夫丈夫,其子丈夫子。噑(háo),號哭。冷風刮骨,聲滿天地。為之再三歌其所歌,愈歌愈變,愈變愈和,此吾黨學道之硎也。神武不殺之劍,淬之以懼。今日藥病,慎此吹毛,吞吐毫端,其可避乎?庖丁四顧善藏,邵子所深嘆也。《藥地炮莊·總論上》:"邵子曰:莊子大辨才。呂梁蹈水,四顧善刀而藏,至言也。"不覺觸痛而序之,序其不容自已者耳。其生平淵學,實歷懿事,不及更僕,俱在集中。嗟乎,三十年前,上江聲氣切切,對江則秋浦、宣鳩諸子,江北則歷陽有孺發、敬夫與敝邑數人倡和。前輩玄岳、鹿友、天樞諸先生,與先三世,時時提撕,故其風俗如此。鄭三俊號玄岳,吳甡字鹿友,金光宸字天樞。半死事,半守死,報其人之天則已矣,痛則安能不痛?所為河邨痛而慰者,有此頂踵直塞之丈夫子在,能學道以事其天,發願轉天下人學道以報其親,是為河邮慰也,爲上江慰。不特此也,爲天地慰。又戊己書。

炮莊引

　　子嵩開卷一尺便放,何乃喑醷三十年,而復沾沾此耶?《世説新語・文學》:"庾子嵩讀《莊子》,開卷一尺許便放去,曰:了不異人意。"《莊子・知北游》:"自本觀之,生者,喑醷物也。"忽遇破藍莖草,托孤竹關,杞包櫟菌,一枝橫出,曝然放杖,燒其鼎而炮之。覺浪道盛曾作《破藍莖草頌》,其序曰:"癸巳孟冬,書付竹關。"可知該篇專爲方以智而作。重翻《三一齋稿》,會通《易餘》,其爲藥症也犁然矣。《三一齋稿》,吳應賓著,已佚。《易餘》,方以智中歲解《易》之書。犁然,適然自得貌。讀書論世,至不可以莊語,而卮之寓之,支離連犿,有大傷心不得已者。連犿(fān),宛轉曲折貌。士藏刀於才不才,背負青天,熱腸而怒,冷視而笑,笥之干霄,某之破凍,直塞兩間,孰能錮之?天以戰國報漆園之天也乎哉!厭常駭新,偏勝偷快,中道腐矣。直告不信,故寓之別身焉。翻謑髁之波瀾,熏游子之耳目,使盡情僞,自觸痛耶?成玄英曰:"謑髁,不定貌。隨物順情,無的任用,物各自得。"吹影鏤塵,販其敝帚,曾有外於生死有無者耶?《關尹子》:"言之如吹影,思之如鏤塵,聖智造迷,鬼神不識。"推墮涬溟,喪其是非,使人怒不得,笑不得,聽其自已,而享《中庸》上天之載,此固剛柔四克之奇方耶?涬溟,自然之氣。莊書作"涬溟"。《在宥》篇云:"墮爾形體,吐爾聰明,倫與物忘,大同乎涬溟,解心釋神,莫然無魂。"《經典釋文》:"司馬云:涬溟,自然氣也。"《中庸》:"上天之載,無聲無臭,至矣。"《尚書・洪範》:"彊弗友,剛克;燮友,柔克。沈潛,剛克;高明,柔克。"是謂四克。孔傳曰:"友,順也。世彊御不順,以剛能治之。燮,和也。世和順,以柔能治之。沈潛謂地,雖柔亦有剛,能出金石。高明謂天,言天爲剛德,亦有柔克,不干四時。"自莊生後數千年,評者衆矣。或詆娸,或擊節。抑揚塿塿,疑始頡滑。塿塿,舞也。疑始,不定。頡滑,涌亂。句謂後世評莊者或抑或揚，變化多端，莫衷一是。"火與日，吾屯也；陰與夜，吾代也。"語出《莊子・寓言》篇。屯，聚。代，謝。有火與日，吾則顯現；逢陰與夜，吾則隱去。莊子本文意在説明形影之不相待。此固剝爛彌縫、旁通正變之冷竈耶？浮山藥地，因大集古今之削漆者，芩桂硫礦，同置藥籠。莊子曾爲漆園吏，故方以智戲稱評莊之人爲"削漆者"。彼且贏糧揭竿，與之洒濯。贏糧，攜糧。揭竿，舉竿。洒濯，洗也。此數語皆出《莊子・庚桑楚》。南榮趎贏糧見老子，老子曰："若規規然若喪父母，揭竿而求諸海也。女亡人哉，惘惘乎！汝欲反汝性情而無由入，可憐哉！""汝自洒濯，熟哉鬱鬱乎！"彼且跟位聞跫，與之謦欬。跟（liáng）位，久處也。跫（qióng），腳步聲。謦欬（qǐng kài），聲音笑貌。《莊子・徐無鬼》："夫逃虚空者，藜藋柱乎鼪鼬之徑，跟位其空，聞人足音跫然而喜矣，又況乎昆弟親戚之謦欬其側者乎？"彼且屠龍削鐻，與之作目。《莊子・列御寇》："朱泙漫學屠龍於支離益，單千金之家，三年技成而無所用其巧。"《達生》："梓慶削木爲鐻，鐻成，見者驚猶鬼神。"彼且犗餌爨冰，與之伏火。犗（jiè），公牛。犗餌，以犗爲餌。《莊子・外物》："爲大鈎巨緇，五十犗以爲餌。"爨冰，冬爨鼎而夏造冰。伏火，調火。彼且甘寢秉羽，與之消閒。甘寢，安睡。秉羽，執羽扇也。《莊子・徐無鬼》："孫叔敖甘寢秉羽而郢人投兵。"隨人自嘗而吞吐之，愚者不復一喙。果有薑粉唐、許、藐姑者，不容聲矣。或問："古人云，大地火發始得。與逍遥游，進一步乎？退一步乎？"曰："炮。"

東山俗民和五老約題辭

余來西江四年，聞有俗民，無冬無夏，一布通裁，不與人辨答。人就之，雖須捷丐者無怍色。不畜一卷，而好作詩。傅平叔、陳少游，與之倡和。篆刻圖書，閒寫山水，動隨天機，不假師法。其詩創發，亡慮天馬引履霜操之意。獨卧東芙蓉山古廟中，一野人爲之粥薪度日，有年所矣。此非公和，殆叔夜乎！

公和‚孫登‚叔夜‚嵇康。今年游麻姑，來見資聖，其懷甚真，自言有病，非藥所醫。和《五老約》，一夜傾瀉而出。天界之過矣，何乃自錮？余區區者，欲勸公和以游世，養叔夜以禮樂，雖不見聽，各盡其不欺。嗟乎，人耳人耳，何必如此？何必不如此？數千里而一人跂跂焉，何傷？倏倏過夏，余還廩山，書此留別。

禮部儀制司主事黃公墓碑銘

海岸黃公，既死一十有六年矣。其鄉諸門人，舉葬縣北之忠孝橋。其門人南豐惕庵湯子誌而銘，以掩諸幽。湯來賀字佐平，號惕庵，崇禎十三年（公元1640年）進士。其墓隧之碑，又請之智。智病辭不獲，欻然而嘆曰：死生亦大矣，而不能與之易。欻（huò），逆風聲，一説迅速貌。《莊子・德充符》："仲尼曰：死生亦大矣，而不得與之變。"君子道者三，未能者成能。《論語・憲問》："子曰：君子道者三，我無能焉，仁者不憂，智者不惑，勇者不懼。子貢曰：夫子自道也。"豈易言哉？習俗之汩人深矣，士非雄分，權奇向上，鮮能自拔。拔矣而後可以化歸中和。果中和矣，雖怨怒亦中和也。愚於黎川黃禮部公，能無嘆乎？

公名端伯，元公字也，嘗自稱爲海岸道人。父九德，建德縣令。妣李氏，封孺人，生公時有赤光照室。長而嶷然，天資特達。嶷（nì），聰慧。有志性命之學，不欲科舉。建德强之，乃出應有司。以崇禎戊辰進士，爲寧波推官。壬申丁內艱歸，乙酉移補杭州，丁丑再丁外艱。乙酉當爲乙亥（公元1635年），是年剛好服除。壬申至丁丑間，無乙酉年。又七年，甲申，擢南京禮部儀制司主事。明年八月十有三日而死。凡通籍十有八年，守內外艱及居匡廬山中，越十年矣。公已遍上當事書，即言天下憂固在邊，以邊病生腹病，寇禍將烈，毋乃土崩，而天下卒由此敗，其書見集中。公在寧波,邏海卒計居奇,輒誣入商通倭罪,公爲理解,活數百人,以杭州治行爲天下第一。講學西湖上,興行先廉恥。引薦佳士,雖未見顔面,惟恐不力。兩郡碑誌,至今誦之。居恒舉《六經》歸之於《易》,每申引李伯紀歷然分別、寂然一體之旨。李綱字伯紀,北宋名相。曾云:"大《易》、《華嚴》,和盤一本,當處歷然分別,當處寂然無分別也。"《藥地炮莊・總論中》有引。所著《易》疏,獨善京房,本之商瞿,創爲圖説,貫穿錯綜,數變皆合。余岸少曰:"公著《易》疏成,夜夢有龜伏胸。明日蓍之,得《明夷》貞無悔。再蓍如之。"其悔既濟,作而曰:"用晦涉川,命我矣。"

公少負奇才豪飲,遇壽昌經公,鍛煉之而服,遂受戒,下帷廩山,深參有年。壽昌經公,指明代中興曹洞宗的無明慧經禪師。忽游匡廬,坐歸宗墨池,一夜不見身。明日又見自身與虛空等,乃大喜。後以語謐公,謐公曰:"未在。"其敘壽昌,發揮直指,呵斥偏枯鹵莽之弊,申明行解相應之印。冬雷震出,上通下類,作四書五經頌,標寫大指,不匿纖毫。咀茹近溪、潛谷,互相琢磨。學者各有從入,真不自欺,歸于一實而已矣。諸見所著《瑤光東海集》中。

公生六十有一年,後爲乙酉。公在儀曹,北兵且至,署其官于門。卒擁見帥,帥三致意,竟不肯屈。久之,帥呼卒剚以刃,卒舉刀輒顫,棄去。易卒如之,公謂卒曰:"何不刺我心,而乃怯爲?"卒如其言以死。公舉甲子鄉試,同考官吴麟徵得公。公後爲同考,又舉楊廷樞爲解首,與公先後死云。解首即解元,鄉試第一名。家居龍安,數畒一椽,宦游無增甓瓦,灼然不同流俗。最厭閹媚,與其因循,不若三疾。一往之士,所志不輟。既已脱然,喪其所喪,磨海岸章,推倒宮闕,坦然平地,時乎過涉,又何咎焉?難之將及也,或勸公披緇匿僧寺中,公不肯許。

及帥知公篤于佛，欲以善知識禮禮公，公又不許。人有謂公不欲以此自待者，果有彼此也乎哉？果無彼此也乎哉？果有生死也乎哉？果無生死也乎哉？惟一實地，是常光幢。果公以終匡廬之大喜乎哉？非知公者矣。

嗟乎，世道之交喪也，鮮有不爲生死惑者，鮮有不爲標季之談生死者惑。造迷所迷，非堅瓠耶？蕩然橫逞，非偏貐耶？有烈士而未聞道者，有好奇而非正命者，有襲委化而貌中和者，有以悟自詡而不顧法位者，夫烏知夫致中和之超生死耶？夫烏知夫怨怒之皆中和耶？夫烏知法位之爲真無爲耶？須是其人，不容假竊。公之示此生死也，煉世出世之大藥丸者也。惑生死者，惑談生死者，可懸解矣。公臨死賦詩，在兵間，猝不得傳。好事者各爲之詩，冀速其傳，故詩互有異。然公詩，世自辨之，不具錄也。

公初娶孺人楊氏，再娶范氏，皆無子。以弟端叔子甲先爲後。始甲先既葬公，泣且請曰："碑，悲也。願以垂示。"智既不得辭，又一年，始克爲之。然智豈能碑公者？聊系以銘。銘曰：天關石廩蒼龍騰，九都一橋蒸黃雲。及門卜藏端韡紳，四方作歌同貞珉。建德命試後乃興，儀制升天閶闔崩。畢此夙夜以報親，是奇男子扶正輪。法位名空不避名，死死不死超死生。枹鼓鼓鼓鼓不鳴，物論因是消兩行。世出世間何營營，兒悲我笑俱失聲，頑石動兮蝌斗靈。

徐巨源榆墩集序

與新建徐子巨源交，且三十年，而竟未識面。戊戌特走西江，豫快西山之麓，必有獵纓振足，與余和歌者，至則巨源已叱避矣。叱避，去世。典出《莊子·大宗師》。又五年壬寅，過北山，始得讀《榆墩集》。伯甘曰:"巨源不輕許可,獨於龍眠愚者心折,序安可少?此非嵩高之壁,足以塞此直心也。"余爲之反復三日,吁而起曰:是誠希有,可惜不得一縱橫盤礴。余觀此公,天資過人,出以易直。下筆馳驟秦漢唐宋,惟取其氣,任我舒卷。方内皆曰逸才也久矣,余何容溢一語?所嘆者,爲其生平好讀書,善考究,不泥古,不滅古,犁然有所見,或一端深入,必暢之,兔起鶻落,既盡其勢,足爲典要,固非恃天凌轢,可以浮高曼詞也。夾漈每嘆眼學耳學,日以茫然。掠虛易,核實難。才子易,學者難。才學之循襲者易,才學得妙悟者難。今日之悟易,悟同未悟難。石莊引修武之咨嗟,宜其然矣。一徵不竟其用,舉世爲之搤腕。然不用而原本家學,以其文傳,正榆墩之單厚也。單厚,敦厚。用則早死,所學安能至是?觀其《清浪雜錄》敘,恬不動心之淵源,陶論三隱,以致敬者而後晏然,不已悲乎!愚者序至此,更一咨嗟而閣筆曰:余雖未識面,今可以告後世曰,此徐巨源之影也。《榆墩集》此句作"此是新建徐巨源之影也"。

十年前,竹關寄《三子會宗論》、炮莊二書,巨源長紙答之。炮莊二書,即《向子期與郭子玄書》、《惠子與莊子書》。三五黃葉云云,恐爲所紿,知己憐惜,切切如此。三五,似指河洛之學。黃葉,譬喻方便法門。造閉解閉,黃葉可燒。死結曰閉,典出《呂氏春秋・君守》:"魯鄙人遺宋元王閉,元王號令於國,有巧者皆來解閉,人莫之能解。兒說之弟子請往解之,乃能解其一,不能解其一,且曰:'非可解而我不能解也,固不可解也。'問之魯鄙人,鄙人曰:'然,固不可解也。我爲之而知其不可解也,今不爲而知其不可解也,是巧於我。'故如兒說之弟子者,以不解解之也,言此不可解也乃能解。"然三五四破,在在歷然,《易》且徵之。"且",《榆墩集》作"具"。《東西均開章》有"中五四破"之説:"東起而西收,東生而西殺。東西之分,相合而交至。東西一氣,尾銜而無首。以東西之輪,直南北之交,中五四破。觀象會心,則顯仁藏密而知大始矣。"古之至聖,差别易簡,正賴此生成之符。特從畫前畫後，三番兩折，死心㘶杖，乃始盡變，而不爲一切所惑耳。不可謂土亦難消，而以竟無實法者，荒一切法也。生死鬼神之故，費隱象數，藏其端幾，神而明之，不可戲語。余正以巨源可以究之，而巨源不與人語矣。相傳翠巖反復書，奪幡果多事乎？故復書此，以當挂樹之劍。《榆墩集》此序後附詩一首：「比肩千里外，緣起北風詩。幸寄炮莊笑，重傷衍易遲。梅花留我夢，莖草慰君疑。若問延陵劍，西山石片知。」

極丸㸚人説[㸚乃古文"學"字]

或問：極丸㸚人有説乎？曰：㸚，古文也。爻也，交也，效也，孝也，教也，覺也，學也，聲義由來本一者也。學以悟爲會通之候，悟以學爲薪火之緣。學久未有不悟者，悟未有不藏於學，而能善用同人者。罔殆交免，知好自樂。《論語・爲政》：「子曰：學而不思則罔，思而不學則殆。」孝弟學文，自少至老，無間也。道不可致，君子學以致其道。《説命》曰：「念終始典于學。」鄭玄注：「念事之終始常於學。學，禮義之府。」子思曰：「吾嘗深有思而莫之得也，于學則寤焉。」寤，即"悟"。語出《孔叢子・雜訓》。舍日無歲，無內無外，心學事學，原不可扞格爲兩截也。專求其源，誰以有極、無極、太極，作三丸而摩蕩之、研極之乎？方氏易學以無極與有極相對，太極則超越于兩者之上。六合之間，七尺之身，皆秘本也，皆極丸也。伏羲仰觀俯察，遠取近取，而忽然一畫，表出方圓之圖。由是當名辨物，開成致用，彬彬盡在此矣。生而知之者，生而知好學者也。士生千聖之後，圖書禮樂，明備時宜。既悟目前全樹，根幹枝華，即核中之全仁也，猶可綴疣首上之首，而不承先千聖之恩力乎？知未致者，問學乃火候也。知已致矣，問學乃茶飯也。神明萬古不壞，愈用而愈無窮。道寓天地寓，用光在乎得薪。尼山之學而不厭，謂是絕學者之隨緣放曠也,得乎?《藏經》曰:"鏤丸極數,大地眾生,一齊成佛。"是則多生相續,皆學之日也。三世諸佛,蓋萬劫之學人也。與其空腹高心,何若即薪泯火?以爲樂,莫樂于此。以爲忘,莫忘於此矣。

游子六天經或問序

　　《天經或問》,建陽游子六所約以答客者也。游藝字子六,天文學家。概言曆象,取泰西之質測,以折世俗之疑。往年良孺熊公,作《格致草》《原象》《原理》,晚隱書林,而子六學焉。子六沉潛好學,角立淵渟。淵渟(tíng),沉靜。邁亂棄舉子業,隱於曆算日者,以養其母。專精天人之故,一室褐塞,風雨掩户,不汲不戚,蕭然自得,愚者聞而敬之。不汲不戚,不汲汲於富貴、不戚戚於貧賤。讀吾三世之《易》,反復《鼎薪》,致書見問,愚者答之曰:神无方,而象數其端幾也。陰陽不測之謂神,故神無方所。準固神之所爲也。《易·繫辭上》:"《易》與天地準,故能彌綸天地之道。"勿以質測壞通幾,而昧其中理。勿以通幾壞質測,而荒其實事。《物理小識自序》:"寂感之蕴,深究其所自來,是曰通幾。物有其故,實考究之,大而元會,小而草木蠡蠕,類其性情,徵其好惡,推其常變,是曰質測。"人者天地之心,人不盡人而委天乎?人不明天,烏知所以自盡乎?不通象數,烏知天人之本一而享秩序之不亂乎?《黃帝經》曰:"六合不離於五。"地在天中,大氣舉之。唐虞在璿璣,而以曆數傳道統。孔子以曆閏衍《易》,明中五之用。周公、商高著《周髀》之法。邵、朱詳勁風旋轉、兀然浮空之形。《漢志》有海外星占,《唐志》有見南極下之星者。今屬午運,萬法當明。據邵雍《皇極經世書》,一元分子、丑、寅、卯等十二會,每會共一萬零八百年。子會天開,丑會地成,寅會人生。自夏商而下,乃處午會之中。萬曆之時，中土化恰，太西儒來，脬豆合圖，其理頓顯。膠常見者，駭以爲異，不知其皆聖人之所已言也。《物理小識》卷一："天圜地方，言其德也。地體實圜，在天之中，喻如脬豆。脬豆者，以豆入脬，吹氣鼓之，則豆正居其中央。或謂此泰西之説，愚者曰：黃帝問岐伯：'地爲下乎？'岐伯曰：'地，人之下、天之中也。'帝曰：'憑乎？'曰：'大氣舉之。'邵子、朱子皆明地形浮空，兀然不墜，以世無平子、沖之、一行、康節諸公耳。"特其器數甚精，而於通幾之理，命詞頗拙，故執虛者辟之。子曰："天子失官，學在四夷，猶信。"立靜天以考度，定黃赤之兩軸，穆天心主之冒如斯也，原不礙也。資爲郯子，不亦可乎？郯子（tán），春秋末年郯國國君。孔子師之，并語人曰："天子失官，學在四夷，猶信。"事具《左傳》昭公十七年。郭守敬曰："上推百年長一，下推百年消一。"朱康流云："下推亦當長一。"熊伯甘以燈與籠明日之體，揭子宣發槽丸激滾之論，小兒中通明影瘦光肥之理。太西之説，本自不一。今摩公云五十年明一水星，金水圍日輪爲輪，可以分二天乎？先中丞約兩間之質測而申之曰："氣幾、心幾，二而一也。陰陽之氣，人事之變，各自爲幾，而適與之合。自非神明，難悉至理。"積數千年聖賢之智，而我生其後，何不可資以決之，而遺諸將來耶？智病且老，空有其志而弗逮也，謹書之以奉神明格則之士。

獨孤子集序

俞吾體孝母畢喪，遂以元紫芝、趙至終其身，危行不苟，固窮不變，五十而卒。俞塞字吾體，婺源人，後更其姓爲獨孤，精《易》善醫。元紫芝，唐代孝子。《舊唐書·文苑傳》："元德秀者，河南人，字紫芝。開元二十一年，登進士第。性純樸，無緣飾，動師古道。父爲延州刺史。德秀少孤貧，事母以孝聞。開元中從鄉賦，歲游京師，不忍離親，每行則自負板輿，與母詣長安。登第後母亡，廬於墓所，食無鹽酪，藉無茵席，刺血畫像寫佛經。"趙至，晉代孝子。《晉書·文苑傳》：趙至字景真，代郡人，寓居洛陽。感母言，詣師受業。聞父耕叱牛聲,投書而泣。師怪問之,至曰:"我小未能榮養,使老父不免勤苦。"太康中,以良吏赴洛,方知母亡。初自恥士伍,欲以宦學立名,期於榮養,既而其志不就,號憤慟哭,嘔血而卒。識者曰:"此古之孤行士哉!"愚者曰:士固有至性,又緣於不得已,偶然類此,安其偶然,非好苟難也。吾體自葛源師事苫山最久,愚者閉關高座時,過從問難,所謂緣生無性、事究堅固之宗,三五妙叶,徵之於《易》,未嘗不與吾體攻堅木,相說以解也。緣生無性謂諸法皆因緣和合而生,故無自性。事究堅固即梵語首楞嚴的譯名。管東溟曰:"應濁世之機緣,則大聖或修偏行。"郭象曰:"安於所傷,則物不能傷。"吾體安之矣!時發而爲聲歌,如入九淵,摩九霄,引商刻羽,不覺已厲。最好黃文成、倪文正,歌詠而見其人,沁入肌骨,往往奇峭過之。時襲香山,塞何爲作此信貨哉?從吾所好而已。世厭人之感愴,則責之以至人無情。及見其爲元紫芝、趙至之行,則又噤以爲不近人情。嗟乎,至性之不得已也,安往而不孤哉?愚者方申《炮莊》托孤之說,苫山亦作《孤史》,吾體曰:"塞之改姓獨孤,宜矣。"同門搜其遺藁得若干首,曰《獨孤子集》,有以也夫。苫山過訪汸林,出諸笥中,快讀一過,爲之嗚咽。屬余點定,故敘其概于首。

莆田通天寺碑文

通天寺在莆田之西庚。西庚,余氏世居也。寺建崇禎庚辰,季蘆夫子記其昆仲耐庵、羽之居士創始舉之,門以內成之,蓋以承太翁鼾蘆公之志也。寺規既具,殿廡既周,乃祠其左,而子若孫歲學其中,追來孝,紹先烈,法不孤起,合莫而興,盛矣。此通天寺,是常光幢,覺王達孝之旨,不于此揭日月而示也哉?化身佛之常光明,其徑一丈,是爲常光。幢,刻有佛號的石柱,代指佛寺。自庚辰二紀爲甲辰,吾師與其舊徒智,會于青原,因命作

《通天寺碑》。小子荒落已久，文不可石，然欲合闍以獻者，固無所辭于此時也。

孝覺之本，上通乎天。妙叶惟心，究不可壞。欹歟微哉！黃摩圍曰：「物之成壞，蓋自有數。要以有道者爲所依，然後崇成。」黃庭堅自號摩圍老人。將以成壞之物爲天耶？將以爲所依者天耶？三一老人曰：「佛以虛空立一切法，常處乎人之所不爭，其後莫能與之爭。夫固有其不可壞者，無與于彼此榮衰，故彼此榮衰不得而間之。」將以榮衰成壞者天耶？將以不得而間者天耶？佛之言超人而又超天者，何居？浮山遠公舉三點畢，而云須具通天正眼者，何居？莊子以爲天人不相勝，莫適爲天，誰主役物，而又曰開天之天，反以相天者，何居？然則列傳頭篇之怪天報，澤畔行吟之代天問，其不能通天者耶？列傳頭篇指《史記·伯夷列傳》，澤畔行吟指屈原。後之牖民者，瓦礫牆壁，從而塞之，果通天者幾耶？通此不可通，莫之爲而爲，下上其音耶？若不通此，爲人惑，爲我惑，爲天惑，並爲夸毗通天者所惑。馳驅漂泊，顛頓九折，逐人狉狉，空捋荼蓼。狉狉（pī pī），奔走貌。不者壁上枯，不者市門卜，不者社下櫟。至于犍椎萬指，裝面土苴，號通爲一，不敢以益知吳壁曲折，驕而鬬勝也。一缾一鉢，行若飛鳥，宴坐拾荊，草萊金碧，殆天所以恤若獲者。其或隙光破暗，連環搥碎，谿然直致無聞之表，更在諸方高座豎拂之外。知我者其天乎，乘物天游，遇緣何閡焉？

西庚之顏通天也，緣起不必比此。地重保障，其曠收海。初有神示，自堂徂門，寺祠並立，長者開園，時節適爾，直謂之天也通乎？即二紀來，六合爲爐，金鐵皆流，刀兵水火，蹂躪糜爛，加以斥鹵厲禁，撟虔焻暴，驅焚爲灰，無異于望屋而食。斥鹵，食鹽。撟（jiǎo）虔，敲詐勒索。焻（xiāo），凶暴。然此一阜之林，百堵重檐，獨巋然晨鐘暮鼓如故。祠之伏臘俎豆，亦儼然如故。故是蘆中福德,多世單厚,孝覺之本,不可思議。一日倡,一家感;一聲倡,百世感,得不謂之天也乎哉?天非委之有所倚也。秋霜冬雪,守此松柏之徑。鐵擿不輟,以永其淵源。塤箎中節,一宅雍雍。不以降罔,易其素業。請呼摩圍、三一而申之曰:是天之天也,是固水火之所不能滅、刀兵之所不能害者也,是超越世間出世間、歸無所得而事竟堅固者也,聞者信否?即曰託諸不可幾及,以藏其不壞,不厭深渺,以爲壺子之應,無不可通者。不信,請疑。荀況曰:"疑疑,亦信。"不相迕也。止爲望人之腹,覯而多責,故不如蒼蒼下視爲快。通晝夜而知,爭人所不爭,而人莫能爭。至誠感通,掌屈伸耳。聖人之于天道也,過此以往,未之或知也。屈蟄精入,在我自盡。何思何慮,日往月來。《易・繫辭下》:"子曰:天下何思何慮?天下同歸而殊途,一致而百慮。天下何思何慮?日往則月來,月往則日來,日月相推而明生焉。寒往則暑來,暑往則寒來,寒暑相推而歲成焉。往者屈也,來者信也,屈信相感而利生焉。尺蠖之屈,以求信也。龍蛇之蟄,以存身也。精義入神,以致用也。利用安身,以崇德也。過此以往,未之或知也。窮神知化,德之盛也。"一常光中,何成何壞?何彼何此?止止不須説,故書以報夫子之命。

甲辰秋游記[自玉華、浮槎、潮山,至春浮、邂圃、快閣而終]

芝穎爲愚者言遂興梅陂之勝,去西昌四十里,舟入蜀口,直泊嘉會堂後,游莫快于此者。忽忽汋林,久雨初霽,三笑庵主復來迎我,倚杖遂行。望玉華之阿,蒼然。芝穎先去榴庵所,俟我。我且迂道造之,果有精舍。穿松盤澗,有懸水挂石壁丈餘。喜得浮槎,橫身當之。下復有院,小閣倚石,繞廊架溪,楊寨雲長者所構也。施愚山題詩于壁,因次其韻。已乃望姁母潮山,曰:"秋游先得此開卷矣。"

翼日至潮山,有洞甚小,相傳四祖曾棲於此。飛來一塔,卓立田中,劉槎翁有記,今不可得讀。劉崧字子高,泰和人,明初官北平按察司副使,有《槎翁集》十八卷。沿峽而出,去斌山西巖已遠。芝穎又來促之,云蔡項且來,羅仲吉先至矣。三笑又與劉叔導約,勿蹉此明月夜也。便過梅陂,陂口兩山合峙,蘇溪人作陂灌田,其來舊矣。並崖里許,入嘉會堂。堂在中洲,水環之,山又環之。急欲得舟,三笑主人曰:"舟在後門,且一飯去。"隔岸皆絕壁百尺,插浸潭底,屈曲如連屏,不知是武夷幔亭第幾曲也。一仰一俯,天耶山耶?林耶潭耶?青青欲滴,不可分疏。倪文正曰:"青得山無奈。"果然果然!時九月十四日,顧諸公曰:"必待月,必待月。"已而微雨,且喜到門黃昏之一泛矣。

明日渡溪,由梅院,觀山靜室,而上團焦。石自爲垣,楠榕糾之。所謂天根,一峰特立。其後有罅,罅中穿如汲井,解衣猶且朒棘菀中。朒(nù),縮着身子。令童子陟其頂而坐望之,若棲雀然,毋乃馬半邊作意筆乎?馬遠,南宋畫家,作品極簡淡之趣,號馬半邊。緣壁援藤,北數百步,得月窟焉,可坐十餘人。苔蘚剝蝕,内有篆文,其半可讀。榴庵讀之曰:"嘉靖乙巳,中洲郭治、東廓鄒守益、師泉劉祈杲、南野歐陽德、洞巖周賢,同集嘉會堂,刻石于此。"愚者屈指曰:"兩周甲子矣,遺風猶沁人也。"由此而左,鐫壁曰臥雲參,當時必以雲梯書之。謝康樂題石門第一泉,高興類此。側身而下,入一石門,蜿蜓如巷。出臨危磴,下則深潭,不容佇顧。"看不盡時皆壁立,到無餘地一潭收",芝穎寫出矣。還寺竟雨,雨忽止,月朦朧于雲中,急呼舟。舟具,又雨。遂作望月詩,欹枕達旦。

日出,渡南坡。坡上數百級,爲獅子巖,儼然廬山之佛手巖也,土人以祀水火之神。其肘古樹盤根,有結茅者,茅毁基存。坡可建靜室,容百十人,今麻蒿蓬蓬矣。望獅崖之南,有樵徑,渡舟泊其下,因並樵人渡而上。上緣石廊,廊長十餘尺,有大字三,曰"到此難"。其旁曰:"隆慶元年王修齋書。"噫嘻,狹路相逢,進不得,退不得,到此果難。晡時晴無雲,今夜月可必得,乃以版加艓,藉之以氈,趣茶爐寒具,與客噱談而待之。艓(dié),小船。少頃,赤輪如車,湧出天根峰上。仲吉大叫:"得未曾有。"愚爲言泰山、華頂、太姥日觀之異,可以此借觀否?月上皎甚,水天爲一。碧潭之下,白雲間之。深不測處,魚吹泡而弄之。以比夕陽穿入龍窟,各一致也。乃趨上灘,灘碎其月,琉璃成堆,金支翠旗,搖漾有無之間。石舡草曰:"月豈能如此?還因山水奇。奇哉!"十七之月,完完如故。近歷取巧,實與天不合也。平公治茶具,挐舟再游,放乎下灘,聽煮雪之聲。煮雪,王遂東所名也。夜深,兩岸之鐘鼓互起,東若在西,西若在東,灘聲榜榜,分其餘韻。芝穎舉篙擊汰,而引之爲輪,光如虹電,又一奇也。愚者向笑公笑曰:"當於嘉會堂後門,建三層樓,則翠屏潭影,四圍供我,月與雨雪,不能難我,我坐享之,奇盡在此矣。"

十八日,擬作獨源立石之游。汋林人來,言賡之本師且至。前在青原,期游春浮,遂乘漁舟,下灘甚駛,一日夜抵元金而歸。我師扶杖,全人隨之,顧汋林三太息焉。余佺字全人,余颺之子。甫一宿,孟昉發肩輿小騎沓至。下榻跨牛,黃山谷爲跨牛道人稱之者也。即趨春浮,今秋水滿,繞湖三曲,中洲雖無片瓦,然怪石古木,斑斕菴藹。愚山浮山,窿穹雙峙。松柏森然,皆二三尺圍。小澗數曲,正穿其腹。計伯玉先生創此四十年,竟成古阜,何人而非天耶?蕭士瑋字伯玉,泰和人,萬曆進士。渡橋穿畦,入迤圃門,層樓復道,回薄宛轉,野塘隨檻,磊石高下,孟昉布置,大有匠心。閣曰楚頌,其種橘之意乎?晚登快閣,霞天萬里,江帆來往,出几舄下。舄(xì),履。後閣供佛,老僧守之。古人善護三世諸佛,即以三世諸佛自善護也。山谷曰:"成壞有數,要以有道者爲依,然後崇成。"信哉!吾師曰:"天容我輩之儲與,所依多矣。"愚因言梅陂,並舉嘉會堂事。當天啓時,魏璫毀書院,改爲吉祥林。聞風化雨,山高水深,諸公之靈爽,何嘗斷滅?嗟乎,自門徂庭,不過安一名字耳,奚斷斷爲?吾師遂作《卧游梅陂詩》。芝穎取連日唱和諸什,彙而錄之,終於快閣,固一快事。藥地愚者智記。

耐庵李昌谷詩解序 李賀,昌谷人。

奇才間出,吐古吞今,造端引觸,蓋寂有所感而發不及知。後百世之心相見者,游息深深亦必有發前人所未發者,于是乎奇。不然,不必更爲之解矣。吾師以其伯氏希之先生所刻《昌谷詩解》見示,又讀心水先生之序,滄塵岳瀵,依棲共聚,商略酬倡,真奇緣也。才既已奇,時哉又奇,上下千年,心與心寂然相感,安得不奇?就以昌谷解解之。詩至杜陵,其變也備。而韓修武橫盤雷硠,又杜所未有也。韓又見李長吉而嘆之,不容口,昌谷之奇,又韓與杜所未有也。騷之苗裔,誠然哉!修武惜其理不及騷,須溪又謂其所長正在理外,世詎有解者?豈惟不解,且以牛鬼蛇神襲而冤之矣。今耐庵老翁,一旦爲之白心,是前所未有也。杜牧作序,獨取其《仙人辭漢歌》,及《補庾肩吾還自會稽宮體詩》,其意至深,而後人猶曰,牧未嘗盡讀,讀未嘗知。今讀此解序,論世考年,比于凝碧之管絃,聞樂之舞馬,且引秦取九鼎,不聞寶鼎出涕,以相激發,又前所未有也。所謂游息深深,千年相感,奇莫奇於此矣,豈筆所能繪哉?或曰:耐庵自以昌谷而寫其耐庵。或曰:耐庵自藏其耐於昌谷耳。卜度不可謂無,亦發不及知者也。嗟乎,世有知寂感於存俟者,其能感《昌谷詩解》之解矣。發不及知,昌谷雖欲不唾地,容得已乎? 耐庵雖耐,亦有不能耐者,容得已乎? 古人曰:"發乎情,止乎禮義。"又曰:"窮於禮而通於詩。"正變也,發止也,窮通也,一寂感也。詩之所以爲詩,騷之所以爲騷,知其不及知者,何以解焉? 温伯雪曰:"陋於知心,交臂而失之矣。"銅山西崩,洛鐘東應,以感爲體便是《易》耶? 郗公一問,遠公復何言乎?《世説新語·文學》:"殷荆州曾問遠公:'《易》以何爲體?'答曰:'《易》以感爲體。'殷曰:'銅山西崩,靈鐘東應,便是《易》耶?'遠公笑而不答。"殷荆州爲殷浩,密之稱發問者爲郗鑒,未知所據。吾師曰:"奇哉此會,不可無言。"小子憪然曰:天之道,無奇無平。人之道,初得其不知以爲奇,久而忘其奇。教者欲其拔俗也,嘆其奇。奇矣,又抑其奇。達士快語,不惜椗漏,率吾真而已。率吾真也,何奇之有? 奇不奇姑置,且呼昌谷爲耐庵一歌而耐之。歌曰:肉角化兮鳥翩翩,仙垂淚兮鼎無言。知不能及兮,感也寂然。奇不可以忍兮,又安敢乎諆天?

余小蘆賦序

賦於六義,居其一焉。六義指風、雅、頌、賦、比、興。其實也詩,而長言之不足,如是焉耳。蘭陵佹詩,繼於《賦篇》。荀子曾任楚蘭陵令。楚佗僚者,沉鬱造變。其弟子以風倡之,此賦爲專家之始也。兩漢以宏麗爲盛,晉後以清俊爲快。宋人解散之,但以寫意。誦賈生之《服鳥》,與雍公之《誅蚊》,吾安所用大小之哉? 虞允文,南宋抗金大將,拜相,封雍國公,著有《誅蚊賦》。莆中余全人,爲吾師之才子。年二十二,十行俱下,落筆如湧泉,翼翼駸駸,出門已無萬里。翼翼,齊整。駸駸,長貌。吾觀其《鐵笛》《耐庵》《雙松》《蘆柳》諸賦，溫厚而摯至，特寓之於前藻，其意深深，本悱惻之遺風也。它若讀史詠懷，或憐或快，趨庭步題，合門唱和，風雨如晦，雞鳴不已，蓋以此而養其親焉。乃者隨親杖屨以游，朝暮一卷，好學不倦，是豈與潘江陸海較祖構乎？《詩品》"陸才如海，潘才如江"，形容潘岳、陸機之才華橫溢也。吾請得寬舉以慰之曰：莫非賦也，善言者必寓諸物。故古今之以寓而賦者，莫如莊子。古今之善賦事者，莫如太史遷。推而上焉，古今之善賦物者，莫如《易》。燦而日星，震而雷雨，森而山河，滋而夭喬，跂而官肢，觸而枕藉，皆天地之所賦也。寓此者進乎賦矣，以此養親，其壽無量，以此自娛，其樂無窮，全人能無飄然乎？雖然，吾亦因賦而長言之耳。

周遠害詩引 周損字遠害，號迂叟，崇禎舉人。

飲者嘆芥爲上味，而旁人憂其廢餐，非杞憂耶？芥(jiè)，茶之一種。渴者見水，皆甘於芥，而復與之論蟹眼，非刻葉耶？蟹眼，茶名。性情之發，發於不及知，各以其生平出之，或時爲之，非可以執一以程品也。二十年來，知遠害之苦，一旦遇於青原、白鷺之間，愚者出《炮莊》以慰之。遠害出其詩《游草》見示，愚者方以《莊子》爲詩，遠害殆以其《游草》爲莊乎！觀其自序，引《同人》曰："不必定蹴一家，不必定駁一家，隨時即事而已。有無病而呻吟，無得意而嘻笑。"嗟乎，數十年之遠害，不可以已，一消於詩，手舞足蹈焉矣，不知與大宗師之裹飯安琴，相去幾許？遠害之爲莊，遠害亦不自知，愚者何故強以名之？又何暇以嚴滄浪、唐子西諸人置喙哉？生平也，時也，觀其深矣。愚者初見遠害，苦欲其同一破瓢學道。今寫至此，殆成閒語。雖然，此一閒語，自非閒人，其誰聞之？

青原山水約記

　　自螺川而望東南，其青青者，皆青原也，特以七祖道場居其中而名。其實此山，自文水嵩華來，疊嶂盤紆，起天嶽芙蓉，轉黃原嶺，爲資福寺。其幹南臨張渡，爲洞巖朱陵觀、西華峰、白竺庵。西北崺岋，臨贛江爲灘頭泥灣，起雞江峰，渡永和。崺岋(yǐ lǐ)，連綿。東自鷓鴣嶺，下龍集寺、浮山，分奯並驅，綢塘齋樓，至於梅林。奯(zōng)，斂足狀。綢，同"稠"。由是而言，中阿一帶爲玉原里，沿溪隨華蓋峰，爲雲里、下里，又衍而北爲花園里，皆青原之麓阪也。淨居寺獨居帳內，雙象重抱。青又庵之三溪，出金粟谷口爲待月橋，南流歷萬善、磨下諸坂，而入贛江。故水繞山復，皆爲道場門戶。自郡來者二十里，自雞江泊來者五里，會於紅亭，穿松林而入。聖域祖關，雙峙傳心之堂。祖關，顏魯公所書也。溯溪而進象口，百花臺塞焉，是爲鏡石。過新版橋，乃見刹竿，丹青巋然。殿居池中，環廊三橋，毗盧在後。其上則七祖之塔，層樓覆之。"曹溪宗派"，王新建題。旁啟篆門，則倒荊樹在其右。本圍丈餘而枯，旁生一幹，枯木之皮，發三蘗焉。因笑曰：杏壇以檜奇，藥樹以荊奇，奇果在此乎？不負其材，貴自植耳。塔左有泉，燭人須眉，飲之清冽，相傳爲七祖卓錫泉。其下爲碧乳泉、噴雪泉，胡忠簡所名也。由卓錫泉而展臂過峴，爲五笑亭。峴(xiàn)，小山。亭據青龍石，下臨墨潭。潭之西，怪石壁立，群木爭高，歲流其根，青蔭蔽日，是曰翠屏。構亭相向，是趙、李諸公所修，蓋古有之矣。

　　安成思祖從曹溪來，卓錫故鄉。青原行思，安成人。魯公題名，在唐爲盛。黃山谷與周元翁碑，在殿壁。元翁，濂溪子也。張商英有詩，姜公輔、李彤、韓衢、韋悅、張勔、謝弼皆有建造。

信公書"青原山"，其字五尺。"空庭蟪蝀"之句，又五百年。蟪蝀（dì dōng），彩虹。青原之爲青原，所由來也。元有宋長者施田葺宇，其後零落。逮萬曆間，啞羊棲之。啞羊僧，愚癡無知者。惟新建之心學，起於江西，而鄒東廓、聶雙江、歐陽南野、羅念庵諸公，倡之於此，連篇酬和，照映山谷。鄒忠介與郭青螺、蕭伯玉、劉晉卿諸公，議改建傳心堂于駝峰之陽，而以其谷還淨居，屬之寂公。鳩工十半，寂公寂已。考舊《志》，有曼殊閣、臨澗閣、水閣、歸雲樓、詹葡軒、寢堂、蒙堂、雷泉亭、茅亭、龍穴亭、徘徊亭，皆唐刺史、宋元尊宿所建，今莽如也。毗盧架空，漂搖風雨，直至笑峰大師來，重開七祖之顏，遇緣扶起，萬瓦鱗次，周楹復道，四望森然。主此三年，正欲舉五賢祠而新之，復聖域祖關之舊，而又翛然去矣。愚山施公來，屹然並坊，大振傳心之鐸，冷灰重爆，時哉！時哉！

夢筆杖人主廬山圓通時，以《易》衍道場，願集大成，兼中妙叶，寂歷指掌，而要以懸崖過關，享與時之消息。三世一報，托孤在茲，今青原猶廬山也。愚者適寓噴雪之軒，因紀青原而噓噓焉。青螺舉杏荆以示人，泗山卷卷解聖諦之縛。忠介曰："江河納百川，罔不欣受，豈作二見？然不敢隨衆和合，患不得人領其事耳。"愚者曰：在山水，言山水，可也。仁者智者，相代而錯然乎？必三番乎？不落階級者誰乎？是在後之游者。

青又記

由水碓而入青又庵，凡五里許。溪之源三：一出千佛樓，一出謝坪，青又庵其一也。縈澗而行，澗岸亡慮皆嶄巖樛葛，故右窮則渡澗而左，左窮則渡澗而右，凡二十餘渡。嶄（chán），同"巉"。樛(jiū),糾結。渡皆石步,足不得停。水行石間,斫冰雪,驅雷霆,人不能語,語不能聞。紅塵之囂,至此盡矣。其淵渟爲渚,少衍爲潭。渟(tíng),聚。潭,同"灘"。清淺之流,分沙漏磧。魚掛空中,人影湛然。草茵石枕,隨處可歇。此青又庵之大概也。

七祖塔後,爲桃樹牛尾山。其下爲長潭烏泥坑。當其面,石從北起,磊砢屴崱,而浸趾潭中,是曰釣臺。屴崱(lì zé),高聳。黃魯直曰:"似漁非世漁。"愚者欲架離鉤軒以臨之,似不似,奚計焉?並長潭爲漫山,隃其陘,古墓芊芊,不知何人也。陘(xíng),山脈中斷處。過渡爲滴水巖、虎巖、雞山、鴿山,相峙錯立,遂入長坑。兩崖如峽,天爲之小。鳥道委迤,白雲生焉。其兀然鐵壁障日者,片雲石也。其踞而回首者,香象崖也。其在山半獨出者,麟角石也。又轉數曲,爲漱青峽。溪之中有方石,如棋盤,笑公常坐此終日,是爲中頓。少息奮臂,再折而入。崒焉石巘,蒸蔚其上,土人呼爲觀音坐蓮。從後陟其巔,形適肖之。其下陡峭,不可攀援。一水自左來,則千佛樓之流也,參差數百步。一水自右來,則謝坪之流也。由此數轉,爲石樓丹梯。梯之下,兩崖如闕,號曰關門。蹬而上,忽開平田,禾黍瓜瓞,仿佛桃源,却無人家。瓞(dié),小瓜。獨前阿茶叢之中,垂瓦兩下,是所爲青又庵。千峰青又青,殆取此乎!行者烹所采茶,正不必北苑岕法也。飯後,經大小嶅,歷觀茶圃,皆笑老人所經畫。嶅(áo),多石之山。前人種之,後人享之,後人當如何?田有疄而半荒,深山多野獸,惟種茶與薑。晝夜守田良苦,設機驚之,久亦畫餅矣。

過岡爲千佛樓之頂,其麓開陽數百丈,樓毀多年。其腋有茅庌,將以興作也。千佛之肩,爲定慧庵,其背爲嵁庵。庵之谷口,有荊隴洞,可容百人,破廟塞之。越崍爲鳩嶺,與道士腦,則主山之龍脊也。稍偏爲窰坑,外爲浮山,即古蓮社地。劉須溪所記江相國之皋歌,應在此處。今結寂公塔,子孫守之。它日從龍集,訪資福、五峰,並路游焉可也。遂衝棘而下,循流而出,會於謝坪之谷。謝坪安可不至？躡而登焉,山上有山圍之,中坦如掌,舊有堂基,今皆榛蕪。其墳如者,土人傳爲文山之祖塋,求碑記不可得。此地外襟大江,內案隱抱,或在斯乎。其陰有崖,巉然而突,吾望崖返矣。南有徑達張家渡,六仙所出。北下爲泥灣村、雞江嶺。渡永和,冬涸,石骨見於河堰,周益公所稱不虛,宜永和之五傑,至今瞻仰也。游青原者,舍舟登岸於此。愚者爲建一亭,前軒後室,顏之曰青原岸云。是游也,先盡幽隱,後得平曠。或者猶述龍湫三疊之瀑,浮渡林屋之洞,意將以軒輊乎？愚者曰：天地間,各適成其天然之致,原不以夷險大小角爭也。知此者,可與游矣。

游永和記

東昌石窟,爲兩龍相交姙山來。起廬岡,雞嶺過江會之。蘇、黃清都之舊跡,文山之堆花井,益公之蓮池讀書堂,蓮社士言之鑿鑿。會雞嶺之下,就岸建亭,往來息肩。愚者閒游至此,詢雞嶺洞。洞門甚小,蒲伏乃入,中容數百人。永和隱賑,搶攘以藏,故秘之。隱賑,富饒。嗟乎,聚散寒暑也,藏舟于壑,又將何以秘之乎？呼船西渡,止慧燈寺,覽曾鈍子魯《東昌志略》,永樂癸巳,梁潛、蕭時中兩太史序之。梁潛字用之,泰和人,洪武間舉鄉試。永樂元年（公元1403年）,召修《太祖實錄》。書成,擢翰林修撰。蕭時中名可,廬陵人,永樂九年（公元1411年）進士第一,授翰林修撰。步經蓮池街,則周益公晚年種蓮自娛之地也。益公之祠,與歐陽監丞祠,相望巋然。監丞諱詢,宋南渡後,使命死燕山者也。由米巷入仙關,爲清都觀,至元劉時楸記;玉局堂,歐陽中立記;逍遙堂,劉三吾記。三門當時,飛甍周廊,金碧奐如,今惟殿兩重耳。東坡歸自儋耳,山谷宰西昌,同下永和,游清都。儋耳,海南。坡公書"清都臺"三字,送道士謝子和詩,爲曾安止書《秧馬歌》。曾安止字移忠,著有《禾譜》。安止之孫好古爲道士,傳其墨跡,謝凝然刻之于石。至今傳蘇、黃戲擲金錢于池中,池中開金錢花,采而視之,乃四葉草,黃花如錢。此其遺風,令人千載想見者乎!

入市有堙井,云坡公墮履于此,穿之得泉。昔坡公《韓廟文》曰:"公之神在天下,如水在地中,無往而不存,景行行止。"文仲進之詠,其能已乎? 三市兩塔,一在本覺,一在智度。智度即唐資福,宋祥符改額焉。胡忠簡從海道歸薌城小寓,實寓於此,謝矩所記也。謝矩字子方,明初廬陵人。本覺寺後,爲靜圓禪師之母墓,鄰人歲時爲之拜掃。一曰嚴陽尊者謚靜圓也。嚴陽尊者名善信,趙州和尚法嗣。自桐柱窑,西南三里許,爲石窟。文山祖居此,長于富田。有堆花井,文山生時,此井溢出爲秀水溝,柴市之後,其井遂竭。柴市,文天祥就義處。崇禎戊辰,文震孟相國發時,此井亦溢。文震孟字文起,長洲人。天啓二年(公元1622年),進士第一。官至東閣大學士,謚文肅。事固有不可知而叶應者,何怪乎里人之口津津耶? 其爲窑嶺者六七處,宋時所開,出土明膩。宋末窑變,乃移于饒。或曰土斷近之,不見王麟洲云,饒之鮮紅土斷乎。王世懋字敬美,號麟洲,太倉人,王世貞弟。嘉靖十四年(公元1535年)進士,官至太常寺少卿。今青原殿上所供大淨瓷,名曰舒嬌,是永和舒翁之女所畫也。畫水塘尚在,中有金印魚,魚額正方如金,他處所無。今全市之甃地疊牆,皆累前代之坏。甃(zhòu),砌。因窑立鎮,置監主之。估商帆集,萬煙駢填。相去五百年,蕭條乃爾。閲《志》所概,劉將孫爲楊思齊記巽溪堂、謝子方易庵之卧雲樓、李君美之竹所、葛常魯之守道堂、劉君和之迎薰齋、王起予之予隱堂、曾思齊之守約齋、解縉爲蕭尚賓記讀書堂，俱在榛莽瓦礫中矣。解縉字大紳，號春雨，吉水人，明成祖時大學士。惟鳳岡精舍，其顔如故。青原邂逅，蕭飛遺筆。仁風文物，遺澤流遠，刀兵水火，澌磨不盡。嗟乎，一盛一衰，人間之勢，其中之不變者安在？游人目擊，能無怵然？夜坐隨順軒而記之。

永樂進士蔣翹之，兩解"隨順"之義曰：一帖然于倫脊而安其條達，一儻然于未有天地而泯其得喪，是隨順也。果兩解乎？已而曰：山水遣放，時不可少。已而曰：隨順世緣，即隨順天則也，何遣何放？客因問愚者："如何是兩解隨順之義？"愚者曰："游。"

武功游記[丙午五月筆也。此間前輩，久遠或忘其名，故注之。中履謹記]

武功爲袁、吉之岳，以葛仙名。劉平田曰："馬季房告我，高土阜耳，無奇也。"劉軒孺字平田，廬陵人。愚者一日，讀鄒文莊[守益]《游武功龍窟詩》曰："瀑布九天來，四壁如削鐵。"舫翁久居此山，亦曰未見，或春雨有之。吴雲字天門，號舫翁。馭遠爲文莊裔，且曰："先人筆端溢語耳。"愚者不以爲然。游者循朝山之路，陟壇而止，山之奇奥，必在壑中，誰是歷盡幽邃之劉歊乎？劉歊(xiāo)字士光，南朝人。博學有文才，不娶不仕，與族弟訏並隱居求志，遨游林澤，以山水書籍相娛。《梁書》有傳。遂溯入安成。安成東十里，五老拱東陽。其下爲石屋，向所稱麟鳳龜龍，沿江而峙。野老指彭文憲[時]、李忠文[時勉]故居，歷歷村樹間。石屋東陽庵，爲彭刺史公[簪]建。不磷、妙峰兩庵，則周白山、浩若[鼎清、鼎瀚]建也。山皆峭起，岉崒玲瓏。石皆白理，有細峰，如大孤、齊山之石。大洞面北，廟塞其中，有淳祐禱雨石刻。小穴以火入，可出山頂，一山皆空。東巖一門，土蔓閉之。旁有聖心洞，從仄徑下，曲而入突，石汁滴垂如心。倚壑為闌，闌下有石廊。當時鄒文莊、羅文恭[洪先]與王龍溪[畿]諸公，游息於此，此地靈哉！繞麓回塘，浩若之疏鑿也。觀金公[幼孜]《石屋泛舟詩》，則古有而後湮耳。聞白山立書閣，前臨水，後面巖，豈不暢甚？今無片瓦，惟二庵鐘鼓如故，佛幢儼然，不可思議。

麟山相去二里，一洞委曲。巉石銳峻如角，其前則車田周氏之族處也。浩若之秋墅樓，朽不可上，容與旺堂[懋極]而已。臨潭者龜也，委蛇者龍也，蒙岡者鳳也。西望黛色，矗矗亘夕陽者，武功也。蒙岡為王莊簡[學夔]之後，其族夾潭，石攻居北，謹山居南。石攻已作古人，謹山與濟漁，適有他事。"濟"似為"儕"之誤。王鼎呂字儕漁，參見《青原志略》"青原學人"條。惟雯野一老，肯為先驅。連輿而往，過寅陂橋，入楊梅村，宿獅子林。楊梅，張簡肅[敷華]之里也，鄒康寓焉。上若、馭遠，皆下帷獅子林。康若生字上若，參見《青原志略》"青原學人"條。叔監與顏、張諸老，更共信宿。雨未歇，與上若且游近山。石巘如屏，大似陽朔、寧都，但不如其多而高耳。龍雲口內，峭塹離立，有巖前觀。觀後有洞榛蕪，破屋填之。一隴中斷，是為斷山。與崖相齒，有泉橫衝而漱其下。大石磊落，側行崖宇，雨中白浪，激崩疊澗，濕衣歸庵，是亦搜瀑銳心之前茅也。

明日出獅象口，上金沙橋，止清江。清江、齊雲、高峰、白竹之水所注也。侵晨上嶺，舫翁追及，云七梅道人且至，知有龍窟在圖坪下十里，若非先剪荊棘，明日詎可游乎？越講經臺，是為前案。西陟皆劍鋒脊上行。愚者憩白竹坪，遣人先至圖坪，屬西蒟。西蒟，韻僧也。白竹有行者，善識藥材，采火燒蘭供佛,引我躡前嶺而眺之,得懸水三處,皆長二三丈。來日登竹篙嶺,有石如雙蓋,中逕若玉川門,東西有廊,俗呼磁石者也。轉折徑峴之肩,對面箕峰之壑,白溜群飛,皆懸水也,急不得至其處耳。箕峰祀二葛仙,寄褐居之。數年一火,故誅茅以爲殿焉。復下五里坑,密蔭垂級,流瀨鏗爾,愚遂呼爲五里箏。糾枝撥視,壁溜亦不少矣。道士遲愚叢竹之蔭,榜三天門,有白字堂。白玉蟾游此,潑墨於壁,神之者,班孟之噴字歟!今作墨榻,鐫之負扆,長庚笑否？過迎仙橋,爲西葯永平新庵。飯後,傍洗耳溪,所謂馬跡石船,無異也。愚知是白龍崖,全峽爲一石版,衝流其間,迤且百丈。雨甚,愚避崟崖下。舫翁直窮其源,久之,全身帶雨而報曰:"果得真珠簾。"愚遂冒雨再上。硤石之槽,正方如祐。祐(shí),石匣。泉拂下潭,其闊幾丈。向來游者,至石船而止,未及此也。永平前峰爲翠屏,第三折爲回頭尊。尊之下,屏石垂綃,所泄爲蟹螯匯。跳澗石以往,是可常盤桓者。

　　明日大晴,結隊窮高峰之壑。行二三里,皆古木老藤,陰翳不見日。積葉泥滑,下足不禁。昨開之路,架橋剪棘,數里亦窮。愚則誤乘高而登一臺,西望九峰,巍巍石立如笴,大似石門磵鐵船諸峰,因號之曰九老臺。俯而拾級,東西瀑出岊阿,不見其底。道士呼之左旋,復援葛穿林而東。數百步,又從林隙見大瀑甚壯,白光射日。遙語舫翁,此必有奇,彼則已墜崖而下。同行數十人,多先至龍窟,號愚就之。果然四壁削立,如懸甕城。瀑瀉其中,雲雷洶湧,陰氣冷濺,中人毛豙,上下窺之,不能以瞬。豙(yì),毛發直豎貌。舫翁來敘中瀑之大且高如此。瀑穿石孔而出,乃石梁也。諸同游者、住山者,皆以爲從未目也。今日之緣,快哉快哉!童子摘石,頃刻陰晦,龍何礙乎汝,而作態耶？適溽蒸而欲雨耳,乃循來路而返。西葯爲言齊雲三十六金牌，牌前皆瀑，瀑注擊石潭，潭亦有龍。雷巖烏潭之龍尤毒，聞噪聲即雨。天井瀑下，亦龍潭也。旱則里人於此取水，龍亦何怪焉？

明日上白法庵，庵負觀音崖，踞獅子牙，舊爲牛塘。白雲禪師廬白雲峰，選此而創梵刹，因牛塘爲殿前之池，門向箕峰。其徒隱之，乃大興作，是此山雙輪並運之幢也。十仙之上，觀山河於首楞之掌，莫尚於此。左有鳴玉峽，上有連屏，巖穴垂溜，而石立其中，呼爲神仙塔。又左而折鳥道，有石壁橫亘，上發石笋，高數丈。如是者四五，呼爲金燈塔，以夜見光也。滿空皆火，濕蒸觸發，五臺峨眉，樹葉放光，是誰信及此耶？聽其號而讀之，漆園曰明不及神，詎激言哉？自白法五里，登仙壇之頂，累石爲宇者三，爲茅庵者一。有井在側，浮源之所出也。蒲源在其背，穴下雷峽者。探項左視，有峰屹立壑中，高百仞，其頂蠡旋，其狀若鏞，舊謂之繫雲幢，愚謂之天柱頂。欲登天柱頂，過天阿岡、雪竹凹，歷徑乃上，有石巷，若置梁焉。松盤其上，可作蒲團。四布攫挐若飛，又有水松，短針穿石，是斧斤之所不到者。天柱而東望一絶壁，其下無極，有洞焉。采石耳者，言其容數十楹。天柱之西，舊有團焦，所謂仙人掌也。然必從袁州路來，雷峽對觀之，乃見屹然一柱耳。雷峽之右，望雷巖隱隱峨峨，削切千丈，巖不留寸土。其下有潭，雷瀑注之，望若白練，惜未開路造之。從太平寺過齊雲四十里，寺與路廢。此山之奇何窮？留待後之人矣。

千丈崖之內一層，爲州字巖，殆太華之掌痕乎！頂過棋盤而南，爲九龍庵。庵前一橋，是最勝處。背即雷崖，懸睇洞口，萬松離離，恨無羽翼，望崖而返，亦竹林之疑影乎！山約十二壑，西袁東吉，總自庚來，至廬爲尾。衡與武，兩肱也。宿頂庵，觀日落，霞爛山紫，比于天池。其觀日出，則固讓太姥之凌霄峰，以踞海也。無雲之曉，赤如車輪，台蕩衡岱皆然。湧而後出，水光浮也。七梅曰："二滾陰，三滾雨。"兩日大霽，千里如鏡，俯視萬峰，宛若沸濤。前此上頂，雲生倏忽，不辨咫尺。俄頃破裂，青螺累累，平鋪大瀛海，乘一艑䑶，幻矣哉！艑䑶（biàn tà），大船。隱公子孫請題其像。隱公親覲蓮池、憨山，合滴乳，放白雲深處，光大幢林。數十年來，慈雲布濩，遠近戴之，固非與敦脄血拇比例而鬮無上也。《楚辭·招魂》："敦脄（méi）血拇，逐人駓駓些。"敦，厚。脄，背。血拇，血污之拇指。指力大凶猛者。明日游集雲路下，香爐九龍之水，奔湍隨杖履行，凡三十里，而至錢山，則天井之瀑，會爲一矣。過赤江門樓嶺，至書林背，則瀘瀟劉徵君所開之雲房石渠也。洞以炬游，下凡數層，如柱如盎，如瓔珞幢，皆石乳所滴。其如田者，粤西花盆類也。洞中有溪，前山入，後山出，隱不可盡索。林屋、玉華、桂林、七星，皆此比類。石本火煉水土，乘氣奮結，其下多空，復何足怪？宛委藏書，曾知一切象之爲禹書乎？龍威雖竊，終不能出此圖畫之則，夫奚惑焉？

　　出洋澤，乘舟下瀧，過羊角潭，回望雲中，香爐白鶴，果尊貴矣。雲龍之衝，是名石下。七祖之家，豢龍之裔，山中叙尊貴者，何必藉竺騰耶？雨後之月，送至麟山嘉林，水天浩浩，客因取山中口占，引而歌之。是游也，以二洞終始，以登頂開雲、入壑搜瀑爲二幸。至於陰洞火照之變狀，不堪受享，知之矣，無足疑駭，是亦一受享也。天地之間，本讓人游，視其人耳。言及乎此，直須過三番山水之關，乃可以游山水。青原惟信禪師上堂云："老僧三十年前未參禪時，見山是山，見水是水。及至後來親見知識，有個入處，見山不是山，見水不是水。而今得個休歇處，依前見山只是山，見水只是水。大衆，這三般見解，是同是別？有人緇素得出，許汝親見老僧。"

青原得瀑記

青原向未嘗以瀑布聞,問之里人,不知所謂瀑布也。告之曰:"石壁飛流,直下長數丈者,有之乎?"曰:"有三焉。""何三也?""一在天玉山,一在朱陵觀,一在石勛廟。"石勛水簾至近,過紅亭數百武是已,即往觀之。道傍之阿,山如壁際。有洞焉,舊以旱禱供神,存瓴甓道。瓴甓(líng pì),磚。泉從洞檐垂丈餘入潭,懸空不倚,似雁蕩湫,但小耳。廟障其外,有不落葉之楓,民以爲神。視其碑,咸淳勅建祀昭應侯云。便走天玉山,過龍集湖,望浮山傘,經天井岡。井口而下如陂,固一奇也。仰山祠後,數石突起,如甘園小蓬萊。甘園,宋孝宗内侍甘昇之園,位于杭州。其石玲瓏瑩翠,有鋒芒鈎人衣,殆齊山大孤一類也。又二里,至斷公就嶺。嶺背爲石龍峽,數折見橋焉。山如環屏,瀑五丈,直瀉壑中。練飛雪竇,硑訇怒奔,立使人寒。傍有圯廟,蓋胡文穆家坪下,歲修祀事,游此吟詠,錢習禮所稱十勝之一也。錢習禮名幹,吉水人,永樂九年(公元1411年)進士。去青原十里,非屬青原,尚何屬邪?

歸一日,劉潤山、吳六益、張逢伯來訪青原,語新得瀑布狀,便乘輿連輿往。劉魯檜字潤山,《青原志略》卷十收有其《天玉山瀑布和韻》詩。吳懋謙字六益,松江人,從游于陳子龍等。張鼎銓字逢伯,《青原志略》卷十亦收有其游青原二詩。吳舫翁追及之,因題曰"青原白練"。郭入問又追游焉。"風飄六月眉頭雪,日照千軍刃上鋒",作如是觀,豈不快哉? 又問自雨巖,亦十里許。諸公有事不能去,遂別。愚者異日獨往張渡,尋洞巖觀。觀在青原山之陽,一名朱陵,張浩署書,解春雨碑記,唐廬陵太守閶宷入道處,戎昱有詩二首贈之。南澗有鹿橋、棋石、七星潭諸勝。北澗則自雨巖，其瀑小于天玉，自下視之三丈。胡澹庵與子槻、桀讀書于此。胡銓號澹庵，"子"當爲"孫"。羅文恭構亭題曰"自雨"，今惟基存。解春雨手書戎昱二詩，藏胡廬山直之後人處，愚者因和之。胡直字正甫，號廬山，歐陽德弟子。踰日乃從西華中皐，返青又庵，圖寄愚山，此《青原志》中之故事新聞也。

夏游武功，搜得圖坪千丈崖之瀑。歸念青原諸箐谷中，必有奇而隱者。適吳季六來尋靈壽木，入深壑中。吳疆字季六，密之弟子。樵人言荆陮洞、嵁庵之東有懸崖，流泉射日，荆棘蒙蔽，是虎穴也。季六素勇，乃攜斧钁往開之，燒其荆棘，果得飛泉四泄，大喜以告愚者。愚者策杖從石梯前，千佛樓溪入，聞叢薄中水聲，知其爲瀑，非過詫矣。其壁巉立，上有三玉井溢潭，潭旁可容茅亭，下置玉華、浮槎，豈多讓邪？

愚山冬來，又聞此勝，即偕客入，經滴水巖，前此穢塞，親揮輿人，芟其叢篠，水涓涓下，此在種藥浮廬之右，亦向所忽略者。篠(xiǎo)，竹。越三里至新茅舍，問開荒僧："不畏虎邪？"曰："相忘矣。今日之客入虎穴，固知其相讓也。"群步至泉壁下，愚山興暴發，從險崖攀葛以上。諸客徐徐集，見愚山踞崖，采冰而嚼之，飄飄乎仙哉。共擬何名，以其石瑩，宜名玉井；似蓮花漏，宜名玉漏；上有崖穴古楓樘之，宜名楓崖。樘(táng)，支撐。愚山曰："實三疊也。以讓廬山五老，應目之爲小三疊。"客爭賦詩，中頓于青又庵。愚山援筆淋漓壁上，紀同游者：沈治先、楊商賢、溫玉山、徐伯調、吳舫翁、季六、郭入問、丘貞臣、林祖涵。沿溪而出，石壁聳立，白溜澎湃，即所謂漱青峽也。儲與久之，視去年愚山與毛大可、堵子威、胡萬咸及犬子刻石處，蟲篆儼然，何分今古？晚晴山暖，蒼翠欲滴。諸公漱流放歌，年年此山，有此勝事，自非偸閒，何能及此？今年則更爲青原開面目矣。山谷曰："山水所以飾閒。"戴安道作《閒游贊》，終念嘉契之難會也。今固勝彼,能不珍重?因大笑曰:"武功從不以瀑布聞,而今搜得之。青原從不以瀑布聞,而今又搜得之。山毋乃笑閒人多事乎哉?"愚山曰:"皆其固然也,人不識耳。"愚者曰:"顯晦時也,因緣偶然。"愚山曰:"即此偶然,大非偶然。"故記之以終篇。歲在兆羘浮渡山愚者弘智記於筍参中。太歲在丙曰柔兆,太歲在午曰敦牂。丙午年爲康熙五年(公元1666年)。

浮山此藏軒別集

卷一　浮廬愚者隨筆

跋介公舊本千文

　　智永禪師，右軍、徽之之後，安西成王諮議彥祖之孫，廬陵王胄昱之子，謝少卿外孫也。句出張彥遠《法書要錄》卷三所載何延之《蘭亭記》。與兄孝賓俱出家，當梁時。歷陳閱隋，年百餘以老，其感別路藏身之恩乎！即其不下永欣寺閣三十年，其殆一無所可為，而姑寓此筆籠游焉。《蘭亭記》云："永常居永欣寺閣上臨書，所退筆頭，置之於大竹簏，簏受一石餘，而五簏皆滿，凡三十年。"天地間，想見遺風，奈何自邂其生平若此？此真休矣。心成一頌，略示阿閦，必以白椎上堂，乃訕訕然善知識耶？阿閦（chù），阿閦婆之省稱，東方佛名，義譯曰無動。鐵門限至千餘本，曾不寫經。因索書者衆，戶限爲之穿穴，智永乃用鐵葉裹之，故稱鐵門限。當日之至尊，方數捨身同泰寺，令群臣贖之。今乃責永公以好書法名，傳之辨才，甚矣其目皮相也。辨才俗姓袁，智永弟子。

　　介公謂此舊拓，有永師押字，乃薛紹彭所藏。押字，簽名。薛紹彭字道祖，北宋書法家，與米芾齊名，世稱"米薛"。《畫禪室》曰："孫虔禮《千文》，得之章草爲多。孫過庭字虔禮，唐代書法家。章草，草書之一種，由草寫隸書演變而來。永師《千文》亦爾，乃知楷自分、篆入。分，八分書。篆，大篆。引文見董其昌《畫禪室隨筆》卷一"孫虔禮千文跋"條。歐陽信本《千文》，真有完字具于胸中，若構凌雲臺，一一皆衡劑而成者。歐陽詢字信本，唐代書法家。引文見《畫禪室隨筆》卷一"跋率更千文"條。余從虞書入永書，顧終歲不成千字卷，何稱習者之門？自分於此道遠矣。《畫禪室隨筆》卷一"題楷書雪賦後"條。時一爲之，以斂浮氣。"《攜謝閣》曰："元章有小楷《千文》，間入率更，而沛有餘閒，不涉矜持。歐陽詢曾任太子率更令。徵仲得永《千文》之道姿，而整比成章，然其老到，固自適也。文徵明字徵仲。人各有入處而後化焉，豈拘皮毛？然皮毛，亦神之所寓也。"《攜謝閣》，曹履吉著。愚者曰：此因天分而習伏衆神，秩然順理，乃游別路。不習之天，寓于習中。法與神致，不相離也。體正而盡變，變亦正矣。莫非寓也，莫非游也，過庭所云神怡務閒之難也。孫過庭《書譜》："又一時而書，有乖有合。合則流媚，乖則雕疏。略言其由，各有其五：神怡務閒，一合也；感惠徇知，二合也；時和氣潤，三合也；紙墨相發，四合也；偶然欲書，五合也。心遺體留，一乖也；意違勢屈，二乖也；風燥日炎，三乖也；紙墨不稱，四乖也；情怠手闌，五乖也。乖合之際，優劣互差。得時不如得器，得器不如得志。若五乖同萃，思遏手蒙。五合交臻，神融筆暢。暢無不適，蒙無所從。"學未知法而驟詡神致，不爲苛律所縛，即爲談神所誤。曾知古人之流傳，與閒心之評嘆，其寓此以游者，果何在乎？且問春雨樓之筆簏，閒不閒耶？介公爲閒不過，與我消閒耳。區區較量點黼，隨人軒輊者，依然目皮相也。點黼，草書之筆勢。

跋魏子一仿顏字後

甲申封刀時，子一策蹇慰我，指其段成公區區血淚之言，猶在耳也。甲申封刀，指李自成占領北都事。封刀，停止屠殺。段秀實，字成公，唐代名將。德宗時，涇陽兵變，朱泚稱帝，秀實以象笏擊其頭，唾面大罵："狂賊，吾恨不斬汝萬段，我豈逐汝反耶？"已余得潛竄，後乃聞子一不得當而自到死，此志與成公何異？史稱魏學濂先降自成，後羞愧自縫。後此十年,余復從嶺嶠鏃鋒,鴟納留影,封此鐵限,能無蛇足生涯惵惵耶?鴟(chī)納,僧衣。鐵限,鐵門檻。惵惵(dié dié),恐懼貌。山影居士扣關,手一扇,乃子一仿魯公筆也,爲之俯仰。時密之閉關于南京高座寺看竹軒。顏真卿,封魯郡開國公。山影居士曰:"頃從友人處苦索得之,以爲至寶。"或曰同一泡影,有何鴻毛泰山之見?然魯公之筆,子一能仿之,今又有寶之者。山谷、冷齋,每稱忠義日月之氣,筆間挾之,千古不滅,未可執空亡一掃也。

書司空圖詩後

表聖曰:"醯止于酸,䴥止于鹹。花之味,人知其在酸鹹之外。"司空圖字表聖,別號耐辱居士,晚唐詩人,著有《二十四詩品》。東坡以二十四韻,三復而悲之。蘇軾《書黃子思詩集後》:"唐末司空圖,崎嶇兵亂之間,而詩文高雅,猶有承平之遺風。其論詩曰:'梅止於酸,鹽止於鹹,飲食不可無鹽梅,而其美常在鹹酸之外。'蓋自列其詩之有得於文字之表者二十四韻,恨當時不識其妙,予三復其言而悲之。"余觀其自列"人家寒食月,花影午時天"、"川明虹照雨,樹密鳥衝人"、"驊騮思故第,鸚鵡失佳人"、"松日明金像,苔龕響木魚"、"孤螢出荒池,落葉穿破屋"、"客窗當意愜,花發遇歌成"、"逃難人多分隙地,放生鹿大出寒林"、"得劍乍如添健僕,亡書久似憶良朋",未易如東坡所稱之"棋聲花院閉,幡影石壇高"也。久而不浮,遠而不盡,其有之。《自鳴集》所云"撐霆裂月,劫作者之肝脾",殊未相比。司空圖《與王駕評詩》云:"吾適又自編《一鳴集》,且云撐霆裂月,劫作者之肝脾。"余特以禎貽濯纓,獨重于王官谷中耳。《舊唐書·司空圖傳》:"圖有先人別墅,在中條山之王官谷,泉石林亭,頗稱幽棲之趣。自考槃高臥,日與名僧高士游詠其中。晚年爲文,尤事放達。嘗擬白居易醉吟傳,爲《休休亭記》曰:司空氏禎貽溪之休休亭,本名濯纓亭,爲陝軍所焚。天復癸亥歲,復葺於壞垣之中,乃更名曰休休。休休也,美也,既休而具美存焉。蓋量其才，一宜休。揣其分，二宜休。耄且聵，三宜休。又少而惰，長而率，老而迂，是三者皆非濟時之用，又宜休也。"耐辱居士，休休莫莫，衝口遣放，徒執鹹酸論詩者，烏足以知之？司空圖《耐辱居士歌》："咄咄，休休休，莫莫莫。伎倆雖多性靈惡，賴是長教閒處着。休休休，莫莫莫。一局棋，一爐藥。天意時情可料度，白日偏催快活人。黃金難買堪騎鶴，若曰爾何能，答云耐辱莫。"

跋楊周二公所書詩後

忽覽捷公獨藏二公筆跡，不覺倉兄。倉兄，通"倉況"。《詩·小雅·桑柔》："不殄心憂，倉況填兮。"憶余交仲馭以辛未，在鳩茲。周鑣字仲馭，金壇人，崇禎元年（公元 1628 年）進士，官至禮部儀制司員外郎。弘光時，爲馬士英、阮大鋮所殺。辛未，崇禎四年（公元 1631 年）。鳩茲，今安徽蕪湖。識楊公當戊寅，曾八分"智者"二字見贈。楊廷麟字機部，清江人，崇禎四年進士，唐王時任兵部尚書，死于江西虔州。戊寅，崇禎十一年（公元 1638 年）。轉盼矜茫，蒼天草草。《方言》："茫矜，奄遽也。"金壇爲弘光巨憝冤死，清江以天興督師，與萬吉人、郭雲機、姚有僕、龔建木、黎美周同殉虔州。萬元吉字吉人，郭維經字雲機，姚奇胤字有僕，龔棻字建木，黎遂球字美周。觀其"忠信魚鼈，日月弓影"之句，慨嘆堙怨，使人蕭條。生死之間，悲歌者固已早自必矣。清江詩與漳浦同調，而蒽蒨流利過之。黃道周，福建漳浦人。蒽蒨（qiàn），華美。書法逼元常，稿行稍變。鍾繇字元常，三國魏書法家。金壇晚家茅麓，邀朗三、眉生，砥礪攻苦，肆志風雅。是其筆跡，不必以人傳，而今正以其人傳。予又嘆世士好藏名公巨卿書者數數，而捷公獨藏二公之二詩，此尤當爲天地珍惜以傳者乎！後之覽者，豈無感焦隱，懷魯生，灑酒而傳吾黨者哉？焦先，漢魏之際隱士，《高士傳》有傳。由白馬之苦苦言之，夕則可矣，悲不必無。

書周苦蟲卷後

周貞姜歸依赤壁以讀書，杜西之作長語送之，愚但寫其"歷歷黃州對樊口"而已。少時寄惠連云："江山新落葉，風俗舊悲秋。"梅之煓字惠連，麻城人，出家後號槁木。今再舉此，以問赤壁讀書人，有書可讀，正不必作新舊想。

書遺教經後

真西山見楊大年所書《遺教經》，嘆下學上達之不可易。真德秀號西山，南宋理學家。楊億字大年，北宋文學家。《遺教經》，又名《佛垂般涅槃略說教誡經》，乃佛入滅前之教誡。真西山之嘆，參見《西山文集》卷三十五《楊文公真筆遺教經》。新建曰："止有下學，即是上達。"夫上下原不相離，特以徇雕奇之情識，自蔽耳。一心六度，以戒爲基。世尊最後珍重，長劍倚天。東坡所謂食鹿之美，加以易牙，猶是當日之味也。中道當當，即自性戒。自性戒又名本性戒，謂不待佛之制止，自性便可受持之戒。琉瓶獅乳，在選器煉器之爐鎚耳。三一老人曰："屋以築基最先，然屋之享用其基也，最後亦此基也。"五教分時，膠鼓矣。天台智者大師，以時間先后，判釋尊所說法爲華嚴時、阿含時、方等時、般若時、法華涅槃時。超而上之，掃而執之，詎非膠乎？三番山水，畢此雙樹。"娑羅雙樹"之省稱，佛入滅處。此一最後，萬古之最後矣。覆船笠公，囑書此經。以覆船爲木叉，最後即是先着，誰是一心奉此經者？嶄新條令，恢復舊基。覆船駕船，不妨求劍。

題嚴相國家藏坡書

李端叔謂東坡研墨如糊，握筆近下，而行甚遲，然未嘗停緩,逡巡盈紙。李之儀字端叔,北宋滄州人。元祐中爲樞密院編修官,自號姑溪居士,有《姑溪集》。王履道謂坡不在驥奔猊決,獨取其絡繹蕭疏。往見王性之所藏東坡五帖,似徐季海、李泰和。徐浩字季海,李邕字泰和,皆唐代書法家。今觀常熟養齋公所跋御賜坡帖《呂夢得八十三歲讀書篇》《與柳子玉寶覺師會金山作》,神致蒼逸,真乃遲緩絡繹,行乎不得不行者乎!嚴訥字敏卿,號養齋,嘉靖二十年(公元1541年)進士,歷官太常少卿、禮部尚書、武英殿大學士等,死諡文靖。施愚山一日載向芝亭展玩,滿座軒舞,因識於此,猶徒執宋縑細密,燃之以辨真乎?瑣瑣矣。王士禎《池北偶記》卷十七"記觀施愚山書畫"條:"辛亥秋,偶觀施愚山閨章所携書畫,東坡書二通,其一《與柳子玉寶覺師會金山詩》,又其一云《呂夢得承事年八十三,讀書作詩,手不廢卷,室如懸磬,但貯古今書帖而已,作詩示慈雲老師》,後有常熟嚴文靖公訥跋。"

跋樂毅論帖

李陽冰與李嗣真書云:"右軍《樂毅論》,有忠臣烈士之象。"李陽冰字少溫,李白從叔,唐代書法家。或謂《黃庭》圓、《蘭亭》逸、《曹娥》區、《樂毅論》方,歐、顏皆從此出。是蓋質論其狀,勿膠柱也。神于踐形,則頰毛即神矣,詎曰謹毛而廢之哉?山谷謂《樂毅論》王著所書,未免小僧縛律,此急于展其別致而借以凌轢耳。王著字知微,北宋書法家。黃庭堅《跋常山公書》云:"近世士大夫書,富有古人法度,唯宋宣獻公耳。如前翰林侍書王著書《樂毅論》,及周興嗣《千字》,筆法圓勁,幾似徐會稽,然病在無韻。如宣獻公能用徐季海策,暮年擺落右軍父子規摹,自成一家,當無遺恨矣。"李端叔曰:"高紳爲湖北轉運使,道中聞砧聲清遠,因得《樂毅論》于其覆。梁摹唐摹,勿論也。"愚者忽見胡耽一本,頗自流逸,因嘆曰:手與法化,隨意具足,風韻勃然。砍陣藏鋒,詎可作二觀乎?黃庭堅曰:"楷書快馬砍陣,草書左規右矩。"古人各以其所至者臨之,方圓固同時也。米南宮曰:"行書十行,不敵楷書一行。"米芾曾任禮部員外郎,故世稱米南宮。然米終帶行狎。賀方回曰:"坐乃立,立乃走。"賀鑄字方回,北宋詩人。宋無楷書,不若就其摹晉楷者,與之爲緣。臨楷舍己,所以煉己。敬學即此,泯心即此。手舞足蹈,未嘗廢坐立也。書固由己,豈由人哉?

書合璧端友集後[霞舟諱鍾巒]

愚讀晦山"明白乾淨"之語,始知錫山吳公之以火光衝天也。吳鍾巒號霞舟,武進人,崇禎七年(公元1634年)進士。魯王監國時,官禮部尚書。清兵至,乃種薪自焚而死。死前有云:"吾友李仲達死奄禍,吾尚爲諸生,不得請死。吾友馬君常死國難,吾爲遠臣,不得從死。閩事之壞,吾已辭行在,不得驟死。吾老矣,不及此時此土死得明白乾淨,即一旦疾病死,何以謝吾友、見先帝于地下哉?"事具《明儒學案》卷六十一。嗣君公及見訪,出示《合璧端友集》,囑以一言。所謂合璧者,友山公畢遜國之法位,霞舟公畢島上之法位。鍾巒先人吳肇,建文帝大臣,靖難後歸隱不仕。所謂端友者,李忠毅致命于二十五年之前,霞舟公與錢希聲致命于二十五年之後。李應升字仲達,萬曆四十四年(公元1616年)進士,官御史,爲閹黨誣陷,死于獄中,崇禎初賜謚忠毅。錢肅樂字希聲,崇禎十年(公元1637年)進士,魯王監國時任東閣大學士,死于舟中。祖孫師友,偕時遂志,日星爲光,天地間之固然合符如此明白乾淨,猶不信哉?已書一幅留螺山與公及,而南浦復遇其兄野翁,舉及蓮花法位,爲《易》包決,自事其心,哀樂不易,惟望信此固然之符,即已萬世造命矣。儻然相對久之,伸紙索書,故識其後。

題朱夐軒陶燎說

夐軒所居昭山之麓,小軒回翔,庭種蘭芷,一窗燎然,屬余题之。余题曰"陶燎",问其所自,余曰:"王褒《九怀》,有陶壅株昭之训曰:'乘虹骖蜺,步骡桂林。意晓阳兮燎痹,皇门开兮照下土,株秽除兮兰芷覩。'可以藏身,雖壅可也。"

跋施教臣藏潁井蘭亭本[施逢覲法號五中]

陸友仁見《蘭亭》十一本,陶九成所裝百十七刻,悅生閣藏《蘭亭》八百匣,今傳幾何耶?陸友字友仁,元代書畫家,著有《研北雜志》《墨史》等。陶宗儀字九成,元代史學家,著有《輟耕錄》等。此則萬曆中潁井夜光本,或以爲褚河南摹,董宗伯定爲米襄陽,近之。褚遂良,受封河南縣公。董其昌,官至南禮部尚書。米芾,襄陽人。施教臣出世,無所不捨,獨此帖猶在枕中。噫,天下之物,豈有常存之理?精人而神化,則有水火不能燒者。首楞嚴,譯曰一切事究竟堅固。死生亦大矣,豈不痛哉!後之覽者,亦將有感于斯文。古有語曰:"看破已矣,用免則那。"愚者曰:"痛。"

題東坡狂草醉翁記

東坡狂草《醉翁記》,乃元祐六年在潁爲劉季孫書,趙子固珍藏,趙松雪、宋昌裔、沈石田、吳匏庵皆有題跋。趙孟堅字子固,南宋畫家。趙孟頫號松雪,元代畫家。宋廣字昌裔,明初書法家。沈周字啓南,號石田,明代畫家。吳寬字原博,號匏庵,明代書法家。高新鄭亦云,徐穎南以豆易之泥塗者也。高拱,新鄭人。劍州吼雲超然遺世,而懷此以游,其延津之舊傳耶?其泥塗而珍藏耶?愚者反覆觀之,由方藏圓,乃知方圓同時。坡公自云綿裹鐵,山谷最賞其沉著。此幅脫剛稜與圓熟,真、行、草相間,別有奇逸。老而見之,真可長一倍矣。彼不知郎官壁楷,悟顛逸之法,而毀方貌圓者,吾豈許之?嗟乎,古今一致,竭才候足,其神自傳,不必問爲紹興方氏所藏、白麟所摹也。陳繼儒《書畫史》："東坡草書《醉翁亭記》，學懷素，舊有石拓。余始疑其僞，後見《濯纓亭筆記》，言紹興方氏藏此真蹟，爲士人白麟摹寫，贗本甚衆，往往得厚值。"摹而神，即其悟後之火候矣。苟悟其真不磨者，隨寓以游焉可也。忽泥塗，忽珍藏，何驚之有？

書遣筆卷

一曰此心休之則深，鼓琴聽泉，正是入寂樂定。一曰此心用之愈出，讀書窮理，當作無厭足王。祇如陶貞白之層樓松風，別錄《本草》；葛稚川之披榛排草，著《抱朴子》；沈雲禎八十，手寫細字滿篋，休耶用耶？陸放翁《入蜀記》，有酷好者。夫無意爲文，文之至也。狀物，適狀其物而止。敘事，適敘其事而止。不增不減，自爾錯落。然是通神明，類萬物，古今稱謂，信筆淋漓，乃能物如物，事如事，而成至文耳。迷賾動、惡賾動者，固陋簧鼓，詎受紿乎？張元長曰："蘇東坡父子爲文，純是遣放，非有意于爲文，所以可傳。"張大復字元長，昆山人，明代戲曲家，有《梅花草堂集》。此于刻意剽剝，獵祭納被者，泂竿頭妙藥矣。獵祭，比喻羅列典故、堆砌成文。以袞冕爲桎梏，而甘心鬼魅也，寧許之哉？

跋藏真自敘帖

紹興曾公卷跋藏真《自敘》三本，一在蜀，黃山谷以魚牋臨之；一在馮當世家，歸上方；一在蘇子美家。曾紆字公卷，號空青先生，曾鞏從子，北宋書法家。懷素字藏真，俗姓錢，唐代書僧，擅草書，與張旭齊名，《自敘帖》乃其代表作。上方，內府。蘇舜欽，字子美。元祐間，蘇泌攜至東都，與米元章觀于天清寺，蘇黃門、蔣穎叔皆有題，歸呂辨老。蘇泌，舜欽子。蘇轍，官至門下侍郎。蔣之奇，字穎叔。黃長睿云在唐通叟家，亦南唐所蓄者。《寶章待訪錄》言："泌父補六行，題跋淪亡者多。"《寶章待訪錄》，米芾撰。李西涯公見之徐謙齋處。李東陽字賓之，號西涯，明英宗天順八年（公元1464年）進士，官至內閣大學士。嘉禾項氏購得分宜本，即陸完所收。嘉靖壬辰，文徵仲令章簡甫刻入《停雲》矣。章文字簡甫，工鐫刻。愚者反復觀其所拓，忽大忽小，間多不屬。所遲疑者，寄傲養性之士，不覊之致儼然，何乃自敘諸公贊句以示夸耶？殆後之好事者擬爲之乎？可以六行，亦可以十半矣。黃山谷曰："張旭《千文》，蘇才翁所爲。"才翁舜元，即子美舜欽之兄。金玉皆精此技，一時游劇有之矣。愈久而虛者愈實，藏者示客，客誰肯如劉蛻之直出葵丘哉？《太平廣記》卷一百七十二：裴休尚古好奇，得古器曰盎，款識有"齊桓公會于葵丘歲鑄"九字。其門弟子劉蛻以葵丘之役實在生前，不得以諡稱，此乃近世矯作也。裴公恍然而悟，命擊碎之。已而嘆曰：禿筆成塚，夏雲隨風。一生如此本以寓其別致，而後世之寓者復寓之。要亦當時承蜩弄丸之凝神，所流傳，不可昧滅也。

題倪文正公芝石圖

韓修武橫空盤硬，乾坤雷硠，劉屏山謂宋人目爲雷太使舞。劉子翬字彥沖，南宋理學家，人稱屏山先生。蘇長公沉著痛快，筆不停綴，李端叔謂其將錯就錯。李之儀《姑溪居士集》前集卷十七："東坡不善飲奕，一小杯則竟醉睡。或鼾，亦未嘗放筆。既覺，讀其所屬詞，有應東而西者，必曰錯也。但更易數字，因其西而終之，初不辨其當如是也。"忽瞻倪文正公《芝石圖》，磊砢渾沸，樂噓蒸成，不容一草一木，想見解衣般礴，其沉雄爲何如哉？《莊子・田子方》："宋元君將畫圖，眾史皆至，受揖而立，舐筆和墨，在外者半。有一史後至者，儃儃然不趨，受揖不立，因之舍。公使人視之，則解衣般礴，臝。君曰：可矣，是真畫者也。"達人游戲,寓意甚遠,目爲雷大使舞、將錯就錯,彼不辭也。先生一生詩文書法,亦絶不肯雷同面目,又非絳園碑、樗寮帖所可比例。張即之字温夫,號樗寮,宋代書法家。嗟乎,世盡皮相耳。亞夫與小孤遇,一片比干崔嵬。東坡以石易畫,遂引鵬蚿捧腹。今以配此,有笑者乎?杜陵似子長,大令似莊周,不遇出格人,笑何怪焉?王獻之,官至中書令。望子遠携至此,此已出格矣,秋山晴窗,安能忍俊?方熊字望子。

題季子畫與表弟

趙子固蘭竹悟禪者也,表弟皇甫子昌[表]得其法。天台董中齋[楷]舉李伯時表弟喬仲親授筆法,遂入能品。子昌勉之!趙君澤[孟溁]舉山谷題宗室大年畫曰:"大年學東坡竹石,年少故柔,老自十倍,當入神品。"子昌勉之!阮季子,吾鄉之彝齋也,于叢穢中而畫梅竹之致,于梅竹中而暢風雨之神,青出於藍,禪耶畫耶?子欲得解脱三昧,可從此入。

墨歷爲雨樓畫雨

"少年聽雨歌樓上,銀燭昏羅帳。銀,《竹山詞》作"紅"。壯年聽雨客舟中,天闊雲低,斷雁叫西風。天,《竹山詞》作"江"。而今聽雨僧廬下,鬢已星星也。悲歡離合總無情,一任空階點滴到天明。"此蔣竹山題王叔明《聽雨樓圖》一闋《虞美人》,偶爾寫雨,借題其上,雨樓居士猶分别此三聽否?蔣捷號竹山,宋元之際詞人。王蒙,字叔明。毋乃爲境轉耶?直饒不被境轉,依然不知雨點。

題沈啓南虎圖

乳虎最怒,厲歸真圖之,妙有生意。《宣和畫譜》卷十四:"道士厲歸真,莫知其鄉里,善畫牛虎,兼工竹雀鷙禽。雖號道士,而無道家服飾,唯衣布徜徉閭閻,視酒壚旗亭如家而歸焉。"昔稱顧虎,惟趙邈齪一人,謂其形似而有氣韻也。《宣和畫譜》卷十四:"趙邈齪,亡其名,樸野不事修飾,故人以邈齪稱,不知何許人也。善畫虎,不惟得其形似,而氣韻俱妙。"此圖風草披靡,正狀其一笑生風之意耳。眉公不以爲武,必歌斑斑嚙人之詩,寫其攫殺,使倀爲之前行耶?石田長歌樸老,而匏庵結韻有致,雖伏虎者故自不妨色變,謂之侍者警人可也。客詠遺山曰:"千年虎豹守天門,一日牛羊臥秋草。"警在何處?

爲了庵作畫

三十年前,鄭超宗告我以千里之訣,曰法熟自化。魏子一告我以臣虎之訣,曰有幹有埃。楊龍友告我曰,莫妙于鬆。愚者曰:面前具足,各冥應其性而已矣。將謂子久縱橫,責以房山《鷗波》、李伯時《瀟湘圖》,尚乏蒼莽,彼受之否?董其昌《畫禪室隨筆》卷二:"吴仲圭大有神氣,黃子久(黃公望)特妙風格,王叔明奄有前規,而三家皆有縱橫習氣。獨雲林古淡天然,米癡後一人而已。"又曰:"余嘗見勝國時,推房山(高克恭)《鷗波》,居四家之右。而吴興每遇房山畫,輒題品作勝語,若讓伏不置者。顧近代賞鑒家或不謂然,此由未見高尚書真跡耳。今年六月在吴門,得其巨軸,雲煙變滅,神氣生動,果非子久、山樵(王蒙)所能夢見。"是亦太白所云枕席烟霞之雙奪乎?李白《夢游天姥吟留別》:"忽魂悸以魄動,怳驚起而長嗟。惟覺時之枕席,失向來之煙霞。世間行樂亦如此,古來萬事東流水。"了庵于此盤辟已久,應不以愚者之指,同聱軒也。王岱字山長,號了庵,湘潭人,工書畫。聱軒(lí qián),漢時西域國名,一説即大秦。《漢書》稱西域諸國曾獻犛軒眩人于漢。此處似用作故弄玄虛之意。

題畫寄龔湖 姚文燮字龔湖,桐城人,順治十八年(公元1661年)進士。

不可以有心求,不可以無心合,不可以言語造,不可以寂然通。如參禪人將金剛王劍,一截截斷四路,使計較中無商量,在得失中出生死,方得暢快,領其天然。或曰:背水之鹺,易幟之奇,孰先孰後? 愚者曰:猶不信承蜩弄丸之頓漸同時耶? 退穎五簏,手乃能與法忘。《蘭亭記》云:"(智)永常居永欣寺閣上臨書,所退筆頭,置之於大竹簏,簏受一石餘,而五簏皆滿,凡三十年。"悟成竹於胸中,揮洒始真自在。此幅面壁,便請同參。

題徐伯調松柏圖

《人間世》匠石,診櫟社樹,終其天年矣。《德充符》又曰:"受命於天,惟松柏獨也在。"請問松柏之樹,不可以窮年耶?《外物》曰:"春雨日時,草木怒生。銚鎒於是乎始修,草木之到植者過半而不知其然。"將謂誰在誰不在耶? 直饒《山木》篇,處於材不材之間,亦未夢見在。別峰愚者曰:松耶柏耶? 誰與汝安名? 拈作一莖草,不怕懸崖傾。

岱 [名山臥游圖]

倪文正詩:"一望白難分馬練,千年青不了龜蒙。"登泰山小天下,何必泰山之内登泰山乎? 東方白光,先讓日觀,此孔、顏讀書開眼處。吳門匹練,是第一寫生手。《太平御覽》卷八百一十八引《韓詩外傳》:"孔子、顏淵登魯東山,望吳昌門,淵曰:見一匹練,前有生藍。子曰:白馬蘆芻也。"相傳描邈,蹉過者多。可惜嬴家官松刻碑,遂鑿壞其面目。官松,指秦始皇登泰山遇雨,避于松下,封爲五大夫松事。金泥玉簡,轉引紛紛,何暇怪富媼爲元君,磨前碣而刊新銜耶？泰山俗矣,即從名山例斷,三天門亦無奇也。別有嵁巖隱洞,在幽仄中,游者急完一題目爾。或曰:此幅漫漫,非急完一題目乎？曰:爭奈白難分,青不了。

華

子雲曰:"太華爲旅。"語出揚雄《羽獵賦》。田駢、慎到作華山之冠以自表,文太清證爲魯司寇冠。《莊子·天下》篇稱"作華山之冠以自表"者爲宋鈃、尹文,此處當屬密之誤記。三面削成,中爲南峰,東爲玉女洗頭盆,西爲蓮花峰。游者從青柯坪,挽鐵索上千尺幢。上此,即具希夷之蛻骨,何煩王涯、王履辨掌跡哉？王涯字廣津,唐朝宰相,著有《太華仙掌辨》。王履,明初名醫兼畫家,晚登華山,作《宿玉女峰記》,對王涯之説有所辯證。于鱗記曰:"雷中穿受不滿足,穿受手如決吻。峽中之纑垂,罅中之纑倚,皆自汲也。足已茹,則齧膝也。足已吐,是以趾任身也。人上出如出井。朱白民再游,始嘆其狀非親至也,耳食烏能知之？吾初以鋭心上而不知險,既以忘心下而忘其險,夫亦有善載其腐肉朽骨者乎？"李攀龍字于鱗,"後七子"之一,著有《太華山記》。愚者曰:如是二心,先心難。寧可退之驚哭,遣信告絶,不負親至一回,未可以杜陵遙望題詩爲風流好事得便宜也。

嵩

華如立,嵩如卧,得之矣。盧鴻乙巖,放瀑鏗鏘。石淙峽澗,碧峭幽菁。此中嶽之二勝也,天下乃以少室、五乳奇之。西來斷一臂,歸一履,奪中華之中而踞之。斷一臂,慧可。歸一履,達摩。中華志林濟濟,多半爲石壁所困,而峰頂亦不能造,丘壑亦不能游也,奇哉!一庵欲送達磨上學,比之薛正言所記爲奇。泰州王棟號一庵,爲王艮從弟,未知所指是否此人。杖人有藥,毒殺達磨,更奇。愚者曰:平。

衡

衡八百里,首回雁,尾岳麓,大矣而無瓌異,故圖畫不能艷傳。傳以岣嶁碑艷,繼以一懶二宗艷。岣嶁(gǒu lǒu)碑,刻于衡山之岣嶁峰,相傳爲大禹所作。一懶,指懶殘和尚。二宗,指由懷讓門下所開出的臨濟、潙仰二宗。顧璘言韓愈開雲、朱張霽雪二事,最堪圖畫。嘉靖《衡嶽志》載,韓愈謫潮州,過衡山,默禱嶽神,雲遂爲開。另:宋孝宗乾道三年(公元1167年)冬,朱子與張栻同游南嶽,來時陰雲四合,天雪紛集。朱子賦詩曰:"急須乘霽色,何必散銀杯。"張栻亦曰:"夜半起視,明星爛然。"比曉,果然日出天晴。或疑之,何不疑何子一之《岣嶁碑》耶?《通雅》卷三十一:"岣嶁碑在南嶽,宋嘉定何子一得觀,摹刻嶽麓書院。"檗庵曰:"泉石不能如雁蕩、匡廬,而峰峽旋雲,祝融日觀,果是二絕。"熊開元號檗庵。友夏曰:"山雲出入艱難際,莫使關門此念深。"望衡九面,殆所謂雲中君乎!吾知游山者,必疑而不信也。游山若一無所疑,亦不免爲芋頭咽殺,磚頭踏殺,石頭滑殺。芋頭咽殺,典出《太平廣記》卷九十六:"懶殘者,唐天寶初衡嶽寺執役僧也。退食即收所餘而食,性懶而食殘,故號懶殘也。晝專一寺之工,夜止群牛之下,曾無倦色,已二十年矣。時鄴侯李泌寺中讀書,察懶殘所爲,曰非凡物也。時將去,中夜潛往謁,懶殘正撥牛糞火,出芋啗之,良久乃曰:'可以席地。'取所啗芋之半,以授李公,謂曰:'慎勿多言,領取十年宰相。'"磚頭踏殺,用懷讓磨磚成鏡典。石頭滑殺,參見《五燈會元》卷三:"鄧隱峰辭師(馬祖道一),師曰:'甚麼處去?'曰:'石頭去。'師曰:'石頭路滑。'曰:'竿木隨身,逢場作戲。'便去。纔到石頭,即繞禪牀一匝,振錫一聲,問:'是何宗旨?'石頭曰:'蒼天,蒼天。'峰無語,却回舉似師。師曰:'汝更去問,待他有答,汝便噓兩聲。'峰又去,依前問,石頭乃噓兩聲。峰又無語,回舉似師。師曰:'向汝道石頭路滑。'"

恒

崑崙三支入中國,北支在黄河北,起伯顏入塞,爲渾源太行,山東、山西以此分。恒山屬中山,其猶帳中坐乎？五行五帝,北方皆二,叶光紀廟祀在茲。龜蛇表玄武也,而説者謂此山似蛇盤龜然,且置勿論。獨憶其有護門之神草,當入此山求之。謝在杭嘗欲易置五嶽,以天壽爲北嶽,何不廣之爲五須彌,縮之爲王母囊之真形耶？謝肇淛字在杭,萬曆進士,著有《五雜俎》。且看此五墨點不安名字,亦能迷人,亦能指人。

龍眠

東西龍眠皆先壠,今日伯時不待盡畫矣。李公麟字伯時,號龍眠居士,北宋畫家,有《龍眠山莊圖》傳世。儼玉峽瀑流最壯,叔祖户部公取以爲號。方大鉉字君節,號玉峽。寥天一峰,即老父跨澗之游雲閣也。俱從境主廟入,左忠毅之三都館在焉。極半天嶺而北爲舒矣。固非一幅可寫,但指幽石清湍,即當歸夢耳。

皖天柱

海門江上,南望九華如掌,北望天柱如指,固雲中餐秀之一奇也。從皖口溯沙河入潛,爲三祖寺。上馬祖巖,幾四十里,乃憑巖而見一峰,挺立衝霄,即所謂皖公尖也。人不能到,愚故以淡筆染之。馬祖乃馬自然,名湘,鹽官人,非馬駒也。馬駒,指馬祖道一。擢秀閣,爲陳瑩中讀書處,在山西麓。南行爲山谷寺,游山懷古,因而記之。

九華

憶天啓丁卯隨老父、白安石師，雨中命駕，至五溪橋。橋北有臺，倚檻展眉，九峰如列疏指然，黛色娟潔，聳人襟懷，誠奇觀也。又三十里，登山落阿，如小村聚，金地藏禪師之塔在焉，訇然以爲印度之地藏而朝之。陽明王子坐處，土人亦好言之。東上舍身巖，所謂九子之一峰，峰圍數里。對面天柱峰，計抵之亦二十里。天臺朝陽洞，則四十里餘，故不顯其峻峭琳琅耳。九華可望不可登，此諺竟傳，誰能具濟勝，廢時日，而盡此山之奇者哉？周益公紀觀懸瀑，應在峽中，棘莽塞之。故仍寫五溪橋望之意，立馬于前而得之，何爲不可？

石門洞泉

青田石門洞，非洞也。舟入峽口，兩崖菁暗，潭渚深碧。篙刺里許，北面如闕，全河下傾。對岸沙擁，作亭觀之，瀑未有大于此者。壁上刻"天下第一泉"，謝靈運書。陳謙笑其咫尺而失雁蕩，何用伐山開道爲？陳謙字益之，溫州永嘉人，乾道八年（公元1172年）進士。古人亦從其興之所至而已。少從老父出長溪游此，聊記彷彿。

匡山三疊

朱子與楊伯起書曰："三疊新泉奇勝，此生無由至其下，當託黃商伯、陳和成輩以來。"則南宋始出也。老父庚午游匡廬，言三疊最勝，然必峽游，始盡其勝。壬辰同施尚白、周思皇游，游人皆從凌雲舍上嶺，據北崖松，望南崖之谷中，有瀑布三疊如練，相去二里許，以上睨下，何能暢然？已過石脊、一綫天、綠潭，卧九雲屏借廬，求老僧爲開九疊谷之路。越數日，自玉川門入，側身出洞，循澗行，是爲鐵壁峽。夃崩衝天，獅象蹲躍者百狀。龍潭激電，天爲之小。投距而過，見天門焉，是爲外龍潭。瀑五丈注之，其上有篆，蘇中識李夢陽名，此舊路也。沿北壁捫蘿二里，行奔雷中，忽見一疊。拾級獅子峰之傾巖，三疊出矣。銀河直瀉，冰霰淵騰，全身雪窖，寒濯其骨，豈復有人間世耶？是可以得開闢之句否？坐金鰲石，許建一亭，因題之曰：不容下語。

雁蕩

沈括云：「祥符間建玉清宮，伐山取材，靈峰、靈巖乃見。」奇峭怪削，總不出永嘉陳謙一記。陳謙作有《雁山行記》。嘉定己巳，游至絶頂，得所謂雁蕩者，前人未之識也。懷素與律公書貫休有詩，則唐時已開矣。或已開復塞，至宋更開耶？李孝光稱石佛南溪散水崖，終不如大龍湫。李孝光字季和，號五峰，永嘉人。忘歸亭，真忘歸矣。向曾敘名山諸瀑，虛懸入潭，蓋無有勝此者也。從能仁寺五里沿澗，曲折而入，兩峽夾天，至則北東西三面連屏，合拱懸崖，如覆半幄然。剪刀峰一片石，卓起百尺，獨蔽其南。過剪刀峰背，乃見觀不足亭。亭踞危石，在潭之陽。下石磴，臨潭而轉其陰，爲忘歸亭。至此視之，所謂連屏拱幄，與剪刀峰齊。人立蒼壁之趺，如井窺天。瀑挂其幄之檐，仰面上睨，從空注潭。瀑之四圍，人可迤走。拍掌風起，瀑飛不見，少定復垂。裊娜變幻，或直霸，或旋烟。秋日正午射之，珠成五色。其注潭之縱橫分合，激波騰沸，聚則墜深而濆高，散則數十百練，擲黿而起，雪花成形，潭影正碧，不相亂也，非黃巖石梁倚壁者比矣。寧都集賢巖瀑亦虛懸，然自内視外，又無剪刀，不見潭波，韻不如也。浮山金谷巖内之滴珠巖，頗似之，高十餘丈，惜泉源小，雨後壯觀。石如大螺旋而成樓，樓頂破而人從天上傾瓶耳。

天台石梁

　　陳臥子以書道愚寓高明文心院，讀山志，盛稱天台之大，而壓雁蕩以爲小。步寺門之圓通洞，乃大鵝卵石而累之。石筍三丈附山，未離土也。惟石梁奇，斷橋次之。桃源南洞華頂，平平耳。後游雁蕩，參天怪削，目不暇瞬。因嘆世之大言，以抹掇物之真奇處，而掠虛雄尊者，皆此類矣。石梁從下方廣橋上觀，懸河二十丈，橫青玉以束之，即雁蕩亦無有，況它山乎？特爲貌出。

潛大龍山

　　潛邑大龍山，有瀑數十丈。泉所注處，下立圩頂石，激爲水輪，其徑三丈，亦奇觀也。近聞土人燒鑿其立石，放彼直流，爲之叫屈。

桂朔

　　中國山川之奇，無如桂林陽朔。柳子厚云："發地峭豎，林立四野，皆似劍鋩。"吳武陵《陽朔廳壁》，壯之甚悉。韓退之碧玉篸，殆憶之也。山谷云："桂嶺環城如雁蕩。"得之矣。范驂鸞以爲平地屹然特立，森列無際，其怪且多如此，誠當爲天下第一。范成大字致能，號石湖，南宋詩人，著有《驂鸞錄》。愚和稼軒相國云："恨無奇字說青山。"更寫長篇，徒作狡獪耳。嘗畫近峰巖洞，便從沙足上層染遠峰，略取其意。必欲相肖，須呼李成、郭熙乃可。

寧都金精諸峰

梅川有金精十二峰,蓋在縣治之北。其山皆石骨,拔地百丈,不沾寸土,大似武夷,但少九曲泛舟耳。峰名十二,其實數百,南北十五里,東西且四十里。林確齋、彭樹廬、魏、丘、曾、彭諸公,皆家其上,雲中雞犬,峰頂相呼。愚者有記記之,茲圖其概。

峨眉天門

"七重露地此門中,不斷烟雲染太空。翹首諸天憑素柱,浸人雙眼是青葱。臺邊偶點蓮花色,屏際常吹井絡風。劈盡鬼工携不去,卻將布袋拾鴻濛。"此老父峨眉詩也。由峨眉縣至銅鐵殿,且二百里。入夏餘雪,晴日西見雪山,亦其連嶂耳。范仲闇云:"其陰通懸度,出松潘,絶壑古洞,幽糾難窮,《志》亦莫載也。"范文光,字仲闇,四川内江舉人,國變後出家爲僧。故就天門一詩寫其概云。

浮渡野同巖

名山巖洞,如金華、七星、書林、將樂,皆行地中以炬游。即齊山之洞不炬,而亦下行。惟桐之浮渡山,洞最多而連蜷平步,人植門窗居之。所惜金谷滴珠之瀑冬乾,三面湖水,冬亦放耳。先祖卜築此藏軒以授老父,乙丑使蜀回,筮得同人于野,題野同巖于海島前,蓋取其面南也。老父曾夢邵子于此種松,故又書行窩焉。先母葬山之北,久許此藏,且作伯時之顧瞻云爾。

太姥山

　　山石犖犖，大至數十百丈。九鯉一線，皆在山顛。山踞海澨，摩霄峰最高，觀日爲快。澨（shì），水涯。無雲之曉，先碧後紅，其紅彌天，千里之島如繞髮然。蓋水光蕩漾，映其出没，故倏忽而成此奇狀也。

釣臺

　　愚者兩上釣臺拜嚴先生祠，方玄英、謝皋羽旁立主焉。方干字雄飛，唐末人，進士不第，遂隱于鏡湖上，門人謐玄英先生。謝翱字皋羽，宋遺民。兩釣臺峭踞江岸，對面之洲即蘆茨原、如意碎矣。沈仲連彙從來釣臺詩，屬我作圖，慘澹三日，乃揮立幅與之。今欲潢名山冊，縮爲五寸，亦景定詩人之一絲在也。

武夷

　　峭石骨立數十百丈，則陽朔、雁蕩、金精、黄山、武夷，一類也。獨武夷有九曲溪，可以擊櫂，比離江耳。仁智堂負大隱屏，而展縟以當五曲，故爲帳中。"重洗仙顔"，老父庚申題于雲路，蓋識之也。天游一覽亭，即在仙掌之上。船板槎枒，不得不請營丘伸手矣。

黄澥

　　桂次白云，黄山總爲一石。植林起堵，分南北海，强名之耳。沈耕巖、施尚白、梅耦長、邵漆夫，皆有此約，不知夢何時圓？沈壽民號耕巖，施閏章字尚白，梅庚字耦長，邵晁字漆夫。獨聞石筍岡鳳翅松，故略寫其危翔之意。

石鐘山

　　崇禎庚午，老父同張席之先生聯句于此，金綠堤刻之。張瑋字席之，金文光號綠堤。風濤湏洞，以崑崙爲殷牀矣。殷牀，同"隱床"，臥榻。小孤危，砥北浪，更爲噌吰。噌吰（cēng hóng），聲如鐘鼓。泰之狼山，具區包山，東北風起浪數十丈，雄哉！當以郭忠恕浙潮之法寫之。郭忠恕字恕先，洛陽人，五代末畫家。

采石

　　樅陽下金陵，必泊采石。愚仲妹適曹梁父，中頓在此。牛渚月下，與謫仙樓盤桓熟矣。略命大癡，皴起石壁，更爲之淡抹蛾眉。

雨花北望

　　雨花一望，城闕參差，塔樹影略。江光一帶，自左竟天。神烈歸然，獨當其北，相去且三十里。松濤草色，幸不辨耳。六朝雲入夕陽殘，許用晦、虞伯生，不須重詠。許渾字用晦，晚唐詩人。虞集字伯生，號道園，元朝人，官至翰林直學士兼國子祭酒。

武功圖坪新瀑

　　武功山在袁、吉之交，圍八百里。朝葛仙者，秋必禱焉，直上箕峰鶴頂，人遂以爲上皐。愚者同吳山舫屬西葯率衆開圖坪之瀑數十丈，不亞黃巖也。其州厓下之黑潭，亦有奇瀑，以囑謹山，故爲之圖。

九漈

老念賡之本師,因擔簽往寓東山石宬。走六十里,至湖宮。所云丹竈、雷轟、漂紗、大小珠簾、玉柱、石門、棋盤、響巖、將軍,皆溪溜峽石之漈而變狀者也。惜不從下沿溪上,而從嶺上墮而游之。丹竈者,溪石成片里許,列孔如星,而水漫其上,故創一法以寫之如此。

三峽

三峽瞿塘,愚少隨老父布帆船六櫓下,猶記其影。此中嘉陵合涪而下夔巴,蠹壁險碏,古蹟麟次。杜陵諸詩,放翁《入蜀記》,皆可想見之。因以荊浩然存其意。荊浩字浩然。

連雲棧

唐宋類以棧道畫雪。自寶雞十五里益門入棧,至漢中寧羌州出棧,共八百里,號連雲棧。今車馬在谷中行,無棧閣矣。人力開闢,後過于前,豈獨此耶?然而峻嶺危坑,崎嶇鳥道,爲客之險,萬古不易。杜陵所歷,猶在眼中,孰謂此幅不足怵人?盤嶺雪枝,復藏古寺,如此艱難,亦未見行人斷絕也。噫!

洞庭君山

浩然之撼,杜陵之浮,何如太白之剗耶?孟浩然《湖上作》:"八月湖水平,含虛混太清。氣蒸雲夢澤,波撼岳陽城。欲濟無舟楫,端居恥聖明。坐觀垂釣者,空有羨魚情。"杜甫《登岳陽樓》:"昔聞洞庭水,今上岳陽樓。吳楚東南坼,乾坤日夜浮。親朋無一字,老病有孤舟。戎馬關山北,憑軒涕泗流。"李白《陪侍郎叔游洞庭醉後》:"剗卻君山好,平鋪湘水流。巴陵無限酒,醉殺洞庭秋。"愚者嘗作詞曰："竟把青天,埋在秋風浪裏。渺渺愁予,斑斑幾點而已。"

觀潮

赭、龕二山所束,故錢塘潮頭可觀。古稱廣陵曲江,如素車白馬,今杳然矣。錢塘且笑凍死潮,又何怪焉?《物理小識》卷二引楊穆《西墅雜記》云:錢塘江潮,自嘉靖甲午(公元 1534 年)以來,非惟不能過夷亭,或且旬日不至,時人謂之凍死潮。不必月推,不必脈喻,吾且遣趙千里作弄潮兒,以消鎮海樓之一晌。趙伯駒字千里,南宋畫家。

具區

王叔明《林泉讀書圖》,自題曰："蓬窗曉對洞庭山,七十二峰青似玉。"王蒙字叔明,元代畫家。叔明本錫人,別業在夫山,故常舉其所見耳。縹渺莫釐,夾消夏灣,樹石村居,重寫龐集,則太湖之波光不顯。故且以包山踞石,略藏一角,却渲淡筆,點湖中諸小峰,則蓬窗青玉儼然矣。

徑山

雙徑原無奇,惟倩房山點子,放白雲層層託之,故自顯其幽勝。高克恭號房山,元代畫家。情知山有毒龍,要不敢作怪,來欺吾筆端也。

赤壁

顧起元曰："楚赤壁五,漢陽、漢川、黃州、江夏、嘉魚。惟烏林對岸,疊山見崖上赤壁字,此燒曹處也。"顧起元字鄰初,南京人,萬曆二十六年(公元 1598 年)進士,官至吏部左侍郎。謝枋得字君直,號疊山,南宋抗元英雄。黃州赤壁,是坡所游,董宗伯欲以雲間赤壁敵之。圖赤壁者,無奈東坡耳,坡又奈其賦何?

武岡洞口

洞口在都梁之西,瀕江所出。愚者以丁亥從沅天雷被左苗,轉靖清水郎江,後過洪江,至洞口。兩石峭立如門,飛橋渡之。時館蕭有斐家,與姚以式泛舟作詩,葦緣秋社,易貢題壁,蓋時自稱為易貢云。

二姑

麻姑雙飛練,似廬山馬尾而短。特以魯公一帖,令人懷鳥爪耳。靈峰石户,似玉川門。麻源幽邃,則其北谷也。從姑緣此相呼,羅明德十區玉立附之。羅汝芳字惟德,號近溪,泰州學派代表,門人私諡明德。裂罅跨橋,仿佛虎嘯之頂。猶不信蓬萊水淺,期種桑田耶?因仿黃鶴樵,戲作鳥爪法,長卷寫之。

牒水巖

馮時可云貴州牒水巖瀑,天下第一,以其闊數丈也。馮時可字敏卿,號元成,華亭人,隆慶五年(公元1571年)進士,官至湖廣布政使參政。又有天生橋,橫二丈,長二十丈,因以一幅連之。或云兩者未必接壤,愚者曰:太白引"壁遺鎬池君,秦人去桃源"爲一事,便留此紙,以爲仙都,可乎?

點蒼

大理點蒼山,下匯西洱黑水。石關入都,寺塔星列。升庵所記,即以爲雞足山。愚雖未得至,然方壺蓬萊,猶傳水淺,冀幸一游,存此乘雲而觀之,未必不可以謝抵鵲也。抵鵲乃"抵烏鵲"之省稱,不值錢也。《鹽鐵論‧崇禮》:"南越以孔雀珥門戶,崑山之旁以玉璞抵烏鵲。"

岣岣崖

岣岣崖爲天壽右護,《帝京景物略》載之。明劉侗、于奕正撰。壬午同劉淇雲、鞏鴻圖游,從紅門望長陵而西,迤入峽中,爲得勝口。關城雉堞,樓櫓甚壯。渡溪上嶺十二盤,爲中庵。再十二盤,爲玉皇殿。殿踞一崖之獨出者,嶄嶒壁立,廊檻環之。更登其高頂,遙望諸陵藏抱疊嶂之下,雲中明樓,黃射斜陽,圖此半幅猶儼然也。蒼蒼茫茫,敕勒何限銀山也耶?一靈蒲伏,松色尚存。憶翁歲旦之歌,碧寧有改?鄭思肖字憶翁,號所南,宋遺民。其鐵函《心史》有《德祐六年歲旦歌》一首,其辭曰:"天運無情歲事新,大寶虛位孤王春。晝出銜恤夜夢哭,皇皇五載臣無君。南望二王未駐蹕,北憶三宮猶蒙塵。祆祲蝕日地軸折,冤氣上騰霾蒼旻。百姓茹苦痛徹髓,大事未定焦如焚。我寧久久遯閩中,遽忍終死爲逆民。大哉父母之遺體,與生俱生仁義身。天煉精金鑄我心,上籲忠孝兩字文。痛憶我君我父母,眼中不識天下人。不變不變不變,萬挫以死無二心。醉喝海岳尚翻動,不信不滅犬羊群。或謂逝水不可復,叱我癡忠空愁顰。焉知漢絕十八載,光武乃興舂陵兵。即此一語斷世事,仰面再拜淚如傾。"

臥游冊總跋

宗涅陽曰:"余眷戀廬衡,契闊荊巫,不知老之將至。構茲雲嶺,橫墨數尺,蒿筆之秀,玄牝之靈,一圖而得之。蒿筆,張彥遠《歷代名畫記》卷六作"蒿華"。撫琴命操,衆山皆響。澄懷味像,暢神而已。"宗炳字少文,南陽涅陽人,劉宋畫家。夫蒿筆與玄牝何與?而少文以仁者收智樂乎!流峙相鮮,原無情識。筆墨寫照，寓于別峰。素逝之士，故足以寄其千古一往，而游焉息焉，亦代錯固然者也。愚者自少好此，老而遣放，忘山忘道，兩折三番，理窟尊幢，未免斷斷角立，不如以烟雲化之。前身餘習，輞川不妨自招。踦履偕還，安道寧拘家數？將謂新硎技進乎？呂梁曰："吾無道也，閒游可贊，不必寢絃，五岳時行，毫端自足。"黃摩圍曰："丘壑須胸次有之，筆墨那可得耶？"黃庭堅自稱摩圍老人。不覺一笑。

跋客生聖教序

《畫禪室隨筆》曰："古人摹書用硬黃，自運用絹素。此卷爲懷仁《聖教序》真跡，卷首有宋徽宗金書縹字。懷仁，唐代書僧，學王羲之書。與《內景經》同一黃素，知爲懷仁一筆自書無疑。《書苑》所云雜取碑字，右軍劇跡，咸萃其中，非也。黃長睿書家董狐，亦以《書苑》爲據，恨其不見真蹟，隨人言下轉耳。"愚者曰：安知非集字久熏而自成此小王體乎？安知非劉飆粥書、慶虬託名而行世乎？《西京雜志》卷三："長安有慶虬之，亦善爲賦，嘗爲《清思賦》，時人不之貴也，乃託以相如所作，遂大見重於世。"《書苑》尊其所宗，聽人傳而實之矣。斤斤以紛糾何以出，辨唐拓宋拓，猶冪籬也。冪籬，遮蔽。視斷不斷，猶近之。比來是處摹泐，必依其全者，一曰惟論書法耳。然唐以法勝，而風致蘊焉。必且曰眭徑易循而抑之，從事此道，即自曼詞以爲低昂，又安見其不轉于人言乎？此本客生得之雲雛者，亦缺五字，較斷碑稍腴，而神勢遒利，紙墨色古，則傳摹久也。

跋褚河南書聖教序碑拓

包嚴介以褚河南《聖教序碑》見遺云："褚書真本，只有此序。其同州倅廳事翻刻者，不入賞鑒。」或疑《聖教序》無別碑，愚考于司直《金石目》，有褚遂良書《聖教序碑》，依明誠之錄也。于司直，即于奕正。趙明誠，北宋金石學家。考唐高永徽四年癸丑冬，褚遂良爲右僕射，書《聖教序》，勒石。至永淳三年壬申，懷仁復書此序。蓋褚以戊午年去，去後武氏正盛，疾褚，遂更命懷仁書碑。懷仁欲勝褚，故曰集右軍字耳。叔則云：「褚碑，元駱天驥翻泐之。世評褚著大節，而字如瑤臺嬋娟。其在長沙後，當不知何如也？」愚者以虞取俊潔，而褚時沉著，體方勢穩，此碑是其本致。虞世南，唐代書法家。其臨《蘭亭》《樂毅論》，凝注健朗，而有騫翥之勢，可想見也。騫翥，飛舉貌。泰和、清臣，皆取資焉。李邕字泰和，顏真卿字清臣。

壺華礓磲

天啓丙寅，王虛舟師持米仲詔先生畫石，爲吾祖廷尉公壽。米萬鍾字仲詔，號友石，萬曆二十三年（公元 1595 年）進士，歷官江西按察使、太僕少卿等，書畫與董其昌齊名。峰巖宛轉，鬱積蒼秀，每從而仿之，不得其下手處。後與吉土往還，所見不一。吉土，米萬鍾之子。壺中九華，皴法變化，猶東坡之寓意也。若馮楨卿竹下石，千篇一式，披麻圈裹而已。鄭千里常言礬頭、荷葉、解索、蟹鉗，家數各殊，然貴在生動，不拘又不亂也。礬(fán)頭，指山水畫中山頂之小石堆，狀如礬石。子久橫破處，即是小斧劈。黃公望字子久。雲林削鐵，實出關同，而斜疊亦用側筆，惟花卉、太湖石，透漏玲瓏，別是一格。倪瓚，號雲林子。關同，即關仝。其背面陰陽轉側之理，豈有二乎？豁然通悟，無不可者。因皴一礓磲，戲作襞縐文，自圖雪浪，刻于常山，亦是仇池詩魂，曼衍寫照云爾。蘇軾《桃花源》詩引：「杜子美蓋云：『萬古仇池穴，潛通小有天。』他日工部侍郎王欽臣仲至，謂余曰：'吾嘗奉使過仇池，有九十九泉，萬山環之，可以避世如桃源也。'"

題九成宮壺中本

書法至歐陽渤海，始一整齊之以律。歐陽詢曾封渤海縣男。觀者如向殿陛正笏垂紳，然其丰骨珊珊，自具高朗蹁躚之韻。米襄陽從此煉力而化之，故趙吳興不能似也。趙孟頫，元代書法家，吳興人。後人無此浪鞘淬鑰之力，將以塗鴉貌樗寮，便藉口楊凝式，嗤王著爲書家奴耶？張即之號樗寮，宋代書法家。楊凝式字景度，五代書法家，善顛草。王著字知微，北宋書法家。南泉依壺山之嵁巖數十年，忽爾千里訪道，携此同游，其意安在？愚者爲題壺中本，勿輕示人也。

書於陵子後

徐文長評於陵子終曰："天地間嶔崎歷落之致，正須牢騷倔强之人出之。嶔(qīn)崎，品性不凡。菖蕨羊棗，與八珍九醞，同于説口。炮炙之餘，忽進草藻，即螯吻寒齒，而野趣暴發。謂人人盡好之不能，謂人人必不好之，亦不能也。"徐渭字文長，明代文學家。陳仲子，居於陵，戰國隱士。愚者曰：莊子敘墨翟曰："雖枯槁不舍也，才士也夫！"舉世溫飽，面目雷同。有一于此，嶔崎歷落，正以不平平之，亦薑椒苦荼之資也。水激風鳴，何嘗有意？此畸人之意乎！亦可以哭，亦可以笑。

書呂覽造閉解閉説後

楊大復曰："黑黄白馬同作馬，白馬非白白馬啞。逃天棄地入碗盂，瓦不問石，石不答瓦。無已，姑相與爲閉，解一而不解一也。"《吕覽》曰:"或獻閉于宋元王,王令國中解閉。閉,死結。兒説弟子解之,解其一不解其一。《韓非子·外儲説左上》:"兒説,宋人,善辯者也。持白馬非馬也,服齊稷下之辯者。"造閉者曰:'彼不爲而知其不可解也,是更巧于我。'"尹宣子曰:"止爲別創一奇,專以本不可解者困難人,壓倒天下之一切法。及其悟也,並其本分日用當解者而混縱之。辟如始則罪結褵,後則艷雉、曌矣,豈不可嘆?"尹民興字宣子,號洞庭,崇禎元年進士(公元1628年)。結褵(lí),成婚。吕后名雉,武則天名曌(zhào)。李端叔所云"不得而詰,非詰之難知,所詰爲難",正爲此乎。人心無古今,當周末時,即有造閉解閉之學術,故《吕覽》引之,又況後之熏香吹影、巧護神叢者哉?嗟乎,閉而誤死已耳。解而明其可不可,是享中節者也。有此鏡在,又何能欺?

書閔子馬説後

　　周原伯不説學,閔子馬曰:"周其亂乎!夫必多有是説,而後及其大人。大人患失而惑,又曰無學不害。不害而無學,則苟而可?于是乎下陵上替,能無亂乎?夫學殖也,不殖將落。"《左傳》昭公十八年。袁采曰:"子弟三病:華衣豐食而驕惰不恤,一也。不讀經史,惟事嬉游,二也。身既不學,又忌人學,三也。然且藉達人之快口以荒逞,而引才人之偏鋒以冤賢,其病益深,莫可救藥。"袁采字君載,信安人,宋孝宗隆興元年(公元1163年)進士,著有《袁氏世範》。愚者曰:今人藉口絕學,實則不學也。快口偏鋒何以藉、何以引耶? 多有是説而及其大人,此幾危哉!

書方虛谷序牧潛集後

　　方萬里序天隱禪師，季父姚勉夫文叔兄雲，皆進士，與回同年鄧光薦善。方回字萬里，號虛谷，南宋詩人。天隱禪師，法名圓至，俗姓姚，新昌人，著有《牧潛集》。"季父姚勉夫文叔兄雲"九字，《補續高僧傳》作"季父勉、父文、叔兄雲"。祖道晦幾，時節因緣。牧潛之文章，世多重之，而惜其不爲《立政》《無逸》。夫性無三教也，乞士遇緣，寧澹爲本。襧襧襸襸，回避不及，彼且以電拂拂之。襧襧襸襸，女子所服之衣。相謂弄匙筯客，超宗者言下不欺人，人自不達耳。離情見性，貴知心師。一門深入，鍛之於虛空，而曝然回途，御風偕行矣。曝然回途，覺悟貌。豈可以無瞖地之死浸，與無願王之莽蕩，而疑亢潛之間乎？宗殆、杜襲禮、陳陶、趙孟俱，目爲三教，夫即彼之《立政》《無逸》也。《佛祖統記》卷三十七："補闕宗殆，以學行知名。梁亡，棄官出家，號無名。北周誘以美官，無名自陳反俗有五不可。晚年爲《息心銘》，悔少日克意文章。"陳陶字嵩伯，唐末人，隱居洪州，後不知所終。趙孟俱，宋宗室，入元，絶口不談宋事，游情佛老，號三教遺逸。冥權隨寓，別路之中，又別路焉，世智安能測耶？環中老父，托孤杖門，公因反因，發揮午會，亹亹如此，竟無感者乎哉？方孔炤自題居室爲環中堂。亹亹(wěi wěi)，勤勉。可惜許。

題清芬閣白描大士像

　　清芬閣者，愚仲姑也。適姚前甫公，十七而寡，依廷尉、太恭人居。愚小子智，壬戌失母，仲姑撫而教之。曾定古今宮閨詩史，因有李龍眠本，朝夕仿佛，嘗畫大士。甲戌迻居留都，屬求藏本。一日見陳旻昭齋，有錢舜舉《列女圖》，取鄧曼許穆夫人括母，是蘭葉描，有大德四年金華胡長孺跋。錢選字舜舉，宋元之際畫家。丁雲鵬羅漢衣折，用重筆，以淡墨泊其線路，而細作錦紋于其中。丁雲鵬字南羽，休寧人，明代畫家。鄭千里亦仿之。廬山石刻大士，筆分輕重，蓋有妙於筆先者。近且望八，焚香作觀，出示毫端，非尋常可比也。烏龍潭丁菡生，曾以石摹其立海之像，推倒洛伽，乘流占步，自非析骨析肉，烏能下此金剛手乎？紉蘭閣者，愚伯姑也，適張鍾陽公，山左方伯，城破殉難，亦善白描大士。張秉文字含之，桐城人，萬曆三十八年（公元1610年）進士，官至山東布政使。嗟乎，世止知念救苦救難，誰知念救安救樂？近年刀兵水火，霹靂之下，無不焦爛。坐于憂患，到此拜立，誰謝指頭供養也耶？

寫憩寂圖寄益然大師［即汪扶光］

李龍眠為柳仲遠作《松石圖》，取杜詩"屈鐵交錯回高枝，偏袒右肩露雙腳，葉裏松子僧前落"。東坡目為《憩寂圖》，系之以詩。一日晚對隱屏，松雲溪雪，不容人語。因潑墨為一幅，寄吾益兄，聊當舊期小桃源之憩。汪沐日字扶光，歙縣人，崇禎舉人。後入吳為僧，法名正濟，號益然。

書鶴銘卷竢庵語後

曹士冕曰："焦山《瘞鶴銘》，雲林子以為陶弘景，以句曲所刻隱居《朱陽館帖》參校得之。蓋宋黃伯思長睿，亦號雲林。"曹士冕字端可，南宋書法家。包璿曰："孫恩反，會稽軍士碎雲門之鼓，鼓中有二鶴飛去。雷門又名五雲門，此東晉末事。《瘞鶴銘》曰'雲門去鼓'，正用此。乃以為右軍書，何陋耶？梁天監十一年為壬辰，十三年為甲午。隱居于天監七年東游海岳樓，駐會稽，壬辰甲午正在華陽。"蔡君謨曰："隋平陳，中國多以楷隸相參。《瘞鶴銘》文，有楷隸筆，當是隋代書。"山谷曰:"小字無過《遺教經》,大字無過《瘞鶴銘》。"愚者曰:所謂楷隸筆者,中鋒也。魯直雖得筆意于《鶴銘》,卻取楊景度。_{黃庭堅字魯直,楊凝式字景度。}欲破俗書,將以欹側爲鸞翔耶?忽觀竢公卷,二十年孤處層樓,而仿鶴去之筆,多用章草八分翹尾之勢,益信古人出廛之後,閒心隨寓,往往奇勝而正。_{出廛,同"出纏",解脱。}不書本名,使人疑之,自未可與俗人注解也。

題吳季六乾筆佛像

高麗畫大士,原出于唐尉遲乙僧筆意。今西洋堆染細皴之法,能使頵高眼深,正其不約而同者也。_{頵(zhuō),顴骨。}至以乾筆寫生紙,不藉影本,不試朽枝,信手展揮,輕埃襞積,亦與西畫同其凹凸,此則吳季六真得未曾有矣。道子圓光一圈而已,季六嘗作十方長焰四布之,又或染紙地如雪天法,以漸漏白,儼然一圓光籠其首上,奇哉!季六少以舉關力聞,魁梧山立,衣鐵馳馬,千人辟易。而今乃運絲髮之腕,茸毛不亂,又何其收放自由也!然吾見其伸紙也,亦必止觀累日,然後起而成之。

書韓忽忽篇陶神釋詩後

韓昌黎《忽忽篇》曰:"忽忽乎余未知生之爲樂也,願脱去而無因。安得長翮大翼如雲生我身,乘風振奮出六合絶浮塵,死生哀樂兩相棄,是非得失付閒人。"孫文介曰:"人非寥闊,不足以消其心。"《億略》曰:"人惟不勝其情,而乃求釋其情。凡言忘情者,皆不能忘情之甚者也。"李長蘅曰:"必極其情之所之,窮而反焉,然後可以至于忘。"_{李流芳字長蘅,常熟人,明代書畫家。}陶靖節《神釋形影詩》:"縱浪大化中,不喜亦不懼。"遂爲神乎。退之忽忽作歌,將求所謂無生乎？本不借一物一法以自慰者,不可不窮盡而至也。過關矣,此等又何庸迭迭逃逃爲？雪峰曰:"單提之,則一切不是。然厭惡一切,又成大病。"醫經腎主恐,脾主悲思,肝主怒,肺主憂,心主喜。五志互克,而止是喜懼二者。五志,五情。猶五行止是水火,四時止是寒暑南北耳。《知北游》曰:"山林歟？皋壤歟？使我欣欣然而樂歟？樂未畢也,哀又繼之。"然則奈何以死養生,猶《頍弁》之詩、張老之禱也？《詩·小雅·頍弁(kuǐ biàn)》:"死喪無日,無幾相見。樂酒今夕,君子維宴。"《禮記·檀弓下》:"晉獻文子成室,晉大夫發焉。張老曰:'美哉輪焉,美哉奐焉。歌於斯,哭於斯,聚國族於斯。'文子曰:'武也得歌於斯,哭於斯,聚國族於斯,是全要領以從先大夫於九京也。'北面再拜稽首,君子謂之善頌善禱。"一懼一喜之間,乃所以享其喜懼不及者乎哉。

重潢子暇靈山籧廬圖

朱右司馬改號籧庵,贈愚者以下嚴青,因畫《靈山籧廬圖》,筆文而法老。朱治憪字子暇,永曆時官副都御史,總督兩廣。愚者爲篆籧庵一凍以酬之。同時賞鑒者,臨桂瞿稼軒年伯、李武舟給諫、徐巢友煉師。丙戌,愚者入大埠猺,一切棄置吳鑑在御史處,詎知戊子從沅返粵,而鑑在復以此石見還耶？諸公皆如空中仙,而此石常隨藥游行部。嗟呼,無非籧廬也,籧然寐中,不妨寫畫。籧廬,旅舍。

爲蔭公書卷

嚴滄浪以宗乘論詩,湯君載以宗乘論畫,將謂門人非珍而多方誤之乎？嚴羽,南宋學者,著《滄浪詩話》。湯垕字君載,號采真子,元朝人,著有《畫鑒》。將求智過于師而逼牆插翅乎？將倚此宗原無實法,原無肯路,而任其矯亂乎？亦貴夫深造自得耳。向上一見,永不再見,則所謂無實法,正即一切法而各象其宜也。彼徒以無肯路,恣臆詆訶,竟以無實法廢法,而自便其鹵莽,則潑嫚欺人已耳。然又非可死執枯樁而膠柱鼓瑟,亦不妨于專門精入而旁觸互通。願力火候,何可昧乎？孫位畫水,張南本便能畫火。孫、張二人,皆晚唐畫家。《焦氏類林》卷六:"蜀張南本與孫位並學畫水,皆得其法。南本以爲同能不如獨勝,去而畫火,獨得其妙。"道子寫像,楊惠去而學塑。邵博《聞見後録》卷二十八:"古畫塑一法,楊惠之與吳道子同師張僧繇學畫,惠之見道子筆法已至,不服居其次,乃去學塑,亦爲古今第一。"法開行醫,即是説法。竺法開,晉代名僧。一行衍曆,早已超宗。僧一行,唐代天文學家。是則相代相錯,跡且舛矣,其貫之者果何在耶？以元人筆寫宋人法,又蒼又秀,明暗交參,則營丘、昭道,不見鈎斫之痕,解索、梅苔,總是破焦之點。李成,營丘人,宋代書法家。李昭道,唐代書法家。先吟摩詰、達夫,而後擴以杜陵、義山,能爲昌黎、東坡,而散爲香山、放翁。於是乎曰,詩有別才,畫有別致,落落穆穆,消歸可也。鐘無鼓響,鼓無鐘聲,本來證空,飯碗依位。寂寥非內,寬廓非外,南看北斗,午打三更。兼中到者,代錯于一毫頭,豈閡三重四破哉？兼中到,曹山五位中理事圓融之境。借喻取快,亦偶摭其一重一破耳。宗固無所不統,而變變各止其極者也。隨類不二,本泯何言？過關者少,曼語者多,塞壑填溝,何消氣急？愚者嘗謂天公是第一畫手,伏羲是第一詩人,得毋引孫休之詫否？《莊子·達生》:"有孫休者,踵門而詫子扁慶子曰:休居鄉不見謂不修,臨難不見謂不勇,然而田原不遇歲,事君不遇世,賓於鄉里,逐於州部,則胡罪乎天哉？休惡遇此命也？"

跋王晉卿孝行圖卷

李龍眠《山莊圖》，寫其家廟，與其世墓。又書《孝經》，于宅兆之卜亦具焉，謂是孝子之終事耳。王晉卿詵寫《孝行圖》，舉《孝經》通于神明爲主。王詵(shēn)字晉卿，宋英宗駙馬，善書畫。故讀誦諫諍，王事靡盬，無非此油然者，古今無間也。盬(gǔ)，停止。晉卿以駙馬好古，能詩畫，與二蘇、伯時諸公投契。且以諸公黨而遠置瘴徼，後乃還朝，與坡賦舊，其爲人固自有其本矣。終卷以丘壑松楸，感亦固在是也。

跋清明上河圖卷

宋翰林張擇端正道，善畫宮闕闤闠人物，所至以萬計。闤(huán)，市垣。闠(huì)，道路。《清明上河圖》，張著以爲神品。至正間楊準得之，武塘盛子昭楸仿之，泰定趙彥徵麟爲之賦。愚者于鞏鴻圖處見之，今復于清遠堂見此一本，仿佛無二，但後苑較獵游太液池略別耳。夫以江南而寫汴京，晚近而憶宣和，王孫芳草，宜張羽、何嵩遠之咨嗟徘徊也。

書藥王説後

蕭元聲舉埋庵曰："梁武捨身是大羼提，昌黎一表是真供養。羼提，忍辱，六度之一。一表，指《諫佛骨表》。陽明許朱子晚年出家，一庵要送達磨上學。"且道具何眼，合此等湯頭耶？劑分寒熱，有時互用。毒藥衰其半而止，備急丸，反得不泄，誰人感恩？

書評文卷後

張元長曰："近世好訕濟南，如笑子雲以艱深文淺易。濟南指李攀龍。不知言子雲者，必其見子雲之爲淺爲易，歷歷可揭示人，而又自能滔滔汩汩，不艱不深，以成一家之言，可以俟後之作者而不惑。然使後世有子雲，猶未必其言之盡是也，今之人何鑿鑿也？嘗覆按其人之文矣，鼓掌盱衡，自喻滿志乎，則未有不爲險句累詞者也。其險句累詞，又何嘗不顯然出於濟南而無所顧忌，猶曰文須獨造，安能爲昔人所嘗爲？今之人何鑿鑿也？"王遵巖爲沈青門序曰："君恂恂恭勅，風致藹然。其所爲邊關諸詩，意氣激發，不掩于聲律之外。如彈鋏欲邀公子之車，款戶必得美人之首。攝衣欲從虛左之迎，猶餘矜色。持槃招他人以獻，徐出謾言。又如睨柱秦庭，不辭碎首。擊筑燕市，髮上衝冠。使人讀之，憑軾而有擊轂之爭，隱几而有按劍之怒，抑又何也？豈其濩落無用，雖託以爲佚，而雄心俠氣，猶不能自釋，時時見于此耶？濩落，失意貌。然則裝飾贍詞以快形容，必不免者，而俳且不揀徐庾矣。"王慎中字道思，號遵巖，明代文學家。徐庾，徐陵、庾信。愚者曰：《史》《漢》大家一路也，而今乃齟齬，不過後人壓前人以歡門耳。草木各有花實，此天地之正也。析理序事，紀物寫情，學識足以達才矣。度量風致，其所醞藉，豈曰修詞成章，聽畫墁乎？畫墁，在新牆上塗鴉，無功而有害。自晉競玄言而小品艷，宗乘白著而遁者夸，市井亡俚之吻，糞掃六經矣。白著，粗淺。噫，徒讓畫鬼者諆詒乎哉？

跋南泉所藏銅海書帖

崇禎庚辰，先中丞以忤楚相逮理。銅海先生拜杖，同在西庫,衍《易象正》。黃道周,銅海人。小子得侍,時見揮洒,文不加點。偶請《象正》《洞璣》之旨,疑《尚書》不合《易》策之故,以虛舟子《圖》質難。先生蹵然揮之,別書《寒松問少年幅》。當時謖謖,浮氣乍歛,知先生之教深矣。謖謖,峻挺貌。忽移北司,所衍二十四圖,亂播在地,先中丞收之,皆手書宋體,鐵畫森嚴。河南伯即此是學,況在憂患,跬步不失,學者能容易至此哉? 程顥讀史,定行看過,不差一字。宋理宗時,追封程顥爲河南伯。牧仲親炙最先,珍藏一册,且數十年,携之出游,示我噴雪。鄭郊字牧仲,莆田人。噴雪,軒名。庚辰、癸未諸詩,狎行間草。寄示楷筆,或取鍾、王、歐、虞,而時出之,隨意瀟灑,要亦無常師。骨峭神淵,是其心影耳。一夜月明,三家雷火,千春筆冢,四壁蝸涎,墓廬對榻,巘谷笙簫,天地近玩,惟時時磨礪,是所望親親者。末一扎,知世必亂,叮嚀志事。凡人生病痛,皆不在博約分途。儒墨互非,只是割不得利禄二字。割得即高車馴馬,與姬孔舟旋。讀至此處,誰不懼然? 嗟乎,安得長此羹墻,而苟偷以渙血爲解,實惕日耳。渙血,遠害。語出《易·渙》。牧仲《易史》,雪纂三尺,天下誰知此者? 立誠居業,寓藝轉風,矢此一報,自遇其人。奎占無光,受命如響。集於斗極,深藏遠待,安得不珍重乎?

書蘆藥合草後

虞之本師世居蘆中,其門人智出世托孤,自稱藥地。甲辰師來青原,丁未智詣莆田,親拜容窩之廬,游覽九漈,盤桓黃石。其一時隨寓之語,酬唱之句,容窩記室,輯而存之。吾師既衍臨別薪火之旨,因彙一編,題曰《蘆藥合草》,亦以三十年之白髮師生,留此一會,非偶然也。昔歐陽公作《山中樂》送惠勤，勤謂子瞻曰："公天人也，人見其暫寓人間，不知其乘雲馭風，歷五嶽而跨滄瀣也。"子瞻在潁，曾挑詩曰："致師須是老門生。"今智不敢比子瞻，亦不敢言挑，而吾師金石之音滿天地，不遠千里，命小子書之長箋，以留其家，乘雲馭風，且托以寫山中之樂。惠勤所云，豈復讓古人哉？是年爲庚戌，藥地六十。聖域、祖關之中，新建別峰，遂識此而嘆曰：天寓于人，人寓于世，世寓于事，事寓于時。隨寓冥心，豈有跡可避耶？山水筆墨，皆薪也，皆火之所以傳也。後之覽者，豁然別峰，以不借借，山中之樂，真千古之樂矣。《古尊宿語録》卷四十八："昔紙衣道者參曹山，山云：'如何是紙衣下事？'道者云：'一裘纔挂體，萬法悉皆如。'山云：'如何是紙衣下用？'道者近前應諾，便脱去。山云：'汝只解恁麼去，不解恁麼來。'道者忽然開眼問云：'一靈真性，不假胞胎時如何？'山云：'未是妙。'道者云：'如何是妙？'山云：'不借借。'"

跋直之弟所臨顏帖

中履携吾弟直之臨魯公一幅，蓋其三十歲病中所書。中履，密之少子。直之，方其義之字。神情蕭然，饒有逸興，亦不拘拘以三折撥鐙而膠致者也。吾嘗謂法以忘法而神，窮盡一切法，乃無一法可得，此鄭杓所謂大成也。鄭杓字子經，元代書法家。臨者之意，亦在此乎！《坐位》屋漏痕，天然尊貴矣，詎以《多寶塔》爲田舍翁耶？屋漏痕，喻筆峰不露。吾弟少負豪雋，其才不羈，遭時骩髒，三十而殤。有《時術堂稿》，其孤中發，集而藏之。筆跡爲當時所賞，今亦稀少。忽然見此，人琴俱亡，藉之以存，因命工雙鉤過朱，泐諸石。噫，屋漏痕豈徒以書法譂譂哉？譂譂，繁雜貌。浮廬愚者智識于青原之歸雲閣。

跋渡海羅漢卷

劉後村跋王摩詰《渡水羅漢》曰："渡水僧或乘龍，或履龜黿，類多詭怪恍惚，不近人情。今最後一僧，先登于岸，雖目視雲外孤鶴，然脫衣在磐石上，欠伸垂足，若休其勞苦者。前一僧未渡，纔數寸淺水，而中一僧乃倒錫杖以援之。三僧皆至人大士，而涉川之際，謹重如彭祖之觀井，曷常以蘆渡、杯渡爲神哉？"劉克莊字潛夫，號後村居士，南宋詩人。吳草廬題曰："傀奇磈砢近狡獪，雖未大乘亦機警。誰能領取象外意，觀者空疑燈下影。慈尊長憫衆生痴，直到如今痴不醒。"吳澄號草廬，元代理學家。愚者曰：在此海中，休石援杖，機固不得不警也矣。豁然燈影，蘆一龍也，杯一龜也，誰知醒處？更生神癡也耶？方外閒人，灑一滴水，破一微塵，無非捏碎蘇彌，踏翻娑竭。蘇彌，即"須彌"。娑竭，"娑竭羅龍"之省稱。將謂意生身，與十劫觀樹，差殊何在？如來隨自他意，處處受生，度諸有情，意有所往，身即隨到，是名意生身。釋迦牟尼成道時，起金剛座，觀菩提樹，是謂觀樹。波瀾回互，即以固然而茫茫然。苟未窮過偃岳乾海者，其能信乎？六韜老年，精此不二，偶以李龍眠過海墨本，放而演之，不加諸色，信筆有神，然須問畫此者、題跋者，意生何處？燈下之影，伊可憫也。又況跡跡屑屑，争唐王宋李真本乎哉？不如以大癡放筆爲樂。

跋五乳遺筆

一切法無我，得成于忍。入門之藥多方，應無所住而生其心。究竟寓諸無竟，畢矣。書法殊古，世不貴此而以其腊神。嗟乎，不斫艷醬，澹然以老，無不乾安，況資丹頊耶？愚駭神錢，格惟一笑。

爲俗民書竹卷後

鄭所南《推蓬竹》卷,自題云:"清風清曉纔吹過,露出青青一罅天。恰似推蓬偷看見,深林半抹古蒼烟。"至元五年,靜山周壽孫跋曰:"鄭翁,先考益友,畫蘭竹,求則不與,不求或與,將知者不言,言者不知耶?"陳昱題曰:"我坐小船中,竹自在沙汕。靜觀不推蓬,固已識全體。此君徹上徹下矣,相逢無言只彈指。春山車馬東風前,荒深一脈秋花天。百年揮筆誰別傳,欲弔此君吾亦顛。"由此觀之,億翁披緇承天,殆于別傳一場出没者乎?頃見俗民畫竹,書以與之。青青一罅,彈指間直爪透矣。小船推蓬,且以抹悶。

書綽山卷後

金粟道人顧仲瑛,置壽藏曰金粟冢,而與知己游燕。顧瑛字仲瑛,元代文學家,好佛,自稱金粟道人。曾于祖塋處建生壙,名金粟冢。倪原道爲仿龍眠禊圖,匡廬于立作序,米珪爲小篆書之,地名綽山。倪宏字原道,元代畫家。愚者曰:司空圖、傅奕,早有此風。史稱圖"豫爲冢棺,遇勝日,引客坐壙中賦詩酌酒"。傅奕,初唐學者,排佛最力,曾自撰墓誌。才人遣放以出意,抄此題目,故自不俗。若必曰如此,乃是一生死一流人,則反俗矣。愚者嘗有語曰:生時生,漉巾㗅墨雙眼青。漉巾,濾酒之布。白居易有句曰:"口吟歸去來,頭戴漉酒巾。"㗅(xùn),噴。死時死,荷鍤行殯不作鬼。生死本來一,莊子不消開一尺。竿頭進步王右軍,欣然有感于斯文。《藥地炮莊·總論上》:"王右軍曰:'一死生爲虛幻,齊彭殤爲妄作。'此所以破放達之根也。"

書王日休坐脫卷後

周益公曰："龍眠虛中坐脫，有作而無爲，不在此時也。"倪文節曰："有餘則戀，不足則憾，了此者誰？劉道原比于客寓，一毫不携，殆了其故乎！"愚者曰：隔日瘧在，留作呼桓。九峰忌口，寧食馬肝。

書小愚卷 方中履別號小愚。

米元章云："大字如小字，小字如大字。"以勢爲主，乃規摹古帖後，遇錢穆父訶，而自出機軸者。錢勰字穆父，北宋書法家。華亭宗伯謂騫翥險絶，勢奇反正，平淡天真，顔行第一，自於八還悟入，然曰余解此意，筆不與意隨也。華亭宗伯，指董其昌。八還，八種變化之相，各還本所因處。頑仙廬則自出峻峭一路，孟津宗伯則又笑之。頑仙廬，陳繼儒齋名。王鐸，孟津人，官至禮部尚書，明末書法家。往往濃墨淋漓，骨力裹鐵，而宗圓順者，又復抑之。愚者曰：必臨古帖，乃不墮惡道。光與古人爲一，乃能別變。筆泯於法，腕忘其心，始享方圓同時耳。人本不能健整而驟語刓順，祇屬耎稚。刓（wán），圓。耎（ruǎn），弱。不能牽展而但言縮歛，祇屬局促。欲得峭拔，即側戾剛踣，不中虛和之度。踣（bó），僵硬。欲得險絶，即蛇糾鬼攪，不入高朗之格。莊則太痴，散則太漫。大約人各就其所近，各自取一法，而又巧爲之說，奪人以自爲地耳。鄭子經所云盈虛消長之理，雄奇雅逸之觀，實是寓形上下而備焉者，漢晉唐宋無異也。縱橫出入，屈伸剛柔，人不能自盡其才，自得其法，而委於不學之性，寧惟書法乎哉？且看池水黑否。

因二貞一篇跋

心之精，親己疏物。心之神，用外爲内。精無人，水内景。神無我，火外景。《關尹子·四符》："水可析可合，精無人也。火因膏因薪，神無我也。"《淮南子·天文訓》："明者吐氣者也，是故火曰外景。幽者含氣者也，是故水曰内景。"學問才能，以享其性，皆性之所爲也。用光得薪，薪盡火傳，尚紗縠耶？紗縠，蒙蔽。生死發藥，以死治生，來處騰疑，惟惟了之。剔心于識，猶之尊微于危。《書·大禹謨》："人心惟危，道心惟微。惟精惟一，允執厥中。"惟惟，即"惟精惟一"。尊微于危，即人心聽命于道心。剔心于識，指從八識分別中剔出其如來藏自性清淨心。神不可知，在可知中。理泯于事，究混不得。故曰：天無先後，中有條理。賾不惡，動不亂，豈求無爲於恍惚哉？

卷二　浮廬愚者隨筆

題大士垂一足像

　　三十二應,不起于座。觀音菩薩爲普度衆生,順應各類而示現三十二種相。試問大地平沉,誰許汝坐？無端添出一足,伸不得,縮不得,作麽生過？大士曰:錯。

眉心大士

　　楊枝不見根,四時春風雨。請問大師今日,向何方去？白衣無縫裹乾坤,不知不覺露出眉心一句。

爲石鞏老宿題覆頂大士像

　　莫將兩條髮繫縛虛空,且用一幅布包天蓋地。若遇着石鞏來捏住鼻孔,不知者老漢何處出氣？

姑山定庵請題

　　白衣丹抹草蒲團,袖手不作如是觀。只恁麽蒙頭縮腳,也大無端。踢倒淨瓶去,雙瀑飛巑岏。巑岏(cuán wán),峻峰。半邊鼻孔有甚氣息？陰晴倏忽蒼崖寒。到此者,再看看。

花冠古像

乾灘推山,虛空壁立。古鏡花冠,滿身黑漆。顛倒兩手,挼天過日。挼(ruó),摩。且道者眉間掛劍一場紅,是誰點的?

墨刻像

墨中白路,衣線波吒。波吒,同"波蹅",不平貌。一塊石頭,萬古生花。末後圓光,是個甚麼?相傳至今見者,莫不隨聲喚作大士。愚者曰:差。便有人喝曰:切忌隨聲喚作大士。愚者曰:差。

露頂雙鬟垂手像

自伸甘露掌,卻用春風枝。放出青螺頂,又作雙鬟垂。且笑著簪金跳脱,持此欲何爲?著簪,比喻舊物。跳脱,手鐲。《韓詩外傳》卷九:"孔子出游少源之野,有婦人中澤而哭,其音甚哀。孔子使弟子問焉,曰:'夫人何哭之哀?'婦人曰:'鄉者刈蓍薪,亡吾蓍簪,吾是以哀也。'弟子曰:'刈蓍薪而亡蓍簪,有何悲焉?'婦人曰:'非傷亡簪也,蓋不忘故也。'"正爲舍與世人笑,不妨平地生支離。

爲藥雲題

大地平鋪作草藁,卓立金山又推倒。從來夸口甘露瓶,此回袖手無處討。奉送藥雲歸鄉,大展三拜時,東方自曉。

爲柳齋題大士

蹙鼻眨眼,展眉遮面。十八變中,是那一變?菩薩依禪定自在之力,示現十八種神變,如右脅出水、左脅出火、履水如地、卧于空中等。可笑預插瓶心柳一枝,踏倒膝下葉千片。我今推他起去,不知世上人又向何處相見?

爲懶生題大士像

蒙頭抱膝何爲?争奈蒲團有眼。且問楊柳瓶何故插在背後?曰:懶。

瓔珞像

草漫漫地隨方踏,莫是一個大花押?且須放下胸中瓔珞珠,自能轉此一百八。十纏九十八結,合爲一百零八種煩惱。將謂是觀自在菩薩麼?軋。

金蓮山請題

紙衣若問不借借,兩眼向下,不答者話。不借借,不假借之意。翠竹桃花笑有聲,東風托出當空掛。

彌勒如來贊

雲頭墮在街頭掛,一幅包此人間大。樓開閣閉指尖間,撞倒背後拍一下。《五燈會元》卷二:"善財參五十三員善知識,末後到彌勒閣前,見樓閣門閉,瞻仰贊嘆。見彌勒從別處來,善財作禮曰:'願樓閣門開,令我得入。'尋時,彌勒至善財前,彈指一聲,樓閣門開。善財入已,閣門即閉。見百千萬億樓閣,一一樓閣內有一彌勒領諸眷屬並一善財而立其前。"滿布袋是甚東西?百雜碎,無人着價。待問他時,有理難伸,但消得一個嗄嗄。嗄嗄(shà shà),應諾聲。

別路杖影

此何人？支離其身偏出門，衝四面風蒙葛巾。手弄七尺揮浮雲，頂踵句股方圓輪。九萬里只一步，五蘇迷蹋作塵。藥籠嘗毒，自吐自吞。聊且大笑，空累兒孫。有人問之徒見嗔，世出世間皆不聞。

又題小像

坐此何爲？肚皮雖大，未免支離。左按芒繩縛小鬼，右拋拄杖摧須彌。拂袖去也，是誰得知？

游山像

自來自往，一葉指掌。渾身蒼蒼，日出眉上。踏碎青天，衆山自響。何不歸歟？問擁腫杖。

題畫冊後小影

奇不奇，痴不痴。大地無寸土，曳杖何所之？坐久恐成勞，牆壁羞管窺。游戲遠登臨，老病路險巇。不如一筆掃落五嶽十洲之烟雲，剪紙喚起狂風吹。究竟此意不可解，裝面弄成千古疑。噫！

題仿古冊後

氣韻生動，得天爲多。然天自蘊一切法，流峙動植，一縱一衡，莫非天之法也。學先資于古人，能徵古人處，即自見其天矣。久之而心手與之爲一，古人一我也，天一我也。造化在乎手，宜僚之丸解難，寧王之鼓開花，詎可言説耶？《莊子·徐無鬼》："昔市南宜僚弄丸，而兩家之難解。"當其事此，獅子搏兔，必用全力，未可以苟而冒之。塗鴉者自謂張顛劍器，不鵠而仰空筈箭，且夸吾棘端落處，定中秋毫，讓讓何爲？張旭，唐代書法家，人稱張顛，曾見公孫大娘舞劍而得其神俊。洪谷子曰："道玄山水有筆，項容有墨，吾其兼之。"荆浩，五代畫家，隱太行之洪谷，自號洪谷子。道玄，吴道子。項容，唐代畫家，生卒不詳。夫中鋒之幹，積穎之埃，蒼乾之入有無，烟潤之藏烘染，惟成乃化，頓在漸中。中鋒，筆之主鋒限制在點畫之中。幹，幹筆。穎，筆頭。埃，畫法之一種。《膝寓信筆》："魏子一曰：幹筆埃筆，烘染破墨而已。"正如甌冶之燒淬，夕桀之乘除，固未有不兼者，候何可以自欺乎？《通雅》卷四十："夕桀，漢名也，專綴新率也。"噫嘻，摩詰餘習未忘，蕭賁止以自娱，隨場遣放已耳，又何讓讓？蕭賁字文奂，南朝畫家，竟陵王蕭子良之孫。然讓讓亦遣放也，況自有同心木石不放過者在。

題枯筆山樓

乘六寄我白門小筆，揮洒既久，聽其所至，遂成此種古秀蕭散之致。因嘆山水造命，寄之退簏中。北窗南山，西崑東坡，盡爲此樓四面供張，別一天地。假使李成、董源，責以攙行，則又有淵明請恕醉人之例。李成字咸熙，宋初畫家，擅山水。董源字叔達，宋初山水畫大家。陶潛《飲酒》："若復不快飲，空負頭上巾。但恨多謬誤，君當恕醉人。"

卷幔看泉圖

透過三番山水之後，一任飛流怪石，終日嚼争。樓上披帷人，全享二樂，不作二見也。《論語·雍也》："子曰：知者樂水，仁者樂山。"《易·繫辭上》："仁者見之謂之仁，知者見之謂之知，百姓日用而不知，故君子之道鮮矣。"解索、披麻,早已自信,必曰得之夫山黃鶴耶？ 解索、披麻,皆山水畫皴法。王蒙字叔明,號黃鶴山人,元代畫家。

枯樹圖

盡爲榮枯皮相久矣,誰知冬煉三時耶？此木笑曰："我正開萬古之花,有人見賞否？"法者時也,道者歲也,寒忍而後溫發,從來代錯,多少人被幾條閒名相換卻眼睛了也。遍大地總是文章,供我揮灑,而猶以秦漢韓歐,齟齬角争耶？蓬窗靜對,造適而已,亦不可自以爲高。

騎驢過橋圖

石若冬雪,樹若春雨。人都猜作灞橋驢背,我便道是天台騎虎。《事文類聚》前集卷四"驢上吟詩"條："或問鄭綮詩思,對曰:詩思在灞橋雪中,驢背上。"《景德傳燈録》卷二十七："天台豐干禪師者,不知何許人也。居天台山國清寺,剪髪齊眉,衣布裘。人或問佛理,止答隨時二字。嘗誦唱道歌,乘虎入松門,衆僧驚畏。"驪黃九方,且請削堊。《列子·説符》載九方皋爲秦穆公相馬,而不辨毛色牝牡,伯樂喟然太息曰："一至於此乎！是乃其所以千萬臣而無數者也。若皋之所觀,天機也,得其精而忘其麤,在其内而忘其外。"《莊子·徐無鬼》："郢人堊慢其鼻端若蠅翼,使匠石斵之。匠石運斤成風,聽而斵之,盡堊而鼻不傷,郢人立不失容。"烏駁牸牛,不妨弄斧。《晉書·王羲之傳》載,桓温嘗使王獻之書扇,筆誤落,因畫作烏駁牸（zì）牛,甚妙。方且游戲大羅天外,卻來壒塿堆頭撒土。道教稱三十六天中最高一重爲大羅天。也是禿筆作怪,不覺舌爲之吐。是誰面壁九年,來此敲空下語？愚者放筆曰:聊讓此人一日,餘者不敢相許。

偃松芝石圖

一松如文殊在蘇摩城上垂手,一芝似長慶坐蒲團上卷簾。

脚下石頭，大者大，小者小，齊來祝贊一毫尖。

題三笑圖

涪皤、東坡，固是隨口注脚。黃庭堅別號涪皤，其《三笑圖贊》曰："二豪之所爭，不滿三隱之一笑。三隱之所笑，不解耶舍之顏。耶舍之印，霧鎖雲埋。九年面壁，此印方開。"蘇軾亦有《三笑圖贊》："彼三士者，得意忘言。盧胡一笑，其樂也天。嗟此小童，麋鹿狙猿。爾各何知，亦復粲然。萬生紛綸，何鄙何妍？各笑其笑，未知孰賢。"子充、鐵崖，辨難亦屬綴旒。王禕字子充，楊維楨號鐵崖。《通雅》卷二十："虎溪三笑，本不同時。白蓮結社，亦不必一日聚也。楊鐵崖疑三笑，智按：宋樓鑰以吳筠《簡寂觀碑》斷矣。王禕曰：晉義熙十二年丙辰（公元416年），遠公八十二卒。宋元徽五年丙辰，陸修靜七十三卒。相去六十載。元嘉末，陸來廬山，遠、陶死二三十年，安得三笑？"愚者曰：何溪不虎？何笑不三？各人就地寫其致耳。如猶疑此，不能散場，且過橋去。

題欅莽洲岸圖

槁木之枝若蜩翼，無花無葉抽荆棘。湘南枉渚山藏匿，農屋漁舟不可得。壁上觀者，以爲空中五色。愚者笑曰：祇是白上黑。

懸崖松櫟圖

披麻削鐵，不過是石。亂插針，吾知爲松。單介字，多應是櫟。或問：莊子"材與不材之間，似之而非"，又將何覓？愚者授記曰："包管斧斤不到汝，汝且面壁。"授記，佛對發心大衆將來必成正果之預先記名。

題畫寄俞邰

俞邰竹關相見，忽忽二十年。黃虞稷字俞邰，密之弟子，明代藏書家，著有《千頃堂書目》。頃郵書云："蟬窠壁上，正望青原老人半幅不得。"康熙三年冬，密之正式入主青原法席。一日臨窗無事，天氣乾蒼，敗筆又渴，遂成此種雲樹，不知摩詰、巨然，當時曾夢到否？巨然，五代南唐畫家。因起嘆曰：山以灰堆成解脫，雲從紙背獻兜羅。兜羅棉，亦可代指花草。

又題

三文錢買雞毛筆，遂能別造山川，與百金買不龜手之藥，遂以封，有同別否？槎枒數枝，茅草一亭，亦具濯纓之樂，卻無平泉之憂。唐相李德裕建平泉莊于洛陽，卉木臺榭如仙府。司馬光有《游李衛公平泉莊》："相國已何在，空山餘故林。嚮時堪炙手，今日但傷心。陵谷尚未改，門闌不可尋。誰知荊棘地，鶴蓋舊成陰。"因以輞川前身爲洴澼洸，戒祖後身記超然臺，喚作竿頭，是誰解笑？洴澼洸，洗衣聲。代指賣不龜手之藥的宋人。參見《莊子·逍遙游》。超然臺，蘇東坡任密州太守時所建，此處代指東坡。放下筆，出溪邊，林鳥來歸，又過一日了也。

題靈壽木

偶從漱青峽得之，似薑似蕉似竹，通身棘張，三冬不變，固知是靈壽木也，因圖之以待識者。

爲剛臣題

陳公弼家柏石纏根，黃山谷手快馬砍陣。陳希亮字公弼，宋仁宗天聖八年（公元1030年）進士，官至太常少卿。其家藏有《柏石圖》，蘇東坡曾作詩，以爲之銘。《山谷集》別集卷十八："大概書字，楷法欲如快馬斫陣，草法欲左規右矩，此古人妙處也。"忽然引此，又似指東話西。要須證過木石者，與之寫胸中磊落耳。剛臣居士蘭臺中且作壁觀，豈無一人來買此方者乎？

乾點

米襄陽、高房山，流傳巨然點子，曾知祇是烟垢藏身也耶？若問閣上人，自然不答。

遠峰入樓圖

忽然吟曰：我與小樓俱是畫，觸着一點，別有一場快活，亦不徒在烟雲也。

山肩小閣圖

巨源曰：登高臨下，自然深遠。徐世溥字巨源。如此閣上，灌莽當前，幸得白雲間之。然則窗中人，亦是背負蒼蒼而下視者乎？愚者曰：暗享此福，知未必知。

崖下放舟圖

樹似富春之釣，船似圯橋之履。《東觀漢記》卷十六："嚴光字子陵，耕于富春山，後人名其釣處爲嚴陵瀨。"張良爲圯上老父取履、夜半獲贈《太公兵法》事，參見《史記·留侯世家》。將謂巨牸而資輇諷，叩枻而渡山海，猶以上下判天淵耶？牸（zì），母牛。輇諷，"輇才諷説"之省稱。輇才謂揣量淺見之士，諷説謂道聽途説者。典出《莊子·外物》："任公子爲大鉤巨緇，五十犗（jiè，閹割之牛）以爲餌，蹲乎會稽，投竿東海，旦旦而釣，期年不得魚。已而大魚食之,牽巨鉤,陷沒而下,驚揚而奮鬐,白波若山,海水震蕩,聲侔鬼神,憚赫千里。任公子得若魚,離而腊之,自制河以東,蒼梧以北,莫不厭若魚者。已而後世輇才諷説之徒,皆驚而相告也。"臨公遠寄素縑,畫者題者,料踔何涉?且面壁着。料踔,當作"料掉"。"料掉没交涉"爲禪宗習慣用語。

埃皴觀瀑圖

狼毫秃渇,何以寫來烟潤耶?本自不染,而随一毫頭以現身。試問墨池,墨池不容聲也。瀑布不溜青山走,参取過橋携杖人。

烟柳圖

江干烟柳,特立一樓。卷幬杳然,何無春興?幬,同"幕"。卷幕,燕子。顧況有句:"卷幕參差燕,常銜濁水泥。"忽歌"天下傷心處",青蓮如此唐突,必有故矣。李白《勞勞亭》:"天下傷心處,勞勞送客亭。春風知别苦,不遣柳條青。"杜陵故園,愁中盡生。誰餉空瓶,又驚此曲?

又柳亭

風流可愛,漫説張緒當年。《南史·張緒傳》:"緒吐納風流,聽者皆忘飢疲,見者肅然,如在宗廟。雖終日與居,莫能測焉。劉悛之爲益州,獻蜀柳數株,枝條甚長,狀若絲縷。時舊宮芳林苑始成,武帝以植於太昌靈和殿前,常賞玩咨嗟曰:'此楊柳風流可愛,似張緒當年時。'其見賞愛如此。"樂府横吹,莫問新鋪誰緑。白居易《日漸長贈周殷二判官》:"日漸長,春尚早。墻頭半露紅萼枝,池岸新鋪緑芽草。蹋草攀枝仰頭嘆,何人知此春懷抱。年顔盛壯名未成,官職欲高身已老。萬莖白髮真堪恨,一片緋衫何足道。賴得君來勸一杯,愁開悶破心頭好。"郵亭如故,不見去來。惟許閑人,免傷春意。

爲硯鄰作

削鐵師關同，蟹鉗師浩然，猶是牝牡驪黃相馬耳。關同即關仝，荊浩字浩然。別有蕭條難寫之致，隨分露一毫頭，因作洛下聲曰：不亦說乎。

題雙松

其根抱石，其針刺天，無端幻出影儼然。盡道歲寒留山川，忽聽風濤過耳曰：誰信此筆在天地先？不妨白紙，日生雲烟。若有人問妙染中如何得解脫法耶？袖手不傳。

題畫

米襄陽老來快口，烟雲供養。王安道老來自首，熟處難忘。王履字安道，明代名醫，工詩善繪。晚年嘗游華山絕頂，作圖四十軸，記四篇，詩一百五十首，爲時所稱。愚者曰："猶是別峰描邈，畢竟如何一句相償？"禿筆笑曰："如不可求，從吾所好。"《論語·述而》："子曰：富而可求也，雖執鞭之士，吾亦爲之。如不可求，從吾所好。"

雪中騎驢圖

古今冷擔子，盡在此驢背上矣。誰經盤嶺過寒關，且看半路青帘影。

懸崖遠覽圖

一覽江光，自爾超曠。若曰列子被伯昏所迫，吾不肯受也。《莊子·田子方》:"列御寇爲伯昏無人射,引之盈貫,措杯水其肘上,發之,適矢復沓,方矢復寓。當是時,猶象人也。伯昏無人曰:'是射之射,非不射之射也。嘗與汝登高山,履危石,臨百仞之淵,若能射乎?'於是無人遂登高山,履危石,臨百仞之淵,背逡巡,足二分垂在外,揖御寇而進之。御寇伏地,汗流至踵。"因詠曰:無事自高興,歸帆但信風。

扁舟洞口圖

古有伐木開道以游山者,何如漾舟入洞口耶?雖然,創獲之奇,游藩之逸,未可頡頑。子美《望岳》,自是愛惜退之眼淚耳。

松石圖

河陽新婦子,臨濟小廝兒。《古尊宿語錄》卷四:"師(臨濟慧照)一日與河陽木塔長老,同在僧堂地爐內坐。因說:'普化每日在街市掣風掣顛,知他是凡是聖?'言猶未了,普化入來。師便問:'汝是凡是聖?'普化云:'汝且道,我是凡是聖?'師便喝,普化以手指云:'河陽新婦子,木塔老婆禪。臨濟小廝兒,却具一隻眼。'師云這賊,普化云賊賊,便出去。"化作松與石,鑑湖重配之。

題蕭尺木畫

以乾筆枯線寫吳裝人物,故是尺木奇致。蕭雲從字尺木,號無悶道人,蕪湖人,明末清初畫家。忽見所刻《離騷九歌圖》,李昭道、趙伯駒,皆其衙官矣。李昭道,李思訓之子,唐代畫家,擅山水。趙伯駒字千里,南宋畫家。以較章侯《水滸》,艖沙蓬沓,寫磊塊爲何如耶?陳洪綬字章侯,紹興人,明末清初畫家。艖(zhā)沙,兩角翹起。蓬沓,長一尺的大銀櫛。蘇東坡《于潛女》:"艖沙鬖发丝穿杼,蓬沓障前走风雨。"人無大心,難脫瑣瑣。人無細心,一事不成矣。《蘐索轉關》,其中節奏,不差累黍。古樂府琵琶曲名。詎曰一撥剌聲,便以豪放名乎?

題望子閣帖《淳化秘閣法帖》的省稱。

此泉州馬蹏本,泐痕儼然。近日多衷一公翻本,無此泐痕也。可喜者適存右軍、大令父子數卷,深心此道者,豈復爲唐皇、米顚抑揚所齟齬耶?鐘溪望子,千里出游,携此不舍,意在繫表,外人那得知?何局局較泐痕爲?方熊字望子,《青原志略》卷前"與志書采訪者"有錄。

跋畫石卷

黑又白,圓又方。乾又溼,柔又剛。茸然毛,截然光。其枯若朽,其腴若肪。其落筆也,次第秩然有先後,而適還其無先後。其成品也,倫脊龕然分中旁,而實未嘗有中旁。將謂變化如幻,解脫三昧,卻又孚尹蔬理,條達成章。以爲輪囷渾噩,椎樸自然,卻又造化在手,裁成陰陽。止乎不得不止,行乎不得不行。官與神不須臾離,手與筆本自相忘。確乎宙輪宇矩,歷萬劫不曾移易。儼然析骨踐形,盡一生用其短長。何乃以一毫淡水,遂能破五色玄黃?永不落生死得喪,卻讓其指點徜徉。因悟立象盡意者,游戲物表。果然別峰藏身者,隨類逢場。或問浮廬愚者,畢竟是何意耶?信手舒卷,起而笑曰:偶爾偶爾,莫怪郎當。

題蒼莽粗豪幅

"或看翡翠蘭苕上,未掣鯨魚碧澥中。"蘭苕,蘭花。故有時如儲光羲幽映閒門,亦有時如韓退之盤硬雷硠,何必避鐵綽板而艷杏子衫乎？《吹劍錄》："子瞻在玉堂日，有幕士善歌，因問我詞何如柳七，對曰：柳郎中詞，只合十七八女郎，執紅牙板，歌'楊柳外曉風殘月'。學士詞，須關西大漢，銅琵琶，鐵綽板，唱'大江東去'。東坡爲之絕倒。"猶守一家，嗤點皮毛，且上此松，看駕浪去。

題韶秀蕭散幅

既掣鯨魚碧澥中，仍看翡翠蘭苕上。"上"原誤作"土"。此句倒用杜詩。業已櫓激瞿塘，自爾帆吞雲夢。九子皖公餐秀色，六橋烟柳醉春風。東坡以玉環消杜陵之瘦硬，致光以香奩消池底之悲涼。韓偓字致光，唐代詩人。下筆之先，無二致也。只是吳興小兒，莫強解事。張彥遠《法書要錄》卷二："陶隱居書如吳興小兒，形容雖未成長，而骨體甚駿快。"陽五伴侶，不得效顰。董斯張《廣博物志》卷二十九："陽俊之多作五言，歌詞蕩而拙，世俗流傳，名爲陽五伴侶，寫賣不絕。俊之遇於市，言其字誤，取而改之，賣者曰：陽五，古之賢人。君何所知，輕敢議論？俊之大喜，自言有集十卷，雖家兄亦不知吾是才士。"

題方解石

是誰割切方壺，來供荆關削鐵。荆關，荆浩、關仝。鑿翠鏟疊，或能過杜陵之九折。崩豁崖垠，何乃畏昌黎之嶄截？隨聲附和作飛鳧，早被此石笑不徹。

玲瓏石

是誰琢受具區波，泰山穿雷爲我磨。手摘大千還老圃，藕絲孔笑巖穴蠡。近來名園假山仿大痴，花卉玲瓏棄置之。山水家見汝皆攢眉，吾謂雅俗各有宜。世間好奇不知奇，多半爲文人指點之所移。噫！

潑墨疊崖

　　黑山鬼斧真怕汝，白衣蒼狗同什伍。玄圭沉玉堆卦畫，千年之璧出黃土。璧(yī)，黑玉。強爲混沌撐肩臂，頗笑烏鰂妄吞吐。烏鰂，即烏賊。將謂開簾放烟與潑墨有同別耶？守黑老子曰：可惜許。

雄踞石

　　"草中誤認將軍虎，山上曾爲道士羊。"此唐人王感化詩。"拔得水犀頭上角，變成鸚鵡夢中螺。"乃吾友汪子白句。忽然感憶，附記於此。

列指石

　　九華可望不可登，三山立海游不能。莫笑空拳迂秦漢，皇帝自娛加此名。窮崖突兀發奇夢，卓筆刺天天可升。我謂漆園龍門多畫出，世人碌碎信不曾。且莫驚，何不看韓昌黎自豎赤螭藤？赤螭，盤曲之松。且放平，何不看陶元亮細描《山海經》？

題黑石芝

　　誰獻水蒼玉，莫是山海礵。礵(sù)，黑砥石。黑墳蒸成菌，雷雨何神速。還有種識無，條達天然足。可謝北方帝，安置愚公谷。

穿漏石

輪囷不必入櫟社,磙砢不必附崑岡。以爲守黑,卻條理而白章。以爲砥礪,乃淡然如水蒼。自非鑿空,長居草堂。

擬雪浪石

高浪駕天輸不盡,頃刻青黃浮瀣厴。韓修武以之論文章,蘇和仲買作仇池頂。蘇軾一字和仲。甘露莊一拜難換,玉蟾蜍滴淚不肯。亦曰惟心所造,何以得忍也耶?波浪天下,笑必至矧。矧(shěn),齒齦。

鬼面皴

龔聖予以畫馬名,而又自題墨鬼曰:"未有不善真書而能作草者。"龔開字聖予,南宋畫家。竟謂墨鬼爲戲筆,是大不然。然則畫馬其真書乎?恐仍屬牝牡驪黃之見也。且看此石是幾十年,乃可信手爲之耶?即曰馬也鬼也石也,皆戲墨也,吾又何辭?

回字皴石

地出雲雷堆縫罅,蒙俱方相頷毛乍。蒙俱、方相皆神像名,面凶,驅疫用。聖予畫鬼當草書,東方曼倩何勞罵。寧歌少陵鏟疊嶂,勿引熊渠夜間射。熊渠,宮庭衛隊。若遇醉僧踞地樗寮題,定悟紙衣不借借。

題石寄玉田

　　是誰析得崑崙骨,洗濯江湖雲出没。昆明歷劫留蒼浪,漫説天根標月窟。天根指《復》卦,月窟指《姤》卦。邵雍詩云:"耳目聰明男子身,洪鈞賦予不爲貧。須探月窟方知物,未躡天根豈識人? 乾遇巽時觀月窟,地逢雷處見天根。天根月窟閒來往,三十六宫都是春。"朱子曰:"先天圖自《復》至《乾》,陽也。自《姤》至《坤》,陰也。陽主人,陰主物。天根月窟,指《復》《姤》二卦,乃是説他圖之所從起處。"寄與玉田懸高堂,磊磊落落生毫光。墨池別路足揮洒,信得青山白石披肝腸。

累圓石

　　聖人師萬物,毫毛有脊倫。方圓本同時,砂礫皆金珍。鍼鋒尖起甄陶鏇,崑崙背上牛毛皴。削鐵劈斧,諸家到此莫怪,今日是金粟如來大轉法輪。

縐爪石

　　仰祠石屋齊臨池,翠茸縐絺青玉肌,爪甲稜角鈎人衣。《青原志略》卷一"仰祠峭石"條:"寶壽過三里,有仰山。舊傳閻、謝諸仙游此,遂建祠以禱。平坡林立十餘片石,大似西湖小蓬萊。石紋甚細,有鋒鈎衣,穿穴玲瓏,與安成石屋、池陽齊山其類也。"吾嘗玩之,不能携歸。想成緑火盤雲飛,寒郊瘦島其遯肥,觀者毋怪人雕鐵。孟郊、賈島以詩風清峭瘦硬著稱。鐵(jī),鈎上倒刺。

群峰小屏

　　黄海雁蕩與武夷,未若桂柳陽朔奇。驂鸞劍鋩碧玉簪,平坡萬笏穿清漓。當時虞山命我寫其狀,李成郭熙摇手辭。虞山,代指瞿式耜。愚者投出鴻濛骨,幾年創作珊瑚枝。蹙縮蓬萊供盆几,傾湫倒嶽太兒戲。噫嘻,果何爲?撐腸挂肚休網碑,駢指會蕞真支離。會蕞,當作"會撮",椎髻也。《莊子·人間世》:"支離疏者,頤隱于齊,肩高于頂,會撮指天,五管在上。"

題石寄黎愧曾居士

陳後山云:"岱宗小天下,惟以石自奉。"陳師道字履常,號後山居士,北宋詩人。楊誠齋寫《石人篇》,周益公許其倒三峽、掃千軍。周必大《跋楊廷秀石人峰長篇》云:"誠齋大篇短章,七步而成,一字不改,皆掃千軍、倒三峽、穿天心、透月脅之語。"東坡曰:"我携此石歸,袖中有東瀣。"象耳禪師搥鼓舉揚之。瀣,同"海"。《五燈會元》卷十九:眉州象耳山袁覺禪師嘗語客曰:"東坡云:'我持此石歸,袖中有東海。'山谷云:'惠崇煙雨蘆雁,坐我瀟湘洞庭。欲喚扁舟歸去,傍人謂是丹青。'此禪髓也。"杖人銘:"性本不動,孚尹旁達。孚尹本指玉之色彩晶瑩透亮,比喻高尚純潔。黑白方圓,同時周匝。"今愚者寫此,於諸公還有過焉遺焉否耶?且寄我愧曾居士曰:晚對點頭,不妨怪供。黎士弘字愧曾,福建長汀人,順治十一年(公元1654年)舉人,曾任永新縣令、布政使參議等。

文孝貞述兩先生遺帖後跋

前幅爲先祖廷尉公泰昌庚申寄長溪諸條,後幅亦廷尉公霧澤軒敬業之訓。先父中丞公晚徑書與吾弟者,藏在鹿湖。德、通、履、發簡出之,浮渡之孤以智讀而嘆曰:竭致闇修,隨分一實,敬遜時敏,泯火于薪,此日用飲食之灌灌也。中德、中通、中履,密之三子。中發,方其義之子。竭致,竭其力、致其身之省稱。《論語·學而》:"子夏曰:賢賢易色,事父母能竭其力,事君能致其身,與朋友交,言而有信,雖曰未學,吾必謂之學矣。"廷尉公書法近過庭,中丞公筆勢似大令,手澤所存,見者感發,而況其子孫乎?不幸降喪,哀恫卒荒,風木遺音,一夜且五起矣。恫,痛。風木,喻父母亡故。因鉤上石,以付四男子,立于此藏軒面山之壁。

書桃源卷後

淵明《桃源記》,其無何有之大樹乎?其毘目仙人握手之故處乎?據《華嚴經·入法界品》,善財童子五十三參之第八參爲毘目瞿沙仙人。毘目告訴善財自己已得"菩薩無勝幢解脫",善財問何謂菩薩無勝幢解脫境界,毘目即伸右手摩善財頂,執善財手,即時善財自見其身往十方十佛刹微塵數世界中,見到諸佛之刹土、相好,聽聞諸佛之説法,一文一句,皆悉通達。坡云《記》言先世避秦亂,此則漁人所見,是其子孫,贅矣。又云殺雞作食,豈有仙而殺者乎?支矣。南陽菊水,青城杞根,武陵太守得而至焉,化爲爭奪之場矣。仇池九十九泉,仍作望梅止渴之藥可耳。蘇東坡《和桃花源詩》小序曰:"世傳桃源事,多過其實。考淵明所記,止言先世避秦亂來此,則漁人所見,似是其子孫,非秦人不死者也。又云殺雞作食,豈有仙而殺者乎?舊説南陽有菊水,水甘而芳,民居三十餘家,飲其水皆壽,或至百二三十歲。蜀青城山老人村,有見五世孫者,道極險遠,生不識鹽醯,而溪中多枸杞根如龍蛇,飲其水故壽。近歲道稍通,漸能致五味,而壽亦益衰。桃源蓋此比也歟?使武陵太守得而至焉,則已化爲爭奪之場久矣。嘗意天壤之間,若此者甚衆,不獨桃源。余在潁州,夢至一官府,人物與俗間無異,而山川清遠,有足樂者。顧視堂上,榜曰仇池。覺而念之,仇池武都氏故地,楊難當所保,余何爲居之?明日以問客,客有趙令時德麟者,曰:'公何爲問此?此乃福地,小有洞天之附庸也。杜子美嘗云:萬古仇池穴,潛通小有天。神魚人不見,福地語真傳。近接西南境,長懷十九泉。何時一茅屋,送老白雲邊。'他日,工部侍郎王欽臣仲至謂余曰:'吾嘗奉使過仇池,有九十九泉,萬山環之,可以避世如桃源也。'"公安似乎知之,然好以花事癉人艷情,得無誤執桃源縱盜耶?公安,指袁宏道。癉,同"膻",袒露。晚乃悔之,歸于平約。嗟嗟,今之以無何大樹、毘目故處,爲爭奪之奇徑者，淵明能不縐眉？

方竹杖銘[十則]

乘五雲，出空谷，可以環天下而藏軫轂。

動罔不宜，在《坤》之《師》。指《坤》卦六二爻。其辭曰："直、方、大，不習，無不利。"

登高臨深，惟汝不慄。環中四顧，惟汝藏密。

左之右之，惟爾卓立。四面風來，吹不入。

莫笑削圓，行地而天。

還四顧否？天地在手。

雷風恒，著一莖。《易·恒》："象曰：雷風，恒。君子以立不易方。"時止時行，惟直可以縱橫。

四不壞，一何在？日參前，立不改。

恒立不易，扶老勿恃。

方圓同時，惟爾中節。握手乘雲，周流無轍。

筇竹杖銘

空心者實，蹙頤而直。在山水間，善游以息。

竹根筒銘

雲雷笈，毫端立。

筆筒銘

參天游息，且立研北。

班竹根筆斗

舜林一斗,直立斯受。《山海經》:"附禺之山,舜竹林在焉,大可爲舟。"以風霜斑,逢擊節手。

腫木筆筒

擁腫如此,又空乃腹。且教人直立其中,亦享櫟株之福。櫟株,枯木或斷樹。語出《莊子·達生》:"吾處身也,若橛株拘。吾執臂也,若槁木之枝。"

斑竹詩筒銘[八則]

有筠無心,寄與知音。筠,竹子之青皮。
餉空有句,點點霜露。
信汝彬彬,寄懷故人。
且見一斑,袖中往還。
漏痕不欺,往回自知。
雲山幾點墨,天地一郵筒。
風霜班班,寓此閒閒。
汗青以報,握手一笑。

櫟株筆筒[二則]

斷菑爲容,無心而藏鋒。斷菑(zī),枯折之樹干。
裁此輪囷,廢而中選。讓直立者,藏身弄眼。

竹根盤旋銘[二則]

方圓同際,月許規輪。光天中地,節取時因。

山空羡圓，理根有節。環中見天，是神手得。

旋銘[三則]

命地承天，古輪知始。定位恒圓，主賓時此。
在未有先，將何爲問？界地剖天，常歌時定。
片雲立日，輪空指掌。見門入室，真風始賞。

竹根盤銘[二則]

剖雷丸，奉一拌。雷丸，寄生于竹根之物，可入藥殺蟲。
節錯根盤，以承則安。

大理石盤銘

惟平素，可以載。其孚尹，無内外。孚尹，玉石之色彩。

竹根鉢銘

通身金粟，不畜一粒米而無不足。

梡嶡

出土雷文，安哉以熏。雷文，同"雷紋"。雷電形狀的花紋。

枬木案銘

不必其爲梡嶡，不必其爲洞案。梡嶡（kuǎn jué），祭祀時陳放犧牲之禮器。洞案，安設香爐之幾案。何以報之？雖渙奔而居玩。斷甾致此，無羨無畔。羨，歆羨。畔，畔援。聊承爐以上歆，不覺嗒然而嘆。上歆，鬼神享用祭品之香氣。

枅板銘

交讓之木，裁版胖合。任昉《述異記》卷上："黃金山有楠樹，一年東邊榮西邊枯，後年西邊榮東邊枯，年年如此。張華云：交讓樹也。"可以爲蓋，可以爲夾。雖置一方，而用也周匝。藏書時展，問則不答。

戒尺銘[四則]

第一作得主，不被物轉。知其用處，可以舒卷。

維直以方，風吹不動。周圓合宜，隨時應用。

可按可切，常裕而不設。大巧若拙，用過無轍。《道德經》："大巧若拙。"又曰："善行無轍跡。"

得此而用白黑，吾信其直。

赤心文木戒尺銘

赤心結實，裁之斐然。過此正定，當我案前。

荔枝瓢銘

瓠落誰剖，常挂樹否？《逍遙游》："魏王貽我大瓠之種，我樹之成而實五石，以盛水漿，其堅不能自舉也。剖之以爲瓢，則瓠落無所容。"瓠落，闊大貌。蔡邕《琴操》："許由無杯器，常以手捧水。人以一瓢遺之，由操飲畢，以瓢挂樹。風吹樹，瓢動，歷歷有聲。由以爲煩擾，遂取捐之。"卷曲信天，且伸一手。

木如意銘[二則]

非蛇非龍，不求先容。

紫芝不朽，天地在手。

圖章銘

大圜内，伏羲説。印方填，同而別。圜喻天，方喻地。介如石，方寸鐵。安名字，裕不設。篆秩秩，手切切。無首尾，隨巧拙。赤日光，露霜雪。當其初，歷然墨。實藏虛，泯白黑。問何人，卦之德。《易·繫辭上》："卦之德，方以智。"此藏軒，兩間塞。琢磨畢，平四克。《尚書·洪範》："彊弗友，剛克；燮友，柔克。沈潛，剛克；高明，柔克。"是謂四克。善藏刀，養其直。時屈伸，恒自得。傳古今，識之默。

令升紅黃圍帶硯銘

黃流在中，而周四維。不一不二，判此者誰？

硯銘[九則]

信古下帷，天地臨之，毫不可欺。

磨之不動，古今奉重。

善耕此田，臨池如淵。

鈍以爲鋭，賴汝礪。

煉欲何補，一窗雷雨。淬天地于此池，享山中之太古。

苟況賦鍼，言其先引而功成不見也；賦鑷，言其舍身利世也；賦雲何爲乎？愚者曰：筆先引而功成不見也，墨舍身利世者也，硯何爲乎？此可以悟三不離，而處閒用物者之起乎動靜矣。雖然，讀天地之書者，方能享此。徒爾閒中消日耶？彼不答而熟視。

閒無事而有事，青相視。

遇方寸鐵，裁成水臬。天山誰識青花，且作龍蛇斷碣。_{文天祥詩有"斷碣偃龍蛇"句。}

研之不已，我心乃洗，其介如此。

附録一

膝寓信筆

　　浮山愚者流寓白門,僦居城南,迻而城西,土人呼爲鐵獅子宅,茅止生之舊居也。茅元儀字止生,明末儒將,著有《武備志》等。軒堂灑落,複道逶迤。旁有曲徑,疊石爲隴,有花樹扶疏其間。室三五,足容書榻,顔曰"膝寓",取容膝乎!妹夫孫克咸,與我爲鄰。周農父隔一二巷,笑曰:"君自歌瑯琊,寓適居此中,可以同觀大略矣。"舅氏吴子遠適來,書我兩柱曰:嘗與天下士,笑讀古人書。集達夫、摩詰句。[子遠名道凝,農父名岐,克咸名臨。]

　　克咸挽弓百二十斤,馳馬中鵠,罷即促尊倚紅聽曲。酒後耳熱,輒自談兵,以手賁燭焰而誓曰:"吾他日不能將十萬兵,有如此指。"衆皆壯之,不能不笑。其詩最工,初類文房,後喜温、李,其骨則杜也。劉長卿字文房,温、李指温庭筠、李商隱,杜即杜甫。舅氏亦集一聯贈之:安得壯士挽天河,且與少年飲美酒。前句出杜甫《洗兵行》,後句出高適《邯鄲少年行》。

　　周農父,温克長者,蒼嶼左公之内弟也,老父請爲吾弟之師。温克,温和謙恭。蒼嶼,左光斗號。早服勝牡,有自得處。勝牡,道家養生術,以静制動之意。嘗坐塾中,朋好游宴,皆所不與。人與對坐,浮氣自消。一日閒敘,遂成一長五言古詩。農父曰:"所期者,漢傳騷雅之後,其曹、阮、陶、杜乎!此則永叔、子瞻之所擅也。昌黎生割，取其莾蒼耳。"愚曰："且暢吾懷，意有所至，何暇更擇？"因舉《悉索》之二曰："久坐且散步，東風撰良辰。後園呼老叟，與之出城闉。路逢一貴客，僮僕隨車輪。多敘長安交，云是朱門親。余心雖笑之，然以爲上賓。老叟呼我飲，不問何如人。"又曰："薄田數百畝，連年屬煙塵。家僮復乾没，九月不食新。鄉里故舊至，一飯飲以醇。嗤我何鄙吝，憐我何苦辛。望君者甚多，不但君家親。自恨不巨富，又恨不赤貧。巨富可結客，赤貧可謝人。"農父曰："又成一格。"

童僕謡曰："何事主人門，四方多知己。隨車往復還，一日數十里。"南都寥遠，過客見顧，有來必往，又當飯之，毋乃太勞？謹白箋曰："凡答拜，期以十日，幸勿見責。"郄甚則閉關，一年之中，閉關三月。郄，同"隙"，閒暇。

吾郡阮堅之先生，每日讀書有課。雖宴客演劇，彼自翻書。余則以囊自隨，車中亦可展卷。其有所考，托一友爲之，積日而以語我。

永社十體七言，近體百韻，一日成之，亦雄矣，偶然鬥寶游戲耳。今年克咸贈李臨淮七律百韻，工麗絶倫。李元素，明開國功臣李文忠后裔，襲封臨淮侯。劉無疆見余上范大司馬六十韻，面逼余成四十韻，則事在讀書人，不奇也。若以論詩，詩不係乎此。然長篇章法次序，轉折不亂，而韻老詞新，流利不複，大非容易。如元白五言律，百韻則重字甚多矣。子美、義山徘律，故是能手。王麟洲曰："必空拳而當萬人乎！轉法華，不爲法華轉。使事之妙，不可言傳。"王世懋字敬美，號麟洲，王世貞之弟。唐子西曰："時忌博聞，率談道以自飾。"唐庚字子西，宋紹聖年間進士。元暉曰："安能蘊其才智，使蘭艾不分？"元暉，似指米友仁。元美曰："少年且讓開花，老自葉落耳。"王世貞字元美。農父曰："游戲則可，驕人則病。"

全州滕伯倫甚豪，寓桃葉渡河房，挾馬生度曲。滕之倫字伯倫，廣西解元。每夜宴客，有索頭斝，輒盡數十斝，則自歌其詩，詩既險峭，聲又悲激。斝(jiǎ)，酒器。索頭，南方對北方異族的蔑稱。屬予作歌，爲浮一斝，據紅罽書之，不屑李費、張憲之和鐵崖也。罽(jì)，毛織物。楊維楨字廉夫，號鐵崖，元末明初文學家。其《鐵崖古樂府補》卷一有《月氏王頭飲器歌》，下附張憲和李費的和辭。每書一行，伯倫爲一叫絕，響振秦淮。游船過客，皆駢泊而驚視此大叫者何爲。

　　臨淮侯李元素，能詩好客。三十初度，宴會瑤華堂，詞客凡百余。歌舞既罷，共立前臺上，限韻先成者坐第一坐，不願者立臺下觀。余詩先成，元素圍紅妝，以玉觴觴我。堂中雷鼓催詩，詩次第成者十五人，可謂豪舉。

　　拜表忠祠，吾五世祖斷事伯通公在焉。公諱法，中洪武乙卯科應天鄉試，正學先生門人，爲四川斷事。靖難時沉江，吾祖魯岳公上請入表忠祠，後以大理卿封。蜀藩立祠成都，王爲賦詩，群公和之，是爲《錦江燕詒錄》。聞朱白民好談遜國時事，將以貽之。朱鷺字白民，吳江諸生，著有《建文書法儗》五卷。感念祖德，敬書長律一篇。

　　丁菡生，年家弟兄，爲其嫂氏求予仲姑清芬閣白描大士，并送其所藏丁雲鵬諸像。超宗亦致鄭千里諸稿，祖堂水陸是其筆也。貫休羅漢，皆一臨之。仲姑素以家藏李龍眠《過海揭鉢五十三參》爲法，艱於着色，故止白描。嘗曰："所難者，吳道子一筆圓光耳。靜坐作觀，久乃落筆，吾以棲吾神。"

　　仲姑爲姚心甫侍御之嫂，十七而寡，大歸依母，居清芬閣，憐我喪母而撫教之，有《宮閨詩選》《清芬閣集》。姚孫棨字心甫，桐城人，天啓二年進士。伯姑歸張鍾陽方伯，亦能詩文，有《紉蘭閣集》，故世以二閣稱云。張秉文字含之，號鍾陽，桐城人。萬曆三十八年進士，官至山東左布政使。后抗清陣亡，其妻方孟式亦投水自盡。自甲戌桐變，仲姑奉大母來南都，老父爲父老遮留在邑。崇禎七年（公元1634年）八月，桐城人汪國華、黃爾成結寨造反。事變卒起，疑忌繁興，外支持，內奉養，智性疎散，不知事事，言語過失，多不能免，賴有仲姑提撕，是小子之幸也。伯姑山左寄書曰："汝父向爲名職方，頃年靖變退賊，不憂不起官，正恐談兵是沙場戶耳。吾侄讀書，講求實學，何徒苦吟痛飲耶？天分無限，正當塵務經心。"

歸葬先姒宜人吳太君於浮山，浮山皆巖洞，而北麓爲面土岡，環繞曲尺峰下，暗迎湖水，蓋廷尉公所卜者也。小子十二喪吾母，今二十五，頭顱如許，未有寸進，愿留封碑，以待異日。每捧《黻佩遺集》，淚沾襟袖。先外祖恢復浮山道場，吾母布金爲多。今歸於此，當得讀書巖上，謹棲一冬。業已流寓白門，安得不往返僕僕乎？修丹邱之三洞，連野同於海島，是異日之志也。

楊龍友有園在馴象門外，賽虹橋西。野色芊眠，鍾山聳翠，遠嶂其北。長干之塔，雨花鳳凰山之喬木，靄黛其東。敞軒臨池，松柳環之。曲檻長廊，與荷香相展轉，勝地哉！龍友有晉人風度，善畫山水，落筆最秀。余請其旨，曰：鬆。

龍友《游山記》曰："有得不欲失者，人情也；有得必有失者，天道也。清福錫之上帝，盈忌偏深；飲啄隨之一身，流行自衍。吾身亦天地之拳石，隨地置之；吾身亦天地之涕唾，隨遇安之，豈特山游也哉？"余賞其語。

五月十三游燕子磯，金陵俗也。是日與楊龍友、鄭超宗駕卷篷往，孫克咸以王月生至，李大生、朱大方舟適合。酒一再行，朱生倚簫爲度一曲。王生爲觥錄，事苛律。龍友、超宗苦不能嚼，許以畫償。朱生曰："糾官受賂燕子磯一幅，當予出首者。"共笑曰:"且上燕子磯。"磯踞江流,古松欹立。長亭爲游人所席,雜沓叫號,是將作《清明上河圖》耶？寧罰酒耳,乃逐宏濟寺。寺後傾崖如郭熙手,一窗可坐,超宗下筆,雪屑有聲。郭熙,北宋畫家,工山水。少頃,黃鶴山樵出矣。黃鶴山樵,元代畫家王蒙別號。龍友作《燕子磯》,群松石磴,煙潤秀媚,兼倪、黃而爲之。克咸曰:"是有命在,能飲十斗者持去。諸公散步,已屬大力者趣矣。"克咸取觶見責,愚畢之曰:"以一爲十,將軍舊例。"觶(zhì),酒器。以詩償畫,兩生許矣。遂歌一絶:"山水逢場待笑看,玉簫一曲一壺乾。盡教雙鳳啣將去,不礙旗亭壁上觀。"是夕也,諸公狼藉方舟中,余獨息於山閣。乍陰,忽風轉之,月出崖上,江光潋灩,睜目坐對良久,自賞此一幅,更在楊、鄭之上。

　　超宗作雪朝蘭社,集諸名家於從叔子岡宅。龍友後至,秉燭作一古幹屈強,其下生蘭,前未有也。因爲賦一長歌。

　　完德、子岡,全用鈎勒。鄭完字完德,鄭重之子。超宗鈎花與莖,以飽墨作葉,曰趙子固法。趙孟堅字子固,南宋畫家。

　　鄭赤符有力千斤,今雖隱山中,頗率土人殺賊無數。老父之再守城也,自山中突烽火入城,真壯士也。當事欲用之,不肯應。忽聞其逝,哭之以詩曰:"雄劍無生氣,雌風吹死灰。"

　　今年老回回諸營,往來潛、桐,一年圍城三月。潛,潛山。桐,桐城。何相國醵餉,請師以援之。何如寵字康侯,桐城人,崇禎朝歷官至户部尚書、武英殿大學士等。老父適在桐,小子與克咸急裝北渡。適黃將軍先鋒至,城中衝出,大破賊,斬級無算,此連年江北之第一大捷也。當和州之破也,南中咫尺不能救,徒張皇上城,夜懸燈於女墻。若官軍追賊,豈至殘躪中都明樓哉？

　　道鄰史公,五日一肉,而發奸摘伏如神。史可法字道鄰。鄉市村落之間,或醫或卜,或急裝,或麻帽,咸傳以爲乃公,奇哉。

連年與賊對壘,幾危再三。近日亦困於潛,得黃營至而解。議設皖撫,以公任之,此舉公道。

老父來南都爲大母壽,令兩孫歌詩。大母述明善、文孝兩先生少小艱苦發憤之事,今因賊亂,移家江南,草次即安,勿復求備,世且多事,宜習勞苦,克勤克儉,不自滿假,不可一日忘也。方學漸,私諡明善。方大鎮,諡文孝。滿假,自大。

蜀孝廉高守恒,有才使酒。同里范宗伯醇敬,構陷死罪。范醇敬,四川嘉定人,官至禮部侍郎。老父在嘉,銳身雪出,臬司関公夢得讞活之。今梁平叔來,言其後嗣貧苦能自立,爲之欣慰,重寫《四重行》一卷寄之。平叔,亦老父本房門人。[四重,法子雲也。詳《環中集》。]

覽黃巢本末,劉巨容曰:"朝廷好負人,不如留賊以爲地。"劉巨容,唐末名將,《新唐書》卷一八六有傳。今賊日蔓一日,誰是劉巨容,能一創而留之者?事大可傷。

何次德以紙屬余書其堂對,因集唐詩"三顧頻煩天下計,兩朝長在聖人前",相國甚喜。何亮功字次德,桐城人,順治十四年舉人,何如寵之孫。三顧頻煩天下計,出杜甫《蜀相》。兩朝長在聖人前,出沈佺期《再入道場紀事應制》。

我祖廷尉公教人作文,以辭順意達爲質。叔祖户部公時取《左》《國》《史》《漢》而咀嚼之,安石師傳堅之阮公之指亦然。《六經》而下,《莊》《騷》適變。《史》《漢》敘事,八大家衍之。子華曰:"不離於中之皇焉爾。"《子華子·執中》:"是故誠能由於中矣,一左一右,雖過於中也,而在中之庭;一前一却,雖不及於中也,而在中之皇。"錢太史曰:"《史》《漢》,正局也。《晉》《南北史》,變局也。人心好變,文運初剽班、馬,再變而子,又變而佛,牛鬼蛇神,争出爲政。於是目班、馬爲芻狗,詆書、史爲無奇。辟之雲擾之代,莫適爲主。久之而清言遞起,無論房玄齡《正史》不入魚腹,即《世說》《語林》半供殺兔。又久之而漸綺也,則李延壽《南北史》之作,稱艷史矣。"張元長曰:"近世好詆濟南,如笑子雲以艱深文淺易。不知言子雲者,必真見子雲之爲淺爲易,歷歷可揭示人,而又自能滔滔汨汨,不艱不深,以成一家之言,可以俟後之作者而不惑。然使後世有子雲,猶未必其言之盡是也,今之人何鑿鑿也?嘗覆按其人之文矣,鼓掌盱視,自喻滿志乎,則未有不爲險句累詞,又何嘗不顯然出於濟南而無所顧忌?猶曰文須獨造,安能爲昔人所嘗爲?今之人何鑿鑿也?"老父曰:"文以析理敘事紀物,此外則溢言偏詞,曼衍遣放耳。典故爾雅,所以遠鄙倍,觀其深也。不學無識,浮躁任氣,安得不空疏以爲靈,漁獵以爲怪耶?"智以爲才自天分,各有獨至,終不能忍。然如此者,已屬間出。學識養氣,是士子所當自造者,不敢不勉。

陶周望與弟君奭書:"今人不曉作文,動言有奇平二轍。吾論文,以内外分之。凡自胸膈陶寫出者,是奇是平,爲優。從外剽賊沿襲者,非奇非平,爲劣。骨相奇者以面目,波濤奇者以江河。風恬波息,天水澄碧,人曰此奇景也。西子雙目兩耳,人曰此奇麗也。豈有二哉?"陶望齡字周望,號石簣,萬曆十七年(公元1589年)進士,官至國子監祭酒。其弟奭齡,字君奭,號石梁。安石師曰:"博約作述,皆此一心,何内何外?合今古而陶鑄之,無奇無平,亦不妨有時奇、有時平也。陶所言,逼人深入自得,平即是奇。如其不然,以鄙倍杜撰爲出自胸膈,而詆好古考核爲剽賊沿襲,何異嗤先王禮樂爲芻狗,而甘爲魑魅者乎?"

子長曰:"其言不雅訓。"孟堅曰:"函雅故。"《傳》曰:"言之不文,其行不遠。"虛舟子曰:"里老皆能歌,所貴於成章九奏者,爲其中節也。"臥子曰:"雅人天下稀。"

壬申游西湖,遇陳臥子,與論大雅而合。熊伯甘公車過桐川，亦舉宮聲。徐巨源在沈崑銅處，見賞"北風吹微雨"，寓書商搉，各取古人之長。沈士柱字崑銅，號惕庵，蕪湖人。癸酉，晤陳士業、張爾公於南都，始知學各有所從入，豫章之響，亦有草木絲竹焉。愚者反視，數年以來，不無變調，蓋一人一時亦有草木絲竹焉。卧子有"楚風今日滿南州"之句，豈指豫章哉？一變而趣，趣則日下，自有救之者。救之太甚，自有救救者。曹能始曰："詩如書者、奕者、謳者，若無傳授，任一己聰明，則必趨於邪路，終身不能精進。然稍就規矩，效法古人，其難乃若登天。伯敬《詩歸》，病在學卓吾評史。評史欲盡，評詩欲不盡。"曹學佺字能始，侯官人，萬曆二十三年（公元 1595 年）進士，曾任四川按察使。唐王時授禮部尚書，自殺殉國。范仲闇曰："自《詩歸》行，無一人敢向伯敬言，誤伯敬不小。伯敬好裁，而筆下不簡，緣胸中不厚耳。內薄則外窘，遂有繃曳之病。"愚者笑曰："木有癭，石有鴝眼，皆病也，而人好之。惟病則異，異則奇。元之輕，白之俗，郊之寒，島之瘦，賀之鬼，何往不然？然古人各有其時、有其地、有其致，不知其然而病。今人專襲古人之病，則怠學而自便耳。以《世說新語》爲道，以帖括評語爲詩，莫便於此。"

　　李端叔曰："作字詩文，初必謹嚴。造語須有所出，行筆須有所自。涉前人轍跡，則爲可喜。久之，語以不蹈襲爲上，字則縱橫皆中程度，故能傳世，自成標準。"

　　永叔不喜杜，而喜韓、李。介甫以杜爲第一。山谷不滿坡詩，坡亦不滿山谷。山谷贊淵明，而楊龜山取陶如孔門伯夷之說，大家則杜也。吳華、劉道原皆病呂居仁之宗派，陳無己謂退之於詩本無所得，而張戒以杜、李、韓并尊。果是其人，成一家，亦各從所好耳。都邑川原至安也，奇必在峻峰崖瀑。野苑溪亭至逸也，終不可廢臺閣寢廟。

讀吾祖所刻《陽明錄纂》,語皆切近,不可以舉業爲學,亦不礙其爲舉業也。小子未敢談道,每事但行其心之所安,率真毋欺,切忌僞飾。高曠之語,且以遣放焉耳。津津以排突聖賢爲新奇、爲豪雄,是將誰謾?

仲尼"不爲已甚",老子曰"去泰"、"去甚"。大不近人情事,若非上古至人,或有殊慕如仙舉耳。不然,必有所不得已。不然,吾疑之矣。莊子言無情,惠子迫之。莊子曰:"所謂無情,謂不以好惡内傷其生。"然且不能無已,幸有詩歌足以自消。孔子曰:"我歌可乎?"歌雖悲,心則寫矣。必使反之,而後和之,正可陶情。

"驚心生死三年淚,次面平安一紙書",梅朗三詩也。天才風逸,爲人溫厚,向在周仲馭署齋深談,相期甚遠。近聞其大病,當是飲酒過度,體肥多痰,吾甚憂之。_{周鑣字仲馭,金壇人,崇禎元年進士。}沈眉生來,言少差又豪,未必節養,因寫道書一段,相寄珍重。

周仲馭近益好學,躬行下士,爲貧士之舟航,真難及也。自奉淡薄,特挽封靡。眉生出門數百里皆徒步,如何可學?

"市井得官爭伏闕,公卿持論亦從時",孩未伯爲之擊節。_{方震孺字孩未,萬曆四十一年(公元 1613 年)進士,密之族伯父。}然誠余曰:"俺詩十首,大非諸生所宜言。即以詩論,勿恃老杜,且用王、孟何如?"俺詩,激切詭異之詩。

麻孟璿集古逸詩,屬余序之,宛陵諸公勤矣哉!余輩僑寓白門,終爲宴飲賓客,玩愒過半,學業不就,固其宜也。前言詩紀中,刻一弓爲一弓。包衡曰:"《説郛》用道書之弓,容齋用佛書之則,黄長睿以弓爲古卷字。"_{包衡字彦平,秀水人,著有《清賞錄》。}余又見篆函作"弓",因悟ㄅ音糾,而升庵讀爲周耳。八米語,昨見吳虎臣作白八采名,近是。《通雅》卷五"八米當是八采"條云：" 姚寬《西溪叢話》曰：'八米，關中語。歲以六米、七米、八米分上中下。北齊盧思道，文宣帝崩，文士各作挽歌，魏收、陽休之、祖孝徵不過一二首，思道獨有八篇，時人稱爲八米盧郎。'唐張祐寄載詩：'少見雙魚信，多聞八米詩。'智按：吳虎臣以孔毅父《續世說》載北盧思道此事作八采，又以五木戲其八爲珉采，王采之中有采曰白，因謂之白八。近時姚寬蓋臆說也，而今之《古詩紀》仍刻《西溪叢話》。"考究之事，不妨互進。溫公謂正叔曰："辨證古人誤處，當兩存之，勿加訛訾。"升庵、元瑞、元美，可以爲資。有所疑，且記之，不又忘矣。物惡其棄于地也，不必爲己。有力，惡其不出于己也，不必爲己。

或謂鄭端簡《吾學篇》有褒無貶，其所聞異詞乎！鄭曉字窒甫，浙江海鹽人。嘉靖二年進士，官至刑部尚書，諡端簡。觀其《今言》六卷，是非井井，侍御彭宗孟始流布之。焦太史《獻徵錄》、弇州《史料》、尹守衡《史竊》，可合存以備考。"守"原誤作"起"。《千頃堂書目》卷四："尹守衡《明史竊》，一百七卷。"

陸游《南園記》《閱古泉記》，皆爲平原韓侂胄作。倘其時或容有不得已者耶？拱璧之瑕也。因此并嫌其詩，難免王述之踏雞子。《世說新語·忿狷》："王藍田性急，嘗食雞子，以筯刺之不得，便大怒，舉以擲地。雞子於地圓轉未止，仍下地，以屐齒蹍之。又不得，瞋甚，復於地取內口中，齧破即吐之。"

白白齋《貨殖傳評》曰："古帝王將相之烈，雖無太史必傳。而獨貨殖諸人有聞者，太史力也。子雲削之，孟堅斥之，而後知傳貨殖者，固諸人之聖書也。諸人骨與貫俱朽矣，今之尊其教者，皆諸人之子孫也，則太史之子孫，不當食報于此輩耶？"姚康字休那，桐城人，別號白白齋。又曰："朱公長子知財所從來，故重棄財。少子不知財所從來，故輕棄財。乃朱公亦知財所從來者也，何以能棄？然則朱公之貨殖也，殆支公之馬、阮孚之屐歟？"《世說新語·言語》："支道林常養數匹馬，或言道人畜馬不韻，支曰：'貧道重其神駿。'"《晉書·阮孚傳》："或有詣阮，正見自蠟屐，因自嘆曰：'未知一生當着幾量屐？'"石塘子曰："卓吾謂王戎隱于鑽核，而伯敬訾之，毋爲鄙人護法。《世説新語》稱王戎有好李，賣之，恐人得其種，桓鑽其核。李贄論之曰："一介不與，是以鑽核。一介不取，是以數百萬不受。伊尹之教也。道學先生口實之矣。"若使欄牛果慕《法言》，能免後世太史不爲護法耶？《論衡·佚文》："揚子雲作《法言》，蜀富人賫錢千萬，願載於書，子雲不聽。夫富無仁義之行，圈中之鹿、欄中之牛也，安得妄載？"子長傳貨殖，與莊子《盜跖》同旨。正言若反，直洩世人之秘，正所以繼《春秋》也。"

稽古之堂，忽有所得則録之，有所疑亦録之。物之難記而待考者録之，相知之言善者録之。久而帙，周子見過曰："樂哉！無意爲文，其文至矣。"愚固不知其何以樂，愚固不知其何以文，物如其物而止耳，事如其事而止耳。浮夸弔詭，都不欲襲之。人自有其性情面目，無所假于人，聊足以爲消閒之具。覽者如見其狀，不覺鼓掌，蟬抱高枝，飲露而吟，本不自意入人之耳，洋洋然樂也，因以爲蟬樂。

半山園在皇城之東北，荊公札請顏報本寺求俞清老出家住持者此乎？黄山谷《書贈俞清老》云："清老，金華俞子中也。三十年前，與余共學於淮南。元豐甲子，相見於廣陵。自云荊公欲使之脱逢掖，著僧伽黎，奉香火於半山宅寺，所謂報寧禪院者也。予之僧名曰紫琳，字清老。清老無妻子之累，去作半山道人，不廢人俗談諧，優游以卒歲，似不爲難事。然生龜脱筒，亦難堪忍。後數年，見之儒冠自若也。"或曰：非其半矣。園有回塘，石磯斜踞水中，蓋鍾山之趾也。城南賈氏園，亦有天然石骨，陂陀入池，長三四十步，蓋鳳皇臺之趾也。大抵城中淵澄登頓之處，以烏龍潭爲第一。唐宜之、丁菡生皆宅其上，閒坐水閣，竹樹交影，何異印渚曲阿？

倪雲林曰："復以憒憒，從彼楱楱乎？便命扁舟，寓村落中，調氣靜坐，得以少抒其中磊磊者。司馬子長、蘇長公，悲世憤俗，有不勝其哀。後百世而不及見古人，則求古跡，觀以自解。"愚者曰："登廣武，過黃公壚，不增悲嘆乎，不如與酒徒飲。"《晉書·阮籍傳》："時率意獨駕，不由徑路，車跡所窮，輒慟哭而返。嘗登廣武，觀楚漢戰處，嘆曰：時無英雄，使豎子成名。"同書《王戎傳》："嘗經黃公酒壚下過，顧爲後車客曰：吾昔與嵇叔夜、阮嗣宗酣暢於此，竹林之游亦預其末。自嵇、阮云亡，吾便爲時之所羈縶，今日視之雖近，邈若山河。"

古道湮矣，閭井少年稱之曰善則厭，稱之曰惡則喜，此不可解也。陳普曰："天下有不善之善，其始如鸞鳳，其後如豺狼。"陳普字尚德，福建人，南宋學者。是何所指，人可不自慎諸？

蘇穎濱《楚九曲亭記》曰："方其得意，萬物無以易之。及其既厭，未有不洒然自笑者也。"蘇轍號穎濱遺老。《蘭亭記》曰："欣遇暫得，不知老至，倦則感慨係之。"將謂穎濱之自笑，優于右軍之感慨乎？

沈公獻過曲，宗梁伯龍。南曲曲牌，除引子、尾聲外，統稱爲過曲。余爲詢唐宋二十八調，今雍熙存《九宮譜》，南曲止十三調，何也？彼亦不知。其論者歸韻以德清，合《洪武正韻》爲主，如此而已。一日，同王衡之昆仲演鳳摹寫，如太史公手筆修本鬼哭，余竟爲之大哭。

《珊珊集》盛傳詞皆强湊，甚矣才之難也，苦于務頭合譜耳。《珊珊集》，周之標輯。《通雅》卷十九"部色教坊稱也"條："教坊有部頭、有色長。升庵曰：'周伯清誤呼部頭爲務頭，可笑也。'按今《九宮譜》有務頭，言填詞之法，非呼人也。其説施俊語亦非，蓋謂其發聲處，當用陰陽字之類。"袁令昭自嫻此道，其"西樓江兒水舞榭，歌臺熏蘭麝依嘯"，餘譜以六十日夫妻恩情斷爲案，余嘗言其非是。琵琶兩江兒水，其一曰"眼巴巴望得關山遠"，若準前式，何不云"望得巴巴關山遠"乎？務頭，其發音陰陽等字是也。但曰偶對，施俊語于其上，何名務頭？

范質公先生招同王在明、鄭超宗後堂小集。范景文號質公，王都俞字在明，鄭元勛字超宗。公曰："謝安石既任國事，賓從如雲，游燕不輟，是何道而閒至此？"王在明曰："賭墅棋盤有先著，東山絲竹自優游。"公曰："安知非旁觀之助耶？"超宗作畫冊二十幀，皆取公詩句而寓其意。內有《賭墅圖》，則其叔千里筆也。

王在明言梅惠連、劉濟甫甚念"江山新落葉，風俗舊悲秋"之句，然陳臥子詩有"邊關新堠火，風俗舊悲歌"之句，不知誰脫誰骨？愚曰："弓影劍花，太白自襲。東坡直用子美之句。當其意到，原不相及。"

侯廣成吏部，集同人于洪武岡東之園。侯峒曾字豫瞻，號廣成，蘇州嘉定人。天啓五年（公元1625年）進士，曾任南京吏部文選司主事等，後抗清殉國。太平盛事，諸部寺各有游燕地，猶唐曲江吏部園獨深折，古樹婆娑。南曹本閒，侯公意致甚閒，固以枕藉山水爲樂者也。明聖在上，天下有事，公何以得閒？范仲闇詠濂溪句曰："是處塵勞皆可息，時清終未忍辭官。"想見古人平實，其致愈深。

曹根遂年伯樓上觀東坡破硯、翡翠花觚、商金天雞、注漢蟬文巵、鏤銅鷗夷榼、幽山罍、漢玉合巹杯。杯並立而向下，有孔相通，不知碾工初用何法？榼（kē）、罍，酒器。罍綠易得，觚翠欲滴，甚難得也。倪、黃、沈、文畫片，各有其致。因以黃爲太白，倪爲浩然，沈、文爲老杜，亦足一笑。堂上列環屏三十六扇，高秋甫點染花卉，以摩詰《雪蕉》終。《畫史會要》卷四："高陽，字秋甫，四明人。善花鳥，畫石極精。"四時行焉，苟以寓興，謂區董爲雪蕉也可。匫（hū），古器。

阮長子飲客，以提梁卣盛肴，以周三足盉其蓋，皆三環。卣（yǒu）、盉（hé），皆酒器。啓其蓋，仰置案上，亦可以授具。愚者曰："定滘所沾，當各以銀膽緣其裏，不然不如窰器。"滘（qì），陰濕。

同鄭超宗、千里、完德觀吳充符珍藏黃大癡畫。周傳于、吳宗道處見之，有楊鐵崖題詩，王逢、趙鎮和之。又一幅溪堂秋樹，崖石兩層，以大遠山襯之，倪雲林題云："子久雖不能夢見房山，要亦非近世畫手可及。"何其狂也！雲林一幅，有顧敬、高啓、張羽、呂敏、王行、俞允、卞同、陳則、金震題。高彥敬尚書《夜山圖》卷，有趙孟頫、虞集、曹山雄覺、鮮于樞、盛彪、湯炳龍、姚式、屠約、周密、仇遠諸公題，金華吳福孫又跋。從吳門申氏轉歘吳氏，蓋異筆也。以無濃墨苔，遠近兩重，皆次第淡，故顯其夜月耳。石田仿倪迂皴法，老秀非時人所造。唐伯虎《延陵挂劍圖》半工文甚，諸畫冊不能悉記。鼎彝玉器，留俟他日。小酌肴核，皆宣嘉窰。深者官汝杯，成五色也。几上一宣銅魚，耳藏金色，望之爛然如生，水雲實無所加其上。

文信公筆跡《書邳州哭母小祥》及《亂離歌》六首，寄妹以示其妻妾柳女、環女。史官河東張翥曰："公歿已久，家人理篋，得爛紙，公之子季境適至，識爲信公書，豈非神護之歟？今爲本齋王公所藏。"陳方子貞云："淮陰龔開，議公不當出使。時國亡在咫尺，焉計尋常哉？"龔開字聖與，同陸秀夫君實，在李庭芝祥甫幕府，國亡晦跡，作信公及秀夫傳。金華吳萊立夫，稱其志節孤峻，論議高古，二傳文類遷、固。竊考出使一事，信公亦嘗自悔。有詩曰："老馬翻迷路，羝羊竟觸藩。"是則子貞非獨不知聖與，而亦弗考《指南錄》之詩也。題卷者張翥仲舉，元末翰林，不爲逆臣孛羅草詔，憂憤而死。王褘子充，洪武壬子諭雲南梁王把都，慷慨不屈被害。陳謙子平，與兄不屈張士誠而被害。鄭元祐明德，元季名士。此五人題跋而四人蹈義，誠無愧文山矣。正統九年，海虞吳訥識。克咸臨抄以歸，使智書其後，因嘆曰：忠義本乎至性，亦以理明而勇，氣正而閒。或謂信公初次被羈，何乃沾沾靚妝璃英，念忽游移，將若之何？不知蹈白刃易，蹈義難。報國義也，臨難決矣，而達此恩情亦義也。仁者之勇，達士之閒，不兼之，能磨墨濡毫，書此諸詩乎？崇禎丁丑冬，桐山諸生方以智拜書。

李臨淮處有持來者，小李將軍、趙千里團扇，李成、范寬、荊浩、關仝、馬遠方冊。李昭道，唐代畫家。其父李思訓受封右武衛將軍，人稱大李將軍。昭道曾任楊州大都督府參軍，故稱小李將軍。或金碧鈎斫，或濯絳斧劈，蓋殿筆乎！又摩詰《輞川圖》直千金。愚者笑曰："六百年而神去，七百年而紙壞，況絹耶？"或謂何必阻人，曰："殷富豪貴，改易其朱提麟趾之氣色，則旁觀者惟有贊嘆。此人太奓，若酬其工，亦足一鎰。奓，同"奢"。且安知後人不愈於前？亦視其筆耳。因記一事：吳競唐《闕文》曰：'有獻古盎於裴休，款曰齊桓公會於葵邱之歲鑄。門人劉蛻曰：僞也。葵邱第八盟，諸侯五月葬，反虞乃謐。葵邱在生前，不得以謐稱。裴公立碎之。'"

楊中蕃言周雪坡爲劉性初篆"破窗風雨吾子行"，爲錢翼之篆"碧山學士"一首，凡夫臨之。周伯溫，號玉雪坡真逸，元代學者。趙宧光字凡夫，明代學者。陸友仁八分，范比玉取之，皆佳。陸友仁，元代書法家，著有《研北雜志》。愚謂新翻正訛，其小篆整嚴而神舒，可想其墨跡矣。東雲雛臨《曹全碑》正匾，而有逸動之致。篆則宜長，長睿謂鍾、王之匾本隸而抑歐、虞之長，愚謂歐、虞之長本篆，不亦可乎？

吾郡阮臨江花卉甚活，有時仿張溪雲鈎勒竹、趙子固蘭，皆有別致。張遜字仲敏，號溪雲，元代畫家，善畫竹。水影芙蓉，其獨創之慘談經營乎。

程九屛職方處，見廬陵五先生像。程岣字九屛，永豐人，崇禎七年(公元1634年)進士。王沂子與跋曰:"文章發明正學,暢韓昌黎,自廬陵歐陽文忠公始。廬陵忠節,爲天下勸,自楊忠襄邦乂始。楊邦乂字晞稷,吉水人,宋代抗金英雄,兵敗被俘,不屈而死。忠簡胡公[銓]、文忠周公[必大]、文節楊公[萬里]繼之。楊忠襄以通判刺血衣裾,爲南渡第一。同時編修忠簡,乞懸檜藁街,朱子稱爲日月爭光。周文忠相,首薦朱子。文節著書立説,振江西詩派於忠襄。同姓師友,忠節著焉,文學振焉。川胡氏寶藏遺像,徵言當道,此千萬世不泯,安知景慕者將來不如五公之當日乎?"劉辰翁曰:"廬陵前珠後璧,此圖盛矣,孰非諸公之福?獨不知扶輿四合之氣,猶有似此者乎?抑觀此已也?"以智展拜,昨夢五丈人共坐,教余作字,今得睹此。《詩》曰高山仰止,其何敢忘?

　　曹梁父善彈琴,欲聽之,無忤色,不讓阮千里也。阮瞻字千里,西晉名士阮咸之子。善彈琴,人聞其能,多往求聽,不問貴賤長幼,皆爲彈之。疾若風雨,微若太息,使人浮氣俱盡,何況彈者方悟樂能養人之故。余妹亦知琴,舉案同聲。余愧太沖、明遠矣。左思字太沖,鮑照字明遠。

　　嘗問琴師:"調從何分?"曰:"以音。""音從何辨?"曰:"傳久自知,吾亦不能言。"因問大樂之琴何以設而不作,曰:"失其傳矣。"曰:"曾疑否?"曰:"自今日始。"

　　觀李賢甫與崔逸生奕,初受三子。過兩日,止可二子。與汪幼青、張君才,止受長先,賢甫爲勝。然周懶予少年,乃贏賢甫,賢甫老矣。此事關乎精神,旁觀最樂,當局者迷。孫魯山最好,然亦終與我等。旻昭、百史在魯山下,而百史偏不受國手,饒因有句曰:"丹青紙上常遮眼,黑白盤中誰肯降。"

　　王粲以覆局不差一道爲奇,今凡善奕者皆能之。《三國志·魏志·王粲》:"觀人圍棋,局壞,粲爲覆之。棋者不信,以帕蓋局,使更以他局爲之。用相比校，不誤一道。其強記默識如此。"余非有意強記而自不忘，若專心一年，可至國手。然不必也，各有事在。此事享夙生之天分，又有坡公二語解圍，豈不閒泰？東坡《觀棋》："勝固欣然，敗亦可喜。"

旻昭長齋，與集生余公，同飯依博山。余大成字集生，江寧人，曾任兵部職方司主事、山東巡撫等。博山，無異元來禪師。而血性感慨，常自突兀。好圍棋，畫山水案，列諸器，暇則自摩挲之。隱賑好古，略掩俗氣，貧士則一癖也。然賞鑒自有學問，非讀書窮物理者不知。

《輟耕》所載礦土丹翠之法，今時更巧。《輟耕錄》，陶宗儀著。俞氏有花樽，飛戟出口，周鳴仲一借觀之，未幾成兩，主人亦不辨其孰爲真、孰爲贋也。古今事之難辨也，毋乃類是？

鄭超宗曰："膽壯筆老，法足故也。"楊龍友曰："疏秀深穩，得於意外。"魏子一曰："幹筆埃筆，烘染破墨而已。"雖分南北二宗，然未有不備北法而能行南意者。士夫天分或高，一二筆有致，豈可以絕句而廢律，且掃長篇古風乎？千里所陳是也，有小家，有別家，有名家，有大家，猶之詩文。旻昭曰："古人一技，各造其極。生平幾許，經營爐錘，重巒疊嶂，長江遼壑，一一歷過，全攝于毫端，不差黍秬，然后謝卻筌蹄，忽爾意到，淡墨枯穎，亂而不亂，橫道乘除，各得自在，咫尺千里漫漫，皆入神化，所謂絕後重甦，立處即真者乎！今人見今人意到之筆似古人者，便摹仿之，烏能及古人？"

石塘子曰："標季欲速而畏難，凡學不精，臆竊高言以自飾，實趨苟簡而已。字畫亡於董雲間，詩古文亡於鍾竟陵，王山陰理學亡於顏山農、何心隱，禪亡於天童。畫鬼魅易，畫犬馬難。掠虛易，核實難。無怪其然。"

朱子與楊元範書："字書音韻，是經中一事。此處不理會，卻枉費無限，亂說牽補，而卒不得其本意，亦甚害事。但恨早衰，無精力整頓得耳。"楊誠齋曰："無事可看韻書，愈於構虛詞，驚愚俗，爲劉子元所斥。"

今日得西儒《耳目資》，是金尼閣所著。_{金尼閣，法籍耶穌會傳教士。}字父十五，母五十，有甚、次、中三標，清、濁、上、去、入五轉，是可以證明吾之《等切》。

沈約但明平仄四聲，未明七音。宋因孫恤本而班《禮部韻》，故學士從之，亦以莫究其故耳。德清定中原音，發明陰陽，但少入聲。《洪武正韻》，宋文憲所定，以同文而不遵，何哉？楊去奢箋之，可惜王伯良所嘆尚有音路未清者，孰正定乎？_{楊時傳字去奢，著有《洪武正韻箋》。}范仲闇用《正韻》，自引一正韻章。愚謂論明此理，則萬世自永奉矣，目前且聽兼用。

李孝光[元人，與楊廉夫善]題鐵崖《琴書真樂窩》曰："舉世之樂無如鼓琴，琴可以禁人之邪心，易人之哇淫。舉世之樂無如讀書，書可以絕小人之狹邪，嚴君子之坦途。世人爲樂千種巧，不如我樂常可保。彼有嗜酒樂飲，逢毒若酖。艷妻歡虞，自令身枯。溺心貨殖，爲盜賊積。崇勢凌人，鬼神最嗔。早官驕子，疾爲禍始。或世所樂，自詭神仙，累萬人學，無一長年。有樂放恣，毀除須髮，捐棄父母，終竟不覺有察於獄，謂俾不慘，性習浸移，久而泰甚。凡此人樂，豈不可懷？不如我樂，無患與災。鐵仙左琴右書傳，終日危坐笑以哈。_{哈(hāi)，歡笑。}忽見吾詩仰天歌，鐵仙豈不大樂哉！"

毛开爲尤袤之序曰："識天道之精微，揆人事之終始，究物理之變化者，其爲書乎！"_{开(jiān)，原誤作"弁"。毛开字平仲，南宋學者。尤袤字延之，著有《遂初堂書目》等。}倪文節曰："天下之事，利害常相半。有全利而無少害者惟書。"陳眉公曰："吾讀未見書，如得良友。見已讀書，如逢故人。吾性樂賓客，而憚尤悔，庶幾仗此其可老而閉户乎！"蘇穎濱曰："於書雖無所不讀,然皆古人之陳跡。所以激發其志氣,當有在也。"朱子教人半靜坐半讀書,又好游山水。《朱子語類》卷一百十六："人若逐日無事,有見成飯喫,用半日靜坐,半日讀書,如此一二年,何患不進?"《學記》曰"藏焉修焉,息焉游焉"。人非平心,讀書不入。非閒不能平心,非靜不能閒,非息不能靜。浮氣正多,且自調攝,還自鼓舞。

　　陳卧子讀余《七解》及答舒章詩文,大念之。寄書曰："君近下筆頗激過當,人無故而如此,不祥。"農父亦深戒余。然不知其然而然,不知其謂何,且當以考究之事,沈潛其飛揚跋扈之氣可也。

　　沈眉生、萬茂先、陳士業、劉伯宗皆保舉。茂先過此,病腰而逝。眉生北上,余送之以詩曰："太傅從前痛哭非。"

　　得朱宗遠一幅《雪》,憶壬申秋與卧子、舒章同集宗遠園亭,觀宗遠《長江萬里風雪卷》,使人對之生寒,而意氣已伉,急以巨觥澆之。今見此幅,猶昨日事也。皴用鈎斫,而渴筆無起止,隱漫解散,似乎錯亂,然石棱聳出枯枝,屋角層曲儼然,故是叔明別調。又得李存我書《九歌》册,仿諸家法,自《蘭亭》《曹娥》《樂毅》十三行、虞、褚、米、趙,各爲之,中邊俱肖,又未嘗不按毛藏鋒,圓順自在也,與近代自便而故持元論者,豈非置的而中鵠乎？李待問字存我,崇禎十六年（公元1643年）進士。不則仰箸向天而侈然曰,吾矢中秋毫耳。金申之道人賣藥,而風雅如此,送我二寶,何以酬之？適有高郵苦蒿,與之同醉。

　　克咸典漁仲圖章,銅玉水晶,蜜珀蠟凍,五色粲然。金申之爲鐫飛將軍方寸鐵,妙甚。余笑曰："方寸鐵當以屬我,我可以寸鐵爲別號。"朱伯盛善篆石,張伯雨以此名題之。申之不能玉,余以淬刀一方相送,刻玉刻磁,利若切泥,豈必購金剛鋒作昆吾刀乎？

申之爲余篆名，左作古"智"字，右作"方以"二字相縮，此出新意。"宓山"二字，"愚者密"三字，"連理亭"三字，皆滿白方填。魏子一爲余刻"江北讀書人"，尤妙。

劉宋時，建康新亭在朱雀航西五里，俗名鵝頂。程大昌謂晉之新亭在長干寺南，不當在鵝頂。程大昌字泰之，南宋學者，著有《考古編》。按晉劉氏《世説》，吳新亭舊基已淪，隆安中，司馬恢徙創今地。今則并非王導正色之地矣。長干里即報恩寺，前無復有亭，且以"木末亭"當之可乎？拜見正學先生，游者觸目，豈無感慨？

魏子一刺血上疏白父冤，不衣華帛，不食兼味，不入青樓。其血書《孝經》，煌煌金石哉！今年在冒辟疆河亭，坐客雜沓，倚几作畫，旁若無人。或曰其已倨，余曰："彼在武塘，歲碎彥林之盤席，不知凡幾，此則溫矣。"

雲間、龍眠，唱和相得，故舒章有"雲龍"之目。頃言少年英發，有宋轅文，飛兔也。宋徵輿字轅文，華亭人，順治四年（公元1647年）進士。吾亦言吾里輩出，才故日生，惟以學識蘊藉相勉爲貴。

六叔曰："汝尚晉人之風耶？吾今學宋人之矩矣。"方文字爾止，行六，密之從叔。張爾公，袁臨侯之友也，甚勤於諸儒之説，與人期不失信，宴會見曲中校書則先去。袁繼咸字臨侯，宜春人，天啓五年（公元1625年）進士，官至右僉都御史，明亡殉國。余慕古人內行甚修，而不必色莊齗齗。至於使酒罵坐，姚佚非禮，關説害人，從不敢犯。文湛持先生誡余篤實輝光，嘗退而枯坐，別生一病，不如讀書。文震孟號湛持，文徵明曾孫。忽爾不樂，發詞偏宕，蓋時有之，安敢自欺？

吳次尾慕陳龍門，亦善爾公，訾千子。吳應箕字次尾，貴池人，復社名士，曾起草公討阮大鋮的《留都防亂公揭》。艾南英字千子，以擅制義著稱。卧子不屑千子,各有其指。維斗或暗取其説。千子論時文,不必盡文之變,然在乙丑後,亦一藥也。功令是也,不足以壓才人。講學在躬行,時文自夸云乎哉。

復社之案起矣,甚哉文字客氣之釀禍也!周五溪曰:"諸名公不免恩有司,而以氣食人,又欲令之請教,是以難爲人耳。"周之夔字章甫,號五溪,莆田人,崇禎四年(公元1631年)進士。天如序《遇莊》曰:"受先近好之,蓋因感而入此乎!事有相激,不得不然。藏恕喻人,是莊子用心若鏡之底本也。"張溥,字天如。《遇莊》,譚元春著。

陳百史喜唐宋大家制義,宗先民,深言法脈,詩則以余言爲然。寄書閻古古,古古草復近體,皆悲壯大雅之聲。閻爾梅字用卿,號古古,崇禎舉人。其書法,宗如園宋公,結構瀟灑。宋獻字獻孺,號如園,官山東登萊道參議,善書法。余方事篆,分取以入楷,彼笑爲倔强。余故愛其人樸直而嗜誦讀,手不停批也。

蘇武子序余《九將》,余序其《薊西雜詠》。爲人有壯思,詩歌清勁,讀之如聞邊塞鐵甲之聲,大有所以望之。忽聞其作古人,悼惜不已。

劉赤存《日録》,紀老父定桐民之變,因道鄒史公之記也。老父曰:"善不可爲,古人嘆之。居鄉遇此,殊爲不幸,又欲干巨公之譽耶?《廣石言》一册,知己知其苦心足矣。"《左傳》昭公八年:"石言于晉魏榆,晉侯問於師曠曰:'石何故言?'對曰:'石不能言,或馮焉。不然,民聽濫也。抑臣又聞之曰:作事不時,怨讟動于民,則有非言之物而言。今宮室崇侈,民力凋盡,怨讟并作,莫保其性,石言不亦宜乎?'"

徐闇公讀書深心,論史中窾綮,不徒以翻案駭人爲捷捷也。卧子曰:"余考古論史,有疑則問闇公。"

子遠舅氏廣永社,集諸公於南園。余病不能赴,後補古詩五首。永社者,龍眠之十體詩社也。是日湯日、六叔、農父、克咸皆他游，不在此，故云"始信龍眠人，一可以當百。"吳道新，字湯日，號無齋，密之堂舅。六叔即方文。于皇曰："太豪。"

《鍾山偶集》，范仲闇爲主。范文光字仲闇。時劉客生、劉阮仙、謝孺玉、劉杜三、任仙孟、杜于皇及龍眠數子在坐，劉伯宗適至。劉湘客字客生，劉肇國字阮仙，謝璠字孺玉，任喬年字仙孟，杜濬字于皇，劉城字伯宗。伯宗正有《白門偶集》之選，今日徵詩，亦稱《偶集》。天下事皆偶也，余賦三律。

茅止生新其該備堂於武定橋北，以宛叔壽宴客。止生再三求吾清芬閣老姑爲題一幅，吾甚難其請。姑曰："彼才如此，死心事一偉人，高於李易安多矣。"爲之命筆，蓋破格也。

《東便門紀事》言孫高陽相公事甚悉。孫承宗，高陽人，官至兵部尚書兼東閣大學士，經略遼東多年，崇禎十一年殉國，《明史》有傳。老父甲子在職方時，覆疏留孫樞輔，正爲八城功可惜也，奈忌者媢蝎何。不妨外從其撫，實修戰具，熊司馬之指也，與談三晝夜。止生觸痛，爲之慷慨羽聲。因言天下事，政府體國計，斷斷無他，言路不以私見鍛煉封疆之肘，安得裴晉公請勿置監軍而見聽耶？欲集一書，附老父《全邊略記》之後，而力未逮也。止生客多，何不起草？吾寧當一客之用。止生大喜曰："固知非吾不辦。"

劉漁仲攜家釣魚巷，日與阮仙、客生潦倒，時目之爲三劉，余爲賦劉招云。劉履丁字漁仲，漳浦人，黃道周弟子。漁仲，閩之喜俠者，供事石齋先生十年。其書法亦相類。爲客生作雞冠鴛鴦，亦能手也。一日，與止生酒後，言往來虞山石巢之機局，而又許魏子一。識者曰："未免乎孟門。"

侯朝宗美才而豪，不耐寂寞，六叔以貫索句贈之。侯方域字朝宗，商邱人，復社名士，著有《壯悔堂文集》。方文《嵞山集》卷六《偕吳次尾、陳定生、梅朗三泛舟秦淮因過侯朝宗》："海天未捲蚩尤氣，耆舊爭歸貫索星。

此際賈生惟痛哭，不堪紅袖倚新亭。"朝宗曰："今日爛醉澆西園，明朝拜杖下北寺。"

錢鏡水先生少子幼光，子遠舅氏之從鑑在，農父之從子緼，吾弟直之，與陳默公、劉臣向共坐，才皆敏贍，當其得意，三峽橫流。錢志立，字爾卓，號鏡水，萬曆諸生。幼光，錢澄之。子遠，吳道凝。鑑在，吳德操。農父，周岐。子緼，周曰赤。直之，方其義。陳默公，陳焯。劉臣向，劉漢。今年老父命智教其弟，閉關冶城，謝絕一切，專令窮經。數子常至，所齗齗者經旨而已。齗齗，當作斷斷。少間時一臨池，可以平心養氣。

少所比輯經史之業，前在荻港沉舟，盡失之矣。欲屬友人共編之，人更懶於我。於是剪書令仆粘之，或刪而抄之。

黃山谷與方蒙書："近世少年，多不肯治經術及精讀史，乃縱以助詩，故致遠則泥。"洞除花鳥風月等，則諸人窮矣。洞前有"李"字，疑衍。

關中課，晨起治經，少選詩史講解。午後游衍，隨分抽雜編詩文寓目。薄暮互相徵質，夜刪纂。三七日作文。

日視數年前所見，稍有進矣。安知後日不又惜今日之未盡乎？好學不已，自有火候，且記於此。

舒章言樂事莫過於好友同讀書。愚者若得世資，當建草堂，養天下之賢才，刪古今之書，而統類之經解、性理、物理、文章、經濟、小學、方技、律曆、醫藥之故，各用其所長，各精其極致，編其要而詳其事，百卷可舉。惟史事與文詩至煩，補《綱目》而約二十一史，各以小傳，比黃東發加詳焉。黃震字東發，南宋學者，著有《黃氏日抄》。詩文選二編足矣。身握其總，以其閒聽而徵之，十日一游山水，豈不暢哉！

讀我祖廷尉公書，四體肅然。外祖吳觀我宮諭，精於西乾，與廷尉公辨證二十年。然小子未嘗深入其藏，未敢剖也。

門庭各別，入主出奴，惟心則本同耳。蒿目天下之故，猶欲功名一展，何容自欺？嘗夢吾母告以信心，覺而泣，且持十齋，以俟異日。

道書反復玄指，始於心息相依，終於取《坎》填《離》而已。取《坎》卦之陽爻換《離》卦之陰爻，則爲《乾》《坤》兩卦，是爲純陽純陰。特多方，異其名耳。愚嘗因病學醫，讀《黄帝素問》，哼哼少嘖嘖，恬愉自得，是實指也。《漢志》列神仙於方技家，而神仙必托老莊，老莊何曾相及？

王虛舟先生衍《河圖》變《洛書》。愚觀金火易位，古人亦見其端，非今創也。葉兼山陳列重出，其刻畫處，當必有所自授。問以京房公侯卿大夫何以限定諸卦，彼不能答。嘗疑象數專門，須明律曆，考察天地人身之故，乃可旁徵而會通之。今天下群役於帖括，千百而一二，不過摹效詩古文章句，何暇及此？適有所疑，皆無從問，必當自作宓羲、大撓，豈不難哉？大撓，傳説爲黄帝史官，始作甲子。

西儒利瑪竇，泛重溟，入中國。讀中國之書，最服孔子。其國有六種學，事天主，通曆算，多奇器，智巧過人，著書曰《天學初函》。余讀之，多所不解。幼隨家君長溪見熊公，則草談此事。頃南中有今梁畢公，詣之，問曆算奇器，不肯詳言，問事天則喜。畢方濟字今梁，天主教神父，意大利人。蓋以《七克》爲理學者也，可以爲難。《七克》，耶穌會傳教士龐迪我著。

《頤生微論》宗《內經》，附上診脈，上候上，下候下，而世醫皆循滑訣。《頤生微論》，明人李中梓著。李時珍表奇經八脈，引朱子、吳草廬、戴起宗諸公之説，深有所見。戴起宗字同父，元代醫學家，著有《五運六氣論》等。劉河間、張子和、朱丹溪、李東垣、薛立齋、繆仲淳，其論各異，余未知所決也。劉完素字守真，河間人，金代名醫，著有《宣明方論》等。張從正字子和，金代名醫，著有《儒門事親》等。朱震亨,丹溪人,元代名醫,著有《格致餘論》等。李杲字明之,晚號東垣老人,金元之際名醫,著有《脾胃論》等。薛已號立齋,吳縣人,明代名醫。繆希雍字仲淳,萬曆年間名醫,著有《神農本草經疏》等。此事宜上智者專門究之,不可草草。

《太玄》因《三統曆》而衍者也,張平子、邵康節皆服之。溫公爲《太玄集注》:"或云諂莽,曰:得已哉?子雲品藻莊子真、李仲元,靡不及焉。莽宰天下,自況伊、周,敢遣謂子何鮑之死,不可不畏也。雖然,莽自況伊周則與之,況黃、虞則不與也。蓋曰爲伊周而止,斯可矣。"自"或云諂莽"至"斯可矣",乃節錄司馬光《辨揚》篇。"子雲品藻莊子真、李仲元",《辨揚》作"子雲品藻當世蜀莊、子真、仲元"。蜀莊卽嚴遵,《法言》卷五:"蜀莊沉冥,蜀莊之才之珍也,不作苟見,不治苟得,久幽而不改其操,雖隋和何以加諸?"子真見《法言》卷四:"谷口鄭子真,不屈其志而耕乎巖石之下,名震于京師。"仲元見《法言》卷八:"或問:'子蜀人也,請人。'曰:'有李仲元者,人也。''其爲人也奈何?'曰:'不屈其意,不累其身。'曰:'是夷惠之徒歟?'曰:'不夷不惠,可否之間也。'""遣謂",《辨揚》作"遣諸"。此二處,密之引徵有誤。曾子固以雄爲箕子之明夷。《潛居錄》曰:"子雲恬淡寡營,不競時名,以賈文自瞻,文不虛美,人多惡之。及雄卒,其怨家取其《法言》,益之曰'周公以來,未有漢公之懿也,勤勞則過於阿衡'云云,多寫而行於世,至今靡有白其心跡者,痛哉!"焦弱侯《筆乘》引簡紹芳説:"子雲卒於莽篡前,美新則谷子雲作,孟堅忮前人耳。"《潛居》《筆乘》,蓋憐才而行忠恕者乎!《綱目》振維,不及考也。平子、康節謂其知曆理,得作《易》之本。退之、君實,則以其能尊聖人也。

朱子因汪玉山往反激辨,故其論寧贊安石而抑子瞻。此無他,蓋爲子瞻與伊川齟齬耳。此是兩家門人之過,若子瞻於濂溪,則服之不容口。東坡《故周茂叔先生濂溪》詩曰:"世俗眩名實,至人疑有無。怒移水中蟹,愛及屋上烏。坐令此溪水,名與先生俱。先生本全德，廉退乃一隅。因拋彭澤米，偶似西山夫。遂即世所知，以爲溪之呼。先生豈我輩，造物乃其徒。應同柳州柳，聊使愚溪愚。"

　　守禮者護堤防，經濟者取權略。才士標新，達人遣放。謹飭者從狷入，高曠者從狂入。此所以衆喙不齊也。平心論之，行觀其大，才各取長，求全責備太甚，殊非中和。病安能免？且得不欺以虛受人，猶可服藥。

　　張二無先生與老父談則竟日，大無外，細無間。張瑋號二無，孫慎行弟子。小子竊聆之，嘆其妙而未敢自領，爲受用不及也。先生徐顧小子曰："隨分自盡，尊所聞，行所知，他日自能深造，不須我語。"

　　二無先生多述淇澳孫先生之言：不昧同體爲仁，不爲一切所惑爲智。不破生死關，則仁者之勇不足，雖淳謹無虧乎擔當大事，必多爲瞻顧所奪矣。膽屬氣魄，理明可勝一半。如或未然，幾先之哲，早在事外。則曳尾之流，《易》所謂渙血者也。當渙而渙，即具膽智，即成其仁。羅近溪問道顏山農，顏曰"執不爲生死利害所動，猶是制欲，非體仁也"，近溪下拜。謹記於此。

附錄二

輯 佚

縵軒詩序 此文原載七代遺書本《稽古堂文集》卷二

芷水之鄉曰蘭地,此皆因《楚辭》相傳而名者也。蘭地之族惟楊氏,楊氏有聽虞者,好古能詩歌。自余匿跡,則師我而論詩天雷蘧庵,未嘗不撫掌至夜半也。聽虞才穎,鋒出肆志,而上足以方駕天寶,吐內黄初。然余恐其類和靖、文潛者,竟陵爲之也。林逋字和靖,張耒字文潛。鍾惺,竟陵派的開創者。余挽此道二十年矣,天下猶有未盡變者,安在天下其不亡乎?治世之音閎以厚,其辭雅,其指遠,竟陵反之。士夫適其固陋,莫便此耳。楚自有《楚辭》開楚聲,爲樂府之原。龍門以爲兼風雅,與日月争光,此忠臣義士之所一唱三嘆也。以子好古,何難乎宋、景?況生長乎楚之鄉,鄉又以《楚辭》得名者哉?何必數千年後亡國之靡靡者乎?《記》曰:"不學操縵,不能安弦。"語出《禮記·學記》。孔穎達曰:"人將學琴瑟,若不先調弦雜弄,則手指不便,不能安正其弦。"以縵名軒,其可以博依矣。《禮記·學記》:"不學博依,不能安詩。"鄭玄注曰:"博依,廣譬喻也。"

青原志略發凡 此文原載《青原志略》卷首

道場

盡大地皆道場也，人人一坐具一道場也。以意生身而言之，一毫端一道場也。如來隨自他意，處處受生，度諸有情，意有所往，身即隨到，是名意生身。然人立地而享天，苟非處乎四阿開閉中，又烏能安其井灶、享其晝夜耶？世之攘攘生聚者，習而不察，流且迷矣。故聖人立學宮以訓習之，使人息其俗累，不見異物而遷，尊師取友，敬業窮理，鼓舞在此。出世者因進一層而鍛煉之，遠塵離欲，叢席獨尊，專門深入，清淨爲本，于是乎道場之名，寺院若專取之。有身家者，亡慮城郭村市矣。千峰萬壑，讓出世之人居之，勢也。盡性體道，固無所分。而造勝境者，仰止高風，其在茲乎！杖人嘗以道場表法衍七七五五之圖，愚者約爲中五四維，而八卦布焉，統御者誰，何内何外，何中何邊，而歷歷然不亂也。青原之山，淨居、書院，樓亭四望，由藥樹入中五堂，而歸雲覆之。旦暮遇者，一室亦具，卓杖亦具，不言亦具矣，山無隱乎爾。《莊子·齊物論》："丘也與女皆夢也，予謂女夢亦夢也。是其言也，其名爲弔詭。萬世之後而一遇大聖知其解者，是旦暮遇之也。"《論語·述而》："二三子以我爲隱乎？吾無隱乎爾。"

山水

嘗以仁智二樂，靜動相反，尼山分舉之，不一收歸，有疑者乎？《論語·雍也》："知者樂水，仁者樂山；知者動，仁者靜；知者樂，仁者壽。"《易》言二見，好有二蔽，將聽其攘臂耶？《易·繫辭上》："仁者見之謂之仁，知者見之謂之知，百姓日用而不知，故君子之道鮮矣。"《論語·陽貨》："好仁不好學，其蔽也愚；好知不好學，其蔽也蕩。"三番山水，惟過關者享之。宗涅陽依遠公,棲匡廬,豁然曰:"山水以形媚道,而仁者樂。"宗炳字少文,涅陽人,南朝劉宋畫家。斯言也,殆爲尼山收歸,而尼山果待收歸也哉?雪峰道經祝融,人勸其一登絶頂,掉頭掣肘曰:"青山長在,知識難逢。"馬大師謂紫玉曰:"山水之秀可居,益汝道氣。"二老之言齟齬,亦猶山靜水動之相激争也。苟不過關,烏乎知之?見道忘山,見山忘道,三番火候,其可欺乎?唐荆川序石屋曰:"仁智不待山水而後樂也,非遇境而生,亦非違境而歇。仁于水,智于山,猶是樂也。"《潛草》曰:"貞一必用兩,流峙之相鮮也,剛柔之四克也,學悟之泯薪火也。《洪範》:'强弗友,剛克;燮友,柔克。沈潛,剛克;高明,柔克。'精無人,必親己而疏物;神無我,必用外以爲内,皆二而一也。天游養中,格致亦酬酢也。《莊子·外物》:'胞有重閬,心有天游'。《人間世》:'且夫乘物以游心,托不得已以養中,至矣。'因其本無情識而天性有則,故俯仰引觸,而舉隅可以通萬矣。"素逝之士,山水通晝夜而知,可乎?成玄英曰:"素,真也。逝,往也。任真而往,羞通於物務。"故合山水道場以爲一卷。

僧傳

僧者,衆也。苾芻以專門練修,律儀别俗,故此土以僧目之。禪翻爲思惟修,又翻爲調直定。思惟修,通過思惟而修得。調直定,調心之暴、直心之曲、定心之散。佛憫人貪欲而生死,故標離欲出苦之竿。禪者,六度。【檀即布施,尸即持戒,羼即忍辱,毗即精進,禪即禪定,般若即智慧】。别傳以禪冒之,言語道斷,心行處滅,豈可以有心求?豈可以無心合耶?析骨肉而蟠塞兩間,一大身焉。末也碎其虛空,止一事實,安蓮花之法位,盡今而已,此外更有非牛翼而馬手乎?止爲情膠智昧,故以弄丸疑神而豁其橛株,或以嚴幢芥香而廣致熏養。豁,顯。橛株,豎立之木頭,喻好高偏執。

方以智《通雅》卷四:"古人皆以好高拘執爲橛株之目,猶今云一橛頭禪。"野鶴凌霄,孤雲出岫,飄塵不動,下載清風。至于紅爐金彈,篷破面門,以毒攻毒,因法救法,峰頂衢亭,代明錯行,本如是也。《五燈會元》卷十一:僧問汝州風穴延沼禪師:"滿目荒郊翠,瑞草却滋榮時如何?"師曰:"新出紅爐金彈子,簷破闍黎鐵面皮。"佛國之學,五明、五備,原自頓漸同時。五明,聲明、因明、醫方明、工巧明和內明。五備,福、戒、博聞、辯才、深智。特以一門深入,而後善自宗、它宗。二超越,二殊勝,因時説法,應病予藥,自屬通方。超越,"超越證"之省稱。聲聞乘有須陀洹、斯陀含、阿那含、阿羅漢四果。從初果依次證阿羅漢果,謂之次第證。超越此前果而證後果,謂之超越證。"二超越",似指《俱舍論》所云之超前二果,即由凡夫直證第二果和由凡夫直證第三果兩種。二殊勝,指觀音菩薩極證圓通,十方普應,上同諸佛本覺妙心,下合衆生同一悲仰。既已東流,善用其長,日午三更,南行北面,捨身藥樹,劍倚天寒。抗世子,法于伯禽可也。據《禮記·文王世子》載,成王幼,周公攝政。成王有過,則撻伯禽,以使成王感悟。伯禽,周公長子。出生死而隨緣,始有真孝義、真文章、真經濟出焉。人人以生死切心自反,天下太平矣。其爲陰翊王化,攻玉發硎,功豈小哉?大覺璉曰:佛法,冬也。道,歲也。五乘一實,貴知心師。兩足無私,五中兼到。四時不動,尊其本自泯忘者也。窮神知化,贊嘆不及。

書院

聖人統天,功在裁成中節。《易·乾》:"彖曰:大哉乾元,萬物資始,乃統天。"士首三民,故以四教、四科收之。四教,文、行、忠、信。四科,言語、德行、文學、政事。雨露風日,莫非化也。學校爲育材地,何更以書院立壇坫乎?里有塾,家有師,自古而然。特以因循汩汩,有聖賢起,同人于野,鼓舞日新,巽權轉風,所關大矣。屋舍比于苑囿,其無用者何限,而獨此之議毀,不留餼羊耶？世嫌迂闊，佛賴神道耳。此方自古心江公興白鷺以養士。江萬里號古心，宋理宗時進士。歐陽守道曰："山長有秩，或賜書籍，以光寵之。"歐陽守道字公權，號巽齋，廬陵人，曾主講于白鷺書院。胡五峰力辭召命，自請岳麓山長，天子且灑宸翰，郡不敢僚，此孝宗時事也。胡宏字仁仲，號五峰，胡安國之子，南宋理學家。劉詵曰："元大德詔書院自聘名儒主領，亦古意也。"劉詵，字桂隱，元廬陵人。昔盧植隱上谷，自立黌宮教授。盧植字子幹，東漢大儒，與鄭玄俱學于馬融。張楷華陰山學屋成市。張楷字公超，東漢學者，隱居華陰山中。凡隱居教授者，比比皆然。馮村子夏書院，毛萇宅爲書院，武夷、岱嶂、道山、疊山、鵝湖、東山，各以先賢而名。毛萇，西漢大儒，《詩》古文的傳授者，世稱小毛公。孔元虔教授馬洲書院，浦汭方景山率徒爲經社長，趙時中言龍門獅峰院爲山錄，寶空洞在遼亦教授爲山長，胡仲堯自建華林書院，曾宏甫自建鳳山書院。江右理學斷斷，此風甚盛，而吉郡尤盛。在嘉、隆時，書院相望，諸君子實倡之。青原比于白鹿、石鼓、岳麓，欹與盛哉。江陵、魏璫苛于侂、鐺，而巋然如故，則有超乎壇坫廢興者在也。江陵，張居正。魏璫，魏忠賢。韓侂胄，南宋權臣，慶元黨禁的主謀。京鐺，韓侂胄盟友。曾子曰："夫子之教，始于詩書，終于禮樂。"遂志必有居業，游衍許其弦歌。邇靜正而遠不禦，則《易》統三才萬法，而此中之秩序變化具焉。邇，近也。靜正，當也。禦，息止。意爲近而當，遠而無所至極。語出《易·繫辭上》："夫《易》廣矣大矣，以言乎遠則不禦，以言乎邇則靜而正，以言乎天地之間則備矣。"太枯不能，太濫不切，使人虛掠高玄，豈若大泯于薪火？故曰藏理學於經學，依胡安定之分科育士，以備世用。隱居以精學業，尊幢莫峻，足免角爭。自警荒狂，何須作僞？此則弦誦不絕，而鼓舞深造在其中矣。

文章

三才非此不可以才。雜而成文,道在不越。《易·繫辭下》:"陰陽合德,而剛柔有體。以體天地之撰,以通神明之德。其稱名也,雜而不越。"誰以不可得聞聞,而傳其雜而不越者乎?《論語·公冶長》:"子貢曰:夫子之文章,可得而聞也;夫子之言性與天道,不可得而聞也。"紫柏曰:"達道者,即文字,離文字。不然,即文字非也,離文字非也,非即非離亦不可也。"汝中曰:"虛寂者道之原,才能者道之幹,文詞者道之華。"知全樹之華皆核中之仁所爲也,道器豈容兩截哉?徒華鮮實,德不勝才,從古嘆之。窮知種性,依然培根護幹,不可離也。七接重華,偃蓋焦核,亦知性者造其命耳。偃蓋,葉大如蓋。焦核,荔枝之極品,核小。佛國五明有謂因明,言乎稱名當義也。名身、句身、文身,文身言乎其成章也。身者積聚之義。二名積集,謂之名身。衆語合和爲句。由句詮顯諸法差別之相,謂之句身。聲相有長短,音韻有高下,是爲文身。載道敘事,析器紀物,但通本末,還其固然。水入盆筥,方則方,圓則圓,自屬天工,非杜撰也。筥(jǔ),盛物竹筐。千世上之心,與千世下之心,引觸感發,恩力在何處耶?唐宋之碑多亡,傳聞但存其概。今所集者,碑文、游記、序疏、書問,于以紀廢興之所由,慶夙願之誠感,寫各人之興致,諮道法之然疑。雖不備體,亦可以觀。

詩歌

感斯陶,陶斯詠,詠斯嘆,嘆斯舞。語出《禮記·檀弓下》。樂未畢也,哀又繼之。語出《莊子·知北游》。哀亦樂也。詩不欺志,思故無邪。《論語·爲政》:"子曰:《詩》三百,一言以蔽之曰,思無邪。"小子何莫學,而草木鳥獸皆可與言矣。《論語·陽貨》:"子曰:小子何莫學夫詩?詩,可以興,可以觀,可以群,可以怨。邇之事父,遠之事君。多識於鳥獸草木之名。"草木鳥獸,夫人而知之也,夫人而可比也,夫人而可興也。況在佳山水間,谷應無窮,其能已乎?文之成章,尚若爲難。衝口得句,漁樵可歌。悟所獨通,時有創語,故詩不可以故常論也。才雖以學識充,而天機風韻,功力不與焉,節奏固天然之節奏也。悟與學,兼古今人物,皆吾之草木鳥獸矣。皎然曰:"詩居《六經》之先,司衆妙之門,得空王之奧。"皎然,唐代詩僧,謝靈運十世孫。豈欺我哉?唐始戎昱,而呂尹以仙顯。戎昱,荊州人,盛唐詩人,《唐才子傳》卷二有傳。呂尹,呂巖、尹蓬頭。宋著于山谷,而周文尤光。周必大諡文忠。傳心之鐸,盛于嘉、隆。而胸披萬字,三墮縱橫。萬字即卍字,佛三十二相之一。三墮,墮入畜生、地獄、餓鬼三惡趣。句謂出家人不守戒律。直至笑師來此,同音畢奏,春風之坐,人人破顏矣。後之游此者,其以此山而占千古之風乎哉!如未破顏,且叶其律。

雜記

事固不一端,而此方文獻不足徵。或偶有見遺而互徵考出者,故雜記之。正語固也,而或有因小見大、因物盡性之處。採錄一過,考古跡、慕高風、適閒心、究實故者所不廢也。山谷以磊落人,抄細碎事。鼓山之《志》,後收叢談。金沙皆寶,集腋成裘。舍日無歲,歲計有餘,三樂備焉:隨手不論先後,遇則收之,以俟後徵,人人可以效能,無起手爐錘、有意作文之難,一樂也。藏智於物,如托掌故,不勞記憶,忘則簡而閱之,二樂也。開眼之後,讀書聽事,深淺虛實,莫逃乎鏡。隨舉一端,可以引觸。閒居林泉,枕藉今古。蔬食無悶,朋自遠來。《論語·述而》:"子曰:飯疏食,飲水,曲肱而枕之,樂亦在其中矣。不義而富且貴,于我如浮雲。"《易·文言》:"不易乎世,不成乎名,遯世無悶,不見是而無悶。樂則行之,忧則違之,確乎其不可拔,潛龍也。"即薪泯火,亦不虛過。莊子曰："亦與之爲娛矣。"三樂也。

法產

化有餘，補不足，天之道也。《道德經》："天之道，損有餘而補不足。"三聖人同一肫肫，且使天下人各致其肫肫。肫肫，誠懇貌。智嚴福嚴，共此田地，只患無人又手問耳。智莊嚴，研智慧而爲身之莊嚴者。福莊嚴，積福德而爲身之莊嚴者。一鉢千家，令有恒產，種田博飯，恩大何來，不可忘也。七祖開山以來，檀施甚廣，後皆浸失。宋長者榮甫施五百石，祠記載之。歷年所復，別列一冊。山之前後，圖若魚鱗。青林三轉，石曰生花。米價誰還，來者出汗。古無立錐而與天下人斗富者，何人哉？坐受供養，須生大慚愧始得。

青原志稿爲久昌、芝穎所編，就淨居柱壁存者耳。久昌，法名興柱。芝穎，法名興化。施少參持去訂正，付伯璣謀梓，未得卒業，復還青原。施少參，即施閏章。伯璣，陳允衡之字。施公意收山之四周，惜此方文獻缺略，徵考爲難。年來游屐已遍，托人採獲，幸收一籠，姑作《發凡》，令從游能筆者敘録焉。後有覽者，人固有所以藏之山川者，不必壑舟鷔負走也。《莊子·大宗師》："夫藏舟於壑，藏山於澤，謂之固矣。然而夜半有力者負之而走，昧者不知也。"浮廬愚者識。

芝穎化禪師青又庵遺語序_{以下八篇原載《青原志略》卷五}

芝穎化公少負奇氣，爲蔡嚴庵激發，遍參吳下十年，不受人籠絡。蔡文詔字漢又，號嚴庵。聞笑老人主青原，歸事之。執侍巾瓶，細行內秘，熏風外呴，惟此奉重，水火不能移也。偶有語句,犀利吹毛,如黄回之舞,八面洒水不入,固異材乎!亦迸破重關得力耳。宿有痞脹,自刺出水,乞祇支而逝。_{祇支,僧衣。}無門老宿始終護持之,抄其遺集,覽之愴然,爲記于此。

藥室説

黄山谷《藥説》曰:"老夫往在江南,貧甚,嘗念貧士不能相活,富子不足與語,惟作藥肆,不饑寒之術也。然市中人治藥,以丁代丙,甚貴又不中用,積其欺誑,子孫凍餒者多矣。今余欲作藥肆,但取人間急難之疾二十許方,三四信行藥童,一用聖賢方論。時節州土,無不用其物宜。炮炙生熟,無不盡其材性。取四分之息,百錢可以起一人之疾矣。今袁彬質夫言:'欲作藥肆,以濟人爲功,以娱老爲業。'欣然會余宿心,故爲道所以盡心於和藥,而刻意於救人之説。不多取贏,則濟人博。不欺其劑,則治疾良。他日陰功隱德,當築高門。余在荆州,訪族伯父晦甫侍御家,見友諒、友正,亦貧賣藥,皆合余説,故書遺之。"_{黄庭堅《藥説》全名《書藥説遺族弟友諒》}。耿天臺《藥僧願》曰:"人之生老與死,此中着力不得。惟有病之一字,可以救藥。而僧徒無主,病苦可悲,或小恙而大劇,或活症而瀕死。救療功德,誠最切也。"杖人曰:"知佛祖之特以生死二字,爲人着力處乎? 舍此亦無從施設法藥矣。昔維摩示疾毗城,以病作醫,欲去衆生無始、愛見、攀緣、妄想之業。夫此四大變化,詭異如夢影空華,孰能一一按其症候哉? 我謂維摩神力,亦不過欲衆生悟此生死妄因,而自得解脱耳。不然,即使盡大地人皆如長壽天,無病苦之惱,亦何補於衆生慧命乎? 真人患大瘋癲,自視身爲棄物,不久即得成道。是則衆生因病悟幻,因病了心,以病爲大良藥者,則亦取諸自身矣。然有説焉,一切衆生，至於羽毛鱗甲之屬，其迷已極。即有微言妙法，難使開悟。獨有人於彼生死之際，解放其性命，彼必感我救拔，以激起報恩之心，及能消落其積業而頓悟此靈，則施藥之當機捷矣。又如僧者，豈不有因病而感其真智，因法以悟其妄業，而同游此大藥籠乎？夫如是，能以法藥二施，則療一僧之身病，即可療盡天下衆生之心病也。續一日之危命，即可續萬世不絕之慧命也。予壽昌祖每見病僧，必親調藥餌；見僧遷化，必躬負薪荼毗。予此身不知爲人調藥負薪者耶？人爲我調藥負薪者耶？今欲建法藥院，院毋論成不成，能舉此心，倡此行，自足感悟十方，豈有如是真因，無如是真果也哉？"笑翁曰："山谷賣藥之室，天臺藥僧之願，體恤隱情，歸無欺誣，甚盛意也。然醫學不精，能免欺誣乎？佛國五明，醫其一也。大醫王不能明症予藥，而但曰一莖草殺人活人，能免欺誣乎？"愚者曰："即差別是根本，于醫亦可悟矣。火與元氣不兩立，而氣即是火。百病皆火，而養人亦此火。一曰精神皆氣也，一曰精足則氣足而神足，一曰神統精氣，心病治神。神在何處，疑決否耶？悟此者，一言而終。然運氣經絡，脈理方藥，不能會通三才，盡物之性，知其常變，而總冒之曰陰陽一也，其不可應症明矣。胡心仲學《易》有年，豁然通《靈素》之要，與其叔小范皆以醫游，來依青原。因舉笑師醫寮之説，而寺側環堵，可名藥室。内治諸寮病，不受謝。而外以賣藥，伯休不二價，強仲有三易，濟人娛老，裕如也。韓康，字伯休，東漢人，賣藥長安，口不二價。當自有施主，發心助施藥者。或且有洞見萬古之五藏，而慧然悟者。法開讓支公行道，而以醫下郗愔之符。法開，晉僧于法開，善醫。支公即支道林。據《世説新語》載，法開初以義學著，后與支道林爭，乃轉而學醫。郗愔（xī yīn），字方回，晉人。愔信道甚勤，常患腹内惡。于法開診脈曰："使君所患，正是精進太過所致。"合一劑湯服之，大下去數段許紙，如拳大。

剖看,乃先所服符。智緣診脈,因父而知其子。《宋史》卷四百六十二:"僧智緣,隨州人,善醫。嘉祐末,召至京師,舍於相國寺。每察脈,知人貴賤禍福休咎。診父之脈,而能道其子吉凶,所言若神。"須溪記戒岡五世行醫,而嘉定賜號慈濟。古人寓意故遠,世烏能盡知?且付不欺之劑耳。寓此藥室,因機説法,陰功隱德,何可量哉?

隨寓説

隨寓者,郭入岡之行鄣也。行鄣本義爲屏風,此代指居所。入岡年四十矣,不婚不宦如劉訐、邢量,抗行不苟而好讀書。《山堂肆考》卷一百九:"梁劉訐(jié),字彦度,少懷隱操。兄爲聘妻,剋日成婚,彦度聞而逃匿,事息乃還。本州刺史張稷辟爲主簿,彦度挂檄于樹而逃。"《明史》卷一百六十二:"(邢)量博學士,隱於卜,敝屋數椽,或竟日不舉火。"自汋林從愚者游,至青原,居紫海堂。攜一奚童,灌園炊爨,此外閉門,不輕過人一飯。麟士滿篋,王筠省覽,手讎比之,自以爲樂。沈麟士字云楨,南齊高士。篤學不倦,遭火燒書數千卷。時年過八十,耳目猶聰明。以火故,抄寫燈下細書,復成二三千卷,滿數十篋。王筠字元禮,南朝學者,曾自稱:"余少好書,老而彌篤。雖遇見瞥觀,皆即疏記。後重省覽,歡興彌深。習與性成,不覺筆倦。"問肯與宗殆、惠欽侣乎? 不應。《通雅》卷二十:"無名僧,是梁補闕宗殆。山谷云:後周以美官誘之,誓七不可。"惠欽,宋僧,因抗金被殺,事見《宋史》卷四百五十二。愚以爲此俞清老龜殼之比也,送之愚山先生。愚山先生招之署中,三月而返,饋遺無所受。曰:"施先生折節愛人至矣,然居人之墊中,謦咳出入,頗不自然。自定此生麋鹿矣,乞市掃門,何能一日安?"施先生既修傳心堂,翼以仁樹、見山二樓,留此守之。愚者曰:"世難得此,聊且容與,久之自化也。"張幹臣太史來青原,聞有此博學畸人,立起步,披其帷,與之語,甚敬愛之。欲請歸簣山,入岡以疾辭。請以子弟隨杖履,入岡又辭。請合同志者醵俸，以給啓居，入問固辭。退而商之曰：" 貴人之家，非貧士所敢肆志。與其後開罪，何爲諾責于是？" 居青原館，且五春秋矣。初讀書，見古今人聚訟不決，讀《通雅》而大快。已讀先人《周易時論》所衍象數約幾，孜孜學之，時有所觸發。已讀《鼎薪》，半解半不解。已讀《炮莊》，則不可解矣。愚者曰："此正子之藥也。有所好樂忿懥，則不得其正，信之乎？《洪範》平平，信之乎？《尚書·洪範》：'無偏無黨，王道蕩蕩。無黨無偏，王道平平。'仁者無敵，初不見人過失，乃可翛然而游。呂東萊渙釋語，不可不味也。密之《與易堂林確齋》書云：'呂東萊初褊急，一日誦"躬自厚而薄責於人"，忿懥渙盎，視世間無非生意。'自非乘龍無首，則修愈嚴，行愈高，學愈博，才愈奇，愈不能相下。君平之簾，攘臂角口，不終日而撤矣。" 揭子宣刻我中年之《物理小識》，入問大好之，因與子宣窮天學，究物理。兒子中德、中通至，中德與言《史疑》及《決事比》，中通精算法、律呂、等韻，與之詳解，入問皆得其概。至於詞章則聽之，其所緩也。胡心仲精《靈素》，與之言《參同契》，共坐七日。入問曰："不必。"曰："收放心，可乎？"曰："知即收矣，收即放矣。作務甚安，不可屙也。倒倉非弱人所受，且與遣放，不如老作蠹魚。" 愚者曰："子能以律曆醫脈，反而觀之天地未分前乎？能以此觀之一毫端乎？不則未爲會通也。退藏于密，必有落處。能過此關，即平泯矣。" 入問曰："林何敢欺？所云不見人過失，實未能也。異類中行，不覺自露。且匿巖穴，以書自娛。種植資生，此僕不負。今赴桃江老友之約，乞書隨寓，以示羹墻。" 愚者笑曰："知隨寓焉，化矣。寓何寓，所以寓此者何？天地一寓也，七尺一寓也，萬卷一寓也，一點一寓也。本不相争，與人何與？游于世而不僻，順人而不失己，隨寓之旨也。平等者，忠恕之先幾也，隨寓之神也。以物仅物，惟喪我而後因應隨焉。

東溟所謂不入講學堂而是真聖賢,不參禪而是真善知識者,子之意也。既隨寓而安矣,無諸計卜矣。是不是,猶驪黃相馬也。九方皋爲秦穆公求馬,三月而后得之。穆公問爲何馬,答曰"牡而黃"。使者視之,乃"牡而驪",穆公不悦。伯樂嘆曰:"若皋之所觀,天機也。得其精而忘其麤,在其内而忘其外。見其所見,不見其所不見。視其所視,而遺其所不視。若皋之相馬,乃有貴乎馬者也。"雖然,學以決疑,原在入用。游以采藥,傳之其人。若不能以游,仍是不能隨寓矣。布衣行道,重以自困,隨之時義,又安所見其大而贊之乎哉?

大畜說［養賢堂額曰"大畜"］

時署書"大畜堂",入問曰:"孔子言:'无妄,災也。大畜,時也。'語出《易‧雜卦》。无妄何以言災?"愚者曰:"恃其本无妄而行,則有眚矣。《大畜》篤實光輝,一多相貫,所以時宜而日新也。《易‧大畜》曰:"彖曰:大畜,剛健篤實,輝光日新。"《乾》剛健,故言學問寬仁。《坤》柔順,故言直方敬義。《易‧坤》:"六二:直方大,不習无不利。"《文言》曰:"直其正也,方其義也。君子敬以直内,義以方外,敬義立而德不孤。"用九六者,貞夫乾坤之一,而兼中到者也。不則,乾坤非偏病耶?沈括取大小畜,以《巽》《艮》之畜《乾》也。《大畜》乾下艮上,爲艮畜乾;《小畜》乾下巽上,爲巽畜乾。

鑄燧說［青原右廊曰"鑄燧堂"］

備古問鑄燧堂義。愚者曰:"知火從何來,從何藏,從何傳乎?鑄燧以聚其光,而上下收于一點,以紙承之,則燃矣。宙合四維,縱横之交,止一毫端,而一毫中,皆具宙合縱横焉,非燧也耶?五行尊火,火無體而因物爲體者也。薪盡火傳與用光得薪,曾決其同別耶?灰土之畜,鐙竈之法,可于此并悟矣。

新洛窔説

礦堂問："新洛窔,何謂也？"愚者曰："圖用于九洛,而黃帝表八風。《靈樞·九洛八風》："太一常以冬至之日,居叶蟄之宮四十六日。明日,居天留四十六日。明日,居倉門四十六日。明日,居陰洛四十五日。明日,居天宮四十六日。明日,居玄委四十六日。明日,居倉果四十六日。明日,居新洛四十五日。明日,復居叶蟄之宮。"此即所謂太一行九宮也。陰洛,乾也。新洛,巽也。據《靈樞》,陰洛爲巽,新洛爲乾。《爾雅》：'東南隅謂之窔。'此處坐巽向乾,而堂背面山,適與之符矣。巽,東南方。乾,西北方。卯酉用于子午,子午先爲亥巳。四陽四陰,天門地户,于此介焉。銘曰：巽乾轉風,適合天符。回向青山,至樂性餘。"

核室説

礦堂許作《核室記》,未至,而商玉問焉。愚者曰："曾見《鼎薪》仁樹之説乎？樹之不能不華也,華之不能不實也,實之不能不核也,護其仁也。寒暑水火以忍之,乃成其中,而傳諸此。不如此,則種息矣。全樹全仁,今誰體之？芸芸汩汩,苟不掩樹之枝與樹之柢而問之,彼安知仁之忍于核中,而種之充實也,享全樹全仁之天乎哉？故曰：以藥樹悟仁樹,而核中之仁,其卷舒貫之者也。"

歸雲閣閒居説

青原舊有歸雲閣,久廢矣。愚者于藥樹堂後,纍石得基而造樓焉。前種竹以憑臺,後面山而垣之。山臂爲梯,可以曲徑取蔭。下作磬折之室,就廡啓門,是曰"閒居"。遜湄曰:"荀況針鼟,以雲收篇。李幹字貞行,號遜湄,廬陵人。輞川獨處,坐看起時。歸去來辭,寫其出岫。華陽隱居,可自怡悅。今何取焉?"礦堂曰:"山澤之通,以此吐氣。友風子雨,特見其端乎?"備古曰:"天在山中,以寓而顯。人在室中,以安而閒。事因其則,而我不自知。人享其時,而力不言功。古之于今,未有不歸于此者也。"愚者曰:"偶然耳。不歸于偶然,雖欲閒也,得乎?"遜湄歌曰:"徙溟垂翼,萬里無偶。神龍潛飛,不見其首。山本空也,雲于何有?以不歸歸,閒者知否?"愚者曰:"果閒,則忘其知與否矣。吾且與客烹泉而握其手,天且爲吾垂青而開其牖。"

　　備古曰:"羅大經言:'閒居泉石之樂,馬頭駒影,烏能識之?'羅大經字景綸,廬陵人,宋代學者,著有《鶴林玉露》。李孝光題楊鐵崖《真樂窩》曰:'世人爲樂千種巧,不如讀書鼓琴之樂常可保,何必更説死生、談道德耶?'李孝光字季和,元末詩人。得如二公,樂亦甚矣。"愚者曰:"李端叔《閒居賦》云:'申申夭夭,纍纍然也。申申,容舒。夭夭,色愉。《論語‧述而》:"子之燕居,申申如也,夭夭如也。"夫是之謂閒居,而樂不足以言之也。'曾知其所以樂乎?楊龍友曰:'清福錫之上帝,忌盈偏深;飲啄隨之一身,流行自衍。貪無爲者,未可恃在。'歇庵曰:'不幸力豐才瞻,亦且追逐,何暇從事寂寥哉?雖然,有營一也,安知今所從事,非惑之尤乎?事固有逆施而後獲者,勤之所以息也。'姚休那曰:'閒居適性,此福在堯舜釋迦之上,人生那得如此?切忌妄想。'李之彥曰:'日月運行,天地且不得閒,而閒豈人所易得哉?'"李之彥號東谷,宋永嘉人,著有《東谷所見》。備古曰:"王龍溪謂'無閒忙,則無生死',何謂之無?"愚者曰:"行無事,必有事,誰知周流不居爲本閒乎?"起而嘆曰:"引得水歸竇上,依然柴在山中。"

致青原笑和上以下五書原載《青原志略》卷八

荊樹放光，覆木垂跡。指行思手插枯荊重榮事。東西合掌，恰度今時。師子野干，一齊腦裂矣。野干，狐貍。據《法苑珠林》卷五十四載，昔日山中一野狐，因聽人誦剎利書而有解，自謂可做獸中之王，故先后輾轉降伏一切之狐、象、虎、獅，而成獸中之王。后念既爲獸中之王，應得王女而婚，于是乘白象，率群獸，圍迦夷城。城中智者告訴國王：可與獸約定決戰之日，並索彼一願，願使獅子先戰後吼，彼必謂我畏獅子，使獅子先吼後戰。野狐果如其言，使獅子先吼，結果聞聲而心破，由象上墜地死，於是群獸一時皆散。賤子竹關粉碎，博得一慟終天，血濺今古，此豈那伽大定一句所能消解耶？那伽即龍、象等有大力者。那伽定，有如身變龍而止于深淵般，以大力超出生死。忽忽三年，藥廬自倒，聊以五嶽破鞋掩袂耳。又恨韓康賣藥，爲藥所賣。《後漢書》卷一百十三："韓康，字伯休，一名恬休，京兆霸陵人。家世著姓，常采藥名山，賣於長安市。口不二價，三十餘年。時有女子從康買藥，康守價不移，女子怒曰：'公是韓伯休那，乃不二價乎？'康嘆曰：'我本欲避名，今小女子皆知有我焉，何用藥爲？'乃遁入霸陵山中。"龍山菜葉，臭氣薰空。據《五燈會元》卷三，譚州龍山和尚住庵，洞山與密師伯行腳至此，見溪流菜葉，洞曰："深山無人，因何有菜隨流？莫有道人居否？"乃共議撥草溪行，五七里間，忽見師羸形異貌，放下行李問訊。師曰："此山無路，闍黎從何處來？"洞曰："無路且置，和尚從何而入？"師曰："我不從雲水來。"洞曰："和尚住此山多少時邪？"師曰："春秋不涉。"洞曰："和尚先住？此山先住？"師曰："不知。"洞曰："爲甚麽不知？"師曰："我不從人天來。"洞曰："和尚得何道理，便住此山？"師曰："我見兩個泥牛鬪入海，直至于今絕消息。"洞山始具威儀禮拜。茱萸堂邊，覓一住處寄鍬，其能免乎？茱萸堂邊，喻故人所居也。王維有句曰："遙知兄弟登高處，遍插茱萸少一人。"幸爾望禮慈雲，野謳上祝。黃龍峰下，且息醫寮。少時趨侍几杖，惟望曲施蓋覆，寒山放帚，陸沉下版，是所慰也。陸沉，隱居。下版,"下版僧"之省稱,指地位最低的和尚。

　　墓下數年,重烹教乘,反復外祖觀我公之旨,自合四世之《易》。乃嘆黄帝喻天與日,《華嚴》云分别即無分别,正是秩序變化、寂歷同時之圖,即差等爲平等也。迫心飛出,猶是隔見。不悟核仁幹理,即行布爲本圓,而好奇苟竊,荒委駒隙耳。四十二位法門行列分布,次第不同爲行布,前后次第相即爲圓融。雖云物極必反,而目前梗治壞教,如咎繇何?將以總殺彰癉,惡空莽蕩,鼇甕戲語,爲所謾詒而又爲之悵耶?彰癉(dān),"彰善癉惡"之省稱。癉,憎惡。夫掩二而又掩一,室中逼鍜之逆幾也。一用于二,萬古寂歷之順理也。若但執一,何容兼互?曾知不二不一,天地未分,早兼互乎?虚空五臟早灌輸乎?《易》妙公因貫反對之因,所謂待中絶待,代錯之幬本如是也。世出世法舛馳,惟此妙叶乃可合統,乃可知合而分任之。習坎攖寧,睽孤遇雨,互相激救,民乃不倦。習坎,重險。攖寧,寧靜。睽孤遇雨,先敵後友。所憂先幾煉心之靈藥,法住法位之饗飧,恐爲邪竊而壞蝕之,大道豈憂壞耶?肥遯冥權,非世所測。藏身弄眼,須是其人。畸才癡福,各有夙因。帝網隨維,不定中定。惟主教者,急望正人開眼,方能妙于張弛,不爲兩末一往所紗縠耳。讀大師示,曷勝拊髀。舍第二第三句,無第一句,何閡現春秋身?雖無作受報,亦不忘維摩提此命如響矣。兑西震東,類辨包荒,乃本具代錯之幾者也。類族辨物,分别也。包含荒穢,合一也。老人雙選托孤,正是護大道之苦心,而捷于用其靈藥。道盛曾結雙選社,提倡儒佛會通。但時倡之,自有應者。世間人敬德愛才,偏貴相左。昵庸好奇,只取其便。亦宜就而引之,共一本分,各一本事。吉州氣骨不乏,俱可《困》煉《井》收,使其發揮旁播,徒推拒之、錮限之乎?《困》煉,指《困》卦爲處困之象。《井》收,指處于井上,井功大成。《井》之上六曰:"井收勿幕,有孚元吉。"青原傳心堂與白鹿同，東廓、念庵從此入，青螺、南皋皆知回互。鄒守益號東廓，羅洪先號念庵，郭子章號青螺，鄒元標號南皋。近日理家惟貴挈瓶，先以《天界紀聞》投之，使知正大，然後可薰鼓也。挈瓶，汲水小瓶，喻眼光短淺。《天界紀聞》，覺浪道盛法語，收入陳丹衷、毛燦合編之《杖門隨集》中。才人則以《提莊》投之，薑棗何能逃哉？《提莊》，道盛所著《莊子提正》。

與藏一 左錞字藏一，號宋山子，桐城人

世教以身世而立經紀，宗門爲性命而以生死發藥。一且立恒，一且盡變。彼專執者不達，故齟齬耳。陸鴻漸終日説茶而不及飯，非廢飯也。陸羽字鴻漸，唐代學者，著有《茶經》。有抑浮梁而貴松蘿者，隨有抑松蘿而尊岕者，因有掃岕與松蘿而貴六安者，更有人曰渴而飲水足矣，又況茶之優劣相争乎？浮梁、松蘿、六安、岕，皆茶名。孔子曰："夫言豈一端而已，亦各有所爲也。"有言住屋者，有言造屋者，有言屋之所以爲屋者。既悟之後，分合皆可。不明其故而耳食競高，豈非盲人摸象耶？噫，誰不在宇宙之中，而無有能剔醒之者，故以望數十年苦心之宋山子耳。或執膠柱之宇，而不知宙之時變，詎知以宙消宇之痛快倒倉耶？若執以宙消宇而不詳宇中之宙、宙中之宇，則物物事事之矩不能應節，豈能舉宇宙之一際而即邊是中、享其出入之度乎？故萬法惟《易》足以統之徵之。至于一門深入，煉專而通，則全無話言分矣。生于憂患，置之死地而後生，杖人曰貧病死是三大恩人，猶蹉過此反因耶？既不能通，非通之所能通也，故塞之。左不得，右不得，久之而或一往。前不得，後不得，久之而若不移。將謂有中之可守乎？並其落處掃之，夫焉有倚？猶隔一聞，自以爲窮，窮則變，變則通矣。語通而猶閡者，猶未自窮者也。青原荆瀝杏仁，正慰妙叶。窮崖多骨

立之士,我翁何不來此共盤桓耶?

與易堂林確齋_{林時益字確齋,明宗室,國變后寄籍寧都,爲易堂九子之一}

將謂入裸獵較泥洹本分乎?裸,以裸形爲正行,去除一切系縛,乃二十種外道之一。獵,獵殺,喻破戒。泥洹即涅槃,滅盡煩惱之義。將謂帶鉏竿木安于所傷乎?總是業緣難回避耳。青原古名安隱,山水可以適性。傳心兩闕,愚山庇之。傳心兩闕,指傳心堂兩翼樓仁樹與見山。愚山,施閏章別號。苦菜田中,遠近相質,露柱目擊,隨分自盡而已。屢承知己至愛,環中遺命謂何?賤子終是一老蠹魚,人事實拙,學忍辱行,簀笑爲山。但有一長,坦而不妒,若曰悟道,慚惶殺人。既已偷生木榻矣,因法救法,以不借借鼓舞薪火,不知其盡,操履死而後已,癡願死而不已,愚公移山,能無笑乎?不論贊者謗者,但使耳聞目及,或信或疑,過即受熏。孔孟當時幾曾如意?而萬世人心自轉熏之。時義大矣哉,然非通神明、類萬物亦不能信。無用之用與有用之用,本妙叶也,又豈能因一切法以熏一切人乎?道德才能,皆性之所蘊也,皆以節宣擴充而享其性者也。謹願之守,豁達之度,奔御之略,考究之勤,多不能兼。先立乎大,方知公容,所謂攝也。萬法曆然,共一君臣,互爲君臣,就時位而用之,不爲人惑,所謂折也。入門礪志,可與共學。大路中行,是曰適道。確然不惑,是可與立。因物爲用,是可與權。道之於學,立之與權,有知損益盈虛者乎?此折攝同時之幾也。天之至私,用之至公,尚有疑乎?呂東萊初褊急,一日誦"躬自厚而薄責於人",忿懥渙盎。視世間無非生意,乃能導迎淑氣,扶養善朋。況今日而出游刃,可犯大軏耶?峰頂紀綱,不可不振,而納約自牖,咷笑同人,内文明,外柔順。納約自牖,《易·坎》六四爻辭,原指食物送取,皆由窗户。咷笑同人,語出《易·

同人》："九五：同人先號咷而后笑。"號咷，大哭也。**包荒馮河，《泰》亦用之，況《否》承乎？**《易·泰》："九二：包荒，用馮河，不遐遺。"王弼注曰："泰能包含荒穢，受納馮河者也。用心弘大，无所遐棄。"**隨路鈎錐，須用別峰。更其名目而鼓舞之，不二不測矣。所信者血覺本靈，躍然一氣，故盤匜杖履不受其累，當堂不正坐，人之功皆我之功。**盤匜(pán yí)，盥洗用具。**天山自嚴，地火用晦，乃所以慶潛、飛之肥也。**《易·遯》："象曰：天下有山，遯。君子以遠小人，不惡而嚴。"《遯》卦乾上艮下，乾象天，艮象山，故曰天山。《易·離》："象曰：明入地中，明夷。君子以蒞衆用晦而明。"《離》卦坤上離下，坤象地，離象火，故曰地火。肥，肥遯。**遠札細詢，知當出門，百煉之剛，以此爲夫禥何如？**

又與濬文_{楊學悉}、虎符_{蕭應璽}

尸居龍見，雷雨出雲。尸居龍見，處如尸之安居，出如龍之變化。語出《莊子·天運》："然則人固有尸居而龍見，雷聲而淵默，發動如天地者乎？"雷雨出雲，喻有開必先也。**精變深幾，受命如響。邇靜正，遠不御，自非研極，烏能徵信耶？所謂識陰傳命，習伏衆神，實無而成。**識陰，即"識蘊"，五蘊之一。《法苑珠林》卷八十六："神在胎中，則爲識陰。"習伏衆神，習熟可以通神。**種智不壞，幾曾灼然生死幽明之故而直下不惑耶？**種智，"一切種智"的省稱，通達一切法的總相別相。**本無大願力，不過遂欲樂恣，苟偷流浪，固無論也。其循墻者，膠柱不知變化。其黠滑者，又襲目前快語。漫漫掩掃，畏難護短，借懶放以自便耳。寬時高談，迫乃情見，又安望其合俯仰遠近而享備萬之尊我哉？**《易·繫辭上》："易與天地準，故能彌綸天地之道，仰以觀於天文，俯以察於地理，是故知幽明之故。原始反終，故知死生之説。"三一曰：通達也，主宰也，兩忘也，不相離也。**放而下者擔而當，擔而當者放而下。浸激薰蒸，其幾最密。困亨井汲，勿蹉過也。**困亨，困極而亨通。井汲，井汲而功成。**參究一門，直須反復窮盡，層層都有利害。**

聖人舉何思何慮而即言往來，何也？又曰屈伸相感而利生焉，自非精入窮至，詎享此神明耶？《易·繫辭下》："天下何思何慮？天下同歸而殊塗，一致而百慮，天下何思何慮？日往則月來，月往則日來，日月相推而明生焉。寒往則暑來，暑往則寒來，寒暑相推而歲成焉。往者屈也，來者伸也，屈伸相感而利生焉。"僂僂不欺，熏種而已。僂僂（lóu lóu），勤懇貌。

答舟次

舟次見魯公《古柏行》《贈少陵帖》，疑其行間位置，魯公未必傾服少陵至此，蓋集《祭姪》《坐位》而爲之乎。智按：晁以道曰："杜甫頌房琯，肅宗大怒，當時崔圓等爲營救，顏魯公爲御史中丞，曾無一言。而老杜賦《八哀》，獨不及魯公。豈賦此詩時，魯公尚無恙耶？抑詩人不無所憾耶？"魯公于少陵可見矣。魯公爲盧杞所中，真西山猶以不能勝奸，何不歸老臨沂，傳書法乎？青螺謂魯公志在中書，爲國竭力，亦知進不知退之聖人也。鄭杓《書法衍極》曰："魯公含弘光大，爲書統宗，如錐畫沙，在乎執筆，猶其人也。彼後主之評田翁，米顛之評蒸餅，抑揚間語耳。楷法大成，安敢不心服乎？""禚關"之"禚"，因古"且"即俎，而"租"作櫨，查聲，從祖。八分茂美，故取以相配。八分書，漢代王次仲所創書體。青原題名，益公猶見之，未聞其語也。以木易石，必石泐耳。此方朴僿，遂無摹者。所云劉瀘瀟建留帖閣貯李懷琳臨右軍書，鄒忠介記之，誠爲此郡韻事。適張其令言，《祭姪文》墨跡，聶貞襄公得之華亭，歸置祠堂。徐階，明嘉靖、隆慶兩朝首輔，華亭人。今永豐鄧令購之去，此亦一韻事。"龍溪"二字，在禾山之垂巖，土人有手攀山輿之識。曠蘭茹言過石壟入梅田洞，有顏魯公書"山高月出"四字。惜無有合拓上石，以傳之茲山者。即以祖關上石，後落"永泰年吉州司馬顏真卿"款，比季雁山、羅近溪刻《麻姑帖》之例，"龍溪"、"山高月出"、《祭姪文》附之，公肯刻此，此山光千丈矣。古人自刻石有之，李北海自署黃鶴仙、伏苓芝是也。家僮修改過後人刻，皆臆之也，珍重而形容之耳。人爲後世所珍重如此，遺墨精光，常如星日，周越所謂正直忠烈之象，史處厚所謂凜凜如生面，骨力見乎筆端，不知其然而然，惟心造命，可不自珍重哉？

修浮渡山舍利塔院引以下兩篇原載吳道新纂輯《浮山志》卷四

　　義疏曰：十界之內，皆有軀命。一遇報盡形銷，影逢陰滅，光受塵封，鮮有不骨焦者。紫柏《施堅固子及頂骨莊嚴佛像疏》：「所願弟子可生生世世，在在處處，升沉交加之際，凡聖互聚之場，見思未斷，常以比丘身，承事三寶，如影隨形，如光隨鏡，影逢陰滅，光受塵封。吾此願心，精持堅密，非同光影，滅處愈彰，封時愈照。」安得舍利流布人天，令諸衆生一瞻一禮？於此悟堅固自性不屬有無、大小、青黃、赤白，猶舍利之不擬于色相也。赴感應機，捷如影響，亦以水月之澄濁爲隱顯耳。愚者曰：道非形骸，而寓物乃顯。神非五色，而隨人變現。以無相相，示不壞心。《大般涅槃經‧光明遍照高貴德王菩薩品》：「若有善男子、善女人，聞大涅槃一字一句，不作字相，不作句相，不作聞相，不作佛相，不作說相。如是義者，名無相相。以無相相故，得阿耨多羅三藐三菩提。」明月千江之影，聖人萬法爲身，詎可以情慮測度乎哉？浮渡爲遠錄公道場，我外祖三一老人復之。吳道新《浮山志》卷三：「第一代開山法遠禪師，鄭州王氏子，投三交嵩公出家爲沙彌。見僧問趙州庭柏因緣，嵩詰其僧，師旁有省。進具後，謁汾陽昭、葉縣省，皆印可。嘗與達觀穎、薛大頭七八輩游蜀，幾遭橫逆，師以志脫之，衆以師曉吏事，故號遠錄公。」于石蓮峰右建舍利塔，即耶舍尊者神力所乞忉利舍利之少分也，宛之桑林以分光焉。老人既往，浮渡之塔至今尚不得合尖。近者舍利放光，色逾琅玕青，有眼者見，有耳者聞，寧惡卒歲於風雨耶？琅玕青，翠竹。余廬墓時，意生者舊言及余曰：「杖人言塔太高，地恐不稱。宜庀殿堂，與山主商緣起可也。"忽忽在西江十餘年,爾培遠來,特爲此事迁我主之。余以此間有未了者,魯山諸公以報親庵望予,亦不能就,詎暇大舉? 時洪浪迷爾培之誠,又杖人所叮嚀,應爲之引。余告爾培曰:"汝果篤發此願,赤腳下桐城,自有大人主盟者,無俟饒舌千里外也。"

浮渡山報親庵説

山在桐東南百里,列嶂圍巨浸,而櫺山過峽,直踞湖中。兩掖巖洞,連蜷如蜂房,高拱曲折,玲瓏光明,非諸名山炬入者比。"山"原作"非",據文義改。遠公遇歐陽公,因棋説法於此。《禪林僧寶傳》卷十七:"初,歐陽文忠公聞遠奇逸,造其室,未有以異之。與客棋,遠坐其旁,文忠收局,請遠因棋説法,乃鳴鼓升座曰:'若論此事,如兩家著棋相似。何謂也? 敵手知音當機不讓,若是綴五饒三,又通一路始得。有一般底,只解閉門作活,不會奪角沖關,硬節與虎口齊彰,局破後徒勞踔斡。所以道肥邊易得,瘦肚難求,思行則往往失黏,心粗而時時頭撞。休誇國手,謾説神仙,贏局輸籌即不問,且道黑白未分時一著,落在什麼處?' 良久曰:'從前十九路,迷悟幾多人。' 文忠嘉嘆久之。"會聖巖卵塔儼然,萬曆辛亥我外祖吳觀我太史重興之。我祖廷尉公創在陸山莊,即墨歷、掌巖之西麓也。天啓甲子使蜀,璠焰正熾,筮得"同人于野",因題海島天門之中洞爲"野同巖",在陸之中堂曰"此藏軒",將老焉。後得白鹿,起作《歸逸記》,以此授中丞公。中丞公以授我,曰:"此藏軒者,圓神力智,易貢幾先,以此洗心,退藏於密也,汝其受之。"今經兵燹,獨一軒存,中德、通、履遂修此處爲報親庵。時哉,時哉! 生於憂患,息影杖門。托孤隨寓,三墮縱衡。《指月錄》卷十八:曹山本寂禪師示衆曰:"凡情聖見是金鎖,玄路直須回互。夫取正命食者,須具三種墮:一者披毛戴角,二者不斷聲色,三者不受食。"時有稠布衲問:"披毛戴角是甚麼墮?"師曰:"是類墮。"曰:"不斷聲色是甚麼墮?"師曰:"是隨墮。"曰:"不受食是甚麼墮?"師曰:"是尊貴墮。"乃曰:"食者即是本分事,知有不取,故曰尊貴墮。不執初心,知有自己及聖位,故曰類墮。若初心知有己事,回光之時擯却色聲香味觸法得寧謐,即成功勛。後却不執六塵等事,隨分而昧,任之則礙。所以外道六師,是汝之師。彼師所墮,汝亦隨墮,乃可取食。食者即是正命食也。"環中小衍,合節度符。小衍,即河洛中五説。公因反因,開午會之雷雨。兼中回互,冥權盡變矣。雉噫肥遁,大畜日新,天皇柏堂,大林啞鐘,汲汲彌縫,亦此藏乎!《易·大畜》曰:"彖曰:大畜,剛健篤實,輝光日新。"《佛祖統記》卷三十七:"江陵天皇寺有柏堂,明帝之所建。張僧繇畫盧舍那像及仲尼十哲,帝問:'釋門何爲畫孔聖?'僧繇曰:'後當賴此耳。'及後周滅佛法焚天下寺塔,獨此殿殷有宣尼像,乃不毁。"報親之制,博山下古航大師所定。吳太君遙秉博山之戒,隧此巖北,聞雷伏感,亦夙因也。吳太君即吳令儀,密之生母。統泯立法,以不借借。不與世爭,而非興亡之所能壞。藏於密者,視世出世妙叶,如幬覆代錯,節貫寒暑。關尹曰"道寓,天地寓",又何疑焉?非徒逸少、僧紹、季文、介甫舍宅有例,自古高賢遺跡多半琉璃殿上護之。王羲之,字逸少。僧紹,南齊處士,曾舍宅爲棲霞寺。王季文,晚唐進士,曾舍宅爲無相寺。又況達觀,何計籬落?就故鄉名山以懸一燈,就一燈以藏三世學《易》之光明,而世出世之父母,皆得以大報本,此庵之義永矣。此藏軒之前爲報親堂,中宸奉佛,兩肩置閣,願祀其父母者,以主入焉。此藏軒之後,庚月亭基,可建祠祀明善、文孝、貞述三先生。墨歷巖可表太極,以菁香奉聖人。野同巖立邵子位,以還鹿湖之夢。擇篤行者蒔種守之。《經》曰:孝無終始,通於神明。覺萬古之心,以事其親,詎不信夫!

遠祖塔院齋僧田記_{以下兩篇原載《浮山志》卷五}

會宫社田,乃先中丞與薔庵銓部、玉河諸文學所倡各安生理之鐸者也。衆議奉之遠祖塔院,供養十方。適值不肖智踏完天海,歸寓祖翁田地,樂觀時節因緣,懸崖伸手,因拍掌慶贊曰:

浮山自先外祖三一老人興復，朗、淡、清三公相續總持，一向洞口雲橫，草深一丈，剩有意生耆舊平實接待。朗淡清三公，分別指朗目本智、淡居法鎧、清隱法亮。詳參《浮山志》。"耆"原誤作"者"，據前文改。壬寅至今，忽忽周甲矣。宗一圜三，竟在此地指天樹骨，蓮池、博山合一滴水。天界杖人嘗舉此爲不二社，盡大地是一鄉約所。種田博飯，亘古開花。止有各安生理一句，即是三際俱斷，吼倒佛魔，雷電風雨，不容思議。三際，前際、後際、中際。前際即過去，後際即未來，中際即現在。且問牯牛水草之田，與見龍禮運之田，同乎異乎？田自萬古不壞，所貴時時耕耨而已矣。天地吞吐同時，泉罅其聞鐘鐸。此通天之陌，本來一帶雙關，畢竟如何申傳囑護耶？塞卻咽喉，普請飯碗。

浮山游記

　　浮山距桐城九十里，而由大江入，止六十里，合明之欒廬爲其中半。戴無忝從愚者廬且周年矣，期游浮山未決。會沈公厚、劉王孫、邵仲子扁舟來訪，仲子善形家法，拜中丞公墓，以石馬張岡夾耳徵其中脈，愚者因言先母葬浮山，往盍觀焉？"往盍"當作"盍往"。乘舟而入，先畫其概。

　　浮渡湖在萬山內。浮山自大龕山百里，突起檣山。又斷而起南頂，三面臨湖。東爲高巖、華嚴、金谷三壑，西爲金雞、會聖、野同、墨歷四壑。北面戴土，三頓而落，即先塋也。上手五岡，下手七岡抱之。羅漢、紫墩諸水，自西北匯而東流石溪，出白漢焉。仲子曰："水口奇矣！龍兩鰭下攫拏如此，奇物何疑？"沈、劉志在探奇，謂仲子曰："子自得向背之情，我觀此得游山之路矣。湖光瀲灩，凌此翡翠，誰爲蓬萊憂清淺耶？"

　　泊吳家坑，步過南峽，怪石岞崿，諸子驚視。岞崿，高聳。諸巖皆嶰岘不可上，惟一高巖，丙戌以前民避亂者梯而居之，活數千人。前望一峰，四削孤立於平地者，是過峽之檣山，浮渡若舟檣橛於岸耳。石龍峰如劍脊九折，凡數百步。徑緣其趾，而入爲龍虎關。石生長廊，乳垂二柱，盎頂如巷。宛委數楹，爲陸子巖，儼然廳事。會聖主巖向之，儼然帳中。鑿向上路，建九帶堂，表遠公宗風也。《五燈會元》卷十二"舒州浮山法遠圓鑒禪師"條："師暮年休於會聖巖，敘佛祖奧義，作《九帶》，曰佛正法眼帶、佛法藏帶、理貫帶、事貫帶、理事縱橫帶、屈曲垂帶、妙叶兼帶、金針雙鎖帶、懷常實帶。學者既已傳誦，師曰：'若據圓極法門，本具十數。今此九帶，已爲諸人説了。更有一帶，還見得麼？若也見得親切分明，却請出來，對衆説看。説得分明，許汝通前九帶圓明道眼。若見不親切，説不相應，唯依吾語而爲己解，則名謗法。諸人到此如何？'衆無語，師叱之而去。"遠公之塔在其左洞，其旁爲阮堅之讀書洞。洞上復有閒洞，陟棘中又得二洞，皆不知名。最高曰一喝巖。主巖之右，架梁置楯而樓之，塑遠公像于石龕。楯(shǔn)，橫木。龕之背爲三曲洞，三曲之面爲朝陽洞，千年藤覆之，皆無人居，杵臼在焉。流泉自其後，滴瀝石上，清晝如漏。會聖者，會其聖也。凡僧寮、碓磨、牛圈，皆洞也。朗目有碑，實始修此。袁石公寄先外祖曰："朗目能朗觀我之目乎？"答之曰："自有通天眼在。"遠公陌路相逢，別傳一帶，浮山合兩宗之符，游者會一觸否？仲子曰："此龍珠穴宜兼兩宗。"無忝笑曰："骨血之蔭已末矣，道人何爲及此？"仲子曰："形神相感，觸幾皆然。"王孫曰："通天眼何以決之？"愚者曰："一切何與，一切不遺。本無所逃，通天亦閒語也。"

乃出龍虎關，趨其陰。越棧木爲雷公洞，有泉嘗滴，瓦盂盛之，茶飯取此。望其對崖，傾峭數十丈欲崩。陰溜正黑，有赭間之，若劈積然。黃公望與關同合作，其能染此玉女峰之掌痕乎？當掌痕中，有金雞洞。洞不可至，其壁之下裓，蹙然而斂。裓

(chān)，邊緣。斂處爲巖，是曰"晚翠"，僧籬之而居。循桃花澗而上，有二石梁，長五丈，架澗上，曰仙人橋。退而探其谷，東西窟穴不少。橫厓若斗栱，或方或圜，皆洞。愚者十六時，與清公游，題曰"密巖"，今視而嗤之，幸爲苔掩耳。還，復坐石龍峰。老僧迎之以茶，則雷公泉也。入寮團坐，視其鹿角格有紙卷，展之曰："不妨丘壑供蠹魚，一任天風醉花鳥。"乃黃文成筆。訊何自得，則崇禎壬午獨游宿此，山水之興倏然孤往，真視其人。公厚曰："此鍾伯敬賞雷鯉之句也。"無忝曰："文成末後有懷浮山詩，當題閒洞曰黃懷，可乎？"太息久之。秉燭洞中，相與聯句，它日上石，皆付無忝，無忝無不能也。

　　翼日守墓僕候余謁墓，仲子隨余往，與諸子期會華嚴。仲子過諸岡，審其回抱，復陟後龍，以曲直嶺起金巒，曲直嶺上爲獨峰，獨峰之後鳳凰石、鸚武石雙峙而中落焉，遠觀湖外之翠圍，內案之周匝，確無疑矣。復告余以青龍長石下更得一穴，不可不識也。已，諸子皆來，答拜草間，禮存諸野矣。飯茅屋下，藕稍荇葉，得與知己共之，豈軒車游山者所易覯歟？扶杖過佛子嶺，趨華嚴寺。門堂三重，傍有一四阿複檐鬭八之殿，則先外祖吳觀我公之所恢復，潘王之所施造也。鬭八，拱斗。《通雅·宮室》："蓋鬭八謂承仰版之拱斗也，其形似之。"神宗、陳太后賜以《北藏》，鹵簿護送儀鍠、寶幢、畫扇、繡蓋，今猶有存者。寺後有靜室，去年始毀。松竹翠蔭三里，直抵巖壁。壁之上有數巖，子遠舅氏題其一曰"已而巖"，聞子將刻之。聞啓祥字子將。他小洞不可登者比比，公安題曰"棋聲歷耳"，以遠公爲歐陽公因棋說法云云也。徘徊山門，四圍甚聳，丈人謂當興大閣乃稱，仲子曰然。方丈是子遠書，頗似顔魯公，何令宗一爲香山耶？走拜太史公之墓，"父母未生前下淚，兒孫不識處傳真"，三一老人與山俱高，豈論世俗計哉？其上爲金谷巖，巖最高廣，可建五丈之旗。今爲一殿兩廡，於其中奉丈六金身。萬曆辛亥，董事有記，是愚者之生歲也。出翼仰之，丹嶂如幔。長阧盡處，兩幔縫開，澗水沖出，小橋跨之。沿澗而入，爲滴珠巖。巖如蠃旋，盤空回樓。樓頂有口，瀑從中下，萬斛珠飛，直似雁蕩龍湫而小耳。出厓垂沫，彴略過險，復有隱洞，可以圜坐。彴（zhuó）略，獨木橋。冬雨雪時，金谷巖簾縣冰百尺，誠奇觀也。方石塞其洞口，愚者題曰"吳觀我先生指天處"。無忝曰："司馬子長以外孫傳杜林漆經，各隨其緣，豈不信乎！"且出，游紫霞關。石立兩根，中虛其闑。根（chéng），柱。闑（niè），門橛。關之上爲首楞巖，巖左右如來峰、獅子峰插劍凌霄。有石曰"仙枕"，蹈空乃能騎之。憶壬申與曹梁父賈勇一躍，章子厚系腰未足爲奇，今亦不作此舉止矣。雨下，急返谷口，砌石作棲，因偃卧於此矣。

　　夜雨大注，瀑更可觀。是時，戴無忝詠滴珠巖七言律一首，可謂創寫。愚者隔日再坐其下始就，蓋難爲形容也。野同海島之瀑，當於此雨後賞之。田客供具，請臨施莊。天霽沙爽，山青水漲，念祖廷尉公構此藏軒，攜不肖讀書於崖下，忽忽桑田，墻屋頹敗，今當改爲報親庵，後建祠堂，祀三世焉。丹丘、墨歷、掌巖相聯，樛木蔽之，今被斬伐，皆叢竹蕪草矣。此處望浮山如方棱石几，路繞几下，爲觀音巖。巖中有一石，如露蜂房，名曰總巖，以三十六、七十二皆具也，約言之云爾。後有雨花廊，吳希之建書屋兩厂，闃無其人，豈無高風者重爲葺之？厂（hàn），山石之厓巖。過橋爲張公巖，相傳張同之棄官隱此。壁刻"嘉祐六年"，字跡宛然。修殿兩重，巖之奧有井，四時徹骨不竭也。轉而左爲青巖，濕不可居。又轉而左爲佛母巖，門窗向南，得日最暖，巖主栽竹，置爨其下。石廊欹垂數百尺，橫盡一壑，上有天門，四時出風，謂之風穴。谷之窮處爲海島巖，穴紋瓻凸，如漩渡浪，故以名之。詣此必經撒手厓，厓檐有瀑下注，人行瀑內，如複道廊,不可下視,下視則墜矣。其中爲野同巖,天啓甲子璫禍作,先祖筮得"同人于野",故題志於此。又刻"行窩"二字,先父夢康節來,欲祀諸洞,令不肖智書之,屈指二十五年間事。嗟乎,盡大地皆行窩也。

無忝曰:"聞有天池,何不一親酌焉?"乃齎爐炭、茶具往。須上繞雲梯,梯鑿石壁,容趾而上,凡四折,游者難之。愚者曰:"武夷石筍、太華千尺幢,挽鎖若汲,有載此朽骨腐肉者在,不見擔水者上下行歌,何必齧膝而狙伏乎?"上有石骨,坡陁半里許,有池生蒲若沙箸,盛夏不涸,汲以烹所制茶,隨游分酌,與雷泉無辨。迤而阿,有塔三級。仲子曰:"是一道場,以塔鎮之。"橫步爲石蓮峰,石紋如蓮花,鑿柱穴無限,元時立寨處。稍轉,拍茅三間,直趣東頂。有右堤過妙高峰,是華嚴巔。回過金谷巔,有圩陂十畝,若厄其口,爲滴珠之瀑,古結石壩以蓄水,今壞矣。全湖瀠浸,雲帆來往,龍城柳峰,青若芙蓉。其坪種茶,若建一閣,誰享此者? 王孫曰:"塹幽頂曠,凡山皆然。"浮山正取其易登頓耳。

還坐香櫞樹下,公厚詫黃山,無忝述泰山,縷縷可聽。愚者曰:"生平游諸名山,天台惟石梁、斷橋,雁蕩之天柱、剪刀,削然參天,奇矣。太姥近海,其石磊落如鄒嶧山。及後游桂林陽朔,石皆拔地,如衢州江郎者勤千百,計奇至此極矣。廬山惟縣瀑至多,不亞石門,仙巖又在江湖之心,所以爲勝。洞如七星、林屋、玉華,皆幽閟以炬入。"向王孫曰:"如齊山之洞以明入,而漸趨地中。惟浮山之洞受陽者多乎。結階户,發圈橋起,上覆垂溜,非壘塊架閣者比,略似靈隱飛來而深厚百倍,連蜷委屬更倍之。何處非山水而必稱奇? 此亦游者之奇情不可昧滅者歟! 浮山之《志》,心澤胡公向有匯本,不備也。胡伯玉,桐城人,萬曆進士。與父許爲再集,不可失約。王孫歸語尊公,肯親來一游乎?"因記其概。無忝者,戴敬夫之子也。公厚者,沈眉生之子也。王孫者,劉興父之子也。仲子者,邵漆夫之弟也。

與胡簡上明府 胡必選字簡上,孝感人,順治己亥進士,官桐城知縣。以下十一篇皆載《浮山志》卷六

廢櫟殘萍,屢蒙護法以父母而蔭育之。招歸浮渡,業已兩復台函。去冬,吳山主持合邑諸山請書,以華嚴寺見迎,而青原祖堂未畢。念此浮渡祖庭爲先師杖人注存兩宗一帶之地,先外祖吳太史一生之香願也,謹發執事,先供僧寮灑掃,如山主約。總托雲天,肅此奉白,給示三門,儼在花封,春風首被,此山尤慶幸矣!但某法住言之,塵剎報恩,一際平等,老可歸鄉。現有報親庵,爲兒輩舍宅飯僧之蘭若,瓢衲往返,道無彼此,亦不敢再煩錦箋也。總恃慈光,曷勝瞻越。

與孫魯山司馬

集萬不遠千里班荊,證盟華嚴,曝曝實事,想詳達左右矣。吳善現字集萬,《浮山志》校閱姓氏有載。謹遣執事人先來料理,依法而住,就事偕時,一切安靜,惟守成規,知有寶蓋覆之。來者山足興斧,向參杖人者,近在青原執侍巾瓶,知其氣概,亦諳事體,故即以華嚴米鹽爲鍛煉,引樸實人循情掃地,以待青原順流,原不取迭迭敲曝也。山足禪師,名興斧,字劍谷,號荊堂。俗姓張,吉安人,密之弟子。張無垢、楊大年寶鏡當臺,舉一杯茶,何所逃欸?張九成號無垢,楊億字大年。壽昌家風,正在棒打石人耳。總托慈雲,一切嗣布。

復吳函雲水部

老老大大,惟有一真。六十以往,自然口掛壁上。已將淨

居院事交與同門法弟叶妙大師，可以投閒養疴矣。浮渡棋盤，本願内護。忽聞舊住者有言，則殘櫟萬無涉末流争道場之影，是復就陶庵。它日過匡廬，了凌霄之約，則來鄉上壟，就此藏已矣。山足可守，且令撐持。龍天常住，自有時節因緣，原不待安排也。復聞長者有西河之痛，要歸夙定，知毗目仙人故處，本如是耳。暫此奉復，一令小兒委悉。

復吴夔田明府_{吴道觀字夔田，桐城人，曾任商水令}

又煩遠函，知知己以法乳更深關切矣！自念老病，無能爲役，已將淨居院事交與叶妙法弟。適聞華嚴舊住不能忘情，遂爾奄息陶庵。以末流血拇最所厭聞，而乃老冒此嫌耶？《楚辭·招魂》："土伯九約，其角觺觺些。敦脄血拇，逐人駓駓些。"守者能守，且令堅待，諒護法自能庇之。暫此先復，一切令兒輩委悉上陳也。

與陳默公司馬_{陳焯字默公，桐城人，順治九年進士，曾主修《江南通志》}

前者聞問，正以讀《禮》之餘，足遂古今之業，供養後世，以爲錫類。已復知鼓盆而歌，此則達人之言，可謝倘然者也。老病龍鍾，又煩遠念。今以淨居院事交與叶妙法弟矣，只爲泄病不已，且在陶庵靜攝，俟稍强乃過五老，歸掃隴隧耳。華嚴棋局，終在報親。承諸公盛意，已令人理鋤钁。獨念浮山一久，志閣未修，向劉興父曾任之，托黄俞邰搜訪古人所歷，又復漠然。_{黄虞稷字俞邰，密之弟子，著有《千頃堂書目》。}吾兄指點之餘，肯爲收輯，是山靈所起舞以待者。順風先布，再容續候。

與山足監院[三則]

起身稍遲，聞前人遂有不顧梵行者。末流澆薄如此，可慨也夫！道人發願，即從此救之。自己處處立地參天，只如住茅蓬。潙山單丁，鳥窠布毛，俱能光輝道法。所以消歸自己，隨處不窮，大用即在其中，豈更別求耶？不慕繁華，隨家豐儉，則華嚴之風丕振矣。臨出門時，遺卻次履居士一書，今寄來。吳道坦字次履，見《浮山志》校閱姓氏。待人接物，以謙沖依禮爲平懷。處衆先勞，以行起解滅爲實地。修《志》須刻一《小引》，求諸雜記往事，是古今一大快事也。

人人都言新華嚴先衆任勞，又能謙下，是能克家布基立幢者也。浮山華嚴寺第二代住持義青禪師被稱作"青華嚴"。山足主該寺，故有"新華嚴"之目。敘事待客，款款有條。伸手衝口，句亦宛暢。吾甚爲之喜。但鼓衆作務之暇，亦須自己操履古人門庭堂奧之事。釀愈久而妙，劍愈磨而光，一日不可空過也。佛之正法，認真行持。孫魯山居士書至，亦云"守院者認真做去，以此平實接待，以此自煉力量，自煉手眼，即多生一生之正命食也"。子其勉之！

近日擔荷，要發大願。願正從光明正大上行，自然吞吐天地古今，其樂無涯，安有争人我、起生滅心耶？吾老，餘年一切放休，華嚴當家自付山主。平實守去，則吳氏諸公自知三一老人、本如司馬手眼心行，自有人出來承當。吳用先字本如，桐城人，萬曆壬辰進士，歷官臨川令、都御史、薊遼總督等。如次履既能老發真誠，挑此擔子，消歸攝化，即是居士行道真願力也。希之諸作，堪選入《志》，亦不在多。真來、克讓諸公，俱能鼓舞，翻轉殘枰，著著皆先。承命而守者，挈瓶之智，手不假器，彼又安能如之何哉？

復合邑公啓

伏以重門洞開,並唱還鄉之曲。千里同調,久知合拍之風。每念一寺五巖,曾經先外祖之興復。直接兩宗九帶,更爲我杖人所注存。盛事欣聞,法門永賴。恭惟諸大護法,一代宗匠,三教干城。"干"原誤作"千"。超古跡以空群,選佛智而及第。申明堂之正位,山水全歸化日中。現長者之法身,手眼共超法塵外。香爐自熱,握拳不必空伸。玉帶重圓,椎枰更聞答話。山谷與覺範石門次韻,尤喜同鄉。子瞻與訥齋筀嶺吟詩,老留故事。茲承台諭,委以祖庭。浮渡棋聲,本鄉先隴。廬陵米價,亦屬郡人。信得遇緣即宗,但愧無能爲役。誠慚病櫟,頗似棲蘆孤兒。既托下宮,何惜藏身鳥道。窮子須歸寶所,守堪自拂竈泥。應遂退老之衷,用赴報親之地。定與諸公合約,共期此刹重光。垂翼徙溟,行看法喜盤桓。互提尊貴,一路翻身吐氣。佇俟垂老敲唱,踏碎環中四維。時哉幸甚,久矣欣然。屬有事於青原,僅遙望乎白社。且待荊堂畢役,應隨萍梗順流。先復雙書,不嫌才盡。分看兩處,信合時宜。臨楮翹瞻,響風肅啓。

答懷寧縣紳縉請住華嚴寺啓

天包佛土,本自一乘。生樂故鄉,何分二諦?恭惟諸大居士,俱屬夙世上緣,珠蘊龍華,雲垂鵬背。樓閣開爲閥閱,朝野總托經綸。大福德久運雙輪,上善人共聚一處。忽接公函至諭,言及浮渡祖庭。兼以當道慈雲,同爲名山護法。某慚僜老,捧此屛營,回望豈不暢然?養病固所願也。二十年來,行腳草鞋,榔檩自供,浪跡何堪。三千里外,搖頭竿木泥洹,總是業緣難避。遠公棋局,不礙陌路旁敲。窮子報親,已令行人鋤地。

但使青原有托，自然白社承風。先謝盛心，用抒短楮。隔江招手，大笑前因。寶蓋當空，再圓後話。依依瞻越，肅肅主臣。

答延陵吳山主公啟

伏以華嚴開閣分身，彈指貴南詢。浮渡乘杯合手，揚眉早東向。兩宗真脈，一帶常圓。知爲合郡舊維持，正憶杖人親顧盼。祖庭重興必矣，靈山一會儼然。恭惟山主諸大護法，儒釋雙選，宗教遍參。冥六月之息游，享多生之福慧。一乘緣起，原屬居士宰官。五教歸宗，正在維摩圓覺。思我宮諭外祖，爲今調御丈夫。青鷹夢裏急翻身，雲棲戒先斫額。黃鶴樓前伸轉語，博山偈已傳睛。備五早謝憨公，宗一全提聖論。不忘溝壑，自妙彌綸。學《易》多年，雜花獨契。覷破虎鈴系解，但縣義象縱橫。點出圓∴，何必爭如不必。中常用兩，裁成即是生成。道場隨分功功，時節實論曝曝。曩修一寺，遂復五巖。招朗、隱二公，衍紫柏之教法。獨向壽昌一脈，續寶鏡於參同。勝事如斯，願王常在。高卑雨化，頑慧風從。稿藏三一齋，無人發匣。骨經五十歲，露扶指天。蓋欲窮盡上下四維，體如來之五中道，始能折攝頓漸萬法，爲午會之一大成。任歷劫灰，自傳種智。所以家風續世，力扶古道盡今。恰喜工部詩傳，又直彭澤綬解。共歸蓮社，齊慶桂昌。金谷勒銘，外甥出世。延陵不替，宗族全歸。不辭泥滑江濤，遠訊夾山藏身之跡。便欲入廛垂手，重結風穴應讖之緣。某本棲蘆，久嗟流菜。幸賴法門濟濟，各剔眉毛。但憐病叟綏綏，未堪胼胝。願爲内護，此乃素懷。矧故鄉老自應還，而報親坐有其具。定期瓢歸嶺外，不噓粟畬於客山。又以米貴域中，未封荆條於祖地。但畢青原之役，即抵素業之廬。早快棋聲，不憂柴擔。滿盤先著，非膠黑白未分已前。陌路相逢,須透緇素難辨之句。沃田長者,正喜新春。毗目仙人,已還故處。伏願一肩共荷,全家享龐老之鐵船。定知兩足稱尊,叉手祝祖翁之田地。庶可爲滴珠碑前吐氣,不妨於鐵鍬寄處回書。想在鑒原,曷勝瞻感。

首山庵記 原載同治《泰和縣志》卷三十

西昌西郊,自春浮以南,列刹鐘磬相聞,皆蕭太常金玉所扶植者。次公多居陶庵,每月朔望,集通邑長者作放生會。而亦庵比鄰,在般若旃檀香界長者園之中。陶庵、亦庵,皆崈陽鄭公署書。庵忽經劫火,而殿堂諸寮,鼎新翼翼,接衆安禪,數十年如一日,遠近差肩,望亦庵爲諸山之首,則中千賢公與其徒胼胝一行所致者也。孟舫、小翮,衍經結集,施義田,賑圜土,每從亦庵首事。近以陶庵歸之,曲澨喬蔭,周回數里,罾網不施,魚鳥咸適。中千又建大悲閣,筱連濯樓。一方檀信,歲倡此地,建法華會,海内高人達士,樂此寶所,題爲首山,良有以乎!汾陽之道,續於首山念《法華》。夫所謂首山者,中條也。元有孤雲尊者,臨溪作了了庵,亦以雙柏當門,首山起興。然則學道人苟非一心一行,踐履霜雪,又孰能劫火不變,亘乎廢興也哉?千門萬户,皆以矩尺而造空虛,其載之者基也。千門萬户成,而基可須臾離乎?公輸不時出,而矩尺之法在。法從何來,可以寤矣。末流好放逸而嫌實務,借空言以恣莽蕩,將游手爲公輸矣。古德叮嚀,真實即是真空。竿頭進步,猶有事在。體雖不異古人,功未齊于諸聖,吾道自是無能名、無賞功、無盡分也。中千以精進聞,而十方有道至止者,激揚宗乘,開期宏教,無不躬爲領袖,禮敬供養,忘軀爲衆,垂白不改。首山寶構,歲增千柱,未嘗持一疏干貴人,而次第構舉,鶉褐箪瓢,澹如也,曰盡此一報而已。

嗟乎，致虛非逃虛，務實非滯實。穿過虛實，粉須彌，乾沃焦，何以鑒之？既以全身肩荷，加行增進，功齊諸聖，非分外也。然始終禮此法華，眉間先照東方，非思所解，又何庸反復曉喻？琉瓶盛乳，從來所嘆。乃能擴而大之，此一惓惓安能已乎？愚者來首山會中，時舉念法華，初受此經，後因風穴上堂，以世尊不說說爲問，念答曰："動容揚古路，不墮悄然機。"穴頷之，而念公因住首山，宗風遍天下。

藥樹堂碑銘原載《廬陵縣志》卷二十七

在天地間，誰逃寒熱？煉藥開爐，冬雷破雪。種藏核仁，花飛雨血。七接偃蓋，造命奇絕。倒插生根，枯而復蘖。不萌枝上，碩果暗結。龍淵澆淬，三番兩折。夜半天明，不容齒舌。此中山水，險巖斷碣。仰空一笑，不欺時節。

杖門托孤，□□其□。極丸□人，捨身隨發。密之別號極丸學人。視笑公塔，扶杖游憩。睠枯荊芽，感雷雨志。爰建此堂，表笑公意。兆牂陽月，援毫以記。

懸榻編序原載徐芳《懸榻編》卷首

荷山拙庵，數十年來依巖而居。時或以青囊爲別峰，遨游方内，行鞾自負，時時流其心聲，稱則古昔。愚者向曾訪旦旦軒，見其所編勒，已屢帙連榻矣。今賁皇苗公乃選而壽諸木，誰不謂數十年荷山之蘊蓄，當食此報也耶？苗蕃，南城知縣。賁皇之于拙庵，若有萬世旦暮然者。晉東瀑隱，久嚮太行。雙江兩姑，披襟發興。置懸榻亭以招之，故名其集曰《懸榻編》。知己之合，蓋定分也。愚者適從青原來，流連信宿，語十年之所未語。縱觀此集，儲與久之。豫章生七年而辨名，卒蔭千畝。筍萌抱節,聞雷而出,不旬日參天。莊子所云緣于不得已,陳瑩中所謂秀媚精進,核仁之爲花實也,豈能禁之哉? 夫其隱几而槁灰者,正其龍見雷聲也。三冬之霜雪,正春夏之葳蕤也。荷山之隱几三冬也久矣。拙庵之文,大家爲質,縱橫上下,極旋瀾之致。每得一義,兔起鶻落,使人創見快龍淵之斷割,究歸圣人中和之衢,非曼詞翹明者快口辨耳已也。隨時紀聞,如《輟耕》之綴集,往往申因貳之報,以醒輓近之聾瞶,苦心哉! 長言以興,蘊藉騷雅,題記歷落,時取晉魏,選而評之,一經指點,無有不起舞者。拙庵負才過人,而問學不倦,識力相資,敏于從事,安得不謝數十年荷山之靈? 此固天之所以成吾拙庵而遇吾賣皇也。近聞旦旦軒左,筑三層樓。往歲吳游,載萬卷以還。而余又以先人晚徑之《易》贈之,深幾研極,而旁搜游衍,使子弟后進編考,而坐其中删葺之,包羅正決,不爲一切所惑,以遺後世,豈非千古之盛事乎? 此語且置,當此時而遇知己,翱翔山水之間,枕藉弦歌,樂何可量? 毋怪乎蝸高□隱之嘆羨也。浮山藥地愚者弘智題。

山聞詩序 原載汪楫《山聞詩》卷首

　　舟次游匡廬,得詩一冊,郵寄青原,直是杜陵入蜀,東坡游羅浮,隨手刻畫,親寫面目,非霞起飛流與興公揣摩等也。獨尋三石梁不見,爲之悵然。愚者在武功,尋出圖坪二十丈瀑布,又尋出青又庵背小三疊泉,因讀劉晉卿太史萬曆癸丑《游三石梁記》,直信不疑。陳謙笑康樂伐山開道,咫尺猶失雁蕩。張子賢記五老三疊,南宋始開。彼住山者與山忘矣,未必好此,宜其以影事辭客,且以影事疑古人耳。九疊谷路,多年迷塞,亦愚者壬辰之所開也。老病稍起,定圓此夢。舟次期以再游,彼時相見,方敢爲《山聞》作序，先記于此。

寄喬生 録自陳子升《中洲草堂遺集》卷末

去年得札，捧詠詩章，明月披帷，雞鳴不已。弟泐數行，付劉叔導轉寄煥老處。新年數日，又接懷古之什。即此遣放，即此薪火，正須以無古無今一瞥視之。濟世超群，自是兩端。然大人致一用兩，未嘗不代明錯行也。十年來爲他人評《莊》，乃合古今而炮之，贊謗并列，隨人自觸，安于所傷乎？業緣難避乎？竿木泥洹，亦何暇更作計較耶？因寄《炮莊》一部，別刻數種，請正。有高興爲批數語見示爲望。

又

青原得一瀑布，愚山目爲小三疊，又起一歸云閣。今《志》已成，喬生、元孝二公，何可少此一句？適有鄭水、景黃粵游，皆劉晉卿先生之孫也，幸揮毫付之。

鸛石周氏續修譜序 原載《鸛石周氏支譜》

王僧孺撰譜，訪血脈所因於劉杳。杳曰："子長刪《世本》爲《世表》，旁行邪上，并效周譜。"則譜因周法，宜周氏之譜足法也。古以國爲氏號，支族賜姓，《左傳》四列猶明，後世皆通稱矣。夾漈以三十二志之，實則一也。自宗子之法廢，而以地望明貴賤。魏晉門第官人，天監士流案譜，唐重八姓，禁約鬻婚末矣。洪武四年廢圖譜局，惟申六諭，而令天下之大族賢者自率之，蓋重賢過於世家也。姬後以周爲姓，昌勃黨璆各遷，而濂溪先生獨明立極之學，發周公光。再傳居柯山，桐之東鄉周自柯山來。吾覽儲、呂所序，益嘆濂溪之德教蓋其盛哉。

孔嘉兄弟當宋南渡，以常州密邇京都，北驅迴焰，誓祠而遷，遂居桐之楊都湖上。作譜者，省元仕龍公也。嘉靖庚寅，篁田京復修，以龍公爲始祖，仿諸子斷自茶院之例也。先曾祖明善先生視周甥，游周潭，覽其山水，相其陰陽，喜曰："蓮花峰下，合溢爲濂，此地春風長披拂矣。"吾桐大姓，十常五六自外來，稍稍贍給，即大門閭，入居市鄽。周氏族最大，殷殷軫軫，自宋及今，守其祖訓，竟無一煙火近郊坰者。余覽其譜，比歐蘇諄諄條戒，一以孝弟媚睦爲本，誦讀耕稼爲業，義種學耨，沃其《禮運》之田，以族長藏宗子而主之，惟賢是舉，不論閥閱，豈惟存周公讀法北觵之遺意乎？皇朝重賢，過於世家。洋溢聖諭，長幼唯唯，此真遒人之鐸矣。數百年間，人地蔚薈，詩書蘊藉，皆善闇修節義之行，爲一方景表。周氏之譜，固善俗之法程也。自少與吾農父研席，浴其春風，早服老子溫謙之道。已識子縕，女爲軼才豁達，皆事吾鹿湖先生者，以是知周氏喬楚，講理者，詠歌者，力田者，皆以躬躬傳其份份。西豪之里，望星而嘆經嬴，隨月帶鋤，長幼相率，皆蓋雁成群之象也。
　　修譜之篁田公，當時最稱博雅。其曾孫，則磐石公也。左忠毅婿於其外舅啓吾公，啓吾公者，農父之尊人也，又最善與石公，以道相砥。通籍任職，與石數數以大義劘切之，竟以直嬰璫禍，而磐石遂行廉范、魏邵之行，鄉里誦之。末俗靡靡，富貴則老友阿諛，患難則親戚掉臂，求如此者晨星哉。農父少遭閔凶而免，其尊人隱德所陰騭也，亦族賢者之厚也。農父嘗稱其族賢者遺事，仿先曾祖之《邇訓》，重疏《孝經》，輯著《曾子》，所以表隱德也。從上聞人奕奕史冊，近代如克齋桂氏之孝烈，旌閭巋然。虛室、遜齋、梧岡、雲從、鳳伍、合明、若虛、東泉、清甫諸公之德操文學，譜傳森然，余不及更仆矣。瞻明子縕領户事，如古都講。此役也，推執事焉。該內外，志生卒，揚世德，紀祠祀，申矩約，足稱家史，非區區一世系者流。先曾祖曰：古人以一鄉為天下，鄉自農族始。仁人必收族，收族則敬宗，敬宗則尊祖。敦風龐俗，實始基之。周公曰："所其無逸，先知艱難。"《魯頌》曰："君子朋穀，詒孫子。"今以東鄉數百年之周，蒸洽勿替，能不忘省元龍公避世之春風，以不忘蓮花峰儀世之春風，即不忘始作譜者之豳風矣。余既以素交無所辭，樂道鄉里之盛事，故因儲、呂之序序其簡端。皇清順治丙申年秋月穀旦，賜進士第翰林院簡討邑人方以智題。

語要序 原載《鷄石周氏支譜》卷四

不肖智淬鍔十餘年，閉關三年，廬墓三年，古今皆血，寓于下宮，罪過重矣。不恥衣食，不忘溝壑，以困知學，即此骨立，敢以不立聖凡自荒忽耶？周子敍五矢志聖學，往于近溪語有省，手錄古今語要，折衷于三世先人，自言以悔知礪。余嘆曰：張子讀程《易》而撤皋比，曾知震死萬世之標尊狂逞者乎？震無咎者存乎悔，此即天地之心、無妄之雷也。平衡立中節之格，而發未發縱節之。萬古一毫，元會呼吸，交輪之幾，暴然未發之中，如陽燧之取火矣。此一毫中之正偏秩敍，歷然萬古不變者也。必出生死，乃能入生死。藥即飲食，學即飛躍。倚乎言平，豈平平乎？慨自竊鉤者誅，痛竊教竊，遂有竊混沌者。竊者我爲之也，嚴以無我，并無我而竊之。殺則哮人，赦則自矜，迅幾反爭，販肆微言，適成巧言，然後嘆洗心藏密莫密于與民同患矣。孟子揚備物之我即無物之我，揚強恕反身之我即備物之我。繼善成性之道，三言而一也。使米水相奪而成糜，離燈火光以相難，悟此爲剝爛之方乎？善用皆藥，所貴好學。惟學即達，惟專即直，惟深即幾，惟會即通，乃能不惑，克己即由己矣。心乎理明，好樂自不能已。神明塞乎兩間，又安有生死有無之吹影哉？敘五之以悔自礪也，即已礪萬古而震破從來之我矣。漆園天理，善藏以刀。合山之骨，願與吾子同礪齋戒神武之劍。合山藥地無道人智題。

陶庵雜記敘 原載蕭士瑪《陶庵雜記》卷前

西昌有蕭伯玉、楊寨雲兩先生鼓吹《起信》，而次公先生獨號一行居士，太常則其兄，憲副則其舅也。春浮蕭齋，淡於軒冕，往往信筆望崖，以取逸致。次公爲理家事，又搆陶庵居之，春浮壎箎，千古豈易得哉？愚者近來陶庵，研鄰主人以《陶庵日記》見屬一序。連日讀竟，皆生平隨所行事，好施取善，陶情山水，居其大半。就中警訓切語，則日所聞所問難者，退而錄之。愚者曰：仁人之切總持也，委委乎，深深哉。唐肆矜奇，必且曰猶隔哇地。頡滑譨㾴，必且曰沾沾拘墟。虛談易，實行難。畫鬼魅易，畫犬馬難。陳陳相因，厭腐欲嘔。鏤塵吹影，吊詭土苴。厲而禁之，劉伶之斷酒，陸機之忍笑乎？不則昆吾之跡，華山之博耳。水中鹽味，空外轉身，超宗有幾，難言之矣。逃玄匿械，十流其九。戴安道早服老莊，而以禮自將，深悼放達爲非。蘭亭諸公言一死生，而逸少云一死生爲虛誕。竿頭之步，止有一實不欺，何用提弄虛空而恣莽蕩之電光乎？世祿之家，久襲承平，陶庵日記，念茲自克。西陽悼別，濯谷茹肝，一行居士苦心在此。聞跫然而喜，望舊都而暢，就路引之，怵其本心，頓悟漸修，雙輪并運，孰能悖之？研鄰世傳此風，特爲流通，泂乃者對症之劑也。

西昌蕭次公先生墓誌銘 原載蕭士瑀《陶庵雜記》卷四

愚者讀《陶庵雜記》，蓋噡噡乎其志也。西昌嚌嚅道味，實自蕭太常、楊大參《起信》起。而次公先生乘夙愿，竭實事，一行至老，香林相望，鐘皷鏗鏗。陶庵湖邊，兩過九夏，遺風謖謖，至今在焉。山主孟昉請銘其東山券堂之石，智放廢於方外久矣，莊語爾雅，恐其不稱，又病奈何。一時諸公引憨山、蓮池固常爲之，近如厓山司訓誌亦笑老人筆，笑公與太常壬戌同臚，中丞公則丙辰同籍也，二諦本泯，師何避爲？愚者曰：世出世間，汲汲彌縫，無過於一行居士。護法不忘爲此，長者悉具陳之，野老藉手矣，僉曰有行狀在。謹按狀曰：

公諱士瑀，字次公，別稱陶庵、一行居士，雒郡丞贈太常之仲子，而太常之弟也。蕭氏自正固先生尚仁應運而興，子用道繼聘長史，雪厓公旵中宣德丁未科，爲大宗伯，紹述父祖總德，放風西昌世瑞。蕭并楊、王，先輩典型，蓋其盛哉。三傳爲夢瑤公一傑，發萬曆壬午，爲雒郡丞，中州頌之。鎡基在前，青箱在後，種德育才，實生三子，蘭陵之光於是始大。長士瑋，中萬曆丙辰科，世稱伯玉先生。公與季公士珂，皆壯齓於庠，才行旼旼，與方内諸鉅公名碩游，世所謂三蕭者也。太常公領聞踔絕，下筆高古，又通禪悅，扶邁往之氣，盱衡若無足意者。季公博雅敏瞻，從伯兄司簡畢，落拓自喜。而次公器宇凝承，内抱寬恕，孔懷商榷，多所正規，難兄難弟，亦無以易之。孝綽有類腰皷，杜鄴親於精廬，一門孝友切切，人無間言。長兄少弟，既不問家人生產矣，米鹽淩雜，其孰能免？仲氏獨任其勞，所不辭也。詘羸能散，妙於計研，矢公不疑，豈患妻子爲風雨，僕妾爲雀鼠乎？以故事無大小，調畫周至，無不悉當。太常雖名家督，坐嘯而已。壬戌廷對後，瑠珥鴟張，廠衛告密，士或負氣，徒取刺剟，而就就者巧冪繫以爲權，又且蜀雑讒慳，鉤黨將作，出不爲國濟難，不如隱山。太常素藴高逸，拂袖若不能待然。因事左徙，自汭而歸，絕意赴部，柳溪卜築，此春浮之所以園也。自此生平家居，十之七八矣。然所以簀山輋石，実夏陝樓，皆次公之拮据咄嗟也。湖既汪洋，因以放生，阿練壇廯，鐘魚相續，蕭齋息蔭，題牧護庵。季公下帷於旃檀林，在愚浮杯三山之東北。次公乃別搆陶庵，梅以爲墩，竹以爲嶼，相望春浮，一牛鳴地，追呼過從，一味之甘，一夕之月，無不手足共之，洵上緣乎。懺摩香室，社以成朋。滿分律儀，遼谷濟濟。此雖信風和煦，左嘘右噢，而捐橐鳩工，財法無畏，視若己事，前此西江未之有也。游鬱孤則扶助各幢，登廬阜則葷塔金輪。聞毛子晉剞紫柏書本藏，則鬻田以尸之，將謂聞熏鼓餘勇耶？西昌教乘滋茂，楊寨雲大參素稱洽者，《起信》《原人》，時指諸掌，宗塗通焉，是次公之内兄也。蕭齋闔門而痞，手摘大千，次公則曝曝實事，千里畢於一步，超乘玄解，則寧以讓，不暇夸龍肉也。晁文元之《七審》，袁小修之《心律》，《陶庵日記》以古語爲蓍龜，其中兼容，富哉言乎。樓季偷心，不宜過梯。夸父逐日，臧穀亡羊，芥子封門，問事即得耳。居恒重祠廟，贍宗族，修理經制，悉可永久。仁風盎然，引義然諾，見人有争，褰裳就之。一方之人，寒則絮，饑則粥，病有劑，殍有槥，捐租賑貧，分金稅友，好行其德，惟日不足。康小范助貧規條，倡而廣之，其鄉族無凍餒，無溺女者。即下如卑田院乞兒，靡不覊之。羽毛鱗介之屬，皆賴以永其性命。見則惻怛，無所推委，但不住相，自以爲無盡分也。王槐州先生之孫不能娶，以廉吏不可無後，則爲之經營。王止齋先生死革除之難，今僅存十齡之孤，則矢爲料室。羅兩華大參之曾孫，亦例分之。陳元生負糧而死，其子所聘至欲寒盟，乃爲焚券，又繼餉之。陶庵有陳公墓地售於我，以其土煖，遂護之於園中。此士林所傳頌者。然次公聞陰德如耳鳴，有德於人輒諱焉。嘗曰："纖悉皆伯兄有，余奉行而已。"其通懷濟物，謙讓不伐如此。崇禎間有保舉之命，當事以蕭明經名上，公力辭之。一命之榮，明經之分，但人不能需耳。公曰："都不計此，特非我之志也。"太常官留都，寄書清夏堂，惟憂國步，念歸山，丁寧學道，真古人之家風哉。"天之降罔，維其幾矣"。賊亂中原二十年，幸未過江耳。忽獻賊自長沙破袁入吉矣，僞令坐西昌衙哮闞矣，倉卒避之，賊去而令逃，爲奴所縛，有猾人奪之市功，以從逆誣一邑者，因清夏堂之隱賑而媒糵之，當事燎然蕭明經之素履，故波不能興。或謂反坐宜白，公曰："事已息矣，報怨奚爲？"嗟乎，世祿單厚，才聚名高，翕者于喁，忌者吹索，雖好施乎，亦有不厭望人之腹者，無足怪也。天之方憯，喪亂蔑資，未幾而賊破秦矣，又破晉矣，困都城矣。甲申三月信至，薄海沸騰，率土戰戰，內外百防，交瘁方始，而南都改元半年而潰矣。太常惷惷，監寐周屺，而病不及遂矣。次公之愛子茂遠以瘵逝矣，茂遠之遺孤又逝矣，安然絕意人世，別一天地乎。緣不得脫，強起支吾，忽忽季公逝矣，忽忽太常逝矣。呼天搶地，走酹栗原之土，撫三峨之棺，安得不長號而繼以血耶？吉水鄒忠介公早見次公舉止嚴重，曰此有道之器也。知己之感，老嘗耿耿。忠介孫文鼎，長甥也，以國難死，公痛之。鼎婦黃竟適馮九萬，又以鼎遺女許字湖西中軍子。公憤惋甚，欲爭之，而附勢方煽，度不能挽，泣曰："忠介不能庇一孫女，余又何面目見伯兄於地下乎？"哭告於靈，出赴湖水，家人救之。嗚呼，嚴氣正性，本事不昧，出真種子，詎可以漫汗昏默，浮遁道貌，而排血覺一實者爲不脫哉？以此怦怦，疾知不起，舁就太常靈，直視而僵，猶之王官谷之慟也。卒之日，遠近如失怙然。其所著《陶庵雜記》數十卷，不欺其志，何假曼詞，此一行居士之實錄也。其從子孟昉爲梓行之,將葬龍門東山,乙首辛趾,其生卒年月子女具如狀書,乃爲之銘。

銘曰:蘭陵種德,三鳳頡頏。世出世法,信起西昌。蕭齋妙悟,春浮徜徉。陶庵壎箎,叩角引商。合胹續膏,啟牗葆光。金明流水,園布吉祥。一行居士,理家築場。素履坦坦,爲法金湯。夙尊竺諦,貝氎卷舒。舍蔭藥樹,食半伊蒲。修祠贍族,急義恤客。掩匱挾纊,魚鳥蒙澤。勸墾肥家,饑襄不越。麥舟指困,興而不竭。陶庵雜記,自寫朝夕。古訓新硎,擁篲警策。泰幠亂怃,賊踩郡邑。避入林藪,抱經捃拾。誰知天崩,兩都淪鋪。愛子既夭,兄弟嗚呼。泣盡繼血,迫於唐衢。維清夏堂,明經舊居。蓼恤其緯,一心浮圖。研鄰猶子,布其遺書。廞衣楚挽,樟蔭曲湖。志林寂感,久益華予。多生鑒空,一生衡平。白幢炯炯,洋溢香城。龍門東山,乙首辛趾。不替祖德,此西豪里。長者圓光,在檀煙里。老寓濯樓,爲公剪紙。

時寓陶庵濯樓,浮山愚者弘智謹撰。

了庵文集敘 原載王岱《了庵文集》卷前

無風力則天地瘖矣,此修武之所謂鳴乎。野馬飄塵而不動,其旨安在?瑩中謂覺範不廢著作,故是秀媚精進,紫柏因舉離花無春以喻之。今人不能悟核中之仁,烏能享全樹之無本末哉?苦心自貶,嘗資遣放者有之。莊生曰:"有爲也欲當,則緣于不得已。"薪火歟,皋壤歟,曼衍窮年,不必屙也。長沙山長訪愚者于青原,彈指一世,以其生平全帙屬愚者序之。愚者詎敢言二超越,蓮花法位隨分瘖聾,安能爲大慧人論文?然又安能以定性聲聞膠柱華嚴五地耶?山長比興之作歸于溫雅,古文記序不拘一格,其才江河也。出入世出世之言,激揚回互,聽其所至而休焉,是誠不凡。因坐釣臺石上,嗒然相視,已而曰造適不及笑而已矣。反聞得力,乘物天游,方以《易》爲《雜華》,指掌一笑,公因反因,非大負兩足尊,曷可荷天衢而畜後世哉？是所祝也。極丸學人弘智識。

附錄三

序　跋

稽古堂初集序（陳仁錫、何如寵）

　　天生才不易，以吾所見，妙年博洽，深通古今者未有也。今見皖江方密之，是其人矣。余讀所著作詩古文辭，已累數百萬言，志在經史，言論古雅，誠廊廟之重器乎！及語當世之務，則又慷慨激烈，切于事情。其年方若，而何以至是也？皖江之學，自魯岳先生倡之，而仁植公紹之，其業益顯。密之之所懷抱稱引，豈非得于家訓深厚哉？爲人復恂恂自下，好問請益，詳天下之故。余以爲《荷薪》《寧澹》，濬性命之原，尊君向在司馬，以經濟爲任，御■強邊，立法足用之策，區畫甚備，子當歸而求之耳。《荷薪》《寧澹》，皆方大鎮著。余業已老，雖鉛槧不廢，亦無所補，專望子之侍承明，言政事，爲國家用也。史氏陳仁錫明卿題。陳仁錫字明卿，長洲人。天啓二年（公元1622年）進士，授翰林院編修。忤魏忠賢，削籍歸。崇禎初，起原官，終南京國子監祭酒，著述甚富。

　　癸酉夏，方璽卿公仁植，命其子密之以詩賦古文辭來示。璽卿，尚寶司卿別稱，方孔炤于崇禎二年（公元1629年）升任此職。密之年甫弱冠也，倜儻雅駿，負大才，著書好古，志在千秋，豈積德累仁之致與？夫何長發其祥也？世世積德，久已發其吉祥。語出《詩·商頌·長發》。密之曾王父明善先生，修濂洛之教，講學桐川，大江南北，無不嚮德而問業者。廷尉公纘緒其業，而彰明其教，凡刑于家，訓于後，皆以篤行文學爲兢兢。刑，同"型"。故仁植丕承克艱，垣墉而塗墍茨，罔不獲考，紹聞衣德言，固淵淵矣。丕，大也。承，繼承。克，能。艱，艱苦。丕承克艱，謂方孔炤繼承父祖之業而努力不懈也。垣墉而塗墍茨，出《書·梓材》："若作室家，既勤垣墉，惟其塗墍茨。"垣墉，墻也。塗，泥。墍，堊色。茨，茅葦。句謂作家室，既勤力爲墻，又當以白色飾之，以茅葦覆蓋之。紹聞衣德言，出《書·康誥》："王曰：嗚呼，封，汝念哉！今民將在祇遹乃文考，紹聞衣德言。"意爲當敬循文德之父，繼其所聞，服行其德言，以爲政教。余固久聞密之藉甚，而其人恂恂如不自勝，一切才士之習，鮮衣飾容，皆所不屑也，度量過人，豈不遠與？余雅愛重之。今吾孫從之游，恒與言當世務，而經濟娓娓，所陳説皆深悉一時之故，誠不下漢室賈生也。夫世所謂賢豪者何限？密之之志行如此，詒謀詎可忽哉？《詩·大雅·文王有聲》："詒厥孫謀，以燕翼子。"鄭玄注："傳其所以順天下之謀，以安敬事之子孫。"近見璽卿公執親之喪，寢苫枕塊，不即内，不茹葷，廬於墓側，日且讀古人書，寒暑不易。密之博學好古，良有以也。方今國家需才，以密之所懷經濟，詔金馬，陳治安，可旦暮遇之矣。漢公孫弘曾對策于金馬門，後世用以指待詔陛見。璽卿爲職方，當官而行，不畏強禦，來聖明天子之夢寐，爲一時名臣。當官而行，當其官守、行其職責。不畏強禦，指方孔炤天啓初忤閹黨崔呈秀，削籍爲民事。密之洵當不負家訓哉！然吾不爲其一家慶，而更爲天下慶也。西疇老人何如寵題。

九將序（蘇桓、劉城）

予讀方密詩，至《對酒》《從軍》《■變》《庚午春日》諸作，暨覽《擬上求治書》《文論》等篇，則慨然曰：異乎密，其才奇，其言激切，其懷磊落而不羈，殆處遲暮貧賤者乎！予知密則卿大夫之孫子也。皖桐之間,山水峭潔,風俗侈麗,英髦衡連。密從祖父庭訓之餘,容與適志,寧有憾耶？夫何而擬《離騷》也？《史記》曰:"離騷,猶離憂也。"作者不得于君,續者又託古之不得於君者,以發憤其志。密乎曾有此乎？間即盱衡當世,有所感激,以不世出之才,行起爲之,功名未有量,則密之擬《騷》示志,似非所宜。然士負奇才,砥行好古,冀即見用當世,鼓其盛氣,立功名,以爲宗族交游光寵,乃數上書而不一遇,退處草野,感嘆今昔,而放其抑鬱不平之氣于聲詩者,固比比。是密特進其詞意于《離騷》之間,以自勖焉已矣。今其所著,播在通都,讀者考其名義,玩詠其詞,則亦可惻然而悲矣。嗟乎,密幸負其才氣,爲卿大夫之孫子也。今世尚毀譽,士苟高志大言,動稱古昔,則衆嫉之。善乎孫登之言曰:"用光在乎得薪,所以保其耀。用才在乎識真,所以全其年。"此子龍、幼安之徒,絕跡高蹈,良有以爾。申屠蟠字子龍,管寧字幼安。予按密《擬上求治書》云:"今天下賄賂不禁,而欲賞信罰必,名實當,是非一,得乎？初爲其利,而故亂其是非。究且怗氣,執以爲見其當然。"《文論》則曰:"士自念欲通天人,觀古今,以其餘爲詞賦,莫若多誦法古昔。然百家浮稱,未可一揆。要其至德要道,統乎《六經》,擴而《十三經》。文辭爾雅,敘事達義,則《左》《國》《史》《漢》畢矣。"推其志,則蓋天下已任者。而或以爲宋、景以降,續《離騷》者凡七人,其文迄今列《楚辭》中。若是,則密所著固足傳矣。且皖桐於春秋屬楚,其地撫居巢,控荆襄,帶樅陽,出廬江。此昔漢武、魏操、周、吕所嘗發憤而起,登封戰鬥之處。游其地者,慨然而賦,往往有楚聲。況密生長其地,負才不即遇,欲不擬《騷》示志,其得乎？然予亦楚人,予里有萬茂先、徐巨源諸子,皆深湛好書,抱道草野,又年長於密,其感時賦怨不密若,則豈別有自寬者哉？夫密或亦退求之矣。崇禎昭噩新建弟蘇桓序。太歲在癸曰昭陽,太歲在酉曰作噩。癸酉年即崇禎六年(公元 1633 年)。

余讀密之《九將》,輒嘆其才追往古,情絕來今也。夫密之生清華之族,資鼎盛之年,驚才宏覽,含玉吐勒,即奚疑焉? 顧所謂《九將》者,蓋有不得志於世者矣,猶離憂也。夫平也怨在宗戚也,是故辭尚隱復,義取譎怪,不忍巷伯之斥言、蘇公之顯絕已爾。《詩·小雅·巷伯》:"彼譖人者,誰適與謀? 取彼譖人,投畀豺虎。"《毛詩序》:"《何人斯》,蘇公刺暴公也。暴公爲卿士,而譖蘇公焉,故蘇公作是詩而絕之。"密之之所爲不得志者奚在? 其以是將之乎? 余欲推斯志也。余讀《九將》,纏綿往復,情理無極,意當探取雋妙,節略識之,私爲己有,如昔人所稱拾其香草者,卒棣棣無所庸吾取舍矣。棣棣,閒適貌。因思之誰爲《文選》乎?《九歌》割其六,《九辨》掇其五,《九章》取一焉。使讀《九將》,又奚以云也? 密之酒酣,每指笑昭明疏狀,余無以難。余讀《九將》,益嘆密之論有據也。癸酉冬,九華弟劉城書。

稽古堂二集序(周岐)

國家數百年而大文人不數出,東南自弇州後寥寥矣。天生密之,兼才博學,豈尋常哉? 自角丱能古文詩賦,其著於時者不待言。獨笥中所存,亦不下數千萬言。古今之故,斷斷如也。今年江上遇風,沉於江矣。豈天不欲人英華見哉? 抑欲密之再發憤耶? 余服其才難,惜其心苦,因從友人及他處四搜索之,選其最者,得若干篇,亦欲以慰密之,亦欲以勉密之也。嗟乎,今天下人事制義,其善者千不得百十。善此者,生平所作稱善,亦千不得百十。乃爲古文辭,動即稱善,即災木以傳通都,不亦誣乎? 密之嘗欲以古道勉天下,天下試讀其文,觀密之所以自勉者,即可以勉矣,勿徒嘆密之之才大不可及也。已卯夏,同學農父周岐題。

激楚序（黃景昉等）

初看花長安，杏園雁塔，分部游游，即昔人弗禁也。孟郊《登科後》："昔日齷齪不足誇，今朝放蕩思無涯。春風得意馬蹄疾，一日看盡長安花。"吾友方君密之於其時，獨瘖嗟食咄，邑邑若不終日。瘖嗟食咄，寢食不安貌。既已上書闕下，不獲請，數扶服策蹇詣闈扉，躬親浣灑，於是乎《飄風》之什作焉。情異《反騷》，義從《激楚》。《反離騷》，揚雄作，摭《離騷》文而反其意。《激楚》，古曲名，有激憤悲痛之義。原夫《騷》所由名，離騷猶離憂也。王逸注曰："離，別也。騷，愁也。"密之起盛年，雋譽稱射策子大夫，族又鼎貴，所至群趨之，車繼爲滿，非刈蘭紉椒比。而直以家難未平，國威方震，庶幾借孝子履霜之操，一伸其羈臣罪帥，棄友怨婦，壹鬱無聊賴之感。壹鬱，同"抑鬱"。説在乎女娟氏之歌《河激》也，觀其攘袂操楫凌波，浪狎蛟龍，倡爲禱福恕醉之詠，雖偏主未免神動，矧天日赫然者乎？《列女傳》"趙津女娟"條：趙簡子南擊楚，河津吏醉卧失期。簡子怒，欲殺之。其女娟曰："妾父聞主君東渡不測之水，恐風波之起，水神動駭，故禱祠九江三淮之神，供具備禮，禦釐受福，不勝至祝，杯酌餘瀝，醉至於此。君欲殺之，妾願以鄙軀易父之死。"簡子遂釋不誅。將渡，用楫者少一人，娟攘袂操楫而邀簡子，中流發《河激》之歌曰："升彼阿兮面觀清，水揚波兮杳冥冥。禱求福兮醉不醒，誅將加兮妾心驚。罰既釋兮瀆乃清，妾持楫兮操其維。蛟龍助兮主將歸，呼來櫂兮行勿疑。"簡子大悦，娶以爲夫人。先是，密之爲諸生時，輒已擬《九章》《七發》，善楚聲，蓋亦性近之矣。予姑援先朝舊事，爲密之慰。無論婁東二美，終憾分宜。二美，指元美王世貞、敬美王世懋。嚴嵩，分宜人。據《明史》王世貞傳載，世貞數忤嚴嵩，其父忬以灤河失事，爲嵩所構，論死繫獄。世貞解官奔赴，與弟世懋日匍匐嵩門，涕泣求貸，無果，忬竟死西市。即如雲間馮行可、黃梅翟甲，豈不亦括髮刺膚，自縛登聞鼓下,或詭死而始一濟,視密之何如哉?馮行可字道卿,年十三,伏闕訟父冤,日匍匐長安街,號呼乞救於朝士,終無敢言者,乃刺臂血書疏,願代之死。明世宗覽疏色動,曰:"忠孝乃萃一門耶?"因減其父罪,戍雷陽。翟甲,翟九思之子,黃梅人。年十三,爲書數千言,歷抵公卿,訟父冤。後得張居正助,其父獲釋。事具《明史·文苑傳四》。茲且擁銀艾,奉板輿,歸拜家慶爲歡。復以殊恩,當擢爲諸侯王傅相,淮南小山諸篇,日益紛出。楚辭《招隱士》,相傳由淮南王劉安門客小山所作。由斯言之,密之即變其《激楚》之音,爲虞廣周頌焉可矣。虞廣,唐虞廣歌。見本書卷二之《擬上求讀書見人疏》注。或云《激楚》義類深,意別有在。噫,天下事壞於楚,而蔓滋於激楚者,予何敢言之?亦未知密之意果出是否也?遇端策拂龜其人者,其尚爲予質之。崇禎辛巳,晉江黃景昉拜書。黃景昉字太穉,號東崖,天啓五年(公元1625年)進士。崇禎時官至内閣大學士,《明史》卷二百五十一有傳。

談寇患至今日裂矣,而考事者蓋以穀城爲胎始云。指張獻忠先降朝廷,后叛于穀城事。夫穀城楚地也,舊理楚人也,以楚人而策楚事,胡爲乎至此耶?原楚理之意,在功撫而罪剿。剿撫局分,則勢不得不罪罪以功功。於是乎苦心廓清,八策灑血,如方仁植先生者,乃遂以罪聞。方孔炤時任湖廣巡撫,主剿,八勝而一敗。吁嗟乎,豈惟是哉?邇來兵燹結連,以致兵枝餉蔓無已時。如增兵之弊,流於竭澤。抽練之弊,極於空伍。剿練餉貲飽騰也,弊至以罄瓶剝腹矣。即四事亦以固吾圉也,弊至以控弦揭竿矣。顧寇患雖楚理胎之,而兵食之變,則至武陵而大備。兵部尚書楊嗣昌,湖南武陵人。上下今昔,寧無感乎?密之方子,殷殷忠孝,至性成文,欲以其言,以存仁植先生之罪之由。激楚云乎,其自此遠矣。畿滄弟戴明說拜言。戴明說字道默,滄州人,崇禎七年(公元1634年)進士,官禮科給事中。

密之弱冠負盛名，今登第而即遭其尊人之厄，不可謂不苦矣。予每見其嗚咽，爲之拊心，天何嫉密之之才而苦之若是乎？此《激楚》所以作也。中丞之冤，人皆知之。而《激楚》推於先世，指信天道，怨問古之人何以爲生，是誠孝子之言哉！是誠忠臣之志哉！今一時公卿無不敬服密之，惟恐後者，正不獨以其才也，然其才逾與日月爭光矣。嗟乎，天又安能嫉密之乎？天蓋成之也。萊陽弟宋玫。宋玫字文玉，萊陽人，天啓五年（公元1625年）進士，《明史》有傳。

穀城之癰既潰，不東下而西走，楚撫之功最大。而八勝一敗，爲法受過，爲人子當此難矣。讀《激楚》者，能無嘆乎？比密之危苦時，幾無人色，而予等以爲聖明在上，自然蒙恩，天蓋生孝子以報忠臣乎哉！昔屈平傷君之信讒而作《離騷》，是以忠成文。密之傷父功之不成而作《激楚》，是以孝成文。然孝也，而忠兼之矣。以密之之才，出爲國用，何功不可成？今固勉之，勿復以詩歌自消其烈也。海陵徐耀。徐耀字蓼莪，崇禎元年（公元1628年）進士，曾任龍溪知縣。

皖城方密之，名噪海内，予初以爲文章士耳。庚辰榜放，予獲與同門，亟訪之不可得，云已歸去，悵望浹旬，而密之至。至則形面悴鸞，神情繚悷，皇皇莫知所措。予知其爲尊人年伯事也，詢之嗚咽哽嗌，不能出一語。已而淚數行下，且泣且言曰："荆之役，驕將違制敗。家大人八戰克捷，遠在千里而罹於議。父冤如此，子何以生？"於是食不肉，衣不帛，卻宴飲聲歌之樂，出入圜扉，省視靡倦，蕭然寒邸，絶無新貴容。午夜露禱，拜疏辭廷對，願以身代，猿腸鵑血，哀動長安。上愛其才，欲用之，弗許。然忠臣孝子，已見於方氏之一門矣。予時過慰，爲破萬斛塊壘，因出《激楚》一賦示意。予讀未竟，而屈左徒志思辭令，無一不肖。其至誠惻怛之言，根諸至性，以婉變於君親間者，尤得風雅怨誹體，亡筳篿喱緩之音。筳篿（tíng tuán），楚地占卜方法，見《離騷》。喱緩，和緩。無何，上燭非辜，慨從寬典，長安無老稚，莫不手額，頌皇上之明，嘉嘆方氏之忠且孝，予乃服密之不獨爲文章士而已也。昔寧俞脱君于深室，樂恢救父於市曹，流誦到今不衰，豈非才足以濟變，誠足以回天者乎？寧俞即寧武子，春秋時衛國賢臣，曾從君於囚室，免君於死。樂恢字伯奇，京兆長陵人。父爲縣吏，得罪於令，收將殺之。恢年十一，常俯伏寺門，晝夜號泣。令聞而矜之，即解出。予於密之亦云，以告善讀斯賦者。門年弟魏藻德題。

風變而騷，古人所爲發憤而作也。忠良蒙屈，絷服荃以祈察者，詎憚欸忳慸已乎？忳慸（tún chì），憂鬱失志。稔知玉石，自分臣心可白，籲天呼君而告無罪，冀獲光明公道爲罔訧爾。密之天性篤孝，上書爲父解難，義由於中，感動金石。今讀《激楚》一詞，悽惋悲壯，抑何摯也！聞言格聽，其以辨晰功，尤使僇力封疆者，不與袖手同過，將勵勤有典，而國憲用昭焉，是猶合美信修之志也。蓋發情止義，而體歸不怨矣。體歸，"體其受而歸全"的省稱，意指把得自于父母的身體完整地歸于天地，乃大孝之體現。年小弟葛世振。葛世振字忉上，鄞縣人，崇禎庚辰（公元1640年）榜眼，授翰林院編修，明亡歸隱。

婁東王元美，以才而死其父。雖時相忌之，抑亦不善自養晦之過耶？然晚年位躋貴顯，猶侈園亭之觀。密之少負盛名，方舉於禮部，而即遭尊人先生之誣，拊心涕泣，食不甘味，衣不安寢，卒以脱親於難，人以爲孝感所致。今者又飄然出國都，将淡然於功名富贵之外。且闻其求爲王相,以著書自娱也。视夔東爲何如哉?《激楚》之義,比亦足以觀矣。同郡年弟顔浑題。顏渾字伯通,懷寧人,曾任吏部主事。

方子獻策長安時,都人士咸願望見之。顧閉户屏跡,拊膺自苦。予每往返周旋,泊如耳,憂喜不形諸色。其爲人性摯思沉,君父之際,多所流連。間有懷抱,不乏詠歌。如贈答懷人諸什,洋洋灑灑,抑亦所志不存耶?歲餘,事得間,方子侍尊人旋,意稍稍適。杯酒游晏之間,得嘗奉色笑也。一日簡得《激楚》,讀之惻然。方子曰:此以當涕泣耳。予曰:嘻,甚矣其傷也!然余觀忠臣孝子之行,明感君父,幽格鬼神,初未嘗不顛蹟困頓,而後乃彰明顯白也。曩予讀《九將》,私心謂貴公子負不世材,顧出此抑鬱無聊之辭。今其《激楚》,殆有進焉,豈非誠有不獲已於中者,而維以告哀耶?故夫可已而不已之《九將》,與夫不可已而不已之《激楚》,大抵慷慨悲憤之所爲作也。若郊廟鼎彜,辟雍鐘鼓,庸此陳諸樂府,登之大雅,又何區區媲於國風之爲美乎?是則予所快睹而樂道者耳。弟田有年。田有年字孫若,宿松人,崇禎庚辰進士,累官浙江驛傳副使。

激楚顧瞻噫跋(吴德操)

往者左徒失意君國,行吟江畔,作《離騷》《九歌》。其門人宋玉、景差之徒,乃廣其意,音旨日寓。而後如賈誼、梁竦過其地者,濟沅湘,弔清流,必悲感爲之涕泣,至今傳《楚辭》。《後漢書·梁統列傳》:"竦字叔敬,少習孟氏《易》,弱冠能教授。後坐兄松事,與弟恭俱徙九真。既徂南土,歷江湖,濟沅湘,感悼子胥、屈原以非辜沈身,乃作《悼騷賦》,繫玄石而沈之。"嗟乎,果何必楚地而後可騷耶?密之居京師,痛父冤不章,拊膺百結,中宵聞其嘆息之聲,則《激楚》所由作也。予聞古人之義，不以一眚掩德。中丞先生治兵於楚，激厲弱卒，所市名馬數千，不在國家之經費。逆賊畏之，無敢窺我東諸侯，舍而西走。彼其之子，貪功違制，以有今日，是果何眚邪？德不稱位者曰"彼其"。含沙如蜮，偃伏甕牖。倉兄斯填，未敢告苦。倉兄，同"愴怳"，悲愴也。乃日積已久，而悲咽之語遂滿於廢紙敝簏中。予嘗反復嘆息失聲，此又非揚子雲好深湛攻苦作《畔牢》者比也。畔者離也，牢者聊也，合爲離愁之意。噫嘻，鄣事之來，實痛之矣，豈其果楚地而後可騷哉？若《顧瞻噫》，誠可以感矣，何必楚乎？既過邗上，再讀是篇，又名公巨卿贈答之文，皆使人泣下不置。因爲方子刻之，且曰毋使靈均、侯光輩滋嘆息也。屈原字靈均，梁鴻字侯光。同學愚表弟吳德操鑑在頓首題。

浮山別集跋（劉砥）

方小愚一日示余以《浮山別集》，余受而讀之卒業，憬然曰：大矣哉！老人盡性之書也。世曰禪悦通脱可喜，于是蔑經毁教，屏置一切，類爲不可測。其于世也，摘埴索塗，冥行焉已矣。號稱聞道，高談玄渺，趣簡便而苦賾隱，片言證聖，宮墻自峻，執燭揣籥，遞相爲勝。噫，孰是無我而備物者乎？孰是范圍曲成而不過不遺者乎？《易·繫辭上》："備物致用，立成器以爲天下利，莫大乎聖人。"又曰："范圍天地而不過，曲成萬物而不遺。"老人承四世之《易》，淬血焦鼎，極深研幾，不憚垢衣蓬首，假別路而會通之，彌中彪外，游戲遣放，故其矢口肆筆，隨物賦形，皆能究晰天人，綜心變化，若燭星日而瀹江漢，豈猶夫廣川之藻、長睿之博、南宮之韻、坡公之筆舌詡詡哉？彌，充滿。《揚子法言·君子篇》："或問：君子言則成文，動則成德，何以也？曰：以其彌中而彪外也。"廣川、董逌。長睿,黄伯思。南宫,米芾。坡公,蘇軾。後之讀是編者,即一點一畫,銷歸自性,洸然寂歷同時、理事雙泯之旨,則於老人之書思過半矣。若徒侈樓堞人物、市邑車馬、繁富綺麗之狀,眈眈蜃影,是豈爲識海之源者哉？眈眈,注目。青原學人劉砥拜跋。劉砥字岸矣,江西吉水人。

附錄四

傳記與評論

方以智傳三則

　　方以智,字密之,號曼公,又號龍眠愚者,中丞仁植公長子。九歲,善屬文。十五,經史皆能成誦。比冠,著書數萬言,與江左諸賢俊力倡大雅,以聲氣名節相推尚。前己卯,舉于鄉。庚辰,成進士。會中丞公撫楚剿賊,忤時相被逮,公控疏請代,膝行流涕者兩年,卒感當寧賜環。壬午,授翰林院簡討。賊陷都城,邏執不屈。因奔回南,值仇憝柄國,遂流離嶺表。王師收粵,復歸鄉土。晚游方外,勵志冰霜。旅病萬安,臨終猶與弟子講業論道,語不及世事。學者稱爲愚者大師。

　　公博極群書,天人、禮樂、象數、名物,以及律曆、醫藥、聲音、文字,靡不淹洽精貫。所著有《周易圖象幾表》《通雅》《物理小識》《炮莊》《會宜編》《易餘》《陽符》《中衍》《東西均》《旁觀鐸》《鼎新》《平衡》《諸子燔痏》《切韻聲原》《烹雪錄》《浮山全集》,凡數百卷。公家傳三世講學,至公益集大成,有功聖門匪淺也。爲人操履平恕,不恥惡衣食,堪人所不能堪,翛然自得。既没之後,海内聞者,莫不悼惜,服公之志節學識,洵一代偉人云。

——録自康熙《桐城縣志》卷四

方先生諱以智，號曼公，巡撫孔炤長子。崇禎十三年進士，未授官而巡撫爲楊嗣昌劾罷下獄。先生懷血疏，膝行號泣長安門外，閲兩載，疏無由達。上尋釋巡撫，而授先生翰林院檢討。會李自成破潼關，先生自請效力行間，范公景文復疏薦之，召對德政殿，語中機要，上撫几稱善。以忤執政意，不果用。俄京師陷，先生哭臨殯宮東華門，被執，加刑毒，至兩髁骨見，不屈。賊敗南奔，值馬、阮亂政，修怨欲殺之，遂流離嶺表，自作序篇，上述祖德，下表隱志，變姓名，賣藥市中。順治三年，桂王稱號肇慶，以與推戴功，擢右中允。扈王幸梧州，擢侍講學士。明年，拜禮部侍郎、東閣大學士，旋罷相。固稱疾，屢詔不起。嘗曰："吾歸則負君，出則有親，吾其緇乎！"未幾，就縶平樂。其帥欲降之，令冠服置左，白刃置右，惟所擇。先生辭左受右，帥更加敬禮，解其縛，始聽爲僧。先生既隱於禪，名曰宏智，居浮山稱愚者，在天界爲無可，入匡廬爲五老，在壽昌爲墨立、爲藥地，又合浮山匡廬而號曰浮廬。康熙十年冬，赴吉安，拜文信國墓，行次萬安歿，學者稱文忠先生。

先生之閉關高座寺也，友人錢飲光亦客金陵，遇故中官爲僧者，以錢桐城人，問曰："君鄉有方以智者，識之乎？"曰："吾友也，君豈曾識邪？"曰："非也。昔侍先皇，一日朝罷，上忽長嘆曰：'求忠臣必於孝子。'如是者再。某跪請故，上曰：'早御經筵，有講官某，其父巡撫河南，失機，問大辟。某薰衣飾，容止如常時。不孝如此，能忠乎？朕聞新進士方以智，其父孔炤亦失機繫獄，以智日持疏求救諸達官，此亦人子也。'言訖復嘆。未幾，釋孔炤而辟河南巡撫。外廷亦知其故乎？"飲光以告先生，先生聞之，伏地哭失聲。蓋先生在懷宗時，未及柄用，其見知已如此。

先生生有異稟，年十五，群經子史，略能背誦。博涉多奇，所與游皆四方豪俊。凡天人、禮樂、律數、聲音、文字、書畫、醫藥，下逮琴劍技勇，無不析其旨趣。著書數十萬言，名流海外。方氏自先生曾祖明善爲純儒，其後廷尉、中丞篤守前矩。至先生，乃一變爲宏通賅博。其三子中德、中通、中履，並傳父業，於是方氏復以淹雅之學世其家矣。先生所著書，曰《易餘》二卷，《切韻聲原》一卷，《通雅》五十二卷，《物理小識》十二卷，《藥地炮莊》九卷，《諸子燔痏》若干卷，《幾表》若干卷，《浮山前後集》二十二卷，《前後編》十六卷。

馬其昶曰：《通雅》《物理小識》諸書，文淵閣皆著錄。《提要》稱其援據奧博，明一代考據之書，罕與并。而山陽汪文端公，亦嘗語徐六襄先生：「浮山愚者，學博而精。其所著書，實開本朝經師門徑。」汪廷珍字瑟庵，江蘇山陽人，乾隆五十四年進士，歷官禮部侍郎、安徽學政、協辦大學士等，卒謚文端。徐璈字六襄，桐城人。編有《桐舊集》《黃山紀勝》等。嗟乎，先生躬豪傑之才，遭逢季運，以佔畢稱，豈其志哉？

——錄自馬其昶《桐城耆舊傳》卷六

方以智，字密之，桐城人。父孔炤，明湖廣巡撫，爲楊嗣昌劾下獄，以智懷血疏訟冤得釋，事具《明史》。以智，崇禎庚辰進士，授檢討。會李自成破潼關，范景文疏薦以智，召對德政殿，語中機要，上撫几稱善。以忤執政意，不果用。京師陷，以智哭臨殯宮，至東華門被執，加刑毒，兩髁骨見，不屈。賊敗南奔，值馬、阮亂政，修怨欲殺之，遂流離嶺表，自作序篇，上述祖德，下表隱志，變姓名，賣藥市中。桂王稱號肇慶，以與推戴功,擢右中允。皀王幸梧州,擢侍講學士,拜禮部侍郎、東閣大學士。旋罷相,固稱疾,屢詔不起。嘗曰:"吾歸則負君,出則負親,吾其緇乎!"行至平樂被縶,其帥欲降之,左置官服,右白刃,惟所擇。以智趨右,帥更加禮敬,始聽爲僧。更名弘智,字無可,別號藥地。康熙十年,赴吉安,拜文信國墓,道卒。

其閉關高坐時也,友人錢澄之亦客金陵,遇故中官爲僧者問以智,澄之曰:"君豈曾識耶?"曰:"非也。昔侍先皇,一日朝罷,上忽嘆曰:'求忠臣必於孝子。'如是者再。某跪請故,上曰:'早御經筵,有講官父巡撫河南,坐失機,問大辟。某薰衣飾,容止如常時。不孝若此,能爲忠乎?聞新進士方以智,父亦繫獄,日號泣持疏求救,此亦人子也。'言訖復嘆,俄釋孔炤而辟河南巡撫。外廷亦知其故乎?"澄之述其語告以智,以智伏地哭失聲。

以智生有異稟,年十五,群經子史,略能背誦。博涉多通,自天文、輿地、禮樂、律數、聲音、文字、書畫、醫藥、技勇之屬,皆能考其源流,析其旨趣。著書數十萬言,惟《通雅》《物理小識》二書盛行於世。

——錄自《清史稿》列傳二百八十七

愚者大師傳(徐芳)

愚者大師,皖之桐城人也。始居浮山,自稱浮山愚者。在天界爲無可師,入匡廬爲五老,一壽昌爲藥地,或爲墨歷。有訛呼木立者,即更爲木立云。東海生曰:皆非師本名也,強爲之名,宜曰愚者。

愚者幼負奇志,父貞述先生領袖清流,一時方之龍門元禮。《世說新語·德行》:"李元禮風格秀整,高自標持,欲以天下名教是非爲己任。後進之士有升其堂者,皆以爲登龍門。"愚者俊譽,即不減雲間二陸。晉陸機、陸雲兄弟皆以文章知名,世人呼之爲二陸。或且李長源目之,愚者以爲未知我也,其自許乃如子瞻。李泌字長源,唐朝宰相。子瞻,蘇軾。讀黨人傳時,意常在范孟博。《後漢書·范滂傳》:"范滂字孟博,汝南征羌人。少厲清節,爲州里所服……滂登車攬轡,慨然有澄清天下之志。"愚者少時嘗避地金陵,與吳門楊維斗、陳臥子、夏彝仲諸子善。是時海宇多故,寇自河汾西渡,肆躏豫楚,衆且數十萬。關外束手短氣,惟尾寇壑鄰,冀旦夕緩責。賦繁民戚,大勢岌岌。在廷方恬嬉堂燕,或洶拏作同室鬥,無與圖其艱者。愚者憤甚,則日從諸子畫灰聚米,籌當世大計。或酒酣耳熱,慷慨嗚咽,拔劍砍地,以三尺許國,誓他日不相背負。當是時,愚者意氣壯甚,其牢騷噎鬱,一一洩之于詩。今所存白門諸草,氣韻沉頓,仿佛漢魏人音節。雖年甫踰冠,而詞垞老宿皆爲避舍。

　　愚者舉進士,在崇禎庚辰。是歲,貞述先生以楚撫被逮,愚者爲上書請代,卒白其枉,語在本傳。有詩曰《激楚》,讀者悲之。尋擢翰林檢討,供事講讀。闖賊陷京師,愚者見縶,幽囚榜楚,幾濱于死。南中再建,貴陽相當國,與阮大鋮比,以門户舊郤,掊擊善類無虛日,尤忌貞述父子。愚者嘆曰:"是尚可有爲哉?不疾去,人將濁流投我。"遂褫衣散髮,遁跡五嶺,以賣藥自給。閩粵數載,連用館閣召,皆不赴。亡何粵再潰,有見索者,愚者嘆曰:"南荒盡矣,舍西竺安歸?"遂披緇出見客。當事欽其志操,待有加禮。尋以貞述先生老,還侍浮山,子舍僧棲,廉隅斬斬,孺童婦女,皆屏勿見。會浪和尚闡法天界,愚者輒侍往禮,咨決心要,久而有得,遂師事之。以避喧,閉關高座三載。未幾,貞述先生訃至,再返桐江,結廬三載,有《樂廬草》。已心閒曳尾,溯江登匡廬五老峰。再入盱江,訪所知愚山荷葉山中。適山行腳遠出,則就所居草庵棲止,凡三閱月。寒鐺破灶,晚汲晨爨,皆手操之,遇者憒然,不知爲何等頭陀也。會有居士鴻莊者,見其筐頭一書,咤之曰:"此桐城方密之筆也,奚爲于是?"捉臂前詰,愚者猝不得匿,爲噱然笑,自是蹤跡綻露。壽昌、青原,相次禮請。柱杖所歷,法鼓霆震,諸方咋舌,謂師故儒,而當機作略,乃能遠紹前祖若是。

　　愚者于古今書無不讀,胸中全具七略四庫。又能編貫毫析,究極微眇。詩文力追古大家,時出別調。尤深《莊》《易》,著述甚富。予所見有《浮山前後集》數十卷,《大易時論》十五卷,《炮莊》九卷,《物理小識》十二卷,《通雅》十卷。他宗門雜撰稱是。同時有嘯峰者,亦皖人,嘗歷官都諫,與愚者並師浪公,先後主青原法席,時稱皖江兩大師,宜附紀。

　　遺史氏曰:嘗讀劉秉忠對世祖詔,嘆其奇而中也。劉秉忠,天寧寺僧,深得元世祖禮敬,曾上書言政數千百言,後去服還俗,官至太保。又嘆釋之教,屢斥于儒,而當其變,乃合而有助,似釋翻爲儒設。且以北轅瀛國,既已易弁爲髡,而南堂野僧,忽起而參帷幄。西方爲政之言,亦既驗矣。其後伽藍顯卜,皇覺緣以肇基。伽藍,佛寺護法神。朱元璋出家于皇覺寺。度牒秘遺,西山藉是返骨。道衍稱佐命善世,雪庵爲護法沙門。道衍,俗名姚廣孝,長洲人,明成祖謀士。雪庵和尚,名暨,不知其姓。明初靖難時,落髮爲僧,隱西南山,日夕誦經,人以爲佛經,乃不知其誦《易》乾卦也。三主兩朝,龍驤鳥逸,皆有殺活大手應緣其間,豈非近代以來絕奇一公案哉?吾意以是始者之以是終也。若愚者師,天固于文人、俠客、高士、真僧之外,別創一格,以位置之者也。夫諸祖傳燈,未聞出身科目,今于獅子座上,現宰官身,則釋重。兩榜掄材,所得不踰卿相,今于進賢冠裏,開選佛場,則儒重,而數百年之科名亦重。此又釋迦、尼父東西分化來之兩大奇,均是人也。獨負數奇以游天地間，愚者之愚，豈可及乎？

——録自《懸榻編》卷三

無可大師六十序（施閏章）

　　無可大師，儒者也。嘗官翰林，顯名公卿間。去而學佛，始自粤西。遭亂棄官，白刃交頸，有托而逃者也。後歸事天界浪公，閉關高座數年，刳心濯骨，渙然冰釋於性命之旨，嘆曰："吾不罹九死，幾負一生。"古之聞道者，或由惡疾，或以患難，類如此矣。蓋其先大父廷尉公，湛深《周易》之學，父中丞公繼之，與吳觀我太史上下羲文，討究折衷。師少聞而好之，至是研求，遂廢眠食、忘死生，以爲易理通乎佛氏，又通乎老莊。每語人曰："教無所謂三也，一而三、三而一者也。譬之大宅然，雖有堂奥樓閣之區分，其實一宅也，門徑相殊，而通相爲用者也。"故嘗有《周易時論》《炮莊》等書。其説無所不備，學者以爲汪洋若河漢，而參伍錯綜，條理畢貫。《易》曰"同歸而殊塗，一致而百慮"，殆謂此也。

　　其初入青原，爲笑公掃塔，旋去之廩山。而廬陵于明府，以七祖道場固請駐錫，師乃留數載，著書説法，皈者日衆。間同幽人韻士，疏瀑泉，滌奇石，碑銘偈頌，照耀林谷，片語單辭，無非大道，僉以爲枯荆復茂，山川改觀，師之力也。師既負殊穎，喜深思。其學務窮差別，觀其會通。凡天地、人物、象數、曆律、醫卜之學，類皆神解默識，遇事成書。善《易》者不言《易》，善禪者不執禪。其汲汲與人開説，囊括百家，掀揭三乘，若風發泉湧，午夜不輟。士大夫之行過吉州者，鮮不問道青原。至則聞其言，未嘗不樂而忘返，茫乎喪其所恃也。

　　余昔奉使蒼梧，與師定交雲蓋寺。已而搶攘，烽火相隨，間關北歸。至匡廬,游五老三疊間,旬日始別。又十餘年而會於湖西,講學青原,歲凡數見,見必語終日。雖余性拙鈍,膠守儒者之説,而師之所以與我者,常傾筐倒篋而授之,不敢忘其言也。去年秋,青原弟子琴島來,言師今歲周甲子,四方交游多爲文辭稱壽,余特道其概如此。師方證無生,躋最上乘,糠粃一切文字,聞余言,其將掩耳而笑也。

——録自《學餘堂文集》卷九

與木大師書(魏禧)

丁未月日,禧頓首:間別七年,每憶金精峰追隨談燕,便如隔世事。六七年積緒纏綿,如春蠶成繭,不可得竟。向和公同適師北行,過方丈,曾手附一函,聞師雖不采錄其言,亦未深罪。每惟相見以來,疊荷訓誨,披宣肝膈,有比家人。日夜思報效知己,實無一事。禧聞君子愛人以德,敢如趙良所云,終日正言而無誅,可乎?

師之抱恨於甲申也,識者律以文山之不死。及獨身竄西粵,避馬、阮之難,識者比之申屠子龍。其後捐妻子,棄廬墓,托跡緇衣,識者擬於遜國之雪庵。若是者,師亦可以謝天下,傳於後世矣。其他博學弘文、蓋世之能、兼通之技,爲流俗所羨慕者,固不足爲師道也。邇者道譽日盛,內懷憂讒畏譏之心,外遭士大夫群衲之推奉,於是接納不得不廣,干謁不得不與,辭受不得不寬,形跡所居,志氣漸移。夫規時以行權者,豪傑之事。全身任道,聖賢所不廢。師之出此,識者猶將諒其所不得已。而今則既三年矣。禧粗覽佛書,從來古德,於道行法明之日,往往掛鞋曳杖,滅影深山,後世莫不高其行。譬猶神龍,雲中偶見爪甲,故曰安知鳳凰德,貴其來見希。若鱗鬣首尾,終日示見,則禹屋画壁,孔廟雕柱之物耳。又況以師之人,處師之時,不得已而出諸此者,且師亦豈不欲後世之知其心也?《詩》曰:"絺兮綌兮,凄其以風。我思古人,實獲我心。"惟大師深觀古人之跡,近察一身之故,昭濯既往,顯示將來,以不虛二十年出妻屏子之素節。禧輩不才,他日後死,尚得執筆披簡,敘次高行,紀諸野乘,傳宣後世,以報知己百一。《傳》曰:"惟善人能受盡言。"惟師哀其誠,恕其不擇,終有以教之。

——録自《魏叔子文集外篇》卷五

哀述(方中通)

西泠姚有僕年伯序老父《瞻旻》詩,謂才人、孝子、忠臣合爲一人者。嗚呼,知之深矣!然未睹老父二十年來之著作,向見其盻、顗之行,甄、蘇之節,稱之爲孝子,爲忠臣。又見其經史會通,詞章博雅,窮百家之書,工百家之藝,謂五地再世,稱之爲才人已耳。嗚呼,萬世而下,其所以景仰浮山先生者,豈特此哉?世固有性命之學,有象數之學,有考究之學,有經濟之學,有三才物理之學,有五行醫卜之學,有聲音之學,有六書之學。老父窮盡一切,而一徵之於《河》《洛》,破千年之天荒,傳三聖之心法,准不亂而享神無方,必有事而歸行無事,天然秩序,寂歷同時,以無我爲備我,以差等爲平等,午會全彰,誠非虛語。倘姚公至今日,披讀《時論》《炮莊》《易餘》《物理》《鼎新》《聲原》《醫集》《冬灰》諸書,僅謂之才人乎哉?雖然,忠孝所以成其才,才所以濟其學,浮山先生之直繼緇帷,職是故哉!獨是生于憂患,別路藏身,甘人所不能甘之苦,忍人所不能忍之行,瓢笠天涯,晚遭風影。不孝孚號,被羈故里。嗚呼痛哉！我父竟舍我而逝矣。破浪奔喪，終天絶地，罪負須彌，無以自解。五雲苦次，濡血寫哀，莫述萬一，用付紙灰而已。辛亥冬，不孝孤子方中通百拜識。

騎箕萬里破蒼天，丙舍高吟送紙錢。闕下變騷今日讀，墓旁家《易》幾時編。[變《離騷》而爲《激楚》，編《時論》以繼先人，俱詳後注。]堪傷南北忘身後，欲令東西正學傳。[北都矢死，南海重生，其所以鳥道孤行而不自已者，既開圓三宗一之全眼，欲救兩家拘放之病，有功末世，豈淺鮮哉。]莫怪緇帷人不識，相看別路總茫然。[異類中行，原非獲已。行者固難，知者亦不易。]

家傳患難足啼痕，我父曾經大父冤。不重南宮誇姓字，但依北寺泣晨昏。舉幡只爲悲親老，撾鼓終能感帝恩。《激楚》如今當再擬，教人無奈賦《招魂》。[老父通籍時，值先祖遭黨禍被逮，左右闤扉，悲鳴飲泣，未及殿試，控疏請代，幸感聖恩，時著《激楚》以見志。嗚呼痛哉！我父罹憂，小子代訴，詎知事白而見背哉？天不憖遺，如彼蒼何。]

圜中講《易》痛追隨，墓下重編有雪知。華表鶴歸常掛紙，欒廬兔繞復生芝。看來憂患非無意，留得乾坤到此時。爲嘆仲翔當五世，家山負土是何期。[作《易》者，其有憂患乎！自先明善而下，五世學《易》矣。先祖西庫與石齋先生講《易》不輟，晚年著有《時論》。老父廬墓合山，重編梓行。嗚呼痛哉！憂患未竟，旅櫬未歸，爲仲翔者，能不悲哉。]

回憶滄桑五内焚，《瞻旻》詩卷不堪聞。[甲申變後，老父詩集名《瞻旻》。]請纓枉教書長策，召對空令謁聖君。[老父三上請纓疏，蒙先帝召對德政殿，痛陳時弊，先帝稱善久之。欲予齊斧，竟爲執政所阻。]憤哭東華輕梏拲，[聞梓宫在東華門，憤身往哭，遂爲賊所繫，遭其苦刑，不屈。]早奔南國望氤氲。[老父引決，爲人所救。聞南都新立，奔回最早。伏疏請罪，欲條賊狀，而仇奸阻之，不得上達。]那知血濺刀鋒後，又避仇奸骨肉分。[老父矢死全節，《中興輯録》、《大變録》、吳廷策《國變録》、吳門張魁《血誓單》、葉藍玉《甲申紀事》、馮猶龍《伸志略》皆見襃白。而仇奸翻案,誣良蔑貞,欲得而甘心焉。魯公孺發大呼闕下,以死保家父之不屈。陳公臥子、鄭公潛庵皆有書明家父之節。曾公二雲與羅認庵書,以家父爲趙忠簡、張忠獻。徐公虞求慷慨言家父當同甄孟成、蘇司業之表擢。嗟乎,公道猶在人心,虺蜴復何爲乎?先祖見幾,因命老父南游云。]

干戈頃刻尚追尋,病謝天興嘆陸沉。[唐藩改福州爲天興,詔復館職,以病未就。]亂里著書還策杖,[《物理》《聲原》,皆亂中所著。]饑時變姓不投林。[自越而閩而粵,凡數易姓名。猺峒轉側,備嘗艱苦。]八年轉徙黃頭淚,[流離天末八年。]十詔蒿萊白髮心。[端州告紫,十詔不受宰相,爲白髮也。上五策之後,遂浮家西粵。]一自法場歸世外,竟披鴉衲到如今。[老父披緇于平樂之仙廻山,被繫不屈,封刀自矢。時平樂將軍奉默德那教,尤惡頭陀,露刃環之,而老父終以死自守。將軍驚其不畏死,遂供養于梧州之雲蓋寺,老父因興冰舍。壬辰之冬,始得出嶺,由匡廬歸省白鹿。]

掀翻滄瀣倒昆侖,何幸天留不二門。杖許竹關埋白下,斧知藥地借青原。再生鬚髮都成雪,廿載袈裟只報恩。纔信榮枯分未得,荊條活處露槃根。[兩逼熅火,托跡空門。甫得歸省白鹿,即圓具天界。破藍莖草,遂受囑于杖門,閉關建初寺之竹軒三年。先祖棄世,破關奔喪,結茅廬墓。終制後復游西江,扶起廬山、東苑。吉州諸公因請主青原法席,而藥地之斧始酬米價焉。歷住建武之資聖、安福、西昌之首山、汋林,何往而非藥地乎?固知思祖之倒插枯荊,冬日再榮,誠受命如嚮,不可思議。嗚呼痛哉!今日過藥樹、法蔭、歸雲、晚對、別峰諸處,觸目皆先人之創造、遺筆在焉。至爲杖人翁刊《全錄》,爲笑老人建衣鉢塔,成志書,免里役,凡百完備,而奉之同門,又其主青原之逸事也。]

尼山心向別峰傳,黃葉藏身學可憐。符信圖書攜袖裏,輪將宇宙掛簾前。一雙眼出人間世,二六時歸天下篇。莫惜高堂虛正座,定知午會證千年。[古航和上曰:《河圖》言回互,《洛書》言臨照。"山谷曰:"以宇觀人間,以宙觀世。"然矣而未暢也。老父明兩端四破之用中,公因反因、正知偏知,證此五位綱宗、天然物則之大符。而又發爲宙輪宇矩之說,以宇爲素,以宙爲逝,統類會宜,而歸于法位中節。非過冬關,開全眼,孰能准天地而傳千聖不傳之心乎?世之讀《鼎薪》《會宜編》者,固知別峰之應午會,有功于尼山絕學,而嘆其隨時之兼中妙叶也。]

已知身向三門入,又見花拈五色開。信此街頭爲絕壁,踏完峰頂立平臺。塵埃滿面從今掃,寒暑驚心任自來。文字果然離不得,虛空粉碎只憐才。[鷲嶺用毒藥,爲尼山一助,而漆園旁擊之,原于分別中無分別也。障礙者不能穿徹,昆侖者不能研幾,已可痛悼。而五宗之分門別户,不尤堪噴飯耶?且今者暗癡膠執之無記頑空、莽蕩滑疑之標幢鬥勝,徒以不立文字謂了涅槃之心,不以不離文字用窮差別之智,究之護短強勝,妄執愈增,差別未明,涅槃亦未曉,佛祖冤乎哉!故老父爲之力掃棄曰,挽回人心,發明寂歷同時、晝統晝夜、善統善惡之説,而以無我爲過關,以不自欺爲薪火,打殺向上,專提向下。嗚乎,婆心切矣。]

多才絕世古今奇,十歲能文七歲詩。複壁五車猶未竟,鐵函一字亦堪悲。丹青別染神州色,黑白空傳故里棋。[浮山爲遠公祖庭,數年來不孝兄弟建報恩庵于山下,故鄉諸公復迎老父主華嚴法席,將歸而難作矣,嗚乎痛哉。]石上閒名鐫漢篆,印泥落處幾人知。[老父三歲知平仄,七歲賦詩,十歲屬文,十五歲讀罷《十三經》、廿一史,舉之指掌。童角時即名播海内。生平著作百餘種,別有書目,總名之曰《浮山全書》。至百家技藝,若書法,若畫,若奕,若圖章,弗克枚舉,無不窮變造極,非五地再生而能若是乎。]

波濤忽變作蓮花,五夜天歸水一涯。[辛亥十月七日,舟次萬安。夜分,波濤忽作,老父即逝,而風浪息云。]不盡寒江流血淚,敢言覺路總雲霞。丁寧只望人傳語,斷絕惟餘骨到家。慚愧荷薪憂力薄,且憑燈火照衰麻。[世出世間,窮盡一切,而仍還一切,此老父之以知全仁知也。歷諸患難,淬礪刀頭,此老父之以仁全仁知也。集大成而不厭不倦,其天之所以救世乎!惜辭世太迫,世鮮知者。小子復愧早昏,不克負荷,哀何能已?彙編《語録》之暇,敬述十章,不勝嗚咽。]

——録自《陪詩》卷四

圖書在版編目（CIP）數據

浮山文集/（明）方以智著；張永義校注. --北京：華夏出版社，2017.7
（中國傳統：經典與解釋）
ISBN 978-7-5080-9214-0

Ⅰ.①浮… Ⅱ.①方… ②張… Ⅲ.①方以智（1611-1671）－文集 Ⅳ.①B248.93-53

中國版本圖書館CIP數據核字(2017)第119520號

浮山文集

作　　者	［明］方以智
校　　注	張永義
責任編輯	王霄翎
責任印制	劉　洋
出版發行	華夏出版社
經　　銷	新華書店
印　　刷	北京汇林印务有限公司
裝　　訂	北京汇林印务有限公司
版　　次	2017年7月北京第1版 2017年8月北京第1次印刷
開　　本	880×1230　1/32
印　　張	18.75
字　　數	470千字
定　　價	120.00元

華夏出版社　地址：北京市東直門外香河園北里4號　郵編：100028
網址：http://www.hxph.com.cn　電話：(010)64663331(轉)
若發現本版圖書有印裝質量問題，請與我社營銷中心聯繫調換。

西方传统：经典与解释
Classici et Commentarii
HERMES
刘小枫○主编

古今丛编

孟德斯鸠的自由主义哲学
——《论法的精神》疏证　[美]潘戈 著

莫尔及其乌托邦　[德]考茨基 著

试论古今革命　[法]夏多布里昂 著

托兰德与激进启蒙　刘小枫 编

图书馆里的古今之战　[英]斯威夫特 著

但丁：皈依的诗学　[美]弗里切罗 著

在西方的目光下　[英]康拉德 著

大学与博雅教育　董成龙 编

探究哲学与信仰
——基尔克果与苏格拉底　[美]郝岚 著

民主的本性
——托克维尔的政治哲学　[法]马南 著

梅尔维尔的政治哲学
——《切雷诺》及其解读　李小均 编/译

席勒美学的哲学背景　[美]维塞尔 著

果戈里与鬼　[俄]梅列日科夫斯基 著

自传性反思　[德]沃格林 著

黑格尔与普世秩序　[美]希克斯 等著

新的方式与制度
——马基雅维利的《论李维》研究
[美]曼斯菲尔德 著

科耶夫的新拉丁帝国　[法]科耶夫 等著

《利维坦》附录　[英]霍布斯 著

或此或彼（上、下）　[丹麦]基尔克果 著

海德格尔式的现代神学　刘小枫 选编

双重束缚　[美]基拉尔 著

古今之争中的核心问题
——施米特的学说与施特劳斯的论题　[德]迈尔 著

论永恒的智慧　[德]苏索 著

宗教经验种种　[美]詹姆斯 著

尼采反卢梭　[美]凯斯·安塞尔-皮尔逊 著

舍勒思想评述　[美]弗林斯 著

诗与哲学之争　[美]罗森 著

神圣与世俗　[罗]伊利亚德 著

论古人的智慧　[英]培根 著

但丁的圣约书　[美]霍金斯 著

古典学丛编

探究希腊人的灵魂　[美]戴维斯 著

尤利安文选　马勇 编/译

论月面　[古罗马]普鲁塔克 著

雅典谐剧与逻各斯
——《云》中的修辞、谐剧性及语言暴力
[美]奥里根 著

莱园哲人伊壁鸠鲁　罗晓颖 选编

《劳作与时日》笺释　吴雅凌 撰

希腊古风时期的真理大师　[法]德蒂安 著

古罗马的教育　[英]葛怀恩 著

古典学与现代性　刘小枫 编

表演文化与雅典民主政制
[英]戈尔德希尔、奥斯本 编

西方古典文献学发凡　刘小枫 编

古典语文学常谈　[德]克拉夫特 著

古希腊文学常谈　[英]多佛 等著

撒路斯特与政治史学　刘小枫 编

希罗多德的王霸之辨　吴小锋 编/译

第二代智术师
——罗马帝国早期的文化现象　[英]安德森 著

英雄诗系笺释　[古希腊]荷马 著

统治的热望
——修昔底德笔下的阿尔喀比亚德和帝国政治
[美]福特 著

论埃及神学与哲学
——伊希斯与俄赛里斯　[古希腊]普鲁塔克 著

凯撒的剑与笔　李世祥 编/译

伊壁鸠鲁主义的政治哲学
[意]詹姆斯·尼古拉斯 著

修昔底德笔下的人性　[加]欧文 著

修昔底德笔下的演说　[美]斯塔特 著

古希腊政治理论　[美]格雷纳 著

神谱笺释　吴雅凌 撰
赫西俄德：神话之艺
　[法]居代·德·拉孔波 等著
赫拉克勒斯之盾笺释　罗逍然 译笺
《埃涅阿斯纪》章义　王承教 选编
维吉尔的帝国　[美]阿德勒 著
塔西佗的政治史学　曾维术 编

古希腊诗歌丛编
诗歌与城邦　[美]费拉格、纳吉 主编
阿尔戈英雄纪（上、下）
　[古希腊]阿波罗尼俄斯 著
俄耳甫斯教祷歌　吴雅凌 编译
俄耳甫斯教辑语　吴雅凌 编译

古希腊肃剧注疏集
希腊肃剧与政治哲学　[美]阿伦斯多夫 著

古希腊礼法
希腊人的正义观　[英]哈夫洛克 著

廊下派集
廊下派的城邦观　[英]斯科菲尔德 著

希伯莱圣经历代注疏
希腊化世界中的犹太人　[英]威廉逊 著
第一亚当和第二亚当　[德]朋霍费尔 著

新约历代经解
属灵的寓意　[古罗马]俄里根 著

基督教与古典传统
加尔文与现代政治的基础　[美]汉考克 著
无执之道
　——埃克哈特神学思想研究　[德]文森 著
恐惧与战栗　[丹麦]基尔克果 著
托尔斯泰与陀思妥耶夫斯基
[俄]梅列日科夫斯基 著
论宗教大法官的传说　[俄]罗赞诺夫 著
海德格尔与有限性思想（重订版）
刘小枫 选编
上帝国的信息　[德]拉加茨 著
基督教理论与现代　[德]特洛尔奇 著
亚历山大的克雷芒　[意]塞尔瓦托·利拉 著

中世纪的心灵之旅
　——波纳文图拉神学著作选　[意]圣·波纳文图拉 著

德意志古典传统丛编
穆佐书简　[奥]里尔克 著
纪念苏格拉底——哈曼文选　刘新利 选编
夜颂中的革命和宗教
　——诺瓦利斯选集卷一　[德]诺瓦利斯 著
大革命与诗话小说
　——诺瓦利斯选集卷二　[德]诺瓦利斯 著
黑格尔的观念论　[美]皮平 著
浪漫派风格——施莱格尔批评文集　[德]施莱格尔 著

美国宪政与古典传统
美国1787年宪法讲疏　[美]阿纳斯塔普罗 著

品达注疏集
幽暗的诱惑
　——品达、晦涩与古典传统　[美]汉密尔顿 著

欧里庇得斯集
自由与僭越
　——欧里庇得斯《酒神的伴侣》绎读　罗峰 编译

阿里斯托芬集
《阿卡奈人》笺释　[古希腊]阿里斯托芬 著

色诺芬注疏集
居鲁士的教育　[古希腊]色诺芬 著
色诺芬的《会饮》　[古希腊]色诺芬 著

柏拉图注疏集
哲学的奥德赛——《王制》引论　[美]郝兰 著
爱欲与启蒙的迷醉
　——论柏拉图的《会饮》　[美]贝尔格 著
为哲学的写作技艺一辩
　——《斐德若》疏证　[美]伯格 著
柏拉图式的迷宫——《斐多》义疏　[美]伯格 著
哲学如何成为苏格拉底式的　[美]朗佩特 著
苏格拉底与希琵阿斯　王江涛 编译
理想国　[古希腊]柏拉图 著
谁来教育老师——《普罗塔戈拉》发微　刘小枫 编
立法者的神学
　——柏拉图《法义》卷十绎读　林志猛 编
柏拉图对话中的神　[德]薇依 著

厄庇诺米斯　[古希腊]柏拉图 著

智慧与幸福
——柏拉图的《厄庇诺米斯》　程志敏 选编

论柏拉图对话　[德]施莱尔马赫 著

柏拉图《美诺》疏证　[美]克莱因 著

政治哲学的悖论
——苏格拉底的哲学审判　[美]郝岚 著

神话诗人柏拉图　张文涛 选编

阿尔喀比亚德　[古希腊]柏拉图 著

叙拉古的雅典异乡人
——柏拉图《书简七》探幽　彭磊 选编

阿威罗伊论《王制》　[阿拉伯]阿威罗伊 著

《王制》要义　刘小枫 选编

柏拉图的《会饮》　[古希腊]柏拉图 等著

苏格拉底的申辩（修订版）　[古希腊]柏拉图 著

苏格拉底与政治共同体　[美]尼科尔斯 著

政制与美德——柏拉图《法义》疏解　[美]潘戈 著

《法义》导读　[法]卡斯代尔·布舒奇 著

论真理的本质　[德]海德格尔 著

哲人的无知　[德]费勃 著

米诺斯　[古希腊]柏拉图 著

亚里士多德注疏集

亚里士多德《政治学》中的教诲　[美]潘戈 著

品格的技艺　[美]加佛 著

亚里士多德哲学的基本概念　[德]海德格尔 著

《政治学》疏证　[意]托马斯·阿奎那 著

尼各马可伦理学义疏
——亚里士多德与苏格拉底的对话　[美]伯格 著

哲学之诗
——亚里士多德《诗学》解诂　[美]戴维斯 著

对亚里士多德的现象学解释　[德]海德格尔 著

城邦与自然——亚里士多德与现代性　刘小枫 编

论诗术中篇义疏　[阿拉伯]阿威罗伊 著

哲学的政治
——亚里士多德《政治学》疏证　[美]戴维斯 著

普鲁塔克集

普鲁塔克的《对比列传》　[英]达夫 著

普鲁塔克的实践伦理学　[比利时]胡芙 著

莎士比亚绎读

莎士比亚的历史剧　[英]蒂利亚德 著

莎士比亚戏剧与政治哲学　彭磊 选编

莎士比亚的政治盛典　[美]阿鲁里斯/苏利文 编

丹麦王子与马基雅维利　罗峰 选编

洛克集

上帝、洛克与平等　[美]沃尔德伦 著

卢梭集

论哲学生活的幸福　[德]迈尔 著

致博蒙书　[法]卢梭 著

政治制度论　[法]卢梭 著

哲学的自传
——卢梭的《孤独漫步者的遐思》　[法]戴维斯 著

文学与道德杂篇　[法]卢梭 著

设计论证
——卢梭的《社会契约论》　[美]吉尔丁 著

卢梭的自然状态　[美]普拉特纳 等著

卢梭的榜样人生
——作为政治哲学的《忏悔录》　[美]凯利 著

莱辛注疏集

汉堡剧评　[德]莱辛 著

关于悲剧的通信　[德]莱辛 著

《智者纳坦》研究版　[德]莱辛 等著

启蒙运动的内在问题
——莱辛思想再释　[美]维塞尔 著

莱辛剧作七种　[德]莱辛 著

历史与启示——莱辛神学文选　[德]莱辛 著

论人类的教育
——莱辛政治哲学文选　[德]莱辛 著

尼采注疏集

尼采引论　[德]施特格迈尔 著

尼采与基督教
——尼采的《敌基督》论集　刘小枫 编

尼采眼中的苏格拉底　[美]丹豪瑟 著

尼采的使命
——《善恶的彼岸》绎读　[美]朗佩特 著

尼采与现时代
——解读培根、笛卡尔与尼采 [美]朗佩特 著
动物与超人之间的绳索 [德]A.彼珀 著

施特劳斯集

原著

论僭政（重订本）——色诺芬《希耶罗》义疏
[美]施特劳斯 科耶夫 著

苏格拉底问题与现代性（增订本）
——施特劳斯讲演与论文集：卷二

犹太哲人与启蒙
——施特劳斯演讲与论文集：卷一

霍布斯的宗教批判

斯宾诺莎的宗教批判

门德尔松与莱辛

哲学与律法——论迈蒙尼德及其先驱

迫害与写作艺术

柏拉图式政治哲学研究

论柏拉图的《会饮》

柏拉图《法义》的论辩与情节

什么是政治哲学

古典政治理性主义的重生（重订本）

回归古典政治哲学——施特劳斯通信集

苏格拉底与阿里斯托芬

研究作品

论源初遗忘
——海德格尔、施特劳斯与哲学的前提
[美]维克利 著

政治哲学与启示宗教的挑战 [德]迈尔 著

阅读施特劳斯 [美]斯密什 著

施特劳斯与流亡政治学 [美]谢帕德 著

隐匿的对话
——施米特与施特劳斯 [德]迈尔 著

驯服欲望
——施特劳斯笔下的色诺芬撰述 [法]科耶夫 等著

施米特集

施米特对自由主义的批判 [美]麦考米特 著

宪法专政
——现代民主国家中的危机政府 [美]罗斯托 著

施米特对自由主义的批判 [美]约翰·麦考米克 著

伯纳德特集

古典诗学之路（第二版）
——相遇与反思：与伯纳德特聚谈 [美]伯格 编

弓与琴（重订本）
——从柏拉图解读《奥德赛》 [美]伯纳德特 著

神圣的罪业 [美]伯纳德特 著

布鲁姆集

巨人与侏儒（1960-1990）

人应该如何生活——柏拉图《王制》释义

爱的设计——卢梭与浪漫派

爱的戏剧——莎士比亚与自然

爱的阶梯——柏拉图的《会饮》

伊索克拉底的政治哲学

大学素质教育读本

古典诗文绎读 西学卷·古代编（上、下）

古典诗文绎读 西学卷·现代编（上、下）

中国传统：经典与解释
Classici et Commentarii

刘小枫　陈少明 ○ 主编

周易古经注解考辨 / 李炳海 著
浮山文集 / [明]方以智 著
药地炮庄 / [明]方以智 著
药地炮庄笺释·总论篇 / [明]方以智 著
青原志略 / [明]方以智 编
冬灰录 / [明]方以智 著
冬炼三时传旧火 / 邢益海 编
《毛诗》郑王比义发微 / 史应勇 著
宋人经筵诗讲义四种 / [宋]张纲 等撰
道德真经藏室纂微篇 / [宋]陳景元 撰
道德真经四子古道集解 / [金]寇才质 撰
皇清经解提要 / [清]沈豫 撰
经学通论 / [清]皮锡瑞 著
松阳讲义 / [清]陆陇其 著
起凤书院答问 / [清]姚永朴 撰
周礼疑义辨证 / 陈衍 撰
《铎书》校注 / 孙尚扬 肖清和 等校注
韩愈志 / 钱基博 著
论语辑释 / 陈大齐 著
《庄子·天下篇》注疏四种 / 张丰乾 编
荀子的辩说 / 陈文洁 著
古学经子 / 王锦民 著
经学以自治 / 刘少虎 著
从公羊学论《春秋》的性质 / 阮芝生 撰

刘小枫集

古典学与古今之争 [增订本]
这一代人的怕和爱 [第三版]
沉重的肉身 [珍藏版]
圣灵降临的叙事 [增订本]
罪与欠
儒教与民族国家
拣尽寒枝
施特劳斯的路标
重启古典诗学
共和与经纶
设计共和
现代性与现代中国：现代性社会理论绪论
诗化哲学 [重订本]
拯救与逍遥 [修订本]
走向十字架上的真
卢梭与我们
西学断章
现代人及其敌人
好智之罪：普罗米修斯神话通释
民主与女欲：柏拉图《会饮》绎读
民主与教化：柏拉图《普罗塔戈拉》绎读
巫阳招魂：《诗术》绎读

编修 [博雅读本]

凯若斯：古希腊语文读本 [全二册]
古希腊语文学述要
雅努斯：古典拉丁语文读本
古典拉丁语文学述要
危微精一：政治法学原理九讲
琴瑟友之：钢琴与古典乐色十讲

经典与解释辑刊

1. 柏拉图的哲学戏剧
2. 经典与解释的张力
3. 康德与启蒙
4. 荷尔德林的新神话
5. 古典传统与自由教育
6. 卢梭的苏格拉底主义
7. 赫尔墨斯的计谋
8. 苏格拉底问题
9. 美德可教吗
10. 马基雅维利的喜剧
11. 回想托克维尔
12. 阅读的德性
13. 色诺芬的品味
14. 政治哲学中的摩西
15. 诗学解诂
16. 柏拉图的真伪
17. 修昔底德的春秋笔法
18. 血气与政治
19. 索福克勒斯与雅典启蒙
20. 犹太教中的柏拉图门徒
21. 莎士比亚笔下的王者
22. 政治哲学中的莎士比亚
23. 政治生活的限度与满足
24. 雅典民主的谐剧
25. 维柯与古今之争
26. 霍布斯的修辞
27. 埃斯库罗斯的神义论
28. 施莱尔马赫的柏拉图
29. 奥林匹亚的荣耀
30. 笛卡尔的精灵
31. 柏拉图与天人政治
32. 海德格尔的政治时刻
33. 荷马笔下的伦理
34. 格劳秀斯与国际正义
35. 西塞罗的苏格拉底
36. 基尔克果的苏格拉底
37. 《理想国》的内与外
38. 诗艺与政治
39. 律法与政治哲学
40. 古今之间的但丁
41. 拉伯雷与赫尔墨斯秘学
42. 柏拉图与古典乐教
43. 孟德斯鸠论政制衰败
44. 博丹论主权
45. 道伯与比较古典学
46. 伊索寓言中的伦理
47. 斯威夫特与启蒙